Henrik Bemmann
10.9.1994

LANGENSCHEIDTS
UNIVERSAL-WÖRTERBUCH
ITALIENISCH

ITALIENISCH-DEUTSCH
DEUTSCH-ITALIENISCH

Neubearbeitung 1992

LANGENSCHEIDT
BERLIN · MÜNCHEN · WIEN
ZÜRICH · NEW YORK

Inhaltsverzeichnis
Indice

Abkürzungen – *Abbreviazioni*	3
Hinweise zur Aussprache des Italienischen	5
Italienisch-deutsches Wörterverzeichnis – *Vocabolario italiano-tedesco*	9
Deutsch-italienisches Wörterverzeichnis – *Vocabolario tedesco-italiano*	227
Zahlwörter – *Numerali*	463
Geographische Eigennamen – *Nomi geografici*	467
Italienische Abkürzungen – *Abbreviazioni italiane*	470
Italienische Kraftfahrzeugkennzeichen – *Targhe automobilistiche italiane*	473
Speisekarte – *Lista delle vivande*	475
Das italienische Alphabet – *L'alfabeto italiano*	478
Buchstabieralphabet – *Alfabeto telefònico*	478
Italienische Maße und Gewichte – *Misure e pesi correnti in Italia*	479

Auflage: 5. 4. 3. 2.	Letzte Zahlen
Jahr: 1996 95 94 93	maßgeblich

© 1959, 1965, 1976, 1992 Langenscheidt KG,
Berlin und München
Druck: Druckhaus Langenscheidt, Berlin-Schöneberg
Printed in Germany · ISBN 3-468-18182-5

Abkürzungen

Abbreviazioni

Die Tilde (~, bei veränderter Schreibung: ≈) ersetzt entweder den ganzen Titelkopf oder den vor dem Strich (|) stehenden Teil davon, z. B. **abbozz|are** ...; **~o** = abbozzo; **abnehm|en** ...; **≈er** = Abnehmer.

a auch, anche
A Akkusativ, accusativo
Abk Abkürzung, abbreviazione
adj Adjektiv (Eigenschaftswort), aggettivo
adv Adverb (Umstandswort), avverbio
Agr Landwirtschaft, agricoltura
Anat Anatomie, anatomia
Arch Architektur, architettura
art Artikel (Geschlechtswort), articolo
Astr Astronomie, astronomia
Biol Biologie, biologia
Bot Botanik, botanica
bsd besonders, specialmente
Chem Chemie, chimica
cj Konjunktion (Bindewort), congiunzione
cong Konjuktiv, congiuntivo
D Dativ, dativo
EDV Elektronische Datenverarbeitung, elaborazione elettronica dei dati
El Elektrizität, elettricità
e-e, e-e *eine*, una
e-m, e-m *einem*, a uno
e-n, e-n *einen*, uno
e-s, e-s *eines*, d'uno
Esb Eisenbahn, ferrovia
et, et *etwas*, qualche cosa
f weiblich, femminile
F familiär, umgangssprachlich, familiare
fig figürlich, bildlich, (in senso) figurato
Flgw Flugwesen, aviazione
Fot Fotografie, fotografia
f/pl weiblich Mehrzahl, femminile plurale
G Genitiv, genitivo
Geogr Geographie, geografia
Ggs Gegensatz, (in) senso opposto
Gr Grammatik, grammatica
Hdl Handel, commercio
Inf Infinitiv (Nennform), infinito
j, j *jemand*, qualcuno
j-m, j-m *jemandem*, a qualcuno
j-n, j-n *jemand(en)*, qualcuno
j-s, j-s *jemandes*, di qualcuno
jur juristisch, giuridico
Kfz Kraftfahrzeug(wesen), automobilismo

Kochk Kochkunst, arte culinaria
m männlich, maschile
Mal Malerei, pittura
Mar Schiffahrt, marineria
Math Mathematik, matematica
Med Medizin, medicina
Mil Militär, militare
Min Mineralogie, mineralogia
m/pl männlich Mehrzahl, maschile plurale
Mus Musik, musica
n sächlich, neutro
N Nominativ, nominativo
n/pl sächlich Mehrzahl, neutro plurale
od oder, oppure
Opt Optik, ottica
P *derb, Volkssprache*, (lingua) popolare
pej pejorativ, abwertend, spregiativo
Phys Physik, fisica
pl Mehrzahl, plurale
Pol Politik, politica
pron Pronomen (Fürwort), pronome
prp Präposition, preposizione

qc qualche cosa, etwas
qu qualcuno, jemand(en)
Rdf Rundfunk, radio
Rel Religion, religione
s siehe, vedi
sg Einzahl, singolare
s-n seinen, suo
su Substantiv (Hauptwort), sostantivo *(kann hinter Wörtern beiderlei Geschlechts stehen può stare dopo parole di genere comune)*
Tech Technik, tecnica
Tel Telefon, telefono
Thea Theater, teatro
TV Fernsehen, televisione
u und, e(d)
usw und so weiter, eccetera
v von, vom, di, da
v/i intransitives Verb, verbo intransitivo
v/t transitives Verb, verbo transitivo
Wi Wirtschaft, economia
Zo Zoologie, zoologia
zs.- zusammen, insieme
Zssgn Zusammensetzungen, parole composte

Hinweise zur Aussprache des Italienischen

Vokale

a	[a]	pane	lang und hell wie in haben
		mattino	kurz und hell wie in Laterne
e	[ɛ]	bello	offen wie in Fenster
	[e]	neve	geschlossen wie in Regen
i	[i]	vino	wie deutsche ie in Spiel
		bimbo	wie deutsches i in Lilie
		unbetont	vor *a, e, o, u* (z. B. pianta, chiesa, pioppo, chiuso) meist wie j in Fjord
o	[ɔ]	porta	offen wie in Topf
	[o]	coda	geschlossen wie in Rose
u	[u]	unico	geschlossen wie in ruhig

Nur in französischen und englischen Fremdwörtern kommen vor:

[ã] nasales a in: collant, dépliant, pendant

[ʌ] kurzer, halboffener Laut zwischen einem o-Laut und einem dunklen a-Laut (fast wie das a im deutschen matt) in: punk

[ɛ̃] nasales ɛ in: gratin

[ə] kurzer, dumpfer ö-Laut in chemisier, freezer

[õ] nasales o in: coupon, carillon

[ø] geschlossenes ö (wie in mögen) in: entraîneuse

[œ] offenes ö (wie in können) in: tailleur

[y] geschlossenes, helles ü (wie in Tüte) in: parure, brûlé

[j] Halbvokal: gleitendes i (wie in Jahr) in: tailleur, chemisier, carillon

Konsonanten und Konsonantenverbindungen

c, cc	[k]	**c**anto e**cc**o	vor *a, o, u* und Konsonanten wie deutsches **k**
ch, cch	[k]	**chi**lo ve**cch**io	wie deutsches **k** in Ka**k**ao
ci, cci	[tʃ]	aran**ci**a fa**cci**a	vor *a, o, u* wie **tsch** in **Tsch**eche
g	[g]	**g**atto	vor *a, o, u* und Konsonanten wie deutsches **g**
g, gg	[dʒ]	**g**elo le**gg**i	vor *e* und *i* wie weiches (stimmhaftes) **dsch** in **Dsch**ungel
gh	[g]	fun**gh**i	wie deutsches **g** in **G**eld
gi	[dʒ]	**gi**usto	vor *a, o, u* wie weiches (stimmhaftes) **dsch** in **Dsch**ungel (das *i* ist stumm!)
gli	[ʎ]	me**gli**o	vor Vokal wie **lj** in Fami**lj**e
gn	[ɲ]	ba**gn**o	wie deutsches **nj** in Ko**gn**ak
ng	[ŋ]	lu**ng**o	wie deutsches **ng** in la**ng**
qu	[kɥ]	**qu**ando	wie **k**+**u**, doch ohne w-Laut
r	[r]	**r**iti**r**a**r**e	gerolltes Zungenspitzen-**r**
s	[s]	**s**ole **s**trada	am Wortanfang vor Vokalen und stimmlosen Konsonanten stimmlos wie norddeutsch **S**-tein
s	[z]	**s**baglio	vor stimmhaften Konsonanten stimmhaft
s	[s] [z]	co**s**a ro**s**a	zwischen Vokalen teils stimmlos wie in rußig, teils stimmhaft wie in Wesen (ohne feste Regel)
sc	[sk]	pe**sc**a	vor *a, o, u* wie deutsches **sk** in **Sk**onto
sc	[ʃ]	pe**sc**e	vor *e* und *i* wie deutsches **sch** in **Sch**ule
sci	[ʃ]	**sci**opero	vor *a, o, u* wie deutsches **sch** in **Sch**ule (das *i* ist stumm!)

sch	[sk]	**sch**erzare	vor *e* und *i* wie **sk** in S**k**onto
v	[w]	venire	wie deutsches **w** in wollen
z	[ts]	zucchero	teils stimmlos wie in Walzer, teils
	[dz]	zona	stimmhaft wie in Wal**ds**aum; hierfür gibt es keine feste Regel

Betonung

In der Regel wird die vorletzte Silbe betont.

Bei mehrsilbigen Wörtern wird der Betonungsakzent angegeben, wenn **nicht** die vorletzte Silbe betont ist: sàbato – nùmero – fìngere.

Werden *e* oder *o* mit dem Akzent versehen, so bezeichnet é, ó die geschlossene und è, ò die offene Aussprache: gènero bzw. crédere, pòpolo bzw. gióvane.

Die italienische Orthographie verlangt den Akzent **nur** auf betonten, auslautenden Vokalen, z. B. città, perché, però, giù, **nie** im Wortinnern.

Die Nennung von Waren erfolgt in diesem Werk, wie in Nachschlagewerken üblich, ohne Erwähnung etwa bestehender Patente, Gebrauchsmuster oder Warenzeichen. Das Fehlen eines solchen Hinweises begründet also nicht die Annahme, eine Ware oder ein Warenname sei frei.

Italienisch-Deutsches Wörterverzeichnis

A

a in, nach, zu, an, mit; ~ **Roma** in (nach) Rom; ~ **casa** nach (zu) Hause; ~ **domani!** bis morgen!; ~ **sei anni** mit sechs Jahren; **alle quattro** um vier (Uhr)
abate m Abt
abbacchio [-k-] m Lamm (-braten m) n
abbagli|ante [-ʎan-] m Kfz Fernlicht; ~**are** blenden
abbaiare bellen
abbaino m Dachfenster
abbandon|are ver-, überlassen; aufgeben; ~**ato** verwahrlost; ~**o** m Verlassen (-heit f) n; Verwahrlosung f
abbass|amento m Sinken n; Senkung f; ~**are** senken; niedriger machen; *Scheinwerfer* abblenden; ~**arsi** sinken; fallen; ~**o** unten; hin-, herunter
abbastanza genug; ziemlich
abbàttere niederwerfen; *Haus* abreißen; *Baum* fällen; *Flgw* abschießen; *fig* niederschlagen; ~**rsi** verzagen
abbazia f Abtei
abbellimento m Verschönerung f; ~**ire** verschönern
abbiamo wir haben
abbigliamento [-ʎa-] m (Be-) Kleidung f
abbonamento m Abonnement n; Zeitkarte f; ~ **al telèfono** Fernsprechanschluß; ~ **settimanale** Wochenkarte f
abbon|arsi ~ **a** abonnieren; ~**ato** m Abonnent; *Tel* Teilnehmer
abbond|ante reichlich; ~**anza** f Überfluß m; ~**are** reichlich versorgt sein (**di** mit)
abbordàbile zugänglich; ~**are**; ~ **qu** j-n anreden; an j-n herantreten
abbottonare zuknöpfen
abbozz|are entwerfen, skizzieren; ~**o** m Entwurf, Skizze f
abbracci|are [-tʃa-] umarmen; ~**o** [-tʃo] m Umarmung f
abbrevi|are (ver-, ab-)kürzen; ~**azione** f Abkürzung f
abbronzante m Bräunungsmittel n
abbronza|re braun werden; ~**tura** f Bräune
abbuono m Preisnachlaß
abete m Tanne f
àbile geschickt, gewandt (**in** in); geeignet, fähig (**a** zu)
abilità f Geschicklichkeit

abisso

abisso *m* Abgrund
abit|ante *su* Einwohner(in *f*) *m*; **~are** (be)wohnen; **~ato** *m* Ortschaft *f*; **~azione** *f* Wohnung
àbito *m* Kleid *n*; Anzug; **~ estivo** Sommerkleid *n*; **~ scuro** dunkler Anzug; **~ da donna** Damenkleid *n*; **~ da sera** Abendkleid *n*, Abendanzug
abitu|ale gewohnt; **~are** (*abituarsi* sich) gewöhnen (**a** an)
abitudinario *m* Stamm-gast, -kunde
abitùdine *f* Gewohnheit; **d'~** gewöhnlich
abolire abschaffen
aborrire verabscheuen
Abruzzi *m*/*pl* Abruzzen
àbside *f* Arch Apsis
abus|are~ *di qc* et mißbrauchen; **~o** *m* Mißbrauch
acacia [-tʃa] *f* Akazie
accadèmi|a *f* Akademie; **~ di belle arti** Kunstakademie; **~ico** akademisch
accad|ere geschehen; **~uto** *m* Vorfall
accanto daneben; (**li**) **~** nebenan; *prp* **~ a** neben
accappatoio *m* Bademantel
accarezzare streicheln; liebäugeln mit
acceleramento [-tʃ-] *m* Beschleunigung *f*
acceler|are [-tʃ-] beschleunigen; *Kfz* Gas geben; **~ato** *m* Personenzug; **~atore** *m* *Kfz* Gaspedal *n*

accèndere [-tʃ-] anzünden; *Gerät* einschalten
accendigas [-tʃ-] *m* Gasanzünder
accendino [-tʃ-] *m* Feuerzeug
accendisìgari [-tʃ-] *m Kfz* Zigarrenanzünder
accennare [-tʃ-] hindeuten (**a** auf); **~ a fare qc** Miene machen, et zu tun
accenno [-tʃ-] *m* Wink; Anspielung *f*
accensione [-tʃ-] *f* Zündung; **~ a vuoto** Fehlzündung
accent|o [-tʃ-] *m* Akzent; **~uare** hervorheben, betonen
accert|amento [-tʃ-] *m* Feststellung *f*; **~are** versichern
acceso [-tʃ-] laufend (*Motor*)
access|ibile [-tʃ-] zugänglich; **~o** *m* Zugang, Zutritt, Zufahrt *f*; *Med* Anfall
accessor|io [-tʃ-] nebensächlich; **~i** *m*/*pl* Zubehör *n*
accetta [-tʃ-] *f* Axt
accett|àbile [-tʃ-] annehmbar; **~are** annehmen; *Wechsel* akzeptieren; **~azione** *f*: **~ bagagli** Gepäckannahme
acchiapp|amosche [akkiap-pamoske] *m* Fliegenfänger; **~are** packen, fassen
acciai|eria [-tʃa-] *f* Stahlwerk *n*; **~o** *m* Stahl
acciden|tale [-tʃ-] zufällig; **~te** *m* Vorfall; Unglücksfall; *Med* Schlaganfall; **accidenti!** verflixt!

acciocché [-tʃok-ke] (+ *cong*) damit
acciottolato [-tʃot-] *m* Kopfsteinpflaster *n*
acciuff|are [-tʃu-] packen; **~arsi** sich in die Haare geraten
acciuga [-tʃu-] *f* Sardelle
acclam|are: **~** *qu* j-m zujubeln; **~ato** umjubelt; **~azione** *f* Beifall *m*
acclimatarsi sich akklimatisieren
accl|ùdere beifügen; **~usa** *f* Anlage; **~uso** beiliegend
accoglien|te [-ʎe-] gemütlich; **~za** *f* Aufnahme; Empfang *m*
accògliere [-ʎe-] aufnehmen; genehmigen
accomodamento *m* Ausbesserung *f*; (An-)Ordnung *f*; Beilegung *f* (*Streit*)
accomod|are ausbessern; **~arsi** Platz nehmen; *si accòmodi!* bitte, nehmen Sie Platz!
accompagn|amento [-ŋ-] *m* Begleitung *f*; **~are** begleiten
acconcia|re [-tʃa-] Haar in Ordnung bringen; **~tura** *f* Frisur
acconsentire einwilligen (**a** in)
accontent|are befriedigen, zufriedenstellen; **~arsi** sich zufriedengeben (*di* mit)
acconto *m* Anzahlung *f*
accoppiare vereinen, verbinden

accorciare [-tʃa-] (ver-, ab-)kürzen
accord|are bewilligen; *Mus* stimmen; **~arsi** sich einigen
accordo *m* Zustimmung *f*; Vereinbarung *f*; *Pol* Abkommen *n*; *èssere d'~* einverstanden sein; *d'~!* einverstanden!; in Ordnung!
accòrgersi [-dʒ-]: **~** *di qc* et bemerken
accórrere herbeieilen
accort|ezza *f* Umsicht; **~o** umsichtig
accostare heranrücken, näherstellen (**a** an); *Tür* anlehnen; *Mar* anlegen
accosto: *gancio m d'~* Bootshaken
accostumare gewöhnen (**a** an)
accreditare gutschreiben
accréscere [-ʃ-] vermehren
accudire: **~** *a qc* sich kümmern um et; achten auf et
accumul|are anhäufen; **~atore** *m* Akkumulator
accùmulo *m*: **~** *di neve* Schneeverwehung *f*
accuratezza *f* Sorgfalt
accurato sorgfältig; genau
accusa *f* Beschuldigung
accusare beschuldigen; **~** *ricevuta* den Empfang bestätigen
accusato *m* Angeklagte(r)
acerbo [-tʃ-] herb; unreif
àcero [-tʃ-] *m* Ahorn
aceto [-tʃ-] *m* Essig; *sott'~* in Essig

acetoso

acetoso [-tʃ-] säuerlich
A.C.I. m (*Automobile Club d'Italia*) italienischer Automobilclub
àcido [-tʃ-] sauer; m Säure f; ~ **carbònico** Kohlensäure f
acqua f Wasser n; ~ **calda** Warmwasser n; ~ **corrente** fließendes Wasser; ~ **distillata** destilliertes Wasser; ~ **dolce** Süßwasser n; ~ **minerale** Mineralwasser n; ~ **potàbile** Trinkwasser n; ~ **salata** Salz-, Meer-wasser n; ~ **di Colonia** Kölnisch Wasser; ~ **di raffreddamento** Kfz Kühlwasser n; ~ **di rubinetto** Leitungswasser n; ~ **di Seltz** Selterswasser n
acquàrio m Aquarium n
acqua|santa f Weihwasser n; **~vite** f Branntwein m
acquazzone m Platzregen
acque f/pl Thermal-wasser n, -quelle f; **~dotto** m Aquädukt n
acquerello m Aquarell n
acqui|stare erwerben; **~sto** m (Ein-)Kauf m; **fare acquisti** einkaufen; Einkäufe machen
acre herb, scharf
acùleo m Zo Stachel
acùstic|a f Akustik; **~o** akustisch
acutezza f Schärfe
acuto scharf, spitz; Mus hoch; schrill; Med akut
ad = **a** (*vor Vokalen*)
adagio [-dʒo] langsam
adattamento m Anpassung f

adatt|arsi sich anpassen (*a* an); geeignet sein, passen (*a zu od* für); **~o** passend (*a* zu), geeignet (*a* für)
addebitare zur Last legen (*qc a qu* j-m et); *Hdl* belasten mit
addensarsi sich zs.-ballen
addestrare schulen; *Tier* abrichten
addetto bestimmt (*a* zu), zugeteilt, zugehörig
addìo lebe (leben Sie) wohl; m Lebewohl
addirittura geradezu; wirklich
addiz|ionare addieren; **~ione** f Addition
addobbare ausschmücken
addolcire [-tʃ-] (ver)süßen; mildern, lindern
addolorare betrüben
addom|e m Unterleib, Bauch; **~inale** Unterleibs...
addorment|are einschläfern; **~arsi** einschlafen
addoss|are anlehnen (*a* an); *fig* aufbürden; **~o:** **avere ~** bei sich haben; anhaben (*Kleidung*); **méttersi ~** anziehen
adegua|re gleichmachen; anpassen (*a* an); **~rsi** sich anpassen (*a* an); **~to** angemessen
ad|émpiere, **~empire**, erfüllen; **~empimento** m Erfüllung f
aderente *su* Anhänger(in *f*) m
ade|rire haften (*a* an); e-m

affettuoso

Verein beitreten; *e-r Ansicht* sich anschließen; ~**sione** *f* Zustimmung; Bewilligung
adesivo *m* Aufkleber, Sticker
adesso jetzt
adiacente [-tʃ-] angrenzend
Àdige [-dʒe] *m* Etsch *f*; **Alto** ~ Südtirol *n*
adirarsi böse werden
adolesc|ente [-ʃ-] jugendlich; *su* Jugendliche(r); ~**enza** *f* Jugend
adombrare beschatten; *Mal* schattieren
adoper|are (ge)brauchen; ~**arsi** sich bemühen
ador|are anbeten; ~**azione** *f* Anbetung
adorn|are schmücken; ~**o** geschmückt
adottare adoptieren; *Theorie* annehmen
adozione *f* Adoption; *fig* Wahl
Adriàtico *m u Mar m* ~ Adria *f*, Adriatisches Meer *n*
adulare schmeicheln (*qu* j-m)
adulterare *Wein* panschen
adulterio *m* Ehebruch
adulto erwachsen; *m* Erwachsene(r)
adunare versammeln
aerazione *f* Lüftung
aèreo Luft ...; *m* Flugzeug; ~ **di lìnea** Linienmaschine *f*; ~ **a reazione** Düsenflugzeug *n*; **prèndere l'**~ fliegen
aerodinàmico windschnittig
aerodromo *m* Flugplatz
aero|nàutica *f* Luftfahrt;

~**nave** *f* Luftschiff *n*; ~**plano** *m* Flugzeug
aeroporto *m* Flughafen; ~ **di arrivo** Zielflughafen
aeròstato *m Flgw* Luftballon
aerostazione *f Flgw* Abfertigungsgebäude *n*, Terminal *m*/*n*
afa *f* Schwüle
aff|àbile liebenswürdig; ~**abilità** *f* Liebenswürdigkeit
affaccendarsi [-tʃ-] sich viel zu schaffen machen
affacciarsi [-tʃa-] sich zeigen
affamato hungrig, ausgehungert
affann|are bekümmern; ~**ato** atemlos; ~**o** *m* Kummer; Atemnot *f*
affar|e *m* Geschäft *n*; Angelegenheit *f*; F Ding *n*; **per affari** geschäftlich
affascin|ante [-ʃ-] bezaubernd, faszinierend; ~**are** bezaubern, faszinieren
affaticare (über)anstrengen
affatto völlig; **non** ... ~ gar nicht; überhaupt nicht; **niente** ~ durchaus nicht
afferm|are behaupten; bestätigen; bejahen; ~**ativo** zustimmend; ~**azione** *f* Bestätigung; Behauptung; Bejahung
afferr|are ergreifen; ~**arsi** sich klammern (**a** an)
affettato in Scheiben geschnitten; *m* Aufschnitt
affett|o *m* Zuneigung *f*; Liebe *f*; ~**uoso** herzlich

affezionato 14

affezion|ato: ~ *a qu* j-m zugetan; **~e** *f* Zuneigung
affibbiare zuschnallen
affid|amento *m* Vertrauen *n*; **~are** anvertrauen; **~arsi** sich verlassen (**a** auf)
affiggere [-dʒ-] Plakat anschlagen
affilare schärfen
affinché [-ke] (+ *cong*) damit
affiorare auftauchen
affisso *m* Anschlag(zettel), Plakat *n*
affittare (ver)mieten; *affittasi* **càmere** Zimmer zu vermieten, Zimmer frei
affitto *m* Miete *f*; *dare in ~* vermieten; *prèndere in ~* mieten
affl|iggere [-dʒ-] betrüben; **~izione** *f* Kummer *m*
afflu|ente *m* Nebenfluß; **~enza** *f* Andrang *m*; Zulauf *m*; **~ire** zufließen; herbeiströmen
afflusso *m* Zufluß; *~ di sangue* Blutandrang
affogare ertrinken; ertränken
affoll|amento *m* Gedränge *n*; **~are** (über)füllen; **~arsi** sich drängen; **~ato** gedrängt voll, überfüllt
affondare versenken; versinken; einsinken
affrancare frankieren
affrancatura *f* Porto *n*
affresco *m* Fresko *n*
affrettar|e beschleunigen; *zeitlich* vorverlegen; **~si** sich

affrontare: ~ *qu* j-m entgegentreten
affronto *m* Beleidigung *f*
affumicato geräuchert
Àfrica *f* Afrika *n*
africano afrikanisch; *m* Afrikaner
àgave *f* Agave
agenda [-dʒ-] *f* Notiz-kalender *m*, -buch *n*
agente [-dʒ-] *m* Agent; Vertreter; *~ di polizia, di pùbblica sicurezza* Polizeibeamte(r)
agenzia [-dʒ-] *f* Agentur; Zweigstelle; *~ (di) viaggi* Reisebüro *n*; *~ marittima* Schiffsagentur
agevolare [-dʒ-] erleichtern
agévole [-dʒ-] leicht
agganci|amento [-tʃa-] *m* Kupplung *f*; **~are** ankuppeln, anhängen
aggettivo [-dʒ-] *m* Adjektiv *n*
agghiacciare [-tʃa-] gefrieren; *fig* erstarren
aggiornare [-dʒo-] auf den letzten Stand bringen; vertagen
aggirarsi [-dʒ-]: ~ *su* sich drehen um; *Preis* sich bewegen um
aggiùngere [-dʒundʒ-] hinzufügen
aggiun|ta [-dʒu-] *f* Zusatz *m*; **~to** zuzüglich
aggiustare [-dʒu-] ausbessern, reparieren
aggrapparsi sich anklammern (**a** an)

aggrav|amento *m* Verschlimmerung *f*; **~are** belasten; verschlimmern; **~arsi** sich verschlechtern, sich verschlimmern

aggredire überfallen; *mit Worten* anfahren

aggress|ione *f* Überfall *m*; Angriff *m*; **~ivo** aggressiv

agguato *m* Hinterhalt

agguerrito abgehärtet

agiatezza [-dʒa-] *f* Wohlstand *m*

agiato [-dʒa-] wohlhabend

àgile [-dʒ-] flink; wendig; rege

agilità [-dʒ-] *f* Gewandtheit

agio [-dʒo] *m*: *méttersi a suo ~* es sich bequem machen; *sentirsi a suo ~* sich wohl fühlen

agire [-dʒ-] handeln; wirken; funktionieren

agit|are [-dʒ-] schütteln; schwenken; aufwiegeln; **~arsi** sich hin- und herwerfen; **~ato** unruhig; bewegt (*Meer*); **~azione** *f* Aufregung

aglio [-ʎo] *m* Knoblauch

agnello [-ɲ-] *m* Lamm *n*

agnellotti [-ɲ-] *m/pl* Teigtaschen *f/pl* mit Fleischfüllung

ago *m* (Näh-)Nadel

agonia *f* Todeskampf *m*

agopuntura *f* Akupunktur

agosto *m* Monat August

agrario landwirtschaftlich

àgricolo landwirtschaftlich, Agrar...

agricolt|ore *m* Landwirt; **~ura** *f* Landwirtschaft

agriturismo [-zm-] *m* Ferien *pl* auf dem Bauernhof

agrodolce [-tʃe] süßsauer

agrumi *m/pl* Zitrusfrüchte *f/pl*

aguzz|are schärfen; *Appetit* anregen; **~o** spitz

Aia *f*: *l'~* Den Haag *m*

AIDS *m/f* Aids *n*

airone *m* Reiher

ai(u)ola *f* Beet *n*

aiut|ante *m* Helfer; *Mil* Adjutant; **~are** helfen (*qu* j-m); **~o** Hilfe *f*

aizzare (auf)hetzen

ala *f* Flügel *m*

alabastro *m* Alabaster

alacrità *f* Eifer *m*

alb|a *f* Morgendämmerung; **~eggiare** [-dʒa-] dämmern, tagen

alberg|are beherbergen; **~atore** *m* Hotelier; Herbergsvater (*Jugendherberge*)

albergo *m* Hotel *n*; *~ di lusso* Luxushotel *n*; *~ per la gioventù* Jugendherberge *f*; *~ sulla spiaggia* Strandhotel *n*

àlbero *m* Baum; *Mar* Mast; *Tech* Welle *f*; *~ a frutto* Obstbaum

albicocca *f* Aprikose

albume *m* Eiweiß *n*

alcòl *m* Alkohol

alcòlici [-tʃi] *m/pl* alkoholische Getränke *n/pl*; **~lico** alkoholisch

alcuno

alcuno irgendein; jemand; *alcuni* einige
aletta f: ~ *parasole* Kfz Sonnenblende
alga f Alge
aliante m Segelflugzeug n
alice [-tʃe-] f Sardelle; *alici pl piccanti* Sardellen in pikanter Soße
aliment|are ernähren; **~ari** m/pl Nahrungs-, Lebensmittel n/pl; **~azione** f Ernährung
alimento m Nahrung f
aliscafo m Tragflächen-, Tragflügel-boot n
allacciamento [-tʃa-] m: ~ *alla rete* Netzanschluß; ~ *dell'acqua (del gas)* Wasser-(Gas-)anschluß m
allacciare [-tʃa-] zuschnüren; *Med* abbinden; *Tech* anschließen; ~ *od allacciarsi la cintura di sicurezza* sich anschnallen, sich angurten
allagare überschwemmen (*a fig*)
allarg|amento m Erweiterung f; **~are** verbreitern; *Arme* ausbreiten
allarmare alarmieren; *fig* beunruhigen; erschrecken
allarme m Alarm; *fig* Unruhe f
allattare *Säugling* nähren, stillen
alle|anza f Bündnis n, Bund m; **~arsi** sich verbünden; **~ato** verbündet; m Verbündete(r)

allegare beifügen; *Grund* anführen; *qui allegato* in der Anlage
alleggerire [-dʒ-] erleichtern; entlasten
allegr|ia f Fröhlichkeit; **~o** vergnügt, fröhlich, lustig, heiter
allen|amento m Trainieren n, Training n; **~are, ~arsi** trainieren; **~atore** m Trainer
allentare lockern; verlangsamen
allergìa [-dʒ-] f Allergie
allèrgico [-dʒ-] allergisch
allettare (ver)locken
allevare züchten; aufziehen
allietare erfreuen
allievo m Schüler
allineare in Reih und Glied aufstellen; ausrichten
allòdola f Lerche
alloggi|are [-dʒa-] unterbringen, einquartieren; wohnen; **~o** [-dʒo] m Wohnung f, Unterkunft f, Quartier n; ~ *di fortuna* Notquartier n; ~ *vacanze* Ferienwohnung f
allontanarsi sich entfernen (*da* von); *fig* sich abwenden (*da* von)
allora dann; damals; also; *d'~ in poi* von da an
alloro m Lorbeer
àlluce [-tʃe] m große Zehe f
allucin|ante [-tʃ-] blendend, eindrucksvoll; **~ato** überspannt, exaltiert; **~azione** f Halluzination
allùdere anspielen (*a* auf)

alluminio *m* Aluminium *n*
allung|amento *m* Verlängerung *f*; **~are** verlängern
allusione *f* Anspielung
alluvione *f* Überschwemmung
almeno wenigstens
alpestre Gebirgs..., Alpen...
Alpi: le ~ *f/pl* die Alpen
alpin|ismo [-zmo] *m* Bergsteigen *n*; **~ista** *su* Bergsteiger(in *f*) *m*
alpino Alpen...; Berg...
alquanto etwas; **alquanti** einige
alt! halt!
altalena *f* Schaukel; Wippe
altare *m* Altar; **~ maggiore** Hochaltar
alter|àbile veränderlich; *fig* leicht erregbar; **~are** verändern; fälschen; erregen; **~azione** *f* Veränderung; Verfälschung; Erregung
altern|are abwechseln; **~ativo** alternativ; **~o** (ab-)wechselnd
altero stolz
altezza *f* Höhe; Größe; Breite (*Stoff*)
altitùdine *f* Geogr Höhe
alto hoch; groß; *Stoff* breit; sprechen laut; **dall'~** von oben; **in ~** oben; hinauf, nach oben; **più ~** oben; **l'Alta Italia** *n* Oberitalien *n*
alto|parlante *m* Lautsprecher; **~piano** *m* Hochebene *f*
altrettanto gleichfalls
altrimenti sonst

ambientarsi

altro anderer; **~?** noch etwas?; **un ~ caffè** noch einen Kaffee; **~ che!** und ob!; **l'~ anno** voriges Jahr; **senz'~** ohne weiteres; bestimmt; **l'un l'~** einander
altrove anderswo
altrui der anderen
altura *f* Anhöhe
alunno *m* Schüler
alveare *m* Bienenstock
alzacristallo *m* Kfz Fensterheber
alz|are (er-, auf-, hoch-)heben; *Preis* erhöhen; **~arsi** aufstehen, sich erheben
amàbile liebenswürdig; *Wein* lieblich
amabilità *f* Liebenswürdigkeit
amaca *f* Hängematte
amante *su* Liebhaber(in *f*) *m*; Geliebte(r)
amare lieben
amar|ena *f* Sauerkirsche; **~etto** *m* Makrone *f*; **~ezza** *f* Bitterkeit
amaro bitter; *m* Magenbitter
ambasciat|a [-ʃa-] *f* Botschaft; **~ore** *m* Botschafter
ambedue beide
ambienta|le Umwelt...; **danni** *m/pl* **ambientali** Umweltschäden; **~lista** *su* Umweltschützer(in *f*) *m*; **associazione ~** *f* Umweltschutzorganisation
ambientarsi sich eingewöhnen, sich akklimatisieren

ambiente

ambiente *m* Umgebung *f*; Umwelt *f*; Milieu *n*; **ministero** *m* **dell'~** Umweltministerium *n*
ambiguità *f* Zweideutigkeit
ambiguo zweideutig
àmbito *m* Bereich
ambizione *f* Ehrgeiz *m*
ambizioso ehrgeizig
ambul|anza *f* Krankenwagen *m*; **~atorio** ambulant; *m* Ambulanz *f*; Sprechzimmer *n* (*Arzt*)
Amèrica *f* Amerika *n*
americano amerikanisch; *m* Amerikaner
ami|ca *f* Freundin; **~chévole** (-k-) freundschaftlich; **~cizia** [-tſ-] *f* Freundschaft; **~co** *m* Freund
àmido *m* (Mehl-)Stärke *f*
ammacca|re verbeulen; **~tura** *f* Beule
ammal|are, **~arsi** krank werden; **~ato** krank; *m* Kranke(r)
ammass|are ansammeln; **~o** *m* Haufen
ammazzare totschlagen (*a fig* Zeit); *Tier* schlachten
ammenda *f* Geldstrafe
ammèttere zulassen; vorlassen; aufnehmen; zugeben; annehmen
ammiccare (zu)winken, (zu)blinzeln
amministr|are verwalten; **~azione** *f* Verwaltung
ammir|are bewundern; **~ato** verwundert; **~azione** *f* Bewunderung; **~évole** bewunderungswürdig
ammis|sìbile zulässig; **~sione** *f* Zulassung; Aufnahme
ammobili|amento *m* Möblierung *f*; Möbel *n*/*pl*; **~are** möblieren; **~ato** möbliert
ammollare einweichen
ammon|imento *m* Ermahnung *f*; Warnung *f*; Verweis; **~ire** ermahnen; warnen; rügen
ammontare sich belaufen (*a* auf); *m* Betrag
ammonticchiare [-k-] aufhäufen
ammort|amento *m* Amortisierung *f*; **~(izz)are** amortisieren; **~izzatore** *m* Stoßdämpfer
ammucchiare [-k-] aufhäufen
ammuff|ire schimmeln; **~ito** schimmelig
ammutinamento *m* Meuterei *f*
amnist|ìa *f* Amnestie; **~iare** begnadigen
amo *m* Angel(haken *m*) *f*
amor|e *m* Liebe *f* (*per* zu); *per amor mio* mir zuliebe; **~oso** liebevoll
amperaggio [-dʒo] *m* Stromstärke *f*
ampi|ezza *f* Weite; **~o** weit; breit; geräumig; weitläufig
ampli|are erweitern; **~ficatore** *m* Tech Verstärker
ampolla *f* kleine Flasche;

~iera f Öl- und Essigständer m

amput|are amputieren; **~azione** f Amputation

anabbagliante [-ʃan-] blendfrei; m Kfz Abblendlicht n

anàgrafe f Einwohnermeldeamt n

analcòlico alkoholfrei; m alkoholfreies Getränk n

analgèsico [-dʒ-] m schmerzstillendes Mittel n

anàlisi f Analyse; **~ del sangue** Blutuntersuchung

ànanas m Ananas f

anàrchico [-k-] anarchisch; m Anarchist

ànatra f Ente

anca f Hüfte

anche [-ke] auch; **~ se** selbst wenn

ancona f Altarbild n

ancora noch; immer noch; **~ una volta** noch einmal, nochmals

àncora f Anker m

andamento m Gang (der Dinge), Verlauf

andare gehen; mit Fahrzeug fahren; **~ a cavallo** reiten; **~ a passeggio** spazierengehen; **~ a male** schlecht werden; **~ in bicicletta** radfahren; **~ in giro** herumbummeln; **~ in viaggio** verreisen; **~ in treno (in màcchina)** mit dem Zug (dem Auto) fahren; **come va?** wie geht es?

andàrsene weggehen

andata f Hinfahrt; **Fahrkarte di sola ~** einfache Fahrt; **~ e ritorno** hin und zurück

andato ruiniert; F Waren verdorben

androne m Hausflur

anèddoto m Anekdote f

anelare: ~ a qc et herbeisehnen; sich sehnen nach et

anello m Ring

an|emìa f Blutarmut; Anämie; **~èmico** blutarm

aneste|sìa f Med Betäubung; **~tizzare** [-dz-] betäuben

aneto m Dill

anfiteatro m Amphitheater n

ànfora f Amphore

àngelo [-dʒ-] m Engel

angina [-dʒ-] f Med Angina

angiporto [-dʒ-] m Sackgasse f; enge Gasse f

angolare wink(e)lig; Eck...

àngolo m Winkel; Ecke f

angoloso eckig; kantig

ango|scia [-ʃa] f Angst; **~sciare** [-ʃa-] ängstigen; **~scioso** [-ʃo-] beängstigend; angstvoll

anguilla f Aal m; **~ affumicata** Räucheraal

anguria f Wassermelone

angustia f Enge; fig Angst

ànice [-tʃe] m Anis

ànima f Seele (a fig); **non c'era ~ viva** keine Menschenseele war da

animale tierisch; Tier...; m Tier n

animare beleben; **~ato**

ànimo

strada f **animata** belebte Straße

ànimo m Gemüt n; Seele f; Herz n; Mut; **fare** ~ ermutigen (**a** qu j-n)

anim|osità f Abneigung; **~oso** mutig; feindselig

anisetta f Anis-Likör m, -schnaps m

ànitra f Ente

annacquare Wein verdünnen; fig verwässern

annaf|fiare (be)gießen; **~fiatoio** m Gießkanne f

annata f Jahrgang m

annegare ertränken; ertrinken

ann|essione f Annektierung; **~o** m Arch Anbau

annèttere annektieren; anbauen (**a** an)

anniversario m Jahrestag

anno m Jahr n; **buon ~!** Prosit Neujahr!; **quest'~** dieses Jahr; **l'~ pròssimo** nächstes Jahr; **per anni** jahrelang; **quanti anni hai?** wie alt bist du?

annodare zs.-knoten; fig knüpfen

annoiare (**annoiarsi** sich) langweilen

annotare aufschreiben; mit Anmerkungen versehen

annottare Nacht werden

annuale jährlich; m Jahrestag

annullamento m Annullierung f

annullare annullieren; für ungültig erklären; rückgängig machen; **~ l'iscrizione** sich abmelden

annun|ciare [-tʃa-], **~ziare** ankündigen; melden; **~ciatore** [-tʃa-] m Rdf, TV Ansager; **~ciatrice** [-tʃatriːtʃe] f Ansagerin; **~cio** [-tʃo], **~zio** m Ankündigung f; (An-)Meldung f; Anzeige f (Zeitung); Rdf, TV Ansage f

ànnuo jährlich

annusare riechen, Tier schnuppern an; fig wittern

annuvol|amento m Bewölkung f; **~ato** bewölkt

anònimo anonym; **società** f **anònima** Aktiengesellschaft

ansa f Henkel m

ansia f, **ansietà** f Angst

ansimare keuchen

ansioso begierig; bange, besorgt

antàrtico m Antarktis f

ante- vor...

ante|cedente [-tʃ-] vorhergehend; **~fatto** m Vorgeschichte f; **~guerra** Vorkriegs...; m Vorkriegszeit f; **~nato** m Vorfahr

antenna f Antenne

anteriore vordere; zeitlich vorig, vorhergehend

anti- gegen...

antibiòtico m Antibiotikum n

anticamente einst

anti|càmera f Vorzimmer n; **~chità** [-k-] f Altertum n; pl Antiquitäten

appetito

anticip|are [-tʃ-] *zeitlich* vorverlegen; *Geld* vorauszahlen; *Ergebnis* vorwegnehmen; **~ato** im voraus; **~azione** f Vorschuß m
antìcipo m Vorschuß m; *in* ~ im voraus
antico *ad;* antik
antìdoto m Gegengift n
anti|furto m Diebstahlsicherung f; **~gelo** [-dʒ-] m Frostschutzmittel n
antimeridiano Vormittags...
anti|pasto m Vorspeise f, **~patìa** f Abneigung; **~pàtico** unsympathisch; **~quario** m Antiquitätenhändler; **~rùggine** [-dʒ-] m Rostschutzmittel n; **~solare** m Sonnenschutzmittel n
antro m Höhle f
anulare m Ringfinger
anzi vielmehr; im Gegenteil; ja sogar
anzianità f Dienstalter m
anziano alt; älter; m alter Mensch
anzi|ché [-ke] anstatt zu; **~detto** besagt; **~tutto** vor allem
apatìa f Gleichgültigkeit
apàtico gleichgültig
ape f Biene
aperitivo m Aperitif
aperto offen; geöffnet; m Freie n; *all'~* im Freien
apertura f (Er-)Öffnung; **superiore** Dachhaube (*Wohnwagen*)
apòlide *su* Staatenlose(r)

apoplessìa f Schlaganfall m; ~ *cerebrale* Gehirnschlag m
apostòlico apostolisch
apòstolo m Apostel
appannarsi *Blick* sich trüben; *Glas* beschlagen
apparato m Apparat
apparecchiare [-k-] vorbereiten; *Tisch* decken
apparecchio [-kio] m Gerät n; Apparat (*a Tel*); *Flgw* Maschine f; **~ elèttrico** Elektrogerät n; **~ a reazione** Düsen-flugzeug n, -maschine f
appar|ente scheinbar; **~enza** f Schein m; Äußere(s) n
appari|re erscheinen; **~scente** [-ʃ-] auffällig; **~zione** f Stippvisite
appart|amento m Wohnung f, Appartement n; **~arsi** sich absondern; **~enenza** f Zugehörigkeit (*a* zu); **~enere:** ~ *a* (an-, zu-)gehören (+ *D*)
appassionato leidenschaftlich; begeistert (*a, di* von)
appassire verwelken
appell|arsi sich berufen (*a* auf); **~o** m Aufruf; Berufung f
appena kaum; *cj* sobald
appèndere (auf)hängen
appen|dice [-tʃe] f Blinddarm m; **~dicite** [-tʃ-] f Blinddarmentzündung
Appennino m Apennin m
appesantire schwer machen; *fig* lähmen
appetito m Appetit; *buon ~!*

appetitoso

guten Appetit!; ~so appetitlich

appiccare aufhängen; *Feuer legen* (**a** an)

appicciccare [-tʃ-] (an)kleben; *fig j-m et* andrehen; ~**arsi** *fig* sich hängen (**a** an); ~**oso** klebrig

appigliarsi [-ʎa-] sich festhalten (**a** an); ~**iglio** [-ʎo] *m* Vorwand

appiombo senkrecht

applaudire Beifall klatschen; ~**so** *m* Beifall

applicàbile anwendbar; ~**are** (auf)legen; (auf)kleben; anwenden; ~**arsi** fleißig sein; ~**azione** *f* Anwendung; *fig* Fleiß *m*, Eifer *m*

appoggiare [-dʒa-] (an)lehnen; *fig* unterstützen; ~**arsi** sich lehnen (**a** an), sich stützen (**a** auf); ~**atesta** *m Kfz* Kopf-, Nackenstütze *f*; ~**o** [-dʒo] *m* Stütze *f*; *fig* Unterstützung *f*

apportare (mit-, über-)bringen; ~**atore** *m* Überbringer

appòsito eigens dafür vorgesehen

apposta absichtlich; gerade

appostamento *m* Hinterhalt; ~**are** (*qu* j-m) auflauern

apprèndere lernen; erfahren

apprendista *m* Lehrling, Auszubildende(r); ~**stato** *m* Lehre *f*

apprensione *f* Besorgnis

apprensivo ängstlich

appresso daneben; *prp* ~ **a** neben, bei

apprezzàbile wertvoll; ~**amento** *m* Schätzung *f*; ~**are** schätzen

approdare *Mar* anlegen; *Hafen* anlaufen; ~**odo** *m* Anlegen *n*; Anlegeplatz

approfittare Nutzen ziehen (**di** aus); (aus)nutzen (**di** *qc* et)

approfondire vertiefen

approntare bereitstellen

appropriarsi ~ *di qc* sich et aneignen; ~**ato** geeignet

approssimativo annähernd

approvare billigen; ~**azione** *f* Billigung

approvvigionare [-dʒo-] verproviantieren

appuntamento *m* Verabredung *f*; Termin (*beim Arzt*); ~**are** aufschreiben; anstecken (*Brosche*); anspitzen; ~**ito** spitz

appunto *m* Notiz *f*; *adv* gerade, eben; ~**!** (*a per l'~!*) gewiß!

appurare nachprüfen

apribottiglie [-ʎe] *m* Flaschenöffner

aprile *m* April

aprire (er)öffnen; *Wasser* anstellen

ápriscàtole *m* Büchsenöffner

àquila *f* Adler *m*

aquilone *m* Drachen

àrabo arabisch; *m* Araber

aràchidi [-k-] *m/pl* Erdnüsse *f/pl*
aragosta *f* Languste
aran|cia [-tʃa] *f* Orange, Apfelsine; **~ciata** [-tʃa-] *f* Orangeade; **~cio** [-tʃo] *m* Apfelsinenbaum; **~cione** [-tʃo-] orange(farben)
arazzo *m* Gobelin
arbitr|aggio [-dʒo] *m* Schiedsspruch; **~ario** willkürlich; **~io** *m* Willkür *f*
àrbitro *m* Schiedsrichter
arbusto *m* Strauch
arca *f* Truhe; Sarkophag *m*
arcàngelo [-dʒ-] *m* Erzengel
arcata *f* Bogengang *m*, Arkade
archeolog|ìa [-keolodʒ-] *f* Archäologie; **~òlogico** [-keolɔdʒ-] archäologisch; **~òlogo** [-kɔɔ-] *m* Archäologe
archi|tetto [-k-] *m* Architekt; **~tettura** *f* Architektur
archìvio [-k-] *m* Archiv *n*
arci|vescovado [-tʃ-] *m* Erzbistum *n*; **~véscovo** *m* Erzbischof
arco *m* Bogen; **~baleno** *m* Regenbogen
arcuato krumm; gebogen
ardente brennend; *fig* feurig; glühend
àrdere (ver)brennen
ardesia *f* Schiefer *m*
ard|ire wagen; **~ito** kühn
ardore *m* Glut *f*, Hitze *f*
àrea *f* Fläche; Gebiet *n*; **~ di servizio** Autobahnraststätte
aren|a *f* Sand *m*; Arena; **~oso** sandig
argentato [-dʒ-] versilbert
argènteo [-dʒ-] silbern
Argentina [-dʒ-] *f* Argentinien *n*
argentino [-dʒ-] argentinisch; *m* Argentinier
argento [-dʒ-] *m* Silber *n*; **~ vivo** Quecksilber *n*
argill|a [-dʒ-] *f* Min Ton *m*; **~oso** lehmig
àrgine [-dʒ-] *m* Damm
argo|mentare argumentieren; **~mento** *m* Argument *n*; Thema *n*
arguzia *f* Scharfsinn *m*
aria *f* Luft; Miene; *Mus* Arie; **all'~ aperta** ins (im) Freie(n); **~ condizionata** Klimaanlage; **avere l'~ di** aussehen wie; **darsi delle arie** wichtig tun
àrido dürr; trocken (*a fig*)
arieggiare [-dʒa-] lüften
aringa *f* Hering *m*
arioso luftig
arista *f* Schweinsrücken *m*
aristocr|àtico aristokratisch; *m* Aristokrat; **~azìa** *f* Aristokratie
arma *f* Waffe
armadio *m* Schrank
arma|mento *m* Rüstung *f*; **~are** bewaffnen; rüsten; **~ata** *f* Armee; **~atura** *f* (Ritter-)Rüstung
arm|erìa *f* Zeughaus *n*; **~istizio** *m* Waffenstillstand
arm|onìa *f* Harmonie; **~òni-**

ca f: **~ a bocca** Mundharmonika; **~onioso** wohlklingend
arnese m Werkzeug n; Gerät n
arom|a m Aroma n; Duft; Blume f (des Weines); **~àtico** aromatisch; würzig; **~atizzare** [-dz-] würzen
arp|a f Harfe; **~ista** su Harfenist(in f) m
arrabbiarsi wütend, zornig werden
arrabbiato wütend; tollwütig (Hund)
arraffare raffen, entreißen
arrampicarsi klettern
arrangiarsi [-dʒ-] sich behelfen; sich einigen
arred|amento m Einrichtung f; **~are** ausstatten; einrichten; **~o** m Gerät n; Ausstattung f; **arredi** pl **sacri** Kirchengerät n
arrèndersi nachgeben
arrendévole nachgiebig
arrest|are anhalten; verhaften; **~arsi** stehenbleiben; **~o** m Verhaftung f; **~ cardiaco** Herzstillstand
arretrato rückständig; m Rückstand
arricchire [-k-] bereichern
arringa f Ansprache; jur Plädoyer n
arrischiare [-k-] wagen, riskieren
arrivare ankommen
arrivederci! [-tʃi], **arrivederla!** auf Wiedersehen!

arrivo m Ankunft f; Sport Ziel n; **arrivi** Esb Ankunft(szeit der Züge) f
arrog|ante anmaßend; **~anza** f Anmaßung
arrossire erröten
arrostire rösten; braten
arrosto geröstet; gebraten; m Braten
arrotolare zs.-rollen
arrotondare abrunden
arruff|are verwirren; zerzausen; **~arsi** in Unordnung geraten; sich raufen; **~ato** wirr; zerzaust
arrugginirsi [-dʒ-] rosten
arsenale m Werft f
arsiccio [-tʃo] versengt, ausgetrocknet
arte f Kunst; Handwerk n; **~fatto** gekünstelt; verfälscht
artemisia f Bot Beifuß m
arteria f Schlagader; fig Verkehrsader
àrtico arktisch, nördlich
articol|are Gelenk...; **~azione** f Gelenk n
artìcolo m Artikel; **~ di prima necessità** Bedarfsartikel; **~ di sport** Sportartikel; **artìcoli** pl **di valore** Wertgegenstände
artificiale [-tʃa-] künstlich
artigian|ale [-dʒa-] handwerklich; **~ato** m Handwerk n
artigiano [-dʒa-] m Handwerker
artiglio [-ʎo] m Kralle f; Klaue f

artista *su* Künstler(in *f*) *m*
artìstico künstlerisch
artrite *f Med* Arthritis
ascella [aʃ-] *f* Achselhöhle
ascensione [aʃ-] *f* Aufstieg *m*; (Berg-)Besteigung; ⁓ Himmelfahrt (*Christi*)
ascensore [aʃ-] *m* Fahrstuhl, Lift
ascesso [aʃ-] *m* Abszeß, (Zahn-)Geschwür *n*
ascia [aʃa] *f* Axt; Beil *n*
asciugacapelli [aʃu-] *m* Fön
asciugamano [aʃu-] *m* Handtuch *n*; ~ *da bagno* Badetuch *n*; ~ *di spugna* Frottiertuch *n*
asciugare [aʃu-] (ab)trocknen, abwischen
asciutto [aʃu-] trocken; herb (*Wein*)
ascolt|are (an-, zu-)hören, hören auf; **⁓atore** *m* (Zu-)Hörer; **⁓o** *m*: *dare* ~ Gehör schenken; *stare in* ~ zuhören
asfaltato asphaltiert; *strada f asfaltata* Asphaltstraße
Àsia *f* Asien *n*
asilo *m* Asyl *n*; Zufluchtsstätte *f*
àsino *m* Esel
asma *f* Asthma *n*
aspàragi [-dʒi] *m*/*pl* Spargel
aspèrgere [-dʒ-] besprengen
asper|sione *f* Besprengung; **⁓sorio** *m* Weihwedel
aspett|are (er-, ab-)warten, warten auf; **⁓ativa** *f* Erwartung; **⁓o** *m* Aussehen *n*; Anblick; Gesichtspunkt

aspir|ante *m* Bewerber; Anwärter; **⁓apólvere** *m* Staubsauger; **⁓are** einatmen; **⁓azione** *f* Streben *n* (**a** nach)
aspirina *f* Aspirin *n*
aspro rauh; herb; sauer; holperig
assaggi|are [-dʒa-] kosten; probieren
assaggio [-dʒo] *m* (Kost-)Probe *f*
assai viel; sehr; genug
assalire überfallen; angreifen; *Krankheit*: j-n befallen
assalto *m* Überfall; Angriff
assass|inare *fig* bestürmen; **⁓inio** *m* Mord; **⁓ino** mörderisch; *m* Mörder
asse 1. *f* Brett *n*; ~ *da stiro* Bügelbrett *n* **2.** *m* Achse *f*; ~ *anteriore* (*posteriore*) Vorder-(Hinter-)achse *f*
assecondare unterstützen; *e-r Bitte* entsprechen
assediare *fig* bestürmen
assegn|are [-ɲ-] zu-, anweisen; zuteilen; zuerkennen; **⁓azione** *f* Zuweisung; Zuerkennung
assegno [-ɲo] *m* Scheck; ~ *bancario* Bankscheck; ~ *postale* Postscheck; ~ *turistico* Reisescheck; *contro* ~ gegen Nachnahme *f*
assemblea *f* Versammlung
assenso *m* Zustimmung *f*, Einwilligung *f*
assentarsi sich entfernen (**da** von)
assente abwesend

assentimento

assent|imento *m* Einwilligung *f*; **~ire** zustimmen
assenza *f* Abwesenheit
assetato durstig; *fig* gierig (**di** nach)
assicur|are (ver)sichern; sicherstellen; *Post* als Wertsendung schicken; **~arsi** sich versichern; sich vergewissern; *assicurato contro tutti i rischi* vollkaskoversichert
assicurazione *f* Versicherung; **~ dei bagagli** Reisegepäckversicherung; **~ contro gli infortuni** Unfallversicherung; **~ malattie** Krankenversicherung; **~ di responsabilità civile** Haftpflichtversicherung; **~ della tutela legale** Rechtsschutzversicherung; **~ contro tutti i rischi** Vollkaskoversicherung
assiduità *f* Ausdauer
assìduo fleißig; ausdauernd
assieme zusammen (**a** mit)
assistente anwesend; *su* Assistent(in *f*) *m*
assistenza *f* Anwesenheit; Beistand *m*, Hilfe; *Tech* Wartung; **~ meccànica** Pannenhilfe
assistere beistehen (**qu** j-m); betreuen; **~ a** beiwohnen (+ *D*)
associ|are [-tʃa-] vereinigen; **~arsi** beitreten (*e-r Gesellschaft*); **~ato** [-tʃa-] *m* Mitglied *n*; **~azione** [-tʃa-] *f* Vereinigung
assolato sonnig

assol|utamente *adv* völlig; unbedingt; **~uto** absolut; **~uzione** *f jur* Freispruch *m*; *Rel* Absolution
assòlvere freisprechen; *Schuld* begleichen; *Pflicht* erfüllen
assomigli|anza [-ʎa-] *f* Ähnlichkeit; **~are** [-ʎa-] vergleichen (**a** mit); **~arsi** (sich) ähneln
assonnato verschlafen
assorb|enti *m/pl* Damenbinden *f/pl*; **~ire** aufsaugen
assord|ante ohrenbetäubend; **~are** taub machen; taub werden
assort|imento *m* Sortiment *n*; Auswahl *f*; **~ire** sortieren; **~ito** gemischt
assue|fare gewöhnen (**a** an); **~fazione** *f* Gewöhnung (**a** an)
assùmere an-, übernehmen; an-, ein-stellen
assunzione *f* Übernahme; 2 Mariä Himmelfahrt
assurdo unsinnig, absurd
asta *f* Stange; Stab *m* (**a** *Sport*); Versteigerung
astemio *m* Abstinenzler
astenersi sich enthalten (**da** + *G*)
àstice [-tʃe] *m* Hummer
astin|ente enthaltsam; **~enza** *f* Enthaltsamkeit
astio *m* Groll
astore *m* Habicht
astratto abstrakt

astringente [-dʒ-] *Med* stopfend

astro *m* Gestirn *n*; **~nauta** *m* Astronaut; **~nave** *f* Raumschiff *n*

astuccio [-tʃo] *m* Etui *n*; Futteral *n*

ast|uto schlau; listig; **~uzia** *f* Schlauheit; List

Atlàntico *m u* **Oceàno** *m* Atlantik, Atlantische(r) Ozean

atleta *m* Athlet; **~ leggero** Leichtathlet

atlètica *f*: **~ leggera** Leichtathletik

atmosfera *f* Atmosphäre

atòmico Atom...

àtomo *m* Atom *n*

atrio *m* (Vor-)Halle *f*; *Thea* Foyer *n*

atroce [-tʃe] gräßlich; entsetzlich

attacc|apanni *m* Kleiderhaken, -ständer; **~are** anhängen; ankleben; annähen; anbinden; befestigen; angreifen; *Gespräch* anknüpfen

attacco *m* Angriff *m*, *Med* Anfall; *El* Kontakt; *Ski* Bindung *f*; **~ cardìaco** Herzanfall; **~ di sicurezza** Sicherheitsbindung *f*

attegg|amento [-dʒa-] *m* Haltung *f*; Benehmen *n*; **~arsi** sich gebärden (*a* als)

attèndere (er)warten; *Geschäften* nachgehen

attendìbile zuverlässig

attenersi: **~ a** *qc* sich an et halten

attent|are einen Anschlag machen (*a* auf); **~arsi** wagen; **~ato** *m* Attentat *n*; **~atore** *m* Attentäter

attenuare abschwächen; mildern

attenzione *f* Aufmerksamkeit; **~!** Achtung!; Vorsicht!; **fare ~ a** achten auf

atterraggio [-dʒo] *m* *Flgw* Landung *f*; **~ forzato** Notlandung *f*

atterrare zu Boden werfen; *Flgw* landen

attesa *f* Erwartung; Warten *n* (**di** auf)

attest|are bezeugen; **~ato** *m* Zeugnis *n*; *Med* Attest *n*

àttico *m* (elegante) Dachwohnung *f*

attìguo anstoßend (*a* an); Neben...

attillato enganliegend (*Kleid*)

àttimo *m* Augenblick

attirare anlocken; **~ l'attenzione su** *qc* die Aufmerksamkeit auf et lenken; **attirarsi** *qc* sich et zuziehen

attitùdine *f* Begabung (**per** für); Eignung (**a** zu)

att|ività *f* Tätigkeit; **~ivo** tätig; aktiv

atto fähig (**a** zu); *m* Tat *f*; *Thea* Akt; **atti** *pl* Akten *f/pl*

attònito erstaunt

attore *m* Schauspieler

attorno herum; *s* **intorno**

attr|arre anziehen; **~attiva** f Anziehungskraft; **~attivo** anziehend

attraversare über-, durchqueren

attraverso *adv* quer, schräg; *prp* durch

attrazione f Anziehungskraft

attrezza|re ausrüsten (*di* mit); **~tura** f Einrichtung, Ausrüstung

attrezzo *m* Gerät *n*; Werkzeug *n*; **attrezzi** *pl Thea* Requisiten *pl*

attribuire zuschreiben; beimessen

attrice [-tʃe] f Schauspielerin

attuale aktuell; gegenwärtig

attualità f Aktualität; *tornare d'~* wieder aktuell werden

attuare verwirklichen, durchführen

aud|ace [-tʃe] kühn; **~acia** [-tʃa] f Kühnheit

auditorio *m* Hörsaal

augurare wünschen

augurio *m* Glückwunsch

àula f Saal *m*

aumentare vermehren; erhöhen; zunehmen; *Preis, Fieber* steigen

aumento *m* Steigerung f; Erhöhung f; **~ stagionale** Saisonzuschlag

àureo golden

aurèola f Heiligenschein *m*

auricolare *m* Ohr-, Kopfhörer

ausiliare Hilfs-...; *m* Hilfsverb *n*

auster|ità f Strenge; **~o** streng

Australia f Australien *n*

Àustria f Österreich *n*

austrìaco österreichisch; *m* Österreicher

autentic|are beglaubigen; **~azione** f Beglaubigung

autèntico echt; glaubwürdig

autista *m* (Auto-)Fahrer, Chauffeur

auto f Auto *n*

auto... Selbst-...; **~abbronzante** *m* Selbstbräunungsmittel *n*

autoaccessori [-tʃ-] *m/pl* Autozubehör *n*

auto|adesivo selbstklebend; *m* Aufkleber; **~biografìa** f Autobiographie

àutobus *m* Autobus

auto|càravan f Wohn-, Reise-mobil *n*, Motor-Caravan *m*; **~carro** *m* Lastkraftwagen, Lkw, Laster, Lastauto *n*; **~cisterna** [-tʃ-] f Tankwagen *m*; **~corriera** f (Überland-)Bus *m*

autoffìcina [-tʃ-] f Autoreparaturwerkstatt

auto|gas *m* Autogas *n*; **~grill** *m* Rasthaus *n*; **~lavaggio** [-dʒo] *m Kfz* Waschanlage f

automàtico selbsttätig, automatisch

auto|mezzo *m* Kraftfahrzeug *n*, Auto *n*; **~mòbile** f Kraftwagen *m*, Auto *n*; **~mobilismo**

avvelenare

[-zmo] *m* Kraftfahrwesen *n*; Automobilsport; **~mobilista** *su* Kraft-, Auto-fahrer(in *f*) *m*; **~motrice** [-tʃe] *f* Triebwagen *m*; **~noleggio** [-dʒo] *m* Autovermietung *f*
autopsìa *f* Obduktion
auto|pullman *m* Reisebus; **~radio** *f* Autoradio *n*
autore *m* Verfasser; Täter; **~orévole** angesehen; maßgebend
autorimessa *f* Garage
autorità *f* Autorität; Gewalt; Ansehen *n*; *Pol* Behörde
autoritratto *m* Selbstporträt *n*
autorizza|re ermächtigen, autorisieren; **~zione** *f*: **~ speciale** Sondergenehmigung
autoscatto *m* *Fot* Selbstauslöser
auto|scuola *f* Fahrschule; **~silo** *m* Parkhaus *n*; **~soccorso** *m* Pannendienst; Rettungswagen; **~stazione** *f* Busbahnhof *m*; Autowerkstatt; **~stello** *m* Motel *n*; **~stop** *m* Autostopp; **viaggiare in ~** per Anhalter fahren; **~stoppista** *m* Anhalter; **~traghetto** [-g-] *m* Autofähre *f*; **~treno** *m* Lastzug; **~veicolo** *m* Kraftwagen; **~vettura** *f* Personen(kraft)-wagen *m*, Pkw *m*
autunnale herbstlich
autunno *m* Herbst
avambraccio [-tʃo] *m* Unterarm
avanguardia *f* Avantgarde

avanti *adv* vorn; voraus; *zeitlich* vorher; *prp a a a* vor; *cj* **che** (+ *cong*) bevor; **~!** herein!; vorwärts!; **andare ~** voran-, voraus-gehen; vorgehen (*a* Uhr); **il giorno ~** tags zuvor; **~** *m Sport* Stürmer
avantieri vorgestern
avanzare vorwärtsgehen, vorankommen, vorrücken; *j-n* befördern; übrigbleiben; *Geld* guthaben (**da qu** bei j-m)
avanzo *m* Rest; **avanzi** *pl* Überreste
avar|ìa *f* Defekt *m*; **~iato** beschädigt
avarìzia *f* Geiz *m*
avaro geizig; *m* Geizhals
avena *f* Hafer *m*
avèrcela [-tʃe-]: **~ con qu** mit j-m überworfen haben
avere haben; erhalten, bekommen; **~ vent'anni** zwanzig Jahre alt sein; **~** *m* Vermögen *n*
avia|tore *m* Flieger; **~zione** *f* Luftfahrt
avidità *f* Habsucht
àvido gierig; habgierig
aviotrasportare auf dem Luftweg befördern
avocado *m* Avocado *f*
avorio *m* Elfenbein *n*
avvantaggi|are [-dʒa-] begünstigen; **~arsi: ~ di qc** aus et Nutzen ziehen
avvelen|amento *m* Vergiftung *f*; **~are** vergiften

avvenimento

avvenimento *m* Ereignis *n*
avvenire geschehen, passieren; *m* Zukunft *f*; **per l'~** künftig
avvent|ore *m* Kunde; Stammgast; **~ura** *f* Abenteuer *n*; **~urare** wagen; **~urarsi** sich trauen, sich wagen; **~uriero** *m* Abenteurer; **~uroso** abenteuerlich
avverarsi sich bewahrheiten
avverbio *m* Adverb *n*
avver|sario *m* Gegner; **~sione** *f* Abneigung *f*; **~sità** *f* Widerwärtigkeit; **~so** ungünstig
avvert|enza *f* Vorsicht; Warnung; Bemerkung; Vorwort *n*; **~imento** *m* Warnung *f*; **~ire** warnen (*di* vor); verständigen, benachrichtigen
avviamento *m* Ingangsetzen *n*; *Kfz* Anlassen *n*, Starten *n*, Anspringen *n*
avvi|are an-, ein-leiten; einführen; in Gang setzen; *Motor* anlassen, starten; **~arsi** sich auf den Weg machen; *Motor* anspringen; **~atore** *m* Anlasser

avvicin|are [-tʃ-] heranrücken (**a** an); **~arsi** sich nähern, näher kommen
avvil|imento *m* Demütigung *f*; **~ire** demütigen
avvisare benachrichtigen; warnen
avviso *m* Bekanntmachung *f*; Anzeige *f* (*Zeitung*); Anschlag(zettel); Warnung *f*; **~ di sinistro** Schadensmeldung *f*; **~ di tempesta** Sturmwarnung *f*; **èssere d'~** der Meinung sein
avvitare an-, auf-schrauben
avvocato *m* Rechtsanwalt
avvòlgere [-dʒ-] einwickeln; (ein)hüllen (*in* in)
azalea *f* Azalie
azienda *f* Betrieb *m*; **~ di soggiorno** Verkehrs-amt *n*, -verein *m*
azion|e *f* Handlung; Tat; Aktie; **~ista** *m* Aktionär
azoto *m* Stickstoff
azzard|are, **~arsi** wagen; **~o** *m* Wagnis *n*
azzeccare erraten
azzurro blau; **~ chiaro** hellblau; **~ cupo** dunkelblau

B

babbo *m* F Papi, Papa
babordo *m* Backbord *n*
bacato wurmstichig
bacca *f* Beere; **bacche** [-ke] *pl* **di ginepro** Wacholderbeeren
baccalà *m* Stockfisch

baccano *m* Heidenlärm
bacchetta [-k-] *f* Rute; Gerte; *Mus* Taktstock *m*
bachicultura [-k-] *f* Seidenraupenzucht
baciare [-tʃa-] küssen
bacillo [-tʃ-] *m* Bazillus

bacino [-tʃ-] m Becken n (a Anat, Geogr), Schüssel f; Mar Hafenbecken n; Dock n
bacio [-tʃo] m Kuß
baco m Wurm; ~ **da seta** Seidenraupe f
badare hüten; achtgeben (a auf); sich kümmern (**a** um); besorgen (**a** + A)
badessa f Äbtissin
baffi m/pl Schnurrbart m
bagagliaio [-ʎa-] m Gepäck-wagen, -raum; Kofferraum
bagaglio [-ʎo] m Gepäck n; ~ **a mano** Handgepäck n; **in eccesso** Flgw Übergepäck n
bagn|ante [-ɲ-] m Badegast; **~are** naß machen; anfeuchten; Straßen sprengen; **~arsi** naß werden; baden; **~ato** naß; **~ino** m Bademeister
bagno [-ɲo] m Bad n; Badezimmer n; ~ **schiuma** [-skiu-] Schaumbad n; ~ **di sole** Sonnenbad n; **fare il** ~ baden
bagnolo [-ɲ-] m Med feuchte(r) Umschlag
baia f Geogr Bucht
baita f Berghütte
balbettare stottern
Balcani m/pl Balkan m
balconata f Thea Rang m
balcone m Balkon m
balena f Wal(fisch) m
balen|are blitzen; fig aufblitzen; **~io** m Wetterleuchten n
baleno m Blitz; **in un** ~ blitzschnell; im Nu
balla f (Waren-)Ballen m; fig Lüge, F Märchen n
ball|are tanzen; **~erina** f Tänzerin; Zo Bachstelze; **~erino** m Tänzer; **~etto** m Ballett n
ballo m Tanz, Ball
balneare Bade...
balordo blödsinnig
bàlsamo m Balsam
Bàltico m u **Mare** m ~ Ostsee f
balzare springen
balzo m Sprung
bambin|a f kleines Mädchen n; **~aia** f Kindermädchen n; **~o** m Kind n; kleiner Junge; **bambini** pl Kinder n/pl
bàmbola f Puppe
banana f Banane
banc|a f Bank; **~arella** f Verkaufsstand m; **~ario** Bank...; m Bankangestellte(r); **~arotta** f Bankrott m
banch|ettare [-k-] schmausen; **~etto** m Festmahl n
banchiere [-k-] m Bankier
banchina [-k-] f Kai m; e-r Straße Bankette, Randstreifen m, Standspur
banco m Bank f (Sitzmöbel u Geldinstitut); Ladentisch; Theke f; (Markt-)Stand; ~ **di sabbia** Sandbank f; **~mat** m Geldautomat; **~nota** f Banknote
banda f Bande; (Musik-)Kapelle; Streifen m; Band n; Seite (Schiff)
bandiera f Fahne, Flagge
bandito m Bandit

bar *m* Bar *f*; Stehcafé *n*; ~ **bianco** Milchbar *f*; ~ **notturno** Nachtbar *f*
bara *f* Bahre
baracca *f* Baracke, Bude
baràttolo *m* Dose *f*, Büchse *f*
barba *f* Bart *m*; **farsi la** ~ sich rasieren; **che** ~**!** wie langweilig!
barbabiètola *f* **(rossa)** rote Bete, rote Rübe
bàrbaro barbarisch
barbiere *m* Herrenfriseur
barbo *m* Zo Barbe *f*
barbone *m* Landstreicher
barca *f* Boot *n*; ~ **da pesca** Fischerboot *n*; ~ **di salvataggio** Rettungsboot *n*; ~ **a pedale** Tretboot *n*; ~ **a remi** Ruderboot *n*; ~ **a vela** Segelboot *n*
barcaiolo *m* Bootsverleiher
barella *f* Tragbahre
barile *m* Faß *n*
barista *su* Barbesitzer(in *f*) *m*; Bar-keeper *m*, -dame *f*
barocco *m* Barock *m*/*n*
baròmetro *m* Barometer *n*
barr|a *f* Stange; **~icare** verrammeln; **~iera** *f* Schranke, Sperre, Barriere
barzelletta *f* Witz *m*
base *f* Basis, Grundlage
basilica *f* Basilika
basilico *m* Basilikum *n*
basket *m* Basketball
bassezza *f* Niedrigkeit
basso niedrig; tief (*a Mus*); klein; flach (*Wasser*); ~ *m* Baß; **più** ~ tiefer (*Richtung*); **la Bassa Italia** Unteritalien *n*; ~ **ventre** *m* Unterleib; **a bassa voce** leise; **in** ~ unten; hinunter
basso|**piano** *m* Tiefebene *f*; **~rilievo** *m* Flachrelief *n*
basta! genug!; Schluß!
bastare genügen, reichen
bastimento *m* Schiff *n*
baston|**are** (ver)prügeln; **~ate** *f*/*pl* Prügel *pl*
bastoncino *m* Skistock; **bastoncini** *pl* **al formaggio** Käsestangen *f*/*pl*
bastone *m* Stock
batista *f* Batist *m*
battaglia [-ʎa] *f* Schlacht
battelliere *m* Bootsführer
battello *m* Boot *n*
battente *m* (Tür-, Fenster-) Flügel; Türklopfer
bàttere schlagen; klopfen; stoßen; ~ **le mani** in die Hände klatschen; ~ **i denti** mit den Zähnen klappern; ~ **(a màcchina)** tippen; ~ **in testa** klopfen (*Motor*)
bàtter|**sela** sich aus dem Staube machen; **~si** kämpfen
batteri *m*/*pl* Bakterien *pl*
batteria *f* El Batterie; *Mus* Schlagzeug *n*
bat|**tésimo** *m* Taufe *f*; **~tezzando** [-dz-] *m* Täufling; **~tezzare** [-dz-] taufen
batti|**coda** *m* Zo Bachstelze; **~cuore** *m* Herzklopfen *n*
battistero *m* Taufkapelle *f*

bernòccolo

bàttito *m* Schlagen *n*; ~ **in testa** Klopfen *n* (*des Motors*)
battuta *f* Schlag *m*; *Mus* Takt *m*
baule *m* Koffer; *Kfz* Kofferraum
bavarese bayrisch; *su* Bayer(in *f*) *m*; *f* Cremespeise
bàvero *m* Kragen
Baviera *f* Bayern *n*
beat|itùdine *f* (Glück-)Seligkeit; **~o** (glück)selig
bebè *m* Baby *n*
beccaccia [-tʃa] *f* *Zo* Schnepfe
beccare picken
becco *m* Schnabel; ~ **a gas** Gasbrenner
befana *f* *Rel* Dreikönige *m*/*pl*, Dreikönigsfest *n*
beff|a *f* Spott *m*; **~ardo** spöttisch; *m* Spötter; **~arsi**: ~ **di qu** j-n verspotten
belare blöken; meckern
belga belgisch; *su* Belgier(in *f*) *m*
Belgio [-dʒo] *m* Belgien *n*
bellezza *f* Schönheit; *che* **~!** wie schön!
bèllico Kriegs...
bellino niedlich, hübsch
bello schön; *m* Schöne *n*; *bell'è fatto* bereits getan
belva *f* wildes Tier *n*
belvedere *m* Aussichtspunkt
benché [-ke] (+ *cong*) obwohl
benda *f* Binde; ~ **elàstica** Elastikbinde; ~ *per scottature* Brandbinde

bend|aggio [-dʒo] *m* Verband; **~are** zu-, ver-binden
bene gut; wohl; ~! schön!; *va* **~!** in Ordnung!, einverstanden!; ~ *m* Gut *n*; Wohl *n*
benedetto gesegnet; geweiht
bene|dire segnen; weihen; **~dizione** *f* Segen *m*
beneducato wohlerzogen
bene|fattore *m* Wohltäter; **~ficare** wohltun; helfen; **~ficenza** [-tʃ-] *f* Wohltätigkeit; **~ficio** [-tʃo] *m* Wohltat *f*
benèfico wohltuend
benemèrito wohlverdient
benèssere *m* Wohlbefinden *n*; Wohlstand
bene|stante wohlhabend, **~volenza** *f* Wohlwollen *n*
benèvolo wohlwollend
benigno [-no] gütig
beninteso selbstverständlich
benissimo sehr gut, bestens
bensì wohl aber
benvenuto willkommen; *m* Willkommen *n*; *dare il* ~ *a qu* j-n willkommen heißen
benzina *f* Benzin *n*; ~ *normale* Normalbenzin *n*; ~ *senza piombo* bleifreies Benzin *n*; *far* ~ tanken
benzinaio *m* Tankwart
bere trinken
berlina *f* Limousine
berlinese berlinisch; *su* Berliner(in *f*) *m*
Berlino *f* Berlin *n*
Berna *f* Bern *n*
bernòccolo *m* Beule *f* (*am Kopf*)

2 *Uni Ital.*

berretto

berretto m Mütze f, Kappe f
bersaglio [-ʎo] m Ziel(scheibe f) n
besciamella [-ʃa-] f Béchamelsoße
bestemmi|a f Fluch m; **~are** fluchen
besti|a f Tier n; **~ale** bestialisch; **~alità** f Roheit; **~ame** m Vieh n
betulla f Birke
bevanda f Getränk n; **bevande** pl **alcòliche** Spirituosen pl
bevitore m Trinker
biancheria [-k-] f Wäsche; **~ ìntima** Leibwäsche; **~ da letto** Bettwäsche
bianco weiß; **cavallo** m Schimmel; **in ~** unbeschrieben; Kochk in Butter; Fisch gekocht; **~ m d'uovo** Eiweiß n
biancospino m Weißdorn
biasimare tadeln
biàsimo m Tadel
Bibbia f Bibel
bìbita f (Erfrischungs-)Getränk n
biblioteca f Bibliothek, Bücherei
bicarbonato m: **~ di sodio** (doppeltkohlensaures) Natron n
bicchiere [-k-] m (Trink-) Glas n; **~ da acqua** Wasserglas n; **~ da vino** Weinglas n
bicicletta [-tʃ-] f Fahrrad n; **andare in ~** radfahren
bidone m Kanister; **~ di benzina** Benzinkanister
biella f Pleuelstange
biètola f Mangold m
biforc|arsi sich gabeln; **~azione** f Gabelung, Abzweigung
bigiotteria [-dʒot-] f Modeschmuck m
bigliett|aio [-ʎe-] m (Fahr-) Kartenverkäufer; **~eria** f Fahrkartenschalter m; Thea usw Kasse
biglietto [-ʎe-] m Fahrkarte f; Fahrschein; Eintrittskarte f; (Geld-)Schein; Zettel; **~ aèreo** Flugschein; **~ sémplice** einfache Fahrkarte f; **~ di andata e ritorno** Rückfahrkarte f; **~ d'ingresso** Eintrittskarte f; **~ di posto prenotato** Platzkarte f; **~ di banca** Banknote f; **~ per cuccette** Liegewagenkarte f; **~ per il vagone letto** Bettkarte f; **fare il ~** die Fahrkarte lösen
bignè [biɲe] m Windbeutel
bigodini m/pl Lockenwickler
bikini m Bikini
bilan|cia [-tʃa] f Waage; Hdl Bilanz; **~ciare** [-tʃa-] ausgleichen; Reifen auswuchten; fig abwägen; **~cio** [-tʃo] m Bilanz f
bile f Galle
biliardo m Billard n
bimb|a f kleines Mädchen n; **~o** m kleiner Junge
bimotore m zweimotoriges Flugzeug n

binario *m* Gleis *n*
binòcolo *m* Fernglas *n*
biondo blond
birillo *m* Kegel; *giocare a birilli* kegeln
biro *f* Kugelschreiber *m*
birra *f* Bier *n*; *~ chiara* helles Bier; *~ scura* dunkles Bier; *~ in bottiglia* Flaschenbier *n*; *~ in lattina* Dosenbier *n*; *~ al malto* Malzbier *n*; *~ alla spina* Bier vom Faß
bis! noch einmal!; da capo!
bisbigli|are [-zbiʎa-] flüstern; **~o** [-zbiʎo] *m* Geflüster *n*, Gezischel *n*
biscia [-ʃa] *f* Natter
biscottini *m*/*pl* Plätzchen *n*/*pl*
biscotto *m* Zwieback; *biscotti pl* Gebäck *n*, Keks(e) *m*
bisestile: *anno ~* Schaltjahr *n*
bisogna [-ɲa] man muß; man braucht; es ist nötig (*che* daß); *non ~* man darf nicht
bisogno [-ɲo] *m* Bedürfnis *n*; Not *f*; *al ~* im Notfall; *nel ~* in der Not; *secondo il ~* je nach Bedarf; *avere ~ di qc* et brauchen; *~so* bedürftig; *m* Notleidende(r)
bistecca *f* (Beef-)Steak *n*; *~ ai ferri* Grillsteak *n*; *~ alla milanese* Wiener Schnitzel *n*; *~ alla tartara* Tartarbeefsteak
bitter *m* Magenbitter
bivio *m* Abzweigung *f*, Gabelung *f*; *fig* Scheideweg *m*
bizzarro wunderlich

bomba

bizzeffe: *a ~* in Hülle und Fülle
blocc|are (ab)sperren; anhalten, stoppen; blockieren; **~arsi** sich verklemmen; **~asterzo** *m* *Kfz* Lenkradschloß *n*
blocco *m* Block; Sperre *f*; Stopp; Blockade *f*; *~ stradale* Straßensperre *f*; *~ da disegno* Zeichenblock
blu blau; **~astro** bläulich
blusa *f* Bluse
bobina *f* Spule
bocca *f* Mund *m*; Maul *n*; Mündung
bocce [-tʃe] *f*/*pl* Boccia *n* (Spiel)
boccia [-tʃa] *f* Kugel (Boccia)
bocciolo [-tʃɔ-] *m* Bot Knospe *f*
bocconcino [-tʃ-] *m* Leckerbissen
boccone *m* Bissen
bolla *f* Blase
bollare stempeln
bollente heiß, kochend
boll|etta *f*: *~ di spedizione* Paketkarte; **~ettino** *m*: *~ meteorològico* Wetterbericht
boll|ire kochen; **~ito** gekocht; *m* gekochtes (Rind-) Fleisch *n*; Suppenfleisch *n*
bollo *m* Stempel; *~ postale* Poststempel
Bolzano *n* Bozen *n*
bomba *f* Bombe; *~ atòmica* Atombombe

bómbola

bómbola f: ~ **di gas** Gasflasche
bomboletta f: ~ **spray** Spraydose
bonaccia [-tʃa] f Windstille
bontà f Güte
bora f kalter Nordostwind m
borbottare murmeln; *Magen* knurren
bordo m (Schiffs-)Rand; Kante f; Einfassung f; **a** ~ an Bord; **a** ~ **di una Fiat** in e-m Fiat
bòrea m (kalter) Nordwind
borgata f Ortschaft; Vorort m
borghese [-g-] bürgerlich; **in** ~ in Zivil
borgo m Weiler; Vorstadt m
borotalco m Körperpuder
borsa f Beutel m; (Hand-, Akten-)Tasche; *Hdl* Börse; ~ **da toilette** Kulturbeutel m; ~ **da viaggio** Reisetasche; ~ **di plàstica** Plastiktüte; ~ **dell'acqua calda** Wärmflasche; ~ **di studio** Stipendium n
borsaiolo m Taschendieb
borseggio [-dʒo] m Taschendiebstahl
bors|ellino m Geldbörse f; ~**etta** f Handtasche f
bosco m Wald; ~**so** bewaldet
bosso m Buchsbaum
botta f Schlag m
botte f Faß n
bottega f Laden m; Werkstatt f
botteghino [-g-] m (Theater-, Kino-)Kasse f
bottiglia [-ʎa] f Flasche

bottiglieria [-ʎe-] f Wein- und Spirituosenhandlung
bottone m Knopf; *Bot* Knospe f; ~ **automàtico** Druckknopf
box m Box f
bozza f Entwurf m
braccialetto [-tʃa-] m Armband n; Uhrarmband n
bracci|o [-tʃo] m (*pl* **le braccia**) Arm; ~**olo** [-tʃɔ-] f Armlehne f
brace f: **alla** ~ vom Holzkohlengrill
braciola [-tʃɔ-] f Rumpsteak n, Kotelett n
brandello m Fetzen
brano m Abschnitt, Stück n (*in e-m Text*)
brasato geschmort; m Schmorbraten
Brasile m Brasilien n
bravo tüchtig; gut
breccia [-tʃa] f Schotter m
Brènnero m Brenner
bretelle f/pl Hosenträger m/pl
brev|e kurz; ~**etto** m Patent n; ~**ità** f Kürze
brezza f Brise
bricco (Kaffee-, Tee-)Kanne f
briciola [-tʃo-] f Krume
briglia [-ʎa] f Zaum m; Zügel m
brill|ante glänzend; m Brillant; ~**are** glänzen
brina f (*Tau*) Reif m
brindare: ~ **alla salute di qu** auf j-s Wohl trinken

brìndisi m Trinkspruch
brioche [bri'ɔʃ] f Hefegebäck n
brìvido m Schauder; **brìvidi** pl Schüttelfrost m
brocca f Krug m
brodo m Fleischbrühe f; ~ **di pollo** Hühnerbrühe f; ~ **all'uovo** Bouillon f mit Ei
bron|chi [-ki] m/pl Bronchien f/pl; **~chiale** [-k-]: **catarro del** ~ Bronchialkatarrh; **~chite** [-k-] f Bronchitis
brontol|are brummen; **~one** m Brummbär
bronzo m Bronze f
bru|ciare [-tʃa-] (ver)brennen; **~ciore** [-tʃo-] m: ~ **di stòmaco** Sodbrennen m
bruco m Raupe f
brulicare wimmeln
bruno braun; brünett
brusco herb; barsch; plötzlich
brùscolo m (Staub-)Körnchen n
bru|tale brutal; **~talità** f Brutalität; **~to** roh
bruttezza f Häßlichkeit
brutto häßlich; schlecht, schlimm; ~ **tempo** m schlechtes Wetter m
buc|a f: ~ **delle lèttere** Briefkasten m; **~are** durchlöchern
bucatini m/pl kurze Makkaroni
bucato m Wäsche f; **dare in** ~ in die Wäsche geben
buccia [-tʃa] f Schale; Haut

buco m Loch n
budino m Pudding
bue m (pl **buoi**) Ochse
bùfalo m Büffel
buffè, buffet m Büfett n
buff|o komisch; **~one** m Hanswurst; Spaßvogel
bugia [-dʒ-] f Lüge
bugiardo [-dʒa-] verlogen; m Lügner
buio dunkel
Bulgarìa f Bulgarien
bùlgaro bulgarisch; m Bulgare
bullone m Bolzen
bùngalow m Bungalow
buona|notte gute Nacht; **~sera** guten Abend
buon|giorno [-dʒor-] guten Tag; **~gustaio** m Feinschmecker
buono gut; **a buon mercato** billig; ~ m Gutschein; ~ **di benzina** Benzingutschein
burattino m (Kasperle-)Puppe f
burl|a f Scherz m; **~arsi**: **di qu** sich über j-n lustig machen
burrasca f Sturm m
burro m Butter f; **al** ~ in Butter
burrone m Schlucht f
bussare klopfen
bùssola f Kompaß m
busta f Futteral n, Etui n; (Brief-)Umschlag m; ~ **per posta aèrea** Luftpostumschlag m
bustarella f Schmiergeld n

busto *m* Oberkörper; Büste *f*

buttar|e werfen; **~ via** wegwerfen; **~si** sich stürzen

C

cabina *f* Kabine; **~ singola** Einzelkabine; **~ esterna** Außenkabine; **~ interna** Innenkabine; **~ telefònica** Telefonzelle; **~ a due letti** Zweibettkabine

cacao *m* Kakao

cacci|a [-tʃa] *f* Jagd; **~agione** [-dʒ-] *m* Wildbret *n*; **~are** [-tʃa] jagen; *j-n* vertreiben; *Nagel* einschlagen; **~atora** *f*: *Kochk* **alla ~** nach Jägerart; **~atore** *m* Jäger; **~avite** *m* Schraubenzieher

cacio [-tʃo] *m* Käse

cadàvere *m* Leichnam

cadente baufällig

cadere fallen

caduta *f* Fall *m*; Sturz *m*; **~ sassi** *od* **massi** Steinschlag *m*

caffè *m* Kaffee; Stehcafé *n*, Cafeteria *f*; **~ corretto** Kaffee mit Schnaps; **~ decaffeinato** koffeinfreier Kaffee; **~ macchiato** Kaffee mit wenig Milch

caffeìna *f* Koffein *n*; **senza ~** koffeinfrei

caff|ellatte *m* Milchkaffee; **~ettiera** *f* Kaffeekanne

cagna [-ɲa] *f* Hündin

cala *f* kleine Bucht

calabrese kalabrisch

Calabria *f* Kalabrien *n*

calabrone *m* Hornisse *f*

calamaro *m* Tintenfisch

calamità *f* Unglück *n*

calamita *f* Magnet *m*

calare herablassen; senken; *Sonne* untergehen; *Mond* abnehmen; *Preise* sinken

calcagno [-ɲo] *m* Ferse *f*

calce [-tʃe] *f* Kalk *m*

calciatore [-tʃa-] *m* Fußballspieler, -baller

calcio [-tʃo] *m* Fußtritt; *Chem* Kalzium *n*; *Sport* Fußball (*Spiel*); **~ di punizione** Freistoß; **~ di rigore** Elfmeter, Strafstoß

calco *m* Abdruck

calcola|re rechnen; berechnen; einkalkulieren; **~trice** [-tʃe] *f* (Taschen-)Rechner *m*

càlcolo *m* (Be-)Rechnung *f*; *Med* **~ biliare** Gallenstein; **~ renale** Nierenstein

caldo warm; heiß; *m* Wärme *f*; Hitze *f*; **fa ~** es ist heiß; **ho ~** mir ist warm, heiß

calendario *m* Kalender

càlice [-tʃe] *m* Kelch

calle *f* Gasse (*bsd in Venedig*)

callo *m* Hühnerauge *n*; Schwiele *f*

calma *f* Stille; Ruhe

calm|ante *m* Beruhigungsmittel *n*; **~are** beruhigen; *Schmerz, Durst* stillen; **~arsi**

campeggio

sich beruhigen; *Schmerz, Wind* nachlassen
calmo ruhig; still
call|ore m Wärme f; Hitze f; **~orìfero** m Zentralheizung f
calpestare zertrampfen; *Rasen* betreten
calunni|a f Verleumdung; **~are** verleumden
calvario m Kreuzweg
calvo kahl(köpfig)
calza f Strumpf m
calzare Schuhe anziehen, tragen; passen
calza|maglia [-ʎa] f Strumpfhose; **~toio** m Schuhanzieher; **~tura** f Schuhwerk n
calz|ettone m Kniestrumpf; **~ino** m Socke f; **~olaio** m Schuster, Schuhmacher
calz|oncini [-tʃ-] m/pl: **~ da bagno** Badehose f; **~oni** m/pl Hose f
cambi|ale f Hdl Wechsel m; **~amento** m Änderung f; Wechsel; **~ climàtico** Klimaveränderung f; **~are** (um-, aus-)wechseln; ändern (um)tauschen; *Esb usw* umsteigen; *Kfz* schalten; **~arsi** sich umziehen
cambio m Wechsel m; Tausch; Geldwechsel; (Wechsel-)Kurs; *Kfz* (Gang-)Schaltung f; *Tech* Getriebe n; **~ automàtico** Automatik-Getriebe n; **~ dell'olio** Ölwechsel; **~ di una ruota** Reifenwechsel; *in ~* statt dessen
càmera f Zimmer n; **~ sìngola** Einzelzimmer n; **~ doppia** Doppelzimmer n; **~ a due letti** Zweibettzimmer n; **~ d'aria** (Luft-)Schlauch m; **senza ~ d'aria** schlauchlos (*Reifen*)
camerata *su* Kamerad(in f) m
camer|iera f Zimmermädchen n; Kellnerin; **~iere** m Kellner, Ober
camicetta [-tʃ-] f Bluse
camicia [-tʃa] f (Ober-)Hemd n; **~ sportiva** Sporthemd n; **~ con mànìche corte (lunghe)** Hemd mit kurzem (langem) Arm; **~ da notte** Nachthemd n
caminetto m Kamin
càmion m Lastwagen, Laster, Lkw
cammello m Kamel(haar n) n
cammin|are gehen, laufen, wandern; **~o** m Weg
camomilla f Kamille
camoscio [-ʃo] m Gemse f; Wildleder n
campagna [-ɲa] f Land n
campagnolo [-ɲo-] f Jeep m; **alla ~ Kochk** nach Bauernart
campana f Glocke
campanello m (kleine) Glocke f; Klingel f; **~ notturno** Nachtglocke f; **sonare il ~** klingeln
campanile m Gockenturm
campeggia|re [-dʒa-] campen, zelten; **~tore** m Camper
campeggio [-dʒo] m Camping n, Zelten n; Zelt-, Cam-

camper 40

ping-platz; ~ *invernale* Wintercamping *n*
camper *m* Wohnmobil *n*, Campingbus
campionato *m* Meisterschaft *f*; ~ *mondiale* Weltmeisterschaft *f*
campione *m* Muster *n* (*senza valore* ohne Wert); *Sport* Meister
campo *m* Feld *n*; Lager *n*; *fig* Gebiet *n*; ~ *giochi* Spielplatz; ~ *sportivo* Sportplatz; ~ *di calcio* Fußballplatz; ~ *da golf* Golfplatz; ~ *di minigolf* Minigolfplatz; ~ *di nudisti* FKK-Gelände *n*; ~ *di tennis* Tennisplatz
camposanto *m* Friedhof
Cànada *m* Kanada *n*
canadese kanadisch; *su* Kanadier(in *f*) *m*
canale *m* Kanal; Meerenge *f*
cànapa *f* Hanf *m*
canarino *m* Kanarienvogel
cancellare [-tʃ-] (aus)löschen; (aus)streichen; ausradieren; absagen
cancello [-tʃ-] *m* Gittertor *n*; Flugsteig
cancro *m* *Med* Krebs
candel|a *f* Kerze; Zündkerze; **~iere** *m* Leuchter
canditi *m/pl* kandierte Früchte *f/pl*
cane *m* Hund
canestro *m* Korb
canna *f* Rohr *n*; Spazierstock *m*; (Gewehr-)Lauf *m*; ~ (*da pesca*) Angelrute

cannella *f* Zimt *m*
cannocchiale [-k-] *m* Fernrohr *n*, Fernglas *n*
cannuccia [-tʃa] *f* Trink-, Stroh-halm *m*
canoa *f* Kanu *n*; Paddelboot *n*; ~ *pieghévole* Faltboot *n*
canottaggio [-dʒo] *m* Rudern *n*
canottiera *f* Unterhemd *n*; Trikot *n*
canotto *m* Boot *n*; ~ *pneumático* Schlauchboot *n*; ~ *di salvataggio* Rettungsboot *n*
cant|ante *su* Sänger(in *f*) *m*; **~are** singen; *Hochamt* zelebrieren; *Hahn* krähen; **~autore** *m* Liedermacher
cantiere *m* Baustelle *f*; Werft *f*
cantina *f* Keller *m*
canto *m* **1.** Gesang; Lied *n*; ~ *popolare* Volkslied *n*; **2.** Ecke *f*; Kante *f*; Seite *f*; *dal ~ mio* meinerseits
cantoniera *f* Straßenwärter-, Bahnwärter-haus *n*
canz|one *f* Lied *n*; **~oniere** *m* Liederbuch *n*
C.A.P. *m* (*Codice di Avviamento Postale*) PLZ (*Postleitzahl*)
capac|e [-tʃe] tüchtig, fähig; imstande (*di* zu); **~ità** [-tʃ-] *f* Fassungsvermögen *n*; Tüchtigkeit, Fähigkeit
capanna *f* Hütte
capell|o *m* Haar *n*; *capelli pl* Haar(e *pl*) *n*; *Kochk capelli d'àngelo* Fadennudeln *f/pl*

capire verstehen, begreifen
capitale hauptsächlich; f Hauptstadt; m Kapital n
capitano m Kapitän
capitare zufällig kommen; geschehen, vorkommen
capitolo m Kapitel n
capo m Kopf; Haupt n; (An-)Führer; Chef; Geogr Kap n; Stück n (Wäsche, Kleidung); oberes Ende n Spitze f; ~ **d'anno** Neujahr n; **da** ~ noch einmal, von vorne; **in** ~ **alla strada** am Anfang der Straße
capo|cameriere m Oberkellner; **~cuoco** m Küchenchef; **~danno** m Neujahr n; **~giro** [-dʒ-] m Med Schwindel; **~lavoro** m Meisterwerk n; **~linea** m Endstation f, Endhaltestelle f; **~luogo** m Haupt-ort, -stadt f (e-s Gebiets); **~stazione** m Bahnhofsvorsteher
capote f Kfz Verdeck n
capotreno m Zugführer
capovól|gere [-dʒ-] umkehren; stürzen; **~gersi** [-dʒ-] umkippen; kentern; **~to** verkehrt
cappella f Kapelle
cappelletti m/pl mit Fleisch gefüllter Nudelteig in Hütchenform
cappello m Hut; ~ **di paglia** Strohhut; ~ **da sole** Sonnenhut; **mettersi il** ~ den Hut aufsetzen; **tògliersi il** ~ den Hut abnehmen

càpperi m/pl Kapern f/pl
cappotta f s capote
cappotto m Mantel
cappuccio [-tʃo] m Kapuze f
capr|a f Ziege; **~etto** m Böckchen n; Zicklein n
capr|iccio [-tʃo] m Laune f; **~iccioso** [-tʃo-] launisch
capriolo m Reh n
càpsula f Kapsel
carabiniere m Karabiniere (*italienischer Gendarm*)
caraffa f Karaffe
caramella f Bonbon m/n
caràttere m Charakter; Merkmal n; Buchstabe; Schrift f
caratteristico charakteristisch, typisch
càravan m Wohnwagen
caravanning m Caravaning n
carbone m Kohle f
carburante m Brennstoff, Treibstoff
carburatore m Vergaser
carcassa f Gehäuse n; Gerippe n
carcer|are [-tʃ-] einsperren; **~ato** m Häftling
càrcere [-tʃ-] m Gefängnis n
carceriere [-tʃ-] m Gefängniswärter
carciofini [-tʃo-] m/pl: ~ **e funghetti** sott'olio Artischockenherzen n/pl und Pilze in Öl
carciofo [-tʃɔ-] m Artischocke f
cardellino m Stieglitz
cardinale Haupt...; m Kardi-

càrdine 42

nal; **nùmero** m ~ Grundzahl f; **punto** m ~ Himmelsrichtung f
càrdine m (Tür-)Angel f
cardiotònico m Herzmittel n
cardo m Distel f
carestìa f Mangel m, Not f
carezza f Liebkosung
cariato hohl (Zahn)
càrica f Amt n; Ladung f
caricabatterìe m El Ladegerät n
caric|are (be)laden; Uhr aufziehen; El (auf)laden; fig aufbürden; **~arsi** auf sich laden
càrico beladen; m Last f; Fracht f; Ladung f
carino hübsch
carità f Barmherzigkeit; **per ~!** um Gottes willen!
carne f Fleisch n; **~ freddda** kalter Braten m; **~ tritata** Hackfleisch n
carnevale m Karneval, Fasching
caro teuer; lieb
carota f Mohrrübe, Karotte
carpa f Karpfen m
carpentiere m Zimmermann
carré m Kochk Rippenstück n
carreggiata [-dʒa-] f Fahrbahn; Fahrdamm m
carrello m Fahrgestell n; Einkaufswagen; **~ portabagagli** Kofferkuli
carr|etta f, **~etto** m Karren m; **~iera** f Laufbahn, Karriere; **~iola** f Schubkarren m
carro m Wagen, Fuhrwerk n; **~ attrezzi** Abschleppwagen
carrozza f Kutsche; Wagen m; Esb ~ **cuccette** Liegewagen m; **~ diretta** Kurswagen m; **~ letti** Schlafwagen m; **~ ristorante** Speisewagen
carrozz|ella f Kinderwagen m; **~eria** f Karosserie; **~ina** f Kinderwagen m; **~ino** m Beiwagen (am Motorrad)
carta f Papier n; Speisekarte; **~ assegni** Scheckkarte; **~ (geogràfica)** Landkarte; **~ telefònica** Telefonkarte (für das Kartentelefon); **~ igiènica** Toilettenpapier n; **~ stradale, ~ automobilìstica** Straßenkarte; **~ verde** grüne Versicherungskarte; **~ d'argento** Seniorenpaß m; **~ da gioco** Spielkarte; **~ d'identità** Personalausweis m; Flgw **~ d'imbarco** Bordkarte; **~ lèttere** Briefpapier n; **~ da pacchi** Packpapier n
cart|ella f Mappe; Aktentasche; **~ellino** m Zettel; Etikett n; Schild n
cartello m Plakat n; **~ stradale** Straßenschild n
cartòccio [-tʃo] m Tüte f; Kochk **al ~ in** der Folie gebraten
cartolerìa f Schreibwarengeschäft n
cartolina f Postkarte; **~ postale** (bereits frankierte) Postkarte; **~ illustrata** Ansichtskarte; **~ sémplice** gewöhnliche Postkarte

cartone *m* Pappe *f*; Karton; *cartoni pl animati* Zeichentrickfilm *m*
cartuccia [-tʃa] *f* Patrone
casa *f* Haus *n*; *a ~* zu Hause, nach Hause; *a ~ mia* bei mir (*zu Hause*); *Kochk alla ~* nach Art des Hauses; *~ editrice* Verlag *m*; *seconda ~* Zweitwohnung; *~ unifamiliare* Einfamilienhaus *n*; *~ per le vacanze* Ferienhaus *n*
casalin|ga *f* Hausfrau; *Kochk alla ~* nach Hausfrauenart; *~go* häuslich; hausgemacht; *cucina f casalinga* Hausmannskost; *pane ~* selbstgebackenes Brot *n*; *casalinghi m/pl* Haushaltswaren *f/pl*
cascare fallen; (ein)stürzen
cascata *f* Wasserfall *m*
casco *m* (Sturz-)Helm; Trokkenhaube *f*
casella *f* Fach *n*; *~ postale* Postfach *n*
casello *m* Maut-stelle *f*, -häuschen (*an der Autobahn*)
casereccio [-tʃo] hausgemacht; *Brot* selbstgebacken
casinò *m* Spielkasino *n*
caso *m* Zufall; Fall; *~ d'emergenza* Notfall; *per ~* zufällig; *a ~* aufs Geratewohl; *in ogni ~* auf jeden Fall; *nel ~ che* (+ *cong*) falls
cassa *f* Kasse; Kasten *m*; Kiste; (Uhr-)Gehäuse *n*; Sarg *m*; Trommel; *~ malattia* Krankenkasse; *~ di risparmio* Sparkasse
cassaforte *f* Safe *m*, Geldschrank *m*
cassata *f* Cassata (*Eis mit kandierten Früchten*)
càssero *m* Achterdeck *n*
casseruola *f* Kasserolle
cassetta *f* Kästchen *n*; Kassette; *~ postale* od *delle lèttere* Briefkasten *m*; *~ di pronto soccorso* Verbandskasten *m*
cassetto *m* Schublade *f*; *Kfz ~ portaoggetti* Handschuhfach *n*
cassettone *m* Kommode *f*
cassiere *m* Kassierer
castagn|a [-ɲa] *f* Kastanie; *~o* [-ɲo] *m* Kastanie(nbaum *m*) *f*
castano kastanienbraun
castello *m* Burg *f*, Schloß *n*
castig|are (be)strafen; *~o m* Strafe *f*
castoro *m* Biber
casuale zufällig
catalizzatore *m* Katalysator; *~ a tre vie* Dreiwegekatalysator
catàlogo *m* Katalog; Verzeichnis *n*
cataplasma [-zma] *m* Med Umschlag
catarifrangente [-dʒ-] *m* Rückstrahler, Katzenauge *n*
catarro *m* Katarrh; *~ intestinale* Darmkatarrh
catasta *f* Stapel *m*, Haufen *m*
catàstrofe *f* Katastrophe
categorìa *f* Kategorie; Rang

catena 44

m; Klasse; ~ **di prezzi** Preisklasse
caten|a *f* Kette; **catene** *pl* **da neve** Schneeketten; **~accio** [-tʃo] *m* Riegel
cateratta *f* Stromschnelle
catino *m* Schüssel *f*; Becken *n*
catrame *m* Teer
càttedra *f* Katheder *n*, Pult *n*
cattedrale *f* Dom *m*; Kathedrale
cattivo schlecht; böse
cattòlico katholisch; *m* Katholik
cattura *f* Verhaftung
catturare verhaften, festnehmen
caucciù [-tʃu] *m* Kautschuk
causa *f* Ursache; *fig* Sache; *jur* Prozeß *m*; **far** ~ einen Prozeß anstrengen; **a** ~ **di** wegen; **per** ~ **sua** seinetwegen
caus|ale *f* Beweggrund *m*; **~are** verursachen
cautela *f* Vorsicht
cauto vorsichtig
cauzione *f* Kaution
cava *f* Grube; Steinbruch *m*
cavalc|are reiten; **~ata** *f* Ritt *m*
cavalcavìa *m* Bahn-, Straßen-überführung *f*
cavaliere *m* Reiter; Ritter
cavall|a *f* Stute; **~etta** *f* Heuschrecke; **~etto** *m* Gestell *n*; *Fot* Stativ *n*; *Mal* Staffelei *f*
cavallo *m* Pferd *n*; ~ **da corsa** Rennpferd *n*; ~ **vapore** Pferdestärke *f*; **andare a** ~ reiten

cavar|e herausnehmen; ausreißen; *Zahn* ziehen; **~sela** davonkommen; zurechtkommen (**con** mit)
cavatappi *m* Korkenzieher
caverna *f* Höhle
cavia *f* Meerschweinchen *n*; *fig* Versuchskaninchen *n*
caviale *m* Kaviar
caviglia [-ʎa] *f* Dübel *m*; *Anat* Fessel, Knöchel *m*
cavità *f* Höhlung; Höhle
cavo hohl; *m* Kabel *n*; Seil *n*; ~ **d'accensione** Zündkabel *n*; ~ **di avviamento** Starthilfekabel *n*; ~ **di rimorchio** Abschleppseil *n*
cavolfiore *m* Blumenkohl
càvolo *m* Kohl; ~ **bianco (rosso)** Weiß-(Rot-)kohl; ~ **rapa** Kohlrabi; ~ **verzotto** Wirsingkohl; ~ **di Bruxelles** Rosenkohl
ce uns
C.E. *f* (*Comunità Europea*) EG (*Europäische Gemeinschaft*)
c'è [tʃɛ] es gibt, (es) ist
ceci [tʃe:tʃi] *m/pl* Kichererbsen *f/pl*
Cecoslov|acchia [tʃekozlo-'vak-k-] *f* Tschechoslowakei; **~acco** tschechoslowakisch; *m* Tschechoslowake
cèdere [tʃ-] abtreten; (zurück)weichen; nachgeben
cedro [tʃ-] *m* Zeder *f*
cèfalo [tʃ-] *m* Meeräsche *f*
ceffo [tʃ-] *m* Schnauze *f*; **~ne** *m* Ohrfeige *f*

celare [tʃ-] verbergen
celebr|are [tʃ-] feiern; **~azione** f Feier(lichkeit)
cèlebre [tʃ-] berühmt
celebrità [tʃ-] f Berühmtheit
cèlere [tʃ-] schnell
celerità [tʃ-] f Geschwindigkeit
celeste [tʃ-] himmlisch; himmelblau
cèlibe [tʃ-] ledig (*Mann*); m Junggeselle
cella [tʃ-] f Zelle (*Kloster*, *El*)
cèllula [tʃ-] f *Biol* Zelle
cement|are [tʃ-] zementieren; betonieren; *fig* festigen; **~o** m Zement; **~ armato** Eisen-, Stahl-beton
cen|a [tʃ-] f Abendessen n; **~àcolo** m *Mal* Abendmahl n; **~are** zu Abend essen
cencio [tʃentʃo] m Lappen; Lumpen
cénere [tʃ-] f Asche; **le Céneri** Aschermittwoch m
cenno [tʃ-] m Zeichen n; Wink; **fare ~ a qu** j-m zuwinken
cent|enario [tʃ-] hundertjährig; m Hundertjahrfeier f; **~ésimo** hundertste; m Hundertstel n; **~ìgrado** m Grad Celsius; **~ìmetro** m Zentimeter(maß n) m; **~inaio** m Hundert n; etwa hundert
cento [tʃ-] hundert; **5 per ~** 5 Prozent
centr|ale [tʃ-] zentral; Haupt-; *Geogr* Mittel-; f Zentrale; **~ elèttrica** Kraftwerk n; **~alino** m Telefonzentrale f; Vermittlung f
centro [tʃ-] m Mittelpunkt; **~ (città)** Stadtmitte f, (Stadt-)Zentrum n; Innenstadt f; **~ stòrico** Altstadt f
ceppo [tʃ-] m Baumstumpf; Klotz; *fig* Stamm
cera [tʃ-] f Wachs n; *fig* Aussehen n; **~ sòlida** Hartwachs n; **~ da scarpe** Schuhcreme; **avere buona (cattiva) ~** wohl (schlecht) aussehen; **~lacca** f Siegellack m
ceràmica [tʃ-] f Keramik
cerata [tʃ-] f *Mar* Ölzeug n
cerc|a [tʃ-] f: **in ~ di** auf der Suche nach
cercare [tʃ-] suchen; versuchen (**di +** *inf* zu)
cerchi|a [tʃerk-] f *fig* Kreis m; **~o** m *Math*, *fig* Kreis; *Sport* Reifen; **~one** m Felge f
cereali [tʃ-] m/pl Getreide n
cerimonia [tʃ-] f Zeremonie; Feier; **ceremonie** pl Umstände m/pl
cerimonioso [tʃ-] förmlich
cerino [tʃ-] m Wachszündholz n
cerniera [tʃ-] f Scharnier n
cero [tʃ-] m Altarkerze f
cerotto [tʃ-] m Pflaster n; **~ adesivo** Heftpflaster n
certezza [tʃ-] f Gewißheit
certificare [tʃ-] bestätigen; bescheinigen
certificato [tʃ-] m Zeugnis n; Bescheinigung f; Schein; **~ mèdico** ärztliches Attest n; **~ di vaccinazione** Impfpaß

certo [tʃ-] gewiß; sicher
cervellata [tʃ-] f Zervelatwurst
cervello [tʃ-] m Gehirn n; *Kochk* Hirn n; *fig* Verstand
cervo [tʃ-] m Hirsch; ~ **volante** Hirschkäfer
cespuglio [tʃespu:ʎo] m Strauch
cess|are [tʃ-] aufhören; **~ione** f Abtretung
cestino [tʃ-] m Körbchen n; Papierkorb; ~ **da viaggio** Lunchpaket n
cesto [tʃ-] m Korb
cetriolo [tʃ-] m Gurke f; **cetrioli pl in agrodolce** Gewürzgurken f/pl
Cfc m/pl (clorofluorocarburi) FCKW (Fluorchlorkohlenwasserstoffe)
charter [tʃ-] m Charterflug; **~** Chartermaschine f
chassis [ʃa-] m Fahrgestell n; Rahmen (Fahrrad)
che [ke] welche(r), welches; was für ein; die, die, das; *cj* daß; *nach dem Komparativ* als; ~ (**cosa**)? was?; **ciò** ~ (das) was
check-in [tʃek'in] m *Flgw* Abfertigung f
chi [ki] wer; (A) wen; **di ~?** wessen?; **a ~?** wem?
chiàcchiera [kiak-k-] f Geschwätz n; **far due chiàcchiere** ein Schwätzchen halten
chiacchier|are [kiak-k-] plaudern; **~ata** f Plauderei

chiamare [k-] rufen; nennen; *Tel* anrufen; **andare a ~** holen; *Tel* **~ in teleselezione** durchwählen
chiamarsi [k-] heißen
chiamata [k-] f Ruf m; *Tel* Anruf m; ~ **interurbana** Ferngespräch n; **d'emergenza** Notruf m; ~ **via radio** Reiseruf m
chiar|ezza [k-] f Helligkeit; *fig* Klarheit; **~ificare**, **~ire** klären, klarstellen
chiaro [k-] klar; hell; deutlich; ~ **di luna** Mondschein; ~ **d'uovo** Eiweiß n; **méttere in ~** klarstellen
chiasso [k-] m Lärm; **fare ~** Lärm machen; *fig* Aufsehen erregen
chiave [k-] f Schlüssel m (a *Mus*); **d'accensione** Zündschlüssel m; ~ **d'automòbile**, ~ **della màcchina** Auto-, Wagen-schlüssel m; ~ **inglese** Schraubenschlüssel m
chiav|etta [k-] f, **a ~ d'accensione** Zündschlüssel m; **~istello** m Riegel
chic [ʃik] schick; m Schick
chicco [k-] m (Kaffee-)Bohne f; Hagelkorn n; ~ **d'uva** Weinbeere f
chièdere [k-] verlangen; fragen (**di** nach); bitten
chiesa [k-] f Kirche
chilo [k-] m Kilo n; **mezzo ~** halbes Kilo; ein Pfund n; **~grammo** m Kilogramm n;

~metraggio [-dʒo] *m* Kilometer-zahl *f*, -stand
chilòmetro [k-] *m* Kilometer; **~ all'ora** Stundenkilometer; **~ quadrato** Quadratkilometer
chilowatt [k-] *m* Kilowatt
chìmic|a [k-] *f* Chemie; **~o** chemisch; *m* Chemiker
chin|a [k-] *f* Abhang *m*; **~are** neigen; **~arsi** sich bücken
chinino [k-] *m* Chinin *n*
chino [k-] *m* gebeugt
chiòcciola [kiɔt-tʃo-] *f* (Weinberg-)Schnecke *f*; (**scala** *a f*) **~** Wendeltreppe
chiodo [k-] *m* Nagel; **~ di garòfano** Gewürznelke *f*
chiosco [k-] *m* Kiosk; **~ di giornali** Zeitungs-kiosk, -stand
chiostro [k-] *m* Kreuzgang; Kloster *n*
chirur|gìa [kirurdʒ-] *f* Chirurgie; **~go** *m* Chirurg
chissà [k-] wer weiß; vielleicht
chitarra [k-] *f* Gitarre
chiùdere [k-] schließen; **~ a chiave** ab-, zuschließen
chiunque [k-] wer auch immer
chiuso [k-] geschlossen, zu
chiusura [k-] *f* (Ver-)Schluß *m*; Schließung; *Kfz* **~ centralizzata** Zentralverriegelung; **~ lampo** Reißverschluß *m*
choc [ʃɔk] *m* Schock
choke [tʃok] *m Kfz* Choke
ci [tʃi] *pron* uns; *adv* hier(her),

dort(hin); **~ penso** ich denke daran; **~ sono** es gibt; es sind; **~ vuole** man braucht
cialda [tʃa-] *f* Waffel
ciao [tʃa-] Grüß dich!; hallo!; *beim Abschied* Tschüß!; Servus!
ciascuno [tʃa-] jeder(mann)
cibo [tʃ-] *m* Speise *f*; Nahrung *f*; Kost *f*; **~ pronto** Fertiggericht *n*
cicala [tʃ-] *f* Zikade
cicatrice [tʃikatri:tʃe] *f* Narbe
cicca [tʃ-] *f* Stummel *m* (*Zigarette, Zigarre*); P Kaugummi *m*
cicl|ismo [tʃiklizmo] *m* Radsport; **~ista** *su* Radfahrer(in *f*) *m*, Radrennfahrer *m*; **~omotore** *m* Moped *n*; **~opista** *f* Radweg *m*; **~oturismo** [-z-] *m* Radwandern *n*
cicogna [tʃiko:ɲa] *f* Storch *m*
cicoria [tʃ-] *f* Chicorée *m/f*
cieco [tʃɛ-] blind; *m* Blinde(r)
cielo [tʃɛ-] *m* Himmel
cifra [tʃ-] *f* Ziffer; **~ d'affari** Umsatz *m*
ciglio [tʃiʎo] *m* (*pl* **le ciglia**) Wimper *f*
cigno [tʃiɲo] *m* Schwan
ciliegi|a [tʃiliɛ:dʒa] *f* Kirsche; **~o** [-dʒo] *m* Kirschbaum
cilin|drata [tʃ-] *f* Hubraum *m*; **~dro** *m Tech* Zylinder (*a Hut*), Walze *f*
cima [tʃ-] *f* Spitze; Gipfel *m*; Wipfel *m*; **da ~ a fondo** von oben bis unten
cìmice [tʃi:mitʃe] *f* Wanze

ciminiera [tʃ-] f Schornstein m, Esse

cimitero [tʃ-] m Friedhof

Cina [tʃ-] f China n

cinciallegra [tʃintʃa-] f Kohlmeise

cinema [tʃ-] m Kino n

cinematogràfico [tʃ-] Film...; Kino...

cinese [tʃ-] chinesisch; *su* Chinese m, Chinesin f

cinghia [tʃing-] f Riemen m; Gurt m; ~ **trapezoidale** Keilriemen m

cinghiale [tʃing-] m Wildschwein n; ~ **in salmì** Wildschweinragout m

cinque [tʃ-] fünf; **£cento** m *in der Kunst* 16. Jahrhundert m

cintura [tʃ-] f Gürtel m; ~ **di salvataggio** Rettungsgürtel m; ~ **di sicurezza** Sicherheitsgurt m

cinturino [tʃ-] m Uhrarmband n

cinturato m *Kfz* Gürtelreifen m

ciò [tʃɔ] das, dies; **a** ~ hierzu; daran; ~ **che** (das) was; **oltre a** ~ außerdem

ciocca [tʃ-] f Büschel n; (Haar-)Strähne

cioccola|ta [tʃo-] f Schokolade (*a Getränk*); **~tini** m/pl Pralinen f/pl; **~to** m Schokolade f

cioè [tʃoɛ] das heißt

cióndolo [tʃo-] m Anhänger (*Schmuck*)

ciòttolo [tʃo-] m Kieselstein

cipoll|a [tʃ-] f Zwiebel; **~ina** f Schnittlauch m; **cipolline** pl **sott'aceto** Silber-, Perl-zwiebeln

cipresso [tʃ-] m Zypresse f

cipria [tʃ-] f Puder m

circa [tʃ-] ungefähr, etwa

circo [tʃ-] m Zirkus

circolare [tʃ-] **1.** verkehren; umlaufen; **2.** kreisförmig; *viaggio* m ~ Rundreise f; *biglietto* m ~ Rundreisekarte f; **3.** f *Autobus* Ringlinie f

circolazione [tʃ-] f Verkehr m; Umlauf m; ~ **rotatoria** Kreisverkehr m; ~ (**del sangue**) (Blut-)Kreislauf m

circolo [tʃ-] m Kreis; Klub

circondare [tʃ-] umgeben, einzäunen

circonvallazione [tʃ-] f Umgehungsstraße

circostanza [tʃ-] f Umstand m; Lage

circùito [tʃ-] m (Strom-)Kreis; *corto* ~ Kurzschluß

cisterna [tʃ-] f Zisterne; Tank m

citare [tʃ-] zitieren; *jur* vorladen

citòfono [tʃ-] m Sprechanlage f

città [tʃ-] f Stadt; ~ **giardino** Gartenstadt; ~ **vecchia** Altstadt

cittadin|a [tʃ-] f Kleinstadt; **~anza** f Staatsangehörigkeit; **~o** städtisch; m Städter; (Staats-)Bürger

ciuffo [tʃu-] m Schopf; Büschel n

civetta [tʃ-] f Käuzchen n
civico [tʃ-] städtisch; **nùmero** m ~ Hausnummer f
civile [tʃ-] bürgerlich; zivil; höflich
civiltà [tʃ-] f Kultur; Zivilisation; Anstand m
clàcson m Hupe f
clamoroso lärmend, laut; *fig* aufsehenerregend
clandestino heimlich; **passeggiero** ~ blinder Passagier
classe f Klasse; ~ **turìstica** Touristenklasse; **prima** ~ erste Klasse; **di gran** ~ erstklassig
clàssico klassisch; m Klassiker
classìfica f Sport Tabelle, Rangliste
clavìcola f Schlüsselbein n
clem|ente mild; gnädig, **~enza** f Milde; Gnade
clero m Geistlichkeit f, Klerus
cliente su Kunde m, Kundin f; Gast m (im Hotel, Restaurant)
clientela f Kundschaft
clim|a m Klima n; **~àtico** klimatisch
clìnica f Klinik
clip m Klipp, Klips
clistere m Med Einlauf
cloro m Chlor n
club m Klub, Verein; ~ **alpino** Alpenverein
coagularsi gerinnen
Coca(-cola) f (Coca-)Cola

coccinella [-tʃ-] f Marienkäfer m
coccio [-tʃo] m Scherbe f
cocco m Kokosnuß f
coccodrillo m Krokodil (-leder n) n
cocktail m: ~ **di latte** Milchmixgetränk n, -shake; ~ **di scampi** Krabbencocktail; **àbito m da** ~ Cocktailkleid n
cocómero m Wassermelone f
coda f Schwanz m; Schleppe; Astr Schweif m; **fare la** ~ Schlange stehen, anstehen; **in** ~ am Ende (des Zuges)
codesto der (die, das) da
còdice [-tʃe] m Gesetzbuch n; ~ **stradale**, ~ **della strada** Straßenverkehrsordnung f; ~ **di avviamento postale** Postleitzahl f
coetàneo gleichaltrig; m Altersgenosse
còfano m Motorhaube f
cògl|iere [-ʎe-] pflücken; ergreifen; *Gelegenheit* benutzen; *Sinn* erfassen
cognàc [-ɲ-] m Kognak
cogn|ata [-ɲ-] f Schwägerin; **~ato** m Schwager
cognizione [-ɲ-] f Kenntnis
cognome [-ɲ-] m Familienname
coincidenza [-tʃ-] f Zufall m; Esb Anschluß m
coincidere [-tʃ-] zs.-treffen, zs.-fallen
coinvòlgere [-dʒ-] verwickeln (*in* in)

colazione f, *a prima* ~ Frühstück n; *far* ~ frühstücken
colei die da
colera m Cholera f
còlica f Kolik; ~ *biliare (renale)* Gallen-(Nieren-)Kolik
colla f Leim m, Klebstoff m
collabor|are mitarbeiten; **~atore** m Mitarbeiter; **~azione** f Zusammenarbeit
collana f Halskette
collant [kɔ'lã] m Strumpfhose f
collare m Halsband n (*Hund*)
collasso m Med Kollaps
colle m Hügel; (*Gebirgs-*)Paß
collega su Kollege m, Kollegin f
collegamento m Verbindung f; ~ *aereo (ferroviario)* Flug-(Zug-)Verbindung
collegare verbinden
còllera f Zorn m; *andare in* ~ in Zorn geraten
collettivo gemeinsam
colletto m Kragen
collezione f Sammlung
collina f Hügel m
collirio m Augentropfen m/pl
collisione f Zusammenstoß m, Kollision
collo m Hals; Kragen
collocamento m Aufstellung f; Unterbringung; *ufficio di* ~ Arbeitsamt m
collocare stellen; legen; unterbringen
colloquio m Unterredung f
collutorio m Mundwasser n

colmare (voll)füllen (*di* mit)
colmo voll; m Gipfel (*a fig*)
colomb|a f Taube; **~ario** m Grabkammer f
colonna f Säule; ~ *vertebrale* Wirbelsäule
color|ante m: *senza* ~ ohne Farbstoff; **~ato** farbig, bunt
colore m Farbe f; *a colori* bunt, Farb-...
coloro die da pl
colp|a f Schuld; *per* ~ *tua* deinetwegen; **~évole** schuldig
colpire treffen; schlagen
colpo m Schlag; Stich; Schuß; ~ *apoplèttico* Schlaganfall; ~ *di calore* Hitzschlag; ~ *di sole* Sonnenstich; ~ *di telèfono* kurzer Anruf
coltellata f Messerstich m
coltello m Messer n
coltiv|are Feld bestellen; anbauen; fig pflegen; **~azione** f Anbau m
colto gebildet; kultiviert
coltura f Agr Anbau m
colui der(jenige), der da
comandare befehlen; Hdl bestellen; Tech steuern; antreiben
comando m Befehl; Tech Steuerung f; Antrieb
com|bàttere (be)kämpfen; **~battimento** m Kampf
combin|are verbinden; vereinbaren; zusammenpassen; **~azione** f Zusammenstellung; fig Zufall m
combustìbile m Brennstoff

come wie; ~ **me** wie ich; ~ **se** als ob; ~ **mai?** wieso?
cometa f Komet m
còmico komisch; F ulkig
cominciare [-tʃa-] anfangen, beginnen (**a** zu)
comit|ato m Ausschuß; Komitee n; **~iva** f Gesellschaft; (Reise-)Gruppe
commèdia f Lustspiel n, Komödie
comment|are erläutern, **~atore** m Kommentator, **~o** m Erläuterung f; Kommentar
commerci|ale [-tʃa-] Handels...; Geschäfts...; **~ante** [-tʃa-] m Geschäftsmann, Händler, Kaufmann
commercio [-tʃo] m Handel; ~ **èstero** Außenhandel
commess|a f Verkäuferin; **~o** m Verkäufer
commestibil|e eßbar; **~i** m/pl Eßwaren f/pl
commèttere Fehler, Verbrechen begehen
commiss|ariato m: ~ **di polizia** Polizeireivier n; **~ario** m Kommissar; **~ione** f (Kommission; Besorgung)
commosso gerührt, ergriffen
commozione f Rührung; ~ **cerebrale** Gehirnerschütterung
commuòvere bewegen; rühren
comò m Kommode f
comodino m Nachttisch
comodità f Bequemlichkeit,

Komfort m; **con tutta** ~ ganz bequem
còmodo bequem; komfortabel; gemütlich; m Bequemlichkeit f; **con** ~ in Ruhe
compagna [-ɲa-] f Kameradin, Gefährtin
compagnìa f (-ɲ-] f Gesellschaft; ~ **aèrea** Fluggesellschaft; ~ **di navigazione** Schiffahrtsgesellschaft, Reederei
compagno [-ɲo] m Kamerad, Gefährte; Hdl Teilhaber; Partner; ~ **di viaggio** Reisegefährte
compar|àbile vergleichbar (**a** mit); **~are** vergleichen (**a** mit); **~azione** f Vergleich m
comparire erscheinen
compartimento m Esb Abteil n; ~ **per (non) fumatori** (Nicht-)Raucherabteil n
compassione f Mitleid n
compasso m Zirkel m
compatire bemitleiden
compatriota su Landsmann m, -männin f
com|pensare ausgleichen, belohnen; entschädigen; **~penso** m Entschädigung f; Belohnung f; **in** ~ zur Belohnung; dafür
compe|tente fachkundig; zuständig; **~tenza** f Sachkenntnis; Befugnis; Zuständigkeit
competizione f Wett-kampf m, -streit m
compiac|ente [-tʃ-] gefällig,

compiacenza 52

~enza f Gefälligkeit; Wohlgefallen n; **~ere** gefällig sein; zufriedenstellen
cómpiere tun, vollbringen; erfüllen; abschließen
compilare zusammenstellen; verfassen
compl|imento m Vollendung f; Abschluß; Erfüllung f; **~ire** s cómpiere
compitare buchstabieren
còmpito m Aufgabe f
compleanno m Geburtstag
complementare Ergänzungs...; zusätzlich
complemento m Ergänzung f
complessivo Gesamt...; umfassend
complesso komplex; kompliziert; m Gesamtheit f; Komplex (a Med)
com|pletamente ganz, völlig; **~pletare** vervollständigen; **~pleto** vollständig; voll; besetzt; belegt; m Anzug
complic|are erschweren; **~ato** kompliziert; **~azione** f Komplikation; Schwierigkeit
complim|entare beglückwünschen (**per** zu); **~ento** m Kompliment n; **complimenti** pl a Umstände; **complimenti!** gratuliere!
comp|orre zs.-setzen; bilden; **~orsi** bestehen (**di** aus)
comport|amento m Verhalten n; **~are** mit sich bringen; **~arsi** sich benehmen

compos|itore m Komponist; **~izione** f Zusammensetzung; *Mus* Komposition
comp|osta f Kompott n; **~osto** zs.-gesetzt; geordnet
compr|a f (Ein-)Kauf m; **~are** kaufen
comprèndere begreifen; umfassen, enthalten
comprensione f Verständnis n
compreso: tutto ~ alles inbegriffen
compressa f Tablette
comprìmere zs.-drücken
compromesso m Kompromiß
compromèttere gefährden; kompromittieren, bloßstellen
computer m Computer
comunale Gemeinde...; kommunal
comune gewöhnlich; üblich; gemeinsam; allgemein; **in ~** gemeinsam; **non ~** ungewöhnlich; **~** m Gemeinde(amt) f n; **~mente** gewöhnlich
comunicare mitteilen; bekanntgeben; verbunden sein (**con** mit)
comunicazione f Mitteilung; *Esb, Tel* Verbindung; **~ internazionale** Auslandsgespräch n; **~ interurbana** Ferngespräch n
comunione f Gemeinschaft; Gemeinde; *Rel* Abendmahl n; Kommunion

comunità *f* Gemeinschaft

comunque (+ *cong*) wie auch immer

con mit; durch; ~ **questo caldo** bei dieser Hitze

conato *m*: ~ **di vòmito** Brechreiz

concèdere [-tʃ-] zugeben; gewähren; erlauben

concentr|are [-tʃ-] zs.-ziehen; ~**arsi** sich konzentrieren; ~**azione** *f* Konzentration

concep|ìbile [-tʃ-] denkbar; ~**ìre** Verdacht, Hoffnung schöpfen

concèrnere [-tʃ-] betreffen

concerto [-tʃ-] *m* Konzert *n*

concessione [-tʃ-] *f* Zugeständnis *n*; Konzession

concetto [-tʃ-] *m* Begriff; Gedanke; Meinung *f*

conchiglia [-kiːʎa] *f* Muschel

concili|are [-tʃ-] (**conciliarsi**) sich versöhnen; ~**azione** *f* Versöhnung; ~**o** *m* Konzil *n*

conciso [-tʃ-] kurz, gedrängt

concittadino [-tʃ-] *m* Mitbürger

concl|ùdere beschließen; folgern; ~**usione** *f* Schluß(folgerung *f*) *m*; Abschluß *m*; ~**usivo** entscheidend

concord|anza *f* Übereinstimmung; ~**are** verabreden; vereinbaren; übereinstimmen

concordia *f* Eintracht

concorr|ente *m* Mitbewerber; ~**enza** *f* Konkurrenz

concórrere beitragen (**a** zu); sich bewerben (**a** um)

concorso *m* Wettbewerb

concussione *f* Erpressung

condanna *f* Verurteilung

condann|àbile strafbar; ~**are** verurteilen (**a** zu); verwerfen

condens|are verdichten; ~**atore** *m* Kondensator

cond|imento *m* Gewürz *n*; ~**ire** würzen; ~**ito** gewürzt

condiscendente [-ʃ-] nachgiebig

condivìdere billigen; *Ansicht* teilen

condizionale bedingt; *m Gr* Konditional

condizione *f* Bedingung; Zustand *m*; Lage; **a** ~ **che** (+ *cong*) unter der Bedingung, daß

condoglianze [-ʎa-] *f/pl*: **fare le** ~ **a qu** j-m sein Beileid aussprechen

condotta *f* Benehmen *n*; Führung; Leitung

con|ducente [-tʃ-] *m* (Kraft-)Fahrer; ~**durre** führen; *Fahrzeug* fahren, lenken; ~**dursi** sich benehmen; ~**duttore** *m* Führer; Fahrer; *Esb* Schaffner; *Phys* Leiter; ~**duttura** *f* Leitung; ~ **della benzina** Benzinleitung

confeder|ale Bundes-; ~**arsi** sich verbünden; ~**ato** *m* Verbündete(r); ~**azione** *f* Bund(esstaat) *m*

confer|enza f Besprechung; Konferenz; Vortrag m; **~enziere** m Vortragende(r)

conferm|a f Bestätigung; **~are** bestätigen; bekräftigen

confess|are gestehen; **~arsi** beichten; **~ione** f Geständnis n; Beichte f; **~ore** m Beichtvater

confett|o m Bonbon m/n; **~ura** f Konfitüre

confezionare Ware ein-, ver-packen; *Kleidung* anfertigen

confezione f Verpackung; Konfektion

confid|are anvertrauen; vertrauen (*in* auf); **~enza** f Vertrauen n; **~enziale** vertraulich

configurare darstellen

confin|are angrenzen (*con* an); **~ario** Grenz...

confine m Grenze f

confiscare beschlagnahmen

conflitto m Konflikt

confluire zs.-fließen; münden (*in* in)

confóndere verwirren; verwechseln

conformare anpassen

conforme gleichlautend; übereinstimmend; **~ a** gemäß

confort m Komfort

confortare trösten; ermutigen; stärken

confortévole komfortabel, bequem; behaglich

confort|o m Trost; Ermutigung f

confrontare gegenüberstellen, vergleichen

confronto m Vergleich; **a ~ di** im Vergleich zu

conf|usione f Unordnung; Durcheinander n; Verwirrung; **~uso** verworren; verlegen

conged|are [-dʒ-] verabschieden; entlassen; beurlauben; **~arsi** sich verabschieden (*da* von)

congedo m Abschied; Entlassung f; Urlaub

congela|rsi [-dʒ-] einfrieren; gefrieren; **~to** tiefgefroren; **~tore** m Tiefkühltruhe f

congestione f Stau m (im Straßenverkehr); *Med* Blutandrang m

congiùng|ere [-dʒundʒ-] verbinden; **~ersi** sich vereinigen; sich treffen

congiunt|ivite [-dʒu-] f Bindehautentzündung; **~ivo** m *Gr* Konjunktiv

congiun|tura [-dʒu-] f Verbindung(sstelle); *Hdl* Konjunktur; *Anat* Gelenk n; **~zione** f Verbindung; *Gr* Bindewort n

congratul|arsi gratulieren (*con qu per qc* j-m zu et); **~azione** f Gratulation; Glückwunsch m

congressista su Kongreßteilnehmer(in f) m

congresso m Kongreß

congruente übereinstimmend

cònico kegelförmig

conifere f/pl Nadelhölzer n/pl

coniglio [-λο] m Kaninchen n

coniug|are konjugieren; **~azione** f Konjugation

còniuge [-dze] su Ehepartner(in f) m; **coniugi** pl Ehepaar n, Eheleute pl

connazionale su Landsmann m, -männin f

cono m Kegel

conosc|ente [-ʃ-] m Bekannte(r); **~enza** f Kenntnis; Bekanntschaft

conóscere [-ʃ-] kennen(lernen)

conoscitore [-ʃ-] m Kenner

conosciuto [-ʃu-] bekannt

conqu|ista f Eroberung; **~istare** erobern; **~istatore** m Eroberer

consacr|are weihen; widmen; **~azione** f Weihe

consapévole bewußt; unterrichtet (**di** von)

consecutivo aufeinanderfolgend

consegna [-ɲa] f Übergabe; (Ab-)Lieferung; **~ bagagli** Gepäckausgabe

consegnare [-ɲa-] übergeben; (aus)liefern; aufgeben (*Brief, Gepäck*)

consegu|enza f Folge; **~ire** folgen, sich ergeben

consenso m Zustimmung f; Einvernehmen n

consentire zustimmen; erlauben; zugeben

conserv|a f *Kochk* Konserve; **~ante** m Konservierungsmittel n; **~are** aufbewahren

consider|are betrachten; erwägen; berücksichtigen; **tutto considerato** alles in allem; **~azione** f Betrachtung; Überlegung; **~évole** beträchtlich

consigli|are [-ʎa-] raten; empfehlen; **~arsi** sich beraten (**con** mit); **~ere** [-ʎε-] m Ratgeber; Rat

consiglio [-ʎo] m Rat; Ratschlag

consistere bestehen (**in**, **di** aus)

consol|are trösten; *fig* stärken; **~ato** m Konsulat n; **~azione** f Trost m; Freude

cónsole m Konsul

consolidare festigen

consonante f Konsonant m, Mitlaut m

consorte su Gatte m, Gattin f

constatare feststellen

consueto gewohnt

consult|are befragen; um Rat fragen; nachschlagen in (*e-m Buch*); **~azione** f Beratung; *Med* Untersuchung; **consultazioni** pl Sprechstunde f (*beim Arzt*)

con|sumare verbrauchen; verzehren (*a fig*); **~sumazione** f Verzehr m; **~sumo** m Verbrauch; Konsum

contàbile m Buchhalter

contabilità *f Hdl* Buchhaltung
contachilòmetri [-k-] *m* Kilometerzähler, Tachometer
contad|ina *f* Bäuerin; **~ino** *m* Bauer
contagioso [-dʒo-] ansteckend
contagiri [-dʒi-] *m* Drehzahl-, Touren-messer
contant|e bar; **~i** *m/pl* Bargeld *n*; **in ~** bar
contare zählen; rechnen; gelten
contatore *m*; **~ elèttrico** Stromzähler; **~ del gas** Gasuhr *f*
contatto *m* Berührung *f*; Kontakt (*a El*)
conte *m* Graf
conteggiare [-dʒa-] (be-)rechnen
conteggio [-dʒo] *m* Berechnung *f*
contempl|are betrachten; **~azione** *f* Betrachtung
contemporàneo zeitgenössisch; *m* Zeitgenosse
contèndere streitig machen
conten|ere enthalten; **~ersi** sich beherrschen
contenitore *m* Behälter, Container
content|are zufriedenstellen; **~arsi** sich begnügen (**di** mit)
contento zufrieden (**di** mit); froh
contenuto *m* Inhalt
contessa *f* Gräfin
contest|are anfechten; bestreiten; **~azione** *f* Pro-test(bewegung *f*) *m*; Anfechtung
contiguo angrenzend (**a** an)
continentale kontinental, festländisch
continente *m* Kontinent, Erdteil; Festland *n*
continuamente ständig
continuare fortsetzen; fortfahren (**a** + *inf* zu); weiterfahren; *Straße* weitergehen (**fino a** bis); (an)dauern
continuazione *f* Fortsetzung; **~ del viaggio** Weiterfahrt
contìnuo (an)dauernd; **di ~** fortwährend
conto *m* Rechnung *f*; Konto *n*; **~ corrente** Girokonto *n*; **~ corrente postale** Postscheckkonto *n*; **rèndere ~ di qc** über et Rechenschaft ablegen; **rèndersi ~ di qc** sich über et im klaren sein; **tener ~ di qc** et berücksichtigen
contorn|o *m* Umriß; *Kochk* Beilage *f*; **contorni** *pl* Umgebung *f*
contrabban|diere *m* Schmuggler; **~do** *m* Schmuggel
contraccambiare sich erkenntlich zeigen für; *Grüße* erwidern
contradd|ire widersprechen; **~izione** *f* Widerspruch *m*
contraffare nachmachen; fälschen
contrari|are *Pläne* durch-

kreuzen; *j-n* ärgern; **~età** *f/pl* Unannehmlichkeiten

contrario entgegengesetzt; ungünstig; schädlich; *vento m ~* Gegenwind; *essere ~* dagegen sein; *al ~* im Gegenteil; *in caso ~* andernfalls

contrarre zusammenziehen; *Freundschaft* schließen; *Krankheit* bekommen, sich zuziehen

contr|astare widersprechen (**con** + D); im Gegensatz stehen (**con** zu); **~asto** *m* Gegensatz, Kontrast

contrattempo *m* Zwischenfall

contratto *m* Vertrag

contrav|venire zuwiderhandeln (*a* + D); **~venzione** *f* Übertretung; gebührenpflichtige Verwarnung

contri|buire beitragen (*a* zu); mithelfen (*a* bei); **~buto** *m* Beitrag; **~buzione** *f* Beitrag *m*, Beitragen *n*

contro gegen; wider

controindicazione *f Med* Gegenanzeige

controfiletto *m* Rippenstück *n*, Rumpsteak *n*

controllare kontrollieren

controllo *m* Kontrolle *f*; **~doganale** Zollkontrolle *f*; **~ (dei) passaporti** Paßkontrolle *f*

controllore *m* Schaffner; Kontrolleur

controsenso *m* Widerspruch

coperta

contusione *f* Quetschung; Prellung

convalesc|ente [-ʃ-] genesend; *m* Genesende(r); **~enza** *f* Genesung

convalidare bestätigen

convegno [-ɲo] *m* Zusammenkunft *f*; Stelldichein *n*; Treffpunkt

conven|iente passend (*a* zu), angemessen; günstig; **~ienza** *f* Anstand *m*; **~ire** zusammenkommen; übereinstimmen; vereinbaren; passen, günstig sein (*a* für); **~irsi** sich schicken (*a* für)

convento *m* Kloster *n*

convenzione *f* Abkommen *n*; Vereinbarung

convers|are sich unterhalten (*di qc* über et)

conversazione *f* Unterhaltung; Gespräch *n* (*a Tel*); **~urbana** (**interurbana**) Orts-(Fern-)gespräch *n*

con|vincere [-tʃ-] überzeugen (*di* von); **~vinzione** *f* Überzeugung

convivere zs.-leben

convocare einberufen; zs.-rufen

convulsione *f* Krampf *m*

cooper|are mitwirken; beitragen (*a* zu); **~ativa** *f* Genossenschaft

coperchio [-k-] *m* Deckel

coperta *f* (Bett-)Decke; *Mar* Deck *n*; *~ di lana* Wolldecke; *~ di poppa* (*di prua*) Achter-(Vorder-)deck *n*

coperto überdacht; *Himmel* bedeckt; *m* Gedeck *n*

copert|one *m* Plane *f*; *Kfz* (Reifen-)Mantel; **~ura** *f* Deckung

copia *f* Abschrift, Kopie; Nachbildung; Exemplar *n*; *Fot* Abzug *m*; **~trice** [-tʃe] *f* Kopierer *m*, Kopiergerät *n*

copi|are abschreiben (**da** von), kopieren, nachbilden

coppa *f* Becher *m*, Kelch *m*, Pokal *m*, *Sport a* Cup *m*; *Kfz* Radkappe; **~ di gelato** (**con frutta**) Eisbecher *m* (mit Früchten)

coppia *f* Paar *n*

copri|capo *m* Kopfbedeckung *f*; **~costume** *m* Strandkleid *n*; **~fuoco** *m* Ausgangssperre *f*

coprir|e (be-, zu-)decken (*di* mit); **~si** sich anziehen (*di* bene sich warm anziehen

coraggio [-dʒo] *m* Mut; *pèrdersi di ~* den Mut verlieren; **~so** mutig

corallo *m* Koralle *f*

corazza *f* Rüstung; Panzer *m*

corda *f* Seil *n*; Leine; Schnur; Sehne; *Mus* Saite; **~ vocale** Stimmband *n*

cord|ame *m* *Mar* Tauwerk *n*; **~ata** *f* Seilschaft

cordial|e herzlich; **~ità** *f* Herzlichkeit; *pl* herzliche Grüße *m/pl*

cordone *m* Schnur *f*; *El* Kabel *n*

coricarsi sich hinlegen; zu Bett gehen; untergehen (*Sonne*)

cornacchia [-kia] *f* Krähe

còrnea *f* Hornhaut

cornetto *m* Hörnchen *n*, Croissant *m*; Eis *n* in Waffeltüte

cornice [-tʃe] *f* Rahmen *m*; Gesims *n*

corno *m* Horn *n*; Geweih *n*; Beule *f* (*Stirn*); **~ da scarpe** Schuhanzieher

coro *m* Chor

corona *f* Krone; Kranz *m*

corpo *m* Körper; **~ di ballo** Ballett(truppe *f*) *n*

corpora|le körperlich; **~tura** *f* Körperbau *m*; **~zione** *f* Körperschaft; Zunft

corpulento beleibt

Corpus Dòmini *m* Fronleichnam(sfest *n*)

corred|are ausstatten (*di* mit); **~o** *m* Ausstattung *f*

corrègg|ere [-dʒ-] verbessern; **~ersi** sich bessern

corrente fließend; *fig* gängig; *Monat*, *Jahr* laufend; *f* Strom *m* (*a El*); Strömung (*a fig*); **~ alternata** Wechselstrom *m*; **~ continua** Gleichstrom *m*; **~ d'aria** Zugluft; *c'è ~* es zieht; *èssere al ~* auf dem laufenden sein

córrere laufen; rennen; fahren; *Straße* verlaufen; *Wasser* fließen; **~ in aiuto** zu Hilfe eilen; **~ pericolo** Gefahr laufen

corr|etto korrekt, richtig,

tadellos; **~ezione** f Verbesserung; Korrektur
corridoio m Gang, Flur, Korridor; *Mar* Zwischendeck n
corridore m Läufer; Rennfahrer
corr|iera f (Überland-)Bus m; **~iere** m (Eil-)Bote; Kurier; Post f; *a volta di ~* umgehend
corris|pondente m Berichterstatter; **~pondenza** f Briefwechsel m; *(aus-, eingehende)* Post; Übereinstimmung; **~póndere** entsprechen (*a* + *D*); übereinstimmen (*a* mit); im Briefwechsel stehen
corrómpere bestechen, *fig* verderben
corruzione f Bestechung
corsa f Lauf(en n) m; Rennen n; Fahrt f; *corse pl* Pferderennen n; *~ automobilistica* (*ciclistica*) Auto-(Rad-)rennen n; *pèrdere la ~* den Zug (*od* Bus) verpassen; *di ~* schnell, rasch
corsetto m Korsett n
corsia f Fahrspur; *Sport* Bahn; *~ di sorpasso* (*di emergenza*) Überhol-(Stand-)spur; *a tre corsìe* dreispurig
Còrsica f Korsika f
corso m Lauf, Kurs(us) m, Lehrgang; Verlauf; *Hdl* Kurs; Boulevard; *~ estivo* (*d'italiano*) Ferien-(Italienisch-)kurs; *~ di lingue* (*di

sci*) Sprach-(Ski-)kurs
corte f Hof m; Gericht(shof m) n
corteccia [-tʃa] f Rinde
cort|èo m Gefolge n; Geleit n; **~ese** se höflich; **~esìa** f Höflichkeit; Gefälligkeit; *per ~* bitte
cortile m Hof
cortina f Vorhang m
corto kurz; *~ di vista* kurzsichtig; *~ di mente* (geistig) beschränkt; *tagliar ~* es kurz machen; **~circùito** m Kurzschluß; **~metraggio** [-dʒo] m Kurzfilm
corvo m Rabe
cosa f Sache; Ding n; *~ od che ~?* was?; *qualche ~* etwas; *a che ~* wozu; *di che ~* wovon; *cose pl da vedere* Sehenswürdigkeiten; *tante belle cose!* alles Gute!
coscia [-ʃa] f Schenkel m; *~ di vitello* Kalbskeule; *cosce pl di rana* Froschschenkel m/pl
coscien|te [-ʃɛ-] bewußt; **~za** f Gewissen n; Bewußtsein n; **~zioso** [-ʃe-] gewissenhaft
coscio [-ʃo] m, **~tto** m Kochk Keule f
coscri|tto m Rekrut; **~zione** f Einberufung
così so; *~ ~* mittelmäßig; *e ~ via* und so weiter; *per ~ dire* sozusagen
cosicché [-ke] so daß
cosiddetto sogenannt
cosiffatto derartig
cosmètico [-zm-] m Haut-

pflege-, Schönheits-mittel n, Kosmetikum n
cosmo [-zm-] m Kosmos, Weltall n; **~nauta** su Kosmonaut(in f) m; **~nave** f Raumschiff n
coso m F Dings(da) n
cospirazione f Verschwörung
costa f Rippe; Küste; **coste** pl **di biètola** Rübenblätter n/pl
costan|te beständig (a Wetter); ausdauernd; **~za** f Beständigkeit; Ausdauer
costare kosten
costata f Rumpsteak n
costeggiare [-dʒa-] entlanglaufen an; Mar entlangfahren an
costei die da, diese sg
costellazione f Sternbild n
costern|are in Bestürzung versetzen; **~ato** bestürzt; **~azione** f Bestürzung
costiera f Küste(nregion)
costip|ato verstopft; **~azione** f Verstopfung
costitu|ire bilden; Gesellschaft gründen; **~zione** f Gründung; Pol Verfassung
costo m Preis; Kosten pl; **~ della vita** Lebenshaltungskosten pl
còstola f Rippe; Kochk Rippchen n
costoletta f Kotelett n; **~ alla milanese** Wiener Schnitzel n
costoro die da, diese pl
costoso kostspielig

costrìngere [-dʒ-] zwingen (a zu)
costru|ire bauen; konstruieren; **~uttore** m Erbauer
costruzione f Bau(art f) m; Konstruktion; **èssere in ~** im Bau sein
costui der da, dieser
costume m Sitte f; Gewohnheit f; (Kleidung) Tracht f; Kostüm n; **~ da bagno** Badeanzug, Badehose f
costura f Naht
cotechino [-ki-] m Brühwurst f (aus Schweinefleisch)
cotenna f Schwarte
cotogna [-ɲa] f Quitte
cotoletta f Kotelett n, Schnitzel n
cotonare Haar toupieren
cotone m Baumwolle f; **~ idròfilo** Watte f
còttimo: m lavorare a ~ im Akkord arbeiten
cotto gekocht, gebacken, gebraten; **ben ~** durch(gebraten)
coupon [ku'põ] m Abschnitt; **~ per la benzina** Benzingutschein
covo m Zo Bau, Höhle f; fig Versteck n, Schlupfwinkel
cozze f/pl (Mies-)Muscheln
C.P. f (Casella Postale) Postfach n; m (Codice Penale) StGB (Strafgesetzbuch)
crampo m Krampf
cranio m Schädel
cratere m Krater
crauti m/pl Sauerkraut n

cravatta f Krawatte
crawl [krɔːl] m Sport Kraulen n
creare schaffen; gründen; bereiten
crea|to m Schöpfung f; **~tore** schöpferisch; m Schöpfer; **~tura** f Geschöpf n; **~zione** f Schöpfung; (Er-)Schaffung; Mode Kreation
credente su Rel (der, die) Gläubige
credenza f 1. Anrichte; 2. Glaube m
crédere glauben (in an; a qu, qc j-m, et); halten für
credibile glaubhaft, glaubwürdig; **~ibilità** f Glaubwürdigkeit
crédito m Kredit; fig Ansehen n; **dare ~ a qc** e-r Sache Glauben schenken
cred|itore m Gläubiger; **~o** m Glaubensbekenntnis n
crédulo leichtgläubig
crema f Creme; Sahne; **~ al cioccolato** Schokoladencreme; **~ di pomodoro** Tomatencremesuppe; **~ da barba** Rasiercreme; **~ idratante** Feuchtigkeitscreme; **~ solare** Sonnenschutzcreme
Cremlino m Kreml
cren m Meerrettich
crepa f Riß m; Sprung m
crepaccio [-tʃo] m Spalte f (a im Gletscher)
crepare springen, platzen; krepieren
crêpe [krɛp] f Stoff Krepp m; Kochk Crêpe
crepitare knistern; prasseln; rascheln
crepúscolo m Dämmerung f; Dämmerlicht n
créscere [-ʃo-] wachsen; zunehmen
crescione [-ʃo-] m Kresse f
créscita [-ʃ-] f Wachsen n, Wachstum n; Zunahme f
crèsima f Firmung
cresta f (Hahnen-, Gebirgs-)Kamm m; Grat m
Creta f Kreta n
cretino F blöd(e); m F Idiot
C.R.I. f (Croce Rossa Italiana) Italienisches Rotes Kreuz
cric m, **cricco** m Winde f; Wagenheber
criminale kriminell; su Kriminelle(r)
criminalità f Kriminalität
crimine m Verbrechen n
crinale m (Gebirgs-)Kamm, Grat
crin|e m Roßhaar n; **~iera** f Mähne
cripta f Krypta
crisàntemo m Chrysantheme n
crisi f Krise
cristallo m Kristall n; Min Kristall; (Glas-)Scheibe f
cristian|a f Christin; **~ésimo** m Christentum n; **~o** christlich; m Christ
Cristo m Christus
criterio m Maßstab, Kriterium n
crítica f Kritik

criticare kritisieren, bemängeln

critico kritisch; *m* Kritiker

croccante knusp(e)rig; *m* Krokant

crocchette [-k-] *f*/*pl* Kochk Kroketten

croce [-tʃe] *f* Kreuz *n*; ⚕ **Rossa** Rotes Kreuz; **farsi il segno della ~** sich bekreuzigen; **~rossina** *f* Rotkreuzschwester; **~via** *m* (Weg-)Kreuzung *f*

crociata [-tʃa-] *f* Kreuzzug *m*; **~iera** [-tʃe-] *f* Kreuzfahrt

crocifiggere [-tʃifid-dʒ-] kreuzigen; **~fissione** *f* Kreuzigung; **~fisso** *m* Kruzifix *n*

crollare einstürzen; zusammenbrechen; **~o** *m* Einsturz; Zusammenbruch; **der Preise** Sturz

cromo *m* Chrom *n*

cronaca *f* Chronik *f*; Bericht *m*; Reportage *f*; **~ico** chronisch

cronista *su* Chronist(in *f*) *m*; Berichterstatter(in *f*) *m*; Reporter(in *f*) *m*

cronologico [-dʒ-] chronologisch; **~metrare** Zeit stoppen

crosta *f* Kruste; Rinde; *Med* Schorf *m*

crostacei [-tʃei] *m*/*pl* Krebs-, Krusten-tiere *n*/*pl*

crostata *f* Mürbeteigkuchen *m*; **~ino** *m* Röstbrot *n*, gerösteter Brotwürfel

cruciverba [-tʃ-] *m* Kreuzworträtsel *n*

crudele grausam; **~eltà** *f* Grausamkeit

crudo roh; unbearbeitet; *Klima* rauh

cruna *f* (Nadel-)Öhr *n*

crusca *f* Kleie

cruscotto *m* Armaturenbrett *n*

cubetto *m*: **~ di ghiaccio** Eiswürfel

cubo Kubik...; *m* Würfel

cuccagna [-k-] *m* Tee-, Kaffee-löffel; **~aio** *m* Löffel

cucina *f* Küche; Kost; Herd *m*; **~ elèttrica** (**a gas**) Elektro-(Gas-)herd *m*; **fare la ~** kochen

cucinare [-tʃ-] kochen; **~ino** *m*, **~otto** *m* Kochnische *f*

cucire [-tʃ-] nähen; **màcchina f da (per) ~** Nähmaschine; **~ito** genäht; *m* Näharbeit *f*; **~itura** *f* Naht

cucù *m*, **cùculo** *m* Kuckuck

cuffia *f* Haube; *Rdf, TV* Kopfhörer *m*; **~ da bagno** Badekappe; **~ del radiatore** Kühlerhaube

cugina [-dʒ-] *f* Cousine; **~o** *m* Vetter

cui der (den; denen); **di ~** von dem (der); **per ~** für den (die, das); deshalb; **il ~ nome** dessen (deren) Name

culatello *m* luftgetrockneter Nußschinken

culinario Koch..., kulinarisch
culla f Wiege
cùlmine m Gipfel (*a fig*); fig Höhepunkt
culo m P Arsch
culto m Kult(us); Religion f
cultu|ra f Kultur; Bildung; **~rale** kulturell, Kultur...; **~rismo** [-z-] m Bodybuilding n
cumino m Kümmel
cumulare anhäufen
cùmulo m Haufen; Anhäufung f; Haufenwolke f
cùneo m Keil
cunetta f Querrinne
cuoca f Köchin
cuòcere [-tʃ-] kochen; bakken; braten; schmoren; *Sonne* verbrennen
cuoco m Koch
cuoio m Leder n
cuore m Herz n; **di (buon, tutto) ~** aufrichtig; sehr gern; **senza ~** herzlos; **stare a ~** am Herzen liegen; **cuori** m/pl *Kartenspiel* Herz n
cupidigia [-dʒa] f Gier (*di* nach)
cupo tief; finster; dunkel (*a Farbe*)
cùpola f Kuppel
cura f Sorge (*di* für); Pflege; Sorgfalt; Med Behandlung; Kur; **~ di bellezza** Schönheitskur; **~ del corpo** Körperpflege; **avere ~ di qc** auf et acht en
cur|àbile heilbar; **~are** sorgen für; achten auf; pflegen; Med behandeln; **~arsi ~ di qc** sich um et kümmern
curios|ità f Neugier; Sehenswürdigkeit; **~o** neugierig; sonderbar
curv|a f Kurve; **~ a gómito** Haarnadelkurve f; **~are** biegen; krümmen; *Straße* (ab-)biegen; **~arsi** sich beugen
curvo gebogen; gebeugt
cuscinetto [-ʃ-] m: **~ a sfere** Kugellager n
cuscino [-ʃ-] m Kissen n
custod|e m Wärter; Aufseher; **~ia** f Aufsicht; Aufbewahrung; Futteral n; **~ire** bewachen; hüten; (auf)bewahren; **~ito** bewacht
C.V. (*Cavallo Vapore*) PS (*Pferdestärke*)

D

da von; aus; zu; bei; seit; **~ ... a** von ... nach, von ... bis; **~ allora** seither; **~ ieri** seit gestern; **~ nessuna parte** nirgends; **vado dal mèdico** ich gehe zum Arzt; **tazza f ~ tè** Teetasse
dà er (sie) gibt
dacché [-ke-] da; seitdem
dado m Würfel; *Kochk* Brühwürfel; *Tech* (Schrauben-)Mutter f; **giocare ai dadi** würfeln
dalia f Dahlie

danneggiare [-dʒa-] beschädigen; schaden (*qc, qu* e-r Sache, j-m)

danno *m* Schaden; **~ materiale** Sachschaden; **~ alla carrozzerìa** Blechschaden

dannoso schädlich

Danubio *m* Donau *f*

danza *f* Tanz *m*; **~are** tanzen

dappertutto überall

dap|prima zuerst; **~princìpio** [-tʃ-] anfangs

dare geben; *Fenster* **~ su** gehen auf (nach); **~ del Lei** siezen; **~ del tu** duzen; **darsi (a)** sich widmen (+*D*); **può darsi che** (+*cong*) es kann sein, daß

data *f* Datum *n*; **~ di nàscita** Geburtsdatum *n*; **~ di scadenza** Haltbarkeitsdatum *n*

datare datieren

dato gegeben; **~ che** angenommen, daß

dati *m*/*pl* Daten *pl*

datore *m*: **~ di lavoro** Arbeitgeber

dàtteri *m*/*pl* Datteln *f*/*pl*

dattilografare mit der Maschine schreiben

dattilògrafa *f* Stenotypistin

dattiloscritto *m* Schreibmaschinentext

davanti *adv* vorn; *adj* Vorder...; *prp* **~ a** vor; *m* Vorderseite *f*, Vorderteil *n*

davanzale *m* Fensterbrett *n*

davvero wirklich

dazio *m* Zoll(gebühr *f*); **~ d'esportazione** Ausfuhrzoll

d.C. (*dopo Cristo*) n.Chr. (*nach Christus*)

D.C. (*Democrazia Cristiana*) Christdemokratische Partei Italiens

debbo ich muß

dèbito gebührend; *m* Schuld *f*; Pflicht *f*

debitore *m* Schuldner

débole schwach

debolezza *f* Schwäche

decaffeinato koffeinfrei; *m* koffeinfreier Kaffee

decennio [-tʃ-] *m* Jahrzehnt *n*

decente [-tʃ-] anständig

decenza [-tʃ-] *f* Anstand *m*

decesso [-tʃ-] *m* Todesfall

decid|ere [-tʃ-] beschließen; entscheiden; **~ersi** sich entschließen, sich entschließen (**a fare qc** et zu tun)

decifrare [-tʃ-] entziffern

decimale [-tʃ-] Dezimal...

decimetro [-tʃ-] *m* Dezimeter *n*

dècimo [-tʃ-] zehnte(r); *m* Zehntel *n*

decina [-tʃ-] *f*: **una ~** etwa zehn

decisione [-tʃ-] *f* Entscheidung; Beschluß *m*; **prèndere una ~** einen Entschluß fassen

decisivo [-tʃ-] entscheidend

deciso [-tʃ-] entschlossen

declin|are ablehnen; aufzählen; nachlassen; *Gr* deklinieren; **~azione** *f* Deklination

de|collare *Flgw* starten, abheben; **~collo** *m* Start, Abheben *n*

decomporre zerlegen; auflösen

decorare schmücken
decréscere [-ʃ-] abnehmen
decreto *m* Erlaß
dèdica *f* Widmung
dedicare (**dedicarsi** sich) widmen; *Rel* weihen
dedurre folgern; *Summe* abziehen (**da** von)
deficiente [-tʃen-] schwach, mangelhaft
definitivo endgültig
definito *Umrisse* scharf
deflettore *m Kfz* Ausstellfenster *n*
deformare entstellen
deforme entstellt
defraudare betrügen (**di** qc um et)
defunto verstorben
degente [-dʒ-] bettlägerig
degli [-ʎi]: *prp di mit art* **gli**
degn|are [-ɲ-] würdigen; **~arsi** sich bequemen (**di fare qc** et zu tun); **~o** würdig; **~ di fede** glaubwürdig
degustazione *f*: **~ del vino** Weinprobe
dei: *prp di mit art* **i**
del: *prp di mit art* **il**
delega *f* Vollmacht
deleg|are beauftragen (**qc a qu** j-n mit et); bevollmächtigen (**qc a qu** j-n zu et); **~ato** *su* Delegierte(r); Bevollmächtigte(r); **~azione** *f* Delegation; Abordnung
delibera|re beraten (*su* über); beschließen; **~azione** *f* Beschluß *m*
delic|atezza *f* Zartheit; Delikatesse; **~ato** zart; fein(fühlig); heikel
delimitare begrenzen
delinquen|te *su* Verbrecher(in *f*) *m*; **~za** *f* Kriminalität
delitto *m* Verbrechen *n*
delizi|a *f* Vergnügen *n*; **~oso** köstlich; entzückend
dell', della, delle, dello: *prp di mit art* **l', la, le lo**
deltaplan|ista *su* Drachenflieger(in *f*) *m*; **~o** *m* Flugdrachen; **fare il ~** drachenfliegen
delus|ione *f* Enttäuschung; **~o** enttäuscht
demo|cràtico demokratisch, **~cristiano** christdemokratisch
demolire niederreißen; abbrechen; *fig* vernichten
denaro *m* Geld *n*; **~ contante** Bargeld *n*
denigrare verleumden
denomin|are benennen; **~arsi** heißen; **~azione** *f* Benennung
dens|ità *f* Dichte; **~o** dicht; dick(flüssig)
dente *m* Zahn; **~ canino** (**incisivo, molare**) Eck-(Schneide-, Backen-)zahn; *Kochk* **al ~** nicht ganz weichgekocht
dèntice [-tʃe] *m* Zahnbrasse *f*
dentiera *f* künstliches Gebiß
dentifricio [-tʃo] *m* Zahnpasta *f*
dentista *su* Zahnarzt *m*, -ärztin *f*

dentro *prp* in; *adv* darin, drinnen; hinein; herein

denuncia [-tʃa] *f* Anzeige; (An-)Meldung; **~are** anzeigen; (an)melden; *Vertrag* kündigen

deodorante *m* Deodorant *n*

depilatorio *m* Enthaarungsmittel *n*

dépliant [depli'ã] *m* Faltblatt *n*; Prospekt

deplorare (*et*) beklagen; mißbilligen; **~évole** bedauernswert

deporre *Kleidung* ausziehen, ablegen; *Gegenstand* absetzen; *vor Gericht* aussagen

depositare hinterlegen, deponieren; zur Aufbewahrung geben

depòsito *m* Aufbewahrung *f*; Hinterlegung *f*; Depot *n*; ~ **bagagli** Gepäckaufbewahrung *f*; ~ **a cassette** Schließfächer *n*/*pl*; ~ **per il vuoto** Flaschenpfand *n*

deposizione *f* Rel Kreuzabnahme

depressione *f* Tief(druckgebiet *n*) *f*; *fig* Depression; **~o** niedergeschlagen, deprimiert

deprimere niederdrücken

deputato *m* Abgeordnete(r)

deragliare [-ʎa-] *Esb* entgleisen

deridere auslachen

derivare herkommen, abstammen (**da** von); **~azione** *f* El, Tech Abzweigung; Tel Nebenanschluß *m*

dermatòlogo *m* Hautarzt

derubare bestehlen

descrivere beschreiben; **~izione** *f* Beschreibung

deserto unbewohnt, menschenleer; *m* Wüste *f*

desideràbile wünschenswert; **~are** wünschen; *am Telefon* verlangen

desiderio *m* Wunsch, Verlangen *n* (**di** nach)

designare [-ɲ-] bezeichnen

desistere absehen (**da** von)

desolare verwüsten; *fig* betrüben; **~ato** öde, trostlos; tiefbetrübt

dessert *m* Nach-tisch, -speise *f*

destinare bestimmen (**a** für); *Brief* adressieren (**a** an); **~atario** *m* Empfänger; **~azione** *f* Bestimmung(sort *m*); Ziel *n*

destino *m* Schicksal *n*

destra *f* Rechte; **a ~** (nach) rechts; **tenere la ~** rechts fahren (gehen); sich rechts halten

destro rechte(r); geschickt

detenuto *m* Häftling

detenzione *f* Haft; **~preventiva** Untersuchungshaft

detergente [-dʒ-] *m* Reinigungsmittel *n*

deteriorato beschädigt; *Lebensmittel* verdorben

determinare bestimmen, festlegen; **~azione** *f* Festlegung; Entschluß *m*

detersivo *m* Wasch-, Putz-, Reinigungs-mittel *n*
detestare verabscheuen
detrarre abziehen (**da** von)
detrito *m* Schutt; Geröll *n*
dettagli|ato [-ʎa-] ausführlich; **~o** [-ʎo] *m* Einzelheit *f*
dett|are *Verkehr* diktieren; **~ato** *m* Diktat *n*
detto gesagt; genannt
devastare verwüsten
deve er (sie) muß
devi|are *Verkehr* umleiten; *Straße* abzweigen; *von der Richtung* abkommen; **~azione** *f* Umleitung; Umweg *m*
devo ich muß
devoto *Rel* andächtig, fromm
di von; aus; *nach dem Komparativ* als; **~ ferro** aus Eisen; **sono ~ Roma** ich bin aus Rom; **~ giorno** bei Tage, tagsüber; **~ paùra** vor Angst; **soffrire ~** leiden an; **~ chi è questo libro?** wem gehört dieses Buch?
diab|ete *m* Zuckerkrankheit *f*, Diabetes *m*; **~ètico** zuckerkrank; *m* Diabetiker; **èssere ~** zuckerkrank sein, F Zucker haben
diaframma *m* Zwerchfell *n*; *Fot* Blende *f*
diàgnosi [-ɲ-] *f* Diagnose
dialetto *m* Dialekt
diàlogo *m* Dialog
diamante *m* Diamant
diàmetro *m* Durchmesser
diamo wir geben

diapositiva *f* Dia(positiv)
diario *m* Tagebuch *n*
diarrea *f* Durchfall *m*
diàvolo *m* Teufel
dibàtt|ere erörtern; **~ersi** um sich schlagen
dibattimento *m* *jur* Hauptverhandlung *f*
dibàttito *m* Debatte *f*
dica bitte (sehr); Sie wünschen?
dice [-tʃe] er (sie) sagt
dicembre [-tʃ-] *m* Dezember
dichiarare [-k-] erklären; angeben; **ha qualcosa da ~?** haben Sie etwas zu verzollen?
dichiarazione [-k-] *f* Erklärung; **~ doganale** Zollerklärung
diciamo [-tʃa-] wir sagen
dico ich sage
dieci [-tʃi] zehn
diecina [-tʃ-]: **una ~ (di)** etwa zehn
diesel *m* Diesel(motor, -fahrzeug *n*)
dieta *f* Diät; **stare a ~** Diät halten
dietro *prp* hinter; *adv* (nach) hinten; **l'uno ~ l'altro** hintereinander
difatti tatsächlich
difèndere verteidigen
difesa *f* Verteidigung; Schutz *m* (**da** vor); **legìttima ~** Notwehr
difett|o *m* Fehler; Mangel (**di** *qc* an et); **~oso** fehlerhaft; defekt

differen|te unterschiedlich; **~za** f Unterschied m; Differenz; **~di prezzo** Preisunterschied m; **~ziale** m Differential(getriebe) n; **~ziare** unterscheiden

differire verschieben (**di** um; **a** auf); sich unterscheiden (**da** von)

difficile [-tʃ-] schwer, schwierig

difficoltà f Schwierigkeit

diffid|are warnen (**da** vor); mißtrauen (**di qu** j-m); **~enza** f Mißtrauen n

diffóndere verbreiten

diffus|ione f Verbreitung; **~o** verbreitet

difterite f Diphtherie

diga f Deich m; Damm m; **~di sbarramento** m Staudamm m

dige|rire [-dʒ-] verdauen; **~stione** f Verdauung; **~stivo** m Verdauungstrank

digiun|are [-dʒu-] fasten; **~o** nüchtern

dignit|à [-ɲ-] f Würde; **~oso** würdig; würdevoll

dilagare überschwemmen; fig sich ausbreiten

dilat|are ausdehnen; **~azione** f Ausdehnung

dilett|ante m Laie; **~are** erfreuen; **~arsi** Freude haben (**di** an)

dilig|ente [-dʒ-] fleißig; **~enza** f Fleiß m

diluire verdünnen; auflösen

diluvio m Wolkenbruch

dimagr|are, ~ire abmagern

dimensione f Dimension

dimentic|anza f Vergeßlichkeit; **~are** vergessen; **~arsi**: **~ di qc** et vergessen

diméttere absetzen, entlassen; **~si** zurücktreten

dimezzare halbieren

diminuire vermindern, verringern; abnehmen, nachlassen

dimora f Aufenthalt m; Wohnsitz m

dimostr|are beweisen; zeigen, bekunden; **~ativo** Gr hinweisend; **~azione** f Beweis m; Kundgebung, Demonstration; Vorführung

dinamo f Dynamo m; Kfz Lichtmaschine

dinanzi adv vorn; prp **~a** vor

dintorn|o adv ringsherum; prp **~a** um ... herum; **~i** m/pl Umgebung f

Dio m Gott; pl **gli dei** die Götter; **grazie a ~!** Gott sei Dank!; **per amor di ~** um Gottes willen

diossina f Dioxin n

dipartimento m Verwaltungsbezirk

dipend|ente abhängig; su Angestellte(r); **~enza** f Abhängigkeit; Nebengebäude n, Dependance

dipéndere abhängen (**da** von)

dipingere [-dʒ-] (aus-, be-)malen; fig beschreiben

diplomàtico diplomatisch; m Diplomat

dire sagen; *Messe lesen;* ***vale a*** ~ das heißt; ***voler*** ~ bedeuten; ~ ***di sì (no)*** ja (nein) sagen; ***come si dice in tedesco?*** wie heißt das auf deutsch?
direttamente geradewegs
diretto unmittelbar; direkt; *m* Eilzug
direttore *m* Leiter; Direktor; ~ **d'orchestra** Dirigent; ~ **di ricezione** Empfangschef
direttrice [-tʃe] *f* Leiterin; Direktorin
direzione *f* Richtung, Leitung; ~ **vietata** verbotene Fahrtrichtung; **in** ~ **di Firenze** in Richtung Florenz
dir|igere [-dʒ-] leiten; richten (**verso** auf); ~**ersi** sich wenden (**a, verso** nach, zu); zugehen (**auf**)
dirigibile [-dʒ-] *m* Luftschiff *n*
dirimpetto *adv* gegenüber; *prp* ~ **a** gegenüber
diritto *adj* gerade; ***andare sempre*** ~ immer geradeaus gehen; ~ *m* Recht *n*, Anspruch (**a** auf); ~ **di precedenza** Vorfahrt(srecht *n*) *f*; **diritti** *pl* Gebühren *f*/*pl*
dirotta|mento *m* Kursänderung *f*; Flugzeugentführung *f*; ~**tore** *m* Luftpirat
disabitato unbewohnt
disabituare abgewöhnen (**qu a qc** j-m et)
disaccordo *m* Uneinigkeit *f*
disadatto ungeeignet

disagio [-dʒo] *m* Unbequemlichkeit *f;* ***sentirsi a*** ~ sich unbehaglich fühlen
disappetenza *f* Appetitlosigkeit
disapprov|are mißbilligen; ~**azione** *f* Mißbilligung
disarm|are entwaffnen; ~**o** *m* Abrüstung *f*
disastro *m* schweres Unglück *n*, Katastrophe *f*
disatten|to unaufmerksam; ~**zione** *f* Unaufmerksamkeit; Unachtsamkeit; Versehen *n*
disavventura *f* Unglück *n;* Mißgeschick *n*
discendenza [-ʃ-] *f* Herkunft, Abstammung
discéndere [-ʃ-] herab-, hinabsteigen; *aus Fahrzeug* aussteigen; *v Rad* absteigen; abstammen (**da** von); *Preise, Temperatur* sinken
discesa [-ʃ-] *f* Abhang *m;* Gefälle *n;* Abstieg *m; Ski* Abfahrt; *aus Fahrzeug* Aussteigen *n;* ~ **libera** Abfahrtslauf *m*
disciplina [-ʃ-] *f* Disziplin *f;* (*Lehr-*)Fach *n*
disco *m* Scheibe *f;* Diskus; Schallplatte *f;* ~ **orario** Parkscheibe *f*
discòbolo *m* Diskuswerfer
disc|ordanza *f* Mißklang *m;* ~**ordia** *f* Uneinigkeit
discorso *m* Gespräch *n,* Unterhaltung *f;* Rede *f*
discost|are ab-, weg-rücken;

discostarsi

~**arsi** sich entfernen (*da von*); ~**o** abgelegen

discoteca *f* Diskothek

discr|eto mäßig; taktvoll, diskret; ~**ezione** *f* Verschwiegenheit; Diskretion; **a** ~ nach Belieben

discussione *f* Diskussion; Auseinandersetzung

discùtere diskutieren; streiten (*di* über)

disdegnare [-zden-] verschmähen

disdegno [-zde:ɲo] *m* Verachtung *f*, Geringschätzung *f*

disdetta [-zd-] *f* Kündigung; *fig* Mißgeschick *n*

disdire [-zd-] abbestellen; absagen; ~**irsi** sich widersprechen

disegn|are [-ɲ-] zeichnen; ~**o** *m* Zeichnung *f*; Entwurf *m*; *fig* Plan

dis|fare auflösen; zerstören; auseinandernehmen; ~**fatta** *f* Niederlage

disgrazia [-zg-] *f* Unglück *n*; **per** ~ unglücklicherweise; ~**to** unglücklich; unglückselig

disgusto [-zg-] *m* Widerwille; ~**so** unappetitlich; *fig* widerwärtig

disillusione *f* Enttäuschung

disimparare verlernen

disinf|ettante *n* Desinfektionsmittel *n*; ~**ettare** desinfizieren

disinnestare *Gang* herausnehmen; *Stecker* herausziehen

disinserire ab-, aus-schalten

disinteressato uneigennützig; desinteressiert

disinvolto ungezwungen; frech

disoccupa|to arbeitslos; *m* Arbeitslose(r); ~**zione** *f* Arbeitslosigkeit

disonest|à *f* Unehrlichkeit; ~**o** unehrlich

dison|orare entehren; ~**ore** *m* Schande *f*

disopra oben; darüber; **al** ~ **di** über

disordina|re in Unordnung bringen; ~**to** unordentlich

disórdine *m* Unordnung *f*

disotto unten; darunter; **al** ~ **di** unter

disparere *m* Meinungsverschiedenheit *f*

dispari *Zahl* ungerade

dispendio *m* Verschwendung *f*; ~**so** kostspielig

dispensa *f* Anrichte; Speisekammer

disper|are verzweifeln (*di* an); ~**ato** verzweifelt; ~**azione** *f* Verzweiflung

dispèrdere ver-, auf-brauchen

dispett|o *m* Ärger; Bosheit *f*; **a** ~ **di qu** j-m zum Trotz; ~**oso** ärgerlich; boshaft

dispiacere [-tʃ-] mißfallen; leid tun, bedauern; **mi dispiace** es tut mir leid; ~ *m* Bedauern *n*

disponibile verfügbar; vorrätig

disporre anordnen; verfügen (*di* über)

disposizione *f* Anordnung, Aufstellung; *fig* Veranlagung (*a* zu); *méttere a ~* zur Verfügung stellen

disposto bereit (*a* zu)

disprezz|are verachten; **~o** *m* Verachtung *f*

disput|are (sich) streiten (*di* über); **~arsi:** *~ qc* um et wetteifern

dissenso *m* Meinungsverschiedenheit

dissenteria *f Med* Ruhr

dissertazione *f* Abhandlung

dissetante durststillend; *m* Durstlöscher

dissimile unähnlich

dissimul|are verheimlichen; vortäuschen; **~azione** *f* Verstellung, Heuchelei

dissip|are vergeuden; **~ato** verschwenderisch; ausschweifend; **~azione** *f* Verschwendung

dissol|ùbile auflösbar; **~uzione** *f* Auflösung

dissòlvere auflösen; zerstreuen

disson|ante mißtönend; nicht übereinstimmend; **~anza** *f* Dissonanz; Unstimmigkeit

dissuadere: *~ qu da qc* j-m et ausreden

distacc|are abnehmen, loslösen; **~o** *m* Abkehr *f*; Abstand *m*

dist|ante weit; entfernt; **~anza** *f* Entfernung; Abstand *m; fig* Unterschied *m*; **~are** entfernt sein

distèndere ausbreiten; ausstrecken

distensione *f* Dehnung; *fig* Entspannung

distes|a *f* Weite; **~o** ausgestreckt; entspannt

distinguere unterscheiden; kennzeichnen; erkennen

distinto deutlich; *fig* vornehm; *distinti saluti* mit freundlichen Grüßen

distinzione *f* Unterscheidung; Unterschied *m*; Vornehmheit

distorsione *f* Verstauchung

distr|arre ablenken; zerstreuen; **~atto** unaufmerksam, zerstreut; **~azione** *f* Unaufmerksamkeit; Zerstreuung

distretto *m* Bezirk

distribuire verteilen

distributore *m* Verteiler; *Kfz ~ d'accensione* Zündverteiler; *~ automàtico* Automat; *~ di benzina* Tankstelle *f*; *~ di biglietti* Fahrkartenautomat

distribuzione *f* Verteilung; *am Postschalter* Ausgabe

distr|ùggere [-dʒ-] zerstören; **~uzione** *f* Zerstörung

disturb|are stören; **~o** *m* Störung *f*; *disturbi pl circolatori* Kreislaufstörungen *f/pl*; *disturbi pl digestivi* Verdauungsbeschwerden *f/pl*

disubbidiente

disubbid|iente ungehorsam; **~ienza** f Ungehorsam m; **~ire** nicht gehorchen
disugu|aglianza [-ʎa-] f Unterschied m; **~ale** ungleich
disumano unmenschlich
disunione f Uneinigkeit
disuso in ~ veraltet
disùtile unnütz
ditale m Fingerhut
dito m (pl **le dita**) Finger; ~ (**del piede**) Zehe f
ditta f Firma
diva f Diva, Star m
divagare abschweifen
divano m Couch f, Sofa n; **~ letto** Bett-, Schlaf-couch f
diven|ire, **~tare** werden
di|vergenza [-dʒ-] f Abweichung; fig Meinungsverschiedenheit; **~vèrgere** [-dʒ-] auseinanderlaufen; fig abweichen
divers|amente anders; **~o** verschieden; anders (**da** als); **da diversi giorni** seit einigen Tagen
divertente amüsant
divertimento m Vergnügen n; **buon ~!** viel Vergnügen!, viel Spaß!
divert|ire amüsieren; Spaß machen; **~irsi** sich amüsieren
divìdere (auf-, ein-, ver-)teilen; trennen
divieto m Verbot n; ~ **di parcheggio** Parkverbot n; ~ **di segnali acùstici** Hupverbot n; ~ **di sorpasso** Überhol-

verbot n; ~ **di sosta** Halteverbot n
divinità f Gottheit
divino göttlich
divis|a f Wahlspruch m, Devise; Uniform; Hdl Devisen pl; **~ione** f Teilung; Abteilung; Trennung
divo m Star
divorare fressen; verschlingen; fig verzehren
divorzi|are sich scheiden lassen; **~ato** geschieden; **~o** m (Ehe-)Scheidung f
dizionario m Wörterbuch n
do ich gebe
dobbiamo wir müssen
doccia [-tʃa] f Dusche; **fare la** ~ (sich) duschen
dòcile [-tʃ-] fügsam; gelehrig; Tier zahm
document|ario m Dokumentarfilm; **~zione** f Unterlagen pl, Akte
documento m Dokument n; Beleg; **documenti** pl Papiere n/pl, Ausweispapiere pl; **documenti dell'automòbile** Wagenpapiere n/pl
dogan|a f Zoll m; Zollamt n; **~ale** Zoll...; **~iere** m Zollbeamte(r)
dolce [-tʃe] süß; sanft; mild; m Süßspeise f; Kuchen; **dolci** pl Süßigkeiten f/pl
dolc|ezza [-tʃ-] f Süße; Sanftheit; Milde
dolente schmerzhaft; schmerzlich
dol|ere schmerzen, weh tun;

~ersi sich beklagen (*con qu di qc* bei j-m über et)

dòllaro *m* Dollar

Dolomiti *f/pl* Dolomiten *pl*

dolor|e *m* Schmerz; **~oso** schmerzhaft; schmerzlich

domanda *f* Frage; Antrag *m*, Gesuch *n*; *Hdl* Nachfrage

domandare fragen; **~ qc a qu** j-n et fragen; j-n um et bitten; **~ perdono** um Verzeihung bitten; **~ il prezzo** nach dem Preis fragen

domani morgen; **~ sera** morgen abend; **~ a otto** morgen in acht Tagen; **a ~!** bis morgen!

domattina morgen früh

doménica *f* Sonntag *m*; **la** (*od* **di**) **~** sonntags, am Sonntag

domèsti|ca *f* Hausangestellte; **~co** häuslich; Haus...

domicili|ato [-tʃ-] wohnhaft; **~o** *m* Wohnsitz, Wohnort

domin|are (be)herrschen; **~io** *m* Herrschaft(sgebiet *n*) *f*; *fig* Domäne *f*

dòmino *m* Domino(spiel) *n*

don|are Spenden; spenden; **~atore** *m* Spender; **~ di sangue** Blutspender; **~azione** *f* Schenkung

donde woher; von wo; woraus; wovon

dondolare schaukeln

dóndolo *m* Hollywoodschaukel *f*; **sedia f a ~** Schaukelstuhl *m*

donna *f* Frau; *Kartenspiel* Dame; **~ di servizio** Dienstmädchen *n*

dono *m* Geschenk *n*; *fig* Gabe *f*

dopo *prp* nach; *adv* nachher; danach; später; *cj* **~ che** nachdem; **a ~** bis dann (später); **il giorno ~** tags darauf; **~ barba** *m* After-Shave-Lotion *f*; **~ché** [-ke] nachdem; **~domani** übermorgen; **~guerra** *m* Nachkriegszeit *f*; **~pranzo** *adv* am Nachmittag; **~sci** [-ʃi-] *m* Après-Ski *n*

doppi|a *f* Doppelzimmer *n*; **~are** *Film* synchronisieren; **~o** doppelt; *m* Doppelte(s) *n*; *Tennis* Doppel *n*; **~one** *m* Duplikat *n*

dor|are vergolden; *Kochk* anbräunen; **~ato** vergoldet; golden; goldbraun (gebakken, gebraten)

dòrico dorisch

dorm|ire schlafen; **~itorio** *m* Schlafsaal

dorsale: spina *f* **~** Wirbelsäule, Rückgrat *n*

dorso *m* Rücken

dose *f* Dosis

dosso *m* Rücken

dot|are ausstatten (*di* mit); **~ato** begabt (*per* für)

dotto *adj* Gelehrte(r)

dottor|e (*Abk* **Dott.**) *m* Doktor; **~essa** *f* Doktorin

dottrina *f* Lehre

dove wo; wohin; **da** (*od* **di**) **~** woher

dover|e müssen; sollen; verdanken; schulden; *m* Pflicht *f*; **~oso** gebührend

dovunque wo(hin) auch immer; überall(hin)

dovuto: ~ **a** verursacht durch (*od* von)

dozzina *f* Dutzend *n*

dramm|a *m* Drama *n*, Schauspiel *n*; **~àtico** dramatisch

dràstico drastisch

drive-in ['draivin] *m* Autokino *n*

drog|a *f* Gewürz *n*; Droge, Rauschgift *n*; **~are** würzen; **~arsi** Rauschgift nehmen; **~ato** *m* Drogenabhängige(r), Rauschgiftsüchtige(r)

dubbio *m* Zweifel (**su** an); **méttere** qc **in** ~ et bezweifeln; **senza** ~ zweifellos

dubbioso zweifelhaft

dubitare zweifeln (**di** an); bezweifeln (**di qc** et)

duca *m* Herzog

duchessa [-k-] *f* Herzogin

due zwei; ~ **a** ~ zu zweien; paarweise; **tutt'e** ~ (alle) beide; ~ **parole** ein paar Worte; **²cento** *m* in der Kunst 13. Jahrhundert *n*

duello *m* Sport Duell *n*, Zweikampf

duepezzi *m* Kostüm *n*; Zweiteiler *m*

duetto *m* Duett *n*

duna *f* Düne

dunque also, folglich

duomo *m* Dom

duplicato *m* Duplikat *n*

dùplice [-tʃ-] zweifach

dur|ante während; **~are** dauern; aushalten; halten (*Material*)

durata *f* Dauer; Haltbarkeit; ~ **di volo** Flugzeit

durezza *f* Härte

duro hart; schwer (*Arbeit*); streng; ~ **d'orecchio** schwerhörig

durone *m* Hornhaut *f*

E

e und; **e ... e ...** sowohl ... als auch

è er (sie, es) ist

ebanista *m* Kunsttischler

èbano *m* Ebenholz *n*

ebbe er bekam

ebbene nun

èbbero sie bekamen

ebbi ich bekam

ebràico hebräisch

ebreo jüdisch; *m* Jude

ecc. = **eccètera**

eccedente [-tʃ-] überschüssig; *m* Überschuß (**di** an)

eccèdere [-tʃ-] übersteigen; ~ **in** qc brd. et übertreiben

eccell|ente [-tʃ-] hervorragend, ausgezeichnet; **~enza** *f* Vorzüglichkeit; *Titel* Exzellenz

eccess|ivo [-tʃ-] übermäßig; übertrieben; **~o** *m* Übermaß *n*; **in** ~ zuviel

eccètera [-tʃ-] und so weiter

elàstico

eccetto [-tʃ-] ausgenommen; ~ **te** außer dir; ~ **che** es sei denn

eccettuare [-tʃ-] ausnehmen

eccezional|e [-tʃ-] außergewöhnlich; **~mente** ausnahmsweise

eccezione [-tʃ-] f Ausnahme; **per** ~ ausnahmsweise

eccit|ante [-tʃ-] aufregend; m Aufputschmittel n; **~are** er-, an-, auf-regen; **~azione** f Erregung; Aufregung

ecclesiàstico [-tʃ-] geistlich; kirchlich; m Geistliche(r)

ècco hier od da (ist, sind); **~mi** da bin ich; **~lo** hier ist er; ~ **ti il libro** da hast du das Buch; ~ **tutto** das ist alles; ~ **fatto** fertig; ~**!** eben!; genau!

eco f Echo m (a fig)

ecol|ogìa [-dʒ-] f Ökologie; Umweltschutz m; **~lògico** [-dʒ-] ökologisch; **~logista** [-dʒ-] su Ökologe m, -login f; Umweltschützer(in f) m

econom|ìa f Wirtschaft; economie pl Ersparnisse; **fare economìe** sparen

econòmico wirtschaftlich; preiswert

ecosistema m Ökosystem n

eczema [-dz-] m Ekzem n

ed = **e** (vor Vokalen)

édera f Efeu m

edìcola f (Zeitungs-)Kiosk m

edific|are (er)bauen; **~atore** m Erbauer

edifìcio [-tʃo] m Bau m; Gebäude n; ~ **stòrico** historisches Bauwerk

editore m Verleger; **casa** f **editrice** Verlag m

edizione f Ausgabe; Auflage

educ|are erziehen; **~ato** wohlerzogen; **~azione** f Erziehung

E.E.D. f (Elaborazione Elettrònica dei Dati) EDV (Elektronische Datenverarbeitung)

effettivamente tatsächlich

effettivo wirklich, tatsächlich

effetto m Wirkung f, Ergebnis n; Zweck; ~ **serra** Treibhauseffekt; **fare** ~ Eindruck machen

effettuare aus-, durch-führen

efficace [-tʃe] wirksam

efficien|te [-tʃen-] leistungsfähig; wirksam; **~za** f Leistung(sfähigkeit); Wirksamkeit

Egeo [e'dʒɛ:o] m Ägäis f

Egitto [-dʒ-] m Ägypten n

egiziano [-dʒ-] ägyptisch; m Ägypter

egli [-ʎi] er; es

ego|ismo [-zmo] m Selbstsucht f; **~ista** selbstsüchtig; su Egoist(in f) m

egrègio [-dʒo] ausgezeichnet; Anrede im Brief sehr geehrter

elaborare ausarbeiten

elaborazione f Verarbeitung; ~ **elettrònica dei dati** elektronische Datenverarbeitung

elàstico elastisch; m Gummiband n

elefante m Elefant
eleg|ante elegant; **~anza** f Eleganz
elèggere [-dʒ-] wählen
elementare elementar; Grund...; **scuola** f **~** Grundschule
elemento m Element n; **elementi** pl Grundlage f
elemòsina f Almosen n
elencare auflisten
elenco m Verzeichnis n; Liste f; **~ telefònico** Telefonbuch n
elett|o gewählt; auserwählt; **~orale** Wahl...; **~ore** m Wähler
elettrauto m Kraftfahrzeugelektriker; Werkstatt f für elektrische Reparaturen am Auto
elettricista [-tʃ-] m Elektriker
elettricità [-tʃ-] f Elektrizität
elèttrico elektrisch; Elektro...; m Elektriker
elettro m Bernstein
elettro|cardiogramma m Elektrokardiogramm n, EKG n; **~domèstici** m/pl Haushaltsgeräte n/pl; **~motore** m Elektromotor; **~motrice** [-tʃe] f E-Lock
elettròni|ca f Elektronik; **~co** elektronisch
elev|are erhöhen; anheben; **~ato** hoch; **~azione** f Erhebung
elezione f Wahl
eliambulanza f Rettungshubschrauber m

èlica f Schiffsschraube; Propeller m
elicòttero m Hubschrauber
elimin|are beseitigen; **~azione** f Beseitigung; Sport Ausscheiden n
eliporto m Hubschrauberlandeplatz
ella f/sg sie
elm|etto m, **~o** m Helm
elo|giare [-dʒa-] loben; **~gio** [-dʒo] m Lob n
eloquente redegewandt
ematoma m Bluterguß
embolìa f Embolie
emergenza [-dʒ-] f Notstand m; **treno m d'~** Notbremse f; **in caso di ~** im Notfall
emèrgere [-dʒ-] hervorragen; auftauchen
emètico m Brechmittel n
eméttere ausgeben; in Umlauf bringen
emicrania f Migräne
emigr|ante m Auswanderer; **~are** auswandern; **~ato** m Auswanderer; **~azione** f Auswanderung
emin|ente hervorragend; **~enza** f Anhöhe
emisfero m Halbkugel f
emissione f Ausgabe; **emissioni pl inquinanti** Schadstoffemissionen
emorragia [-dʒ-] f Blutung
emorròidi f/pl Hämorrhoiden
emostàtico m blutstillendes Mittel n
emozion|ante aufregend;

~are aufregen; bewegen; **~e** f Aufregung, Erregung
empire (an)füllen (*di* mit)
emporio m Kaufhaus n
emulare: ~ qu j-m nacheifern
energìa [-dʒ-] f Energie, Tatkraft; **~ atòmica** (*od* **nucleare**) Atom-, Kern-energie; **~ solare** Sonnenenergie
enèrgico [-dʒ-] energisch
enigma m Rätsel n; **~àtico** rätselhaft
enorme ungeheuer, riesig, enorm
enoteca f Weinhandlung
ente m: **~ per il turismo** Fremdenverkehrsamt n
entrambi beide
entrare eintreten; betreten; *Zug* einfahren; Platz haben, hineingehen; *Kleidung* passen
entrata f Eingang m; Zutritt m; Eintritt m; Einreise; Einfahrt
entro binnen, in(nerhalb)
entusi|asmare [-zm-] begeistern; **~asmo** [-zm-] m Begeisterung f; **~àstico** begeistert
enumer|are aufzählen; **~azione** f Aufzählung
epidemìa f Epidemie, Seuche
episcop|ale bischöflich; **~ato** m Bischofs-würde f, -amt n
epitaffio m Grabinschrift f
època f Epoche
eppure und doch, trotzdem
equatore m Äquator

equestre: statua f **~** Reiterstandbild n
equili|brare ausgleichen; *Kfz* auswuchten; **~brio** m Gleichgewicht n; **~ ecològico** ökologisches Gleichgewicht n
equinozio m Tagundnachtgleiche f
equipaggiamento [-dʒa-] f Ausrüstung f
equi|paggiare [-dʒa-] ausrüsten; **~paggio** [-dʒo] m Besatzung f; Mannschaft f
equitazione f Reitsport m
equivalente gleichwertig
equìvoco zweideutig; m Mißverständnis n
era¹ f Ära, Zeitalter n; **~ atòmica** Atomzeitalter n
era² er (sie, es) war
èrano sie waren
erava|mo wir waren, **~te** ihr wart
erba f Gras n; *erbe pl* Gemüse n; Kräuter n/pl; *Kochk* **alle erbe** mit Kräutern
erbivéndolo m Gemüsehändler
ered|e *su* Erbe m, Erbin f; **~ità** f Erbschaft; **~itare** erben
eremita m Einsiedler
erètico m Ketzer
ergàstolo m Zuchthaus n
eri du warst
erì|gere [-dʒ-] errichten; gründen; **~ersi** sich aufspielen (*a* als)
ernia f *Med* Bruch m

erniario

erniario: *cinto* m ~ Bruchband n
ero ich war
er|oe m Held; **~òico** heldenmütig; **~oina** f Heldin
eròtico erotisch
errare (sich) irren
errore m Irrtum; Fehler; *per* ~ aus Versehen
erta f: *stare all'* ~ auf der Hut sein
erto steil
erud|ito gelehrt; m Gelehrte(r); **~izione** f Gelehrsamkeit
eruttare *Lava* auswerfen
eruzione f Ausbruch m (*Vulkan*); *Med* Ausschlag m
esager|are [-dʒ-] übertreiben; **~azione** f Übertreibung
esaltato überspannt; überschwenglich
esam|e m Prüfung f, Examen n; *Med* Untersuchung f; **~inare** prüfen; *Med* untersuchen
esasper|ante nervenaufreibend; **~are** empören; **~arsi** wütend werden
esatt|ezza f Genauigkeit f; **~o** genau, richtig
esaur|ire aufbrauchen, verbrauchen; **~ito** vergriffen; ausverkauft; *Person* erschöpft
esca Köder m
esce [-ʃe] er (sie, es) geht (hin)aus
esclam|are ausrufen; **~azione** f Ausruf m

esclùdere ausschließen
esclusione f Ausschluß m; *a* ~ *di* mit Ausnahme von
esclus|ivamente ausschließlich; **~ivo** exklusiv
escluso ausgeschlossen
esco ich gehe (hin)aus
escoriazione f Hautabschürfung
escursione f Ausflug m; ~ *ciclistica* Radtour; ~ *di un giorno* Tagesausflug m; ~ *di un mezzo giorno* Halbtagsausflug m; *Mar* ~ *a terra* (*od nel retroterra*) Landausflug m
esecuzione f Ausführung f; *jur* Vollstreckung
eseguire ausführen
esempio m Beispiel n; *per* ~ zum Beispiel
esemplare beispielhaft; m Muster n; Exemplar n
esente befreit, frei; ~ *da dogana* zollfrei
esèquie f/pl Begräbnisfeier f
eserc|itare [-tʃ-] (aus)üben; **~itazione** f Übung
esèrcito [-tʃ-] m Heer m, Armee f
esercizio [-tʃ-] m Übung f
esibire vor-zeigen, -weisen
esig|ente [-dʒ-] anspruchsvoll; **~enza** f Erfordernis n; Anspruch m
esìgere [-dʒ-] verlangen
èsile dünn; zart
esili|are ins Exil schicken; **~o** m Exil n

esistenza f Bestehen n; Dasein n; Existenz

esistere bestehen; existieren, vorhanden sein

esitare zögern

èsito m Ausgang; Ergebnis n

èskimo m Parka m/f

esòfago m Speiseröhre f

esorbitante übertrieben

esòtico exotisch

espàndere ausdehnen

espans|ione f Ausdehnung; ~ivo offenherzig

espatriare auswandern

espediente m Ausweg, Notbehelf

espèllere ausstoßen

esperienza f Erfahrung; **per ~** aus Erfahrung

esperimento m Versuch; Experiment n

esperto erfahren; m Sachverständige(r), Experte

espi|are büßen, sühnen; ~azione f Buße, Sühne

espir|are ausatmen; ~azione f Ausatmen n

esplícito [-tʃ-] ausdrücklich

esplòdere explodieren, ausbrechen

esplor|are erforschen; ~atore m Forscher; Entdecker; ~azione f Erforschung

esplos|ione f Explosion; ~ivo explosiv; m Sprengstoff

esporre darlegen; ausstellen; Fot belichten

esport|are exportieren, ausführen; ~azione f Export m, Ausfuhr

esposìmetro m Belichtungsmesser

esposizione f Ausstellung; Fot Belichtung

express|ione f Ausdruck m; ~ivo ausdrucksvoll

espresso ausdrücklich; m Eilbrief; (Fern-)Schnellzug, FD-Zug; (Kaffee) Espresso; **per ~** durch Eilboten

esprimere ausdrücken

espropri|are enteignen; ~azione f Enteignung

espulsione f Ausschluß m

ess|a f/sg sie; **~e** f/pl sie

essenziale wesentlich; m Hauptsache f; Wesentliche(s) n

èssere sein; sich befinden; Persone **di** stammen aus; **~ di qu** j-m gehören; **~ m** Wesen n

essi m/pl sie

esso m er

est m Osten; **all'~ di** östlich von

estate f Sommer m; **d'~** im Sommer

estènd|ere erweitern; vergrößern; ausdehnen; **~ersi** sich erstrecken

estensione f Ausdehnung; Weite; Größe

estenu|ante ermüdend; **~are, ~arsi** ermüden

esteriore äußere(r); Außen...; äußerlich; m Äußere(s) n

esterno äußere(r); m Außenseite f; **all'~** außen

èstero ausländisch; *m* Ausland *n*; **ministro *m* degli (affari) èsteri** Außenminister
esteso: scrivere per ~ ausschreiben
estetista *f* Kosmetikerin
estìnguere löschen; tilgen
estin|tore *m* Feuerlöscher; **~zione** *f* Aussterben *n*; Erlöschen *n* (*Vulkan*); Löschen *n* (*Brand*)
estivo sommerlich
estràneo fremd; *m* Fremde(r); Unbefugte(r)
estrarre herausziehen; *Bergbau* abbauen; *Zahn* ziehen
estratto *m* Auszug; Extrakt; **~ (di) conto** Kontoauszug
estr|emità *f* (äußerstes) Ende *n*; **Extrem** *n*
estremo äußerste(r); *m* äußerste(s) Ende *n*; **l'2 Oriente** der Ferne Osten
età *f* Alter *n*; Zeitalter *n*; **~ màssima** Höchstalter *n*; **all'~ di** im Alter von; **che ha?** wie alt sind Sie?
etern|ità *f* Ewigkeit *n*; **~o** (*od in* **~**) ewig

etichetta [-k-] *f* Etikett *n*; Preisschild *n*
Etna *m* Ätna
etrusco etruskisch; *m* Etrusker
etto *m* hundert Gramm *n/pl*
eurocheque [-ʃɛk] *m* Eurocheque
Europ|a *f* Europa *n*; **2eo** europäisch; *m* Europäer
evacuazione *f* Stuhlgang *m*
evàdere ausbrechen (**da** aus)
evaporare verdunsten
evasione *f* Flucht, Ausbruch *m* (**da** aus)
evento *m* Ereignis *n*
eventuale möglich
eventual|ità *f* Möglichkeit *f*; **nell'~ che** (+ *cong*) falls; **per ogni ~** für alle Fälle
eventualmente eventuell
eviden|te offensichtlich; deutlich; **~za** *f* Offensichtlichkeit; Deutlichkeit; **~ziatore** *m* Leuchtstift
evitare (ver)meiden; umgehen
evo *m* Zeitalter *n*; **medio ~** Mittelalter *n*

F

fa er (sie, es) macht; **3 anni ~** vor 3 Jahren
fàbbrica *f* Fabrik; Bauwerk *n*
fabbric|ante *m* Fabrikant; **~are** herstellen; **~ato** *m* Gebäude *n*; **~azione** *f* Herstellung

fabbro *m* Schmied; **~ meccànico** Maschinenschlosser
faccenda [-tʃ-] *f* Angelegenheit
facchino [-k-] *m* Gepäckträger; Hoteldiener
faccia [-tʃa] *f* Gesicht *n*; Aussehen *n*; **di ~** gegenüber; **~mo**

farfalla

[-tʃa-] wir machen; **~ta** [-tʃa-] f Fassade; Vorderseite
faccio [-tʃo] ich mache
facezia [-tʃɛ-] f Scherz m; Witz m
fàcile [-tʃ-] leicht, einfach; **~ a trovare** leicht zu finden; **è ~ che** (+ *cong*) es ist leicht möglich, daß
facil|ità [-tʃ-] f Leichtigkeit; **~itare** erleichtern; **~itazione** f Erleichterung
facol|tà [-tʃ-] f Fähigkeit; Fakultät; **~tativo** beliebig; fakultativ
faggio [-dʒo] m Buche f
fagiano [-dʒa-] m Fasan
fagiolini [-dʒ-] m/pl grüne Bohnen f/pl, Schnittbohnen f/pl
fagioli [-dʒɔ-] m/pl Bohnen f/pl; **~ bianchi** weiße Bohnen f/pl
fagotto m Bündel n
falce [-tʃe] f Sichel
falcia|re [-tʃa-] (ab)mähen; **~trice** [-triːtʃe] f Mähmaschine
falco m Falke
falda f Schicht; (Schnee-)Flocke; (Hut-)Krempe
falegname [-ɲ-] m Tischler, Schreiner; **~ria** f Tischlerei, Schreinerei
fall|imento m Konkurs; Scheitern n; **~ire** Konkurs machen; fehlschlagen; **~ito** bankrott; **~o** m Fehler
falsific|are fälschen; **~azione** f Fälschung
falso falsch, gefälscht
fama f Ruf m; Gerücht n
fame f Hunger m; **aver ~** hungrig sein
famiglia [-ʎa] f Familie
familiar|e familiär; vertraut; **~ità** Vertrautheit; Vertraulichkeit
famoso berühmt
fanale m Lampe f; Licht n
fanalino m Lampe f; **~ di coda** Rücklicht n; *fig* Schlußlicht n
fanàtico fanatisch
fanciull|a [-tʃu-] f Mädchen n; **~ezza** f Kindheit; **~o** m Junge; Kind n
fanfara f Fanfare
fango m Schlamm; *Med* Fango; **fanghi** [-gi] m/pl Moorbäder n/pl
fangoso schlammig; dreckig
fantascienza [-ʃɛn-] f Science-fiction
fant|asia f Phantasie; **~asma** [-zma] m Gespenst n; **~àstico** phantastisch
fante m Kartenspiel Bube
fantoccio [-tʃo] m Puppe f, Marionette f
faraona f Perlhuhn n
farcela [-tʃ-] es schaffen
farcito *Kochk* gefüllt
fardello m Bündel n
fare machen; tun; Beruf ausüben; Sport treiben; Fahrkarte lösen; **far ~** machen lassen; **farsi** werden; **sul far del giorno** bei Tagesanbruch
farfalla f Schmetterling m

farina f Mehl n
faringe [-dʒe] f Rachen m
faringite [-dʒ-] f Rachenkatarrh m
farinoso mehlhaltig; mehlig
farmac|ia [-tʃ-] f Apotheke; **~ista** m Apotheker
faro m Leuchtturm; Kfz Scheinwerfer; **fari** m/pl **abbaglianti** Fernlicht n; **fari** m/pl **anabbaglianti** Abblendlicht n
farsa f Posse, Farce
fascia [-ʃa] f Binde; Windel; **~ elàstica** elastische Binde; **~ di garza** Mullbinde
fasci|are [-ʃa-] verbinden; Säugling wickeln; **~atura** f Verband m
fascicolo [-ʃ-] m Heft n (e-r Zeitschrift)
fàscino [-ʃ-] m Zauber, Reiz
fascio [-ʃo] m Bündel n
fascismo [-ʃizmo] m Faschismus
fase f Phase; Motor Takt m
fastidio m Belästigung f, Störung f; Verdruß f; **dare ~ a qu** j-n belästigen, stören
fastidioso lästig, unangenehm
fasto m Prunk
fat|a f Fee; **~ale** verhängnisvoll; **~alità** f Verhängnis n; Unglück n
fatic|a f Mühe; Anstrengung; **~are** hart arbeiten; sich abmühen; **~oso** mühsam, anstrengend
fatto getan; **~ in casa** hausgemacht; **~ m** Tat f; Angelegenheit f; Tatsache f; **sul ~** auf frischer Tat

fatt|ore m Gutsverwalter; **~oria** f Bauern-, Gutshof m; **~orino** m Bote; Laufbursche; **~ura** f Rechnung
fava f dicke Bohne
fàvola f Fabel; Märchen n
favoloso fabelhaft; großartig
favore m Gunst f; Gefallen, Gefälligkeit f; **a ~ di** zugunsten (+ G); **per ~** bitte; **prezzo m di ~** Vorzugspreis; **fare un ~** e-n Gefallen tun
favor|eggiare [-dʒa-] begünstigen; **~évole** günstig; **~ire** begünstigen; **favorisca!** treten Sie bitte ein!; nehmen Sie bitte Platz!; **~ito** Lieblings...; m Favorit, Liebling
fazzoletto m Taschentuch n; Tuch n; **~ di carta** Papiertaschentuch n
febbraio m Februar
febbre f Fieber n; **~ da fieno** Heuschnupfen m
febbrifugo m fiebersenkendes Mittel n
fecond|ità f Fruchtbarkeit; **~o** fruchtbar
fede f Glaube m (in an); Treue; Trauring m; Bescheinigung; **~le** (ge)treu; genau; su (der, die) Gläubige
fedeltà f Treue; Mus ad alta ~ Hi-Fi...
fèdera f (Kopfkissen-)Bezug m
feder|ale Bundes...; **~ato**

verbündet; **~azione** f Verband m

fegat|ello m Schweinsleber f; **~ino** m Geflügelleber f

fégato m Leber f; fig Mut

felce [-tʃe] f Bot Farn m

fel|ice [-tʃe] glücklich; **~icità** [-tʃ-] f Glück n

felicitarsi [-tʃ-] sich freuen (di über); **~ con qu per qc** j-n zu et beglückwünschen

felicitazione [-tʃ-] f Glückwunsch m

feltro m Filz(hut)

fémmina f Zo Weibchen n

femminile Frauen...; weiblich

fèmore m Oberschenkel

fèndere spalten

fendinébbia m/pl Nebelscheinwerfer

fenòmeno m Phänomen m

feriale: giorno m ~ Werktag

ferie f/pl Ferien pl, Urlaub m

fer|ire verwunden, verletzen; **~ita** f Wunde, Verletzung; **~ di taglio** Schnittwunde; **~ito** verletzt, verwundet; Verletzte(r), Verwundete(r)

fermaglio [-ʎo] m Schnalle; Spange; Haarklemme; Brosche; **~ dentario** Zahnspange

ferm|are anhalten; befestigen (**a** an); Motor abstellen; j-n festnehmen; **~arsi** (an)halten; stehenbleiben; sich aufhalten

fermata f Halt m; Aufenthalt m; Haltestelle; **~ dell'àutobus** Bushaltestelle; **~ a richiesta**, **~ facoltativa** Bedarfshaltestelle

ferment|are gären; **~azione** f Gärung

fermezza f Entschlossenheit; Beständigkeit

ferm|o still(stehend), unbeweglich; fig entschlossen; beständig; **terra** f **ferma** Festland n; **èssere ~** (still-) stehen; Uhr stehen **~!** halt!; **~oposta** postlagernd

fer|oce [-tʃe] wild; grausam; **~ocia** [-tʃa] f Wildheit; Grausamkeit

ferodo m: **~ dei freni** Bremsbelag

ferragosto m Mariä Himmelfahrt f

ferra|menta f Eisenwaren (-handlung f) f/pl; **~vecchio** [-kio] m Schrotthändler

ferro m Eisen n; Werkzeug n; Stricknadel f; **~ da stiro** Bügeleisen n; Kochk **ai ferri** vom Rost (od Grill), gegrillt

ferrovia f Eisenbahn; **~ a cremagliera** Zahnradbahn; **~ suburbana** Vorortbahn

ferroviario Eisenbahn...; **orario ~** (Eisenbahn-) Fahrplan, Kursbuch n; **stazione** f **ferroviaria** Bahnstation

ferroviere m Eisenbahner

fèrtile fruchtbar

fertilità f Fruchtbarkeit

fervore m Inbrunst f, Leidenschaft f

fessura f Riß m; Spalt m
festa f Fest n; Feiertag m; ~ **nazionale** Nationalfeiertag m; ~ **popolare** Volksfest n; **aver ~** frei haben
festeggiare [-dʒa-] feiern; **~ival** m Festival n; **~ivo** Feier..., Fest...; festlich; **~oso** freudig
fetta f Scheibe; **una ~ di pane** eine Scheibe Brot; **a fette** in Scheiben geschnitten
FF. SS. f/pl (Ferrovie dello Stato) italienische Eisenbahnen
fiaba f Märchen n
fiàccola f Fackel
fiala f Ampulle
fiamma f Flamme; Mar Wimpel m; Kochk **alla ~** flambiert
fiammifero m Streichholz n
fianco m Seite f; Hüfte f; **~ a ~** Seite an Seite; **di ~** seitlich; **a ~** di neben
fiasco m Strohflasche f; fig Fiasko n
fiato m Atem; Hauch; **senza ~** fig sprachlos; **in un ~** in e-m Zug
fibbia f Schnalle
fibra f Faser, Fiber; **~oso** faserig
ficcare (hinein)stecken (**in** in)
fico m Feige; Feigenbaum
fidanzamento m Verlobung f; **~arsi** sich verloben; **~ata** f Braut, Verlobte; **~ato** m Bräutigam, Verlobte(r)
fidarsi: ~ **di qu (qc)** j-m trauen; auf et vertrauen; ~ **di fare qc** sich et getrauen
fidato zuverlässig
fiducia [-tʃa] f Vertrauen n (**di** in); **di ~** Vertrauens...
fieno m Heu n
fiera f wildes Tier n; Messe; Jahrmarkt m
fiero grausam; hart; stolz (**di** auf)
figlia [-ʎa] f Tochter; **~astra** [-ʎa-] f Stieftochter; **~astro** [-ʎa-] m Stiefsohn; **~o** [-ʎo] m Sohn; **figli** pl Kinder n/pl; **~occia** [-ʎɔt-tʃa] f, **~occio** [-ʎɔt-tʃo] m Patenkind n; **~ola** [-ʎɔ-] f Tochter; **~olo** [-ʎɔ-] m Sohn
figura f Figur; Gestalt; Aussehen n; Erscheinung; Person; Abbildung; **far brutta ~** sich blamieren
figurare darstellen; (dabei) sein, sich befinden; **~arsi** sich denken; sich vorstellen; **~ato** bildlich
fila f Reihe; **fare la ~** sich anstellen; Schlange stehen; **in ~ indiana** im Gänsemarsch
filare spinnen; laufen; sich aus dem Staub machen
filetto m Kochk Filet n
film m Film; **~ giallo** Krimi(nalfilm); **~ a colori** Farbfilm; **~ in bianco e nero** Schwarzweißfilm; **~ d'animazione** Zeichentrickfilm; **~are** filmen; **~ina** f Diafilm m
filo m Faden; Garn n; Schnur

flash

f; Draht; *Kfz* ~ **Bowden** Bowdenzug
filobus *m* Obus
filòlogo *m* Philologe
filosofia *f* Philosophie
filòsofo *m* Philosoph
filtrare filtern
filtro *m* Filter; ~ **giallo** *Fot* Gelbfilter; ~ **dell'aria** Luftfilter; ~ **dell'olio** Ölfilter
final|e endgültig; Schluß...; End...; **~mente** endlich, schließlich
finanz|e *f/pl* Finanzen; **~iare** finanzieren; **~iario** finanziell
finché [-ke] bis; solange
fine fein; *m* Zweck; *f* Ende *n*; **alla** ~ schließlich; zuletzt; ~ **zum** Schluß, ~ **settimana** *m od f* Wochenende *n*
finestra *f* Fenster *n*
finestrino *m* Fenster *n* (*im Zug, Auto*)
fing|ere [-dʒ-] heucheln; vorgeben; ~ **di** (+ *inf*) so tun als ob; **~ersi** (+ *malato*) sich krank stellen
finire beenden; aufbrauchen; zu Ende gehen, enden, aufhören
fino *adj* dünn; fein; *prp* bis; ~ **a bis a** *od* nach; ~ **a domani** bis morgen; ~ **da ieri** seit gestern
finocchio [-k-] *m* Fenchel
finora bis jetzt
fint|a *f* Verstellung; **far** ~ **di** so tun als ob; **~o** falsch
fiocco *m* Schleife *f*; (Schnee-)Flocke *f*; **fiocchi** *pl* **d'avena** Haferflocken *f/pl*
fioraio *m* Blumenhändler
fiore *m* Blume *f*; **fiori** *pl* Kartenspiel Kreuz *n*
fiorentino florentinisch
fiorire blühen
Firenze *f* Florenz *n*
firm|a *f* Unterschrift; **~are** unterschreiben
fisarmònica *f* Ziehharmonika
fisch|iare [-sk-] pfeifen; *j-n* auspfeifen; *Spiel* an-, abpfeifen; **~etto** *m* Trillerpfeife *f*; **~o** *m* Pfiff
fisic|a *f* Physik; **~o** physikalisch; körperlich, physisch; *m* Physiker; *Anat* Körperbau
fisioterapìa *f* Krankengymnastik
fissare bestimmen; festsetzen; befestigen; *j-n* anstarren, fixieren
fissatore *m* Festiger; ~ **colorante** Farbfestiger
fisso fest; starr; *Idee, Kosten* fix
fistola *f* Fistel
fitta *f* Stich *m*; **fitte** *pl* **al fianco** Seitenstechen *n*
fitto *Haar, Wald* dicht
fiume *m* Fluß; *fig* Strom
fiutare beschnuppern; *fig* wittern; *Tabak* schnupfen
flacone *m* Flakon *m/n*
flagrante offenkundig; **in** ~ auf frischer Tat
flanella *f* Flanell *m*
flash *m* Blitzlicht *n*

flatulenza *f* Blähung
flaut|ista *su* Flötist(in *f*) *m*; **~o** *m* Flöte *f*
flemmàtico phlegmatisch
flessione *f* Beugung; Krümmung, Biegung
flirtare flirten
floscio [-ʃo] schlaff, weich (-lich)
flotta *f* Flotte; **~ aèrea** Luftflotte
flùido flüssig
fluire fließen
flusso *m* Fließen *n*, Strömen *n*; Strom; Flut *f*
fluttuare wogen; *fig* schwanken
fluviale Fluß...
foca *f* Seehund *m*, Robbe
focaccia [-tʃa] *f* (Hefe-)Kuchen *m*, Napfkuchen *m*
foce [-tʃe] *f* Mündung
focoso feurig
fòdera *f* Bezug *m*; (Schutz-) Hülle; *v Kleidung* Futter *n*
foderare *Kleid* füttern
foglia [-ʎa] *f* Blatt *n*; **~ d'alloro** Lorbeerblatt *n*
fogliame [-ʎa-] *m* Laub *n*
foglio [-ʎo] *m* Blatt *n (Papier)*; Bogen
fognatura [-ɲ-] *f* Kanalisation
folata *f*: **~ di vento** Windstoß *m*
folla *f* Menge
foll|e verrückt, wahnsinnig; töricht; **~ìa** *f* Wahnsinn *m*; Torheit
folto dicht; *m* Dickicht *n*

fomentare *fig* schüren
fondament|ale wesentlich; **~o** *m* Grund; Grundlage *f*; Fundament *n*; **le fondamenta** die Grundmauern *f/pl*
fond|are gründen; stiften; **~arsi** sich stützen (*su* auf); **~atore** *m* Gründer; **~azione** *f* Gründung; Stiftung
fóndere (ver)schmelzen; *Sicherung* durchbrennen
fonderìa *f* Gießerei
fondo tief; *m* Grund; Tiefe *f*; Hintergrund; *Sport* Langstreckenlauf; **fondi** *pl* di **carciofi** Artischockenböden; **a ~** gründlich; **in ~** hinten; *fig* im Grunde (genommen); **in ~ alla strada** am Ende der Straße; *Mar* **dar ~** vor Anker gehen
fonduta *f* Fondue *n*
font|ana *f* Brunnen *m*; **~e** *f* Quelle; **~ m battesimale** Taufbecken *n*
foraggio [-dʒo] *m* (Vieh-)Futter *n*
for|are durchlöchern; durchbohren; *Reifen* platzen; **~atura** *f* Reifenpanne
fòrbici [-tʃi] *f/pl* Schere *f*; **un paio di ~** eine Schere; **~ da unghie** Nagelschere *f*
forca *f* (Heu-, Mist-)Gabel
forcella [-tʃ-] *f Motorrad*, Rad Gabel
forchetta [-k-] *f* Gabel (*zum Essen*)
forcina [-tʃ-] *f* Haarnadel
foresta *f* Wald *m*

forestiero fremd; m Fremde(r), Ausländer
fòrfora f Schuppen f/pl
forma f Form; Gestalt; **èssere in ~** in Form sein
formaggio [-dʒo] m Käse; **~ grattugiato** geriebener Käse; **~ pecorino** Schafskäse
form|ale formal; formell; **~alità** f Formalität
form|are formen; (aus)bilden; Tel **il nùmero wählen**; **~ato** m Format n; **~azione** f (Aus-)Bildung; Entstehung
formic|a f Ameise; **~aio** m Ameisenhaufen
formidàbile schrecklich; riesig, gewaltig
fòrmula f Formel
formul|are formulieren; **~ario** m Formular n
fornaio m Bäcker
fornello m Herd; Kocher; **~ a spirito** Spirituskocher
forn|ire liefern; versorgen (**qc a qu** j-n mit et); Auskunft erteilen; **~irsi** sich versehen (**di** mit); **~itore** m Lieferant; **~itura** f Lieferung; Ausstattung
forno m Ofen; Backofen; Bäckerei f; **al ~** überbacken
foro m Loch n; Forum n
forse vielleicht
forte stark; kräftig; scharf; Summe groß; **andare ~** schnell fahren; **parlare ~** laut sprechen
fort|ezza f Stärke; Festung; **~ificare** stärken; befestigen;

~ificazione f Befestigung; Festungswerk n
fortùito zufällig
fortuna f Glück n; Vermögen n; **per ~** zum Glück; **~tamente** glücklicherweise; **~to** glücklich
forùncolo m Furunkel
forza f Kraft; Stärke; Gewalt; **per ~** notgedrungen; **~!** los!; vorwärts!; **forze** pl **(armate)** Streitkräfte
foschia f Dunst m
fossa f Graben m; Grube
fossetta f Grübchen n
fosso m Festungsgraben
foto f Foto n; **~copia** f Fotokopie
fotografare fotografieren, aufnehmen
fotografia f Fotografie; **~ a colori** Farbfoto n; **~ in bianco e nero** Schwarzweißaufnahme
fotogràfico fotografisch; **artìcoli** m/pl **fotogràfici** Fotobedarf m
fotògrafo m Fotograf
fra zwischen; unter; **~ l'altro** unter anderem; **~ di noi** unter uns; **~ due giorni** in zwei Tagen; **~ sé** bei sich
frac m Frack
fracasso m Lärm
fràdicio [-tʃo] verdorben; faul; durchnäßt
fràgile [-dʒ-] zerbrechlich
fràgola f Erdbeere
fragor|e m Getöse n; **~oso** tosend

fragrante

fragr|ante wohlriechend; **~anza** f Wohlgeruch m
fraintèndere mißverstehen
frammento m Bruchstück n
fran|a f Erdrutsch m; **~are** einstürzen
francese [-tʃ-] französisch; su Franzose m, Französin f
franch|ezza [-k-] f Offenheit; **~igia** [-kidʒa] f: **~ postale** Portofreiheit
Francia [-tʃa] f Frankreich n
franco frei; fig offen; **~ di porto** portofrei; **~** m Franc, Franken; **~ svizzero** Schweizer Franken; **~bollo** m Briefmarke
frangenti [-dʒ-] m/pl Brandung f
frangette [-dʒ-] f/pl Pony(s) m(pl) (Frisur)
frangia [-dʒa] f Franse; Küstenstreifen m
frantumi m/pl (Bruch-)Stücke n/pl; Trümmer pl
frase f Redensart; Gr Satz m
fràssino m Esche f
frastuono m Getöse n
frate m (Abkürzung fra) Rel Bruder
fratellastro m Stiefbruder
fratello m Bruder; **fratelli** pl Geschwister pl; Hdl Gebrüder
fraterno brüderlich
frattaglie [-ʎe] f/pl Innereien pl; (Geflügel-)Klein n
frattanto inzwischen
frattempo f: **nel ~** inzwischen, unterdessen

frattura f Med Bruch m
fraudolen|to betrügerisch; **~za** f Betrug m
frazionare teilen
frazionario: nùmero m **~** Bruchzahl f
frazione f Bruchteil m; Math Bruch m
freccia [-tʃa] f Pfeil m
freddarsi kalt werden; sich abkühlen (a fig)
freddo kalt; m Kälte f; **aver ~** frieren; **far ~** kalt sein
freddoloso: èssere ~ leicht frösteln
freezer ['fri:zə] m Gefrierfach n
fregare zerreiben, zerkleinern
frenare bremsen; zügeln
freno m Bremse f; **~ d'allarme** Notbremse f; **~ a disco** Scheibenbremse f; **~ a inerzia** Auflaufbremse f; **~ a mano** Handbremse f; **~ a pedale** Fußbremse f
frequ|entare regelmäßig besuchen; verkehren mit; **~ente** häufig; **~enza** f Häufigkeit; (Besucher-)Zahl
freschezza [-sk-] f Frische
fresco frisch; kühl; m Kühle f; **prèndere il ~** an die frische Luft gehen
fretta f Eile; **aver ~** es eilig haben; in Eile sein; **non c'è ~** es eilt nicht; **in ~** eilig, schnell
frettoloso eilig
fricassea f Frikassee n
frìggere [-dʒ-] backen; braten

frigo(rifero) m Kühlschrank
fringuello m Buchfink
frittata f Eierkuchen m; Omelett n; **~o** gebackener Fisch; gebraten (*in der Pfanne*); **~ misto di pesce** gebackener Fisch; **~ura** f gebackenes Gericht m
friulano friaulisch
Friuli m Friaul n
frizione f Einreibung; Massage; *Tech* Reibung; Kupplung
frizzante prickelnd
frod|are betrügen; **~atore** m Betrüger; **~o** f Betrug m
frollo mürbe; **pasta** f **frolla** Mürbeteig m
fronte f Stirn; Vorderseite; m *Mil* Front f; **di ~** gegenüber(liegend); **di ~ alla chiesa** gegenüber der Kirche
front|iera f Grenze; **~one** m Giebel
frugare (herum)stöbern, kramen
frull|are quirlen; **~ato** m Mixgetränk; **~ino** m Quirl
frumento m Korn; Weizen
frusta f Peitsche; Schneebesen m
frutta f Obst n; **~ cotta** Kompott n
frutteto m Obstgarten
fruttifero: **àlbero** m **~** Obstbaum
fruttivéndolo m Obsthändler
frutto m Frucht f; *fig* Ertrag; **frutti** *pl* **di mare** Meeresfrüchte f/pl
fu er (sie, es) wurde

funzione

fucilare [-tʃ-] erschießen
fucile [-tʃ-] m Gewehr n; **~ da caccia** Jagdgewehr n
fucina [-tʃ-] f Schmiede
fuga f Flucht
fugg|ire [-dʒ-] fliehen, flüchten; *Zeit* verfliegen; **~itivo** m Flüchtling
fuliggine [-dʒ-] f Ruß m
fuligginoso [-dʒ-] rußig
fulminare blitzen; *Blitz* treffen, erschlagen
fùlmine m Blitz
fum|aiolo m Schornstein; **~are** rauchen
fumatore m Raucher; **scompartimento** m **per (non) fumatori** (Nicht-)Raucherabteil n
fumetti m/pl Comics
fum|o m Rauch; **~oso** rauchig, verräuchert
fune f Seil n; Tau n
fùnebre traurig; Leichen...; Trauer...; **messa** f **~** Totenmesse
funerale m Beerdigung f
fungo m Pilz; **~ velenoso** Giftpilz; **~ prataiolo** Champignon
funicolare f Standseilbahn
funivia f Seilschwebebahn; Drahtseilbahn
funzion|amento m Funktionieren n, Arbeitsweise f; **~are** funktionieren; in Betrieb sein; arbeiten; **~ario** m Beamte(r)
funzione f Funktion; Amt n; Tätigkeit; Stellung

fuoco

fuoco *m* Feuer *n*; **fuochi** *pl* **d'artificio** Feuerwerk *n*
fuori 1. *prp* außer; ~ (**di**) außerhalb; ~ **città** außerhalb der Stadt; ~ **moda** unmodern; **2.** *adv* draußen; außen; auswärts; **andare** ~ ausgehen; **di** ~ von außen; **~bordo** *m* Außenbordmotor; Außenborder; **~strada** *m* Geländewagen
furbo schlau
furgoncino [-tʃ-] *m*, **furgone** *m* Lieferwagen
furi|a *f* Wut; Eile; **~bondo, ~oso** wütend
furtivo *Blick* verstohlen
furto *m* Diebstahl
fuscello [-ʃ-] *m* Halm
fusibile *m* *El* Sicherung *f*
fusione *f* Schmelzen *n*
fusto *m* (Säulen-)Schaft; Faß *n*
futuro zukünftig; *m* Zukunft *f*

G

gabbia *f* Käfig *m*; **~no** *m* Möwe *f*
gabinetto *m* Toilette *f*; Arbeitszimmer *n*; (Arzt-)Praxis *f*; Kabinett *n* (*a Pol*)
gagliardo [-ʎa-] kräftig
gaio fröhlich, lustig
galantina *f* Sülze; Fleisch *n* in Aspik
galantuomo *m* Ehrenmann
galla *f* Blase
galleggi|ante [-dʒa-] *m* *Tech* Schwimmer; **~are** (obenauf) schwimmen
gallerìa *f* Galerie; Passage; Tunnel *m*; *Thea* Rang *m*; *Bergbau* Stollen *m*; *Tech* Kanal *m*
gallin|a *f* Henne; Poln, **~acci** [-tʃi] *m/pl* Pfifferlinge
gallo *m* Hahn
gallone *m* Borte *f*; Tresse *f*
gamba *f* Bein *n*; *fig in* ~ fit
gamberetto *m* Garnele *f*
gàmbero *m* Krebs

gambo *m* Stiel, Stengel
gamma *f* Serie, Reihe; Skala; *Mus* Tonleiter
gancio [-tʃo] *m* Haken; ~ **di traino** Anhängerkupplung *f*
gànghero *m* (Tür-)Angel *f*; *an Kleidung* Haken
gara *f* Wettstreit *m*; Wettkampf *m*; Rennen *n*; *fig* **fare a** ~ wetteifern
garage [-aːʒ] *m* Garage *f*
garan|te bürgen für; **~tire** bürgen für; garantieren; **~zìa** *f* Garantie; Sicherheit
garb|are gefallen; **~ato** höflich
Gardena *f*: **Val f** ~ Grödnertal *n*
gareggiare [-dʒa-] wetteifern
gargar|ismo [-zmo] *m* Gurgelmittel *n*; **~izzare** gurgeln
garòfano *m* Nelke *f*
garza *f* Verbandmull *m*
garzone *m* Laufbursche
gas *m* Gas *n*; **dare** ~ Gas ge-

gerente

ben; *a tutto* ~ mit Vollgas; *fig* mit Volldampf
gasolio [-z-] *m* Dieselkraftstoff
gassosa *f* Brause
gatt|a *f* Katze; **~o** *m* Katze *f*; Kater
gazza *f* Elster
gel|are [dʒ-], **~arsi** (ge)frieren; erstarren; erfrieren; **~ata** *f* Frost *m*; Glatteis *n*; **~ateria** *f* Eisdiele
gelatina [dʒ-] *f* Gelee *n*; ~ *di carne* Fleischsülze
gelato [dʒ-] *m* (Speise-)Eis *n*; ~ *misto* gemischtes Eis *n*; ~ *di fràgola* Erdbeereis *n*; ~ *di limone* Zitroneneis *n*; ~ *al caffè* Mokkaeis *n*; ~ *al torrone* Nougateis *n*; **~ alla vaniglia** Vanilleeis *n*
gèlido [dʒ-] eisig, eiskalt
gelo [dʒ-] *m* Frost; Kälte *f*
gel|osia [dʒ-] *f* Eifersucht; Jalousie; **~oso** eifersüchtig (*di* auf)
gelso [dʒ-] *m* Maulbeerbaum; **~mino** *f* Jasmin
gemell|o [dʒ-] Zwillings...; **~i** *m*/*pl* Zwillinge; Manschettenknöpfe
gèmito [dʒ-] *m* Stöhnen *n*
gemma [dʒ-] *f* Knospe *f*; Juwel *n*
gener|ale [dʒ-] allgemein; *in* ~ *s* **~almente**; **~alità** *f*/*pl* Personalien *pl*; **~almente** im allgemeinen, gewöhnlich; **~azione** *f* Generation
gènere [dʒ-] *m* Geschlecht *n*;

Art *f*; ... *di ogni* ~ die verschiedensten ...; *in* ~ gewöhnlich; meistens; **gèneri** *m*/*pl* **alimentari** Lebensmittel *n*/*pl*
gènero [dʒ-] *m* Schwiegersohn
gener|osità [dʒ-] *f* Freigebigkeit; Großzügigkeit; **~oso** freigebig; großzügig
gengiva [dʒendʒ-] *f* Zahnfleisch *n*
geni|ale [dʒ-] genial; **~o** *m* Geist; Genie *n*
genitali [dʒ-] *m*/*pl* Geschlechtsorgane *n*/*pl*
genitivo [dʒ-] *m* Genitiv
genitori [dʒ-] *m*/*pl* Eltern *pl*
gennaio [dʒ-] *m* Januar
Gènova [dʒ-] *f* Genua *n*
genovese [dʒ-] *m* von Genua; genuesisch
gente [dʒ-] *f* Leute *pl*; *c'è* ~ da ist jemand
gentil|e [dʒ-] freundlich; liebenswürdig; nett; *im Brief* ~ *signora* sehr geehrte Frau ...; **~ezza** *f* Freundlichkeit; Liebenswürdigkeit; **~uomo** *m* Edelmann
genuino [dʒ-] echt
genziana [dʒ-] *f* Enzian *m*
geografia [dʒ-] *f* Geographie, Erdkunde
geogràfic|o [dʒ-] geographisch; *carta f* **geogràfica** Landkarte
geranio [dʒ-] *m* Geranie *f*
gerente [dʒ-] *m* Geschäftsführer

gergo [dʒ-] *m* Jargon
Germània [dʒ-] *f* Deutschland *n*; **2ico** germanisch
germanistica [dʒ-] *f* Germanistik
germano germanisch; *m* Germane
germ|e [dʒ-] *m* Keim; **~inare** keimen; **~oglio** [dʒermoːʎo] *m* Trieb, Sproß
gerundio [dʒ-] *m* Gerundium
gesso [dʒ-] *m* Gips; Kreide *f*; Gipsfigur *f*
gest|ione [dʒ-] *f* Geschäftsführung; **~o** *m* Geste *f*, Gebärde *f*
Gesù [dʒ-] *m* Jesus
gett|are [dʒ-] (weg)werfen; **~o** *m* (Wasser-)Strahl; **~one** *m* Spielmarke *f*; **~ telefònico** Telefonmünze *f*
gheriglio [-ʎo] *m* Nußkern
ghiacci|aio [-tʃa-] *m* Gletscher; **~are** [-tʃa-] *f* gefrieren; (zu)frieren; **~ata** [-tʃa-] *f* Eisgetränk *n*; **~ato** [-tʃa-] vereist; gefroren; eiskalt; **~o** [-tʃo] *m* (Natur-)Eis *n*
ghiaia [-dʒa-] *f* Kies *m*
ghianda [dʒ-] *f* Eichel
ghiàndola [dʒ-] *f* Drüse
ghiott|o naschhaft; **~onerìa** *f* Leckerbissen *m*; Delikatesse
ghirlanda [dʒ-] *f* Girlande; Kranz *m*
già [dʒa] schon; bereits; ehemals; **~ ~** ja, ja; schon gut
giacca [dʒa-] *f* Jacke; Sakko *m*; **~ a vento** Anorak *m*; Windjacke; **~ di pelle** Lederjacke
giacché [dʒak-ke] da
giacchetta [dʒak-k-] *f* Jackett *n*
giacere [dʒatʃ-] liegen; ruhen
giacinto [dʒatʃ-] *m* Hyazinthe *f*
giallo [dʒa-] gelb; *m* Gelb *n*; Krimi; **~ dell'uovo** Eigelb *n*; **passare sul ~** bei Gelb über die Ampel fahren
Giappone [dʒa-] *m* Japan *n*
giapponese [dʒa-] japanisch; *su* Japaner(in *f*) *m*
giardin|aggio [dʒardinaddʒo] *m* Gartenbau; **~iera** *f* Kfz Kombi(wagen) *m*; Kochk Mischgemüse *n*; Blumenständer *m*; Gärtnerin; **~iere** *m* Gärtner
giardino [dʒa-] *m* Garten; **~ botànico** botanischer Garten; **~ zoològico** Zoo; **~ pùbblico** (öffentlicher) Park; **~ d'infanzia** Kindergarten
Gibilterra [dʒ-] *f* Gibraltar *n*
gigant|e [dʒ-] riesengroß; *m* Riese; **~esco** riesenhaft; riesig
giglio [dʒiːʎo] *m* Lilie *f*
gilè [dʒ-] *m* Weste *f*
gin [dʒ-] *m* Gin
ginecòlogo [dʒ-] *m* Frauenarzt
ginepro [dʒ-] *m* Wacholder
ginestra [dʒ-] *f* Ginster *m*
ginnàstica [dʒ-] *f* Gymnastik; Turnen *n*

ginocchio [dʒinɔk-k-] *m* Knie *n*; **stare in ~** knien

giocar|e [dʒo-] spielen; **~ a carte (a palla, a tennis)** Karten (Ball, Tennis) spielen; **~si:** *qc* et verspielen

gioc|atore [dʒo-] *m* Spieler; **~áttolo** *m* Spielzeug *n*

gioco [dʒo-] *m* Spiel *n*; **~ d'azzardo** Glücksspiel *n*; **~ di carte (da bambini, di società)** Karten-(Kinder-, Gesellschafts-)spiel *n*

gioia [dʒo-] *f* Freude

gioielliere [dʒo-] *m* Juwelier

gioiello [dʒo-] *m* Juwel *n*, Schmuckstück *n*; **gioielli** *pl* Schmuck *m*; **gioielli da moda** Modeschmuck *m*

giornalaio [dʒo-] *m* Zeitungs-verkäufer, -händler

giornale [dʒo-] *m* Zeitung *f*; **~ di moda** Mode-zeitschrift *f*, -journal *n*; **~ radio** Rundfunknachrichten *f*/*pl*

giorna|letto [dʒo-] *m* Comicheft *n*; **~liero** täglich; **~lino** *m* Comicheft *n*; **~lista** *su* Journalist(in *f*) *m*

giornalmente [dʒo-] täglich, jeden Tag

giornata [dʒo-] *f* Tag *m*; **in ~** im Lauf des Tages

giorno [dʒo-] *m* Tag *m*; **~ feriale (festivo, lavorativo)** Werk-(Feier-, Arbeits-)tag; **~ d'arrivo (di partenza)** Anreise-(Abreise-)tag; **il od al ~** täglich; am Tag; **l'altro ~** neulich; **di ~** bei Tage; tagsüber

giostra [dʒo-] *f* Karussell *n*

gióvane [dʒo-] jung; *su* junge(r) Mann; *m* (junges) Mädchen *n*; Jugendliche(r); **giovani** *pl* junge Leute *pl*

giovanile [dʒo-] jugendlich; **~otto** *m* junge(r) Mann

giovedì [dʒo-] *m* Donnerstag

gioventù [dʒo-] *f* Jugend

gira|dischi [dʒiradiski] *m* Plattenspieler; **~dito** *m* Nagelbettentzündung *f*

girare [dʒ-] (um)drehen; wenden; herumlaufen (**la città** in der Stadt); durch-fahren, -laufen; bereisen; **~ a destra** rechts abbiegen; **mi gira la testa** mir ist schwindlig

girasole [dʒ-] *m* Sonnenblume *f*

giro [dʒ-] *m* (Um-)Drehung *f*; Kfz Drehzahl *f*; Spaziergang; Rundfahrt *f*, Rundgang; **~ turistico** Rundreise *f*; **~ della città** Stadtrundfahrt *f*; **in ~** unterwegs; **andare in ~** umher-laufen, -bummeln; *fig* **prèndere in ~ qu** j-n auf den Arm nehmen

gita [dʒ-] *f* Fahrt; Ausflug *m*

gitano [dʒ-] *m* Zigeuner

gitante [dʒ-] *m* Ausflügler

giù [dʒu] unten; herunter; hinunter; **in ~** nach unten; **su e ~** auf und ab

giubbotto [dʒu-] *m* Blouson *n*; **~ di salvataggio** Schwimmweste *f*

giudicare [dʒu-] beurteilen; urteilen über; halten für

giùdice [dʒuːditʃe] *m* Richter
giudizio [dʒu-] *m* Urteil *n*; Verstand; Gericht *n*
giugno [dʒuːno] *m* Juni
giunco [dʒu-] *m* Binse *f*
giùngere [dʒundʒ-] ankommen, eintreffen; *Hände* fallen; **~ a qc** et erreichen; zu et kommen
giunt|a [dʒu-] *f* Zugabe; Zusatz *m*; *Kleidung* Ansatz *m*; **per ~** obendrein; **~o** *m Tech* Gelenk *n*; *Kfz* Kupplung *f*
giuramento [dʒu-] *m* Schwur; Eid; **~ falso** Meineid
giurare [dʒu-] (be)schwören; versichern
giuria [dʒu-] *f* Jury
giur|idico [dʒu-] rechtlich, juristisch; **~ista** *m* Jurist
giust|ezza [dʒu-] *f* Richtigkeit; **~ificare** rechtfertigen; entschuldigen; **~ificativo** *m* Beleg; **~ificazione** *f* Rechtfertigung; Entschuldigung; Beleg *m*; **~izia** *f* Gerechtigkeit; Justiz; **~o** richtig, gerecht; *adv* gerade
glaciale [-tʃa-] eisig
gladiolo *m* Gladiole *f*
glaucoma *m* grüner Star
gli [ʎi] *art* die *m*/*pl*; *pron* ihm; ihnen
glicerina [-tʃ-] *f* Glyzerin *n*
globale Gesamt...; umfassend
globo *m* Kugel *f*; Globus; Erdball; Lampenglocke *f*; **~ oculare** Augapfel

glòbulo *m* Blutkörperchen *n*
gloria *f* Ruhm *m*
glori|ficare verherrlichen; **~oso** glorreich; ruhmreich
glossa *f* Anmerkung
glucosio *m* Traubenzucker
glutinoso klebrig
gnocchi ['ɲɔk-ki] *m*/*pl* Klößchen *n*/*pl*; **~ alla romana** überbackene Grießklößchen
gobb|a *f* Buckel *m*; Höcker *m*; **~o** buck(e)lig; *m* Bucklige(r)
goccia [-tʃa] *f* Tropfen *m*; **~ d'acqua** Wassertropfen *m*; **a ~ a ~** tropfenweise
gócciola [-tʃo-] *f* Tropfen *m*, Tröpfchen *n*
godere genießen (*di qc* et); sich freuen (*di* über)
goffo plump
gola *f* Kehle; Hals *m*; **mal di ~** Halsweh *n*; **far ~** Appetit machen
golf *m* Golf(spiel) *n*; Strickjacke *f*
golfo *m* Golf, Meerbusen
goloso naschhaft; *fig* gierig; *m* Leckermaul *n*
gómito *m* Ell(en)bogen; *v* Rohr, Fluß Knie *n*
gomitolo *m* Knäuel *m*/*n*
gomma *f* Gummi *n*/*m*; Radiergummi *m*; Reifen *m*; **~ da masticare** Kaugummi *m*; **~ senza câmera d'aria** schlauchlose(r) Reifen *m*; **avere una ~ a terra** einen Platten (eine Reifenpanne) haben

gomm|apiuma f Schaumgummi m; **~ato** gummiert; **~ista** ~o Reifenhändler; **~one** F m Schlauchboot n
góndola f Gondel
gondoliere m Gondoliere
gonfi|are aufblasen; aufpumpen; v Speisen blähen; **~arsi** anschwellen; sich (auf)blähen; **~o** geschwollen; fig aufgeblasen; schwülstig; **~ore** m Schwellung f
gonna f (Damen-)Rock m; **~ a pieghe** Faltenrock m; **~ pantalone** Hosenrock m
gorgo m Strudel, Wirbel
gorgogliare [-ʎa-] gurgeln; brodeln; blubbern
gòtico gotisch; m Gotik f
govern|ante f Haushälterin; **~are** leiten; führen; Pol regieren; Mar steuern; **~ativo** Regierungs...
governo m Regierung f; Verwaltung f; **~ federale** Bundesregierung f
gozzo m Kropf
gràcile [-tʃ-] zart; schwach
gradazione f Abstufung; Alkoholgehalt m
grad|évole angenehm; **~evolezza** f Annehmlichkeit; **~imento** m Wohlgefallen n
grad|inata f Sitzreihe (Stadion, Arena); **~ino** m Stufe f; **~ire** (gern) an-, entgegennehmen; mögen; **gradirei sapere** ich möchte gern wissen; **~ito** angenehm; willkommen
grado m 1. Wohlgefallen n; **di buon** ~ gern; **a mio mal** ~ gegen meinen Willen; ungern; 2. Stufe f; Grad; Rang; **30 gradi all'ombra** 30 Grad im Schatten; **èssere in ~ di ...** imstande, in der Lage sein, zu ...
gradu|almente stufen-schritt-weise; allmählich; **~azione** f Abstufung
graffi|are (zer)kratzen; **~o** m Kratzer; Schramme f; Kratzwunde f
grafite f Graphit m
gramm|àtica f Sprachlehre; Grammatik f; **~aticale** grammat(ikal)isch
grammo m Gramm n
gran s grande
granata f Reisigbesen m; Granate f; Granatapfel m
granchio [-k-] m (große) Krabbe f; fig Fehler; **~lino** m (kleine) Krabbe f
grand|e groß; **gran tempo** lange Zeit; **non è gran cosa** (od **un gran che**) das ist nichts Besonderes; **~ezza** f Größe
grandin|are hageln; **~ata** f Hagelschauer m
gràndine f Hagel m
grandioso großartig
granduc|a m Großherzog; **~ato** m Großherzogtum n
granello m v Apfel, Trauben Kern
granita f körniges Eis aus zer-

granito

stoßenem gefrorenem Fruchtsaft od Kaffee
granito *m* Granit
grano *m* Korn *n*; Getreide *n*; *fig* Körnchen *n*
granturco *m* Mais
grappa *f* Grappa (*Branntwein*)
gràppolo *m* Traube *f*
grasso fett; dick; fettig; *m* Fett *n*; Schmalz *m*
grassoccio [-tʃo] wohlgenährt, pummelig
grat|a *f* Gitter *n*; **~ella** *f*, **~icola** *f* Kochk Grill *m*, Rost *m*
gratin [gra'tɛ̃] *m*: **al ~** gratiniert, überbacken
gratinato s **al gratin**
gratis umsonst, gratis
gratitùdine *f* Dankbarkeit
grato dankbar; angenehm
grattacielo [-tʃe-] *m* Wolkenkratzer
gratt|are (ab)kratzen; *Brot, Käse* reiben; **~ugia** [-dʒa] *f* Reibeisen *n*; **~ugiato** [-dʒa-] gerieben
gratùito unentgeltlich; kostenlos, *fig s* **gratis**
gravare (be)lasten
grave schwer; ernst; schlimm
gràvida schwanger
grav|idanza *f* Schwangerschaft; **~ità** *f* Schwere; *fig* Ernst *m*; **~itazione** *f* Anziehungskraft; **~oso** beschwerlich
grazia *f* Anmut; Freundlichkeit; Gunst

grazie danke; *tante* **~** besten, vielen Dank; **~ a** dank (+ G); durch
grazioso anmutig; liebenswürdig
Gre|cia [-tʃa] *f* Griechenland; **&co** griechisch; *m* Grieche
gregge [-dʒe] *m* Herde *f*
greggio [-dʒo] roh; *m* Rohöl *n*
grembiule *m* Schürze *f*
gremito voll
gretto kleinlich, geizig
grid|are rufen; schreien; **~ aiuto** um Hilfe rufen; **~io** *m* Geschrei *n*; **~o** *m* Schrei
grifone *m* Greif
grigio [-dʒo] grau; **~ chiaro** hellgrau; **~ cupo** (*od* **scuro**) dunkelgrau
griglia [-ʎa] *f* Gitter *n*; *Kochk* Grill *m*, Rost *m*; **alla ~** gegrillt, vom Grill *od* Rost
grillo *m* Grille *f*
grinfia *f* Klaue
grinz|a *f* Falte, Runzel; *Kleidung* Knitter *m*, Falte; **~oso** runz(e)lig; *Kleid* zerknittert
grissini *m/pl* knusprige Weißbrotstangen *f/pl*
grog *m* Grog
grond|aia *f* Dachrinne; **~are** triefen
gross|ezza *f* Größe; Dicke; Stärke; **~ista** *m* Großhändler
grosso dick; stark, kräftig; groß; *mare m* **~** bewegtes Meer *n*; **~lano** grob; plump
grotta *f* Grotte

groviera f Schweizer Käse m, Gruyère m

gru f Kranich m; Tech Kran m

gruccia [-tʃa] f Krücke; Kleiderbügel m

gruppo m Gruppe f; **~ sanguigno** Blutgruppe f; **~ di giòvani** Jugendgruppe f; **~ di turisti** Reisegruppe f

guadagn|are [-ɲ-] gewinnen; verdienen; **~o** m Gewinn; Verdienst

guaina f Anat Scheide; Korsett n, Mieder n

guaio m Unglück n; Unannehmlichkeit f

guància [-tʃa] f Wange; **~le** m Kopfkissen n

guanto m Handschuh

guarda|boschi [-ski] m Waldhüter; Förster; **~càccia** [-tʃa] m Jagdaufseher; **~coste** m Küstenwache f; **~màcchine** [-k-] m Parkwächter

guard|are an-, zu-, nachsehen; (an)schauen, (an-)blicken; aufpassen (**a** auf); *Zimmer, Fenster* **~ sul giardino** auf den Garten hinausgehen; **~arsi** sich hüten, sich vorsehen (**da** vor)

guarda|roba f Garderobe; Kleiderschrank m; **~robiera** f Garderobenfrau

guàrdia f Bewachung; Wächter m; Wärter m; Wache; **~ forestale** Förster m; **~ mèdica** ärztlicher Notdienst

m; **di ~** diensthabend, vom Dienst; **fare la ~** Wache halten; **~no** m Wächter, Aufseher

guarigione [-dʒo-] f Genesung; **~ire** heilen; genesen

guarn|ire verzieren, *Kochk* garnieren (**di** mit); **~izione** f Verzierung; *Kochk* Beilage; *Tech* Dichtung

guast|are beschädigen, kaputtmachen; **~arsi** kaputtgehen; *Lebensmittel* schlecht werden.

guasto verdorben; schlecht; beschädigt, kaputt; m Schaden, Defekt; **~ al motore** Motorpanne f; **~ al cambio** Getriebeschaden

guerra f Krieg m

gufo m Uhu

guida f Führer m, Reiseführer m (*Buch e Person*); Leitung; *Kfz* Fahren n, Lenken n, Lenkung; **~ alpina** Bergführer m; **~ della città** Stadtführer m; **fare da ~ a qu** j-n führen

guid|are führen; leiten; *Auto* fahren, lenken; **~atore** m Fahrer, Lenker

guinzàglio [-ʎo] m (*Hunde-*) Leine f

guisa f Art und Weise; **in ~ che** so daß

guscio [-ʃo] m Schale f; Hülse f

gust|are gefallen; schmecken, kosten; **~o** m Geschmack; **~oso** schmackhaft

gustoso

H

ha er (sie, es) hat; **hai** du hast
hall *m* Hotelhalle *f*
handicappato behindert; *m* Behinderte(r)
hangar *m* Flugzeughalle *f*
hanno sie haben
ho ich habe
hobby *m* Hobby *n*, Liebhaberei *f*
hockey *m* Hockey *n*; ~ **su ghiaccio** Eishockey *n*
hostess *f* Stewardeß; Hosteß
hotel *m* Hotel *n*

I

i *art m/pl* die
Iddìo *m* Gott
idea *f* Idee; Gedanke *m*; Einfall *m*; **cambiare** ~ es sich anders überlegen
ide|ale ideal; **~are:** ~ *qc* sich et ausdenken
idèntico identisch
identikit *m* Phantombild *n*
idìllico idyllisch; *m* Idyll *n*
idiom|a *m* Idiom *n*; **~àtico** idiomatisch
idiota idiotisch; *m* Idiot, Schwachsinnige(r)
ìdolo *m* Götzenbild *n*; *fig* Abgott, Idol *n*
idoneità *f* Eignung, Tauglichkeit
idòneo geeignet, tauglich
idrante *f* Hydrant *m*
idratante: crema *f* ~ Feuchtigkeitscreme
idràulico *m* Installateur
idrògeno [-dʒ-] *m* Wasserstoff
idro|plano *m* Tragflächenboot *n*; **~solùbile** wasserlöslich; **~volante** *m* Wasserflugzeug *n*
ieri gestern; ~ **l'altro, l'altro** ~ vorgestern; ~ **mattina** gestern früh
igiene [idʒe-] *f* Hygiene; ~ **della bocca** Mundpflege; ~ **del corpo** Körperpflege
igiènico [idʒe-] gesund; hygienisch
ignaro [iɲ-] unwissend
ignavo [iɲ-] träge
ign|òbile [iɲɔ-] gemein
ignor|ante [iɲ-] unwissend; **~anza** *f* Unwissenheit, Unkenntnis; **~are** nicht wissen; nicht kennen; ignorieren
ignoto [iɲ-] unbekannt
il (lo), la *art* der, die, das
illécito [-tʃ-] unzulässig, unerlaubt
illegale illegal, ungesetzlich
illeggibile [-dʒ-] unleserlich
illegìttimo [-dʒ-] unrechtmäßig; unehelich
illimitato unbeschränkt
illùdere täuschen

immeritato

illumin|are beleuchten; erleuchten; *fig* aufklären (*su* über); **~ato** be-, er.leuchtet; **~azione** *f* Beleuchtung

illu|sione *f* Täuschung, Illusion; **~sorio** trügerisch, illusorisch

illustr|are erläutern; illustrieren; **~azione** *f* Abbildung; **~e** berühmt

imball|aggio [-dʒo] *m* Verpackung *f*; **~are** ein-, verpacken

imbarazz|ante peinlich, hinderlich; **~are** hindern; in Verlegenheit bringen; **~ato** verlegen; verwirrt; **~o** *m* Hindernis *n*; Verlegenheit *f*; Verwirrung *f*

imbarc|adero *m* Landungssteg; **~are** einschiffen; *Waren* verladen; **~azione** *f* Boot *n*; **~o** *m* Kai; *v Personen* Einschiffung *f*; *v Waren* Verladung

imbàttersi: **~** *in qu* j-m begegnen

imbecille [-tʃ-] dumm; schwachsinnig; *m* Dummkopf

imbell|ettare schminken; **~ire** verschönern

imbian|care weißen, tünchen; weiß werden; **~chino** [-k-] *m* Anstreicher

imbocc|are einmünden, einbiegen in; **~atura** *f* Mundstück *n*; Mündung

imboscata *f* Hinterhalt *m*

imbottiglia|re [-ʎa-] in Flaschen abfüllen; **~to** eingekeilt; *Fahrzeuge* im Stau steckend

imbotti|ta *f* Steppdecke; **~to** gepolstert; *Kleidung* wattiert; *Brötchen* belegt

imbrogli|are [-ʎa-] verwirren; betrügen; **~o** [-ʎo] *m* Konfusion *f*, Verwirrung *f*; Schwindel; **~one** *m* Schwindler, Betrüger

imbucare (*in den Briefkasten*) einstecken, einwerfen

imburrare mit Butter bestreichen

imbuto *m* Trichter

imit|are nachmachen, nachahmen, imitieren; **~azione** *f* Nachahmung, Imitation

immagin|are [-dʒ-] sich *et* vorstellen, sich *o* denken; ahnen; **~azione** *f* Einbildung, Phantasie

immàgine [-dʒ-] *f* Bild *n*

immancàbile unausbleiblich

immane entsetzlich, furchtbar

immatricolarsi sich einschreiben lassen

immaturo unreif; vorzeitig

immediatamente unmittelbar; unverzüglich; **~to** unmittelbar, direkt; sofortig

immenso unermeßlich; grenzenlos

immèrg|ere [-dʒ-] (ein)tauchen; **~ersi** (unter)tauchen; *fig* sich vertiefen (**in** in)

immeritato unverdient

immersione *f* Eintauchen *n*; *Mar* Tiefgang *m*

immigr|ante *m* Einwanderer; **~are** einwandern; **~azione** *f* Einwanderung

imminente (unmittelbar) bevorstehend; drohend

immischiarsi [-sk-] sich einmischen (*in* in)

immòbile unbeweglich

immoderato maßlos

immodest|ia *f* Unbescheidenheit; **~o** unbescheiden

immondizie *f/pl* Müll *m*, Abfall *m*

immoral|e unmoralisch; **~ità** *f* Unmoral

immort|ale unsterblich; **~alità** *f* Unsterblichkeit

immoto unbeweglich

immune frei (*da* von); *Med* immun (*a* gegen)

immut|àbile unveränderlich; **~ato** unverändert

impaccare einpacken

impacci|are [-tʃa-] hindern; stören; **~o** [-tʃo] *m* Hindernis *n*; Verlegenheit *f*

impacco *m Med* Umschlag, Packung *f*

impadronirsi: **~ di qc** sich e-r Sache bemächtigen

impagàbile unbezahlbar

impalcatura *f* Gerüst *n*

impallidire blaß werden

impanato paniert

imparare (er)lernen

ìmpari ungleich; *Math* ungerade

imparità *f* Ungleichheit

imparziale unparteiisch

impassìbile unerschütterlich; gleichmütig

impastare Teig kneten

impatto *m* Aufprall; Zusammenstoß

impaurire ängstigen; erschrecken

impazien|te ungeduldig; **~tirsi** ungeduldig werden; **~za** *f* Ungeduld

impazzire verrückt werden (*per* vor)

impeccàbile tadellos

imped|imento *m* Hindernis *n*; **~ire** (be-, ver-)hindern; abhalten (*qc a qu* j-n von et); *Weg* versperren

impegn|arsi [-ɲ-] sich verpflichten (*a zu*); sich widmen (*a D*); **~ato** beschäftigt; bestellt, belegt; **~o** *m* Verpflichtung *f*; Eifer; Einsatz

impenetràbile undurchdringlich

impens|àbile undenkbar; **~ato** ungeahnt; überraschend

impera|tivo *m Gr* Befehlsform *f*, Imperativ; **~tore** *m* Kaiser; **~trice** [-tʃe] *f* Kaiserin

imperdonàbile unverzeihlich

imperfetto unvollständig; fehlerhaft; *m Gr* Imperfekt *n*

imperiale *m* (Wagen-)Dach *n*, Verdeck *n*

imperizia *f* Unerfahrenheit

impermeàbile undurchläs-

impreciso

sig; wasser-, luft-dicht; *m* Regenmantel
impermutàbile unabänderlich
impero *m* (Kaiser-)Reich *n*; Herrschaft *f*
impersonale unpersönlich
impertin|ente unverschämt; **~enza** *f* Unverschämtheit, Frechheit
impertur|bàbile unerschütterlich; **~bato** gelassen
ìmpeto *m* Heftigkeit *f*; Wucht *f*
impetuoso stürmisch; heftig
impiant|are anlegen; errichten; installieren; **~ito** *m* Fliesenboden
impianto *m* Einrichtung *f*; Installierung *f*; Anlage *f*; **~pianti** *pl* **sanitari** sanitäre Einrichtungen *f/pl*
impiastro *m Med* Umschlag *m*
impiccare (auf)hängen
impicciare [-tʃa-] behindern; stören
impiccio [-tʃo] *m* Hindernis *n*
impieg|are anwenden; verwenden; *Zeit* brauchen; *j-n* an-, ein-stellen; **~ata** *f* Angestellte; Beamtin; **~ato** *m* Angestellte(r); Beamte(r); **~o** *m* Beschäftigung *f*; (An-)Stellung *f*; Gebrauch *m*; Verwendung *f*
impiombare *Zahn* plombieren
implac|àbile unversöhnlich; unerbittlich; **~abilità** *f* Un-

versöhnlichkeit; Unerbittlichkeit
implicare mit sich bringen
implor|are anflehen; **~azione** *f* flehentliche Bitte
impon|ente imposant; beeindruckend; **~enza** *f* Großartigkeit
imp|orre auf(er)legen; vorschreiben; **~orsi** sich behaupten; sich aufdrängen
import|ante wichtig; von Bedeutung; **~anza** *f* Bedeutung; **senza ~** unwichtig; bedeutungslos; **~are** mit sich bringen; *j-m* wichtig sein; nötig sein; *Waren* einführen; **non importa** das macht nichts; **non me ne importa** das interessiert mich nicht; **~atore** *m* Importeur; **~azione** *f* Einfuhr; **~o** *m* Betrag, Summe *f*
importun|are belästigen; **~o** aufdringlich; lästig
imposs|ìbile unmöglich; **~ibilità** *f* Unmöglichkeit
impost|a *f* Steuer; (Fenster-) Laden *m*; **~ sul valore aggiunto** Mehrwertsteuer; **~are** *Brief* aufgeben, einwerfen
impot|ente machtlos; unfähig; **~enza** *f* Ohnmacht
imprati|càbile undurchführbar; *Straße* nicht befahrbar; **~chirsi** [-k-] sich üben
imprec|are fluchen (*contro* über, auf); **~azione** *f* Fluch *m*
impreciso [-tʃ-] ungenau

imprenditore *m* Unternehmer

impresa *f* Unternehmen *n*; Betrieb *m*

impression|ante eindrucksvoll; **~are** beeindrucken; *Fot* belichten

impressione *f* Eindruck *m*

impre|vedìbile unvorhersehbar; **~veduto**, **~visto** unvorhergesehen, unvermutet

imprigionare [-dʒo-] einsperren

imprìmere aufdrücken; einprägen

improb|àbile unwahrscheinlich; **~abilità** *f* Unwahrscheinlichkeit

impronta *f* Abdruck *m*; **~ digitale** Fingerabdruck

improvvis|amente plötzlich, unerwartet; **~are** improvisieren; aus dem Stegreif dichten (reden); **~ata** *f* Überraschung; **~o** überraschend, plötzlich; **all'~** unversehens

prud|ente unklug; unvorsichtig; **~enza** *f* Leichtsinn *m*; Unvorsichtigkeit

impud|ente unverschämt; **~enza** *f* Unverschämtheit

impùdico schamlos

impuls|ivo impulsiv; **~o** *m* Impuls, Antrieb

impun|emente ungestraft, straflos; **~ito** unbestraft

impunt|are stolpern; *fig* stocken; **~arsi** beharren (*in* auf)

impuro unrein

imputato *m* Angeklagte(r)

in in; nach; **~ Italia** in (nach) Italien; **~ italiano** auf italienisch; **~ campagna** auf dem Land; **~ viaggio** auf Reisen, unterwegs; **andare ~ treno** mit dem Zug fahren

in... *Vorsilbe mit oft verneinender Bedeutung* un...

inàbile unfähig; untauglich

inaccessìbile [-tʃ-] unzugänglich

inaccettàbile [-tʃ-] unannehmbar

inadatto ungeeignet (*a* für)

inadeguato unangemessen

inal|are einatmen; inhalieren; **~atore** *m* Inhalationsapparat; **~ d'ossìgeno** Sauerstoffgerät *n*; **~azione** *f* Inhalation

inalterato unverändert

inammissìbile unzulässig

inappetenza *f* Appetitlosigkeit

inapprezzàbile unschätzbar

inargentare [-dʒ-] versilbern

inaridire aus-, vertrocknen

inarrivàbile unerreichbar

inaspettato unerwartet

inattendìbile unzuverlässig, unglaubwürdig

inatteso unerwartet

inatt|ività *f* Untätigkeit; **~ivo** untätig

inattuàbile undurchführbar

inaudito unerhört

inaugur|are einweihen; (*feierlich*) eröffnen; **~azione**

f Einweihung; *(feierliche)* Eröffnung; *e-s Denkmals* Enthüllung
inavvert|enza *f* Unachtsamkeit; **~ito** unbemerkt
incalcolàbile unberechenbar
incalzare (be)drängen
incammin|are *fig* auf den Weg bringen; einführen *(in in)*; **~arsi** sich auf den Weg machen
incandescente [-ʃ-] (weiß-)glühend
incant|are bezaubern; **~évole** bezaubernd; **~o** *m* Zauberei *f*; *fig* Zauber; Auktion *f*; **méttere all'~** versteigern
incap|ace [-tʃe] unfähig, außerstande *(di* zu); **~acità** [-tʃ-] *f* Unfähigkeit
incarcerare [-tʃ-] einsperren
incaric|are beauftragen *(di* mit); **~arsi**: **~** *di qc* et übernehmen
incàrico *m* Auftrag; **per ~ di** im Auftrag von
incarnare verkörpern
incart|are *(in Papier)* einwickeln; **~o** *m* Verpackung *f*; **~occiare** [-tʃa-] in e-e Tüte tun
inc|assare in Kisten verpacken; *Geld* einnehmen; *Tote* einsargen; **~asso** *m* Inkasso *n*; Einnahme *f*
incastrare *Tech* verbinden; *fig* verwickeln
incatenare mit einer Kette absperren
incauto unvorsichtig
incav|are aushöhlen; **~ato** hohl
incendi|are [-tʃ-] in Brand stecken; **~ario** *m* Brandstifter; **~o** *m* Feuer *n*; Brand; **~ forestale** Waldbrand
incener|imento [-tʃ-] *m* Einäscherung *f*; **~ire** einäschern; **~itore** *m* Müllverbrennungsanlage *f*
incenso [-tʃ-] *m* Weihrauch
incerat|a [-tʃ-] *f*, **~o** *m* Wachstuch *n*
incer|tezza [-tʃ-] *f* Unsicherheit; Ungewißheit; **~to** unsicher; ungewiß; unschlüssig
incessante [-tʃ-] unaufhörlich
inchiesta [-k-] *f* Nachforschung; Untersuchung; *jur* Ermittlung
inchin|arsi [-k-] sich verbeugen; sich beugen *(a D)*; **~o** *m* Verbeugung *f*
inchiodare [-k-] an-, festnageln
inciamp|are [-tʃa-] stolpern; **~o** *m* Hindernis *n*
incidentale [-tʃ-] zufällig
incidente [-tʃ-] *m* Zwischenfall; Unfall; Unglück *n*; **~ aèreo** Flugzeugunglück *n*; **~ stradale** Verkehrsunfall
incidere [-tʃ-] einschneiden; gravieren; *fig* einprägen; *auf Tonband* aufzeichnen; **~ su** sich auswirken auf
incinta [-tʃ-] schwanger
incipriare [-tʃ-] pudern
incirca [-tʃ-]: **all'~** ungefähr

incisione [-tʃ-] f Einschnitt m; Gravur; ~ *in legno* Holzschnitt m; ~ *in rame* Kupferstich m

incisivo [-tʃ-] m Schneidezahn

incitare [-tʃ-] anspornen; aufwiegeln

incivile [-tʃ-] unkultiviert; unhöflich

inclin|àbile verstellbar; **~are** (hin)neigen (**a** zu, nach); **~azione** f Neigung (**a** fig); *e-r Straße* Gefälle n; fig Hang m; **~e** geneigt (**a** zu)

incl|ùdere (mit) einschließen; *im Brief* beilegen; **~usivo** einschließlich; **~uso** inbegriffen

incoerente zs.-hanglos

incògnito [-ɲ-] unerkannt

incollare (an-, auf-)kleben, leimen

incolore farblos

incolp|are beschuldigen; **~évole** unschuldig

incolto ungebildet; ungepflegt; *Acker* unbestellt

incómbere: ~ *a qu* j-m obliegen

incombustìbile nicht brennbar, feuerfest

incominciare [-tʃa-] anfangen (**a** zu)

incomod|are stören; Umstände machen (**qu** j-m); **~arsi** sich bemühen; *non si incòmodi* lassen Sie sich nicht stören; machen Sie sich keine Umstände

incòmodo unbequem

incomparàbile unvergleichlich

incompatìbile unvereinbar

incompetente nicht zuständig

incompiuto unvollendet

incompleto unvollständig

incomprensìbile unverständlich

incon|cepìbile [-tʃ-] unbegreiflich; **~ciliàbile** [-tʃ-] unversöhnlich

inconfondìbile unverwechselbar

inconsapévole ahnungslos; unbewußt

inconseguenza f Inkonsequenz

inconsiderato unüberlegt

inconsolàbile untröstlich

insoueto ungewohnt

incontestato unbestritten

incontrare begegnen (**qu** j-m), treffen

incontro **1.** m Begegnung f; Treffen n; ~ *di calcio* Fußballspiel n; **2.** adv entgegen; *andare ~ a qu* j-m entgegengehen; F *all'* ~ im Gegenteil

inconveniente m Unannehmlichkeit f; Nachteil

incoragg|iamento [-dʒa-] m Ermutigung f; **~iare** [-dʒa-] ermutigen; **~iarsi** Mut fassen

incorporare einverleiben

incorr|eggìbile [-dʒ-] unverbesserlich; **~otto** unverdorben; **~uttìbile** unbestechlich

incosciente [-ʃɛ-] bewußtlos; *fig* gewissenlos
incost|ante unbeständig; **~anza** *f* Unbeständigkeit
incredìbile unglaublich
incrèdulo ungläubig
incroci|are [-tʃa-] kreuzen (*a Mar*); **~atore** [-tʃa-] *m Mar* Kreuzer; **~o** [-tʃo] *m* Kreuzung *f*
incrollàbile fest; *fig* unerschütterlich
ìncubo *m* Alp-traum, -druck
incuràbile unheilbar
incurante unbekümmert
incurvare krümmen
incustodito unbewacht
indagare erforschen; ermitteln (**su** in)
indàgine [-dʒ-] *f* Nachforschung; Untersuchung, Ermittlung
indebit|arsi sich in Schulden stürzen; **~ato** verschuldet
indebolire schwächen; schwach werden
indec|ente [-tʃ-] unanständig; **~enza** *f* Unanständigkeit; **~isione** *f* Unentschlossenheit; **~iso** unentschlossen
indefinito unbestimmt
indegno [-ɲo] unwürdig
indenn|e unverletzt; **~ità** *f* Entschädigung; **~izzare** entschädigen (*di* für); **~izzo** *m* Schadenersatz
indescrivìbile unbeschreiblich
indeterminato unbestimmt
India *f* Indien *n*

indiano indisch; indianisch; *m* Inder; Indianer
indicare zeigen; angeben
indicativo *m Gr* Indikativ
indicatore *m*: **~ stradale** Wegweiser
indicazione *f* Angabe; Hinweis *m*
ìndice [-tʃe] *m* Zeigefinger; *Tech* Zeiger; Inhaltsverzeichnis *n*
indietreggiare [-dʒa-] zurückweichen
indietro zurück; **èssere ~** im Rückstand sein; *Uhr* nachgehen; **fare marcia ~** einen Rückzieher machen; **all'~** rückwärts
indifeso wehrlos
indifferente gleichgültig
indìgeno [-dʒ-] einheimisch; *m* Einheimische(r)
indigente [-dʒ-] bedürftig
indig|erìbile [-dʒ-] unverdaulich; **~estione** *f* Verdauungsstörung; Magenverstimmung
indignazione [-ɲ-] *f* Entrüstung
indipend|ente unabhängig; **~enza** *f* Unabhängigkeit
indir|etto indirekt; **~izzare** adressieren, richten (**a** an); **~izzo** *m* Adresse *f*
indiscreto indiskret; zudringlich; taktlos
indispensàbile unentbehrlich; unerläßlich
indispettito ärgerlich; gereizt
indis|posizione *f* Unwohl-

indisposto 106

sein n, Unpäßlichkeit; ~**posto** unpäßlich, unwohl
indistinto undeutlich
indivia f Endivie; ~ **belga** Chicorée f/m
individu|ale individuell; ~**alità** f Persönlichkeit
individuo m Individuum n; Person f; Mensch
indiviso ungeteilt
indizio m (An-)Zeichen n (**di** für)
indòcile [-tʃ-] unfolgsam
indol|ente träge; nachlässig; ~**enza** f Trägheit; Nachlässigkeit
indolore schmerzlos
indomani m: *l'*~ der folgende Tag; *l'*~ *dell'arrivo* der Tag nach der Ankunft
indossare anziehen; anhaben
indovin|are (er)raten; ~**ello** m Rätsel n
indubbio zweifelsfrei
indugi|are [-dʒa-] (ver)zögern; ~**o** [-dʒo] m Verzögerung f; *senza* ~ unverzüglich
indulg|ente [-dʒ-] nachsichtig; ~**enza** f Nachsicht
indumento m Kleidungsstück n
ind|urre bewegen, verleiten (*a* zu); ~**ursi** sich entschließen (*a* zu)
industria f Industrie; Gewerbe n
industriale industriell; Industrie...; Gewerbe...; m Industrielle(r)

ineducato uner-, ungezogen
ineffàbile unaussprechlich
inefficace [-tʃe] unwirksam
ineguale ungleich
iner|te untätig; träge; unbeweglich; ~**zia** f Trägheit; Bewegungslosigkeit
ines|atto ungenau; ~**auribile** unerschöpflich
inesoràbile unerbittlich
inesp|erienza f Unerfahrenheit; ~**erto** unerfahren
inesplicàbile unerklärlich
inesprimìbile unaussprechlich
inetto untauglich
inevitàbile unvermeidlich
inezia f Lappalie
infallìbile unfehlbar
infam|e schändlich; *fig* abscheulich; ~**ia** f Schmach
infantile kindlich; Kinder...
infanzia f Kindheit
infarcito [-tʃ-] *Kochk* gefüllt
infarto m Infarkt; ~ **cardìaco** Herzinfarkt; ~ **cerebrale** Gehirnschlag
infaticàbile unermüdlich
infatti in der Tat, tatsächlich
infedel|e untreu; ungenau; *Rel* ungläubig; ~**tà** f Untreue; Ungenauigkeit
infelice [-tʃe] unglücklich
inferior|e untere; niedriger; *fig* minderwertig; m Untergebene(r); ~**ità** f Minderwertigkeit; Unterlegenheit
inferm|iera f Krankenschwester; ~**iere** m Krankenpfle-

ger; **~ità** f Leiden n; **~o** krank; m Kranke(r)
infern|ale höllisch; **~o** m Hölle f
infestare verseuchen
infettare infizieren, anstecken; verseuchen
infettivo ansteckend; Infektions...
infezione f Infektion, Ansteckung
infiamm|àbile leicht entzündbar; feuergefährlich; **~are** anzünden; *Kochk* flambieren; *Med* entzünden
infiammazione f Entzündung; **~ dell'orecchio medio** Mittelohrentzündung
infil|are *Nadel* einfädeln; *Straße* einschlagen; *Kleid* anziehen; **~arsi: ~ in qc** in et schlüpfen
infiltrarsi durchsickern; eindringen
ìnfimo geringste, unterste
infin|e schließlich, endlich; **~ità** f Unendlichkeit; **~ito** unendlich; m *Gr* Infinitiv
inflazione f Inflation
inflessìbile unbiegsam, *fig* unbeugsam
influ|enza f Einfluß m; *Med* Grippe; **~ire** einwirken (**su** auf)
influsso m Einfluß
infocato glühend(heiß)
infondato unbegründet
infóndere *fig* einflößen
inform|are verständigen (**di**, **su** von), unterrichten, infor-

mieren (**di**, **su** über); **~arsi** sich erkundigen (**di**, **su** nach), sich informieren (**di**, **su** über); **~azione** f Auskunft, Information; Erkundigung
informe unförmig
infortunio m Unfall; **assicurazione ~ contro gli infortuni** Unfallversicherung
infrarosso Infrarot...
infrazione f Übertretung
infredd|arsi sich erkälten; **~atura** f leichte Erkältung; **~olirsi** frösteln
infuori: ~ nach außen; **all'~ di** außer; mit Ausnahme von
infuri|arsi in Wut geraten; **~ato** wütend
infu|sione f Aufguß m; Kräutertee m; **~so** m Kräutertee
ingann|are täuschen; betrügen; **~arsi** sich täuschen; **~atore** m Betrüger; **~o** m Betrug; Täuschung f
ingegn|arsi [-dʒe-] sich bemühen; **~ere** m Ingenieur; **~o** [-dʒeːno] m Talent n; Begabung f; **~oso** [-dʒeŋ-] einfallsreich; begabt
ingènito [-dʒ-] angeboren
ingenuità [-dʒ-] f Naivität; **~ènuo** arglos; naiv
ingessa|re [-dʒ-] eingipsen; **~tura** f Gips(verband) m
Inghilterra f England n
inghiottire schlucken; verschlingen

inginocchiarsi [-dʒinok-k-] niederknien

ingiù [-dʒu] abwärts; hinunter, nach unten

ingiuri|a [-dʒu-] f Beschimpfung; **~are** beschimpfen; beleidigen

ingiust|izia [-dʒu-] f Ungerechtigkeit; **~o** ungerecht

inglese adj englisch; su Engländer/in f m

ingoiare (hinunter)schlucken

ingom|brante sperrig; **~brare** Weg versperren; **~bro** versperrt

ingommare (auf)kleben

ingordo gefräßig; gierig

ingorg|are verstopfen; **~arsi** Verkehr sich stauen; **~o** m Verkehr Stau

ingran|aggio [-dʒo] m Tech Getriebe n; **~are** Gang einlegen

ingrand|imento m Vergrößerung f; **~ire** vergrößern; größer werden

ingrass|are dick machen; dick(er) werden; Kfz abschmieren; **~o** m Dünger

ingr|atitúdine [-t-] f Undankbarkeit; **~ato** undankbar

ingredienti m/pl Kochk Zutaten f/pl

ingresso m Eintritt; Eingang; Eintritts-preis, -karte f

ingrossare dick machen

ingrosso: all'**~** en gros, Groß...

ingualcibile [-tʃ-] knitterfrei

inguaribile unheilbar

inguinale: *regione* f **~** Anat Leistengegend

inguine m Anat Leiste f

inibire untersagen

iniettare (ein)spritzen

iniezione f Einspritzung f; Med Injektion, Spritze

inimicizia [-tʃ-] f Feindschaft

inimmaginàbile [-dʒ-] undenkbar

ininterrotto ununterbrochen

iniqu|ità f Ungerechtigkeit; Bosheit; **~o** ungerecht

inizi|ale f Anfangsbuchstabe m; **~are** anfangen, beginnen; einführen (**a** in); **~ativa** f Initiative, Anregung

inizio m Anfang, Beginn; all'**~**, anfangs, am Anfang, zu Beginn

innalzare hoch-heben, -halten

innamorarsi sich verlieben (**di** in)

innanzi adv vorn; vorher; prp vor; **~** *tutto* vor allem

innato angeboren

innaturale unnatürlich

innervosire nervös machen

innestare El Stecker einstecken; **~** *la marcia* den Gang einlegen

inno m Hymne f

innoc|ente [-tʃ-] unschuldig; harmlos; **~enza** f Unschuld

innòcuo unschädlich; harmlos

innov|are erneuern; **~azione** f Erneuerung

innumerévole unzählig

inodoro geruchlos
inoltr|are einreichen; weiterleiten (*a* an); **~e** außerdem, überdies
inond|are überschwemmen; **~azione** *f* Überschwemmung
inopportuno unangebracht; ungelegen
inospitale ungastlich; *Gegend* unwirtlich
inosservato unbeachtet; unbemerkt
inquiet|are beunruhigen; **~o** unruhig; besorgt; **~udine** *f* Unruhe; Beunruhigung; Sorge
inquilino *m* Mieter
inquinamento *m* Verschmutzung *f*; **~ dell'ambiente** Umweltverschmutzung *f*; **~ delle acque** Wasserverschmutzung *f*
inquin|ante umwelt-schädlich, -verschmutzend; *non* **~** umweltfreundlich; **~are** verschmutzen
insalata *f* Salat *m*; **~ mista** (**verde**) gemischter (grüner) Salat
insalatiera *f* Salatschüssel
insalubre ungesund
insaponare einseifen
insaziàbile unersättlich
insegna *f* [-ɲa] *f* Abzeichen *n*; Schild *n*
insegn|amento [-ɲ-] *m* Unterricht; **~ante** *su* Lehrer(in *f*) *m*; **~are** lehren (*qc a qu* j-n et); unterrichten (*qc a qu* j-n in et)
insegu|imento *m* Verfolgung *f*; **~ire** verfolgen
insens|ato unsinnig; unvernünftig; **~ìbile** unempfindlich (*a* gegen); unmerklich
inseparàbile unzertrennlich
inserir|e einfügen; *Annonce* aufgeben; **~si** sich einmischen
inserzione *f* Einfügung; Inserat *n*; **fare un'~** inserieren
insetticida [-tʃ-] *m* Insektizid *n*
insetto *m* Insekt *n*
insìdi|a *f* Hinterhalt *m*; Falle; **~are** auflauern (*qu* j-m); **~oso** hinterhältig
insieme zusammen; *m* Gesamtheit; Ganze(s) *n*
insignificante [-ɲ-] unbedeutend
insinu|are j-m et unterstellen; **~arsi** sich einschleichen (*in* in); **~azione** *f* Verdächtigung; Unterstellung
insìpido fade
insistente eindringlich
insistere bestehen (*a*, *su* auf)
insoddisfatto unbefriedigt
insolazione *f* Sonnenstich *m*
insolente frech
insòlito ungewöhnlich; ungewohnt
insolùbile unlösbar
insomma kurz; schließlich; also
insonn|e schlaflos; **~ia** *f* Schlaflosigkeit
insopportàbile unerträglich

insòrgere [-dʒ-] sich erheben (*contro* gegen)
insostenìbile unhaltbar
inspirare einatmen
install|are *Person* unterbringen; *Tech* installieren; **~atore** *m* Installateur; **~azione** *f* Installation
instancàbile unermüdlich
insù: *all'~* hinauf; nach oben
insuccesso [-tʃ-] *m* Mißerfolg
insudiciare [-tʃa-] beschmutzen
insuffici|ente [-tʃɛ-] ungenügend; **~enza** [-tʃɛ-] *f* Unzulänglichkeit
insulare Insel...
insulina *f* Insulin *n*
insult|are beleidigen; beschimpfen; **~o** *m* Beleidigung *f*
insuper|àbile unübertrefflich; **~ato** unübertroffen
insurrezione *f* Aufstand *m*
intanto inzwischen; **~ che** (+ *cong*) während
intarsio *m* Einlegearbeit *f*
intasare verstopfen
intascare einstecken
intatto unberührt; unversehrt
integrale vollständig, gesamt; *pane* *m* **~** Vollkornbrot *n*
intell|etto *m* Verstand; Geist; **~ettuale** geistig; intellektuell; **~igente** [-dʒ-] klug; intelligent; **~igenza** [-dʒ-] *f* Verstand *m*; Intelligenz
intènd|ere verstehen; hören; meinen; beabsichtigen; **~ersi**: *di qc* sich auf et verstehen; sich in et auskennen; *s'intende!* selbstverständlich!
inten|sità *f* Stärke; Intensität; **~so** heftig; intensiv
intenzione *f* Absicht; *avere l'~ di fare qc* die Absicht haben, et zu tun; *senza ~* unabsichtlich
interamente gänzlich
interdetto sprachlos
interd|ire untersagen; **~izione** *f* Verbot *n*
interess|amento *m* Interesse *n*; Anteilnahme *f*; **~ante** interessant; **~are** interessieren; angehen (*a qu* j-n); **~arsi**: *di qc* sich für et interessieren; **~ato** interessiert (*a* an); eigennützig; *m* Interessent; **~e** *m* Interesse *n*; Anteilnahme *f*; *interessi pl* Zinsen
interiore innere; Innen...; *m* Innere(s) *n*
interlocutore *m* Gesprächspartner
interm|ediario *m* Vermittler; **~edio** mittlere
interminàbile endlos
intermittente wechselnd; *luce f ~* Blinklicht *n*
internazionale international
internista *m* Internist
interno innere; Innen..., Binnen...; *fig* innerlich; *m* Innere(s) *n*; Innenraum; Inland

n; *Tel* Durchwahlnummer *f*, Apparat

intero ganz; vollständig; *pagare il biglietto ~* voll bezahlen

in|terpretare deuten; interpretieren; *Thea* spielen, darstellen; **~terpretazione** *f* Auslegung, Interpretation; *Thea* Darstellung; **~ìterprete** *m* Dolmetscher; *Thea* Darsteller

interpunzione *f* Interpunktion, Zeichensetzung

interrogare (be)fragen; *jur* verhören

interrogativo fragend; *m u punto ~* Fragezeichen *n*

interroga|torio *m* Verhör *n*; **~zione** *f* Befragung; *jur* Vernehmung

interr|ómpere unterbrechen; **~uttore** *m* El Schalter; **~uzione** *f* Unterbrechung; *El* Störung

inter|secarsi Straßen sich kreuzen; **~sezione** *f* Schnittpunkt *m*; **~urbana** *f Tel* Ferngespräch *n*; **~vallo** *m* Zwischenraum; Abstand; Zwischenzeit *f*; Pause *f*

interv|enire eingreifen, einschreiten; teilnehmen (**a** an); **~ento** *m* Einschreiten *n*; Intervention *f*; *Med* Eingriff

intervist|a *f* Interview *n*; **~are** interviewen; **~atore** *m* Interviewer

intesa *f* Einverständnis *n*

inteso vereinbart; verstanden

intestino *m* Darm; **~ cieco** Blinddarm

intimare befehlen

intimidire einschüchtern

intimità *f* Vertrautheit; Gemütlichkeit

ìntimo intim, vertraut; gemütlich

intimorire verängstigen

in|tìngere [-dʒ-] eintauchen; **~tìngolo** *m* Tunke *f*, Soße *f*

intitolare betiteln

toller|àbile unerträglich; **~ante** unduldsam, intolerant

intonacare verputzen

intònaco *m* Verputz

intonare (an)stimmen

intorbidare trüben

intormentirsi einschlafen (Glied)

intorno *adv* herum; umher; *prp* **~ a** um; um ... herum; *tutt'~* ringsumher; *guardarsi ~* umherschauen

intossic|are (**~arsi** sich) vergiften

intossicazione *f* Vergiftung; **~ alimentare** Lebensmittelvergiftung

intral|ciare [-tʃa-] behindern; **~cio** [-tʃo] *m* Hindernis *n*

transigente [-dʒ-] unnachgiebig

intransitivo intransitiv

intra|prendente unternehmungslustig; **~prèndere** unternehmen

intratten|ere unterhalten; **~ersi** sich aufhalten (**su** bei)

intra(v)vedere erblicken
intrecci|are [-tʃa-] flechten; **~arsi** sich verschlingen; **~o** [-tʃo] *m* Geflecht *n*; *fig* Verwicklung *f*
intrèpido unerschrocken
intrig|ante intrigant; **~are** intrigieren; **~o** *m* Intrige *f*
intrìnseco innere; vertraut
introd|urre einführen; *Münze* einwerfen; **~uzione** *f* Einführung; Einleitung; *Mus* Ouvertüre
intromèttersi sich einmischen; dazwischentreten
introvàbile unauffindbar
intruso *m* Eindringling
intuire ahnen; fühlen
inumano unmenschlich
inumidire anfeuchten
inùtile unnütz, nutzlos, zwecklos
invadente aufdringlich
invàdere eindringen in; einnehmen
invalid|are für ungültig erklären; **~ità** *f* Ungültigkeit; Arbeitsunfähigkeit
invàlido ungültig; invalide; *m* Invalide; **~ di guerra** Kriegsversehrte(r)
invano vergebens
invariàbile unveränderlich
inva|sione *f* (feindlicher) Einfall *m*; **~sore** *m* Eindringling
invecchiare [-k-] alt machen; altern
invece [-tʃe] statt dessen, dagegen; **~ di** (an)statt (zu); **~ di**

lui (*in sua vece*) an seiner Stelle
invendìbile unverkäuflich
invent|are erfinden; **~ario** *m* Inventar *n*; Inventur *f*
inven|tivo erfinderisch; **~tore** *m* Erfinder; **~zione** *f* Erfindung
invernale winterlich, Winter...
inverniciare [-tʃa-] lackieren; anstreichen
inverno *m* Winter; **d'~** im Winter
inverosìmile unwahrscheinlich
invers|ione *f* Umkehrung; **~o** umgekehrt
investig|are (er-, nach-)forschen; **~azione** *f* Nachforschung, Untersuchung
invest|imento *m* Investierung *f*; *von Fahrzeugen* Zusammenstoß; **~ire** *Person* anfahren, überfahren; *Fahrzeug* zs.-stoßen mit; auffahren auf; *Geld* anlegen; **mit einem Amt betrauen (di mit)**
invetriata *f* Glasfenster *n*
invi|are schicken, senden; **~ato** *m* Berichterstatter; **~ speciale** Sonderberichterstatter
invidi|a *f* Neid *m*; **~àbile** beneidenswert; **~are** beneiden (**per** um); **~oso** neidisch
inviluppare einhüllen
invincìbile [-tʃ-] unbesiegbar
invio *m* Sendung *f*
inviolàbile unverletzlich

invisìbile unsichtbar
inviso unbeliebt; verhaßt
invita|re einladen, auffordern (**a** zu); **~to** m Gast
invito m Einladung f; Aufforderung f; **~ a presentarsi** Vorladung f
invocare anrufen; anflehen
involontario unfreiwillig
invol|tare einwickeln; **~tino** m Kochk Roulade f; **~to** m Paket n, Bündel n
invòlucro m Hülle f
inzuccherare [-k-] zuckern
inzuppare durchnässen; eintunken; einweichen
io ich
iòd|ico jodhaltig; **~o** m Jod n
iogurt m Joghurt m/n
iper|mètrope weitsichtig; **~tensione** f Bluthochdruck m
ipno|si f Hypnose; **~tizzare** hypnotisieren
ipocrisìa f Heuchelei
ipòcrita su Heuchler(in f) m
ipoteca f Hypothek
ipòtesi f Annahme, Hypothese
ìppica f Reitsport m
ippocampo m Seepferdchen n
ippòdromo m Hippodrom n; Rennbahn f
ippopòtamo m Nilpferd n
ira f Zorn m
iracond|ia f Jähzorn m; **~o** jähzornig
Iran m Iran
Iraq m Irak

iscrìversi

irato zornig
ìride f Anat Regenbogenhaut; Bot Schwertlilie, Iris
ir|onìa f Ironie; **~ònico** ironisch
irradi|are aus-, be-strahlen; **~azione** f Bestrahlung
irragionévole [-dʒo-] unvernünftig
irreale unwirklich
irreconciliàbile [-tʃ-] unversöhnlich
irregol|are unregelmäßig; **~arità** f Unregelmäßigkeit
irreparàbile unersetzlich; nicht wieder gutzumachen(d)
irreprensìbile einwandfrei
irre|quietezza f Unruhe; **~quieto** ruhelos; unruhig
irresistìbile unwiderstehlich
irrespons|àbile unverantwortlich; **~abilità** f Unverantwortlichkeit
irrevocàbile unwiderruflich
irriconoscìbile [-ʃ-] nicht wiederzuerkennen(d)
irrig|are bewässern; **~azione** f Bewässerung
irrit|àbile reizbar; **~abilità** f Reizbarkeit; **~are** reizen
irruzione f Einbruch m
irsuto struppig, borstig
irto struppig; fig gespickt (**di** mit)
iscritto: **in** od **per ~** schriftlich
iscrì|vere ein-, anmelden; **für e-n** Kurs einschreiben; **~versi** sich anmelden (**a** für, zu, bei); sich ein-

schreiben; **~izione** f Anmeldung; Einschreibung
ìsola f Insel; Verkehrsinsel; **~ spartitràffico** Mittelstreifen m; **l'~ d'Elba** die Insel Elba
isol|amento m Absonderung f; Med, Tech Isolierung f; **~ano** m Inselbewohner; **~are** absondern; Med, Tech isolieren; **~ato** m Häuserblock
isp|ettore m Inspektor; **~ezionare** inspizieren; **~ezione** f Inspektion; Aufsicht
ispir|are Vertrauen erwecken; Angst einflößen; **~arsi** sich orientieren (**a** an); **~azione** f Eingebung, Inspiration
issare Segel hissen
istant|ànea f Fot Momentaufnahme; **~àneo** augenblicklich; **~e** m Augenblick, Moment; **all'~** sofort, unverzüglich
istanza f Gesuch n

istèrico hysterisch
istint|ivo instinktiv; **~o** m Instinkt, Trieb
istitu|ire gründen; stiften; **~uto** m Institut n; Anstalt f; **~ di bellezza** Schönheitssalon; **~uzione** f Einrichtung
istmo m Landenge f
istruire unterrichten; anleiten
istruttore m Lehrer; **~ di volo** Fluglehrer
istruzione f Unterricht m; Ausbildung; Anweisung; *istruzioni* pl Gebrauchsanweisung f
Italia f Italien
italiano italienisch; m Italiener; Italienische(s) n; **in ~** auf italienisch; **parla ~?** sprechen Sie Italienisch?
itineràrio m Route f, Reiseweg
itterìzia f Gelbsucht
I.V.A. f (*Imposta sul Valore Aggiunto*) MwSt. (*Mehrwertsteuer*)

K

ketchup m (Tomaten-) Ketchup m/n

L

l' vor Vokal = **lo, la**
la art f/sg s il; pron (A sg) sie; 2 Sie; **~** m Mus A n; **~ bemolle** As n
là da, dort; dahin, dorthin; **di ~** von dort; **al di ~** jenseits;
auf der anderen Seite
labbro m (pl **le labbra**) Lippe f
labor|atorio m Labor(atorium) n; Werkstatt f; **~ioso** arbeitsam; beschwerlich

lacca f Lack m; Haarspray n; Nagellack m
laccetto [-tʃ-] m Schürsenkel
laccio [-tʃo] m Schlinge f; ~ **per le scarpe** Schnürsenkel
lacerare [-tʃ-] zerreißen
làcero [-tʃ-] zerrissen
làcrima f Träne
lacuna f Lücke
lacustre See...
laddove dort, wo
ladino ladinisch; m Laie Ladiner
ladro m Dieb; ~**ne** m Straßenräuber
laggiù [-dʒu] da unten
lagn|anza [-ɲ-] f Beschwerde; ~**arsi** sich beschweren, sich beklagen (**di** über)
lago m See; 2 **Trasimeno** Trasimenischer See; 2 **di Garda** Gardasee; 2 **dei Quattro Cantoni** Vierwaldstätter See; 2 **di Costanza** Bodensee
laguna f Lagune
làico weltlich; m Laie
làido häßlich; widerlich
lama f Messerklinge
lament|are klagen über; ~**arsi** sich beklagen (**di** über); ~**o** m Klage f; ~**oso** jämmerlich
lametta f: ~ **da barba** Rasierklinge
lamiera f Blech n
làmina f Folie
làmpada f Lampe; ~ **al neon** Neonröhre; ~ **a raggi infrarossi** Infrarotstrahler m; ~ **del comodino** Nachttischlampe; ~ **spia** Kontrollampe

lampad|ario m Kronleuchter; ~**ina** f (Glüh-)Birne; ~ **tascàbile** Taschenlampe
lampeggia|re [-dʒa-] blitzen; Kfz blinken; ~**tore** m Kfz Blinker; Fot Blitzlicht n
lampione m Straßenlaterne f
lampo m Blitz; ~ **elettrònico** Elektronenblitz; **in un** ~ im Nu
lampone m Himbeere f
lana f Wolle; ~ **vèrgine** Schurwolle
lancetta [-tʃ-] f Zeiger m
lanci|are [-tʃa-] werfen, schleudern; ~**arsi** sich stürzen
lancio [-tʃo] m Wurf; Sprung; ~ **del disco** Diskuswerfen n; ~ **del giavellotto** Speerwerfen n; ~ **del peso** Kugelstoßen n
lancinante [-tʃ-] Schmerz stechend
lanerìe f/pl Wollwaren
lànguido matt; schmachtend
languire dahinsiechen; fig sich verzehren (**da** vor); Handel stocken
lanterna f Laterne; ~ **cieca** Blendlaterne
làpide f Gedenktafel; Grabstein m, -platte
lapillo m Lavastückchen n
lapis m Bleistift
lardo m Speck
larghezza f Breite; Weite; fig Freigebigkeit
largo breit; weit; fig freigebig; m Breite f; Weite f; Mar

làrice

offenes Meer *n*; **fare ~ Platz machen**; **prèndere il ~ in See stechen**; **~!** Platz!
làrice [-tʃe] *m Bot* Lärche
laring|e [-dʒe] *f* Kehlkopf *m*; **~ite** [-dʒ-] *f* Kehlkopfentzündung
larva *f Zo* Larve
lasagne [-ɲe] *f/pl* Lasagne
lasciare [-ʃa-] lassen; verlassen; hinterlassen; liegenlassen; **~ andare** sich nicht kümmern (**qc** um et)
lassativo *m* Abführmittel *n*
lassù da oben; dort hinauf
lastra *f* Platte; Steinplatte; (Fenster-)Scheibe; *Med* Röntgenaufnahme
làstrico [-] *m* (Straßen-)Pflaster *n*
latente verborgen
laterale seitlich; **porta ~** Seitentür
latifondo *m* Großgrundbesitz
latino lateinisch; *Rel* römisch-katholisch
latitùdine *f* geographische Breite
lato weit; *m* Seite *f*; **dal mio ~** meinerseits; **d'altro ~** andrerseits
latrare bellen
latta *f* Blech *n*; Kanister *m*
latt|aia *f* Milchfrau; **~aio** *m* Milchmann; **~ante** *m* Säugling
latte *m* Milch *f*; **~ in pólvere** Milchpulver *n*; **~ in scàtola** Dosenmilch *f*; **~ intero (scremato)** Voll-(Mager-)milch *f*
latt|eria *f* Milchgeschäft *n*; **~icella** [-tʃ-] *f* Buttermilch; **~iera** *f* Milchkanne
lattina *f* Büchse, Dose
lattoniere *m* Klempner
lattuga *f* grüner Salat *m*
laureato *m* Akademiker
lava *f* Lava
lav|àbile waschbar; **~abo** *m* Waschbecken *n*
lavaggio [-dʒo] *m* Waschen *n*; **~ a secco** chemische Reinigung *f*
lavagna [-ɲa] *f* Schiefer *m*; Schiefertafel; **~ luminosa** Tageslichtprojektor *m*
lav|anda *f* Lavendel *m*; **~andaia** *f* Waschfrau; **~anderia** *f* Wäscherei; **~andino** *m* Waschbecken *n*
lava|re (ab)waschen; spülen; **~rsi** sich waschen; **~secco** *m* chemische Reinigung *f*; **~stoviglie** [-ʎe] *m/f* Geschirrspülmaschine *f*; **~trice** [-tʃe] *f* Waschmaschine *f*; **~vetro** *m Kfz* Scheibenwaschanlage *f*
lavina *f* Lawine
lavor|are (be)arbeiten; **~atore** *m* Arbeiter; **~atrice** [-tʃe] *f* Arbeiterin; **~azione** *f* Bearbeitung, Verarbeitung; **~o** *m* Arbeit *f*
Lazio *m* Latium *n*
le *art f/pl* die; *pron* (*D f/sg*) ihr; (*A f/pl*) sie; 2 Ihnen
leccare (ab)lecken
leccio [-tʃo] *m* Steineiche *f*

leccornìa f Leckerbissen m; Delikatesse
lécito [-tʃ-] erlaubt
lega f Bund m; Liga; Tech Legierung
legaccio [-tʃo] m Schnürsenkel
leg|ale gesetzlich; **~alizzare** amtlich beglaubigen; **~alizzazione** f amtliche Beglaubigung
legame m Bindung f; Anat Band n
leg|are (an-, fest-, zs.-)binden; zuschnüren; **~ato** m Gesandte(r); **~atore** m Buchbinder; **~azione** f Gesandtschaft
legge [-dʒe] f Gesetz n; **studiare** ~ Jura studieren
leggenda [-dʒ-] f Legende
lèggere [-dʒ-] lesen
legger|ezza [-dʒ-] f Leichtigkeit; Leichtsinn m; **~o** leicht
leggiadr|ìa [-dʒa-] f Anmut; **~o** anmutig
leggìbile [-dʒ-] leserlich
legisl|atore [-dʒizl-] m Gesetzgeber; **~azione** f Gesetzgebung
legittim|are [-dʒ-] legitimieren; **~azione** f Legitimation; Ausweis m
legittimo [-dʒ-] berechtigt; rechtmäßig
legna [-ɲa] f (Brenn-)Holz n
legname [-ɲ-] m (Nutz-)Holz n; ~ **da costruzione** Bauholz n
legno [-ɲo] m Holz n

lettino

legumi m/pl Hülsenfrüchte f/pl; Gemüse n
lei pron f/sg sie; 2 Sie
lembo m Rand; Saum
len|imento m Linderung f; **~ire** mildern; **~itivo** m schmerzstillendes Mittel n
lente f Opt Linse; ~ **d'ingrandimento** Lupe; **lenti** pl **a contatto** Kontaktlinsen
lentezza f Langsamkeit
lenticchie [-k-] f/pl Linsen
lentìggini [-dʒ-] f/pl Sommersprossen
lento langsam; locker
lenz|a f Angelschnur; **~uolo** m Laken n; Bettuch n
leon|e m Löwe; **~essa** f Löwin
leopardo m Leopard
lepre f Hase m
lesione f Verletzung
lesso gekocht; m gekochtes Fleisch n; Suppenfleisch n
lesto flink; gewandt
letizia f Freude
lèttera f Brief m; Buchstabe m; ~ **aèrea** Luftpostbrief m; ~ **assicurata** Wertbrief m; ~ **espresso** Eilbrief m; ~ **per l'èstero** Auslandsbrief m; ~ **raccomandata** Einschreibebrief m
letter|ale buchstäblich; wörtlich; **~ario** literarisch; **~atura** f Literatur
lett|iera f Bettgestell n; **~iga** f Tragbahre
lettino m: ~ **solare** Sonnenbank f (im Solarium)

letto *m* Bett *n*; ~ **da bambino** Kinderbett *n*; ~ **matrimoniale** Doppelbett *n*

let|tore *m* Leser; **~trice** [-tʃe] *f* Leserin; **~tura** *f* Lektüre

leva *f* Hebel *m*; ~ **del cambio** Schalthebel *m*

levante *m* Osten; Ostwind

lev|are (auf-, hoch-)heben; wegnehmen; Zelt abbrechen; **~arsi** aufstehen; Hut abnehmen; Kleid ausziehen; **~ata** *f* Leerung (Briefkasten); **~atrice** [-tʃe] *f* Hebamme

lezione *f* Unterrichtsstunde; Lektion; *fig* Lehre

li *pron m/pl* sie

lì dort(hin), da(hin)

libbra *f* Pfund *n*

liber|ale freigebig; *Pol* liberal; **~alità** *f* Freigebigkeit; **~are** befreien; freilassen; **~arsi** sich frei machen, sich befreien (**da** von)

libero frei

libertà *f* Freiheit

libr|aio *m* Buchhändler; **~eria** *f* Bibliothek; Bücherschrank *m*; Buchhandlung

libretto *m* Textbuch *n*; ~ **di assegni** Scheckheft *n*; ~ **di circolazione** Kraftfahrzeugbrief; ~ **di risparmio** Sparbuch *n*

libro *m* Buch *n*; ~ **di testo** Lehrbuch *n*

licenz|a [-tʃ-] *f* Erlaubnis; *mil* Urlaub *m*; Abgangszeugnis *n*; Lizenz; ~ **di caccia** Jagdschein *m*; **~iamento** *m* Entlassung *f*, Kündigung *f*; **~iare** entlassen; kündigen (**qu** j-m)

liceo [-tʃ-] *m* Gymnasium *n*, Oberschule *f*

lido *m* Strand

lieto froh, erfreut

lieve leicht; sanft

lièvito *m* Hefe *f*; ~ **in pólvere** Backpulver *n*

ligure ligurisch

Liguria *f* Ligurien *n*

lilla lila; *m* Flieder

lim|a *f* Feile; **~are** feilen

limetta *f* Nagelfeile

limitare beschränken; einschränken

limitazione *f* Beschränkung; Begrenzung

lìmite *m* Grenze *f*; ~ **di velocità** Geschwindigkeitsbegrenzung *f*; **al** ~ höchstens

lim|onata *f* (Zitronen-)Limonade; **~one** *m* Zitrone *f*; Zitronenbaum

limpidezza *f* Klarheit

lìmpido klar

lince [-tʃe] *f* Luchs

lìnea *f* Linie; Zeile; *Esb* Strecke; *El, Tel* Leitung; ~ **dell'àutobus** Autobuslinie; ~ **ferroviaria** Eisenbahnlinie; *Tel* **restare in** ~ am Apparat bleiben

lìngua *f* Zunge; Sprache; ~ **parlata** Umgangssprache; ~ **straniera** Fremdsprache; *Kochk* ~ **salmistrata** gepökelte Zunge

linguaggio [-dʒo] *m* Sprache *f*; Sprechweise *f*
linimento *m* Einreibemittel *n*
lino *m* Flachs; Leinen *n*
liquid|are ausverkaufen; liquidieren; **~azione** *f* Ausverkauf *m*; Liquidation
liquido flüssig; *m* Flüssigkeit *f*; **~ per freni** Bremsflüssigkeit *f*; **~ di raffreddamento** Kühl-mittel *n*, -wasser *n*
liquore *m* Likör
lira *f* Lira
liric|a *f* Lyrik; **~o** lyrisch; *m* Lyriker
lisca *f* (Fisch-)Gräte
liscio [-ʃo] glatt; *Getränk* pur; *Kaffee* ohne Milch
lista *f* Liste; **~ (dei cibi)** Speisekarte; **~ dei vini** Weinkarte
listino *m*: **~ dei prezzi** Preisliste *f*
lite *f* Streit *m*
litig|are streiten; sich zanken; **~io** [-dʒo] *m* Streit
litorale Küsten...; *m* Küste(nstreifen *m*) *f*
litro *m* Liter *m*
livellare ausgleichen; einebnen
livello *m* Höhe *f*; Niveau *n*; **~ del mare** Meeresspiegel; **~ d'olio** Ölstand; **~ di vita** Lebensstandard
livido fahl; bläulich; *m* blauer Fleck
lo *art m/sg s* **il**; *pron* (*A m/sg*) ihn, es
locale örtlich; *m* Lokal *n*;

Räumlichkeit *f*; **~ da ballo** Tanzlokal *n*
località *f* Örtlichkeit; Ort *m*; Ortschaft
loc|anda *f* Gasthaus *n*; **~atario** *m* Mieter; **~atore** *m* Vermieter; **~azione** *f* Miete
locomotiva *f* Lokomotive
locomo|tore *m* E-Lok *f*; **~trice** [-tʃe] *f* Triebwagen *m*
locusta *f* Heuschrecke
locuzione *f* Redewendung
lod|are loben; **~e** *f* Lob *n*
lòdola *f* Zo Lerche
loggia [-dʒa] *f* Loggia, Säulenhalle
loggi|ato [-dʒa-] *m* Bogengang; **~one** [-dʒo-] *m* Thea Galerie *f*
lògico [-dʒ-] logisch
lògoro abgenutzt, abgetragen
Lombardia *f* Lombardei
lombardo lombardisch; *m* Lombarde
lombata *f* Lendenstück *n*
lombo *m* Lende *f*; Kochk a Rücken
longitùdine [-dʒ-] *f* geographische Länge
lont|ananza *f* Entfernung; **~ano** fern, entfernt; weit; **di** (*od da*) **~** aus der Ferne
lontra *f* Fischotter *m*
loquace [-tʃe] gesprächig
loro *pron n u f/pl* sie; Sie; Ihnen; *besitzanzeigend* ihr; 2 Sie
lott|a *f* Kampf *m*; Ringkampf *m*; **~are** kämpfen; **~atore** *m* Ringer

lott|erìa f Lotterie; **~o** m Lotto n

lozione f Lotion; **~ da barba** Rasierwasser n; **~ per capelli** Haarwasser n; **~ per il viso** Gesichtswasser n

lubrific|ante m Schmieröl n; **~are** (ab)schmieren; **~atore** m Schmierbüchse f

lucchetto [-k-] m Vorhängeschloß n

luccicare [-tʃ-] leuchten; funkeln

luccio [-tʃo] m Hecht

lùcciola [-tʃo-] f Glühwürmchen n

lucioperca [-tʃo-] m Zander

luce [-tʃe] f Licht n; **luci** pl **d'arresto** Bremslicht n; **luci** pl **anabbaglianti** Abblendlicht n; **luci** pl **di posizione** Standlicht n; **~ posteriore** Rücklicht n

lucenta [-tʃ-] leuchtend

lucèrtola [-tʃ-] f Eidechse

lucherino [-k-] m Zeisig

lucidare [-tʃ-] polieren

lùcido [-tʃ-] blank; glänzend; m Glanz; **~ per le scarpe** Schuhcreme f

lucr|ativo einträglich; **~o** m Gewinn

luglio [-ʎo] m Juli

lui er; ihn; **di ~** seiner, von ihm; **a ~** ihm

lumaca f Schnecke

lum|e m Licht n; Lampe f; Leuchte f; **~inoso** leuchtend

luna f Mond m; fig schlechte Laune; **~ calante** (**crescente**) abnehmender (zunehmender) Mond m; **~ piena** Vollmond m; **~ di miele** Flitterwochen f/pl

lunedì m Montag

lunghezza f Länge; **~ focale** Brennweite

lungo adj lang; Getränk verdünnt; prp entlang, längs; m Länge f; **a ~** lange(e); fig ausführlich; **~lago** m Uferpromenade f (am See); **~mare** m Strandpromenade f; **~metraggio** [-dʒo] m Spielfilm

lunotto m Kfz Heckscheibe f

luogo m Ort; **~ di nàscita** Geburtsort; **aver ~** stattfinden; **in primo ~** zuallererst; **in qualche ~** irgendwo; **in nessun ~** nirgends; **in ~ di** anstelle (+ G)

lupo m Wolf

lussazione f Verrenkung

luss|o m Luxus; **~uoso** luxuriös, prunkvoll

lustr|are putzen; polieren; **~ascarpe** m Schuhputzer; **~o** blank

lutto m Trauer f

M

ma aber; sondern
maccheroni [-k-] *m/pl* Makkaroni
macchi|a [-k-] *f* Fleck *m*; Buschwald *m*; **~ato** *Kaffee mit etwas Milch*
màcchina [-k-] *f* Maschine; Auto *n*; Wagen *m*; **~ fotogràfica** Fotoapparat *m*; **~ da scrìvere** Schreibmaschine; **~ a noleggio** Leihwagen *m*; **in ~** mit dem Auto
macchin|ale [-k-] mechanisch; **~are** anzetteln; **~ista** *m* Mechaniker; Lokomotivführer
macedonia [-tʃ-] *f* Obstsalat *m*
macell|aio [-tʃ-] *m* Fleischer, Schlachter, Metzger; **~are** schlachten; **~erìa** *f* Fleischerei, Metzgerei
macerie [-tʃ-] *f/pl* Schutt *m*, Trümmer *pl*
macina|caffè [-tʃ-] *m* Kaffeemühle *f*; **~pepe** *m* Pfeffermühle *f*
macin|are [-tʃ-] mahlen; **~ino** *m* Kaffee-, Pfeffer-mühle *f*
Madonna *f* (heilige) Jungfrau
madre *f* Mutter; **lingua** *f* **~, ~lingua** *f* Muttersprache; **~perla** *f* Perlmutt(er *f*) *n*; **~vite** *f* Schraubenmutter
madrina *f* Patin

maest|à *f* Majestät; **~oso** majestätisch
maestr|a *f* Lehrerin; Meisterin; **~o** meisterhaft; Haupt-...; *m* Lehrer; Meister; **~ di equitazione (di sci)** Reit-(Ski-)lehrer; **strada** *f* **maestra** Hauptstraße
maf|ia *f* Mafia; **~ioso** Mafia...; *m* Mafioso
magari *adv* sogar; vielleicht; *cj* wenn doch!; und wie!
magazzino *m* Lager *n*; Speicher; **grande ~** *od* **grandi magazzini** *pl* Waren-, Kaufhaus *n*
maggio [-dʒo] *m* Mai
maggiolino [-dʒo-] *m* Maikäfer
maggiorana [-dʒo-] *f* Majoran *m*
maggioranza [-dʒo-] *f* Mehrheit
maggiore [-dʒo-] größer; höher; älter; **il ~** der größte; der älteste
maggiorenne [-dʒo-] volljährig, mündig
magia [-dʒ-] *f* Zauberei, Magie
màgico [-dʒ-] magisch
magist|ero [-dʒ-] *m* Meisterschaft *f*; **~rale** meisterhaft; **~rato** *m* Amtsperson *f*; Richter
magli|a [-ʎa] *f* Masche; Unterhemd *n*; Pullover *m*; *Sport*

maglierìa Trikot n; *lavorare a ~* stricken; **~erìa** [-ʎe-] f Strickwaren f/pl; **~etta** [-ʎe-] f Öse; leichter Pullover m; **~one** m dicker Pullover

magn|ete [-ɲ-] m Magnet; **~ètico** magnetisch; **~etòfono** m Tonbandgerät n

magnificenza [-nifitʃ-] f Herrlichkeit; Pracht

magnìfico [-ɲ-] f herrlich; prächtig

magnòlia [-ɲ-] f Magnolie

mago m Zauberer; *i tre re magi* die Heiligen Drei Könige

magr|ezza f Magerkeit; **~o** mager; *mangiare di ~* fleischlos essen

mai je, jemals; *non ~* nie, niemals; *~ più* nie wieder; *come ~?* wieso denn?; *se ~* wenn überhaupt

maiale m Schwein(efleisch n) n

maionese f Mayonnaise

malagèvole [-dʒ-] beschwerlich

malanno m Unglück n; Leiden n

malapena: *a ~* kaum, mit Mühe

malarìa f Malaria

mal|atìccio [-tʃo] kränklich; **~ato** krank; m Kranke(r); *~ di cuore* herzkrank

malattìa f Krankheit

mal|contento unzufrieden; **~destro** ungeschickt

male schlecht; *stare ~* krank sein; sich schlecht fühlen; *far ~* weh tun; *~ m* Böse(s) n; Übel n; Leiden n; Schmerz; *mal d'arìa* Reisekrankheit f; *mal di denti* Zahnschmerzen pl; *mal di gola* Halsschmerzen pl; *mal di mare* Seekrankheit f; *mal di testa* Kopfschmerzen pl

male|detto verdammt; verflucht; **~dire** verfluchen

mal|educato ungezogen; **~erba** f Unkraut m

mal|èssere m Unpäßlichkeit f; **~famato** verrufen; **~fatto** mißraten

malgrado prp trotz; cj obwohl; *mio ~* gegen meinen Willen

maligno [-no] boshaft; Med bösartig

malinc|onìa f Schwermut; **~ònico** schwermütig

mal|inteso mißverstanden; m Mißverständnis n; **~ìzia** f Bosheit; **~izioso** boshaft

malleòlo m Fußknöchel

mal|sano ungesund; **~sicuro** unsicher; **~tempo** m Unwetter n

malto m Malz n

maltrattare mißhandeln

malumore m schlechte Laune f

mal|vagio [-dʒo] gemein; **~versazione** f Unterschlagung; **~visto** unbeliebt (*da* bei); **~volentieri** ungern

mamm|a f Mama; Mutti; *~ mìa!* du lieber Himmel!;

~ella f weibliche Brust; **~ífero** m Säugetier n

mancanza f Mangel m (di an); **per ~ di tempo** aus Zeitmangel

mancare fehlen; versäumen

manchévole [-k-] mangelhaft

mancia [-tʃa] f Trinkgeld n

manc|ina [-tʃ-] f linke Hand; **~ino** linkshändig; m Linkshänder

mandare schicken; lassen; **~ a prèndere** holen lassen; **~ giù** hinunterschlucken

mandarino m Mandarine f

mandato m Auftrag; **~ bancario** Bankanweisung f

mandolino m Mandoline f

màndorl|a f Mandel; **~o** m Mandelbaum

maneg|gévole [-dʒ-] handlich; **~giare** [-dʒa-] handhaben; **~gio** [-dʒo] m Handhabung f

manette f/pl Handschellen

mang|iàbile [-dʒa-] eßbar; **~iare** [-dʒa-] essen; fressen (Tiere); m Essen n; **~ime** [-dʒ-] m Futter n

mànica f Ärmel m; **senza maniche** ärmellos; **~co** m Griff; Henkel; Stiel

manicomio m Irrenanstalt f

manicotto m Tech Muffe f

manicure f Maniküre

maniera f Art; Weise; **di che** so, daß; **in nessuna ~** keinesfalls; **maniere** pl Manieren

manifest|ante su Demonstrant(in f) m; **~are** demonstrieren; **~arsi** sich zeigen; **~azione** f Kundgebung; **~ sportiva** Sportveranstaltung; **~o** klar; offenbar; m Plakat n; Bekanntmachung f

maniglia [-ʎa] f Klinke; Griff m

manipolare bearbeiten; manipulieren

mano f (pl **le mani**) Hand; **a ~ a ~** nach und nach; **alla ~** griffbereit, bei der Hand; **fuori ~** abgelegen; **di seconda ~** aus zweiter Hand; **mani in alto!** Hände hoch!; **~dòpera** f Arbeitskräfte f/pl

manòpola f Ärmelaufschlag m; Tech Griff m

manovella f Kurbel

manovr|a f Manöver n; Tech Bedienung; **~are** Tech bedienen, betätigen; Esb rangieren

mantell|a f Cape n, Pellerine; **~o** m Mantel

manten|ere erhalten; j-n unterhalten; Wort halten; **~ersi: ~ in forma** sich fit halten

màntice [-tʃe] m Esb Faltenbalg; Kfz Verdeck n

Màntova f Mantua f

manuale Hand...; m Handbuch n; **lavoro ~** Handarbeit f

manubrio m Lenkstange f, Lenker

manutenzione *f* Instandhaltung, Wartung
manzo *m* Rind(fleisch) *n*
marasca *f* Sauerkirsche
marca *f* Zeichen *n*; Marke; ~ **del guardaroba** Garderobenmarke
marcare (kenn)zeichnen; markieren; *Sport:* Tor schießen
Marche [-ke] *f/pl* Marken
marchio [-k-] *m* Markenzeichen *n*
marcia [-tʃa] *f* Marsch *m*; *Kfz* Gang *m*; ~ **indietro** Rückwärtsgang; ~ **in folle** Leerlauf *m*
marci|apiede [-tʃa-] *m* Bürgersteig, Gehweg; Bahnsteig; **~are** [-tʃa-] marschieren; gehen
marcio [-tʃo] faul; morsch; *Med* eitrig; *m* Eiter
marco *m* Währung Mark *f*; **tre marchi** drei Mark
mare *m* Meer *n*, See *f*; **Mar Ionio** (**Ligure**) Ionisches (Ligurisches) Meer; ≈ **Tirreno** Tyrrhenisches Meer *n*; **in alto** ~ auf hoher See
marea *f* Gezeiten *pl*; **alta** ~ Flut; **bassa** ~ Ebbe
mar|eggiata [-dʒa-] *f* Sturmflut; **~emoto** *m* Seebeben *n*
margarina *f* Margarine
margherita *f Bot* Margerite
màrgine [-dʒ-] *m* Rand *m*; *fig* Spanne *f*; Spielraum
marin|a *f* Küste; Marine;

~aio *m* Matrose; Seemann; **~ato** *Kochk* mariniert; **~o** Meer...; See...
marionetta *f* Marionette
marito *m* (Ehe-)Mann; Gatte
marittimo See...; *Klima* maritim
marmellata *f* Marmelade
marmitta *f* Auspufftopf *m*; ~ **catalitica** Katalysator *m*
marmo *m* Marmor
marmotta *f* Murmeltier *n*
marrone kastanienbraun; *m* Marone *f*
marsala *m* Marsala(wein)
marsina *f* Frack *m*
martedì *m* Dienstag; ~ **grasso** Faschingsdienstag
martello *m* Hammer
màrtire *su* Märtyrer(in *f*) *m*
martirio *m* Martyrium *n*
màrtora *f* Marder *m*
marzapane *m* Marzipan *n*
marzo *m* März
mascara *m* Wimperntusche
mascarpone *m* sahniger Frischkäse
mascella [-ʃ-] *f* Kiefer *m*; ~ **inferiore** Unterkiefer *m*; ~ **superiore** Oberkiefer *m*
màschera [-sk-] *f* Maske; Platzanweiser(in *f*) *m*; ~ **subàcquea** Tauchermaske; **ballo** *m* **in** ~ Maskenball
mascherarsi [-sk-] sich kostümieren, sich maskieren
maschile [-sk-] männlich; Herren...
maschio [-sk-] *m Zo* Männchen *n*

massa f Masse, Menge; *El* ~ Erde
massacro m Gemetzel n
massaggi|are [-dʒa-] massieren; **~tore** m, **~trice** [-tʃe] f Masseur(in) f-m
massaggio [-dʒo] m Massage f
massaia f Hausfrau
massiccio [-tʃo] massiv; m (Berg-)Massiv m
massimale m Höchstbetrag; Höchstgrenze f
màssimo größte, höchste; maximal; m Höchstmaß n; *al* ~ höchstens
mass media m/pl Massenmedien n/pl
masso m Felsblock
masticare kauen
matemàtica f Mathematik
materass|io m Luftmatratze f; **~o** m Matratze f
materia f Stoff m, Materie; (Lehr-)Fach n; **~ prima** Rohstoff m
materiale materiell; m Material n; **~ di pronto soccorso** Verbandszeug n
matern|ità f Entbindungsstation; **~o** mütterlich(erseits); **scuola** f **materna** Kindergarten m
matita f Bleistift m; **~ per sopracciglia** Augenbrauenstift m
matrigna [-ɲa] f Stiefmutter
matrimoni|ale ehelich; m Doppelbett n; **~o** m Ehe f; Hochzeit f

mattina f Morgen m; **di** ~ morgens; **questa** ~ heute morgen; **domani** ~ morgen früh
mattin|ata f Vormittag m; Matinee f; **~o** m Morgen; **di buon** ~ frühmorgens
matto verrückt; m Verrückte(r)
mattone m Ziegelstein
matur|are reifen; **~ità** f Reife; **~o** reif; *fig* reiflich
mausoleo m Mausoleum n
mazza f Knüppel m
mazzo m Bündel n; Strauß; ~ **di fiori** Blumenstrauß m; ~ **di chiavi** Schlüsselbund n; ~ **di carte** Spiel n Karten
me mich; mir; **pòvero ~!** ich Armer!; **come** ~ wie ich; **secondo** ~ meiner Meinung nach; **quanto a** ~ was mich betrifft
meccànic|a f Mechanik; **~o** mechanisch; m Mechaniker
meccanismo [-zm-] m Mechanismus
meda|glia [-ʎa] f Medaille; **~glione** [-ʎo-] m Medaillon n
medèsimo gleich; selbst; *il* ~ derselbe; dasselbe; *la medesima* dieselbe
med|ia f Durchschnitt m; **~iano** Mittel...; **~iante** mit; durch; mittels; **~iatore** m Vermittler
medic|amento m Arznei f, Medikament n; **~are** behandeln; **~azione** f Behandlung

medicin|a [-tʃ-] *f* Medizin; Arznei; **~ale** Heil...
mèdico *m* Arzt; **~ di bordo** Schiffsarzt; **~ genèrico** praktischer Arzt
medievale mittelalterlich
medio mittlere; durchschnittlich; mittelmäßig; *m* Mittelfinger
mediocr|e mittelmäßig; **~ità** *f* Mittelmäßigkeit
medioevo *m* Mittelalter *n*
medit|are überlegen; nachdenken; **~azione** *f* Meditation; Überlegung
mediterràneo mittelländisch; **(Mare *m*) 2 ~** Mittelmeer *n*
medusa *f* Qualle
meglio [-ʎo-] besser; **tanto ~!** um so besser!; **~ *m*** Bessere(s) *n*; Beste(s) *n*
mela *f* Apfel *m*; **~grana** *f* Granatapfel *m*
melanzana *f* Aubergine
melo *m* Apfelbaum
melone *m* Melone *f*
mel|odìa *f* Melodie; **~òdico** melodisch
membrana *f*: **~ del tìmpano** Trommelfell *n*
membro *m* Anat (*pl* **le membra**) Glied(maße *f*) *n*; *fig* (*pl* **i membri**) Mitglied *n*
memoria *f* Gedächtnis *n*; Andenken *n*; Erinnerung; *EDV* Speicher *m*; **a ~** auswendig
memorizzare *Daten* speichern
menare führen

mendic|ante *su* Bettler(in *f*) *m*; **~are** (er)betteln
mening|e [-dʒe] *f* Hirnhaut; **~ìte** [-dʒ-] *f* Hirnhautentzündung
menisco *m* Meniskus
meno 1. weniger; **di od in ~** weniger; **quanto ~** wenigstens; **tanto ~** um so weniger; **sono le sei ~ un quarto** es ist Viertel vor sechs (Uhr); **fare a ~ di ...** darauf verzichten, zu; **2.** *prp* außer
mensa *f* Kantine; Mensa
mensile monatlich
mensilità *f* Monats-gehalt *n*, -lohn *m*
menta *f* Minze; **~ piperita** Pfefferminze
mentale geistig
mentalità *f* Mentalität
mente *f* Geist *m*; Sinn *m*; Verstand *m*; **avere in ~** berücksichtigen; zu; **venire in ~** einfallen
mentire lügen
mento *m* Kinn *m*
mentre: u ~ che während
menù *m* Speisekarte *f*; Menü
menzionare erwähnen
menzogna [-ɲa] *f* Lüge
meravigli|a [-ʎa] *f* Wunder *n*; Verwunderung; **a ~** wunderbar; **~are** [-ʎa-] verwundern; **~arsi** [-ʎa-] sich wundern; **~oso** [-ʎo-] wunderbar
mercant|e *m* Händler; **~ile** kaufmännisch; *m* Frachtschiff *n*

mercato *m* Markt; *2 Comune* Gemeinsamer Markt; ~ *coperto* Markthalle *f*; ~ *mondiale* Weltmarkt; *a buon* ~ billig, preiswert
merce [-tʃe] *f* Ware
merceria [-tʃe-] *f* Kurzwaren(geschäft *n*) *f/pl*
mercoledì *m* Mittwoch
mercurio *m* Quecksilber *n*
merenda *f* Vesperbrot *n*
meridiana *f* Sonnenuhr
meridionale südlich; süditalienisch; *su* Süditaliener(in *f*) *m*; *Italia* ~ Süditalien *n*
meridione *m* Süden; Süditalien *n*
meringa *f* Baiser *n*
merino *m* Merinowolle *f*
meritare verdienen; sich lohnen
mèrito *m* Verdienst *n*; *in* ~ *a* in bezug auf
merletto *m* Spitze *f* (*Gewebe*)
merlo *m* Arch Zinne *f*; Zo Amsel *f*
merluzzo *m* Kabeljau
méscere [-ʃ-] Wein usw einschenken
meschino [-sk-] armselig; kleinlich
méscita [-ʃ-] *f* Ausschank *m*
mescolare mischen
mese *m* Monat
messa *f* **1.** *Rel* Messe *f*; ~ *solenne* Hochamt *n*; **2.** ~ *in marcia* Ingangsetzen *n*; ~ *in moto* Anlassen *n*; ~ *in piega* Legen *n* (*des Haares*); ~ *in scena* Inszenierung
mess|aggio [-dʒ-] *m* Bote; ~**aggio** [-dʒo] *m* Nachricht *f*, Botschaft *f*; ~**ale** *m* Meßbuch *n*
mestiere *m* Handwerk *n*; Beruf
mestruazione *f* Menstruation
meta *f* Ziel *n*; Zweck *m*
metà *f* Hälfte; *a* ~ zur Hälfte, halb; *a* ~ *strada* auf halbem Wege
metàllico metallisch
metallo *m* Metall *n*
meteorològico [-dʒ-]: *bollettino* *m* ~ Wetterbericht
meticoloso peinlich genau
mètodo *m* Methode *f*; Verfahren *n*
metro *m* Meter *m*; ~ *quadrato* Quadratmeter *m*; ~ *cubo* Kubikmeter *m*
metròpoli *f* Großstadt
metropolitana *f* Untergrundbahn, U-Bahn
méttere (*méttersi* sich) legen, setzen, stellen; *Kleidung* (sich) anziehen; *Hut* (sich) aufsetzen; *Tech* ~ *a punto* einstellen; ~ *in moto* anlassen; ~ *in órdine* aufräumen; **méttersi** sich begeben; gehen; **méttersi** *a* anfangen zu; **méttersi** *la cintura* anschnallen; *Kfz* **méttersi** *in corsìa* sich einordnen; **métterci** brauchen
mezza|luna *f* Halbmond *m*; *Kochk* Wiegemesser *n*;

mezzanino 128

~**nino** *m* Zwischenstock; ~**notte** *f* Mitternacht
mezzo halb; *mezz'ora* eine halbe Stunde; *le sei e* ~ halb sieben; ~ *chilo* ein Pfund; *un chilo e* ~ anderthalb Kilo; ~ *m* Mitte *f*; Hälfte *f*; Mittel *n*; Verkehrsmittel *n*; *per* ~ *di* durch; *in* ~ *a* inmitten; *nel* ~ *di* mitten in, in der Mitte; ~**busto** *m* Brustbild *n*; ~**giorno** [-dʒo-] *m* Mittag; Geogr Süden; Süditalien *n*
mi mir; mich
mica: *non ...* ~ gar nicht
micro|càmera *f* Kleinstbildkamera; ~**film** *m* Mikrofilm
micròfono *m* Mikrophon *n*
microonda *f* Mikrowelle; *forno m a microonde* Mikrowellenherd
midoll|a *f* (Brot-)Krume; ~**o** *m* (Knochen-)Mark *n*; ~ *spinale* Rückenmark *n*
miele *m* Honig
migliaio [-ʎa-] *m* Tausend *n*; *un* ~ *di* etwa tausend ...; *migliaia f|pl (di)* Tausende (von)
miglio [-ʎo] *m* Meile *f*
miglior|amento [-ʎo-] *n* (Ver-)Besserung *f*; ~**are** verbessern; besser werden; ~**arsi** sich bessern; ~**e** besser; *il* ~ der beste
mignolo [-ɲ-] *m* kleiner Finger; kleine Zehe *f*
mila: *due* ~ zweitausend
milanese mailändisch; *su* Mailänder(in *f*) *m*

Milano *f* Mailand *n*
miliardo *m* Milliarde *f*
milione *m* Million *f*
militare militärisch, Militär...; *m* Soldat
mille tausend; ~**foglie** *f* Blätterteigschnitte *f*
mill|ennio *m* Jahrtausend *n*; ~**epiedi** *m* Tausendfüß(l)er; ~**esimo** tausendste; ~**imetro** *m* Millimeter *m*
milza *f* Milz
mimosa *f* Mimose
mina *f* Mine; ~ *di ricambio* Ersatzmine
minacc|ia [-tʃa] *f* Drohung; ~**are** [-tʃa-] (be)drohen; ~**oso** [-tʃo-] drohend; bedrohlich
min|are untergraben; ~**atore** *m* Bergmann
minerale *m* Mineral *n*
minestr|a *f* (dicke) Suppe; ~**ina** *f* leichte Suppe; Brühe mit Einlage; ~**one** *m* dicke Gemüsesuppe *f*
mini *f* Minirock *m*
miniatura *f* Miniatur(malerei)
miniera *f* Bergwerk *n*
mini|golf *m* Minigolf *n*; ~**gonna** *f* Minirock *m*; ~**mizzare** bagatellisieren
minimo kleinste, geringste, mindeste; ~ *m* Minimum *n*; *Kfz* Leerlauf
minist|ero *m* Ministerium *n*; *pùbblico* ~ Staatsanwalt (-schaft *f*) *m*; ~**ro** *m* Minister
minor|anza *f* Minderheit

~ato behindert; *m* Behinderte(r); **~e** kleiner; jünger; *Mus* -Moll; **~enne** minderjährig; *su* Minderjährige(r)
minùscolo klein (*Buchstabe*)
minuto klein; fein, genau; *m* Minute *f*; *Kochk* **al ~** schnell zubereitet
minùzi|a *f* Kleinigkeit; **~oso** minuziös
mio mein; *m* Mein(ig)e *n*; *un ~ amico* ein Freund von mir; *i miei* meine Angehörigen
mìope kurzsichtig
miopìa *f* Kurzsichtigkeit
miosòtide *f* Vergißmeinnicht *n*
mira *f* Ziel *n*
mirabella *f* Mirabelle
miràbile bewundernswert
miràcolo *m* Wunder *n*; *per ~* wie durch ein Wunder
miracoloso wunderbar
mirare zielen (**a** auf); *fig* streben (**a** nach)
mirino *m* Fot Sucher
mirtillo *m* Heidel-, Blaubeere *f*
mirto *m* Myrte *f*
miscela [-ʃ-] *f* Mischung; *Kfz* Gemisch *n*; **~tore** *m* Mixer, Mixbecher
mischia [-sk-] *f* Gedränge *n*; Handgemenge *n*; **~are** mischen
miscuglio [-ʎo] *m* Gemisch *n*; Mischung *f*
miser|àbile elend; erbärmlich; armselig; **~évole** bedauernswert

miseria *f* Armut; Not; Elend *n*
misericordia *f* Barmherzigkeit
misero elend; jämmerlich
missile *m* Rakete *f*
missione *f* Mission; Aufgabe
mister|ioso geheimnisvoll; **~o** *m* Geheimnis *n*
misto gemischt
misur|a *f* Maß *n*; (*Konfektions*-)Größe; *Mus* Takt *m*; Maßnahme; *su ~* nach Maß; **~are** (ab)messen; **~ato** gemäßigt; maßvoll
mite mild (*a Klima*); sanftmütig
mitigare mildern, lindern
mitra 1. *m* Maschinenpistole, -gewehr *n*; 2. *f* Mitra
mitragliatrice *-ʎatri:tʃe*] *f* Maschinengewehr *n*
mittente *m* Absender
mòbile beweglich; *m* Möbel(stück) *n*
mobili|a *f*, **~o** *m* Mobiliar *n*
moca *f* Mokka
mocassino *m* Mokassin
moda *f* Mode; *alla ~* nach der Mode; *di ~* modern; *fuori ~* altmodisch, unmodern
modell|are formen; ausrichten (*su* nach); **~o** *m* Modell *n*; Muster *n*
moder|are mäßigen, **~ato** mäßig; maßvoll; *Pol* gemäßigt; **~azione** *f* Maßhalten *n*
moderno modern
modestia *f* Bescheidenheit;

5 *Uni Ital.*

modesto

~esto bescheiden; *Preis* niedrig
modifica f (Um-, Ab-)Änderung
modific|are (ab-, um-, ver-)ändern; **~azione** f Abänderung
modo m Art f, Weise f; *Mus* Tonart f; *Gr* Modus; ~ **di dire** Redensart f; **a questo ~** so; **in ~ che** (+ *cong*) so daß; **ad ogni ~** jedenfalls
mòdulo m Vordruck; Formular n; ~ **per telegrammi** Telegrammformular n
mògano m Mahagoni n
moglie [-ʎe] f (Ehe-)Frau, Gattin
mola f Schleifstein m
molare schleifen; m Backenzahn
molest|are belästigen; **~ia** f Belästigung; **~o** lästig
moll|a f *Tech* Feder; *fig* Triebfeder; **~e** weich; biegsam; **~eggio** [-dʒo] m Federung f; **~etta** f Klammer; Haarklemme
molo m Mole f, Pier
mòlotov [-tʃe] m Molotowcocktail m
moltéplice [-tʃe] vielfältig
molteplicità [-tʃ-] f Vielfalt
moltiplicar|e multiplizieren; **~si** sich vermehren
moltitùdine f Menge
molto viel; sehr; lange; **fra non ~** in Kürze
moment|àneo augenblicklich; **~o** m Augenblick; **per il ~** einstweilen; **sul ~** sofort
mònaca f Nonne
monacale Mönchs...
mònaco m Mönch
mon|arca m Monarch; **~archìa** [-k-] f Monarchie
monastero m Kloster n
mondano weltlich; mondän
mondare *Obst* schälen
mondiale Welt...
mondo m Welt f; **l'altro ~** das Jenseits
monello m Lausbub; Straßenjunge
moneta f Münze; (Klein-)Geld n; Währung
mònitor m Monitor
mono|motore m einmotoriges Flugzeug n; **~petto** m Einreiher; **~polio** m Monopol n; **~posto** m Einsitzer
monòtono eintönig
monouso Einweg...
montaggio [-dʒo] m Montage f
mont|agna [-ɲa] f Gebirge n; Berg m; **~agnoso** [-ɲ-] gebirgig; **~anaro** m Bergbewohner; **~are** (be)steigen; *in Fahrzeug* einsteigen; *Pferd* reiten; *Tech* montieren; *Reifen* aufziehen; **~arsi** sich belaufen auf (*Summe*)
monte m Berg; fig Haufen; **~ di pietà** Leihhaus n
montone m Hammel
montuoso bergig
monumento m Denkmal n
moquette [mo'kɛt] f Teppichboden m

mora f Brombeere; Maulbeere
morale moralisch; f Moral
morbidezza f Weichheit
mòrbido weich
morbillo m Masern pl
mòrdere beißen; stechen
morena f Moräne
morfina f Morphium n
morire sterben; *Bot* eingehen; *fig* ~ *di* umkommen vor
mormor|are murmeln; rauschen; ~**io** m Gemurmel n
moro schwarz; dunkelhaarig; m Maulbeerbaum
mors|icare beißen; stechen; ~**o** m Biß(wunde f) Stich; Bissen
mortal|e sterblich; tödlich; ~**ità** f Sterblichkeit
morte f Tod m; **a** ~ tödlich; zu Tode
mortifica|re kränken, demütigen; ~**zione** f Kränkung, Demütigung
morto gestorben; tot; *stanco* ~ todmüde; ~ m Tote(r)
mortuario Leichen...; Toten...
mosàico m Mosaik n
mosca f Fliege
Mosca f Moskau
mosc|atello m Muskateller; ~**ne** m Karabinerhaken
moschetto [-sk-] m Karabiner; ~**ne** m Karabinerhaken
moscone m Ruderboot n
mosso *Meer* bewegt
mostarda f Senfsoße

mosto m (Trauben-)Most
mostr|a f Ausstellung; Messe; (Schaufenster-)Auslage; ~**are** zeigen; ~**o** m Ungeheuer n; ~**uoso** scheußlich
motèl m Motel
motiv|are begründen; ~**azione** f Begründung; ~**o** m (Beweg-)Grund; Motiv n
moto 1. m Bewegung f; *méttere in* ~ in Bewegung setzen; *Motor* anlassen; **2.** f Motorrad n; ~**carrozzetta** f Motorrad n mit Beiwagen; ~**cicletta** [-tʃ-] f Motorrad n; ~**ciclista** [-tʃ-] su Motorradfahrer(in) f m; ~**ciclo** [-tʃ-] m Motorrad n; ~**leggera** [-dʒ-] f Leichtmotorrad n; ~**nave** f Motorschiff n
motore m Motor; ~ **Diesel** Dieselmotor; ~ **a due** (*quattro*) *tempi* Zwei-(Vier-)takt-motor; ~ **a scoppio** Verbrennungsmotor; ~ **fuoribordo** Außenbordmotor
moto|retta f Motorroller m; ~**rino** m Moped n, Mofa n; ~ **d'avviamento** Anlasser
motorscooter m (Motor-) Roller
motoscafo m Motorboot n
motrice [-tʃe] f *Esb* Triebwagen m
movimento m Bewegung f; Betrieb, Verkehr
mozzarella f Büffelkäse m
mozz|icone m (Zigarren-, Zigaretten-)Stummel; ~**o** m Schiffsjunge; *Tech* Nabe f

mucca f Kuh
mucchio [-k-] m Haufen, Menge f
muc|o m Schleim; **~osa** f Schleimhaut
muff|a f Schimmel m; **~ire** schimmeln
mughetto m Maiglöckchen n
mulin|ello m Angel Rolle f; *Mar* Ankerwinde f; **~o** m Mühle f
mulo m Maulesel, Maultier n
multa f Geldstrafe, Bußgeld n
multicolore bunt
mùltiplo mehr-, viel-fach
mùngere [-dʒ-] melken
municipale [-tʃ-] städtisch; Gemeinde..., Kommunal...
municipio [-tʃ-] f Rathaus n
mun|ire versehen (*di* mit); **~izioni** f/pl Munition f
muòver|e bewegen; *im Spiel* ziehen; **~si** sich in Bewegung setzen
mur|a f/pl Stadtmauer f; **~aglia** [-ʎa] f Mauer; **~atore** m Maurer; **~atura** f Mauerwerk n; **~o** m Mauer f, Wand f
musco m Moos n
muscolatura f Muskulatur

mùscolo m Muskel
museo m Museum n; **~ archeològico** archäologisches Museum; **~ dell'arte** Kunstmuseum n; **~ nazionale** Nationalmuseum n
museruola f Maulkorb m
mùsica f Musik; Kapelle; **~ da càmera** Kammermusik
musicale musikalisch
musicassetta f Musikkassette
music hall ['mju:zik 'hɔ:l] m Varieté n
musicista [-tʃ-] *su* Musiker(in f) m
muso m Maul n; Schnauze f
mustacchi [-ki] m/pl Schnurrbart m
muta f Taucheranzug m
mutand|e f/pl Unterhose f; **~ine** f/pl Schlüpfer m, Slip m; **~ (da bagno)** Badehose f
mutare ändern; wechseln
mutil|are verstümmeln; **~ato** m Versehrte(r)
muto stumm; m Stumme(r); Stummfilm
mùtu|a f Kranken-versicherung, -kasse; **~ato** m Versicherte(r); Kassenpatient; **~o** gegenseitig; m Darlehen n

N

nàcchere [-k-] f/pl Kastagnetten
nafta f Heizöl n
nano zwergenhaft; m Zwerg
napoletano neapolitanisch; m Neapolitaner
Nàpoli f Neapel n
nappa f Nappaleder n
narc|osi f Narkose, Betäubung; **~òtico** m Betäubungs-

mittel *n*; **~otizzare** betäuben

narice [-tʃe] *f* Nasenloch *n*

narr|are erzählen; **~azione** *f* Erzählung

nasale nasal; *f* Nasal(laut) *m*

nàsc|ere [-ʃ-] geboren werden; *Bot* keimen; *fig* entstehen; **~ita** *f* Geburt

nasc|óndere verstecken; verheimlichen; **~óndersi** sich verstecken; **~ondiglio** [-ʎo] *m* Versteck *n*; Schlupfwinkel *m*

nasello *m* Seehecht

naso *m* Nase *f*

nastro *m* Band *n*; **~ adesivo** Klebestreifen *m*; **~ isolante** Isolierband *n*; **~ magnètico** Tonband *n*

Natale *m* Weihnachten *n*) *f*; **vigilia** *f* **di ~** Weihnachtsabend *m*

natale Heimat...; Geburts...; Weihnachts...

natalizio Geburts...; Weihnachts...

natante schwimmend

nativo gebürtig, stammend (**di** aus)

nato geboren

natura *f* Natur...; **~ morta** Mal Stilleben *n*

naturale natürlich; **scienze** *f/pl* **naturali** Naturwissenschaften

natur|alezza *f* Natürlichkeit; **~alizzare** einbürgern, naturalisieren

naturalmente natürlich, selbstverständlich

naufrag|are Schiffbruch erleiden (*a fig*); *fig* scheitern; **~io** [-dʒo] *m* Schiffbruch (*a fig*); *fig* Scheitern *n*

nàufrago *m* Schiffbrüchige(r)

nàusea *f* Brechreiz *m*, Übelkeit; *fig* Ekel *m*

nauseare anekeln

navale See...; Schiffs...; **cantiere ~** *m* Werft *f*

navata *f* (Kirchen-)Schiff *n*; **~ centrale** (**laterale**) Mittel-(Seiten-)schiff *n*

nave *f* Schiff *n*; **~ da càrico** Frachtschiff *n*; **~ passeggeri** Passagierschiff *n*; **~ traghetto** Fähre

navicella [-tʃ-] *f Flgw* Gondel

navig|àbile schiffbar; **~atore** *m* Seefahrer; **~azione** *f* Schiffahrt; *Flgw* Navigation

navone *m* Kohlrübe

nazionale national; staatlich; Landes...; einheimisch; *f* Nationalmannschaft; **~ità** *f* Staatsangehörigkeit; **~izzare** verstaatlichen

nazione *f* Nation; Staat *m*

N.E. (**nordest**) NO (*Nordost*)

ne davon, deren, darüber, damit; einige, welche

né auch nicht; **~ ... ~ ...** weder ... noch ...

neanche [-ke] auch nicht; nicht einmal

nebbi|a *f* Nebel *m*; **~oso** neb(e)lig

nebuloso *fig* verschwommen

necess|ario [-tʃ-] nötig, notwendig; *m* Nötige(s) *n*; **~ità** *f*

nefrite

Notwendigkeit; Not; *in caso di* ~ im Notfall; bei Bedarf

nefrite *f* Nierenentzündung

neg|are verneinen; leugnen; **~ativa** *f* Verneinung; *Fot* Negativ *n*; **~ativo** verneinend; *Bescheid, Antwort* abschlägig; *m Fot* Negativ *n*; **~azione** *f* Verneinung

negli [-ʎi] *prp in mit art gli*

neglig|ente [-glidʒ-] nachlässig; **~enza** *f* Nachlässigkeit

negozi|ante *m* Kaufmann; **~are** verhandeln über; handeln (*in* mit); **~azione** *f* Verhandlung

negozio *m* Geschäft *n*, Laden; **~ di articoli fotogràfici** Fotogeschäft *n*; **~ di calzature** Schuhgeschäft *n*; **~ di gèneri alimentari** Lebensmittelgeschäft *n*

negro schwarz; *m* Neger

nei, nel, nella, nello *prp in mit art i, il, la, le, lo*

nem|ica *f* Feindin; **~ico** feindlich; *m* Feind

nemmeno auch nicht, nicht einmal

neo *m* Leberfleck; Muttermal *n*; **~nato** *m* Neugeborene(s) *n*

neppure auch nicht; nicht einmal

nero schwarz; *vino* ~ Rotwein; *fumo* ~ Ruß

nerv|ino Nerven...; **~o** *m* Nerv; **~osità** *f* Nervosität; **~oso** nervös, reizbar

nèspol|a *f* Mispel; **~o** *m* Mispelbaum

nessuno kein(er); niemand; *in nessun caso* keinesfalls

netta|mente entschieden, glatt; **~pipe** *m* Pfeifenreiniger

nettare reinigen, putzen

nettezza *f* Sauberkeit; **~ urbana** Straßenreinigung; Müllabfuhr

netto sauber, rein; *Hdl* Netto...; *guadagno m* ~ Reingewinn

neutr|ale neutral; **~alità** *f* Neutralität; **~o** neutral; *Gr* sächlich

nevato verschneit, schneebedeckt; *m* Firn

nev|e *f* Schnee *m*; **~ fresca (farinosa)** Neu-(Pulver)schnee *m*; **~icare** schneien; **~icata** *f* Schneefall *m*; **~ischio** [-sk-] *m* Schneegestöber *n*

nevr|algia [-dʒ-] *f* Neuralgie; **~àlgico** [-dʒ-] neuralgisch; **~osi** *f* Neurose; **~òtico** neurotisch

nicchia [-k-] *f* Nische

nichel [-k-] *m* Nickel

nicotin|a *f* Nikotin; **~ismo** [-zm-] *m* Nikotinvergiftung

nido *m* Nest *n*

niente nichts; *non dirò mai* ~ ich werde nie etwas sagen; ~ *affatto* durchaus nicht; *per* ~ umsonst, vergebens; überhaupt nicht; ~ *m* Nichts *n*; Kleinigkeit *f*

nimbo *m* Heiligenschein
ninfea *f* Seerose
ninnolo *m* Spielzeug *n*; **ninnoli** *m/pl* Nippsachen *f/pl*
nipote *su* Neffe *m*, Nichte *f*; Enkel *m*, Enkelin *f*, Enkelkind *n*
nitidezza *f* Klarheit; *Fot* Schärfe
nitido klar, scharf
N.O. (*nordovest*) NW (*Nordwest*)
no nein; **~?** oder nicht?; **come ~!** natürlich!; und ob!; **se ~** sonst; andernfalls; **dire di ~** nein sagen
nòbile ad(e)lig; vornehm; *m* Adlige(r)
nobiltà *f* Adel *m*; Vornehmheit
nocca *f* Knöchel *m*
nocciol|a [-tʃo-] *f* Haselnuß; **~ina** *f* Erdnuß; **~o** *m* Haselnußstrauch
nòcciolo [-tʃo-] *m* Kern, Stein (*in e-r Frucht*)
noce [-tʃe] *m* Nußbaum; Nußbaumholz *n*; **~** *f* (*Wal*-)Nuß; *Kochk* Nuß, Nüßchen *n*; **~ del piede** Fußknöchel *m*
nocella [-tʃ-] *f* (Hand-)Knöchel *m*
nocepesca [-tʃ-] *f* Nektarine
nocino [-tʃ-] *m* Nußlikör
nocivo [-tʃ-] schädlich
nodo *m* Knoten; Knotenpunkt
noi wir; uns; **~ altri** wir; **~ altri italiani** wir Italiener
noi|a *f* Lang(e)weile; Belästigung; **~oso** langweilig; lästig
noleggi|are [-dʒa-] mieten; vermieten; verleihen; *Schiff, Flugzeug* chartern; **~o** [-dʒo] *m* Miete *f*; Verleih; Leihgebühr *f*; **~ automòbili** Autovermietung *f*; **~ sci** Skiverleih
nolo *m* Miete *f*; Fracht *f*; **prèndere a ~** mieten; **dare a ~** vermieten
nome *m* Name; **~ (di battésimo)** Vorname; **~ di ragazza** Mädchenname
nòmina *f* Ernennung
nominare (er-, be-)nennen
non nicht; **~ ancora** noch nicht; **~ che ... ~ ché** nicht, daß; und außerdem; **~ c'è di che!** keine Ursache!; **~ fumatori** *m/pl* Nichtraucher; **~ vàlido** ungültig; **~ stiro** bügelfrei
noncurante unbekümmert (di um)
nondimeno nichtsdestoweniger
nonna *f* Großmutter
nonno *m* Großvater; **nonni** *pl* Großeltern
nono neunte(r); *m* Neuntel *n*
nonostante trotz; obwohl; trotzdem
nord *m* Norden; **a(l) ~** di nördlich von; **mare ~ del 2** Nordsee *f*; **~est** *m* Nordost; **~ovest** *m* Nordwesten
norma *f* Richtschnur; Regel; Norm; Bestimmung

normal|e normal; üblich; **~mente** gewöhnlich; vorschriftsmäßig
norvegese [-dʒ-] norwegisch; *su* Norweger(in *f*) *m*
Norvegia [-dʒa] *f* Norwegen *n*
nostalgia [-dʒ-] *f* Sehnsucht, Heimweh *n* (*di* nach)
nostrano einheimisch; *vino* **~** *m* Landwein
nostro unser; *m* Unsr(ig)e
nota *f* Anmerkung; Notiz; Rechnung
notàbile beachtenswert
notaio *m* Notar
not|are notieren, aufschreiben; bemerken; **~ariato** *m* Notariat *n*; **~arile** notariell; **~évole** bemerkenswert; beachtlich; **~ificare** mitteilen; anmelden; **~izia** *f* Nachricht; **~iziario** *m* Rdf, TV Nachrichten *f/pl*; **~o** bekannt; *far* **~** bekanntgeben; **~orio** offenkundig
nottante *f* Nachtschwester
notte *f* Nacht; *di* **~** nachts; bei Nacht
notturno nächtlich, Nacht...
novantenne neunzigjährig
nove neun; **&cento** [-tʃ-] **~** *in der Kunst* 20. Jahrhundert *n*
novella *f* Novelle
novembre *m* November
novilunio *m* Neumond
nov|ità *f* Neuheit; Neuigkeit; Neuerung; **~iziato** *m* *fig* Lehrzeit *f*; **~izio** *m* Anfänger; Neuling; *Rel* Novize

nozione *f* Kenntnis; Begriff *m*
nozze *f/pl* Hochzeit *f*
nub|e *f* Wolke; **~ifragio** [-dʒo] *m* Wolkenbruch
nùbile ledig (*nur von Frauen*)
nuca *f* Nacken *m*, Genick *n*
nucleare Kern..., nuklear
nùcleo *m* Kern; *fig* Gruppe *f*; *Pol* Zelle *f*
nud|ismo [-zm-] *m* Freikörperkultur *f* (FKK); **~ista** *su* Nudist(in *f*) *m*; FKKler(in *f*) *m*; **~ità** *f* Nacktheit; **~o** nackt; bloß
nulla nichts; *non* **~** ... durchaus nicht
nullo nichtig, ungültig
numer|ale *m* Zahlwort *n*; **~are** (auf)zählen; numerieren; **~atore** *m* Zähler
nùmero *m* Zahl *f*; Anzahl *f*; Nummer *f*; (Schuh-)Größe *f*; *Bus, Tram* Linie *f*; **~** *di casa* Hausnummer *f*; **~** *di* Postleitzahl *f*; **~** *di targa* Autonummer *f*; **~** *telefònico* Telefonnummer *f*; *fare il* **~** *Tel* wählen
numeroso zahlreich
nunzio *m* *Rel* Nuntius
nuòcere [-tʃ-] *f* schaden
nuora *f* Schwiegertochter
nuotare schwimmen
nuotatore *m* Schwimmer; *non* **~** Nichtschwimmer
nuoto *m* Schwimmen *n*
nuova *f* Nachricht
Nuova York *f* New York *f*
nuovo neu; *di* **~** nochmals;

èssere ~ in una città in einer Stadt fremd sein; **~ m Neue(s)** n
nutriente nahrhaft; **~imento** m Nahrung f; **~ire** (er)nähren; **~itivo** nahrhaft
nùvola f Wolke
nuvoloso bewölkt, wolkig
nuziale Hochzeits...
nylon m Nylon n

O

o oder; **~ ... ~** entweder ... oder
O. (ovest) W (Westen)
òasi f Oase
obbligare verpflichten; zwingen; **~ a letto** ans Bett fesseln; **~atorio** obligatorisch; **~azione** f Verpflichtung
òbbligo m Pflicht f; **d'~** vorgeschrieben
obelisco m Obelisk
obiettare einwenden; **~ivo** sachlich, objektiv; m Ziel n; Fot Objektiv n
obiezione f Einwand m; **~ di coscienza** Wehrdienstverweigerung
oblazione f Spende
obliquo schräg; schief
obliterare Fahrschein entwerten; **~tore** m Entwerter
oblò m Bullauge n
oblungo länglich
oca f Gans
occasionale gelegentlich; **~e** f Gelegenheit; Gelegenheitskauf m; **automòbile** f **d'~** Gebrauchtwagen m
occhiaia [-k-] f Augenhöhle; **~ali** m/pl Brille f; **~ da sole** Sonnenbrille; **~ata** f Blick m; **~ello** m Knopfloch n; Öse

f; **~o** m Auge n; Blick
occidentale [-tʃ-] westlich; West...; **~e** m Westen
occorrente erforderlich; m Nötige(s) n; Bedarfsfall m; **all'~** bei Bedarf
occórrere erforderlich, nötig sein; **occorre** man muß; **mi occorre** (+ su) ich brauche; (+ inf) ich muß
occultare verheimlichen; **~o** geheim
occupare einnehmen; besetzen; Platz beanspruchen; j-n beschäftigen; **~arsi** (di um); sich kümmern (di mit); sich beschäftigt; Platz besetzt; **~azione** f Beschäftigung
ocèano [otʃ-] m Ozean
oculare: **globo** m **~** Augapfel; **testimone** m **~** Augenzeuge; **~lista** m Augenarzt
od = **o** (vor Vokalen)
ode er hört
odiare hassen; **~ato** verhaßt; **~o** m Haß; **~oso** hassenswert
odo ich höre
odorare riechen (di nach); beriechen; **~ato** m Geruchssinn; **~e** m Geruch; **~oso** (wohl)riechend

offèndere 138

offènder|e beleidigen; verletzen; **~si** sich gekränkt fühlen

offerènte *m* Bieter; **migliore ~** Meistbietende(r)

offèrta *f* Anerbieten *n*; Angebot *n*; **~ speciale** Sonderangebot *n*

offesa *f* Beleidigung

officina [-tʃ-] *f* Werkstatt; **~ concessionaria** Vertragswerkstatt; **~ di riparazioni** Reparaturwerkstatt

offrire (an-, dar-)bieten

oggettivo [-dʒ-] sachlich, unvoreingenommen, objektiv

oggetto [-dʒ-] *m* Gegenstand; *Gr* Objekt *n*; **oggètti** *pl di valore* Wertsachen *f/pl*

òggi [-dʒi] heute; **d'~** heutig; **~ a otto** heute über acht Tage; **~dì**, **~giorno** [-dʒidʒo-] heutzutage

ogiva [-dʒ-] *f Arch* Spitzbogen *m*

ogni [-ɲi] jeder, jede, jedes; **~ giorno** jeden Tag; **~ tanto** ab und zu; **~ sei giorni** alle sechs Tage

Ogn|issànti [-ɲ-] *m* Allerheiligen *n*; **²uno** jeder(mann)

Olànda *f* Holland *n*

olandese holländisch; *su* Holländer(in *f*) *m*; *m* Edamer (*Käse*)

oleàndro *m* Oleander

olièra *f* Menage

òlio *m* Öl *n*; **~ per il cambio** Getriebeöl *n*; **~ per il motore** Motorenöl *n*; **~ d'oliva** Olivenöl *n*; **~ di rìcino** Rizinusöl *n*; **~ solare** Sonnenöl *n*

olìv|a *f* Olive; **~astro** olivgrün; **~eto** *m* Olivenhain; **~o** *m* Olivenbaum

olmo *m* Ulme *f*

oltre außer; jenseits; mehr als; **andare ~** weitergehen; **~mare: d'~** aus Übersee; **~passare** überschreiten

ombr|a *f* Schatten *m*; **~eggiare** [-dʒa-] beschatten; *Mal* schattieren; **~ellino** *m* Sonnenschirm; **~ello** *m* Schirm, Regenschirm; **~ellone** *m* Strand-, Garten-, Sonnenschirm; **~etto** *m* Lidschatten; **~oso** schattig

omelette [-'lɛt] *f* Eierkuchen *m*, Omelett *n*

òmero *m* Oberarmknochen

omèttere unterlassen

om|icida [-tʃ-] *m* mörderisch; *su* Mörder(in *f*) *m*; **~icìdio** [-tʃ-] *f* Mord

omissione *f* Unterlassung

ònda *f* Welle; *fig* Flut; **~ verde** Grüne Welle; **onde** *pl corte* (*medie*, *lunghe*) Kurz- (Mittel-, Lang-)welle *f*

ondeggiare [-dʒa-] wogen; schwanken

ond|ulare Haar in Wellen legen; **~ulazione** *f* Wellenbewegung; *des Haars* Wellen *n*

oneroso drückend

onest|à *f* Ehrlichkeit; **~o** ehrlich

onnipotènte allmächtig

onomàstico m Namenstag
onor|àbile ehrbar; **~abilità** f Ehrbarkeit; **~anze** f/pl Ehrungen; **~are** ehren; beehren (*di* mit)
onorario m Honorar n; **membro m ~** Ehrenmitglied n
onorato angesehen, geachtet
onor|e m Ehre f; **~évole** ehrenwert
onta f Schmach
opaco matt, undurchsichtig
òpera f Werk n; Mus Oper(nhaus n); **~ d'arte** Kunstwerk n
operàbile operabel
oper|aio m Arbeiter; **~are** handeln; tun, bewirken; Med operieren; **~ativo** operativ; **~azione** f Operation; **~etta** f Operette
opinione f Meinung, Ansicht
opp|orre entgegensetzen; einwenden; **~orsi** sich widersetzen; **~ortuno** zweckmäßig; gelegen; **~osizione** f Gegensatz m; Widerstand m (*a* gegen); jur Einspruch m; **~osto** entgegengesetzt; gegenüberliegend; **all'~** im Gegenteil
oppr|essione f Unterdrückung; Med Beklemmung; **~imere** (be-, unter-)drücken
oppure oder (auch); andernfalls
opulen|to üppig; **~za** f Üppigkeit
opùscolo m Broschüre f; Prospekt

ora 1. f Stunde; **~ legale** Sommerzeit; **ore** pl **libere** Freizeit f; **~ d'arrivo** Ankunftszeit; **~ di partenza** Abfahrtszeit; **ore** pl **di punta** Stoßzeiten, Spitzenzeit f; **che ~ è, che ore sono?** wieviel Uhr ist es?, wie spät ist es?; **di buon'~** frühzeitig; 2. adv jetzt, nun; **~** soeben; **per ~** vorläufig; **~ ... ~ ...** bald ... bald ...; **d'~ in poi** von nun an
orale mündlich
orare beten; bitten
orario stündlich; m Zeit-, Stunden-plan; Fahr-, Flugplan; Esb a Kursbuch n; **~ delle visite** Besuchszeit f; **in ~** pünktlich, (fahr)planmäßig
orat|ore m Redner; **~orio** m Oratorium n
orbettino m Blindschleiche f
òrbita f Augenhöhle
orchestra [-k-] f Orchester n
ordin|ale m u **nùmero m ~** Ordnungszahl f; **~are** (an)ordnen; befehlen; *im Lokal, Hdl* bestellen; Med verordnen; **~ario** gewöhnlich; üblich; normal; **~azione** f Bestellung; Priesterweihe
órdine m Ordnung f; Befehl; Reihe f; Rang; Rel Orden; Hdl Auftrag; **fino a nuovo ~** bis auf weiteres; **di prim'~** erstklassig
ordire anzetteln
orecchi|no [-k-] m Ohr-ring,

orecchio 140

-klipp; ~o *m* Ohr *n*; Gehör *n*; ~oni *m/pl* Mumps *m*, Ziegenpeter *m*
oréfice [-tʃe] *m* Goldschmied
oreficeria [-tʃ-] *f* Juweliergeschäft *n*
òrfano verwaist; *m* Waisenkind *n*
orgànico organisch
organ|ino *m* Drehorgel *f*; ~ismo [-zm-] *m* Organismus; ~ista *su* Organist(in *f*) *m*; ~izzare organisieren; veranstalten; ~izzazione *f* Organisation; Veranstaltung
òrgano *m* Organ *n*; Orgel *f*
orgogli|o [-ʎo] *m* Stolz; ~oso [-ʎo-] stolz
orient|àbile orientierbar; ~ale östlich; orientalisch; *m* Orientale; ~amento *m* Orientierung *f*; ~ professionale Berufsberatung *f*; ~are (aus)richten (**a** nach); ~arsi sich orientieren; ~e *m* Osten, Orient
origano *m* wilder Majoran
origin|ale [-dʒ-] ursprünglich; originell; *m* Original *n*; ~are hervorrufen; ~ario ursprünglich; Ursprungs...; *Person* gebürtig
orìgine [-dʒ-] *f* Ursprung *m*; Herkunft
orina *f* Urin *m*, Harn *m*
orizzont|ale horizontal, waagerecht; ~e *m* Horizont
orl|are säumen; ~atura *f*, ~o *m* Rand *m*; Saum *m*
orma *f* Spur, Fußstapfe

ormai nun; bereits
ormone *m* Hormon *n*
orn|amento *m* Ornament *n*; Verzierung *f*; ~are schmücken; verzieren
oro *m* Gold *n*; **d'** ~ golden
orolog|eria [-dʒ-] *f* Uhrengeschäft *n*; ~iaio [-dʒa-] *m* Uhrmacher; ~io [-dʒo] *m* Uhr *f*; ~ **al quarzo** Quarzuhr *f*; ~ **da polso** Armbanduhr *f*; ~ **da tasca** Taschenuhr *f*
orr|endo fürchterlich; ~ìbile schrecklich
òrrido grauenhaft
orrore *m* Entsetzen *n*; Abscheu; **avere in** ~ **qc** Horror vor et haben
Orsa *f: Astr* ~ **maggiore (minore)** Großer (Kleiner) Bär
orso *m* Bär
ortaggio [-dʒo] *m* Gemüse *n*
orti|ca *f* Brennessel; ~caria *f* Nesselfieber *n*
orto *m* Gemüsegarten; ~ **botànico** botanischer Garten

orto|dosso orthodox; ~grafia *f* Rechtschreibung
ortolano *m* Gemüsegärtner; Gemüsehändler
ortopèdico orthopädisch; *m* Orthopäde
orzaiolo *m Med* Gerstenkorn
orzata *f* Mandelmilch
orzo *m* Gerste *f*; ~ **perlato** Perlgraupen *f/pl*
osare wagen
osceno [-ʃɛ-] obszön

oscillare [-ʃil-] schwingen; schwanken
oscur|are verdunkeln; **~ità** f Dunkelheit; **~o** dunkel, finster
ospedale m Krankenhaus n
ospit|ale gastfreundlich; **~alità** f Gastfreundschaft; **~are** beherbergen
òspite m Gast; Gastgeber
ospizio m Heim n
ossatura f Knochengerüst n
osserv|are beobachten; beachten; einwenden; **~atore** m Beobachter; **~atorio** m Observatorium; **~azione** f Beobachtung; Einwand m
ossesso besessen
ossìa oder (auch)
ossìgeno [-dʒ-] m Sauerstoff; **tenda** f **a ~** Sauerstoffzelt n
osso m Knochen; **~buco** m geschmorte Kalbshachse
ostàcolo m Hindernis n
ostaggio [-dʒo] m Geisel f
oste m Wirt
ostello m: **~ della gioventù** Jugendherberge f
ostensorio m Monstranz f
osterìa f Wirtshaus n; **~essa** f Wirtin
ostia f Hostie; Oblate
ostile feindlich; feindselig
ostilità f Feindschaft
ostin|arsi hartnäckig bestehen (**a** auf); **~ato** hartnäckig
òstrica f Auster
ostri|caio m Austernbank f; **~coltura** f Austernzucht
otite f Ohrenentzündung
otorinolaringoiatra m Hals- Nasen-Ohren-Arzt
ottagonale achteckig
ottano m Oktan n; **nùmero** m **di ottani** Oktanzahl f
ottantenne achtzigjährig
ottav|a f Mus Oktave; **~o** achte(r); m Achtel n
ottenere erlangen; erhalten; erzielen
òttic|a f Optik; **~o** optisch; m Optiker
otti|mamente hervorragend; **~mismo** [-zm-] m Optimismus; **~mista** optimistisch; **su** Optimist(in f) m
òttimo sehr gut, beste
otto acht; **oggi a ~** heute über acht Tage
ottobre m Oktober
Ottocento [-tʃ-] m in der Kunst 19. Jahrhundert n
ottone m Messing n
ottur|are verstopfen; abdichten; Zahn plombieren; **~atore** m Fot Verschluß
ovaio m Anat Eierstock
ovale oval; m Oval n
ovatta f Watte
ove wo; wohin
òvest m Westen; **all'~ di** westlich von
ovile m Schafstall
ovunque wo auch immer
ovvero oder (auch)
òvvio offensichtlich
ozi|o m Muße f; Müßiggang; **~oso** müßig
ozono m Ozon m/n; **buco** m **di ~** Ozonloch n; **strato** m **di ~** Ozonschicht f

P

pacchetto [-k-] *m* Päckchen *n*
pacco *m* Paket *n*
pace [-tʃe] *f* Frieden *m*; **darsi ~** sich zufriedengeben; **lasciare in ~** in Ruhe lassen
pacemaker ['peismeikə] *m* Herzschrittmacher
pacifico [-tʃ-] friedlich; **ocèano** *m* 2 *u* 2 *m* Pazifischer Ozean; Pazifik
pacifismo [-tʃi'fiz-] *m* Friedensbewegung *f*
padano: pianura *f* **padana** Poebene
padella *f* Pfanne
padiglione [-ʎo-] *m* Zelt *n*; Pavillon; **~ auricolare** Ohrmuschel *f*
Pàdova *f* Padua *n*
padr|e *m* Vater; Pater; **~ino** *m* Pate
padron|a *f* Eigentümerin; Chefin; Hauswirtin; Hausfrau; **~ato** *m* Unternehmertum *n*; **~e** *m* Eigentümer; Arbeitgeber; Chef; **~ di casa** Hauswirt; Hausherr
paes|aggio [-dʒo] *m* Landschaft *f*; **~ano** *m* Dorfbewohner; **~e** *m* Land *n*; Dorf *n*
pag|a *f* Lohn *m*; **~àbile** zahlbar
pagaia *f* Paddel *n*
pagamento *m* Zahlung *f*; **~ anticipato** Vorauszahlung *f*; **~ in contanti** Barzahlung; **a ~** gebührenpflichtig
pagan|èsimo *m* Heidentum *n*; **~o** heidnisch; *m* Heide
pagare (be-, aus-)zahlen; **~ a rate** abzahlen
pàgina [-dʒ-] *f* Seite (*Buch*)
paglia [-ʎa] *f* Stroh *n*; **cappello m di ~** Strohhut
pagliaccetto [-ʎatʃe-] *m* Strampelhose *f*
pagliuzza [-ʎu-] *f* Strohhalm *m*
paio *m* (*pl* **le paia**) Paar *n*; **un ~ di** ein paar; einige
pala *f* Schaufel
palanca *f* Planke
palato *m* Gaumen
palazzina *f* große Villa
palazzo *m* Palast; **~ municipale** Rathaus *n*; **~ di giustizia** Justizpalast
palco *m* Tribüne *f*; *Thea* Loge *f*; **~scènico** [-ʃ-] *m* Bühne *f*
palestra *f* Turnhalle
paletto *m* Riegel
palla *f* Kugel; Ball *m*; **~ di neve** Schneeball *m*; **~canestro** *f* Basketball *m*; **~mano** *f* Handball *m*; **~nuoto** *f* Wasserball *m*; **~volo** *f* Volleyball *m*
palliativo *m* Linderungsmittel *n*
pàllido bleich, blaß
pallin|a *f* Murmel; Tischten-

nisball *m*; **~o** *m* Schrot *n*; *Stoffmuster* Tupfen
pall|oncino [-tʃ-] *m* Lampion; Luftballon; **~one** *m* große(r) Ball; Fußball; Ballon
pallòttola *f* Kugel, Geschoß *n*
palma *f* Palme; Handfläche
palmeto *m* Palmenhain
palmo *m* Handfläche *f*; *fig* Spanne *f*
palo *m* Pfahl; (Telegrafen-)Mast
palombaro *m* Taucher
palp|àbile *fig* fühlbar; **~are** ab-, be-tasten, befühlen
pàlpebra *f* Augenlid *n*
palpit|are klopfen, pochen; zucken; **~azione** *f*, **pàlpito** *m* Herzklopfen *n*
paltò *m* Wintermantel
palud|e *f* Sumpf *m*; **~oso** sumpfig
palustre sumpfig; Sumpf...
panare panieren
panca *f* (*Sitz-*)Bank
pancarrè *m* Kastenbrot *n*
pancetta [-tʃ-] *f* Bauchspeck
pan|chetto [-k-] *m* Schemel, Hocker; **~china** [-k-] *f* (*Sitz-*)Bank
panci|a [-tʃa] *f* Bauch *m*; **~otto** [-tʃo-] *m* Weste *f*; **~uto** [-tʃu-] dickbäuchig
pane *m* Brot *n*; **~ bianco** Weißbrot *n*; **~ integrale** Vollkornbrot *n*; **~ nero** Schwarzbrot *n*; **~ biscottato** Zwieback
panett|eria *f* Bäckerei; **~iere** *m* Bäcker; **~one** *m* Hefenapfkuchen
pànfilo *m* Yacht *f*
panforte *m* Pfefferkuchen *aus Siena*
pangrattato *m* Semmelmehl *n*
pànico panisch; *f* Panik *f*
pan|iera *f* (*Weiden-*)Korb *m*; **~iere** *m* Korb; **~ificio** [-tʃo] *m* Bäckerei *f*
panino *m* Brötchen *n*; **~ imbottito** belegtes Brötchen
panna *f* **1.** Sahne, Rahm *m*; **~ montata** Schlagsahne; **2.** *Kfz* Panne
pann|ello *m* El Schaltbrett *n*; **~o** *m* Tuch *n*; Lappen; Stoff; **panni** *pl* (Be-)Kleidung *f*
pannocchia [-k-] *f* Maiskolben *m*
pannolino *m* Windel *f*
panorama *m* Panorama, Rundblick
pantaloncini [-tʃ-] *m/pl* kurze Hose(n) *f*(*/pl*)
pantaloni *m/pl* Hose(n) *f*(*/pl*)
pantòfola *f* Pantoffel *m*
papà *m* Papa; Vati
pap|a *m* Papst; **~ale** päpstlich; **~ato** *m* Papsttum *n*; päpstliche Würde *f*
papàvero *m* Mohn
pappa *f* Brei *m*; Mus *n*
pappagallo *m* Papagei
pàprica *f* Paprika *m* (*Gewürz*)
para|brezza *m* Windschutzscheibe *f*; **~cadute** *m* Fallschirm; **~cadutista** *m* Fallschirmspringer; **~carro** *m* Leitplanke *f*

paradentosi *f* Parodontose
paradiso *m* Paradies *n*
paradossale paradox
parafango *m* Kotflügel
parafùlmine *m* Blitzableiter
paragon|àbile vergleichbar; **~are** vergleichen; **~e** *m* Vergleich
paràgrafo *m* Abschnitt; Paragraph
paràlisi *f* Lähmung
paralìtico, paralizzato [-dz-] gelähmt
parallel|a *f* Parallele; **~e** *f/pl* Sport Barren *m*; **~o** parallel
para|luce [-tʃe] *m* Fot Sonnenblende *f*; **~lume** *m* Lampenschirm; **~petto** *m* Geländer *n*; *Mar* Reling *f*
paraplègico [-dʒ-] querschnittgelähmt; *m* Querschnittgelähmte(r)
parare schmücken; schützen (*da* vor, gegen); abwehren
parasole *m* Sonnenschirm; *Fot* Sonnenblende *f*
parassita *m* Parasit; *fig* Schmarotzer
parata *f* Parade; Gala
paraurti *m* Stoßstange *n*
parcella [-tʃ-] *f* Parzelle
parcheggiare [-ked-dʒa-] parken
parcheggio [-kɛd-dʒo] *m* Parkplatz; Parken *n*
parchìmetro [-ki-] *m* Parkuhr *f*
parco *m* Park; **~ nazionale** Nationalpark
parecchio [-k-] ziemlich viel;

parecchi *m/pl*, **parecchie** *f/pl* mehrere
pareggiare [-dʒa-] gleichmachen; aus-, be-gleichen; **~ qu** j-m gleichkommen
pareggio [-dʒo] *m* Ausgleich; *Sport* Unentschieden *n*
parent|e *su* Verwandte(r); **~ela** *f* Verwandtschaft
parèntesi *f/pl* Klammern
parere scheinen; **che le pare?** was meinen Sie? **a quanto pare** wie es scheint; *~* *m* Ansicht *f*, Meinung *f*
parete *f* Wand
pari gleich; *Zahl* gerade; **ragazza f alla ~** Au-pair-Mädchen *n*
Parigi [-dʒi] *f* Paris *n*
parità *f* Gleichheit
parka *m* Parka *m/f*
parlamentare *adj* parlamentarisch; *v/i* verhandeln (*per* über); *m* Parlamentarier; Unterhändler; **~o** *m* Parlament *n*
parlare sprechen (*a qu* j-n; *di qc* über et); reden; **parla tedesco?** sprechen Sie deutsch?
parmigiano [-dʒa-] *m* Parmesankäse
parola *f* Wort *n*
parrocchi|a [-k-] *f* Pfarrei; **~ale** Pfarr...; **chiesa** *f* **~** Pfarrkirche
pàrroco *m* Pfarrer
parr|ucca [-k-] *f* Perücke; **~ucchiera** [-k-] *f* Friseuse
parrucchiere [-k-] *m* Friseur

passeggiata

~ *per signora* Damenfriseur; **~** *per uomo* Herrenfriseur

parte *f* Teil *m*; Seite; Partei; Thea Rolle; **a ~** getrennt; extra; *da ~* beiseite; *da ~ mia* meinerseits; *in ~* zum Teil, teilweise; *lo saluti da ~ mia* grüßen Sie ihn von mir; **prèndere ~ a** teilnehmen an; **far ~ di** angehören (+ *D*), gehören zu

partecip|ante [-tʃ-] *m* Teilnehmer; **~are** mitteilen; teilnehmen, Anteil haben (**a** an); **~azione** *f* Teilnahme; Beteiligung; (*Todes- etc*) Anzeige

partenza *f* Abreise; Abfahrt; Start *m*

participio [-tʃ-] *m* Partizip

particol|are besondere; *m* Einzelheit *f*; *in ~* besonders; **~arità** *f* Einzelheit; Besonderheit, Eigentümlichkeit

partigiano [-dʒ-] *m* Anhänger; Partisan

partire aufbrechen; abreisen, abfahren, abfliegen; *~ per* reisen nach

partita *f Sport* Partie, Spiel *n*; *~ di calcio* Fußballspiel *n*

partitivo: *artìcolo m ~* Teilungsartikel

partito *m Pol* Partei *f*; *fig* Entschluß

partizione *f* Teilung

parto *m* Entbindung *f*

partoriente *f* Wöchnerin

parzi|ale parteiisch; teilweise; *Teil...*; **~alità** *f* Parteilichkeit

pàscolo *m* Weide *f*

Pasqua *f* Ostern *n*

passàbile leidlich

passaggio [-dʒo] *m* Durchgang; Durchfahrt *f*; Durchreise *f*; *Mar* Überfahrt *f*; *Text* Stelle *f*; *di ~ auf der Durchreise; ~ pedonale* Fußgängerüberweg; *~ di confine* Grenzübergang; *~ a livello* Bahnübergang (*senza barriere* unbeschrankt); **dare un ~ a qu** j-n *im Auto* mitnehmen

passante *su* Vorübergehende(r)

passaporto *m* (Reise-)Paß

passare *Straße* überqueren; *Zeit* verbringen; *bei Tisch* reichen; vorbei-kommen, -gehen, -fahren (**a** an); vorübergehen; hinübergehen (zu); vergehen (*Zeit*); **~** *per Firenze* über Florenz fahren; **~** *di moda* aus der Mode kommen; **~** *di mente* entfallen

passata *f*: **~** *di pioggia* Regenschauer *m*

pass|atempo *m* Zeitvertreib; **~ato** *m* Vergangenheit *f*; *Kochk* Püree *n*; **~atoia** *f* Läufer *m* (*Teppich*)

passeggero [-dʒ-] *m* Reisende(r); Passagier; Fahrgast; Fluggast

passeggi|are [-dʒa-] spazierengehen; **~ata** [-dʒa-] *f* Spa-

passeggio

ziergang m; Spazierweg m; ~o [-dʒo] m Spaziergang; **andere a** ~ spazierengehen
passerella f Bootssteg m; Gangway; Laufsteg m
pàssero m Sperling
passion|ato leidenschaftlich; **~e** f Leidenschaft; Leiden n; Rel Passion
passivo passiv; m Gr Passiv n; Hdl Passiva pl
passo m Schritt; Durchgang; Durchfahrt f; Geogr Paß; Text Stelle f; **al od a ~ d'uomo** im Schrittempo
pasta f Teig(waren f/pl) m; Nudeln f/pl; Gebäck n, Kuchen m; **~ dentifricia** Zahnpasta
pastello m Pastell n; Pastell-farbe f; -stift
pasticc|eria [-tʃ-] f Konditorei; **~iere** [-tʃe-] m Konditor
pasticcio [-tʃo] m Pastete f; **~ di fégato d'oca** Gänseleberpastete f
past|iglia [-ʎa] f Tablette, Pastille; Kfz Bremsbelag m; **~ina f ~ in brodo** Brühe mit Einlage
pasto m Speise f; Essen n; Mahlzeit f; **vino m da ~** Tischwein
pastorale m Bischofsstab; f Rel Hirtenbrief m; **~ore** m Hirt; Rel Pastor; Zo Schäferhund
patata f Kartoffel; **patate** pl **fritte** Pommes frites; **patate** pl **lesse** Salzkartoffeln; **pa-**

146

tate pl **arrosto** Bratkartoffeln
patente f (**di guida**) Führerschein m
paterno väterlich(erseits)
paternostro m Vaterunser n
patimento m Leiden n
patire erleiden; leiden (**di** an)
patri|a f Vaterland n; Heimat; **~gno** [-no] m Stiefvater; **~monio** m Erbgut n; fig Vermögen n, **~ artistico** Kunstschätze pl
patriot(t)a m Patriot
patrizio m Patrizier
patr|onato m Schirmherrschaft f; **~ono** m Schirmherr; Rel Schutzheilige(r)
patteggiare [-dʒa-] verhandeln über
pattin|aggio [-dʒ-] m Eislauf; Rollschuhlaufen n; **~ artistico** Eiskunstlauf; **~ di velocità** Eisschnellauf; **~are** Schlittschuh laufen; Rollschuh laufen; **~atore** m Schlittschuhläufer; Rollschuhläufer
pàttino m Schlittschuh; **~ a rotelle** Rollschuh
patto m Vertrag; **a ~ che** unter der Bedingung, daß
pattuglia [-ʎa] f Patrouille, Streife
patt|ume m Müll; **~umiera** f Mülleimer m
paur|a f Furcht, Angst (**di** vor); **avere ~** sich fürchten; **~oso** furchtsam, ängstlich
pausa f Pause

pavese aus Pavia; *Kochk alla ~ mit Brot und Ei*
pàvido furchtsam
pavimento *m* Fußboden
pavone *m* Pfau
pazi|entare sich gedulden; **~ente** mühselig; geduldig; *m* Patient; **~enza** *f* Geduld
pazzo verrückt, wahnsinnig; *m* Verrückte(r), Wahnsinnige(r)
P.C.I. *m (Partito Comunista Italiano)* KPI *f (Kommunistische Partei Italiens)*
pecc|are sündigen; **~ato** *m* Sünde *f*; Fehler; *(che)* **~ato!** (wie) schade!
Pechino [-ki-] *f* Peking *n*
pècora *f* Schaf *n*
pecor|aio *m* Schäfer; **~ino** *m* Schafskäse
peculiarità *f* Eigentümlichkeit
pedaggio [-dʒo-] *m* Straßenbenutzungsgebühr *f*, Maut *f*; *a ~* gebührenpflichtig
pedalare radfahren, radeln
pedale *m* Pedal *n*; **~ del freno** Bremspedal *n*; **~ della frizione** Kupplungspedal *n*
pedalò *m* Tretboot
pedana *f* Sprungbrett *n*
pedante pedantisch; *m* Pedant
pedata *f* Fußspur; Fußtritt *m*
pediatra *m* Kinderarzt
pedicure *su* Fußpfleger(in *f*) *m*
pedonale Fußgänger...
pedone *m* Fußgänger; *Schach* Bauer
pedùncolo *m Bot* Stiel
peggi|o [-dʒo-] schlechter; schlimmer; *il ~* das Schlimmste; **~oramento** [-dʒo-] *m* Verschlimmerung *f*; Verschlechterung *f*; **~orare** [-dʒo-] (sich) verschlechtern; (sich) verschlimmern; **~ore** [-dʒo-] schlechter, schlimmer; *il ~* der schlechteste, schlimmste; *nel ~ dei casi* schlimmstenfalls
pegno [-ɲo] *m* Pfand *f*
pel|lame *m* Fell *n*; **~are** schälen; *Geflügel* rupfen; **~arsi** die Haare verlieren; sich haaren; sich schälen
pellame *n* Leder *n*
pelle *f* Haut (*a fig*); Leder *n*; Fell *n*; *Frucht* Schale
pellegr|ina *f* Pilgerin, Wallfahrerin; Pelerine; **~inaggio** [-dʒo-] *m* Pilgerfahrt *f*, Wallfahrt *f*; **~ino** *m* Pilger, Wallfahrer
pelletteria *f* Lederwaren(geschäft *n*) *f*/*pl*
pellicano *m* Pelikan
pellicc|eria [-tʃ-] *f* Pelzwaren *f*/*pl*; Pelzgeschäft *n*; **~ia** [-tʃa] *f* Pelz(mantel) *m*; **~iaio** [-tʃa-] *m* Kürschner
pellicola *f Fot* Film *m*; **~ a caricatore** Kassettenfilm *m*; **~ a colori** Farbfilm *m*; **~ invertibile** Umkehrfilm *m*; **~ a passo ridotto** Schmalfilm *m*; **~ in ròtolo** Rollfilm *m*
pelo *m (Körper-)*Haar *n*; Fell

peloso

n; *contro* ~ gegen den Strich; *fig per un* ~ um ein Haar
peloso haarig; behaart
pena f Strafe; Qual; Sorge; Mühe; *sotto* ~ bei Strafe; *a mala* ~ mit knapper Not; *darsi* ~ sich Mühe geben; *stare in* ~ *per qu* in Sorge um j-n sein; *valere la* ~ der Mühe wert sein
pena|le Straf...; strafbar; **~lità** f Sport Strafpunkt m
pend|ente hängend; jur schwebend; *torre f* ~ schiefer Turm (*von Pisa*); **~enza** f Neigung
pèndere hängen; sich neigen; *fig* schweben (*su* über)
pendio m Abhang, Gefälle m
pèndolo m Pendel m
pene m Penis
penetrare durchdringen; eindringen (*in* in)
penicillina [-tʃi-] f Penizillin n
penìsola f Halbinsel
penit|ente reuig; *su* Büßer(in f) m; **~enza** f Buße; Strafe; **~enziario** m Strafanstalt f
penna f Feder; Schreibfeder; ~ *a feltro* Filzstift m; ~ *a sfera* Kugelschreiber m; ~ *stilogràfica* Füllfederhalter m; **~rello** m Filzstift
pennello m Pinsel
penombra f Halbschatten m
penoso peinlich; schmerzlich; mühsam
pens|are denken (*qc* et; *a* an); (nach)denken (*su* über);

überlegen; sorgen (*a* für); **~iero** m Gedanke; Sorge f; **~ieroso** nachdenklich
pension|are pensionieren; **~ato** m 1. Rentner; Ruheständler; 2. Heim n
pensione f 1. Rente; Pension; 2. (Fremden-)Pension; Pensionspreis m; **~completa** Vollpension; *mezza* ~ Halbpension
pensoso nachdenklich
Pentecoste f Pfingsten
pent|imento m Reue f; **~irsi** bereuen (*di qc* et)
pèntola f Kochtopf m
penuria f Mangel m (*di* an)
penzol|are herabhängen; **~oni**: *u a* ~ baumelnd
peonia f Pfingstrose
pep|ato gepfeffert; **~e** m Pfeffer; **~eronata** f *Kochk* gedünsteter Paprika m; **~erone** m Paprikaschote f; Paprika
per für; durch; an; aus; *vor inf* um zu; ~ *3 giorni* auf 3 Tage; ~ *mare* zur See
pera f Birne
per|altro übrigens; **~bene** anständig; **~cento** [-tʃ-] m Prozent n; **~centuale** [-tʃ-] prozentual; f Prozentsatz m
perce|pire [-tʃ-] wahrnehmen; **~zione** f Wahrnehmung
perché [-ke] weil; damit; ~? warum?
perciò [-tʃɔ] deshalb
percórrere Weg zurückle-

perquisizione

gen; ~orso m Fahrt f; Strecke f
perc|ossa f Schlag f; ~uòtere schlagen; ~ussione f Stoß m, Schlag m
pèrd|ere verlieren; Zug, Gelegenheit verpassen, versäumen; ~ersi sich verlaufen; verlorengehen
pèrdita f Verlust m; Leck(stelle f) n
perditempo m Zeitverschwendung f
perdon|àbile verzeihlich; ~are verzeihen; ~o m Verzeihung f
perdurare an-, aus-dauern
perenne ewig
perfett|amente völlig; sehr gut; ~o vollkommen; m Gr Perfekt n
perfezion|amento m Vervollkommnung f; ~are vervollkommnen; ~e f Vollkommenheit; Perfektion
perfidia f Hinterhältigkeit
pèrfido hinterhältig; falsch
perfino sogar
perfor|are durchbrechen; lochen; perforieren; ~atore m, ~atrice f [-tʃe] f Locher m; ~azione f Med Durchbruch m
pèrgola f (Wein-)Laube
pergolato m Laubengang
perìcolo m Gefahr f; ~ di morte Lebensgefahr f; ~ di valanghe Lawinengefahr f
pericoloso gefährlich
periferia f Peripherie; ~ della città Stadtrand m
per|iòdico periodisch; ~iodo m Periode f; Zeit(raum m) f; Gr Satzgefüge m
peripezie f/pl Wechselfälle m/pl
perire umkommen; fig vergehen
per|ito erfahren; sachverständig; m Sachverständige(r); ~izia f Gewandtheit; Gutachten n
perla f Perle
perlo|meno mindestens; ~più meist(ens)
perlustrare auskundschaften
perman|ente ständig; Dauer...; f Dauerwelle; ~enza f Anhalten n, Fortdauer; Aufenthalt m
permeàbile durchlässig
permesso m Erlaubnis f; Urlaub; ~? Sie gestatten?; ~ di soggiorno Aufenthaltserlaubnis f
permétter|e erlauben; ~si sich erlauben; sich leisten
pernice [-tʃe] f Rebhuhn n
pernicioso [-tʃo-] gefährlich; Med bösartig
pernott|amento m Übernachtung f; ~are übernachten
pero m Birnbaum
però aber
perpendicolare senkrecht
perpètuo fortdauernd; ewig
perquisire durchsuchen
perquisizione f Durchsu-

persecutore 150

chung; ~**personale** Leibesvisitation; **mandato** m **di** ~ Durchsuchungsbefehl
persec|utore m Verfolger; ~**uzione** f Verfolgung
persegu|ire, ~**tare** verfolgen; ~**tato** m Verfolgte(r)
persever|ante beharrlich; ~**anza** f Beharrlichkeit; ~**are** beharren (**in** auf)
persian|a f Jalousie; ~**o** persisch; m Perser; Persianer
persino sogar
per|sistenza f Beharrlichkeit; ~**sistere** beharren (**in** auf)
person|a f Person; **di** ~ persönlich; **per** ~ pro Person; ~**aggio** [-dʒo] m Persönlichkeit f; **Thea** Person f; ~**ale** persönlich; m Personal n; ~**alità** f Persönlichkeit; ~**almente** selbst; persönlich; ~**ificare** verkörpern
persp|icace [-tʃe] scharfsinnig; ~**icacia** [-tʃa] f Scharfblick m
persu|adere überzeugen (**di qc** von et); ~**asione** f Überzeugung
pertanto deswegen; **non** ~ dennoch
pertin|ace [-tʃe] hartnäckig; ~**ente** zugehörig; passend; ~**enza** f Zuständigkeit
perturb|are stören; ~**azione** f Störung
perv|enire gelangen (**a** zu); ~**erso** niederträchtig; ~**ertire** verderben

pes|alèttere m Briefwaage f; ~**ante** schwer; drückend; fig schwerfällig; plump; ~**apersone** m Personenwaage f; ~**are** wiegen; fig erwägen
pèsca f Pfirsich m
pésca f Fischerei; Fischfang m; ~ **subacquea** Unterwasserjagd
pescare fischen; angeln
pescatore m Fischer; Angler
pesce [-ʃe] m Fisch; ~**cane** m Hai
pescherìa [-sk-] f Fischhandlung
pescivéndolo [-ʃ-] m Fischhändler
pesco m Pfirsichbaum
peso m Gewicht n; fig Last f; Sport Gewichtsklasse f; ~ **lordo** Bruttogewicht n; ~ **màssimo consentito** zulässiges Gesamtgewicht n
pèssimo sehr schlecht
pest|e f Gestank m; ~**icida** m Pestizid n
pètalo m Blütenblatt n
petardo m Knall-erbse f, -frosch
petizione f Bittschrift
petrolier|a f (Öl-)Tanker m; ~**o** (Erd-)Öl...
petrolio m Petroleum n; Erdöl n
pett|ègola f Klatschbase; ~**egolezzo** m Klatsch; ~**égolo** geschwätzig
pettin|are kämmen; frisieren; ~**atura** f Frisur

pèttine *m* Kamm
pettirosso *m* Rotkehlchen *n*
petto *m* Brust *f*; Busen
pezza *f* Lappen *m*
pezzo *m* Stück *n*; Weile *f*; Strecke *f*; (Schach-)Figur *f*; ~ **di ricambio** Ersatzteil *n*; **un ~ grosso** ein hohes Tier; **andare in pezzi** zu Bruch gehen
piac|ente [-tʃ-] gefällig; einnehmend; **~ere** gefallen; schmecken (*Speisen*); *m* Gefallen; Vergnügen *n*; **fare ~ a qu** j-n gefallen; j-n freuen; **mi faccia il ~** tun Sie mir den Gefallen; **con ~** gern; **per ~** bitte; **~évole** angenehm; hübsch
piaga *f* Wunde
piall|a *f* Hobel *m*; **~are** hobeln
pian|a *f* ebene(s) Gelände *n*; **~eròttolo** *m* Treppenabsatz
pianeta *m* Planet; *f* Meßgewand *n*
piàngere [-dʒ-] weinen
piano *adj* eben; *adv* leise; langsam; sachte; *m* Ebene *f*; Stockwerk *n*, Etage *f*; Plan; Klavier *n*; **~forte** *m* Klavier *n*; **~ a coda** *Mus* Flügel
pianta *f* Pflanze; Plan *m*; **~ della città** Stadtplan *m*; **~ del piede** Fußsohle
piantare pflanzen, *fig* im Stich lassen
pianterreno *m* Erdgeschoß *n*
pianto *m* Weinen *n*
pianura *f* Ebene

piastr|a *f* Platte; **~ella** *f* Fliese, Kachel
piattaforma *f* Plattform; Drehscheibe; **~ di lancio** Abschußrampe
piattino *m* Untertasse *f*
piatto platt; flach; *m* Teller; Platte *f*; *Kochk* Gericht *n*, Gang; Speise *f*; **~ espresso** Schnellgericht *n*; **~ fondo** Suppenteller; **~ forte** Hauptgericht *n*; **~ primo** erster Gang; **~ del giorno** Tagesgericht *n*
piazza *f* Platz *m*; **~le** *m* (*großer*) Platz; **~re** aufstellen
picc|ante *Kochk* scharf, pikant, würzig; **~ata** *f* Kalbsschnitzel *n* natur
picche [-ke] *f/pl* Kartenspiel Pik *n*
picchetto [-k-] *m* Pflock, Pfahl; Streikposten
picchiare [-k-] schlagen
picchio [-kio] *m* Schlag; *Zo* Specht
piccino [-tʃ-] klein; winzig; *fig* kleinlich; *m* Kleine(r)
picci|onaia [-tʃo-] *f* Taubenschlag *m*; *Thea* Olymp *m*; **~one** *m* Taube *f*
picco *m* Bergspitze *f*; **a ~** senkrecht; *Mar* **andare a ~** untergehen
piccolezza *f* Kleinheit; Kleinigkeit; Kleinlichkeit
piccolo klein; gering(fügig); *m* Kleine(r); *Zo* Junge(s) *n*; **da ~** als Kind; **fin da ~** von klein auf

piccozza *f* Eispickel *m*
picnic *m* Picknick *n*
pied|e *m* Fuß; **a piedi** zu Fuß; **stare in piedi** stehen; **~istallo** *m* Postament *n*, Sockel
pieg|a *f* Falte; **~are** biegen; beugen; falten; zs.-legen; **~arsi** *fig* nachgeben
pieghévole biegsam; *fig* nachgiebig
Piemonte *m* Piemont *n*; **2se** piemontesisch; *m* Piemontese
piena *f* Menge; Gedränge *n*
pieno *f* voll (**di** von); reich (**di** an); **in ~ giorno** am hellichten Tag; **in piena notte** mitten in der Nacht; **~** *m* Fülle *f*; **nel ~ dell'inverno** mitten im Winter; **fare il ~** volltanken
pietà *f* Mitleid *n* (**di** mit); Barmherzigkeit; *Kunst* 2 Pietà
pietanza *f* Speise, Gericht *n*
pietoso barmherzig; jammervoll
pietr|a *f* Stein *m*; **~ preziosa** Edelstein *m*; **~ina** *f* Feuerstein *m*
pigiama [-dʒa-] *m* Schlafanzug
pigione [-dʒo-] *f* Miete
pigliare [-ʎa-] *v/t* packen, ergreifen
pigna [-ɲa], *f* Tannenzapfen *m*
pignolo [-ɲo-] *f* kleinlich, pedantisch
pigolare piepen

pigr|izia *f* Faulheit; **~o** faul; träge
pil|a *f* El Batterie; Stapel *m*, Stoß *m*; (Weihwasser-)Becken *n*; **~astro** *m* Pfeiler
pillola *f* Pille (*a Antibabypille*)
pilot|a *m* Flgw Pilot; Mar Lotse; **~are** führen; steuern; lotsen; fahren; fliegen
pina *f* Pinienzapfen *m*
pinacoteca *f* Gemäldesammlung, Pinakothek
pineta *f* Pinienwald *m*
ping-pong *m* Tischtennis *n*
pinna *f* Flosse; Schwimmflosse
pino *m* Kiefer *f*; Pinie *f*; **~lo** *m* Pinienkern
pinz|a *f* Zange; Pinzette; **~are** stechen; **~etta** *f* Pinzette
pio fromm; barmherzig
piogg|erella [-dʒ-] *f* Sprühregen *m*; **~ia** [-dʒa] *f* Regen *m*; *fig* Flut; **~ àcida** saurer Regen *m*
piomb|are verplomben; plombieren (*a Zahn*); Paket versiegeln; **~atura** *f* Plombierung; Plombe, Füllung (*Zahn*); **~ino** *m* Senkblei *n*; **~o** *m* Blei *n*; Plombe *f*; **a ~** senkrecht; **senza ~** bleifrei
pioppo *m* Pappel *f*
pìovere regnen
piovoso regnerisch
piovra *f* Zo Polyp *m*
pipa *f* Pfeife; **fumare la ~** Pfeife rauchen
pipistrello *m* Fledermaus *f*

piràmide *f* Pyramide
pirata *m* Seeräuber, Pirat; *fig* Gauner; ~ **dell'aria** Luftpirat; ~ **della strada** Verkehrsrowdy
Pirenei *m|pl* Pyrenäen
piròscafo *m* Dampfer
pirosi *f* Sodbrennen *n*
piscina [-ʃ-] *f* Schwimmbad *n*; Schwimmbassin *n*, Swimming-pool *m*; ~ **coperta** Hallenbad *n*
pis|ello *m* Erbse *f*; ~**olino** *m* Nickerchen *n*
pista *f* Piste, Bahn; Spur, Fährte; *Zirkus* Manege; ~ **da sci** Skipiste; *Flgw* ~ (**di rullaggio**) Rollbahn; ~ **da ballo** Tanzfläche; ~ **ciclàbile** Radweg *m*
pistacchio [-k-] *m* Pistazie *f*
pist|ola *f* Pistole; ~ **mitragliatrice** Maschinenpistole; ~**olero** *m* Revolverheld
pistone *m* Kolben
pitt|ore *m* Maler; Anstreicher; ~**oresco** malerisch; ~**rice** [-tʃe] *f* Malerin; ~**ura** *f* Malerei; Gemälde *n*
più nicht mehr (**di, che** als); plus; ~ **giorni** mehrere Tage; ~ **grande di** größer; di ~ mehr; **non** ... ~ nicht mehr; ~ **o meno** ungefähr; **per di** ~ noch dazu; **per lo** ~ mehr(stens); **al** ~ höchstens; **i** ~, **le** ~ die meisten
pium|a *f* Daune; Feder; ~**aggio** [-dʒo] *m* Gefieder *n*; ~**ino** *m* Federbett *n*

piuttosto lieber; eher (**che** als); ziemlich
pizzaiolo *m* Pizzabäcker
pizzi|care stechen; jucken; ~**cherìa** [-k-] *f* Feinkostgeschäft *n*
pìzzico *m* Prise *f*; (Insekten-)Stich
pizzo *m* Spitze *f* (*a Gewebe*); Spitzbart
placare besänftigen
placca *f* Metallschild *n*
plàcido [-tʃ-] ruhig
plan|are *Flgw* gleiten; ~**ata** *f* Gleitflug *m*
plancia [-tʃa] *f Mar* Laufsteg *m*; Kommandobrücke
planetario *m Kfz* Planetengetriebe *n*; *Astr* Planetarium *n*
plàstica *f* 1. Plastik, Bildhauerkunst; 2. Plastik *n*
plasticare 1. modellieren; 2. einen Bombenanschlag verüben
plàstico plastisch; Plastik...
plàtano *m* Platane *f*
platea *f Thea* Parkett *n*
plàtino *m* Platin *n*
pleb|aglia [-ʎa] *f* Gesindel *n*; ~**e** *f* Pöbel *m*
plebiscito [-ʃ-] *m* Volksentscheid, -abstimmung *f*
pleni|lunio *m* Vollmond; ~**potenziario** bevollmächtigt; *m* Bevollmächtigte(r)
plètora *f* Überfluß *m* (**di** an)
plèura *f* Rippen-, Brustfell *n*
pleurite *f* Rippenfellentzündung

plur|ale *m* Mehrzahl *f*; **~alità** *f* Mehrheit
pluri|milionario *m* Multimillionär; **~partìtico** Mehrparteien...
plutonio *m* Plutonium *n*
pneumàtico *m* Reifen; **~ radiale** Gürtelreifen
po': **un ~ (di)** ein bißchen, etwas; **a poco**
poco wenig; gering; *zeitlich* kurz; **a ~ a ~** nach und nach; **~ fa, da ~** vor kurzem; **~ dopo** kurz darauf; *fra* ~ bald; *per* ~, **press'a ~** beinahe
poder|e *m* (Land-)Gut *n*; **~oso** stark; kräftig
podio *m* Podium *n*
poesia *f* Dichtung; Poesie; Gedicht *n*
poet|a *m* Dichter; **~essa** *f* Dichterin
poètico poetisch; dichterisch
poggi|are [-dʒa-] (an)lehnen; **~arsi** sich stützen; **~atesta** *m* Kopfstütze *f*
poggio [-dʒo] *m* Anhöhe *f*
poi dann; nachher; **dalle 8 in ~** ab 8 Uhr
poiché [-ke] da, weil
polacco polnisch; *m* Pole
polca *f* Polka
polèmica *f* Auseinandersetzung; Polemik
polenta *f* Polenta, Maisbrei *m*
policlìnica *f* Poliklinik
poliglotta vielsprachig
polìgono *m* Vieleck *n*
poliomielite *f* Kinderlähmung
polistadio: **mìssile** *m* **~** Mehrstufenrakete *f*
polìtic|a *f* Politik; **~o** politisch; *m* Politiker
polizia *f* Polizei; **~ confinaria** Grenzpolizei; **~ di porto** Hafenpolizei; **~ sanitaria** Gesundheitspolizei; **~ stradale** Verkehrspolizei
poliziesco Polizei...; Kriminal...
poliziotto *m* Polizist
polizza *f* Schein *m*; Police; **~ di càrico** Frachtbrief *m*
pollame *m* Geflügel *n*
pòllice [-tʃe] *m* Daumen; große Zehe *f*; Zoll (*Maßeinheit*)
poll|icultura *f* Geflügelzucht; **~o** *m* Huhn *n*; **~ novello** Hähnchen *n*
polluzione *f* Verschmutzung
polmon|e *m* Lunge *f*; **~ite** *f* Lungenentzündung
polo *m* 1. Pol; **~ nord** Nordpol; 2. Polo(spiel) *m*
Polonia *f* Polen *n*
polpa *f* (Frucht-)Fleisch *n*
polp|accio [-tʃo] *m* Wade *f*; **~astrello** *m* Fingerkuppe *f*; **~etta** *f* Klops *m*; Klößchen *n*; **~ettone** *m* Hackbraten; **~oso** fleischig
pols|ino *m* Stulpe *f*; Manschette *f*; **~o** *m* Handgelenk *n*; Puls
poltr|ire faulenzen; **~ona** *f* Lehnstuhl *m*; Sessel *m*; *Thea* Parkettplatz *m* (*in den ersten Reihen*); **~one** *m* Faulenzer

pólvere f Staub m; Pulver n; **caffè m in ~** Pulverkaffee
polverina f Med Pulver n; **~izzare** pulverisieren; Kochk bestreuen (**di** mit); **~oso** staubig
pomata f Creme, Salbe, Pomade
pomeridiano Nachmittags...
pomeriggio [-dʒo] m Nachmittag; **di ~** nachmittags; **domani ~** morgen nachmittag
pomo m Knauf, Knopf
pomodoro m Tomate f
pompa f 1. Pomp m, Prunk m; 2. Zapfsäule; Pumpe; (Feuer-)Spritze; **~ d'aria** Luftpumpe; **~ della benzina** Benzinpumpe; **~ d'olio** Ölpumpe
pompelmo m Pampelmuse f, Grapefruit f
pompiere m Feuerwehrmann; **pompieri** m/pl Feuerwehr f
pomposo prunkvoll, pompös
ponderare abwägen
pone er setzt
ponente m Westen; Westwind
pongo ich setze
ponte f Brücke f (a Zahnersatz); Kfz Achse f; Mar Deck n; **~ di passeggio** Promenadendeck n; **~ di coperta** Oberdeck n
pontéfice [-tʃe] m Papst
ponticello [-tʃ-] m Steg
pontificale m Pontifikalamt n
pop Pop...; **mùsica** f **~** Popmusik

portata

popolare adj volkstümlich; v/t bevölkern; **~arità** f Beliebtheit; **~azione** f Bevölkerung
pòpolo m Volk n
popoloso dichtbevölkert
popone m Melone f
poppa f Mar Heck n
poppante m Säugling; **~atoio** m Flasche f (für Säugling)
porcellana [-tʃ-] f Porzellan n
porcellino [-tʃ-] m Ferkel n
porcheria [-ke-] f Dreck m
porcile [-tʃ-] m Schweinestall; **~ino** m Steinpilz m
porco m Schwein n (a fig); **~spino** m Stachelschwein n
pòrgere [-dʒ-] reichen
porno: film ~ Porno(film) m
porre setzen; stellen; legen
porro m Porree, Lauch
porta f Tor n; Tür; Gepäckträger [-ki] m Gepäckträger; Kfz Dachgepäckträger
portàbile tragbar
portacénere [-tʃ-] m Aschenbecher; **~cipria** [-tʃ-] m Puderdose f; **~aèrei** [-ɛ-] m Flugzeugträger; **~finestra** f Balkontür; **~fòglio** [-ʎo] m Brieftasche f; **~léttere** m Briefträger; **~monete** m Portemonnaie n, Geldbörse f; **~pacchi** [-ki] m Gepäckträger (Rad)
portare (mit)bringen; tragen; **~arsi** sich benehmen; **~asci** [-ʃi] m Kfz Skiträger
portata f Kochk Gang m;

portauovo

Tech Tragfähigkeit; *a ~ di mano* in Reichweite

porta|uovo *m* Eierbecher; **~voce** [-tʃe] *m* Sprecher; Megaphon *n*

pòrtico *m* Lauben-, Säulengang

portiera *f* Autotür

portin|aia *f* Pförtnerin; **~aio** *m* Pförtner; **~erìa** *f* Pförtnerloge

porto *m* 1. Hafen; 2. *~ d'armi* Waffenschein; 3. *~* Portwein

Portogallo *m* Portugal *n*

portoghese portugiesisch; *su* Portugiese *m*, -giesin *f*

portone *m* Tor *n*, Einfahrt *f*

porzione *f* Portion

posa *f Fot* Belichtung; Aufnahme

posar|e hinstellen; **~si** sich niederlassen

posata *f* Besteck *n*

posizione *f* Lage; Stellung

possedere besitzen

possessivo: *pronome m ~* Possessivpronomen *n*

possìbile möglich

possibil|ità *f* Möglichkeit; **~mente** wenn möglich, möglicherweise

posso ich kann

posta *f* Post; **~ aèrea** Luftpost; **~giro** [-dʒ-] *m* Postscheckübeweisung *f*

postale Post...

postegg|iare [-dʒa-] parken; **~o** [-dʒo] *m* Parkplatz

poster|iore hintere; spätere; **~ità** *f* Nachwelt

156

postino *m* Postbote

posto *m* Platz; (An-)Stellung *f*; Stelle *f*; Posten; *~ al finestrino* Fensterplatz; *~ d'àngolo* Eckplatz; *~ di pronto soccorso* Rettungsstation *f*; *~ a sedere* Sitzplatz; *~ in piedi* Stehplatz

potàbile trinkbar

potassio *m* Kalium *n*

pot|ente mächtig; stark; **~enza** *f* Macht; Stärke; *Tech* Leistung

potere können; dürfen; *m* Gewalt *f*; Macht *f*

potuto gekonnt

pover|etto, ~ino *m* Ärmste(r)

pòvero arm; dürftig; *m* Arme(r); *~ me!* ich Armer!

povertà *f* Armut

pozzo *m* Brunnen; *Bergbau* Schacht

pranz|are zu Mittag essen; **~o** *m* Mittagessen *n*; *dopo ~* nach Tisch

prataiolo *m* Wiesenchampignon

pràtica *f* Praxis; Erfahrung

pratic|àbile ausführbar; begehbar, befahrbar; **~are** ausüben; praktizieren

pràtico praktisch; erfahren; *èssere ~ della città* sich in der Stadt auskennen

prato *m* Wiese *f*

preavviso *m* Voran-meldung *f*, -kündigung

precauzione *f* Vorsicht

preced|ente [-tʃ-] vorhergehend; vorig; *m* Präzedenz

prepotenza

fall; **~enza** f Vorrang m; Vorfahrt
precèdere [-tʃ-] vorangehen
precipit|are [-tʃ-] hinabstürzen; fig überstürzen; **~arsi** (sich) stürzen; **~azione** f Niederschlag m; **~oso** überstürzt; voreilig
precis|amente [-tʃ-] genau; **~are** präzisieren; **~ione** f Präzision; **~o** genau; bestimmt; **alle tre precise** Punkt drei Uhr
precoce [-tʃe] frühreif, vorzeitig
precotto m Fertiggericht n
preda f Beute
predecessore [-tʃ-] m Vorgänger; **predecessori** pl Vorfahren
predetto obenerwähnt
prèdica f Predigt
predicare predigen
predil|etto bevorzugt; **~ezione** f Vorliebe
predire voraus-, vorher-sagen
predisporre vorbereiten (**a** auf)
prefazione f Vorwort n
prefer|enza f Vorliebe; **~ire** vorziehen; lieber mögen; **~ito** Lieblings...
prefett|o m Präfekt; **~ura** f Präfektur
prefisso m Tel Vorwahl (-nummer f) f
pregare bitten; beten
preghiera f Bitte; Gebet n
pre|giato [-dʒa-] geschätzt; wertvoll; **~gio** [-dʒo] m Wert; Vorzug
pregiudizio [-dʒu-] m Vorurteil n; Schaden
prelevare Geld abheben
premeditato vorsätzlich
prèmere drücken; Pedal treten
premi|are auszeichnen, prämieren; **~o** m Preis; Prämie f
premunirsi sich schützen (**contro** vor, gegen)
prèndere (mit-, weg-, fest-, ein-, auf-)nehmen; Krankheit sich holen; **~ per** halten für; **~ benzina** tanken; **andare** (**venire**) **a ~** abholen; **~ il sole** sich sonnen; **~ il treno** mit dem Zug fahren; **prèndersela con qu** auf j-n böse sein
prendisole m Strandkleid n
pre|nome m Vorname; **~notare** vorbestellen, reservieren; Buchen; **~notazione** f Vorbestellung, Reservierung; Buchung
preoccup|arsi sich Sorgen machen (**di** um); **~ato** besorgt; **~azione** f Sorge
prepar|are vorbereiten; zubereiten; **~arsi** sich vorbereiten (**a** auf); **~ativi** m/pl Vorbereitungen f/pl; **~atorio** Vorbereitungs...; **~azione** f Vorbereitung
preposizione f Präposition
prepot|ente herrisch; **~enza** f Anmaßung

presa f Griff m; Halt m; Film Aufnahme; **~ di corrente** Steckdose
presagio [-dʒo] m Vorzeichen n
prèsbite [-zb-] weitsichtig
prescr|ìvere vorschreiben; Med verschreiben; **~izione** f Vorschrift; Med Verordnung
preselezione f Thea Vorwahl
present|are vorzeigen; j-n vorstellen; Thea aufführen; fig aufweisen; **~arsi** sich vorstellen; sich bieten (Gelegenheit); **~azione** f Vorstellung; **~e** gegenwärtig; anwesend; m Gr Präsens n
presenza f Gegenwart
preservare bewahren (**da** vor)
presidente m Vorsitzende(r); Präsident
preso genommen
pressapoco ungefähr
pressione f Druck m; **~ delle gomme** Reifendruck m; **~ sanguigna** Blutdruck m; Wetter **alta ~** Hoch m; **bassa ~** Tief n
presso bei; neben; in der Nähe; **nei pressi di** in der Nähe von; **~ché** [-ke] fast; beinahe
prest|are (aus)leihen; borgen; **~azione** f Leistung
prestigio [-dʒo] m Ansehen n
prèstito m Darlehen n; Anleihe f; **dare in od a ~** (ver)leihen; **prèndere in od a ~** sich borgen

presto bald; schnell; früh; **a ~!** bis bald!; **far ~** sich beeilen
presùmere vermuten
presun|tuoso eingebildet; **~zione** f Überheblichkeit
prete m Priester
pret|endente m Bewerber; **~èndere** verlangen; beanspruchen; behaupten; **~ensioso** anspruchsvoll; eingebildet; **~esa** f Anspruch m
pretesto m Vorwand
pretura f Amtsgericht n
prevalenza f Mehrheit; **in ~** überwiegend
prevalere überwiegen
preve|dìbile vorhersehbar; **~dere** voraussehen
prevenire zuvorkommen
preven|tivo vorbeugend; **~zione** f Vorbeugung
previsione f Vorhersage; **previsioni** pl **del tempo** Wettervorhersage f
prezioso kostbar; edel
prezzèmolo m Petersilie f
prezzo m Preis; **a buon ~** billig; **a ~ fisso** zu festem Preis; **~ di favore** Vorzugspreis; **~ del noleggio** Mietpreis; **~ per chilòmetro** Kilometerpreis
prigion|e [-dʒo-] f Gefängnis n; **~iero** m Gefangene(r)
prima bald; vorher; zuerst; eher; **~ di** (be)vor; **~ che** (+ cong) bevor; **~** erster Klasse; Kfz erster Gang m; Thea Premiere; **~rio** m Chefarzt
primavera f Frühling m

primitivo ursprünglich
primizia f Früh-obst n, -gemüse n
primo erste; m Erste(r); Beste(r); *Kochk* erste(r) Gang; *il ~ luglio* der erste Juli; am ersten Juli
principale [-tʃ-] hauptsächlich, Haupt...; m Chef; **~ato** m Fürstentum n
principe [-tʃ-] m Fürst; Prinz
principessa [-tʃ-] f Fürstin; Prinzessin
principiante [-tʃ-] Anfänger; m Anfang; Grundsatz; *in ~* anfangs; *per ~* prinzipiell
privare: *~ qu di qc* j-n einer Sache berauben; **~arsi** verzichten (*di* auf); **~ato** privat; **~azione** f Entbehrung
privilegiare [-dʒa-] bevorzugen; **~gio** [-dʒo] m Vorrecht n, Privileg n
privo ohne; *~ di sensi* bewußtlos
probàbile wahrscheinlich
probabilità f Wahrscheinlichkeit
problema m Problem n
procèdere [-tʃ-] vorwärtsgehen; voran-gehen, -kommen; verfahren
procedimento [-tʃ-] m Vorgehen n, Verfahren n
processione [-tʃ-] f Prozession; *fig* Schlange (*v Menschen, Autos*); **~o** m Prozeß
proclamare verkünden;

~azione f Proklamation
procurare verschaffen; besorgen; **~atore** m Staatsanwalt
prodigio [-dʒo] m Wunder n; **~so** wunderbar
pròdigo verschwenderisch; m Verschwender
prodotto m Produkt n, Erzeugnis n; *~ nazionale* Landeserzeugnis n; **~urre** herstellen; hervorbringen; *Ausweis* vorlegen; **~uttore** m Hersteller, Erzeuger; **~uzione** f Herstellung, Produktion
profanare entweihen; **~o** weltlich; m *fig* Laie
professione f Beruf m; Bekenntnis n; **~ionista** m Berufssportler, Profi; **~orato** m Professur f, Lehramt n; **~ore** m Lehrer; Professor; **~oressa** f Lehrerin; Professorin
profeta m Prophet; **~ezìa** f Prophezeiung
profilo m Profil n; Umriß
profittare profitieren (*di* aus); **~o** m Nutzen; Gewinn
profondità f Tiefe; **~fondo** tief; m Tiefe f
pròfugo m Flüchtling
profumare parfümieren; duften; **~erìa** f Parfümerie; **~o** m Parfüm n; Duft
progettare [-dʒ-] planen; **~etto** m Projekt n, Plan
programma m Programm n (*a Informatik*); *~ televisivo*

programmare

Fernsehprogramm n; ~are programmieren; ~atore m Programmierer
progredire fortschreiten
progressivo fortschreitend; ~o m Fortschritt
proibire verbieten; ~izione f Verbot n
proièttile m Geschoß n
proiettore m Scheinwerfer; Projektor; ~iezione f Vorführung (*Film, Dias*)
proletariato m Proletariat; **proletario** proletarisch; m Proletarier
prolunga f El Verlängerungsschnur; ~mento m Verlängerung f
prolungare verlängern; in die Länge ziehen
promessa f Versprechen n; Verlobte; ~messo m Verlobte(r); ~méttere versprechen
promontorio m Kap n
promozione f Beförderung; *Schule* Versetzung; ~uòvere (be)fördern; *Schüler* versetzen
pronome m Pronomen n
prontezza f Schnelligkeit; ~o bereit (**a** zu); fertig; schnell; ~ soccorso m Rettungsstelle f; Erste Hilfe f; *Tel* ~! hallo!
pronuncia [-tʃa] f Aussprache; ~are [-tʃa-] aussprechen; **pronunzia** *usw s* **pronuncia**
propagare verbreiten; ~si sich ausbreiten

propano m Propan(gas n)
proporre vorschlagen; ~orsi sich vornehmen
proporzionale verhältnismäßig; ~e f Verhältnis n; **in** ~ **a** im Verhältnis zu
proposito m Vorsatz; **a** ~ übrigens; **a** ~ **di** was ... betrifft; **di** ~ absichtlich; **venire a** ~ wie gerufen kommen
proposta f Vorschlag m
propriamente eigentlich; ~età f Eigentum n; Eigenschaft; ~etario m Eigentümer; ~o gerade; gerecht; wirklich
propulsione f Antrieb m; ~ore m Triebwerk n
pròroga f Aufschub m; Verlängerung
prorogare aufschieben, vertagen; verlängern
prosa f Prosa
prosciutto [-ʃu-] m Schinken; ~ **cotto** (**crudo**) gekochter (roher) Schinken
proscrivere abschaffen; verbieten; ~izione f Abschaffung; Verbot
proseguire fortsetzen; fortfahren; *Zug* weiterfahren (**per** nach)
prosperare gedeihen; ~ità f Wohlstand m
pròspero blühend; günstig
prospettiva f Aussicht; Perspektive; ~o m Vorderansicht f
prossimamente demnächst
prossimità f Nähe

pròssimo nächste; nah; *m* Nächste(r)
prostituta *f* Prostituierte
protagonista *su* Hauptdarsteller(in *f*)
protèggere [-dʒ-] (be)schützen (*da* vor)
proteina *f* Eiweiß *n*
pròtesi *f* Prothese
protest|a *f* Protest *m*; **~ante** protestantisch; *m* Protestant; **~are** beteuern; Einspruch erheben; **~o** *m* Protest
protettore *m* Beschützer; Gönner
protezione *f* Schutz *m* (*da* vor); Protektion
protocoll|are protokollieren; **~o** *m* Protokoll *n*
prov|a *f* (An-)Probe; Versuch *m*; Beweis *m*; **~are** (an)probieren; prüfen; beweisen; verspüren; **~ato** bewährt
proven|ienza *f* Herkunft; **~ire** (her)kommen (*da* aus, von)
proverbio *m* Sprichwort *n*
provin|cia [-tʃa] *f* Provinz; **~ciale** [-tʃa-] provinziell; kleinstädtisch
provoc|ante herausfordernd; **~are** hervorrufen; provozieren
provv|edere sorgen (*a* für); versorgen (*di* mit); beschaffen; **~edersi**: **~ di qc** sich et besorgen; **~edimento** *m* Vorkehrung *f*; **~idenza** *f* Vorsehung

provv|isorio vorläufig; **~ista** *f* Vorrat *m*; **~isto** versehen (*di* mit)
prua *f* Bug *m*
prud|ente vorsichtig; **~enza** *f* Vorsicht
prugn|a [-ɲa] *f* Pflaume; **~ secca** Backpflaume; **~o** [-ɲo] *m* Pflaumenbaum
prurito *m* Hautkreiz
psichiatra [-k-] *m* Psychiater
psichico [-k-] seelisch
psico|logia [-dʒ-] *f* Psychologie; **~lògico** [-dʒ-] psychologisch
psicòlogo [-k-] *m* Psychologe
psicosi *f* Psychose
P.T.P. (*Posto Telefonico Pubblico*) öffentlicher Fernsprecher
pubblic|are veröffentlichen; **~azione** *f* Veröffentlichung
pubblicità [-tʃ-] *f* Werbung, Reklame; **~ televisiva** Fernsehwerbung
pùbblico öffentlich; *m* Publikum *n*; *in* **~** öffentlich
pudore *m* Scham(gefühl *n*) *f*
pugilato [-dʒ-] *m* Boxen *n*
pùgile [-dʒ-] *m* Boxer
Puglia [-ʎa] *f* Apulien *n*
pugliese [-ʎe-] apulisch; *su* Apulier(in *f*) *m*
pugnale [-ɲa-] *m* Dolch
pugno [-ɲo] *m* Faust *f*; Faustschlag
pulc|e [-tʃe] *m* Floh *m*; **~ino** [-tʃ-] *m* Küken *n*
puledro *m* Fohlen *n*

6 Uni Ital.

pulire

pul|ire reinigen; putzen; ~ito rein(lich), sauber
pulitura f Reinigung; ~ a benzina Benzinbad n; ~ a secco chemische Reinigung
pulizia f Sauberkeit; *donna f delle pulizie* Putzfrau; *fare le pulizie* putzen
pullman m Reisebus
pulmino m Kleinbus
pùlpito m Kanzel f
puls|ante m El Knopf; ~are klopfen; pulsieren; ~azione f Pulsschlag m
pùngere [-dʒ-] stechen
pungiglione [-dʒiʎo:ne] m Zo Stachel
pun|ire (be)strafen; ~izione f Bestrafung; Strafe
punk [paŋk] m Punker
punta f Spitze; Geogr Landzunge; *in ~ di piedi* auf Zehenspitzen
punt|are stemmen; zielen; *in Spiel setzen (su auf)*; ~eggio [-dʒo] m Punktzahl f
puntina f Stift m (*Nagel*); *Plattenspieler* Nadel; ~ *da disegno* Reißzwecke
punto m Punkt; Stelle f; Nähen Stich; *i punti cardinali* die (*vier*) Himmelsrichtungen f/pl; *due punti* Doppelpunkt; ~ *esclamativo* (*interrogativo*) Ausrufungs-(Frage-)zeichen n; ~ *e virgola* Semikolon n; ~ *di vista* Gesichtspunkt; *fino a che* ~? bis wohin?; *alle dieci in* ~ Punkt zehn Uhr
punt|uale pünktlich; ~ualità f Pünktlichkeit; ~ura f Stich m
può er kann
pupilla f Pupille
purché [-ke] (+ *cong*) wenn nur
pur(e) doch; auch; nur
purè m, purea f Püree n, Brei m
purezza f Reinheit
purga f, ~ante m Abführmittel n
pur|ità f Reinheit; ~o rein
purtroppo leider
purulento eitrig, eiternd
pus m Eiter
pùstola f Pustel
puzz|are stinken; ~o m Gestank

Q

qua hier; hierher; *di* ~ von hier; *al di* ~ *di* diesseits (+ *G*)
quaderno m (Schreib-)Heft n
quadr|angolare viereckig; ~àngolo m Viereck; ~ante m Zifferblatt n; ~ato viereckig; quadratisch; m Quadrat n; ~ifoglio [-ʎo] m vierblättriges Kleeblatt n
quadro viereckig; m Viereck n; Quadrat n; Mal Bild n, Gemälde n; *quadri pl* Kartenspiel Karo n; *a quadri* kariert

quaggiù [-dʒu] hier unten, hier herunter

quaglia [-ʎa] f Wachtel

qualche [-ke] irgendein; einige; ~ *giorno* einige Tage; ~ *cosa* etwas; ~ *volta* manchmal

qual|cheduno [-k-] irgend jemand; ~**cosa** etwas; ~**cuno** irgend jemand

quale welche(r); wie; *il*, *la* ~ der, die, das; welche(r, -s); *tale* ~ so wie

qualific|are bezeichnen; ~**arsi** sich qualifizieren; ~**azione** f Qualifikation

qual|ità f Eigenschaft; Beschaffenheit; Qualität; Sorte f; *di prima* ~ erstklassig; ~**ora** (+ *cong*) falls; ~**siasi** jede(r) beliebige(r); ~**unque** wer *od* was auch immer

quando wann; wenn; als; *da* ~? seit wann?; *di* ~ *in* ~ dann und wann; *per* ~? bis wann?

quantità f Menge

quanto wieviel; wie sehr; wie lange; wie weit; *tanto ... ~* (eben) so ... wie; *tutti quanti* alle miteinander; *quanti ne abbiamo oggi?* der wievielte ist heute?; ~ *a me* was mich betrifft; ~ *prima* so bald als möglich; ~ *costa?* was kostet das?

quantunque (+ *cong*) obwohl

quarant|ena f Quarantäne; ~**enne** vierzigjährig

quarésima f Fastenzeit

quarta f *Kfz* vierter Gang m

quartiere m (Stadt-)Viertel n, Stadtteil m; ~ **residenziale** Wohnviertel n

quarto vierte(r); m Viertel n; ~ *d'ora* Viertelstunde f; *un* ~ *di rosso* ein Viertel(liter m) Rotwein; *sono le sei e un* ~ es ist Viertel nach sechs

quasi fast, beinahe

quassù hier oben; hier herauf

quattrini m/pl Geld n

quattro vier; ~ *passi* ein paar Schritte; 2**cento** [-tʃ-] *m* in *der Kunst* 15. Jahrhundert n

quegli [-ʎi], **quei** jene m/pl; die m/pl

quel, quell' jener

quella, quelle jene, die *sg u pl*

quello jener, jenes; der, das; ~ *che* derjenige (dasjenige), welcher (welches)

quercia [-tʃa] f Eiche

quest|a diese; die; ~**e**, ~**i** diese pl

question|ario m Fragebogen; ~**e** f Frage; Problem n

questo dieser, dieses; der, das; *per* ~ deshalb; *quest'oggi* [-dʒi] heute

quest|ore m Polizeipräsident; ~**ura** f Polizei(präsidium n) f

qui hier; *di* ~ von hier; *di* ~ *a un mese* in einem Monat; *di* ~ *in avanti* von jetzt an

quietanza f Quittung; ~**are** quittieren

quiet|e f Ruhe; Stille; ~**o** ruhig; still

quindi *adv* dann, danach; *cj* daher, folglich
quìndici [-tʃi-] fünfzehn; **~ giorni** vierzehn Tage
quindicina [-tʃ-] *f* etwa fünfzehn; **una ~ di giorni** etwa vierzehn Tage; **nella seconda ~ di marzo** in der zweiten Märzhälfte
quint|a *f Kfz* fünfter Gang *m*; *Thea* Kulisse; **~ale** *m* Doppelzentner; **~o** fünfte(r); *m* Fünftel *n*
quintuplo fünffach; *m* Fünffache(s) *n*
quot|a *f* Anteil *m*, Quote; *Hdl* Rate, Teilzahlung; **~are** schätzen
quotidiano täglich; *m* Tageszeitung *f*

R

rabàrbaro *m* Rhabarber
ràbbia *f* Wut; Tollwut
rabbioso wütend; tobend
rabbrividire schaudern
rabbuiarsi sich verfinstern
raccapezz|are begreifen; **~arsi** sich zurechtfinden
raccattare auflesen; sammeln
racchetta [-k-] *f* Tennisschläger *m*; Skistock *m*
racchiùdere [-k-] enthalten
raccògliere [-ʎe-] sammeln; ernten; *vom Boden* aufheben
racc|olta *f* Sammlung; *Agr* Ernte; **~olto** *m* Ernte *f*
raccomand|are empfehlen; **mi raccomando** ich möchte doch sehr bitten; **~ata** *f* Einschreibebrief *m*, Einschreiben *n*; **~azione** *f* Empfehlung
raccomodare ausbessern; reparieren
raccont|are erzählen; **~o** *m* Erzählung *f*
raccorciare [-tʃa-] (ver)kürzen
raccord|are *Tech* verbinden, anschließen; **~o** *m Tech* Verbindung(sstück *n*) *f*, Anschluß(stück *n*) *m*; Zubringerstraße *f*; *Esb* Gleisanschluß
rada *f Mar* Reede
radar *m* Radar *m*/*n*; **schermo ~** Radarschirm
raddolcire [-tʃ-] (ver)süßen
raddoppiare verdoppeln; verstärken
raddrizzar|e geradebiegen; **~si** sich aufrichten
ràdersi sich rasieren
radiatore *m Kfz* Kühler; Heizkörper
radice [-tʃe] *f* Wurzel
ràdio *f* Radio(gerät *n*) *n*; Rundfunk *m*; **via ~** per Funk; **ascoltare la ~** Radio hören; **~ascoltatore** *m* Rundfunkhörer; **~attivo** radioaktiv; **~grafia** *f* Röntgenaufnahme; **~gràfico**

Röntgen...; **~lina** *f* Transistorradio *n*; **~registratore** *m* Radiorecorder
radioso strahlend
radio|stazione *f* Rundfunkstation; **~sveglia** [-ʎa] *f* Radiowecker *m*; **~tassì** *m* Funktaxi *n*; **~telèfono** *m* Funksprechgerät *n*; **~telegrafista** *m* Funker; **~televisione** *f* Rundfunk- und Fernsehanstalt; **~terapìa** *f* Strahlentherapie
rado spärlich; *di ~* selten
radunare (**radunarsi**) sich versammeln
ràfano *m* Rettich
rafferma *f* Bestätigung
ràffica *f* Windstoß *m*, Bö
raffigurare darstellen
raffin|are verfeinern; raffinieren; **~ato** raffiniert; fig erlesen; **~erìa** *f* Raffinerie
rafforzare (ver)stärken
raffreddamento *m* Tech Kühlung *f*; *fig* Erkalten *n*; **~ ad acqua** Wasserkühlung *f*; **~ ad aria** Luftkühlung *f*
raffredd|are abkühlen; **~arsi** sich erkälten; **~ore** *m* Erkältung *f*; Schnupfen; **~ da fieno** Heuschnupfen
raganella *f* Laubfrosch *m*
ragazz|a *f* Mädchen *n*, Freundin; **~o** *m* Junge; Freund; *ragazzi pl* Kinder *n*/*pl*
raggio [-dʒo] *m* Strahl; *Math* Radius; *fig* Umkreis
raggiùngere [-dʒundʒ-] *j-n* einholen; Ziel erreichen
raggiustare [-dʒu-] ausbessern
raggruppare (**raggrupparsi**) sich gruppieren, versammeln
ragion|amento [-dʒo-] *m* Überlegung *f*; **~ are** überlegen; reden (*di* über); **~ato** vernünftig; **~ e** *f* Vernunft *f*; Grund *m*; Recht *n*; Argument *n*; *aver ~* recht haben; *per ragioni di salute* aus gesundheitlichen Gründen; *a ~* mit Recht; **~évole** vernünftig; **~iere** *m* Buchhalter
ragn|atela [-ɲ-] *f* Spinnwebe *f*; **~o** [-ɲo] *m* Spinne *f*
ragù *m* Ragout *n*; *al ~* mit Fleischsoße
rallegr|are erfreuen; **~arsi** sich freuen; beglückwünschen (*con qu di qc*) *j-n* zu et)
rallentare verlangsamen; langsamer fahren *od* werden
rame *m* Kupfer *n*; Kupferstich
ramificarsi sich verzweigen
rammaricarsi sich beklagen (*di* über)
rammàrico *m* Kummer; Bedauern *n*
rammend|are flicken; **~o** *m* geflickte Stelle *f*
rammollire weich machen
ramo *m* Zweig; (Fluß-)Arm; **~ d'affari** Geschäftszweig
rampa *f* Rampe; **~ di lancio** Abschußrampe
ramponi *m*/*pl* Steigeisen *n*/*pl*

rana f Frosch m; **uomo** m ~ Froschmann
ràncido [-tʃ-] ranzig
rancore m Groll
randagio [-dʒo] Tier herrenlos
rango m Rang; Reihe f
rannuvolamento m Bewölkung f; **~arsi** sich bewölken
rapa f Rübe
rapace [-tʃe] raubgierig; m Raubvogel; **~acità** [-tʃ-] f Raubgier
ràpida f Stromschnelle
rapidità f Schnelligkeit
ràpido schnell; m FD-Zug; Inter-City
rapina f Raub(überfall m) m; **~inatore** m Räuber; **~ire** rauben; entführen; **~itore** m Entführer
rappezzare flicken; **~o** m Flicken
rapportarsi sich berufen od beziehen (a auf); **~o** m Bericht; Verbindung f; Verhältnis n; **in** ~ **a** in bezug auf
rappresentante m Vertreter; **~anza** f Vertretung; **~are** darstellen; Thea aufführen; **~azione** f Vorstellung; Aufführung
rarità f Seltenheit; **~o** selten
rasare (**rasarsi**) sich) rasieren
raschiare [-sk-] abkratzen; **~etto** m Schaber; Kratzeisen n; Radiermesser n
rasoio m Rasiermesser n; **~ di sicurezza** Rasierapparat; **~**

elèttrico elektrischer Rasierapparat, Trockenrasierer
rassegna [-ɲa] f Überprüfung; Schau; Mil Parade; **~arsi** [-ɲ-] sich fügen (**a** in); **~ato** [-ɲ-] resigniert; **~azione** [-ɲ-] f Resignation, Ergebung
rasserenare (**rasserenarsi** sich) aufheitern
rassicurare beruhigen
rassomigliante [-ʎa-] ähnlich; **~anza** f Ähnlichkeit; **~arsi** sich gleichen, sich ähneln
rastrellare harken; fig durchkämmen; **~o** m Rechen, Harke f
rata f Rate; **a rate** ratenweise, in Raten
ratto m **1.** jur Raub; **2.** Zo Ratte f
rattoppare flicken
rattoppo m Flicken
rattristare betrüben; **~arsi** traurig werden
ràuco heiser
ravanello m Radieschen n
ravvisare (wieder)erkennen
ravvivare wiederbeleben; **~arsi** wieder aufleben
ravvòlgere [-dʒ-] einwickeln, einhüllen (**in** in)
razionale rationell; **~e** f Ration; Portion
razza f **1.** Rasse; fig Sorte; **2.** Zo Rochen m
razzo m Rakete f
R.D.T. f (Repùbblica Democràtica Tedesca) DDR

reggiseno

(*Deutsche Demokratische Republik*)
re *m* König
reagire [-dʒ-] reagieren (*a auf*)
reale wirklich; königlich
real|ismo [-zmo] *m* Realismus; **~ístico** realistisch; **~izzare** verwirklichen; **~izzazione** *f* Verwirklichung
real|mente wirklich; **~tà** *f* Wirklichkeit, Realität; *in* **~** tatsächlich
reato *m jur* Tat *f*
reattore *m* Düsen-triebwerk *n*, -flugzeug *n*; **~ nucleare** Kernreaktor
reazione *f* Reaktion, Rückwirkung
rec|are bringen; verursachen; **~arsi** sich begeben
recèdere [-tʃ-] zurücktreten (*da* von)
recente [-tʃ-] neu; jüngste(r); **~mente** neulich, kürzlich
recesso [-tʃ-] *m* Rückgang; Rücktritt *m*
recidiva [-tʃ-] *f jur* Rückfall *m*
recinto [-tʃ-] *m* Gehege *n*; Einfassung *f*
recipiente [-tʃ-] *m* Behälter; Gefäß *n*
reciprocità [-tʃ-] *f* Gegenseitigkeit
reciproco [-tʃ-] gegenseitig
rec|isamente [-tʃ-] kurz und bündig; **~iso** *Antwort* kurz; *Ton* entschieden
rècita [-tʃ-] *f Thea* Aufführung

recit|are [-tʃ-] vortragen; *Thea* spielen; **~azione** *f* Vortrag *m*
reclamare reklamieren; sich beschweren
réclame [re'klam] *f* Reklame
reclamo *m* Beschwerde *f*, Beanstandung *f*
reclus|ione [-tʃ-] *f* Haft; **~o** *m* Häftling
rècluta *f* Rekrut *m*
rècord *m* Rekord
red|attore *m* Redakteur; **~azione** *f* Abfassung (*e-s Textes*); Redaktion
rèddito *m* Einkommen *n*
Redentore *m Rel* Erlöser, Heiland
redimere erlösen
rèduce [-tʃe] *m* Heimkehrer
refe *m* Zwirn
referendum *m* Volksentscheid
refettorio *m* Refektorium *n*
refill [ri'fil] *m* Patrone *f* (*Tintenkuli*)
refrigerare [-dʒ-] kühlen
refrigerio [-dʒ-] *m* Erfrischung *f*
regal|are (ver)schenken; **~e** königlich; **~o** *m* Geschenk *n*; *dare qc in* **~** et schenken
regata *f* Regatta
règgere [-dʒ-] (aus-, fest-, stand-)halten; regieren
reggia [-dʒa] *f* Königspalast *m*
reggi|calze [-dʒ-] *m* Hüfthalter; **~petto** *m*, **~seno** *m* Büstenhalter

regìa [-dʒ-] f Regie
regime [-dʒ-] m Regime n; Med Diät f; **èssere a ~** Diät halten, diät essen
regina [-dʒ-] f Königin; Kartenspiel, Schach Dame
region|ale [-dʒo-] regional; **~e** f Gebiet n, Region, Gegend
regista [-dʒ-] m Regisseur
registrare [-dʒ-] registrieren; *auf Band* aufnehmen
registratore [-dʒ-] m: **~ a cassette** Kassettenrecorder; **~ a nastro** Tonbandgerät n
registro [-dʒ-] m Register n; Verzeichnis n
regn|ante [-ɲ-] m Herrscher; **~are** regieren; **~o** [-ɲo] m (König-)Reich n
règola f Regel; Vorschrift
regol|amento m Regelung f; Vorschriften f/pl; **~are** regeln; ordnen; Tech einstellen; adj regelmäßig; ordnungsgemäß; **~arità** f Regelmäßigkeit
regr|essivo rückläufig; **~esso** m Rückgang
relativo bezüglich; relativ
relazione f Beziehung; Verhältnis n; *in ~ a* im Verhältnis zu
religi|one [-dʒo-] f Religion; **~iosa** f Ordensschwester; **~iosità** f Frömmigkeit; **~ioso** religiös, fromm; m Ordensbruder
rema|re rudern; **~tore** m Ruderer

remo m Ruder n
remoto weit zurückliegend; *passato ~* Gr historisches Perfekt n
rèndere zurückgeben; *Dienst* erweisen; **~ felice** glücklich machen
rendimento m Leistung f; Ertrag
rèndita f Rendite
rene m Niere f
renit|ente widerspenstig; **~enza** f Widersetzung
Reno m Rhein
reo schuldig; m Schuldige(r)
reparto m Abteilung f; Krankenhaus Station f
repentino plötzlich
repertorio m Thea Repertoire n
rèplica f Wiederholung; Erwiderung
replicare erwidern; entgegnen; wiederholen
repr|essione f Unterdrückung; **~imere** unterdrücken
repùbblica f Republik
repubblicano republikanisch; m Republikaner
reput|are halten für; **~azione** f Ruf m
requis|ire beschlagnahmen; **~izione** f Beschlagnahmung
resa f Rückgabe
resid|ente wohnhaft; **~enza** f Wohnsitz m
residuo restlich; m Rest
rèsina f Harz n
resist|ente widerstandsfä-

hig; **~ al fuoco** feuerfest; **~enza** f Widerstand m
resìstere aushalten (**a qc** et); standhalten (**a qc** e-r Sache)
resoconto m (Rechenschafts-)Bericht
respìngere [-dʒ-] zurückweisen; abwenden
respir|are (ein)atmen; **~atore** m Sauerstoffgerät n; Schnorchel; **~azione** f Atmung; **~o** m Atem
respons|àbile verantwortlich (**di** für); **~abilità** f Verantwortung
ressa f Gedränge n
rest|are übrig; **~are** (übrig)bleiben
restaur|are restaurieren; wiederherstellen; **~o** m Restaurierung f; Wiederherstellung
restitu|ìre zurückgeben; zurückerstatten; **~zione** f Rückgabe
resto m Rest; **del ~** übrigens; **dare il ~** herausgeben (*überzahlten Betrag*)
restrìngersi [-dʒ-] enger werden; einlaufen (*Stoff*)
ret|e f Netz n; **~ stradale** Straßennetz n; **~icella** [-tʃ-] f Haarnetz n
rètina f Netzhaut (*Auge*)
retro|cèdere [-tʃ-] zurückweichen; **~marcia** [-tʃa] f Kfz Rückwärtsgang m; **~visore** m Kfz Rückspiegel
retta f: **dar ~ a qu** j-m Gehör schenken

rett|angolare rechteckig; **~àngolo** m Rechteck n
rettificare berichtigen
rèttile m Reptil n
rettilìneo gradlinig; m Gerade f
ret|tore m, **~trice** [-tʃe] f Rektor(in f) n
rèuma m Rheuma n
reum|àtico rheumatisch; **~atismo** [-zmo] m Rheumatismus
reverendo (*Abk* rev.) ehrwürdig; m Hochwürden
revisione f Überprüfung; Tech Überholung
revocare widerrufen
R.F.T. f (*Repùbblica Federale Tedesca*) BRD (*Bundesrepublik Deutschland*)
riacquistare wiedererlangen
rialzare erhöhen; *Preise* wieder steigen
rianimazione f Wiederbelebung; **centro m di ~** Intensivstation f
riap|ertura f Wiedereröffnung; **~rìre** wieder öffnen
riarmo m Mil Aufrüstung f
riass|ùmere zs.-fassen; **~unto** m Zs.-fassung f
riavere wiederbekommen
ribaltare umwerfen
ribass|are *Preis* herabsetzen; **~o** m Preissenkung
ribàttere erwidern
ribell|arsi sich auflehnen (**a** gegen); **~e** m Aufständische(r); **~ione** f Aufstand m
ribes m Johannisbeere f

ribrezzo *m* Abscheu; Ekel
ricaduta *f Med* Rückfall *m*
ricamare sticken
ricambi|are austauschen; wechseln; erwidern; **~o** *m* Austausch; Ersatz
ricamo *m* Stickerei *f*
ricaricare *Batterie* wieder aufladen
ricav|are gewinnen (*da* aus); **~o** *m* Ertrag; Gewinn
ricchezza [-k-] *f* Reichtum *m*
riccio [-tʃo] *Haar* kraus; *m* **1.** (Haar-)Locke *f*; **2.** Igel; **~ di mare** Seeigel
ricciolo [-tʃo-] *m* Locke *f*
ricco reich (*di* an)
ricerc|a [-tʃ-] *f* (Nach-)Forschung; Suche; **~are** suchen; (er)forschen; **~ato** gesucht; **~atore** *m* Forscher
ricetta [-tʃ-] *f* Rezept *n*
ricévere [-tʃ-] erhalten; empfangen; *Arzt* Sprechstunde haben
ricev|imento [-tʃ-] *m* Empfang; **~itore** *m* Empfänger; *Tel* Hörer; **~uta** *f* Quittung; **accusare ~** den Empfang bestätigen
ricezione [-tʃ-] *f* Empfang *m*
richiam|are [-k-] zurück(be)rufen; **~arsi** sich berufen (*a* auf); **~o** *m* Zurückberufung *f*; Ruf (*a* zu)
richiedente [-k-] *m* Antragsteller
richièdere [-k-] verlangen; erfordern; bitten um; beantragen

richiesta [-k-] *f* (An-)Frage; Gesuch *n*; Antrag *m*; Forderung; **a ~** (*di*) auf Wunsch (von)
riciclaggio [-tʃi'kla:dʒo] *m* Recycling *n*
ricino [-tʃ-] *m*: **olio m di ~** Rizinusöl *n*
ricompens|a *f* Belohnung; **~are** belohnen
ricomprare zurückkaufen
riconciliare [-tʃ-] wieder aussöhnen
ricondurre zurückführen (*a* auf)
riconosc|ente [-ʃ-] dankbar; **~enza** *f* Dankbarkeit
riconóscere [-ʃ-] erkennen; anerkennen; zugeben
riconoscimento [-ʃ-] *m* Anerkennung *f*
riconquistare wiedererlangen
riconsegna [-ɲa] *f* Rückgabe
ricopiare abschreiben
ricord|are: **~ qc, ricordarsi di qc** sich an et erinnern; **~o** *m* Erinnerung *f*; Andenken *n*; **~ di viaggio** Reiseandenken *n*
ricórrere: **~ a** sich wenden an; greifen zu
ricostru|ire wieder aufbauen; **~zione** *f* Wiederaufbau *m*
ricotta *f* Frischkäse *m*, Quark *m*
ricoverare unterbringen; *ins Krankenhaus* einliefern
ricòvero *m* Heim *n*; Unterbringung *f*; *fig* Zuflucht *f*

ricreazione *f* Pause; Erholung

ricuperare wiedererlangen; *Zeit* aufholen

ridare wiedergeben

rid|ere lachen (*di* über); **~ersi**: ~ *di qu* sich über j-n lustig machen

ridicolo lächerlich

ridurre zurückführen (*a* auf); werden lassen (*a* zu); verringern; herabsetzen; einschränken; **~uzione** *f* Verminderung; Ermäßigung, Nachlaß *m*; ~ *sul prezzo dei biglietti* Fahrpreisermäßigung

riempimento *m* Ausfüllen *n* (*e-s Formulars*); **~ire** (auf-, aus-)füllen

rientrare zurück-, heimkommen

ri|fare erneut machen; aufräumen; nachmachen; **~farsi** wieder gesund werden

rifer|imento *m*: *con od in* ~ *a* mit Bezug auf; **~ire** berichten; **~irsi** sich beziehen, sich berufen (*a* auf)

rifiut|are ablehnen; **~arsi** sich weigern; **~i** *m/pl* Abfall *m*, Müll *m*; **~o** *m* Ablehnung *f*; Verweigerung *f*; Absage *f*

rifless|ione *f* Überlegung; **~ivo** wieder; *Gr* rückbezüglich; **~o** *m* Reflex

riflettere zurückwerfen; widerspiegeln; nachdenken

riflettore *m* Scheinwerfer

riform|a *f* Reform; *Rel* Reformation; **~are** reformieren, umgestalten; **~atore** *m* Reformator

rifornimento *m* Versorgung *f* (*di* mit); *fare* ~ *di benzina* tanken

rifu|giarsi [-dʒa-] sich flüchten; **~giato** [-dʒa-] *m* Flüchtling; **~gio** [-dʒo] *m* Zuflucht *f*; Zufluchtsort; ~ *alpino* Schutzhütte *f*

riga *f* Linie; Zeile; Reihe; Lineal *n*; Streifen *m*; Scheitel *m*

rigaglie [-ʎe] *f/pl* Geflügelklein *n*

rigatoni *m/pl* kurze Röhrennudeln *f/pl*

rigettare [-dʒ-] ver-, zurück-werfen; **~o** *m* Ablehnung *f*

rigido [-dʒ-] streng; steif

rigirare [-dʒ-] durchstreifen (*per la città* die Stadt); (herum)drehen

rigor|e *m* Strenge *f*; *di* ~ unerläßlich; **~oso** streng

rigovernare *Geschirr* spülen, abwaschen

riguard|are betrachten; betreffen; *per quanto riguarda ... was ...* anbelangt; **~arsi** sich in acht nehmen (*da* vor); **~o** *m* Rücksicht *f*; ~ *a* in bezug auf, was ... betrifft

rilasciare [-ʃa-] *Schein* ausstellen

rilassarsi sich entspannen

rilegare wieder (zu)binden

rilèggere [-dʒ-] wieder lesen; nochmals durchlesen

rilevare entnehmen; feststellen

rilievo m Erhöhung f; Relief n; **alto** ~ Hochrelief n; **basso** ~ Flachrelief n

rima f Reim m

rimandare zurückschicken; vertagen

rimaneggiare [-dʒa-] umarbeiten

riman|ente restlich; m Rest; **~enza** f Überbleibsel n; **~ere** (übrig-, ver-)bleiben

rimango ich bleibe; **~no** sie bleiben

rimar|care bemerken; **~chévole** [-k-] bemerkenswert

rimasto geblieben

rimbalzare zurückprallen

rimboccare umschlagen (Ärmel)

rimbors|are zurückerstatten; **~o** m Rückerstattung; **contro** ~ gegen Nachnahme

rimedi|are beheben (a qc et); abhelfen; wiedergutmachen; **~o** m Abhilfe f; (Heil-)Mittel n

rimescolare mischen; umrühren

rimessa f Garage; Schuppen m; Hdl Überweisung

rimétt|ere wieder legen (setzen, stellen); vertagen; **~ersi** sich wieder erholen; sich aufklären (Wetter)

rimodernare modernisieren

rimorchi|are [-k-] abschleppen; **~atore** m Schleppdampfer

rimorchio [-k-] m Kfz Anhänger; (Ab-)Schleppen n; **prèndere a** ~ abschleppen

rimorso m Gewissensbiß, Reue f

rimozione f Entfernung, Beseitigung

rimp|atriare in die Heimat zurückbefördern; heimkehren; **~atrio** m Heimkehr f

rimpi|àngere [-dʒ-] nachweinen (qc e-r Sache); **~anto** m Bedauern n

rimpiatt|are verstecken; **~ino** m Versteckspiel n

rimpiazzare ersetzen

rimproverare j-m Vorwürfe machen

rimpròvero m Vorwurf

rinascimento [-ʃ-] m Renaissance f

rincarare verteuern; teurer werden

rincaro m Verteuerung f

rinchiùdere [-k-] einschließen

rinc|órrere nachlaufen (qu j-m); j-n verfolgen; **~orsa** f Anlauf m

rincréscere [-ʃ-] leid tun

rincrescimento [-ʃ-] m Bedauern n

rinforz|are (ver)stärken; **~o** m Verstärkung f

rinfrescar|e abkühlen; erfrischen; Kenntnisse auffrischen; **~si** sich erfrischen

rinfreschi [-ki] m/pl Erfrischungen f/pl

ringhiera f Geländer n

ringiovan|imento [-dʒo-] *m* Verjüngung *f*; **~ire** (sich) verjüngen

ringraziamento *m* Dank; Danksagung *f*

ringraziare danken (*qu di qc* j-m für et)

rinnegare verleugnen; **~ato** abtrünnig

rinnov|amento *m* Erneuerung *f*; **~are** erneuern; *Bitte* wiederholen; **~azione** *f*, **~o** *m* Erneuerung *f*

rinomato berühmt

rinserrare wieder einschließen

rintracciare [-tʃa-] aufspüren

rinun|cia [-tʃa] *od* **~zia** *f* Verzicht *m*; **~ciare** [-tʃa-] *od* **~ziare** verzichten (*a* auf)

rinvenire entdecken; wieder zu sich kommen

rinviare zurückschicken; vertagen

rinvigorare stärken

rinvio *m* Rücksendung *f*; Verweis (*im Text*) *m*; Vertagung *f*

rione *m* Stadtviertel *n*

riordinare neu ordnen

riorganizz|are reorganisieren; **~azione** *f* Umgestaltung

ripagare: **~** *qu di qc* j-n für et belohnen, entschädigen

ripar|àbile reparabel; **~are** schützen (*da* vor); reparieren, ausbessern; **~azione** *f* Reparatur, Ausbesserung; **~o** *m* Schutz

ripart|ire wieder abfahren; abreisen; verteilen; **~izione** *f* Verteilung

ripassare wieder vorbeigehen; noch einmal durchsehen; *Tech* überholen

ripensare zurückdenken (*a* an); überdenken (*a qc* et)

ripétere wiederholen

ripetizione *f* Wiederholung

ripetuto wiederholt

ripido steil

ripieg|are wieder zs.-falten; **~o** *m* Ausweg

ripieno voll; *Kochk* gefüllt; *m* Füllung *f*

riporre zurück-legen, -tun

riport|are zurückbringen; zitieren; *Sieg* davontragen; **~o** *m* *Hdl* Übertrag

ripos|are ruhen; **~arsi** sich ausruhen; **~o** *m* Ruhe *f*; Pause *f* (*a Mus*); Ruhestand; *casa f di* **~** Altersheim *m*

riprèndere zurücknehmen; *Platz* wieder einnehmen; *Arbeit* wiederaufnehmen; **~ a** wieder anfangen zu

ripresa *f* Wiederaufnahme; *Hdl* Wiederbelebung; *Film* Aufnahme; *Tech* Beschleunigung

riproduzione *f* Reproduktion; Wiedergabe

riprov|a *f* Bestätigung; **~are** *Prüfling* durchfallen lassen

ripugn|ante [-ɲ-] widerwärtig; **~anza** *f* Widerwille *m* (*per* gegen); **~are** abstoßen (*a qu* j-n)

ripulire gründlich säubern

ripulsione f Abneigung
risaia f Reisfeld n
risali|re wieder hinaufgehen; wieder steigen; **~ta** f Wiederaufstieg m; **mezzi** m/pl **di ~** Aufstiegshifen f/pl (Seilbahnen u Lifte)
risalt|are vorspringen; **~o** m Arch Vorsprung
risarcire [-tʃ-] entschädigen
risata f Gelächter n
riscaldamento m Heizung f; **~ centrale** Zentralheizung f
riscald|are (auf-, er-)wärmen; heizen; **~arsi** sich erwärmen
rischiarsi [-sk-] Wetter aufklaren, sich aufhellen
rischi|are [-sk-] aufs Spiel setzen; Gefahr laufen; riskieren; **~o** m Gefahr f; Risiko n; **a ~ di** auf die Gefahr hin, zu; **a vostro ~ e pericolo** auf Ihre Gefahr; **méttere a ~** aufs Spiel setzen; **~oso** gewagt, riskant
risciacquare [-ʃa-] (ab-, aus-)spülen
riscontr|are vergleichen; überprüfen; **~o** m Vergleich; Überprüfung f
riscuòtere Geld kassieren; j-n wachrütteln
risentire wieder fühlen; verspüren; leiden (**di** unter)
riserva f Vorbehalt m; Reserve; Tech Ersatz m; Jagd Revier n; Reservat n
riserv|are aufsparen; reservieren; **~arsi** sich vorbehalten (**di fare qc** et zu tun); **~ato** zurückhaltend
riso m 1. Lachen n; 2. Reis
risolare besohlen
risol|utezza f Entschlossenheit; **~uto** entschlossen
risoluzione f Entschluß m; Beschluß m; Lösung f; e-s Vertrages Auflösung
risòlv|ere beschließen; (auf-)lösen; **~ersi** sich entschließen
rison|anza f Resonanz, Widerhall m; **~are** ertönen; (wider)hallen
risòrgere [-dʒ-] auferstehen, wieder aufleben; wieder aufblühen
risorgimento [-dʒ-] m Wiederaufleben n, -aufblühen n; Risorgimento n
risorsa f Ressource
risotto m Risotto m; **~ alla milanese** Reis mit Safran
risparmiare (er)sparen; (ver)schonen
risparmio m Ersparnis f
rispett|are achten; befolgen, beachten; **~ivo** jeweilig; **~o** m Respekt, Achtung f
rispléndere glänzen
risp|óndere antworten (**a** auf); beantworten (**a qc** et); Gruß erwidern; entsprechen (**a qc** e-r Sache); **~osta** f Antwort; **~ pagata** bezahlte Rückantwort
rissa f Schlägerei
ristabil|imento m Wiederherstellung f; **~ire** wieder-

herstellen; **~irsi** sich erholen
ristampa f Nachdruck m; neue Auflage
ristor|ante m Restaurant n; **~are** stärken; **~o** m Stärkung f; Erholung f
ristretto knapp; eng; beschränkt
risult|are sich ergeben (**da** aus); sich erweisen als; **~ato** m Ergebnis n
risurrezione f Rel Auferstehung
risuscitare [-ʃ-] auferstehen
risvegli|are [-zveʎa-] wieder wecken; **~arsi** wieder erwachen
ritard|are sich verspäten; Verspätung haben; Uhr nachgehen; j-n aufhalten; **~atario** m Nachzügler; **~o** m Verspätung f; **èssere in ~** zu spät kommen
ritenere zurückhalten; einbehalten; halten für
ritir|are zurück-ziehen, -nehmen; einziehen; Gegenstand abholen; Geld abheben; **~arsi** sich zurückziehen; **~ata** f Rückzug m; **~o** m Abberufung f; Einzug
ritmo m Rhythmus
rito m Ritual n, Ritus
ritoccare überarbeiten; auffrischen
ritornare zurückkommen; zurückgehen; **~ in sé** wieder zu sich kommen
ritorno m Rückkehr f; Rückfahrt f; Rückgabe f
ritrarre zurückziehen; darstellen
ritratt|are widerrufen; **~azione** f Widerruf m; **~o** m Porträt n, Bildnis n
ritrov|are wiederfinden; **~arsi** sich (wieder) treffen; sich zurechtfinden; **~o** m Treffpunkt
ritto gerade, aufrecht; **star ~** aufrecht stehen
riun|ione f Vereinigung; Versammlung; **~ire** wieder vereinen; versammeln
riusc|ire [-ʃ-] gelingen; Erfolg haben; **riesco a fare** od **mi riesce** [-ʃe] **di fare** es gelingt mir zu tun; **~ita** f Erfolg m
riva f Ufer n
rivale rivalisierend; su Rivale m, Rivalin f; Konkurrent(in f) m
rivedere wiedersehen; noch einmal durchsehen
rivel|are offenbaren; enthüllen; **~azione** f Offenbarung
rivéndere wiederverkaufen
rivendica|re fordern; **~zione** f Forderung
rivenire wiederkommen
rivestimento m Verkleidung f (Wand)
riviera f Küste
rivíncita [-tʃ-] f Revanche
rivista f Zeitschrift; Illustrierte; Revue; Parade; **~ della moda** Modenschau
rivo m Bach
rivòlg|ere [-dʒ-] wenden;

rivòlgersi 176

richten (**a** auf); **~ersi** sich wenden (**a** an); sich umdrehen
rivolta f Aufstand m
rivolt|are umdrehen; wenden; *fig* empören; **~ella** f Revolver m
rivoluzion|ario revolutionär; **~e** f Revolution
rizz|are aufrichten; *Fahne* hissen; *Zelt* aufschlagen; **~arsi** aufstehen
roba f Sachen f/pl; Zeug n
ròbot m Roboter
robust|ezza f Robustheit; **~o** m kräftig; robust
rocca f Burg
rocchetto [-k-] m Garnrolle f
roccia [-tʃa] f Fels m; **~tore** m Kletterer
roccioso [-tʃo-] felsig
rock m *Mus* Rock; **concerto** m ~ Rockkonzert n; **~ettaro** m Rocksänger
rococò m Rokoko n
rodaggio [-dʒo-] m Einfahren n (*des Autos*); Eingewöhnung f; Einarbeitung f
ród|ere (zer)nagen; **~ersi** sich verzehren (**da** vor)
rogna [-ɲa-] f *Med* Krätze
rognone [-ɲ-] m Niere f (v *Tier*)
Roma f Rom n
romancio [-tʃo] rätoromanisch; m Rätoromanische(s) n
Romanìa f Rumänien f
rom|ànico romanisch; **~anista** *su* Romanist(in) f) m;
~anìstica f Romanistik
~ano römisch; m Römer;
~anticismo [-tʃizmo] m Romantik f; **~àntico** romantisch; m Romantiker
romanz|a f Romanze; **~iere** m Romancier; **~o** m Roman
rombare dröhnen
rombo m Dröhnen n; *Zo* Steinbutt
romeno rumänisch; m Rumäne
rómper|e (zer)brechen; **~si** kaputtgehen
ròndine f Schwalbe
ronz|are summen; **~io** m Gesumme n
ros|a f Rose; *adj* rosa; **~aio** m Rosenstrauch; **~ario** m *Rel* Rosenkranz; **~ato** m Rosé (-wein)
ròsbif [-zb-] m Roastbeef n
ròseo rosig
ros|eto m Rosengarten; **~etta** f Rosette
rosmarino [-zm-] m Rosmarin
rosolìa f Röteln *pl*
rospo m Kröte f
rossetto m Rouge n; ~ (**per le labbra**) Lippenstift
rosso rot; m Rot n; ~ **d'uovo** Eigelb n; **fermarsi al** ~ bei Rot halten; **passare col** ~ bei Rot rübergehen (durchfahren)
rossore m Röte f
rosticc|erìa [-tʃ-] f Bratküche; Grillroom m
rot|aia f *Esb* Schiene; **~are**

kreisen; sich drehen; ~atoria f Kreisverkehr m; ~azione f Umdrehung; ~ella f Rädchen n; Kniescheibe
rotolare rollen
ròtolo m Rolle f
rotondo rund
rotta f Flgw, Mar Kurs m
rottame m Bruchstück n; rottami m/pl Schrott m
rotto entzwei, kaputt
rottura f Bruch m
ròtula f Kniescheibe
roulotte f Wohnanhänger m; Wohnwagen m
rovesci|are -[-ʃa-] verschütten; umstoßen; (um)wenden; fig stürzen; ~o [-ʃo] verkehrt; m Rückseite f; v Stoff linke Seite f; a ~ verkehrt
rovin|a f Einsturz m; fig Verderben m; Ruin m; rovine pl Trümmer pl; Ruinen f/pl; ~are einstürzen; fig ruinieren
rovo m Brombeerstrauch
rozzo roh; grob
rubare stehlen
rubinetto m Tech Hahn; ~ d'acqua Wasserhahn
rubino m Rubin
rubrica f Rubrik
rùderi m/pl Überreste; Ruinen f/pl
rudimenti m/pl Anfangsgründe
ruga f Runzel
rùggine [-dʒ-] f Rost m
rugginoso [-dʒ-] rostig
rugg|ire [-dʒ-] brüllen; ~ito m Gebrüll n
rugiada [-dʒa-] f Tau m
rugoso runz(e)lig
rull|are rollen; ~ino m Film(rolle) f; ~o m Rolle f, Walze f
rum m Rum
rumeno rumänisch; m Rumäne
rumor|e m Geräusch n, Lärm; ~eggiare [-dʒa-] lärmen; ~oso laut
ruolo m Rolle f
ruota f Rad n; ~ anteriore (posteriore) Vorder- (Hinter-)rad n; ~ di scorta Reserverad n
rupe f Fels m, Felsen m
ruscelo m Bach
russare schnarchen
Russia f Rußland n
russo adj russisch; m Russe
rùstico ländlich; rustikal; fig derb
ruvidezza f Rauheit
rùvido rauh

S

sa er (sie, es) weiß
sàbato m Sonnabend, Samstag
sabbi|a f Sand m; ~oso sandig
sabot|aggio [-dʒo] m Sabotage f; ~are sabotieren
saccheggi|are [-ked-dʒa-]

saccheggio plündern; **~o** [-ked-dʒo] m Plünderung
sacchetto [-k-] m Beutel, Tüte f
sacc|o m Sack; fig Unmenge f; **~ a pelo** Schlafsack; **~ da montagna** Rucksack; **fare colazione al ~** picknicken
sacerdote [-tʃ-] m Priester
sacramento m Sakrament n
sacr|ario n Heiligtum n; **~ificare** opfern; **~ificio** [-tʃo] m, **~ifizio** m Opfer n
sacro heilig
safari m Safari f; **~ fotogràfico** Fotosafari f
sagace [-tʃe] scharfsinnig
saggezza [-dʒ-] f Weisheit
saggiare [-dʒa-] prüfen
saggio [-dʒo] m weise; m Prüfung f; Probe f; Muster n; **~ di vino** Weinprobe f
sagra f Kirchweih; Volksfest n
sagrest|ano m Küster; **~ia** f Sakristei
sala f Saal m; **~ d'aspetto** Wartesaal m; **~ da ballo** Tanzsaal m; **~ di lettura** Lesesaal m; **~ operatoria** Operationssaal m; **~ da pranzo** Speisesaal m; **~ di soggiorno** Aufenthaltsraum m
salamandra f Salamander m
salame m Salami f
salamoia f: **in ~** gepökelt
salare salzen
salaria|re besolden, entlohnen; **~to** m Lohnempfänger

salario m Lohn, Entlohnung f
salat|ino m Salzgebäck n; **~o** salzig; gesalzen; **carne f salata** Pökelfleisch n
salda f Stärke, Appretur
sald|are löten; schweißen; Rechnung begleichen; **~arsi** Wunde zuheilen; **~o** fest; m Hdl Saldo; Restbetrag; **saldi** pl Schlußverkauf m
sale m Salz n
salgo ich steige; **~no** sie steigen
sàlice [-tʃe] m Weide f; **~ piangente** Trauerweide f
sall|iera f Salz-näpfchen n; -streuer m; **~ifero** salzhaltig; **~ina** f Saline
salire steigen; be-, ein-, auf-, hinauf-steigen
salita f Steigung; Aufstieg m; Aufgang m
saliva f Speichel m
salma f Leichnam m
salmarino m Meersalz n
salmerino m Saibling
salmì m Wildragout n; **lepre f in ~** Hasenpfeffer m
salmistrato gepökelt
salmo m Psalm
salmone m Lachs
salmonella f Med Salmonelle
salone m Salon; Ausstellung f
salotto m Wohnzimmer n
salpare die Anker lichten
salsa f Soße, Tunke
salsiccia [-tʃa] f Wurst

salsiera f Soßenschüssel
salso salzig
salt|are springen; überspringen (*a Zeile*); auslassen; *Knopf* abgeben; **~atore** m *Sport* Springer
saltimbanco m Seiltänzer
saltimbocca m: **~ alla romana** mit Schinken und Salbei gefüllte Kalbsroulade f
salto m Sprung; **~ in alto** Hochsprung; **~ in lungo** Weitsprung
salubre gesund
salum|e m Wurst f; **salumi** m/pl Wurstwaren pl; **~eria** f Wurstwarenhandlung
salut|are (be)grüßen; **~e** f Gesundheit; **alla Sua ~!** auf Ihr Wohl!
saluto m Gruß; **tanti saluti** viele Grüße
salva|danaio m Sparbüchse f; **~gente** [-dʒ-] m Rettungsring; Verkehrsinsel f; **~guardia** f Schutz m
salvare retten; (be)wahren
salvataggio [-dʒo] m Rettung f; Bergung f
salvatore m Retter; 2 *Rel* Heiland
salve! grüß dich!
salvezza f Rettung
salvia f Salbei m
salvietta f (Papier-)Serviette
salvo gerettet; unversehrt; *prp* außer; ausgenommen; **~ che** (+ *cong*) außer wenn
sambuco m Holunder
San = **Santo**

sanatorio m Sanatorium n
sàndalo m Sandale f
sangu|e m Blut n; **al ~** englisch (*Steak*); **fare ~** bluten; **~igno** [-no]: **gruppo** m **~** Blutgruppe f; **~inare** bluten; **~inoso** blutig; **~isuga** f Blutegel m
sanità f Gesundheit; **ufficio** m **di** 2 Gesundheitsamt n
sanitario sanitär; **ufficiale** m **~** Amtsarzt; **impianti** m/pl **~** sanitäre Einrichtungen f/pl
sano gesund; **~ e salvo** wohlbehalten
santino m Heiligenbild n
santo heilig; *vor Name* Sankt; m Heilige(r)
santuario m Heiligtum n; Allerheiligste(s) n
sapere wissen; können; kennen; erfahren; schmecken, riechen (*di* nach); **~ nuotare** schwimmen können; **far ~** mitteilen; **~ n** Wissen n
sap|iente weise; m Gelehrte(r); **~ienza** f Weisheit
saponata f Seifenlauge
sapon|e m Seife f; **~ da barba** Rasierseife f; **~etta** f Stück n Toilettenseife
sapor|e m Geschmack; **~ito** schmackhaft
sappiamo wir wissen
saputo gewußt
sar|à er (sie, es) wird sein; **~ai** du wirst sein; **~anno** sie werden sein
sarcòfago m Sarkophag

sard|a *f*, **~ella** *f*, **~ina** *f* Sardine; **sardine** *pl* **sott'olio** Ölsardinen
Sardegna [-ɲa] *f* Sardinien *n*
sardo sardinisch, sardisch; *m* Sardinier, Sarde
sare|mo wir werden sein; **~te** ihr werdet sein
sarò ich werde sein
sart|a *f* Schneiderin; **~o** *m* Schneider
sasso *m* Stein
sassòfono *m* Saxophon *n*
satellite *m* Satellit; *adj* Satelliten...; **~ televisivo** Fernsehsatellit; **città** *f* **~** Trabantenstadt
satirico satirisch
saudita saudisch
sauna *f* Sauna
savio weise; *m* Weise(r)
sazi|are sättigen; **~o** *m* satt
sbadato [zb-] zerstreut
sbadigliare [zbadiʎa-] gähnen
sbagli|are [zbaʎa-], **~arsi** sich irren; **sbagliare strada** sich verlaufen; **~o** [zba:ʎo] *m* Fehler; Irrtum; **per ~** aus Versehen
sbalord|imento [zb-] *m* Verblüffung *f*; **~ire** betäuben; *fig* verblüffen
balz|are [zb-] schleudern; **~o** *m* Sprung
sbandare [zb-] schleudern; ins Schleudern geraten; *Zug* entgleisen
sbarazz|are [zb-] freimachen; **~arsi** sich entledigen (**di** + *G*)
sbarc|are [zb-] ausschiffen; an Land gehen; aussteigen lassen, absetzen; **~o** *m* Ausschiffung *f*, Landung(splatz *m*) *f*
sbarr|a [zb-] *f* Stange; Schranke; *Sport* Reck *n*; **~amento** *m* Absperrung *f*; **~are** (ver)sperren; *Augen* aufreißen
sbàttere [zb-] schlagen; *Tür* zuwerfen; *Eier* schlagen
sbattitore [zb-] *m* Mixer
sbendare [zb-] (*j-m*) den Verband abnehmen
sbiadito [zb-] *Farbe* verschossen, verblaßt
sbiancare [zb-] bleichen
sbilanci|are [zbilantʃa-] aus dem Gleichgewicht bringen; **~o** [zbi'lantʃo] *m* Ungleichgewicht *n*; Defizit *n*
sblocc|are [zb-] freigeben; *Tech* lösen; **~o** *m* Freigabe *f*
sboccare [zb-] münden
sbocco [zb-] *m* Mündung *f*; *Hdl* Absatz(markt)
sborni|a [zb-] *f* Rausch *m*; **~ato** berauscht
sbors|are [zb-] ausgeben; *für j-n* auslegen; **~o** *m* Ausgabe *f*; Auslage *f*
sboscare [zb-] abholzen
sbottonare [zb-] aufknöpfen
sbozz|are [zb-] entwerfen; **~o** *m* Entwurf
sbrattare [zb-] ab-, aufräumen

sbriciolare [zbritʃo-] zerkrümeln

sbrig|are [zb-] *j-n* abfertigen; *et* erledigen; **~arsi** sich beeilen

sbrina|re [zb-] *Kühlschrank* abtauen; **~tore** *m* Abtauautomatik *f*; *Kfz* Defroster

sbronzo [zb-] betrunken

sbucare [zb-] herauskommen

sbucciare [zbut-'tʃa-] (ab-)schälen

scabroso rauh; uneben; holperig

scacchiera [-k-] *f* Schachbrett *n*

scacciare [-tʃa-] verjagen

scac|co *m* Schachfeld *n*; Schachfigur *f*; **~chi** [-ki] *m/pl* Schach(spiel) *n*; **a ~** kariert; *giocatore m di* **~** Schachspieler; *giocare a* **~** Schach spielen

scad|enza *f* Ablauf *m*; Fälligkeit; *a breve* **~** kurzfristig; **~ere** ablaufen; fällig sein; verfallen; **~uto** verfallen; *Paß* abgelaufen

scafandro *m* Taucheranzug

scaffale *m* Regal *n*

scafo *m* Schiffsrumpf

scaglia [-ʎa-] *f* Schuppe; Splitter *m*

scala *f* Treppe; Leiter; Maßstab *m*; **~ mòbile** Rolltreppe

scala|re besteigen; **~ta** *f* Besteigung

scalciare [-tʃa-] ausschlagen (*Pferd*)

scalda|acqua *m*, **~bagno**
[-ɲo] *m* Boiler; **~letto** *m* Wärmflasche *f*

scald|are (er)wärmen; **~arsi** sich (er)wärmen; **~avivande** *m* Warmhalteplatte *f*

scal|inata *f* Freitreppe; **~ino** *m* Stufe *f*; Sprosse *f*

scalo *m* *Flgw* Zwischenlandung *f*; *Mar* Anlegehafen; **~ merci** Güterbahnhof *m*; *fare* **~** zwischenlanden (**a** in); *Mar* anlegen (*in un porto* in einem Hafen)

scalopp|a *f*, **~ina** *f* Kalbsschnitzel *n*

scalpello *m* Meißel

scalz|are: **~ i piedi** Schuhe und Strümpfe ausziehen; **~o** barfuß

scambiare verwechseln (*per* mit); (aus)tauschen (*con* gegen); *Geld* wechseln

scambio *m* Verwechslung *f*; Austausch; *Esb* Weiche *f*

scampare retten; entkommen

scampi *m/pl* *Zo* Scampi

scàmpolo *m* Rest (*Stoff*)

scandaglio [-ʎo-] *m* Lot *n*

scandalizzare Anstoß erregen (*qu* bei *j-m*); empören

scàndalo *m* Ärgernis *n*; Skandal

Scandinav|ia *f* Skandinavien *n*; **2o** skandinavisch; *m* Skandinavier

scansare ausweichen (*un colpo* einem Schlag); meiden

scantonare schnell um die Ecke biegen

scapato unbesonnen
scàpito m Verlust
scàpol|a f Schulterblatt; **~o** ledig; m Junggeselle
scapp|amento m Auspuff; **~are** weglaufen; **~atoia** f Ausweg m
scarafaggio [-dʒo] m Küchenschabe f
scarcerare [-tʃ-] aus der Haft entlassen
scaric|are aus-, ab-, entladen; fig entlasten; **~arsi** sich von einer Last befreien; Uhr ablaufen; Blitz einschlagen
scàrico leer; Uhr abgelaufen; m Aus-, Ab-, Ent-laden n; fig Entlastung f; Müllkippe f; Kfz Auspuff; **divieto di ~** Schuttabladen verboten; **scàrichi pl industriali** Industrieabfälle
scarlatt|ina f Scharlach m; **~o** scharlachrot
scarp|a f Schuh m; **scarpe pl da uomo (da donna)** Herren- (Damen-)schuhe m/pl; **~etta** f (Kinder-, Damen-) Schuh m; **scarpette pl da bagno** Badeschuhe m/pl; **~one** m: **~ da montagna (da sci)** Berg- (Ski-)Stiefel
scarsità f Knappheit (di an); **~o** spärlich, knapp
scart|amento m Esb Spurweite f; **~are** auspacken; Karte abwerfen
scass|are auspacken; F kaputtmachen; **~o** m Einbruch

scatenare entfesseln
scàtola f Schachtel; (Konserven-)Büchse; Dose; Flgw **~ nera** Flugschreiber m
scattare Fot knipsen, F schießen; hoch-, los-schnellen
scatto m Losgehen n; Spurt; Ruck; Fot Auslöser
scavare et ausgraben
scavo m Ausgrabung f
scégliere ['ʃeʎe-] (aus)wählen, aussuchen
scelgo [ʃ-] ich wähle
scellino [ʃ-] m Schilling
scelta [ʃ-] f (Aus-)Wahl; **fare la ~** die Wahl treffen
scelto [ʃ-] erlesen; ausgewählt
scemo [ʃ-] dumm
scena [ʃ-] f Szene; Bühne
scéndere [ʃ-] hinunter-, herunter-gehen; herab-, hinab-steigen; Esb aussteigen; **im Hotel** absteigen; sinken; Sonne untergehen
scendiletto [ʃ-] m Bettvorleger
sceneggiatura [ʃened-dʒa-] f Drehbuch n
scesa [ʃ-] f Abhang m; Abstieg m
scheda [sk-] f Zettel m; **~ magnètica** Magnetkarte
schedario [sk-] m Kartei(kasten m) f
scheggia ['sked-dʒa] f Splitter m
schèletro [sk-] m Anat, fig Skelett n
schema [sk-] m Schema n; Muster n; Grundriß

scherm|a [sk-] *f* Fechtkunst; Fechten *n*; **~ire** fechten
schermo [sk-] *m* Bildschirm; Leinwand *f*
schern|ire [sk-] verhöhnen; **~o** *m* Hohn
scherz|are [sk-] scherzen, spaßen; **~o** *m* Scherz, Spaß; **~oso** spaßig; scherzhaft
schiaccia|noci [skiat-tʃa-'nɔ:tʃi] *m* Nußknacker; **~re** [skiat-tʃa-] zerquetschen; *Finger* einquetschen; *Nüsse* knacken; **~ta** *f* Kuchen *m*; **~ di formaggio** Käsekuchen *m*
schiaffo [sk-] *m* Ohrfeige *f*
schiammazzare [sk-] lärmen
schiar|imento [sk-] *m* Aufhellung *f*; *fig* Aufklärung *f*; **~ire** aufhellen; heller werden; **~irsi** hell(er) werden; sich aufhellen
schiav|itù [sk-] *f* Sklaverei; Knechtschaft; **~o** sklavisch; *m* Sklave
schien|a [sk-] *f* Rücken *m*; **~ale** *m* Rückenlehne *f*
schiera [sk-] *f* Schar; **a schiere** scharenweise
schietto [sk-] rein; echt; *fig* ehrlich
schif|o [sk-] *m* Ekel; **fare ~ a qu** j-n (an)ekeln; **~oso** ekelhaft
schiocco [sk-] *m* Knall
schioppo [sk-] *m* Flinte *f*
schium|a [sk-] *f* Schaum; **~aiola** *f* Schaumlöffel *m*; **~are** (ab)schäumen; **~oso** schaumig

sciògliere

schiv|are [sk-] (ver)meiden; **~o** abgeneigt; scheu
schizz|are [sk-] (ver-, be-) spritzen; *fig* skizzieren; **~o** *m* Spritzer; Skizze *f*
sci [ʃi] *m* Ski; Skisport; Skilaufen *n*; **~ acquàtico** *od* **nàutico** Wasserski *m* (*n als Sport*); **~ di fondo** Langlauf(ski)
sciacqu|are [ʃa-] (ab)spülen; **~atura** *f* Spülwasser *n*; **~one** *m* Wasserspülung *f*
sciag|ura [ʃa-] *f* Unglück *n*; **~urato** unglücklich
scialle [ʃa-] *m* Schultertuch *n*
scialuppa [ʃa-] *f* Schaluppe *f*
sciame [ʃa-] *m* Schwarm
sciare [ʃia-] Ski fahren *od* laufen
sciarpa [ʃa-] *f* Schal *m*; Schärpe *f*
sciàtica [ʃa-] *f* Ischias *m*/*n*
scia|tore [ʃia-] *m*, **~trice** [-tʃe] *f* Skiläufer(in *f*) *m*
scientifico [ʃe-] wissenschaftlich
scienz|a [ʃɛ-] *f* Wissenschaft; **scienze** *pl* Naturwissenschaften; **~iato** [ʃe-] *m* (Natur-)Wissenschaftler
scimm|ia [ʃ-] *f* Affe *m*; **~iottare** nachäffen
scintill|a [ʃ-] *f* Funke *m*; **~are** funkeln
sciocchezza [ʃɔk-k-] *f* Kleinigkeit; Dummheit
sciocco [ʃɔ-] dumm; *m* Dummkopf
sciògli|ere [ʃɔ:ʎe-] (auf-,

sciògliersi

ein-)lösen; aufmachen; **~ersi** sich lösen; *Schnee* schmelzen
sciolt|ezza [ʃo-] *f* Gewandtheit; **~o** lose; *fig* gewandt
scioper|ante [ʃ-] *su* Streikende(r); **~are** streiken
sciòpero [ʃɔ-] *m* Streik; **~ bianco** Dienst *m* nach Vorschrift; **fare ~** streiken
sciovia [ʃio-] *f* Skilift *m*
scirocco [ʃ-] *m* Schirokko
sciroppo [ʃ-] *m* Sirup; Saft
sciupa|re [ʃu-] verderben; vergeuden; verschleißen; **~to** abgetragen
scivolare [ʃ-] gleiten; rutschen
scìvolo [ʃ-] *m* Rutschbahn *f*; **~ d'emergenza** Notrutsche *f*
scocciare [-tʃa-] auf die Nerven gehen (**qu** j-m)
scodella *f* Schüssel; Napf *m*
scogliera [-ʎe-] Felsenriff *n*
scoglio [-ʎo] *m* Klippe *f*; **~so** [-ʎo-] klippenreich
scoiàttolo *m* Eichhörnchen
scol|ara *f* Schülerin; **~are** ausgießen; **~aro** *m* Schüler
scolàstico Schul-; *anno m* **~** Schuljahr *n*
scollato dekolletiert, ausgeschnitten
scolo *m* Abfluß
scolopendra *f* Tausendfüß(l)er *m*
scolorirsi verblassen
scolpire Stein behauen; *Statue* aushauen
scom|messa *f* Wette; Ein-

satz *m*; **~méttere** wetten
scomod|are stören; belästigen; **~arsi** sich bemühen
scòmodo unbequem; *m* Störung *f*; Belästigung *f*
scomparire verschwinden
scomparsa *f* Verschwinden *n*
scompartimento *m* *Esb* Abteil *n*
scompiac|ente [-tʃ-] ungefällig; **~enza** *f* Ungefälligkeit
scomporre zerlegen
sconcertare [-tʃ-] durcheinanderbringen
sconcio [-tʃo] unanständig
sconfìggere [-dʒ-] besiegen, schlagen
sconfitta *f* Niederlage
sconfortare entmutigen
sconforto *m* Niedergeschlagenheit *f*
scongelare [-dʒ-] auftauen
scongiurare [-dʒu-] beschwören
sconosciuto [-ʃu-] unbekannt
sconsacrare entweihen
sconsiderato unbesonnen
sconsigliare [-ʎa-] abraten (**qc a qu** j-m von et)
sconsolato untröstlich
scontare abziehen; abzahlen; *Wechsel* diskontieren
scontento unzufrieden (**di** mit)
sconto *m* Rabatt, Skonto *m/n*; Diskont
scontr|are in tr treffen; **~arsi** *Fahrzeuge* zusammenstoßen
scontrino *m* Kassenzettel,

-bon, Quittung *f*; ~ (*del bagaglio*) Gepäckschein; **fare lo ~ alla cassa** an der Kasse zahlen
scontro *m* Zusammenstoß
sconveniente ungehörig; *Preis* unangemessen
sconvòlgere [-dʒ-] durcheinanderbringen; erschüttern
scooter [sku-] *m* Motorroller
scopa *f* Besen *m*
scopert|a *f* Entdeckung; **~o** unbedeckt, bloß; offen; *Scheck* ungedeckt
scopo *m* Zweck; Ziel *n*
scoppiare explodieren; platzen (*a Reifen*); *Epidemie* ausbrechen
scoppio *m* Explosion *f*; Knall
scoprire entdecken; entblößen; aufdecken
scoraggi|are [-dʒa-] entmutigen; **~ato** mutlos
scorcia|re [-tʃa-] (ver)kürzen; **~toia** *f* Abkürzung
scordare vergessen
scordato *Mus* verstimmt
còrgere [-dʒ-] bemerken
scórrere fließen; laufen; *Zeit* vergehen; *Gelände* durchstreifen; *Schriftstück* überfliegen
scorretto unkorrekt; fehlerhaft
scorso vergangen (*Jahr usw*)
scorta *f* Geleit *n*
scort|ese unhöflich; **~esìa** *f* Unhöflichkeit
scorticare *Haut* ab-, aufschürfen

scorza *f* Rinde; *Obst* Schale
scorzonera *f* Schwarzwurzel
scossa *f* Stoß *m*; Schlag *m*; Erdstoß *m*; ~ **elèttrica** elektrischer Schlag *m*; ~ **nervosa** Nervenschock *m*; ~ **di pioggia** Regenschauer *m*
scost|are wegrücken; **~arsi** sich entfernen
scotch [skɔtʃ] *m* Klebeband *n*; Scotch
scottare (ver)brennen
scottatura *f* Verbrennung; ~ **del sole** Sonnenbrand *m*
scovare aufspüren
screditare diskreditieren
scrédito *m* Mißkredit
screpol|arsi rissig werden; aufspringen; **~atura** *f* Riß *m*
scritt|a *f* Aufschrift; **~o** schriftlich; *m* Schrift(stück *n*) *f*; **per iscritto** schriftlich; **~ore** *m* Schriftsteller; **~ura** *f* Schrift; **la ⩱** die Heilige Schrift
scrivania *f* Schreibtisch *m*
scrivere schreiben
scrollare schütteln
scrùpolo *m* Bedenken *n*, Skrupel
scrupolosità *f* Gewissenhaftigkeit; **~oso** peinlich genau
scrutare erforschen
scucire [-tʃ-] auftrennen
scuderìa *f* Rennstall *m*
scudo *m* Schild
scult|ore *m* Bildhauer; **~ura** *f* Bildhauerei; Skulptur
scuola *f* Schule; ~ **elementare (media, secondaria)**

Grund-(Mittel-, Ober-)schule; ~ **guida** Fahrschule
scuòtere erschüttern
scur|e f Beil n; **~etto** m Fensterladen; **~o** dunkel
scus|a f Entschuldigung; Ausrede; **~àbile** entschuldbar; **~are** (**scusarsi**) sich entschuldigen
sdebitarsi [zd-] seine Schulden bezahlen
sdegn|are [zdeɲ-] verschmähen; **~arsi** sich empören (**con qu** über j-n); **~o** [ˈzdeɲɲo] m Empörung f
sdraia [zd-] f Liegestuhl m
sdraiarsi [zd-] sich ausstrecken
sdrucciol|are [zdrut-tʃo-] ausrutschen; **~évole** glatt
S.E. (*sudest*) SO (*Südost*)
se 1. wenn; ob; **~ no** sonst; 2. sich
sé sich; **da ~** allein; von selbst
sebbene (+ *cong*) obwohl
secc|a f Trockenheit; *Mar* Untiefe; **~are** trocknen; dörren; *j-n* belästigen; **~arsi** verdorren; austrocknen; *fig* es satt haben (**di fare qc** et zu tun); **~atura** f Belästigung
secch|ia [-k-] f, **~io** [-k-] m Eimer m
secco trocken; dürr
secolare jahrhundertealt; weltlich
sècolo m Jahrhundert n; *fig* Ewigkeit
seconda f Schule, *Esb* zweite Klasse; *Kfz* zweiter Gang

second|are unterstützen; **~ario** Neben...; sekundär; **scuola f secondaria** höhere Schule
secondo 1. zweite(r); 2. *prp* (je) nach, gemäß, entsprechend; **~ me** meiner Meinung nach; 3. *m* Zweite(r); Sekunde *f*; *Kochk* zweiter Gang
sèdano m Sellerie m/f
seda|re lindern; **~tivo** m Beruhigungsmittel m
sede f Sitz m; Wohnsitz m; *Hdl* Niederlassung; **la Santa ⁓** der Heilige Stuhl
sed|ere sitzen; m Gesäß n; **~ersi** sich setzen
sedia f Stuhl m; **~ a sdraio** Liegestuhl m; **~ a dòndolo** Schaukelstuhl; **~ a rotelle** Rollstuhl
sedile m Sitz m; Bank f
sedurre verführen
seduta f Sitzung
seduzione f Verführung
sega f Säge
ségale f Roggen m
segare (ab-, zer-)sägen
seggio [-dʒo] m Sitz m; Thron
seggiol|ino [-dʒo-] m Kinderstuhl; Klappstuhl; **~one** m Lehnstuhl
seggiovìa [-dʒo-] f Sessellift m
segnal|are [-ɲ-] anzeigen; signalisieren; melden; **~azione** f Zeichen n; Signal n
segnale [-ɲ-] m Signal n, Zei-

chen n; ~ d'allarme Alarmsignal n; Notbremse f; ~ stradale Verkehrszeichen n
segn|are [-ɲ-] anzeichnen; kennzeichnen; (an)zeigen
segno [-ɲo] m Zeichen n
segretaria f Sekretärin
segretariato m Sekretariat n
segreterìa f Sekretariat n; ~ telefònica automatischer Anrufbeantworter m
segreto geheim; m Geheimnis n
segu|ire folgen (qu j-m); befolgen; ~itare fortfahren (in)
séguito m Folge f; Fortsetzung f; di ~ hintereinander; in ~ a infolge
sei 1. sechs; 2. du bist; 2cento [-tʃ-] m in der Kunst 17. Jahrhundert n
selezione f Auswahl; Tel Wählen n
self-service ['self'sɔːvis] m Selbstbedienung(sladen m, -restaurant n) f
sell|a f Sattel m; Kochk Rücken m; ~aio m Sattler; ~are satteln
seltz m Selterswasser n
selva f Wald m
selv|aggina [-dʒ-] f Wild n, Wildbret n; ~aggio [-dʒo], ~àtico wild
semàforo m (Verkehrs-)Ampel f
sembrare (er)scheinen; aussehen
seme m Samen m
semestre m Halbjahr n; Semester n
semi|aperto halboffen; ~cerchio [-tʃerk-] m Halbkreis; ~freddo m Halbgefrorene(s) n; ~lunio m Halbmond
sémina f Aussaat
seminare säen
semi|sfera f Halbkugel; ~tondo halbrund
semmai wenn je
semolino m Grieß
sémplice [-tʃe] einfach; fig schlicht
semplicemente [-tʃe-] einfach, nur, bloß
semplicità [-tʃ-] f Einfachheit; fig Schlichtheit
semplificare vereinfachen
sempre immer (noch); da ~ seit jeher; ~ che (+ cong) vorausgesetzt, daß
sènape f Senf m
sena|to m Senat; ~tore m Senator
senno m Verstand
seno m Brust f; Busen; fig Schoß; Meerbusen
sens|azione f Empfindung; Gefühl n; Sensation; ~ìbile sensibel; spürbar; ~ibilità f Sensibilität; Empfindlichkeit
senso m Sinn; Gefühl n; Richtung; ~ ùnico Einbahnstraße f
sentenza f Urteil n
sentiero m Pfad, Weg
sentimental|e sentimental; ~ità f Sentimentalität

sentimento

sentimento m Gefühl n
sentinella f Wache
sent|ire fühlen; hören; riechen; schmecken; **~irsi** sich fühlen
senza ohne; **~ difetti** fehlerlos; **~ impegno** unverbindlich; **~ di me** ohne mich; **senz'altro** ohne weiteres; bestimmt
senzatetto m Obdachlose(r)
separ|are (**separarsi** sich) trennen; **~azione** f Trennung
sep|olcrale Grab(es)...; **~olcro** m Grab n; **~olto** begraben
seppellire begraben, beerdigen
seppia f Tintenfisch m
sequestr|are beschlagnahmen; **~o** m Beschlagnahme f
sera f Abend m; **di ~** abends; **verso ~** gegen Abend
ser|ale abendlich; **scuola** f **~** Abendschule; **~ata** f Abend m; **danzante** Tanzabend m
serbare (auf)bewahren
serbatoio m Behälter; Tank m
seren|ata f Serenade; **~ità** f Heiterkeit; **~o** heiter; klar; hell
serie f Serie, Folge, Reihe; Briefmarken Satz m
serietà f Ernst(haftigkeit f) m
serio ernst; ernsthaft; Ernst; **sul ~** im Ernst
sermone m Predigt f
serp|eggiare [-dʒa-] sich

schlängeln; **~ente** m Schlange f
serra f Treib-, Gewächs-haus n; **effetto** m **~** Treibhauseffekt
serrare (ab-, ver-)schließen; **~ Schraube** anziehen
serratura f Schloß n; **~ di sicurezza** Sicherheitsschloß n
serva f Dienstmädchen n
servire dienen (**qu** j-m); bedienen; servieren; **~ a** nützen; **mi serve...** ich brauche; **servirsi** sich bedienen
servitù f Knechtschaft
servi/sterzo m Servolenkung f
servizi m/pl Küche, Bad, WC
servizio m Dienst; Bedienung f; Service m u. n; Dienstleistung f; **~ militare (civile)** Militär-(Zivil-)dienst; Kfz **stazione** f **di ~** Servicestation; **di ~** diensthabend
servo|freno m Servobremse f; **~sterzo** m Servolenkung f
sessantenne sechzigjährig
sess|o m Geschlecht n; **~uale** geschlechtlich; sexuell
sesto sechste(r); m Sechstel n
seta f Seide
sete f Durst m; **aver ~** durstig sein
settantenne siebzigjährig
sette sieben; **₂cento** [-tʃ-] m in der Kunst 18. Jahrhundert n
settembre m September
settentrion|ale nördlich; m Norditaliener; **~e** m Norden; Nord-, Ober-italien n

setticemìa [-tʃ-] *f* Blutvergiftung
settimana *f* Woche; **~ santa** Karwoche
settimanale wöchentlich; *m* Wochenblatt *n*
sèttimo siebte(r); *m* Siebtel *n*
settore *m* Sektor
severità *f* Strenge; **~o** streng; ernst
sezione *f* Abteilung; Bezirk *m*
sfacciato [-tʃa-] unverschämt
sfasciare [-ʃa-] den Verband abnehmen (od
sfavore *m* Ungunst *f*; **a ~ di** zum Nachteil von; **~évole** ungünstig
sfera *f* Kugel
sfida *f* Herausforderung; **~are** herausfordern
sfiducia [-tʃa-] *f* Mißtrauen *n*
sfigurare entstellen
sfilare vorbeiziehen; **~ta** *f*: **~ di moda** Modenschau
sfinimento *m* Erschöpfung *f*
sfiorare streifen; **~ire** welken, verblühen
sfogarsi sich Luft machen
sfoglia [-ʎa-] *f* Folie; **pasta *f* ~** Blätterteig *m*; **~are** [-ʎa-] sich entblättern; durchblättern; **~atino** *m* Blätterteigpastete *f*
sfolgorare strahlen
sfondare aufbrechen, einschlagen
sfondo *m* Hintergrund
sformare deformieren; *Kuchen* aus der Form nehmen;

~to *m* *Kochk.* Auflauf
sfortuna *f* Unglück *n*; **~tamente** unglücklicherweise; **~unato** unglücklich
sforzare zwingen; *Tür* aufbrechen; **~o** *m* Anstrengung *f*
sfracellare [-tʃ-] zerschmettern
sfregare reiben
sfrenato zügellos
sfrontato frech
sfruttare ausbeuten; ausnutzen
sfuggévole [-dʒ-] flüchtig; **~ire** entgehen; entfallen, fliehen
sfumatura *f* Schattierung; Nuance
sgabello [zg-] *m* Schemel
sganciare [zgantʃa-] *Waggon* abhängen
sgarbato [zg-] unhöflich; **~o** *m* Unhöflichkeit *f*
sgelare [zdʒ-] auftauen; *sgèla* es taut
sgelo [zdʒ-] *m* Tauen *n*; **tempo *m* di ~** Tauwetter *n*
sghiacciare [zgiat-tʃa-] auftauen
sgocciolare [zgot-tʃo-] tröpfeln; (ab)tropfen
sgomb(e)rare [zg-] räumen
sgómb(e)ro [zg-] *m* Räumung *f*; Umzug
sgombro [zg-] **1.** frei; leer; **2.** *m* Makrele *f*
sgomentare [zg-] bestürzen; **~arsi** bestürzt sein; **~o** *m* Bestürzung *f*

sgonfiarsi [zg-] *Med* abschwellen, zurückgehen; **~fio** *Reifen* ohne Luft; *Med* abgeschwollen

sgradévole [zg-] unangenehm; **~ito** unerwünscht

sgranchirsi [zgraŋk-]: **~ le gambe** sich die Beine vertreten

sgravare [zg-] entlasten

sgraziato [zg-] plump

sgretolare [zg-] abbröckeln

sgridare [zg-] (aus)schimpfen; **~ata** *f* Schelte

sguaiato [zg-] ordinär

sgualcirsi [zgualtʃ-] knittern

sguardo [zg-] *m* Blick

sguazzare [zg-] planschen

shampoo *m* Shampoo *n*

shock *m* Schock

shorts *m/pl* Shorts

si man; sich; **~ dice** man sagt; **~ capisce da sé** es versteht sich von selbst

sì ja; doch; **dire di ~** ja sagen; **~ e no** etwa; ungefähr; **un giorno ~ e uno no** jeden zweiten Tag

sia: **~ ... ~** *od* **~ ... che** sowohl ... als auch

siamo wir sind

sibilare zischen

sìbilo *m* Zischen *n*; Pfeifen *n*

sicché [-ke] so daß

siccità [-tʃ-] *f* Dürre

siccome da; da ja; weil

Sicilia [-tʃ-] *f* Sizilien *n*

siciliano [-tʃ-] sizilianisch; *m* Sizilianer

sicurezza *f* Sicherheit; **pùbblica ~** Polizei

sicuro sicher; **~ di sé** selbstsicher; **èssere al ~ da qc** vor et sicher sein

sidro *m* Obstwein, Most

siepe *f* Hecke

siero *m* Serum *n*

siesta *f* Mittagsruhe

siete ihr seid

sifone *m* Syphon

sigaretta *f* Zigarette; **~ a filtro** Filterzigarette

sigillare [-dʒ-] versiegeln; **~o** *m* Siegel

sigla *f* Sigel *n*, Kürzel *n*

significante [-ɲ-] bezeichnend; **~are** bedeuten; **~ativo** vielsagend; **~ato** *m* Bedeutung *f*

signora [-ɲ-] *f* Dame, Frau, Gemahlin; **~!** gnädige Frau!; **la ~ N. N.** Frau N. N.

signore [-ɲ-] *m* Herr; **~!** mein Herr!; **signori e signore** meine Damen und Herren; **i signori N. N.** Herr und Frau N. N.; **~ile** herrschaftlich, vornehm

signorina [-ɲ-] *f* Fräulein *n*

silenziatore *m* Schalldämpfer

silenzio *m* Schweigen *n*; Ruhe *f*, Stille *f*; **fare ~** still sein, schweigen; **~!** Ruhe!; **~so** still; ruhig; leise

sìllaba *f* Silbe

sillabare buchstabieren

siluro *m* Torpedo; *Zo* Wels

simbòlico symbolisch

sìmbolo *m* Symbol *n*
similare gleichartig, ähnlich
sìmile ähnlich; so ein; **èssere ~ a qu** j-m ähneln; **~m** Nächste(r)
simm|etrìa *f* Symmetrie; **~ètrico** symmetrisch
simp|atìa *f* Sympathie; **~àtico** sympathisch; **~tizzare** sympathisieren
simulare heucheln, vortäuschen
sincer|amente [-tʃ-] ehrlich gesagt; **~arsi** sich vergewissern; **~ità** *f* Aufrichtigkeit; **~o** aufrichtig, ehrlich
sindac|alista *m* Gewerkschaft(l)er; **~ato** *m* Gewerkschaft; **~ dei datori di lavoro** Arbeitgeberverband
sìndaco *m* Bürgermeister
singhiozz|are schluchzen; **~o** *m* Schluckauf; **singhiozzi** *pl* Schluchzen *n*
singol|are einzigartig; seltsam; sonderbar; *m* Einzahl *f*; *Sport* Einzel *n*
sìngolo einzeln, Einzel...; *m* Einzelne(r); *Tennis* Einzel *n*; *Rudern* Einzel *n*
sinistr|a *f* linke Hand, linke Seite; **tenere la ~** sich links halten; **a ~** links; **~ato** so geschädigt; *m* Opfer *n*; **~o** linke(r); *m* Schaden; Unglück *n*
sino a bis (zu)
sinora bis jetzt, bisher
sìntomo *m* Symptom *n*
sinuoso gewunden
sipario *m* Thea Vorhang

siringa *f* Med Spritze (*Gerät*); **~ monouso** Einwegspritze
sistem|a *m* System *n*; **~ immunitario** Immunsystem *n*; **~are** regeln, in Ordnung bringen; unterbringen; **~arsi** unterkommen; **~azione** *f* Ordnung; Unterbringung; Unterkunft
sito gelegen
situ|ato gelegen; **~azione** *f* Lage, Situation
slancio ['zlantʃo] *m* Schwung
slavina [zl-] *f* Lawine
slegare [zl-] losbinden
slip [zl-] *m* Slip
slitt|a [zl-] *f* Schlitten *m*; **~are** Schlitten fahren, rodeln; gleiten; rutschen; **~ino** *m* Rodelschlitten
slog|are [zl-] verrenken; verstauchen; **~atura** *f* Verrenkung; Verstauchung
sloggiare [zlod-dʒa-] ausquartieren; ausziehen
smacchi|are [zmak-k-] von Flecken reinigen; **~atore** *m* Fleckentferner
smagrirsi [zm-] abnehmen
smalto [zm-] *m* Emaille *f*; Glasur *f*; **~ per unghie** Nagellack
smarr|imento [zm-] *m* Verlust; Verlieren; verlieren; **~irsi** sich verirren
smemorato [zm-] vergeßlich
smentire [zm-] Lügen strafen; dementieren
smeraldo [zm-] *m* Smaragd
smerci|are [zmertʃa-] Ware

smercio 192

absetzen; **~o** ['zmertʃo] m Absatz, Verkauf

sméttere [zm-] aufhören (**qc** mit et; **di fare qc** et zu tun); *Kleider* ablegen

mezzare [zm-] halbieren

smisurato [zm-] unermeßlich

smobiliato [zm-] unmöbliert

smoderato]zm-] maßlos

smont|aggio [zmon'tad-dʒo] m Demontage f; **~are** aussteigen lassen, absetzen; *Tech* auseinandernehmen; demontieren

smorfia [zm-] f Grimasse

smottamento [zm-] m Erdrutsch

smuòvere [zm-] wegrücken; *fig* abbringen (**da** von)

snello [zn-] schlank

snodare [zn-] aufknoten

S.O. (*sudovest*) SW (*Südwest*)

so ich weiß

sobborgo m Vorstadt f, Vorort

sobri|età f Mäßigkeit; *fig* Maß n; **~o** maßvoll; schlicht; nüchtern

socchiùdere [-k-] *Tür* anlehnen

soccórrere: **~ qu** j-m helfen

soccorso m Hilfe f; **pronto ~** Erste Hilfe; **~ stradale** Pannendienst

social|e [-tʃa-] gesellschaftlich; sozial; **~ista** sozialistisch; *su* Sozialist(in f) m

società [-tʃe-] f Gesellschaft; Verein m; **~ a responsabilità limitata** Gesellschaft mit beschränkter Haftung; **~ per azioni** Aktiengesellschaft; **~ sportiva** Sportverein m

socio [-tʃo] m Teilhaber; Mitglied n

soddis|facente [-tʃ-] zufriedenstellend; **~fare** befriedigen; zufriedenstellen; erfüllen, wiedergutmachen **~fazione** f Zufriedenheit; Freude; Genugtuung

sodo hart; fest

sofà m Sofa n

soffer|ente leidend; **~enza** f Leiden n

soffi|are blasen; schnauben; **soffiarsi il naso** sich die Nase putzen; **~o** m Hauch

soffitt|a f Dachboden m; **~o** m (Zimmer-)Decke f

soffocare ersticken

soffrìggere [-dʒ-] anbraten

soffrire ertragen; leiden (**di** an, unter)

sogget|tivo [-dʒ-] subjektiv; **~o** unterworfen; **~ a tasse** steuerpflichtig; **~** m (*Gesprächs*-)Gegenstand; *Gr* Subjekt n

soggi|ornare [-dʒ-] sich aufhalten; **~orno** m Aufenthalt(sort); Wohnzimmer n

soggiùngere [-dʒundʒ-] hinzufügen

sògli|a [-ʎa] f Schwelle; **~o** [-ʎo] m Thron; **~ pontificio** Heiliger Stuhl

sògliola [-ʎo-] f Seezunge

sogn|are [-ɲ-] träumen (von); **~o** m Traum

solaio *m* Dachboden
solamente nur; **~ ieri** erst gestern
solar|e Sonnen...; **~io** *m* Solarium
solata *f* F Sonnenstich *m*
solco *m* Furche *f*; Spur *f*
soldato *m* Soldat
soldi *m*/*pl* Geld *n*
sole *m* Sonne *f*; **c'è il ~** die Sonne scheint
soleggi|are [-dʒa-] sonnen; **~ato** [-dʒa-] sonnig
solenn|e feierlich; **~ità** *f* Feierlichkeit
solere pflegen (zu)
sol|erte fleißig; **~erzia** *f* Fleiß *m*
soletta *f* Einlegesohle
solfòrico: àcido ~ Schwefelsäure *f*
solida|le solidarisch; **~rietà** *f* Solidarität
solidità *f* Festigkeit, Haltbarkeit
sòlido fest, solide, haltbar
sol|ista *su* Solist(in *f*) *m*; **~itario** einsam
sòlito gewohnt, üblich; **al od di ~** (für) gewöhnlich; **come al ~** wie gewöhnlich; **più del ~** mehr als sonst
solitùdine *f* Einsamkeit
sollecitare [-tʃ-] drängen (auf), bitten um; *Schritt* beschleunigen
sol|lècito [-tʃ-] prompt; eifrig; **~lecitùdine** [-tʃ-] *f* Eifer *m*; Schnelligkeit
sollevare (an-, auf-, er)heben; *fig* aufrichten; **~si** sich erheben; sich erholen
sollievo *m* Erleichterung *f*; Trost
solo allein(ig); einzig; *adv* nur; **da ~** allein; **~** *m* Einzige(r); *Mus* Solo *n*
solstizio *m* Sonnenwende *f*
soltanto nur; erst
solùbile löslich; **~uzione** *f* Lösung; **~vente** zahlungsfähig; *m* Lösungsmittel *n*
somigli|ante [-ʎa-] ähnlich; **~anza** [-ʎa-] *f* Ähnlichkeit
somigliare [-ʎa-]: **~ qu o a qu** j-m ähnlich sein, gleichen
somm|a *f* Summe; **fare la ~** zs.-zählen; **~are** addieren; **~ario** summarisch; *m* Inhaltsangabe *f*
sommèrg|ere [-dʒ-] überschwemmen; **~ersi** (ver)sinken
sommergìbile [-dʒ-] *m* Unterseeboot *n*
sommo höchste; *m* Gipfel
sonare läuten (*a Glocken*); klingeln (*a Telefon*); *Instrument* spielen; (er)klingen; *Uhr* schlagen; **~ il campanello** klingeln
sond|aggio [-dʒo] *m* Sondierung *f*, Umfrage *f*; **~are** sondieren
sonn|àmbulo mondsüchtig; *m* Schlafwandler; **~ecchiare** [-k-] schlummern; **~ìfero** *m* Schlafmittel *n*
sonno *m* Schlaf; **aver ~** müde sein

sonnolento schläfrig
sono ich bin; sie sind
son|orità f Wohlklang m; **~oro** klangvoll
sontu|osità f Pracht; **~oso** prächtig
sopire besänftigen, beruhigen, **~ore** m Schlummer
soppalco m Dachboden
support|àbile erträglich; **~are** ertragen, vertragen, aushalten; **~azione** f Geduld; Duldung
soppressione f Abschaffung, Aufhebung; Beseitigung
sopprìmere abschaffen, aufheben; beseitigen
sopra auf, über; oberhalb; adv oben; **di ~** obere(r)
sopr|àbito m Überzieher, **~acciglio** [-tʃiʎo] m Augenbraue f; **~affino** hochfein; ausgezeichnet; **~aggiùngere** [-dʒundʒ-] plötzlich (dazu)kommen; **~annome** m Bei-, Spitz-name; **~attutto** vor allem; **~avvalutare** überschätzen; **~avvenire** plötzlich auftauchen, **~avvivere** überleben (**a qu** j-n); **~intendente** m Leiter
sopruso m Übergriff
sorb|etto m Sorbett m/n, Halbgefrorene(s) n; **~ire** schlürfen
sorcio [-tʃo] m Maus f
sòrdido schmutzig; fig geizig
sord|ità f Taubheit; **~o** taub; **~omuto** taubstumm

sorell|a f Schwester; **~astra** f Stiefschwester
sorgente [-dʒ-] f Quelle
sòrgere [-dʒ-] sich erheben; Gestirn aufgehen
sor|montare übersteigen; überwinden; **~passare** überschreiten; Kfz überholen; **~passo** m Überholen n
sorpr|endere überraschen; **~èndersi** staunen (**di** über); **~esa** f Überraschung
sorrègg|ere [-dʒ-] stürzen; **~ersi** sich aufrecht halten
sorrìdere lächeln; **~iso** m Lächeln n
sors|eggiare [-dʒa-] schlürfen; **~o** m Schluck
sort|a f Sorte, Art; **~e** f Los n; Schicksal n, **~eggiare** [-dʒa-] auslosen; **~eggio** [-dʒo] m Auslosung f
sorvegli|anza [-ʎa-] f Be-, Über-wachung; **~are** überwachen
sospèndere aufhängen; unterbrechen; einstellen; suspendieren; j-n; **~ensione** f Unterbrechung; Einstellung; Kfz Federung; **~eso** fig in der Schwebe
sosp|ettare argwöhnen; Verdacht hegen; **~etto** verdächtig; m Verdacht; **~ettoso** argwöhnisch
sospirare seufzen; fig herbeisehnen; **~iro** m Seufzer
sosta f Halt m; Anhalten n; Pause f; **far ~** halten
sost|antivo m Substantiv n,

Hauptwort *n*; ~**anza** *f* Stoff *m*; Substanz; ~**are** (an)halten; Station machen; eine Pause einlegen; ~**egno** [-no] *m* Stütze *f*; ~**enere** stützen; *j-n* unterstützen; behaupten
sostitu|ire ersetzen; vertreten; ~**uto** *m* Stellvertreter
sotterrane|a *f* U-Bahn; ~**o** unterirdisch; *m* Kellergeschoß *n*
sotterrare be-, vergraben
sottile dünn; fein
sottinteso *m* Hintergedanke
sotto unter; unterhalb; *m* unten; darunter; *di* ~ untere(r); *sott'aceto* in Essig
sotto|banco unterderhand; ~**braccio** [-tʃo] untergehakt; ~**esposto** *Fot* unterbelichtet; ~**lineare** unterstreichen; ~**méttere** unterwerfen; ~**passaggio** [-dʒo] *m* Unterführung *f*; ~**porre** unterziehen; ~**posto** ausgesetzt; ~**scrivere** unterschreiben; ~**scrizione** *f* Unterzeichnung; ~**sopra** drunter und drüber; ~**sviluppato** [-zv-] unterentwickelt; ~**veste** *f* Unterkleid *n*; ~**voce** [-tʃe] leise
sottr|arre entziehen; unterschlagen; *Math* subtrahieren; abziehen; ~**azione** *f* Unterschlagung; *Math* Subtraktion
sottufficiale [-tʃa-] *m* Unteroffizier
soviètico sowjetisch; *m* Sowjetbürger
sovraccàrico überladen; *fig* überlastet
sovrano souverän; *fig* oberste; *m* Herrscher
sovrap|peso *m* Übergewicht *n*; ~**porre** übereinanderlegen; ~**pressione** *f* Überdruck *m*
sovrastare überragen (*qc, a qc* et)
sovvenzi|onare subventionieren; ~**one** *f* Subvention
spacc|are spalten; *Holz* hacken; ~**atura** *f* Spalt *m*
spacci|are [-tʃa-] *Ware* absetzen; ~**o** [-tʃo] *m* Verkauf; Laden
spacc|o *m* Spalt; Riß; ~**one** *m* Prahlhans
spada *f* Schwert *n*; Degen *m*
spaesato fremd
Spagna [-ɲa] *f* Spanien *n*
spagnolo [-ɲo-] spanisch; *m* Spanier
spago *m* Bindfaden
spalancare (weit) aufreißen
spall|a *f* Schulter; Achsel; *stringersi nelle spalle* die Achseln zucken; ~**iera** *f* (Rücken-)Lehne; Spalier *n*
spalmare bestreichen
spàndere ausstreuen; verschütten; *fig* verbreiten
spar|are schießen; ~**atore** *m* Schütze
sparecchiare [-k-] *Tisch* abdecken
spàrgere [-dʒ-] ausstreuen

spar|ire verschwinden; **~o** *m* Schuß

spart|iacque *m* Wasserscheide *f*; **~ire** (ver)teilen; **~tràffico** *m* Leitplanke *f*; **linea** *f* **~** Mittellinie; **~izione** *f* Verteilung

spásimo *m* Krampf; *fig* Qual *f*

spasso *m* Vergnügen *n*; **andare a ~** spazierengehen; *fig* **èssere a ~** arbeitslos sein

spaurire erschrecken

spav|entarsi erschrecken; **~ento** *m* Schrecken; **~entoso** entsetzlich

spaziale (Welt-)Raum...

spazientirsi die Geduld verlieren

spazi|o *m* Raum; Platz; Weltraum; **~ di tempo** Zeitraum; **~oso** geräumig

spazz|acamino *m* Schornsteinfeger; **~aneve** *m* Schneepflug (*a* Ski); **~are** fegen, kehren; **~atura** *f* Müll *m*; **~ino** *m* Straßenkehrer

spàzzola *f* Bürste

spazzolare abbürsten

spazzolino *m*: **~ da denti** Zahnbürste *f*; **~ per le unghie** Nagelbürste *f*

specchi|arsi [-k-] sich im Spiegel betrachten; **~era** *f* Wandspiegel *m*; **~etto** *m* Handspiegel; **~ retrovisore** *od* **retrovisivo** *Kfz* Rückspiegel

specchio [-k-] *m* Spiegel

special|e [-tʃa-] speziell, besondere; **treno m ~** Sonderzug; **~ista** *su* Spezialist(in *f*) *m*; **~ità** *f* Spezialität; **~izzare** spezialisieren; **~mente** besonders

specie [-tʃe] *f* Art; *adv* besonders

specìfico [-tʃ-] spezifisch; *m Med* Spezialmittel *n*

specul|are spekulieren (**su** auf); **~azione** *f* Spekulation

sped|ire ab-, ver-senden; schicken; befördern; **~ito** schnell, rasch

spedizione *f* Versand *m*; Beförderung; **~ bagagli** Gepäckabfertigung

spedizioniere *m* Spediteur

spègn|ere [-ɲ-] (aus)löschen; Licht, *Radio* ausschalten, ausmachen; *Motor* abstellen; **~ersi** ausgehen, erlöschen

spèndere ausgeben; *fig* aufwenden

spennacchiare [-k-] Huhn rupfen

spensierato sorglos

sper|anza *f* Hoffnung; **~are** hoffen (*in* auf)

sperduto abgelegen; verlassen

spergiuro [-dʒu-] *m* Meineid

sperimentale experimentell

spesa *f* Ausgabe; **spese** *pl* Kosten, Unkosten, Spesen; **fare le spese** Einkäufe machen; einkaufen

spess|o dick; dicht; *adv* oft; **~ore** *m* Dicke *f*; Stärke *f*

spett|àcolo *m* Schauspiel *n*; Vorstellung *f*; Anblick; **~atore** *m* Zuschauer
spettinare zerzausen
spettro *m* Gespenst *n*
spezie *f/pl* Gewürze *n/pl*
spezz|are (zer)brechen; **~atino** *m* Ragout *n*; Gulasch; **~ato** gebrochen
spìa *f* Spion *m*; *Tech* Kontrolleuchte
spiac|ente [-tʃ-]: **sono ~** es tut mir leid; **~ére** mißfallen; leid tun; **~évole** unangenehm
spiaggia [-dʒa] *f* Strand *m*; **~ privata** Privatstrand *m*; **~ sabbiosa** Sandstrand *m*; **andare in ~** an den Strand gehen
spianare ebnen; *Teig* ausrollen
spiare ausspionieren, ausspähen
spiazzo *m* großer, freier Platz
spicchio [-kio] *m*: **~ d'aglio** Knoblauchzehe *f*
spicci|are [-tʃa-] (*et*) erledigen; **~arsi** sich beeilen; **~o** rasch
spiccioli [-tʃo-] *m/pl* Kleingeld *n*
spied|ìni *m/pl* Kochk Spießchen *n/pl*; **~o** *m* (Brat-)Spieß; **allo ~** am (*od* vom) Spieß
spieg|are erklären; **~arsi** sich klar ausdrücken; **~azione** *f* Erklärung
spietato erbarmungslos

spiga *f* Ähre
spìgola *f* Seebarsch *m*
spìgolo *m* Kante *f*
spill|a *f* Anstecknadel; Brosche; **~o** *m* Stecknadel *f*; **~ di sicurezza** Sicherheitsnadel *f*
spina *f* Dorn *m*; Stachel *m*; (Fisch-)Gräte; *El* Stecker *m*; **~ doppia** Doppelstecker *m*; *Anat* **~ (dorsale)** Rückgrat *n*, Wirbelsäule
spinaci [-tʃi] *m/pl* Spinat *m*
spìng|ere [-dʒ-] stoßen; schieben; drücken; *fig* treiben; **~ersi** sich (vor)schieben
spin|o *m* Schlehdorn; **~oso** dornig; stachlig
spinta *f* Stoß *m*
spinterògeno [-dʒ-] *m* *Kfz* Zündverteiler
spionaggio [-dʒo] *m* Spionage *f*
spir|a *f* Windung; **~ale** *f* Spirale
spirare wehen; *Zeit* ablaufen
spìrito *m* **1.** Geist; Sinn; Humor; **2.** Spiritus
spirit|oso geistreich; witzig; **~uale** geistig
splènd|ere glänzen; **~ido** glänzend
splendore *m* Glanz
spogli|are [-ʎa-] *Kleidung* ausziehen; **~arsi** sich ausziehen; sich entleiden (*di qc* e-r Sache)
spogliatoio [-ʎa-] *m* Umkleidekabine *f*
spòglio [-ʎo] frei (*di* von)
spolver|are abstauben; **~iz-**

spolverizzare 198

zare bestreuen (*di* mit); pulverisieren
sponda *f* Rand *m*; Ufer *n*
spontàneo spontan; freiwillig; natürlich
sporc|are beschmutzen; schmutzig machen; **~o** schmutzig; *Zunge* belegt
spòrg|ere [-dʒ-] vorstrecken; **~ersi** sich hinauslehnen
sport *m* Sport; **~ bianco** Skisport; **~ invernale** Wintersport; **~ motociclìstico** Motorsport; **~ acquàtico** Wassersport; *fare dello* **~** Sport treiben
sporta *f* Einkaufstasche
sportello *m* Schalter; *Zug, Auto, Flugzeug* Tür *f*; **~ automàtico** Geldautomat
sportivo Sport...; sportlich; *m* Sportler
spos|a *f* Braut; **~alizio** *m* Hochzeit *f*; **~are, ~arsi** heiraten; **~ato** verheiratet; **~o** *m* Bräutigam; *sposi pl* Brautleute; *promessi sposi* Verlobte
spost|amento *m* Verschiebung *f*; Verlegung *f*; **~are** verschieben; verlegen
spratto *m* Sprotte
sprecare verschwenden
spreco: *a* **~** umsonst
spreg|évole [-dʒ-] verächtlich; **~iare** [-dʒa-] verachten
sprègio [-dʒo] *m* Verachtung *f*
sprèmere auspressen
spremilimoni *m* Zitronen-

presse *f*
spremuta *f* (frisch ausgepreßter Frucht-)Saft *m*
sprofond|are einstürzen; versinken; einsinken; **~arsi** sich versenken (*in* in)
spron|are anspornen; **~e** *m* Sporn; Ansporn
spropòsito *m*: *a* **~** unpassend
spruzzare (be)spritzen
spruzzatore *m* Zerstäuber; Düse *f*
spruzzo *m* Spritzer
spugna [-ɲa] *f* Schwamm *m*
spugnola [-ɲo-] *f* Morchel
spum|a *f* Schaum *m*; **~ante** *u vino m* **~** Schaumwein, Sekt; **~are, ~eggiare** [-dʒa-] schäumen; **~oso** schäumend; schaumig; *Wein* moussierend
spuntare sprießen; *Sonne* aufgehen; *Tag* anbrechen; *allo* **~** *del sole* bei Sonnenaufgang
spuntino *m* Imbiß
sput|are *m* spucken; speien; **~o** *m* Speichel
squadra *f* Gruppe, Mannschaft; **~ mòbile** *od* **volante** Überfallkommando *n*
squàllido düster; trostlos
squalo *m* Hai(fisch)
squama *f* Schuppe
squarcio [-tʃo] *m* Riß
squillo: *ragazza f* **~** Callgirl *n*
squisito auserlesen; fein
sradicare [zr-] entwurzeln; *fig* ausrotten
S.S. 1. (*Strada Statale*)

Staatsstraße; **2.** (*Santi*) Heilige; **3.** (*Santa Sede*) Heiliger Stuhl
stàbile fest; ständig; *Wetter* beständig
stabilimento *m* Anlage *f*; Fabrik *f*; Gebäude *n*, Bau; **~ balneare** Badeanstalt
stabil|ire festsetzen; beschließen; **~irsi** sich niederlassen
stacc|are abreißen; *Esb* abhängen; *Tel* abnehmen; **~arsi** sich lösen; *Knopf* abgehen
stadio *m* Stadium *n*; Stadion *n*
staffa *f* Steigbügel *m*
stagione [-dʒo-] *f* Jahreszeit; *Thea* Spielzeit; **~ balneare** Badesaison; **~ estiva** Sommersaison; **~ invernale** Wintersaison; **alta ~** Hochsaison; **bassa ~** Vor- und Nachsaison
stagn|are [-ɲ-] *Blut* stillen; *Hdl* stagnieren; *Wasser* stehen; **~o** wasserdicht; *m* **1.** Teich; **2.** Zinn *n*; **~ola** *f* Stanniol *n*
stall|a *f* Stall *m*; **~o** *m*: **stalli** *del coro* Chorgestühl *n*
sta|mane, **~mani**, **~mattina** heute morgen
stambecco *m* Steinbock
stampa *f* Druck *m*; Buchdruck *m*; Presse; *Fot* Abzug *m*; **stampe** *pl* Drucksache *f*; **~are** drucken; *Fot* abziehen; **~atello** *m* Druckbuchstabe; **~ati** *m/pl* Drucksachen *f/pl*;

~atore *m* Drucker
stan|care ermüden; **~carsi** müde werden; **~chezza** [-k-] *f* Müdigkeit; **~co** müde; leid, satt
stand *m* (Messe-, Schieß-)Stand
stanga *f* Stange, Latte
stanghetta [-g-] *f* Brillenbügel
stanotte heute nacht
stantuffo *m* Tech Kolben
stanza *f* Zimmer *n*
stare sein; bleiben; wohnen; **~ in piedi** stehen; *Kleidung* **~ bene** gut stehen, passen, sitzen; **~ per** im Begriff sein, zu; **~ a vedere** zusehen; **~ a sentire** zuhören; **~ telefonando** gerade telefonieren; **come sta?** wie geht es Ihnen?; **sto male** mir geht es schlecht
starna *f* Rebhuhn
starnut|are, **~ire** niesen
starter *m* Kfz Anlasser
stasera heute abend
statale staatlich
statìstica *f* Statistik
stato 1. *s stare*; **2.** *m* Stand; Zustand; *Pol* 2 Staat; **~ civile** Familienstand; Standesamt *n*; **èssere in ~ di** imstande sein, zu; **Stati Uniti (d'América)** Vereinigte Staaten (von Amerika)
stàtua *f* Statue, Standbild *n*
statunitense nordamerikanisch; **~ su** Nordamerikaner(in *f*) *m*

statura f Statur, Größe
stavolta diesmal
stazion|amento m Parken n; **~are** parken
stazione f Station; Haltestelle; *Esb* Bahnhof m; **~ balneare** Badeort m; **~ climàtica** Luftkurort m; **~ marìttima** Hafen m; **~ di servizio** Tankstelle; **~ di tassì** Taxistand m; **~ trasmittente** Sender m
stecc|a f Stab m; Stange; Billardstock m; *Med* Schiene; **~are** *Med* schienen; *Kochk* spicken
stecchino [-k-] m Zahnstocher
stella f Stern m; *fig* Star m; **~ cadente** od **filante** Sternschnuppe; **~ alpina** Edelweiß n; **~ di mare** Seestern m
stelo m *Bot* Stiel
stemma m Wappen n
stèndere ausbreiten; aufhängen; ausstrecken
stenditoio m Trockenraum; Wäscheständer
stenodattilògrafa f Stenotypistin
stent|are: **~ a fare** qc Mühe haben, et zu tun; **~o** m: **a ~o** mühsam
sterco m Mist
stèreo m Stereoanlage f
sterlina f Pfund n Sterling
stermin|are ausrotten; **~ato** endlos
sterz|are lenken; **~o** m *Kfz* Lenkung f

stesso selbst, selber; **lo ~, la stessa** der-, die-, dasselbe; der, die, das gleiche; *adv* **lo ~** trotzdem; **oggi ~** noch heute
stiamo wir sind; *s* **stare**
stick m Stift
stile m Stil
stilogràfica f Füllfederhalter m, Füller m
stima f Wertschätzung; Achtung
stim|àbile achtbar; **~are** schätzen; achten; **~arsi** sich halten für
stimolare anregen, stimulieren
stìmolo m Anreiz
stinco m Schienbein n
stipendi|are besolden; **~o** m Gehalt n
stipulare *Vertrag* abschließen
stiramento m *Med* Zerrung f; **~ di tèndine** Sehnenzerrung f
stira|re bügeln; **~trice** [-t∫e] f Bügelautomat m; **~tura** f Bügeln n; *Med* Muskelzerrung
stirpe f [Geschlecht n
stivale m Stiefel
sto ich bin; *s* **stare**
stoccafisso m Stockfisch
stoffa f Stoff m
stolt|ezza f Dummheit; **~o** dumm; m Dummkopf
stòmaco m Magen
stop m *Kfz* Bremslicht n; Stoppschild n
stoppa f Werg n
stoppare anhalten, stoppen

stòrcere [-tʃ-] krümmen; *Med* verstauchen
stord|ire betäuben; **~ito** benommen; zerstreut
storia *f* Geschichte; **~ dell'arte** Kunstgeschichte
stòrico geschichtlich, historisch; *m* Historiker
storione *m* Stör
stormo *m* Schwarm
storno *m Zo* Star; *Hdl* Storno *m/n*
storpio verkrüppelt; *m* Krüppel
stort|a *f Med* Verstauchung; **~o** krumm
stoviglie [-ʎe] *f/pl* Geschirr *n*
stracàrico überladen
stracciare [-tʃa-] zerreißen
stracciatella [-tʃa-] *f* Einlaufsuppe
stràccio [-tʃo] *m* Lappen, Lumpen
stra|contento sehr zufrieden; **~cotto** zerkocht; *m* Schmorbraten
strada *f* Straße; Weg *m*; **~ costiera** Küstenstraße; **~ a grande circolazione** Hauptverkehrsstraße; **~ maestra** Landstraße; **~ con precedenza** Vorfahrtsstraße; **~ principale** Hauptstraße; **~ radiale** Ausfallstraße; **~ a senso ùnico** Einbahnstraße
strad|ale Straßen...; *f* Verkehrspolizei; **~ario** *m* Straßenverzeichnis *n*
stra|felice [-tʃe] überglücklich; **~fine** hochfein

strage [-dʒe] *f* Gemetzel *n*
stragrande riesig
stranezza *f* Seltsamkeit
strangolare erdrosseln
stran|iero ausländisch; fremd; *m* Ausländer; Fremde(r); **~o** seltsam, sonderbar
straordinario Sonder...; ungewöhnlich; *m* Überstunden *f/pl*
strapazz|are strapazieren; **~o** *m* Strapaze *f*; **~oso** strapaziös
strapieno überfüllt
strapp|are ab-, zerreißen; *fig* entreißen; **~o** *m* Riß
strapuntino *m* Klappsitz
straricco steinreich
strascicare [-ʃ-] nachschleifen
stràscico [-ʃ-] *m* Schleppe *f*
strascinare [-ʃ-] nachschleifen
strato *m* Schicht *f*
stravagante extravagant
stra|vecchio [-k-] steinalt; **~vòlgere** [-dʒ-] verdrehen
strazi|ante herzzerreißend; qualvoll; **~are** quälen; **~o** *m* Qual *f*
streg|a *f* Hexe; **~are** behexen
stremato ganz erschöpft
strenna *f* Geschenk *n*
strepitare lärmen
strèpito *m* Lärm
strepitoso lärmend
strett|a *f* Druck *m*; Gedränge *n*; Engpaß *m*; **~ezza** *f* Enge; Bedrängnis; **~o** eng,

stridere 202

schmal; *m* Engpaß; Meerenge *f*
strid|ere kreischen; quietschen; knistern; **~o** *m* Geschrei *n*
strigliare [-ʎa-] striegeln
strill|are brüllen; **~o** *m* Gebrüll *n*; **~one** *m* Zeitungsverkäufer (*der ausruft*)
strimpellare klimpern (auf)
stringa *f* Schnürsenkel *m*
stringere [-dʒ-] (zs.-)drücken; *Zeit* drängen
striscia [-ʃa-] *f* Streifen *m*; **strisce** *pl* **pedonali** Zebrastreifen *m*; **a strisce** gestreift
strisciare [-ʃa-] kriechen
striscio [-ʃo] *m* Streifen
strizzare auspressen; auswringen
strofin|accio [-tʃo] *m* Wischlappen; **~are** polieren; scheuern
stroncare abbrechen
stropicciare [-tʃa-] reiben
strozz|a *f* Gurgel; **~are** erwürgen; **~ino** *m* *fig* Halsabschneider
strügg|ere [-dʒ-] schmelzen; *Butter* zerlassen; **~ersi** *fig* sich verzehren (*di* vor)
strumento *m* Instrument *n*; *Tech* Gerät *n*, Werkzeug *n* (*a. fig*); **~ ad arco** *Mus* Streichinstrument *n*; **~ musicale** Musikinstrument *n*
strutto *m* Schmalz *n*
struttura *f* Struktur *n*
struzzo *m* *Zo* Strauß
stuc|chino [-k-] *m* Gipsfigur

f; **~co** *m* Stuck
student|e *m*, **~essa** *f* Schüler(in *f*) *m*; Student(in *f*) *m*
studiare lernen; studieren
studio *m* Lernen *n*; Studium *n*; Arbeitszimmer *n*; Atelier *n*; Büro *n*; Praxis *f* (*e-s Arztes*)
stuf|a *f* Ofen *m*; **~are** *Kochk* schmoren; **~ato** geschmort; *m* Schmorbraten
stufo: èssere ~ di *qc* et satt haben
stuoia *f* Strohmatte
stupefatto erstaunt
stupendo wundervoll
stupidàggine [-dʒ-] *f* Dummheit
stùpido dumm; *m* Dummkopf
stup|irsi sich wundern; **~ore** *m* Staunen *n*
sturare entkorken; *Faß* anstechen; *verstopftes Rohr* wieder frei machen
stuzzicadenti *m* Zahnstocher
su auf; über; oben; hinauf; herauf; **~!** auf!; **~ e giù** auf und ab; **~ per** ungefähr; **sul mare** am Meer; **sulle mille lire** um tausend Lire
subàcqueo Unterwasser...; Tauch...; *m* Taucher
subire erleiden; **~ un esame** sich e-m Examen unterziehen
sùbito sofort, gleich
subordin|are unterordnen; **~azione** *f* Unterordnung

suburbano Vorstadt...
succèdere [-tʃ-] (nach)folgen; geschehen, passieren; **~essione** f Nachfolge; **~essivo** folgend; **~esso** m Erfolg; **di ~erfolgreich**; **~essore** m Nachfolger
succhiare [-k-] saugen; lutschen
succo m Saft; **~ d'arancia** Orangensaft; **~ di frutta** Fruchtsaft; **~ di mele** Apfelsaft; **~ di pomodoro** Tomatensaft; **~ d'uva** Traubensaft
succoso saftig
succursale f Filiale, Zweigstelle
sud m Süden; **a(l) ~** südlich (**di** von)
sudare schwitzen
sudest m Südosten
suddetto obengenannt
sùdicio [-tʃo] schmutzig
sudiciume [-tʃu-] m Schmutz
sudore m Schweiß
sufficiente [-tʃe-] genügend, ausreichend
sufficienza [-tʃe-] f: **a ~** zur Genüge
suffragio [-dʒo] m Stimmrecht n
sugante: **carta** f **~** Löschpapier n
suggerimento [-dʒ-] m Rat, Empfehlung f; **~ire** einflüstern; raten, empfehlen; **~itore** m Souffleur; **~itrice** [-tʃe-] f Souffleuse
sùghero m Kork(eiche f) m
sugli [-ʎi] = **su** + art **gli**

suglio m Soße f; Saft; **al ~** mit Fleisch- und Tomatensoße; **~oso** saftig
sui = **su** + art **i**
suicidarsi [-tʃ-] Selbstmord begehen
suicidio [-tʃ-] m Selbstmord
suino m Schweine...
sul = **su** + art **il**
sulla, ~le, ~lo = **su** + art **la, le, lo**
sultanina f Sultanine
summenzionato, sunnominato obenerwähnt
suo sein; ihr; ♀ Ihr; m Sein(ig)e n; Ihr(ig)e m
suòcera [-tʃ-] f Schwiegermutter; **~o** m Schwiegervater; **suòceri** pl Schwiegereltern
suola f (Schuh-)Sohle
suolo m Boden
suonare s. **sonare**
suono m Klang; Ton; Phys Schall; Gr Laut
suora f (Kloster-)Schwester
super f Super(benzin) n
superare übertreffen (**in** an); überschreiten; Zahl übersteigen; Krankheit überstehen; überwinden; Examen bestehen
supèrbia f Hochmut m; **~erbo** hochmütig
superficiale [-tʃa-] oberflächlich; **~ficie** [-tʃe-] f Oberfläche
supèrfluo überflüssig
superiora f Oberin; **~iore** obere; höher; hochwertig

superiorità 204

(*Qualität*); *m* Vorgesetzte(r); ~ **a** überlegen; **~iorità** *f* Überlegenheit
supermercato *m* Supermarkt
supèrstite *m* Überlebende(r)
superstizi|one *f* Aberglaube *m*; **~oso** abergläubisch
super|strada *f* Schnellstraße; **~uomo** *m* Übermensch; F Supermann
suppergiù F [-dʒu] ungefähr
supplemento *m* Ergänzung *f*; Nachtrag; Zuschlag (*a Esb*); ~ **per una càmera sìngola** Einzelzimmerzuschlag
suppl|ente *m* Stellvertreter; **~enza** *f* Vertretung
suppli *m* Reiskrokette *f*
sùpplica *f* inständige Bitte; Flehen *n*; Bittgesuch *n*
supplic|ante *su* Bittsteller(in *f*) *m*; **~are** anflehen
supplichévole [-k-] *f* flehend, flehentlich
supplire vertreten
supplizio *m* Qual *f*; Todesstrafe *f*
supp|orre vermuten; annehmen; **~osizione** *f* Vermutung; **~osta** *f* Med Zäpfchen *n*; **~osto** vorausgesetzt
suppur|are eitern; **~azione** *f* (Ver-)Eiterung
supremo höchste
surf *m* Surfbrett *n*; **~ing** *m* Surfen *n*; **~ista** *su* Surfer(in *f*) *m*
surgelare [-dʒ-] einfrieren, tiefkühlen
surrogato *m* Surrogat *n*, Ersatz
suscett|ìbile [-ʃ-] empfindlich; empfänglich (*di* für); **~ibilità** *f* Empfindlichkeit
suscitare [-ʃ-] hervorrufen
susin|a *f* Pflaume; **~o** *m* Pflaumenbaum
susseguire folgen auf
sussidiare unterstützen
sussidio *m* Unterstützung *f*
suss|istenza *f* Lebensunterhalt *m*; **~ìstere** bestehen
sussultare zs.-zucken, auffahren
suss|urrare (zu)flüstern; munkeln; **~urro** *m* Gemurmel *n*
sutura *f* Med Naht
svag|are [zv-] ablenken, zerstreuen; **~o** *m* Zerstreuung *f*
svalut|are [zv-] abwerten; **~azione** *f* Abwertung
svanire [zv-] verschwinden
svantaggi|o [zvan'tad-dʒo] *m* Nachteil; **~oso** nachteilig
svariato [zv-] verschiedenartig
svedese [zv-] schwedisch; *su* Schwede *m*, Schwedin *f*
svegli|a ['zveʎa] *f* Wecker *m* (*Uhr*); **~are** [zveʎa-] wecken; **~arsi** aufwachen; **~o** ['zveʎo] wach
svelare [zv-] *fig* enthüllen
svelto [zv-] schlank; schnell, rasch
svéndere [zv-] ausverkaufen
svéndita [zv-] *f* Ausverkauf *m*

sven|imento [zv-] *m* Ohnmacht *f*; **~ire** ohnmächtig werden
sventolare [zv-] schwenken; wehen, flattern
sventur|a [zv-] *f* Unglück *n*; **~urato** unglücklich
svenuto [zv-] ohnmächtig
svergogn|are [zvergon-] blamieren, bloßstellen; **~ato** schamlos
svernare [zv-] überwintern
sverza [zv-] *f* Splitter *m*; Span *m*
svestire [zv-] (**svestirsi**) sich ausziehen
Svezia [zv-] *f* Schweden *n*
svi|amento [zv-] *m Esb* Entgleisung *f*; **~arsi** vom Weg abkommen

svignàrsela [zviɲ-] F sich aus dem Staub machen
svilupp|are [zv-] entwickeln (*a Fot*); **~atore** *m* Fot Entwickler; **~o** *m* Entwicklung *f*
svitare [zv-] abschrauben
Svìzzera [zv-] *f* Schweiz
svìzzero [zv-] Schweizer; schweizerisch; *m* Schweizer
svòlg|ere [zvɔldʒ-] abwickeln; ausüben; *Beruf* ausüben; *fig* entwickeln; **~ersi** sich ereignen; *Handlung* (sich ab)spielen
svolgimento [zvɔldʒ-] *m* Entwicklung *f*
svòlt|a [zv-] *f* Biegung; Kurve; Abbiegen *n*; **~are** abbiegen
svuotare [zv-] (ent)leeren

T

tabac|caio *m* Tabakwarenhändler; **~cherìa** [-k-] *f* Tabakwarengeschäft *n*
tabacco *m* Tabak
tabella *f* Tabelle
tabernàcolo *m* Tabernakel *n*/*m*
tacca *f* Kerbe; Größe, Statur
tacchino [-k-] *m* Truthahn, Puter
tacco *m* (Schuh-)Absatz; **~ alto** hoher Absatz
taccuino *m* Notizbuch *n*
tacere [-tʃ-] (ver)schweigen
tachìmetro [-k-] *m* Tachometer *m*/*n*
tàcito [-tʃ-] stillschweigend;

schweigsam
taciturno [-tʃ-] schweigsam
tàfano *m* Bremse *f* (*Insekt*)
taffetà *m* Taft
tagli|a *f* Gestalt; *Konfektion* Größe; **~bórse** *m* Taschendieb
tagliando [-ʎan-] *m* Abschnitt
tagliare [-ʎa-] (ab)schneiden; *Baum* fällen
tagliatelle [-ʎa-] *f*/*pl* Bandnudeln
tagliere [-ʎɛ-] *m* Hackbrett
taglierini [-ʎe-] *m*/*pl* Suppennudeln *f*/*pl*

taglio [-ʎo] *m* Schnitt; Schneide *f*
tailleur [ta'jœr] *m* Jackenkleid *n*; Kostüm *n*
talco *m* Talkum *n*
tale solch; so ein(e); diese(r, -s); **un ~** jemand; ein gewisser; **~ (e) quale** genau so wie; **il tal dei tali** Herr Soundso
talento *m* Talent *n*, Gabe *f*
tallone *m* Ferse *f*
talmente dermaßen, derart
talora bisweilen, manchmal
talpa *f* Maulwurf *m*
talvolta manchmal, mitunter
tamburo *m* Trommel *f*; Trommler
tamponamento *m* Auffahrunfall; **~ a catena** Massenkarambolage *f*
tamponare zustopfen; *Med* tamponieren; *Auto* auffahren auf
tampone *m* Tampon *m*; Pfropfen; *Tech* Puffer
tana *f* Höhle (*für Tiere*)
tangenziale [-dʒ-] *f* Umgehungsstraße
tànica *f* (Benzin-)Kanister *m*
tànnico: àcido ~ Gerbsäure *f*
tanto so; so groß; so viel; **tanti saluti** viele Grüße; **tante grazie** vielen Dank; **ogni ~** od **di ~ in ~** von Zeit zu Zeit; **~ meglio** um so besser; **~ ... quanto** so ... wie; **da ~** seit langem
tapioca *f* Sago *m*
tappa *f* Rast, Station; Etappe
tappare zustopfen; zukorken
tapparella *f* Rolladen *m*
tappeto *m* Teppich; Matte *f*
tappezzeria *f* Tapete
tappo *m* Korken; Stöpsel
tardare verzögern; zögern; sich verspäten
tardi spät; **più ~** später; **a più ~!** bis später!; **al più ~** spätestens; **far ~** sich verspäten
tardivo spätreif; verspätet
tardo spät; langsam
targa *f* Schild *n*; Plakette; *Auto* Nummernschild *n*; **~ della nazionalità** Nationalitätskennzeichen *n*
tariffa *f* Tarif *m*, Gebühr
tarlato wurmstichig
tarlo *m* Holzwurm
tarsia *f* Einlegearbeit
tàrtaro *m* Zahn-, Kalk-, Wein-stein
tartaruga *f* Schildkröte
tartina *f* belegtes Brot *n*
tartuf|ato getrüffelt; **~o** *m* Trüffel *f*
tasc|a *f* (Kleider-)Tasche; **~àbile** Taschen...; *in* ~ Taschenbuch *n*; **~apane** *m* Brotbeutel; Wandertasche *f*
tassa *f* Gebühr; Steuer; **~ d'aeroporto** Flughafengebühr; **~ di soggiorno** Kurtaxe
tassàmetro *m* Taxameter *m/n*
tassare besteuern
tass|ì *m* Taxi *n*; **~ista** *m* Taxifahrer
tasso *m* Quote *f*, Rate *f*, Satz

tast|are (be)tasten; *Puls* fühlen; **~iera** f Tastatur; **~o** m Taste f; Tasten n; **~oni:** a ~ tastend

tàttic|a f Taktik; **~o** taktisch
tatto m Tastsinn; *fig* Takt
Tauri m/pl Tauern pl
taverna f Schenke
tàvola f Tisch m; Brett n; Platte f; ~ **calda** Imbißstube
tavolino m Tisch (*im Lokal*); Spieltisch
tàvolo m Tisch; ~ **da stiro** Bügelbrett n
taxi m Taxi
tazza f Tasse
te dir; dich; **come te** wie du
tè m Tee
teatrale Theater...; theatralisch
teatro m Theater n; *fig* Schauplatz; ~ **all'aperto** Freilichtbühne f; **dei burattini** Kasperletheater n
tècnic|a f Technik; **~o** m technisch; m Techniker; **tèrmine** m ~ Fachausdruck
tedesco deutsch; m Deutsche(r); Deutsch(e) n; **come si dice in ~?** wie heißt das auf deutsch?
tegame m Bratpfanne f
teglia [-ʎa] f Backform
tégola f Dachziegel m
teiera f Teekanne
tela f Leinwand; Tuch n; *Thea* Vorhang m; ~ **di ragno** Spinnengewebe n
telaio m Rahmen; Gerüst n; *Kfz* Fahrgestell n

tele f Fernsehen n; m Tele(objektiv n); **~fèrica** f Drahtseil-, Schwebe-bahn f; **~film** m Fernsehfilm
telefonare telefonieren (**a qu** mit j-m), anrufen (**a qu** j-n)
telefonata f Anruf m; ~ **interurbana** Ferngespräch n; ~ **urbana** Ortsgespräch n; ~ **in teleselezione** Selbstwählferngespräch n
tele|fònico Fernsprech...; telefonisch; **~fonista** su Telefonist(in f) m
telèfono m Telefon n, Fernsprecher; ~ **a gettoni** Münzfernsprecher; **dare un colpo di ~ a qu** j-n kurz anrufen
tele|giornale [-dʒo-] m Tagesschau f, Fernsehnachrichten f/pl; **~grafare** telegrafieren; **~gràfico** telegrafisch
telègrafo m Telegrafenamt n
telegramma m Telegramm n; **~lèttera** Brieftelegramm n
telèmetro m *Fot* Entfernungsmesser
tele|obiettivo m Teleobjektiv n; **~schermo** [-sker-] m Bildschirm; **~scopio** m Fernrohr n; **~scrivente** f Fernschreiber m; **~selezione** f Selbstwählferndienst m; **~spettatore** m Fernsehzuschauer
televisione f Fernsehen n; ~ **via cavo** Kabelfernsehen n
televisore m Fernsehgerät n; Fernseher; ~ **a colori** Farbfernseher

telex *m* Telex *n*
tema *m* Thema *n*; Aufsatz
tem|erario verwegen; **~ere** (be)fürchten; **~ qu** sich vor j-m fürchten; **~erità** *f* Verwegenheit
temper|amento *m* Temperament *n*; Milderung *f*; **~are** mildern; mäßigen; *Bleistift* spitzen; **~ato** maßvoll; **~atura** *f* Temperatur
temperìe *f* Witterung
temperino *m* Taschenmesser *n*
tempesta *f* Sturm *m*
tempia *f* Schläfe
tempio *m* Tempel
tempo *m* Wetter *n*; Zeit *f*; *Mus* Takt; **un ~** einst; **~ fa** vor einiger Zeit; **a ~** od **in ~** rechtzeitig; **col ~** mit der Zeit; **di ~ in ~** von Zeit zu Zeit; **per ~** frühzeitig; **legale** Sommerzeit *f*; **~ libero** Freizeit *f*; **~ di sgelo** Tauwetter *n*; **~ di volo** Flugzeit *f*
tempor|ale *m* Gewitter *n*; **~àneo** zeitweilig
tenace [-tʃe] zäh
tenaglia [-ʎe] *f/pl* Zange *f*; *Zo* Scheren; **un paio di ~** eine Zange
tenda *f* Vorhang *m*; Zelt *n*; Markise
tendenza *f* Neigung, Tendenz
tèndere spannen; *Hand* reichen; *Arm* strecken; streben (**a** nach)

tendina *f* Gardine, Vorhang *m*
tèndine *m* Sehne *f*
tènebre *f/pl* Finsternis
tenebroso finster, dunkel
tenere (ab-, be-, ein-, ent-)halten; haben; **~ al fresco** kühl aufbewahren; **~ a qc** auf et Wert legen
tenerezza *f* Zartheit *f*; Zärtlichkeit
tènero zart; weich; zärtlich
tengo ich halte
tenia *f* Bandwurm *m*
tennis *m* Tennis(spiel) *m*; **~ da tàvolo** Tischtennis *n*
tenore *m* Wortlaut; *Mus* Tenor
tensione *f* Spannung; *fig* Anspannung; **alta ~** Hochspannung; **bassa ~** Niederspannung
tent|are versuchen; **~ativo** Versuch *m*; **~azione** *f* Versuchung
tenuta *f* Fassungsvermögen *n*; *Mil* Uniform; Landgut *n*; *fig* Ausdauer; *Kfz* **~ di strada** Straßenlage
teor|ètico theoretisch; **~ìa** *f* Theorie; Lehre
tepore *m* milde Wärme *f*
teppista *m* Gangster
terapìa *f* Therapie
tergicristallo [-dʒ-] *m* Scheibenwischer
tergo *m* Rückseite *f*
termale Thermal...; **stazione ~** *f* Kurort *m*; **stabilimento ~** *m* Thermalbad *n*

terme f/pl Thermalbad n; im alten Rom Thermen
terminare (be)enden
tèrmine m Termin; Frist f; Grenze f; Ende n; Fachausdruck; **a breve (lungo) ~** kurz-(lang-)fristig
termò|foro m Heizkissen n; **~metro** m Thermometer n
term|os m Thermosflasche f; **~osifone** m Heizkörper; Zentralheizung f; **~òstato** m Thermostat
terra f Erde; Boden m; Land n; **terre** pl Ländereien pl; irden; **a ~** am Boden; **per ~** zu Lande; **cadere a ~** zu Boden fallen; **prèndere ~** landen
terraferma f Festland n
terraglia [-ʎa] f Steingut n
terrapieno m Erdwall
terrazz|a f Terrasse; **~ino** m Balkon; **~o** m Terrasse f
terr|emoto m Erdbeben n; **~eno** irdisch; m Boden; Land n; Gelände n; Grundstück n; **~estre** Erd...; Land...; irdisch
terrìbile schrecklich, fürchterlich
territòrio m Gebiet n, Territorium n
terrore m Schrecken
terror|ismo [-zm-] m Terrorismus; **~ista** su Terrorist(in f) m; **~izzare** terrorisieren
terz|a f dritte Klasse; Kfz dritter Gang; **~ino** m Sport Verteidiger; **~o** dritte(r); m Dritte(r); Drittel n
tesi f These
tesoro m Schatz; Tresor
tèssera f Ausweis m; Mitgliedskarte; **~ di campeggio** Campingausweis m; **~ d'ostello per la gioventù** (Jugend-)Herbergsausweis m
tesserato m Mitglied n
tèssil|e Textil...; **~i** m/pl Textilien
tessuto m Gewebe n; Stoff
testa f Kopf m; **a ~** pro Kopf; **alla ~ di** an der Spitze von; **èssere in ~** an der Spitze liegen
testamento m Testament n
test|ardàggine [-dʒ-] f Dickköpfigkeit; **~ardo** dickköpfig; m Dickkopf
testata f Kopfende n; Kopfteil m; Kfz Zylinderkopf m; **~ nucleare** Atomsprengkopf m
teste su Zeuge m, Zeugin f
testìcolo m Hoden
testimon|e m Zeuge; Beweis; **~ oculare** Augenzeuge; **~ianza** f Zeugenaussage; **~iare** bezeugen; aussagen
testo m Text
tètano m Tetanus, Wundstarrkrampf
tetro düster, finster
tettarella f Schnuller m; Sauger m
tett|o m Dach n; **~oia** f Überdachung
Tèvere m Tiber

thermos *m s termos*
ti dir; dich
tibia *f* Schienbein *n*
tic *m* Tick
Ticino [-tʃ-] *m* Tessin *n*
tièpido *m* Fan
tifo *m* Typhus
tifoso *m* Fan
tiglio [-ʎo] *m* Linde *f*
tigre *f* Tiger *m*
timballo *m* Pauke *f*; *Kochk* Auflauf(form *f*) *m*
timbr|are (ab-)stempeln; **~o** *m* Stempel
timidezza *f* Schüchternheit
timido schüchtern
timo *m* Thymian
timon|e *m* Deichsel *f*; *Mar* Steuer *n*; **~iere** *m* Steuermann
tim|ore *m* Furcht *f*; **~oroso** ängstlich
timpano *m* Pauke *f*; *Anat* Paukenhöhle *f*
tinca *f* Schleie *f*
tingere [-dʒ-] färben
tinta *f* Farbe; Färbung
tint|oria *f* (chemische) Reinigung; **~ura** *f* Färbung; *Med* Tinktur; **~ di iodio** Jodtinktur
tip|ico typisch; **~o** *m* Typ; Art *f*; **che ~ di ...?** was für ein(e) ...?
tipografia *f* Buchdruck(erei *f*) *m*
tirann|eggiare [-dʒa-] tyrannisieren; **~ia** *f* Tyrannei; **~o** *m* Tyrann
tir|are (auf-, heraus-, zu-)ziehen; werfen; schießen; *Kleid* spannen; *Wind* wehen; **tirarsi avanti** sich durchschlagen; **tirarsi da parte** beiseite treten; **tirarsi indietro** zurücktreten; **~atore** *m* Schütze; **~atura** *f* Auflage (*Buch*)
tiro *m* Ziehen *n*; Zug; Wurf; Schuß; *v Zugtieren* Gespann *n*; *fig* **brutto ~** böser Streich; **bestia f da ~** Zugtier *n*
tirocinio [-tʃ-] *m* Lehrzeit *f*
tiroide *f* Schilddrüse
tirolese Tiroler...; *m* Tiroler
Tirolo *m* Tirol *n*
tisana *f* (Kräuter-)Tee *m*
titolare titulieren; beiteln; *m* Inhaber
titolo *m* Titel; Wertpapier *n*
tizio *m* irgend jemand
tocc|are berühren, anrühren; erreichen; *Taste* drücken; *j-n* betreffen; *im Wasser* **~ fondo** Grund haben; **tocca a me** ich bin an der Reihe; **~o** *m* (Glocken-)Schlag; **al ~** um ein Uhr
tògliere [-ʎe-] (weg-, ab-)nehmen, *Kleidung* ausziehen
tolda *f Mar* (Ober-)Deck *n*
toletta *f* Toilette
toller|ante tolerant; **~anza** *f* Toleranz; **~are** tolerieren, dulden; ertragen; vertragen
tomba *f* Grab *n*
tomo *m* Band
tònaca *f* Kutte
tonalità *f* Farbton *m*
tonare donnern

tondo rund; *chiaro e ~* klipp und klar
tonfo *m* dumpfer Schlag
tònico *m* Stärkungsmittel *n*
tonnellata *f Mar* Tonne
tonno *m* Thunfisch
tono *m* Ton
tonsill|e *f/pl Anat* Mandeln; **~ite** *f* Mandelentzündung
topaia *f* Mäusenest *n*
topo *m* Maus *f*; *fig* **~ d'auto** Auto-knacker, F -marder; **~lino** *m* Mickymaus *f*
toppa *f* (Tür-)Schloß *n*; Flikken *m*
toppo *m* Klotz
torace [-tʃe] *m* Brustkorb
tòrbido trübe
tòrcere [-tʃ-] (um-, ver-)drehen; biegen, krümmen; auswringen
torchio [-k-] *m* Presse *f*; Kelter *f*
torcia [-tʃa] *f* Fackel
torcicollo [-tʃ-] *m Med* steifer Hals
tordo *m* Drossel *f*
Torino *f* Turin *n*
torlo *m* (Ei-)Dotter *m/n*
tormenta *f* Schneesturm *m*
torment|are quälen; plagen; **~o** *m* Qual *f*; Plage *f*
tornaconto *m* Vorteil
tornante *f* Haarnadelkurve *f*
tornare zurückkommen; wiederkommen; zurückgeben; ~ **a fare qc** wieder machen
tornello *m* Drehkreuz *n*
torn|io *m* Drehbank *f*; **~ire** drechseln; drehen; **~itore** *m* Drechsler; Dreher
toro *m* Stier
torpedone *m* Reise(omni)bus
torre *f* Turm *m*
torrefare rösten
torrente *m* Wildbach
tòrrido glühendheiß
torsione *f* Drehung; *Tech* Torsion
torso *m* Rumpf; *Kunst* Torso *m*
torta *f* Torte; Kuchen *m*; ~ **di mele** Apfelkuchen *m*
tortellini *m/pl* Tortellini *pl*
tortiera *f* (runde) Backform
torto *m* Unrecht *n*; **avere ~** unrecht haben
tòrtora *f* Turteltaube
tortuoso gewunden
tortur|a *f* Folter; *fig a* Qual; **~are** foltern; *fig* quälen
tosse *f* Husten *m*; ~ **canina** Keuchhusten *m*
tòssico giftig; *m* Gift *n*
tossico|dipendente *su* Drogenabhängige(r); **~dipendenza** *f* Drogenabhängigkeit; **~mane** rauschgiftsüchtig; *su* Rauschgiftsüchtige(r)
tossire husten
tostapane *m* Toaster
tostare rösten; toasten
tot|ale Gesamt...; völlig; *m* Gesamtsumme *f*; **~alità** *f* Gesamtheit
totip *m* Pferdelotto *n*
totocalcio [-tʃo] *m* Fußballtoto *n*
tovagli|a [-ʎa] *f* Tischtuch *n*; **~olo** [-ʎɔ-] *m* Serviette *f*

tra *s* **fra**
traballare schwanken
traboccare *Flüssigkeit* überlaufen
traccia [-tʃa] *f* Spur; Entwurf *m*
tracciare [-tʃa-] entwerfen, zeichnen
tracollo *m* Schulterriemen; *a* ~ umgehängt
trad|imento *m* Verrat; **alto** ~ Hochverrat; **~ire** verraten; **~itore** verräterisch; *m* Verräter; **~izione** *f* Überlieferung; Tradition
trad|otto übersetzt; **~urre** übersetzen; **~uttore** *m*, **~uttrice** [-tʃe] *f* Übersetzer(in *f*) *m*; **~uzione** *f* Übersetzung
traffic|ante *m* Händler; **~are** handeln
tràffico *m* Handel; Verkehr; ~ **postale**, **stradale** Post-, Straßen-verkehr
traf|orare durchbohren; **~oro** *m* Tunnel
tragedia [-tʃe-] *f* Tragödie
traggo ich ziehe
traghetto *m* Überfahrt *f*; Fähre *f*, Fährschiff *n*
tràgico [-dʒ-] tragisch
tragicommedia [-dʒ-] *f* Tragikomödie
tragitto [-dʒ-] *m* Fahrt *f*; Weg *m*
traguardo *m* Ziel *n*
train|are schleppen; ziehen; **~o** *m* Fuhre *f*
tralasciare [-ʃa-] unterlassen
tralùcere [-tʃ-] durchscheinen

tram *m* Straßenbahn *f*
trama *f* Intrige; *Film usw* Handlung
tramandare überliefern
tramezz|a *f* Brandsohle; **~ino** *m* Sandwich *m*/*n*; **~o** zwischen; unter; *m* Zwischenwand *f*
tramite *f* Vermittlung; *prp* durch, mittels
tramont|ana *f* Nordwind *m*; **~are** *Gestirn* untergehen; **~o** *m* (Sonnen-)Untergang
trampolino *m* Sprungbrett *n*; Sprungschanze *f*
trancia [-tʃa] *f* Scheibe
tranne außer
tranquill|ante *m* Beruhigungsmittel *n*; **~ità** *f* Ruhe, Stille; **~izzare** beruhigen
tranquillo ruhig, still; beruhigt
transatlàntico *m* Ozeandampfer
transistor(e) *m* Transistor
trànsito *m* Durchgang; Durchfahrt *f*; Durchreise *f*; Transit
trans|itorio vorübergehend; Übergangs...
transoceànico [-tʃ-] Übersee...
tran|vai *m*, **~via** *f* Straßenbahn *f*; **~viere** *m* Straßenbahner
trapanare (durch)bohren
tràpano *m* Bohrer
trapassare überschreiten
trapasso *m* Übergang; Ableben *n*; *jur* Übertragung *f*

trapiantare umpflanzen; *Med* transplantieren

tràppola *f* Falle

trapunta *f* Steppdecke

trarre ziehen

trasalire zusammenfahren

trasandato verwahrlost; ungepflegt

trasb|ordare [-zb-] *Esb* umladen; **~ordo** *m* Umladung *f*

trascinare [-ʃ-] schleppen, schleifen; *fig* mitreißen

trascórrere *Zeit* verbringen; vergehen; *Schriftstück* überfliegen

trascr|ìvere abschreiben; **~izione** *f* Abschrift

trascur|àbile unerheblich; **~are** vernachlässigen; **~atezza** *f* Nachlässigkeit; **~ato** nachlässig; verwahrlost

trasfer|ìbile übertragbar; **~imento** *m* Verlegung *f*; Versetzung *f*; Übersiedlung *f*; Übertragung *f*; **~ìre** verlegen; *j-n* versetzen; übertragen; **~ìrsi** übersiedeln

trasferta *f* Dienstreise; *Sport* Auswärtsspiel *n*

trasform|are umgestalten; verwandeln (*in* in); **~atore** *m* Transformator; **~azione** *f* Umgestaltung; Verwandlung

trasfusione *f* Blutübertragung; Transfusion

trasgr|edire [-zg-] übertreten; **~essione** *f* Übertretung

trasloc|are [-zl-] versetzen; verlegen; umziehen; **~o** *m* Umzug

trasméttere [-zm-] übertragen; senden (*beide a Rdf, TV*); übermitteln

trasmissione [-zm-] *f* Übertragung; *Rdf, TV a* Sendung; *Tech* Transmission; **~ dati** Datenübertragung

traspar|ente durchsichtig; **~enza** *f* Durchsichtigkeit

trasport|are fortschaffen, transportieren, befördern; **~o** *m* Transport, Beförderung *f*

trastullo *m* Zeitvertreib

trasversale [-zv-] quer; Quer...

trasvolare [-zv-] überfliegen

tratta *f Hdl* Tratte; (gezogener) Wechsel *m*

tratt|amento *m* Behandlung *f*; Bewirtung *f*; **~are** be-, verhandeln; bewirten; *si tratta di* es handelt sich um; **~ativa** *f* Verhandlung; **~ato** *m* Abhandlung *f*; Vertrag

tratten|ere *j-n* dabehalten; aufhalten; unterhalten; *Summe* einbehalten, abziehen; **~ersi** sich aufhalten, bleiben; sich enthalten; **~uta** *f* Abzug *m*

tratto Strich; Stück *n*; Strecke *f*; Zeitspanne *f*; **a un ~** auf einmal; **di ~ in ~** von Zeit zu Zeit

trattore *m* Traktor

trattorìa *f* Restaurant *n*, Gaststätte

travagliare 214

travagli|are [-ʎa-] quälen; **~o** [-ʎo] *m*: **~ di stòmaco** Magenbeschwerden *f/pl*
travasare umfüllen
trave *f* Balken *m*
travers|a [-z-] *f* Querbalken *m*; Querstraße; **~are** überqueren; durchqueren; **~ata** *f* Überquerung; Durchquerung; *Mar* Überfahrt; **~o** quer; **di ~** schief; quer
travestire verkleiden (**da** als)
travòlgere [-dʒ-] mitreißen
trazione *f* Tech Antrieb *m*; *Kfz* **~ anteriore (posteriore)** Vorder-(Hinter-)radantrieb *m*
tre drei
treccia [-tʃa] *f* Zopf *m*
Trecento [-tʃ-] *m in der Kunst* 14. Jahrhundert
tregua *f* Waffenstillstand *m*; *fig* Atempause
tremare beben; zittern (**di** *od* **da** vor; **per** um)
tremendo furchtbar
tremolare zittern, beben; *Licht* flackern
treno *m Esb* Zug; **~ accelerato** Personenzug; **~ diretto** Eilzug; **~ locale** Nahverkehrszug; **~ merci** Güterzug
tren|tenne dreißigjährig; *su* Dreißigjährige(r); **~tina:** **una ~ di ...** etwa dreißig ...
trentino tridentinisch; *m* Tridentiner
Trento *f* Trient *n*
trèpido angstvoll
treppiedi *m* Stativ *n*

triangolare dreieckig
triàngolo *m* Dreieck *n*; *Kfz* Warndreieck *n*
tribordo *m* Steuerbord *n*
tribù *f* (Volks-)Stamm *m*
trib|una *f* Tribüne; **~unale** *m* Gericht *n*
tributo *m* Steuer *f*
tricheco [-k-] *m* Walroß *n*
tri|ciclo [-tʃ-] *m* Dreirad *n*; **~colore** dreifarbig
Trieste *f* Triest *n*
trifoglio [-ʎo] *m* Klee
triglia [-ʎa] *f* Seebarbe
trilaterale dreiseitig
trimestr|ale vierteljährlich; **~e** *m* Vierteljahr *n*
trimotore *m* dreimotoriges Flugzeug *n*
trina *f* Spitze (*Gewebe*)
trincare saufen
trinchetto [-k-] *m* Focksegel *n*; Fockmast
trinci|apolli [-tʃa-] *f/m* Geflügelscherre *f*; **~are** [-tʃa-] zerschneiden; tranchieren
trinità *f* Dreieinigkeit
trionf|ale: **arco ~** *m* Triumphbogen; **~are** triumphieren (**su** über); siegen; **~o** *m* Triumph
triplice [-tʃe] dreifach
triplo *m* Dreifache(s) *n*
trippa *f* Kutteln *pl*, Kaldaunen *pl*
trist|e traurig; **~ezza** *f* Traurigkeit
trit|are zerkleinern; hacken; **~ato** *m* Hackfleisch *n*, Gehackte(s) *n*; **~o** gehackt,

Hack...; **carne** *f* **trita** Hackfleisch *n*
trìttico *m* Triptychon *n*
triv|ellare bohren; **~ello** *m* Bohrer
triviale vulgär, trivial
trògolo *m* Trog
tromba *f* Trompete; *Kfz* Hupe; *Zo* Rüssel *m*
trombone *m* Posaune *f*
trombosi *f* Thrombose
tronc|are abbrechen; abschneiden; abschlagen; **~o** *m* Rumpf; *Baum* Stamm; Säule Schaft; *Esb, Straße* Abschnitt, Strecke *f*
tronfio aufgeblasen
trono *m* Thron
tropicale tropisch
troppo zuviel; zu; zu sehr
trota *f* Forelle
trott|are traben; **~o** *m* Trab
tròttola *f* Kreisel *m*
trov|are (wieder)finden; (an)treffen; **andare a ~ qu** j-n besuchen; **~arsi** sich (be)finden; sich häufig treffen; **~ata** *f* Einfall *m*
trucco *m* Make-up *n*, Schminke *f*; Betrug; Trick
truff|a *f* Betrug/m; **~are** betrügen; **~atore** *m* Betrüger, Gauner
truppa *f* Truppe
tu du; **dare del ~ a qu** j-n duzen
tuba *f* *Mus* Tuba
tub|atura *f*, **~azione** *f* Rohrleitungen *f/pl*
tubercolosi *f* Tuberkulose

tùbero *m* Knolle *f*
tubetto *m* (*Pillen-*)Röhrchen *n*; Tube *f*
tubo *m* Rohr *n*; Röhre *f*; Schlauch; **~ di scappamento** Auspuffrohr *n*
tuff|are (ein)tauchen; **~arsi** (unter)tauchen; *ins Wasser* springen; **~ista** *su Sport* Kunstspringer(in *f*) *m*
tuffo *m* Tauchen *n*; Sprung (*ins Wasser*); **~ in avanti** Kopfsprung
tulipano *m* Tulpe *f*
tumefa|rsi anschwellen; **~zione** *f* Schwellung
tùmido geschwollen
tumore *m* Geschwulst *f*, Tumor
tùmulo *m* Grabhügel
tumulto *m* Tumult; Aufruhr
tumultu|are lärmen; **~oso** stürmisch
tuo dein; *m* Dein(ig)e *n*
tuono *m* Donner
tuorlo *m* Eidotter *m/n*, Eigelb *n*
turare zu-stopfen, -korken
turb|a *f* (*Menschen-*)Menge; **~amento** *m* Störung *f*; Verwirrung *f*; **~are** stören; beunruhigen; **~arsi** in Erregung geraten
tùrbine *m* Wirbel(wind)
turbogetto *m* [dʒ-] *m* Düsenflugzeug *n*
turbol|ento unruhig; turbulent; **~enza** *f* Unruhe
turchese [-k-] türkisgrün; *m* Türkis *m*

Turchìa [-k-] *f* Türkei
turco türkisch; *m* Türke
tur|ismo [-zmo] *m* Fremdenverkehr, Tourismus; **~ista** *su* Tourist(in *f*) *m*, Reisende(r); **~ìstico** touristisch; Reise...
turno *m* Reihenfolge *f*; (*Arbeits*-)Schicht *f*; **a ~** abwechselnd; **di ~** dienstbereit; **è il mio ~** ich bin dran
turpe schändlich; schamlos
tuta *f* Overall *m*; Arbeitsanzug *m*
tut|ela *f* Schutz *m*; Vormundschaft; **~ore** *m* Vormund
tuttavia jedoch, dennoch, trotzdem
tutto ganz; all; alles; **tutti, tutte** alle; **tutti i giorni** jeden Tag; **~ il libro** das ganze Buch; **innanzi ~** vor allem; **tutti e tre** alle drei; **del ~** ganz, völlig
tuttora noch immer
TV *f* (*televisione*) TV (*Television*)

U

ubbid|iente gehorsam; **~ienza** *f* Gehorsam *m*; **~ire** gehorchen; sich fügen
ubriac|arsi sich betrinken; **~o** betrunken; *m* Betrunkene(r)
uccello [-tʃ-] *m* Vogel
uccid|ere [-tʃ-] töten; **~ersi** sich umbringen
udìbile hörbar, vernehmbar
ud|ienza *f* Audienz; Gehör *n*; *jur* Verhandlung; **~ire** hören; **~ito** gehört; *m* Gehör *n*; **~itòfono** *m* Hörgerät *n*; **~itore** *m* Hörer; **~itòrio** *m* Zuhörerschaft *f*
ufficiale [-tʃa-] offiziell, amtlich; *m* Beamte(r); *Mil* Offizier
ufficio [-tʃo] *m* Amt *n*; Büro *n*; **~ cambi** Wechselstube *f*; **~ doganale** Zollamt *n*; **~ informazioni** Informationsbüro *n*; **~ oggetti smarriti** Fundbüro *n*; **~ postale** Postamt *n*; **~ di turismo** Fremdenverkehrsbüro *n*
ugu|aglianza [-ʎa-] *f* Gleichheit; **~agliare** [-ʎa-] gleichmachen; **~ale** gleich; eben; **~almente** gleichermaßen, gleichfalls
ùlcera [-tʃ-] *f* Geschwür *n*; **gàstrica** Magengeschwür *n*
ulteriore weitere; jenseitig
ultimare beenden
ùltimo letzte; neueste; **~ prezzo** *m* äußerster Preis
ulul|are heulen; **~ato** *m* Geheul *n*
uman|ità *f* Menschheit; Humanität; **~o** menschlich, human
Umbria *f* Umbrien *n*
umbro umbrisch; *m* Umbrier
umidità *f* Feuchtigkeit

ùmido feucht; naß; *m* Feuchtigkeit *f*; *Kochk in ~ geschmort*
ùmile niedrig; demütig
umili|are demütigen; **~tà** *f* Demut; Bescheidenheit
umor|e *m* Laune *f*; *èssere di cattivo ~* schlechter Laune sein; **~ismo** [-zmo] *m* Humor
un(a) ein(e)
unànime einmütig; einstimmig
uncin|etto [-tʃ-] *m* Häkelnadel *f*; *lavorare all'~* häkeln; **~o** *m* Haken
ùngere [-dʒ-] einreiben
unghia *f* Nagel *m*; Kralle
unguento *m* Salbe *f*
ùnico einzig; einmalig
unicolore einfarbig
unifica|re einigen; **~zione** *f* Einigung
uniforme gleichförmig; *f* Uniform
uni|one *f* Vereinigung; Union; **~ire** verein(ig)en; zs.-fügen
unit|à *f* Einheit; **~o** verein(ig)t; einträchtig
univers|ale allgemein; **~ità** *f* Universität, Hochschule; **~itario** Universitäts...; *m* Student; Hochschullehrer; **~o** *m* Weltall *n*
uno eins; ein(er); jemand; *non ~* keiner; *a ~ a ~* einzeln; *l'un l'altro* einander; *~ m* Eins *f*
unzione *f*: *estrema ~* Letzte Ölung

uomo *m* (*pl* **uomini**) Mensch; Mann
uovo *m* (*pl* **le uova**) Ei *n*; *~ à la coque* weiches Ei; *~ sodo* hartgekochtes Ei; *~ al tegame* Setz-, Spiegel-ei *n*; **uova** *pl* **strapazzate** Rührei *n*
uragano *m* Orkan; Sturm
urbano städtisch, Stadt...
uretra *f* Harnröhre
urgen|te [-dʒ-] dringend; Eil...; **~za** *f*: *d'~* Not...
url|are heulen; schreien; **~o** *m* Schrei
uròlogo *m* Urologe
urt|are stoßen; *veicolo* streifen; **~o** *m* (Zusammen-)Stoß, Aufprall
us|anza *f* Sitte, Brauch *m*; **~are** gebrauchen, verwenden; pflegen
usc|ire [-ʃ-] (hin)ausgehen; herauskommen; aussteigen (*da* aus); erscheinen (*Buch*); *~ dal porto* auslaufen (*Schiff*); **~ita** *f* Ausgang *m*; Ausfahrt; *~ di sicurezza* Notausgang *m*; **~ito** (hin-)ausgegangen
usignolo [-ɲ-] *m* Nachtigall *f*
uso *m* Gebrauch; Benutzung *f*; *avere l'~ di* pflegen zu; *Med per~ esterno* äußerlich (anzuwenden); *per ~ interno* innerlich (anzuwenden); *con ~ di cucina* mit Küchenbenutzung
ustione *f* Verbrennung
usuale gebräuchlich

usura Verschleiß m
utensile m Gerät n; Werkzeug n
utente m Benutzer; **~ della strada** Verkehrsteilnehmer
ùtile nützlich; *in tempo ~* zur rechten Zeit; **~** m Nutzen; Gewinn
utilità f Nützlichkeit; Nutzen m; **~itaria** f Kleinwagen m; **~izzare** benutzen, gebrauchen; verwerten; **~izzazione** f Benutzung, Gebrauch m; Verwertung
uva f Weintrauben f/pl; **nera** blaue Trauben; **~ passa** *od* **secca** Rosinen f/pl; **~ spina** Stachelbeere

V

va er (sie, es) geht
vacanza f Urlaub m; Ferien pl; *andare in ~* in Urlaub fahren; *vacanze pl estive, natalizie, pasquali* Sommer-, Weihnachts-, Oster-ferien; **~ziere** m Urlauber
vacca f Kuh
vaccinare [-tʃ-] impfen; **~azione** f Impfung; **~o** m Impfstoff
vàcuo leer
vado ich gehe
vagabondare umherstreifen; **~o** umherziehend; **~** m Herumtreiber; Landstreicher
vagina [-dʒ-] f Anat Scheide
vaglia [-ʎa] m Anweisung f; **~ bancario** Bankanweisung f; **~ postale** Postanweisung f
vagliare [-ʎa-] prüfen
vago unbestimmt, vage
vagone m Esb Waggon, Wagen; **~ letto** Schlafwagen; **~ ristorante** Speisewagen
vai du gehst
vaiolo m Med Pocken f/pl

valanga f Lawine
Val d'Aosta f Aostatal n
valdostano aus dem Aostatal
valente tüchtig; **~ere** gelten; wert sein; *far ~* geltend machen; **~ersi** sich zunutze machen (*di qc* et)
valeriana f Baldrian f
valévole gültig
valicare überschreiten
vàlico m (*Berg*-)Paß, Übergang
validità f Gültigkeit
vàlido gültig; kräftig, stark
valigia [-dʒa] f Koffer m; *fare la ~* den Koffer packen
valle f Tal n; **~igiano** [-dʒa-] m Talbewohner; **~o** m Wall
vallone m tiefes Tal n
valore m Wert; Tüchtigkeit f; Tapferkeit f; **~ dichiarato** Wertangabe f; *valori pl* Wertpapiere n/pl, Wertsachen f/pl; **~izzare** aufwerten; **~oso** tapfer
valuta f Währung; Valuta; **~ nazionale** Landeswährung

~are schätzen; *fig* abwägen; **~azione** *f* Schätzung

vàlvola *f* Ventil *n*; *Anat* Klappe; *El* Sicherung; *Radio* Röhre

valzer *m* Walzer

vang|a *f* Spaten *m*; **~are** umgraben

Vangelo [-dʒ-] *m* Evangelium *n*

vaniglia [-ʎa] *f* Vanille

vanit|à *f* Eitelkeit *f*; **~oso** eitel

vanno sie gehen

vano leer; hohl; *m* Raum; Öffnung *f*; **~ portabagagli** Kofferraum

vantaggi|o [-dʒo] *m* Vorteil; **~oso** [-dʒo-] vorteilhaft

vantare rühmen, loben

vanto *m* Ruhm; Vorzug

vapor|e *m* Dampf; Dampfer; **~etto** *m* Motorschiff *n*; **~izzare** verdampfen; zerstäuben; **~oso** duftig; *fig* unklar

varc|are überschreiten; **~o** *m* Übergang

vari|àbile veränderlich; **~are** (ver)ändern; wechseln; **tanto per ~** zur Abwechslung; **~ato** verschieden; **~azione** *f* Veränderung; Wechsel *m*

varice [-tʃe] *f* Krampfader

varicella [-tʃ-] *f* Windpocken *pl*

varietà *f* Verschiedenartigkeit; Vielfalt; Art; *Thea* Varieté *n*

vario verschieden(artig); *Wetter* wechselhaft; **vari** einige; **~pinto** bunt

vasaio *m* Töpfer

vasca *f* Becken *n*; Bassin *n*; **~ da bagno** Badewanne

vaselina *f* Vaselin(e *f*) *n*

vasellame *m* Geschirr *n*

vaso *m* Gefäß *n* (*a Anat*); Topf; Vase *f*; **~ da fiori** Blumen-topf, -vase *f*

vassoio *m* Tablett *n*

vastità *f* Weite *f*

vasto weit; ausgedehnt; umfassend

Vaticano *m* Vatikan; **la Città del ~** die Vatikanstadt

ve euch

vecchiaia [-k-] *f* Alter *n*

vecchio [-k-] alt; *m* Alte(r)

vece [-tʃe] *f*: **in ~ sua** an seiner Stelle; **fare le veci di qu** j-n vertreten

vedere sehen; **andare a ~ qu** j-n aufsuchen; **far ~** zeigen; **stare a ~** zusehen, abwarten

védov|a *f* Witwe; **~o** verwitwet; *m* Witwer

veduta *f* Ansicht; Aussicht; Blick *m* (**su** auf)

veem|ente ungestüm, heftig; **~enza** *f* Heftigkeit

veget|ale [-dʒ-] pflanzlich; **~ariano** vegetarisch; **~ariano** *m* Vegetarier; **~azione** *f* Vegetation

veglia [-ʎa] *f* Wache(n *n*) *f*

vegliare [-ʎa-] wachen

veicolo *m* Fahrzeug *n*

vel|a *f* Segel *n*; **~ame** *m* Marsegelwerk *n*; **~are** verhüllen; *fig* verschleiern; **~eggiare**

veleggiata

[-dʒa-] segeln; **~eggiata** [-dʒa-] f Segelfahrt; **~eggiatore** [-dʒa-] m Segelschiff n; Segelflugzeug n
vel|eno m Gift n; **~enoso** giftig
vèlico Segel...
veliero m Segelschiff n, Segler
velina f u carta f ~ Seiden-, Durchschlagpapier
vel|ismo [-zm-] m Segelsport m, Segeln n; **~ista** su Segelsportler(in f) m, Segler(in f) m
velluto m Samt; ~ **a coste** Cordsamt
velo m Schleier
veloce [-tʃe] schnell
velocità [-tʃ-] f Schnelligkeit, Geschwindigkeit; Kfz Gang m; ~ **màssima** Höchstgeschwindigkeit; Esb **a grande** ~ als Eilgut n; **a piccola** ~ als Frachtgut n
velòdromo m Radrennbahn f
ven|a f Vene; Ader; **~ato** gemasert
vend|emmia f Weinlese; **~emmiare** Wein lesen
vèndere verkaufen
vendetta f Rache
vendicare rächen
véndita f Verkauf m; ~ **di fine stagione** Schlußverkauf
vendi|tore m, **~trice** [-tʃe] f Verkäufer(in f) m
vener|are verehren, **~azione** f Verehrung

venerdì m Freitag; 2 **Santo** Karfreitag
Vènere f Venus
Vèneto m Venetien n
Venezia f Venedig f
venezian|a f Venezianerin; Jalousie; **~o** venezianisch; m Venezianer
vengo ich komme
venire kommen; werden; ~ **a trovare** besuchen; ~ **a sapere** erfahren; **far** ~ holen; **a** ~ künftig; nächste
ventaglio [-ʎo] m Fächer
ventenne zwanzigjährig
venti zwanzig
ventil|atore m Ventilator; **~azione** f Ventilation; (Be-)Lüftung
ventina: **una** ~ **di** ... etwa zwanzig
vent|o m Wind; ~ **australe** Südwind; **~oso** windig
ventre m Bauch
vent|ura f Geschick n; Glück n; **~uro** künftig
venut|a f Ankunft; **~o** gekommen; **ben** ~ willkommen; **il primo** ~ der erste beste
veramente wirklich
verbale mündlich; m Protokoll n
verbo m Zeitwort n, Verb n
verdastro grünlich
verde grün; ~ **chiaro** hellgrün; ~ **cupo** dunkelgrün
verderame m Grünspan
verdura f Gemüse n

verga f Rute, Gerte

vèrgine [-dʒ-]: **la ♀** die Jungfrau Maria

vergogn|a [-ɲa] f Scham; Schande; **~arsi** sich schämen; **~oso** [-no-] schamhaft; schändlich

verìdico glaubwürdig

verifica f Nachprüfung, Kontrolle

verific|are nachprüfen, kontrollieren; **~arsi** sich bewahrheiten

verità f Wahrheit

verme m Wurm; **~ solitario** Bandwurm

vermicelli [-tʃ-] m/pl dünne Spaghetti

vermiglio [-ʎo] leuchtendrot

vermut m Wermut(wein)

vern|ice [-tʃe] f Firnis m; Lack m; **~iciare** [-tʃa-] lackieren

vero wahr; echt; richtig; m Wahrheit f; Kunst Natur f; **~sìmile** wahrscheinlich

verruca f Warze

vers|amento m Einzahlung f; **~are** (ein)gießen; verschütten; Geld einzahlen; **~ione** f Übersetzung; Version, Fassung

verso prp gegen; nach; in Richtung (auf); **~ le sei** gegen 6 Uhr; **~** m **1.** Vers f; **2.** Rückseite f

vèrtebra f Anat Wirbel m

vertebrale: colonna f **~** Wirbelsäule

verticale senkrecht

vèrtice [-tʃe] m Scheitel; Gipfel (a Pol); Spitze f; **incontro al ~** Gipfeltreffen m

vert|ìgine [-dʒ-] f Schwindel m; **ho le vertìgini** mir ist schwindelig; **~iginoso** [-dʒ-] schwindelerregend

verza f Wirsingkohl m

vescica [-ʃ-] f Blase; Harnblase

véscovo m Bischof

vesp|a f Wespe; **~aio** m Wespennest n

vest|aglia [-ʎa] f Morgenrock m; **~aglietta** [-ʎe-] f Strandkleid n; **~e** f Kleid n; **~iario** m Kleidung f

vestìbolo m Vestibül n, Vorhalle f

vest|ire anziehen; tragen; j-m stehen; **~irsi** (sich) anziehen; tragen; **~ito** m Anzug; Kleid n

Vesuvio m Vesuv

veterinario m Tierarzt

vetr|aio m Glaser; Glasbläser; **~ami** m/pl Glaswaren f/pl; **~ata** f Glas-, Kirchenfenster n

vetreria f Glashütte; **vetrerìe** pl Glaswaren

vetrina f Schaufenster n

vetro m Glas n; Fensterscheibe f

vetta f Gipfel m

vettura f Wagen m; Esb **in ~!** einsteigen!

vezzeggi|are [-dʒa-] verhätscheln; **~ativo** [-dʒa-] m Kosename

vi *pron* euch; *adv* dort; dorthin

via 1. *f* Weg *m*; Straße; **~ trasversale** Querstraße; **per ~ aèrea** auf dem Luftweg; **2.** *adv* weg; **andar ~** weggehen; **e così ~** und so weiter; **~!** los!; **3.** *prp* über, via; **~ Roma** über Rom

viadotto *m* Viadukt

viaggi|are [-dʒa-] reisen, fahren; **~atore** [-dʒa-] *m* Reisende(r)

viaggio [-dʒo] *m* Reise *f*; Fahrt *f*; **~ aèreo** Flugreise *f*; **~ d'affari** Geschäftsreise *f*; **~ in comitiva** Gesellschaftsreise *f*; **in màcchina** Autofahrt *f*; **buon ~!** gute Reise!

vi|ale *m* Allee *f*; **~avai** *m* Kommen und Gehen *n*

vibr|are schwingen; vibrieren; **~azione** *f* Schwingung

viceconsole [-tʃ-] *m* Vizekonsul

vicenda [-tʃ-] *f* Ereignis *n*; **vicende** *pl* Wechselfälle *m/pl*; **a ~** abwechselnd; gegenseitig

viceversa [-tʃ-] umgekehrt

vicin|anza [-tʃ-] *f* Nähe; Umgegend; *f* Nachbarschaft *f*; **~ato** *m* Nachbarschaft *f*; **~o** nahe; *m* Nachbar; **qui ~** hier in der Nähe; **~ a** in der Nähe von; neben

vìcolo *m* Gasse *f*, **~ cieco** Sackgasse *f*

videocassetta *f* Videokassette; **~disco** *m* Bildplatte *f*; **~tèl** *m*, **~tèx** *m* Bildschirmtext

vidim|are beglaubigen; **~azione** *f* Beglaubigung

viene er kommt

Vienna *f* Wien *n*

vietato verboten

vigil|anza [-dʒ-] *f* Überwachung; **~are** (über-, be-)wachen

vigile [-dʒ-] *m* Polizist; **vìgili** *pl* **del fuoco** Feuerwehr *f*

vigilia [-dʒ-] *f* Vorabend *m*; **~ di Natale** Heiligabend *m*

vign|a [-ɲa] *f* Weinberg *m*; **~aiolo** *m* Weinbauer, Winzer; **~eto** [-ɲe-] *m* Weinberg

vig|ore *m* Kraft *f*; **~oroso** kräftig

vile feige; gemein; *m* Feigling; Schuft

vill|a *f* Villa; Landhaus *n*; **~aggio** [-dʒo] *m* Dorf *n*; **~ turìstico** Feriendorf *n*; **~giante** [-dʒa-] *m* Urlauber, Sommerfrischler; **~eggiatura** [-dʒa-] *f* Sommerferien *pl*, -frische

villino *m* kleines Landhaus

vinaio *m* Weinhändler

vìncere [-tʃ-] (be)siegen; gewinnen

vìncita [-tʃ-] *f* Sieg *m*; Gewinn *m*

vincitore [-tʃ-] *m* Sieger; Gewinner

vino *m* Wein; **~ bianco** Weißwein; **~ nostrano** Landwein; **~ rosato** Rosé(wein); **~ rosso** Rotwein; **~ secco** trocke-

vocabolario

ner Wein; ~ **da tàvola** Tischwein

viola f Mus Bratsche; Bot Veilchen n; ~ **del pensiero** Stiefmütterchen n

viola|re Vorschrift verletzen; brechen; **~zione** f Verletzung; Bruch m

violent|are vergewaltigen; **~ento** gewaltsam; heftig; **~enza** f Gewalt(tätigkeit)

violett|a f Veilchen n; **~o** violett; veilchenblau

violinista su Geiger(in f) m; **~ino** m Geige f

viòttolo m Pfad

vìpera f Viper, Otter

vìrgola f Komma n

virile männlich; mannhaft

virt|ù f Tugend; **~uoso** tugendhaft; m Meister; Virtuose

virus m Virus m/n

vìscere [-ʃ-] f/pl Eingeweide n/pl

viscoso klebrig

vis|ibile sichtbar; **~ibilità** f Sicht; **~ione** f Sehen n; Vision; Film Vorführung

visita f Besuch m; Besichtigung; Med Untersuchung; far ~ a qu j-n besuchen

visit|are besuchen; besichtigen; Med untersuchen; **~atore**, **~atrice** [-tʃe] f Besucher(in f) m

viso m Gesicht n

vista f Sehen n; Sehkraft; Blick m; Aussicht; avere buona ~ gut sehen; a prima ~

auf den ersten Blick; Mus vom Blatt; con ~ **sul mare** mit Meerblick; **pèrdere di** ~ aus den Augen verlieren

visto gesehen; m Visum n; ~ **di entrata** Einreisevisum n; ~ **di trànsito** Transitvisum n; ~ **di uscita** Ausreisevisum n

vissuto gelebt; verlebt

vit|a f 1. Leben n; a ~ lebenslänglich; 2. Taille; **~ale** lebens-fähig, -wichtig; Lebens-; **~amina** f Vitamin n

vite f 1. Schraube; 2. Weinrebe; Weinstock m

vitello m Kalb(fleisch n) n

viticol|tore m Weinbauer, Winzer; **~tura** f Weinbau m

vìttima f Opfer n

vitto m Verpflegung f

vittori|a f Sieg m; **~oso** siegreich

viva ...! hoch lebe ...!, es lebe ...!

viv|ace [-tʃe] lebhaft; **~acità** [-tʃ-] f Lebhaftigkeit; **~anda** f Speise

vìvere (ver-, er-)leben; **~eri** m/pl Lebensmittel n/pl

vivo m lebend, lebendig; lebhaft; farsi ~ von sich hören lassen

vizi|are verwöhnen; verderben; **~o** m Laster n; schlechte Angewohnheit f; Fehler; ~ **cardìaco** Herzklappenfehler; **~oso** mangelhaft, fehlerhaft

vocabolario m Wörterbuch n

vocàbolo *m* Vokabel *f*; Wort *n*

vocale *f* Vokal *m*

vocazione *f* Begabung; Berufung

voce [-tʃe] *f* Stimme; *fig* Gerücht *n*; **a bassa ~** leise; **a viva ~** mündlich

vodka *f* Wodka *m*

voga *f* Rudern *n*; **~are** *f* rudern; **~atore** *m* Ruderer

voglia [-ʎa] *f*: **aver ~ di fare qc** Lust haben, et zu tun; **contro ~, di mala ~** widerwillig; **di buona ~** gern

vogliamo [-ʎa-] wir wollen

voglio [-ʎo] ich will

vògliono [-ʎo-]: **ci ~ due ore** man braucht zwei Stunden

voi ihr; euch; **~ altri** ihr

volano *m* Federball

volante *m* Lenkrad *n*; *f* Überfallkommando *n*

volantino *m* Flugblatt *n*

volare fliegen; rasen

volent|eroso bereitwillig; **~ieri** gern

volere wollen; mögen; **~ dire** bedeuten; **~ bene a qu** j-n gern haben; **~** *m* Wille

volgare gewöhnlich

vòlgere [-dʒ-] (**vòlgersi** sich) wenden (**a destra** nach rechts)

volo *m* Flug; **~ notturno** Nachtflug; **~ senza scalo** Nonstop-, Direkt-flug; **~ spaziale** Raumflug; *fig* **al ~** im Nu

volontà *f* Wille *m*; **a ~** nach Belieben

volontario freiwillig; *su* Freiwillige(r)

volpe *f* Fuchs *m*

volta *f* Reihe; Mal *n*; Drehung; *Straße* Biegung; *Arch* Gewölbe *n*; **questa ~** diesmal; **una ~ per tutte** ein für allemal; **una ~** einmal; einst; **un'altra ~** ein andermal; **a volte** ab und zu, manchmal; **molte volte** oftmals; **due volte tre** zwei mal drei

voltaggio [-dʒo] *m El* Spannung *f*

volt|are wenden; ein-, abbiegen; **~ata** *f* Wendung; *Straße* Biegung

volto *m* Gesicht *n*

vol|ume *m* Umfang; Rauminhalt; Band (*Buch*); *Radio, TV* Lautstärke *f*; **~uminoso** umfangreich

voluto gewollt

vomitare (er)brechen; **mi viene da ~** ich muß mich übergeben

vòmito *m* Erbrechen *n*

vòngola *f Kochk* Venusmuschel

vorrei ich möchte

vostro euer; Ihr; *m* Eur(ig)e *n*, Ihr(ig)e *n*

votare *Pol* abstimmen über; stimmen (**contro** gegen; **per** für); *Rel* weihen

vot|azione *f* Abstimmung; Wahl *f*; **~o** *m* Gelübde *f*; Weihgabe *f*; *Pol* Stimme *f*

vulcànico vulkanisch; **~ano** m Vulkan
vuole er will; **ci ~** man braucht
vuotare (aus)leeren; **~o** leer; m Leere f; Leergut n

Z

zabaione m Eierschaumcreme f mit Marsala
zafferano m Safran
zaffiro m Saphir
zaffo m Zapfen, Spund
zàino m Rucksack; Tornister
zampa f Fuß m (der Tiere); Pfote; Tatze; Kochk Haxe
zampone m Kochk gefüllter Schweinsfuß
zanzara f Mücke; **~iera** f Moskito-, Mückennetz n
zappa f Hacke; **~are** hacken
zàttera f Floß m
zavorra f Ballast m
zecca f **1.** Zo Zecke; **2.** Münze (Gebäude)
zelante eifrig; **~o** m Eifer
zènzero m Ingwer
zeppa f Keil m; **~o: pieno ~** vollgepfropft
zero m Null f; **2 gradi sotto ~** 2 Grad unter Null
zia f Tante
zincare verzinken; **~o** m Zink n
zingaro m Zigeuner
zio m Onkel
zip m Reißverschluß
zitella f Junggesellin; alte Jungfer; **~o** m Junggeselle
zitto still; **sta ~** sei still

zòccolo m Holzpantine f; Huf; Sockel
zodìaco m Tierkreis
zolfo m Schwefel
zona f Zone; Gebiet n, Gegend; Stadtbezirk m; **~ disco** Parkzone mit Parkscheibe; **~ residenziale** Wohngebiet n; **~ di silenzio** Zone mit Hupverbot; **~ verde** Grünanlagen f/pl
zoppicare hinken; Tisch wackeln; **~o** lahm; wackelig
zucca f Kürbis m
zuccherare [-k-] zuckern; **~iera** f Zuckerdose
zùcchero [-k-] m Zucker; **~ greggio** brauner Zucker; **~ in zollette** Würfelzucker; **~ vanigliato** Vanillezucker
zucchine [-k-] f/pl Zucchini
zuffa f Rauferei
zuppa f Suppe; **~ alla marinara, ~ di pesce** Fischsuppe; **~ (alla) pavese** Fleischbrühe mit geröstetem Brot und Ei; **~ inglese, ~ romana** Süßspeise aus mit Likör getränktem Biskuiteig u Cremeschichten; **~ di verdura** Gemüsesuppe
Zurigo f Zürich n

Deutsch-Italienisches Wörterverzeichnis

A

Aal *m* anguilla *f*
Aas *n* carogna *f*
ab *zeitlich*: a partire da; *räumlich*: da; *(abgegangen)* staccato; *auf und ~* su e giù; *~ und zu* di quando in quando; *weit ~* lontano; *~ heute* da oggi in poi; *~ Berlin* da Berlino; *~ 8 Uhr* dalle otto; *Berlin ~ 9.30* partenza da Berlino alle nove e trenta
abändern modificare
Abbau *m Bergbau* estrazione *f*; *(Demontage)* smontaggio *f*; *(Verringerung)* riduzione *f*; **2en** *(verringern)* ridurre; *Maschine* smontare; *Erz usw* estrarre
ab|beißen staccare con un morso; **~bekommen** avere, ricévere; *(lösen)* riuscire a staccare; **~bestellen** disdire; annullare; **~bezahlen** pagare a rate; **~biegen** svoltare *(nach rechts* a destra*)*
Abbildung *f* illustrazione
abbinden *Med* legare
ablenden|en *Kfz* abbassare i fari; *Fot* diaframmare; **2licht** *n* (luci *f/pl*) anabbaglianti *m/pl*
ab|brechen *v/t* rómpere;

Haus demolire; *Zelt* levare; *(unterbrechen)* interrómpere; *v/i* rómpersi; **~bremsen** frenare; **~brennen** bruciare; *Feuerwerk* accèndere; **~bringen** dissuadere *(j-n von et* qu di qc*)*; **~bröckeln** *v/i* staccarsi; scrostarsi
Abbruch *m (Niederreißen)* demolizione *f*; *(Unterbrechung)* rottura *f*; interruzione *f*
abbürsten spazzolare
Abc *n bsd fig* abbicci *m*
ab|danken dimèttersi; **~decken** *(aufdecken)* scoprire; *Tisch* sparecchiare; *(zudecken)* coprire; **~dichten** turare; **~drehen** *Wasser usw* chiùdere; *Licht, Radio* spègnere; *v/i Mar, Flgw (Kurs ändern)* virare
Abdruck *m* copia *f*; *(Finger2)* impronta *f*
Abend *m* sera *f*; *(~stunden)* serata *f*; *am ~* di *(od* la*)* sera; *heute 2* stasera; *Montag 2* lunedì sera; *guten ~!* buona sera!; *zu ~ essen* cenare
Abend|anzug *m* àbito da sera; **~brot** *n*, **~essen** *n* cena *f*; **~dämmerung** *f* crepùscolo *m*; **~kleid** *n* vestito da

Abendland

sera; ~land *n* Occidente *m*; 2lich serale
abends di (*od* la) sera
Abendveranstaltung *f* spettàcolo *m* serale
Abenteuer *n* avventura *f*; 2lich avventuroso
aber ma; però; *oder* ~ ovvero
Aber|**glaube** *m* superstizione *f*; 2gläubisch superstizioso
ab|**fahren** *v*/*i* partire (*von* da; *nach* per); *v*/*t* *Reifen* consumare; *Müll usw* portar via
Abfahrt *f* partenza *f*; *Ski* discesa
Abfahrts|**lauf** *m* *Ski* discesa *f*; ~tag *m* giorno della partenza; ~zeit *f* ora della partenza
Abfall *m*, **Abfälle** *pl* rifiuti *m*/*pl*, immondizie *f*/*pl*
Abfall|**eimer** *m* pattumiera *f*; 2en cadere; *Gelände* declinare
abfällig spregiativo
ab|**färben** lasciare il colore (*auf* su); ~**fassen** *Text* redìgere
abfertig|**en** *beim Zoll* ispezionare; *Gepäck* spedire; *j-n kurz* ~ trattare qu sbrigativamente; 2ung *f* (*Zoll*2) visita doganale; *Flgw* check-in *m*
abfind|**en**: *sich* ~ rassegnarsi a; 2ung *f* indennità; *Betrag* indenizzo *m*
ab|**fliegen** *Flgw* partire (*nach* per); *Flugzeug* a decollare; ~**fließen** scolare
Abflug *m* partenza *f*; decollo; ~tag *m*, ~zeit *f* *s* Abfahrts...

Abfluß *m* scolo; ~rohr *n* tubo *m* di scàrico
Ab|**führmittel** *n* lassativo *m*; ~**gabe** *f* consegna; (*Verkauf*) véndita; (*Steuer*) imposta, tassa; ~**gang** *m* partenza *f*; ~**gase** *n*/*pl* gas *m*/*pl* di scàrico
abgeben consegnare, dare; *zur Aufbewahrung* depositare, lasciare; (*verkaufen*) véndere; *sich* ~ *mit* occuparsi di
abge|**brannt** bruciato; F *fig* al verde; ~**droschen** trito e ritrito; ~**härtet** temprato
abgehen partire; (*sich lösen*) staccarsi
abge|**kocht** bollito; ~**laufen** *Paß* scaduto; ~**legen** isolato; ~**macht!** d'accordo!; ~**nutzt** lógoro; consumato
Abgeordnete(**r**) *m* deputato
abgeschlossen chiuso a chiave; (*beendet*) finito
abge|**sehen**: ~ *von* a parte; *davon* ~ a parte ciò
abge|**spannt** spossato; ~**storben** *Glieder* intorpiditi
abgewöhnen levare il vizio (*j-m et* di qc a qu); *sich das Rauchen* ~ levarsi il vizio del fumo
abgrenzen delimitare
Abgrund *m* abisso
Abguß *m* calco
ab|**hacken** troncare; ~**haken** *auf Liste* spuntare
abhalten *Sitzung usw* tenere; *Gottesdienst* celebrare; *j-n von et* ~ distògliere qu da qc

abhanden: ~ *kommen* smarrirsi

Abhang *m* pendio, versante

abhängen *v/t Wagen* sganciare (*von* da); *v/i* ~ *von* dipèndere da

abhängig dipendente; ~ *sein von s abhängen*; **2keit** *f* dipendenza

abhauen F *fig* svignàrsela

abheben *Geld* ritirare, prelevare; *Tel* staccare, *a Karte* alzare; *Flgw* decollare; *sich* ~ *von, gegen* risaltare *f*, contro

ab|heilen cicatrizzarsi; ~**helfen** rimediare (*e-r Sache* a qc)

Abhilfe *f*: ~ *schaffen* porre rimedio (a qc)

ab|holen e ritirare; *j-n* andare (*od* venire) a prèndere; ~ *lassen* mandare a prèndere; ~**horchen** *Med* auscultare

abhör|en *Schüler* far dire (*od* ripètere); *Gespräch* intercettare; **2gerät** *n* apparecchio *m* d'ascolto

Abitur *n* (esame *m* di) maturità *f*; *licenza f* liceale; ~**ient**(**in** *f*) *m* licenziato (-a *f*) *m*

ab|kaufen comprare (*j-m et* qc da qu); ~**klingen** *Schmerz* attenuarsi; ~**knöpfen** sbottonare; F *fig* scùcire (*j-m et* qc a qu); ~**kochen** *Wasser* far bollire

abkommen *v Weg* pèrdere la strada; *v Thema* allontanarsi (*von* da)

Abkommen *n* accordo *m*

ab|kömmlich libero; disponibile; ~**koppeln** *Wagen* sganciare; ~**kratzen** raschiare

abkühl|en: *sich* ~ rinfrescarsi; **2ung** *f* rinfrescamento *m*

abkürz|en *Weg* accorciare; abbreviare (*a Wort*); **2ung** *f* (*Wort*) abbreviazione; (*Weg*) scorciatoia

abladen scaricare

ablassen *Wasser* far defluire (*od* scolare); *vom Preis* scontare (sul prezzo)

Ablauf *m v Ereignissen* decorso; *e-r Frist* scadenza *f*; *nach ~ von ...* alla fine di; **2en** (*abfließen*) scolare; *Paß, Frist* scadere; *Angelegenheit* svòlgersi

ab|lecken leccare; ~**legen** deporre; *Mantel* tògliersi; *Prüfung* fare; *Eid* prestare

ablehn|en rifiutare; **2ung** *f* rifiuto *m*

ab|lenken deviare; (*zerstreuen*) distrarre; **2lenkung** *f* distrazione; ~**lesen** lèggere (*a Zähler*)

abliefer|n consegnare; **2ung** *f* consegna

ablös|en et staccare; *j-n* dare il cambio a; *sich* ~ alternarsi; **2ung** *f* cambio *m*

abmach|en tògliere, levare; (*vereinbaren*) concordare; **2ung** *f* accordo *m*

Abmagerungskur *f* cura dimagrante

Abmarsch *m* partenza *f*
abmeld|en: sich ~ *v e-m Kurs usw* annullare l'iscrizione; *polizeilich* dichiarare il cambio di residenza
abmessen misurare
abmontieren smontare
abmühen: sich ~ affaticarsi
Abnahme *f* (*Verminderung*) diminuzione; (*Kauf*) acquisto *m*
abnehm|en levare, tògliere; *Hut* tògliersi; *Tel Hörer* alzare; *Ausweis* ritirare; *Geld* sottrarre; (*abkaufen*) comprare; *v/i* (*sich vermindern*) diminuire; *Mond* decréscere; *an Gewicht* dimagrire; **2er** *m* acquirente
Abneigung *f* avversione (*gegen* per)
abnutzen, abnützen logorare, consumare
Abon|nement *m* abbonamento *m*; **~nent** *m* abbonato; **2nieren** abbonarsi (*et a qc*)
Abordnung *f* delegazione
ab|packen impacchettare; **~passen** attèndere; **~pflücken** cògliere; **~prallen** rimbalzare; **~rasieren** rasare, ràdere; **~raten** dissuadere (*j-m von et* qu da qc); **~räumen** *Tisch* sparecchiare
abrechn|en fare i conti; **2ung** *f* conto *m*; liquidazione
abreiben strofinare
Abreis|e *f* partenza *f*; **2en** partire (*nach* per); **~etag** *m* giorno della partenza
ab|reißen *v/t* strappare; *Haus* demolire; *v/i* strapparsi, staccarsi; **~riegeln** *Tür* serrare col catenaccio; *Straße* bloccare
Abriß *m* (*Abbruch*) demolizione *f*; (*Skizze*) abbozzo
ab|rücken *v/t* scostare (*von* da); **~runden** arrotondare
abrupt improvviso
ab|rüst|en *v/i* disarmare; **2ung** *f* disarmo *m*
abrutschen scivolare
Abs. (*Absender*) mitt. (*mittente*)
Absag|e *f* risposta negativa; rifiuto *m*; **2en** *et* disdire; *j-m* scusarsi di non poter venire (*j-m* con qu)
ab|sägen segare; **2satz** *m* (*Schuh2*) tacco; *im Text* capoverso; (*Verkauf*) smercio, véndita *f*
abschaffen abolire; **2ung** *f* abolizione
abschalten *Strom* disinserire; *Gerät, Motor* spègnere
abschätz|en valutare; **~ig** sprezzante
Abscheu *m* ribrezzo, ripugnanza *f*; **2lich** ripugnante, abominévole
abschicken spedire, mandare
Abschied *m* addio; **zum** ~ come addio; ~ **nehmen** congedarsi (*von* da)
Abschieds|besuch *m* vìsita *f*

ab|schießen Wild uccìdere; Flugzeug abbàttere; Rakete lanciare; **~schirmen** protèggere (**gegen** da)
ab|schlagen staccare; Bitte rifiutare; **~schlägig** negativo
Abschlagszahlung f acconto m
Abschlepp|dienst m autosoccorso; 2en rimorchiare, trainare; **~seil** n cavo m da rimorchio; **~wagen** m carro attrezzi, autosoccorso
abschließ|en chiùdere a chiave; (beenden) terminare, finire; Vertrag stipulare; **~end** definitivo; finale; adv per concludere
Abschluß m fine f, conclusione f; **zum ~** per conclùdere; **~prüfung** f esame m finale
ab|schmieren Auto ingrassare; **~schneiden** tagliare; fig **gut (schlecht) ~** riuscire bene (male)
Abschnitt m parte f; Buch capìtolo; (Zeit2) perìodo; (Kontroll2) tagliando
abschrauben svitare
abschrecken scoraggiare; Kochk raffreddare in acqua; **sich nicht ~ lassen** non lasciarsi scoraggiare
ab|schreiben copiare (von da); 2schrift f copia
Abschürfung f escoriazione f
Abschuß m Rakete lancio; **~rampe** f rampa di lancio
ab|schüssig ripido, erto; **~schütteln** scuòtere; fig scuòtersi di dosso; **~schwächen** attenuare; **~schwellen** Med sgonfiarsi
abseh|bar: in ~er Zeit in un tempo prevedìbile; **in ~en Folgen** prevedere; **~ von** prescìndere da; rinunciare a
abseilen: sich ~ calarsi con la corda
abseits in disparte; prp lontano da; 2 n Sport fuorigioco m
absend|en spedire; 2er m mittente
absetzen (wegstellen) depòrre, posare; v Fahrgast far scéndere; v Programm cancellare; (entlassen) destituire; Ware véndere
Absicht f intenzione, propòsito m; **mit ~** di propòsito; 2lich intenzionale; adv apposta
absolut assoluto
absondern segregare, isolare; **sich ~** segregarsi, isolarsi (**von** da)
absorbieren assorbire
absperr|en Tür chiùdere a chiave; Straße bloccare; 2ung f blocco m
abspielen Platte, Band suonare; **mit ~** svòlgersi
ab|springen saltare (giù); 2sprung m balzo; **~spülen** sciacquare; lavare

abstammen

abstamm|en discéndere (*von* da); ℒung *f* orìgine

Abstand *m* distanza *f*; *zeitlich* intervallo; ~ **halten** mantenere la distanza; *in Abständen* in distanza; *zeitlich* a intervalli; *fig* **mit** ~ di gran lunga

abstauben spolverare

abstech|en contrastare (*gegen, von* con); ℒ**er** *m* scappata *f*

absteigen *v* Rad *usw* scéndere; *im Hotel* ~ prèndere alloggio (*in* a)

abstell|en (*hinstellen*) posare; deporre; *Auto* parcheggiare; *Heizung, Gas, Wasser* chiùdere; *Maschine* fermare; *Radio, Motor* spègnere; ℒ**raum** *m* ripostiglio

abstempeln timbrare; (*entwerten*) obliterare

Abstieg *m* discesa *f*

abstimm|en votare (**über et** qc); *aufeinander* ~ accordare; ℒung *f* votazione

abstoßen *v/t* staccare; *v/i v Ufer* scostare (*von* da); (*anwidern*) ripugnare; ~**d** ripugnante

abstrakt astratto

ab|streiten contestare, negare; ℒ**strich** *m* Med striscio; ℒ**sturz** *m* caduta *f*; ~**stürzen** cadere, precipitare; ~**suchen** rovistare alla ricerca (*nach* di)

absurd assurdo

Abszeß *m* ascesso

Abt *m* abate

abtasten tastare; *Med* palpare

Abtei *f* abbazìa

Abteil *n* Esb scompartimento *m*

Abteilung *f* im Waren-, Krankenhaus reparto *m*; ~**sleiter** *m* caporeparto

ab|tippen copiare a màcchina; ~**transportieren** trasportare via

abtreib|en *v/i* (*v Kurs abkommen*) andare alla deriva; ℒung *f* Med aborto *m*

abtrennen separare, staccare

abtret|en (*ausscheiden*) ritirarsi; *v Amt* diméttersi; *j-m* **et** ~ cèdere qc a qu; ℒung *f* cessione

abtrocknen asciugare; *sich* ~ asciugarsi

ab|wägen soppesare; ponderare; ~**warten** aspettare

abwärts in giù; verso il basso; ~ **führen** scéndere

abwasch|bar lavàbile; ℒ**en** lavare; *Geschirr* rigovernare

Abwässer *n/pl* acque *f/pl* di scàrico

abwechseln: sich (*od einander*) ~ darsi il cambio; ~**d** *adv* alternativamente; a turno

Abwechslung *f* varietà; (*Zerstreuung*) svago *m*; distrazione; **zur** ~ per cambiare; ℒ**sreich** vario

Abwehr *f* difesa *f*; ℒ**en** respìngere; *Schlag* parare

abweich|en differire, divèrgere (**von** da); v **Kurs** deviare; **~end** differente, divergente; **ung** f (*Unterschied*) differenza, divergenza
ab|weisen respingere; *j-n* rimandare indietro; **~wenden** *Gefahr* evitare; **sich ~** voltarsi; **~werfen** gettare; *Gewinn* fruttare, rèndere
abwert|en *Währung* svalutare; *fig* deprezzare; **ung** f svalutazione
abwesend assente
Abwesenheit f assenza
abwickeln: *fig sich ~* svòlgersi
ab|wiegen pesare; **~wischen** pulire; *Staub* tògliere, *Feuchtes* asciugare; **~würgen** *Motor* bloccare; **~zahlen** pagare a rate; **~zählen** contare
Abzahlung f: **auf ~** a rate
Abzeichen n distintivo m
abzeichnen (*unterschreiben*) firmare; **sich ~** delinearsi, profilarsi
abziehen *Math* sottrarre; *Schlüssel* levare; *Bett* cambiare le lenzuola; *v/i* (*weggehen*) andàrsene; *Rauch* uscire
Abzug m *Fot* copia f; *Hdl* defalco, detrazione f
abzüglich meno, detratto (**der Kosten** le spese)
abzweig|en *Straße* diramare, diramarsi; **ung** f bivio m, biforcazione f
Achse f asse, *Kfz* a assale m

Achsel f spalla; **~höhle** f ascella
Achsenbruch m rottura f dell'asse
acht otto; *in ~ Tagen* fra una settimana; *heute in ~ Tagen* oggi a otto
Acht f: **außer lassen** non prèndere in considerazione; **sich in nehmen** guardarsi (**vor** da)
achte ottavo
Achtel n ottavo m
achten (*schätzen*) stimare; **~ auf** badare a
Achter|bahn f montagne f/pl russe; **~deck** n ponte m di poppa
acht|geben far attenzione, badare (**auf** a); **gib acht!** sta attento!; **~los** sbadato
achtstündig di otto ore
Achtung f (*Respekt*) stima, rispetto m; **~!** attenzione!
Acker m campo; **~bau** m agricoltura f; **~boden** m, **~land** n terreno m arativo
ADAC m (*Allgemeiner Deutscher Automobilclub*) automòbile club della Repùbblica Federale Tedesca
addieren addizionare
Adel m nobiltà f
Ader f vena
Adler m àquila f
adlig nòbile
Adoptiv|eltern pl genitori m/pl adottivi; **~kind** n figlio m adottivo
Adressat m destinatario

Adreßbuch *n* elenco *m* degli indirizzi

Adres|se *f* indirizzo *m*; **~sieren** indirizzare (*an* a)

Affäre *f* affare *m*, faccenda

Affe *m* scimmia *f*

affektiert affettato

Afrika *n* (l') Afrika *f*; **~ner** *m*, **~nisch** africano

Ägäis *f* Egèo *m*

After *m* ano

Agent *m* agente; **~ur** *f* agenzìa

aggressiv aggressivo; **ität** *f* aggressività

ähneln (as)somigliare (*j-m* a qu)

ahnen presentire

Ahnen *m/pl* antenati

ähnlich somigliante; sìmile; **~ sehen, ~ sein** somigliare (*j-m* a qu); **keit** *f* somiglianza

Ahnung *f* presentimento *m*; (*Vorstellung*) idea; **keine ~!** non ne ho idea!

Ahorn *m* àcero

Ähre *f* spiga

Aids *n* AIDS *m/f*; **krank** malato di Aids

Airbus *m* aerobùs

Akadem|ie *f* accademia; **~iker** *m* laureato

Akazie *f* acacia

akklimatisieren: *sich* ~ acclimatarsi

Akkordeon *n* fisarmònica *f*

Akku(mulator) *m* accumulatore

Akt *m* *Thea* atto *m*; *Malerei* nudo

Akte *f* atto *m*

Akten|koffer *m* ventiquattr'ore *f*; **~mappe** *f*, **~tasche** *f* cartella

Aktie *f* azione; **~ngesellschaft** *f* (**AG**) società per azioni (S. p. A.)

Aktion *f* azione

Aktionär *m* azionista

aktiv attivo; **~ieren** attivare; **ität** *f* attività

aktuell attuale

akut *Med* acuto; *Gefahr* imminente; *Frage* scottante

Akzent *m* accento

akzeptieren accettare

Alarm *m* allarme; **ieren** dare l'allarme a

Albanien *n* (l') Albanìa *f*

albanisch albanese

albern sciocco, stùpido

Album *n* albo *m*

Alge *f* alga; **~npest** *f* invasione delle alghe; **~nteppich** *m* spesso strato di alghe

Alkohol *m* àlco(o)l; **frei** analcòlico; **isch** alcòlico

All *n* universo *m*

alle *alleinstehend* tutti, tutte; *mit su* tutti i (*bzw* gli), tutte le; *wir* **~** noi tutti; **~ zwei Stunden** ogni due ore; **F ... ist** ... è finito

Allee *f* viale *m*

allein solo; *von* ~ da solo; **~stehend** *Person* solo; *Haus* isolato; (*ledig*) cèlibe

allenfalls semmai; (*höchstens*) tutt'al più

allerdings però

Allerg|ie f allergìa; **≈isch** allèrgico (**gegen** a)
Allerheiligen n Ognissanti m
allerletzt ùltimo
alles tutto; ~ **Gute!** (tanti) auguri!
allgemein generale; **im ≈en** generalmente; di sòlito; **≈befinden** n stato m generale; **≈heit** f comunità; **≈verständlich** comprensìbile a tutti
alljährlich adv ogni anno; **≈mählich** adv a poco a poco; **≈tag** m vita f quotidiana; **≈täglich** quotidiano
allzu(viel) troppo
Alpen pl Alpi m/pl; **≈verein** m club alpino
Alphabet n alfabeto m
alpin alpino
Alptraum m ìncubo m
als (in der Eigenschaft) come, da; nach Komparativ di, che; zeitlich quando; ~ **ob** come se (+ cong)
also dunque
alt vecchio; Person a anziano; (antik) antico; **wie ~ bist du?** quanti anni hai?; **ich bin ... Jahre ~** ho ... anni
Altar m altare
Alter n età f; (hohes ≈) vecchiaia f; **im ~ von** all'età di
älter più vecchio; più anziano; Geschwister maggiore
Alters|erscheinung f manifestazione di vecchiaia; **≈genosse** m coetàneo; **≈heim** n casa f per anziani
Alter|tum n antichità f; **≈tümlich** antico
alt|modisch antiquato, fuori moda; **≈stadt** f città vecchia; centro m stòrico
Alufolie f foglio m d'allumìnio
am s **an**; ~ **2. März** il due marzo; ~ **Tiber** sul Tévere; ~ **besten** meglio di tutti
Amateur m dilettante; **≈fotograf** m fotògrafo dilettante
ambulant: **Med ≈e Behandlung** cura ambulatoriale
Ameise f formica; **≈nhaufen** m formicaio
Amerika n (l') Amèrica f; **≈ner** m, **≈nisch** americano
Amnestie f amnistìa
Ampel f semàforo m
Amphitheater n anfiteatro m
Ampulle f fiala
amputieren amputare
Amsel f merlo m
Amt n càrica f; funzione f; (Dienststelle) ufficio m; **≈lich** ufficiale
amüsant divertente
amüsieren divertire; **sich ~** divertirsi
an a; ~ **Ostern** a Pasqua; ~ **e-m Werktag** (in) un giorno feriale; **von heute ~** da oggi in poi; Fahrplan ~ **Rom** ... arrivo a Roma ...; ~ **die tausend Lire** sulle mille lire; Radio, Licht ~ **sein** èssere acceso; s a **am**
Ananas f ànanas m
Anbau m Agr coltivazione f;

anbauen

Arch edificio annesso; ⸺**en**
Agr coltivare
anbehalten tenere (addosso)
anbei qui accluso
anbelangen: was ... anbelangt per quanto riguarda ...
Anbetracht *m*: **in ~** in considerazione di
an|bieten offrire; **⸺binden** attaccare, legare (**an** a)
Anblick *m* vista *f*; **beim ~ von** alla vista di; ⸺**en** guardare
an|brechen *Packung* cominciare; **⸺brennen** *Essen* attaccarsi; **⸺bringen** (*befestigen*) fissare, applicare
andauern continuare, perdurare; **⸺d** di continuo, permanente; *adv* di continuo
Andenken *n* ricordo *m*; *Gegenstand* souvenir *m*; **zum ~ an** in ricordo di
andere altro; **etwas ~s** qualcosa d'altro; **am ~n Morgen** la mattina seguente; **ein ~s Mal** un'altra volta; **unter ~m** tra l'altro
ändern: ~ u sich ~ cambiare
andernfalls in caso contrario, altrimenti
anders diversamente; **jemand ~** qualcun altro; **ganz ~ sein** essere completamente diverso
anderswo(hin) altrove
anderthalb uno e mezzo
Änderung *f* cambiamento *m*
Andrang *m* ressa *f*
andrehen *Licht, Radio* accendere; *Wasser* aprire

andrerseits d'altra parte
aneignen: sich et ~ appropriarsi di qc
aneinander l'uno all'altro; **⸺fügen** congiungere
anerkennen (*würdigen*) apprezzare
anfahren *Person* investire; *Auto* tamponare; *v/i Auto* méttersi in moto
Anfall *m* accesso; *Med* attacco
Anfang *m* principio, inizio; **am ~, zu ~** all'inizio, da principio; ⸺**en** (in)cominciare; (*machen*) fare
Anfänger *m* principiante
anfangs inizialmente, dapprima
an|fassen toccare; **⸺fertigen** fare, fabbricare; *Kleidung* confezionare; **⸺fliegen** *Flgw* fare scalo a
anforder|n esìgere; ⸺**ung** *f* esigenza
Anfrage *f* domanda; ⸺**n** domandare (**bei** a)
anfreunden: sich ~ mit fare amicizia con
anführ|en (*leiten*) guidare; *Text* citare; (*täuschen*) prèndere in giro; ⸺**er** *m* capo
Angabe *f* indicazione; **nähere ~n** dettagli *m/pl*
angeb|en indicare, dichiarare; *F* (*prahlen*) darsi delle arie; ⸺**lich** preteso
angeboren *Med* congènito
Angebot *n* offerta *f*
ange|bracht opportuno;

ankommen

~brannt bruciato; ~heitert un po' brillo

angehen (*betreffen*) riguardare, concèrnere; *Licht* accèndersi

Angehörige *pl* parenti *m/pl*; **meine** ~**n** i miei (parenti)

Angeklagte(r) *m* imputato

Angel *f* canna *f* da pesca; (*Tür*≳) càrdine

Angelegenheit *f* faccenda, affare *m*

angelehnt *Tür* socchiuso

Angel|haken *m* amo; ≳n pescare con l'amo; ~**rute** *f* canna (da pesca); ~**schein** *m* licenza *f* di pesca; ~**schnur** *f* lenza; ~**sport** *m* pesca *f* sportiva

angemessen adeguato

angenehm piacévole; ~**e Reise!** buon viaggio!

Angestellte(r) *m* impiegato

angetrunken brillo

angewiesen: ~ **sein auf** dipèndere da

angewöhnen: **sich et** ~ prèndere l'abitùdine di fare qc

Angina *f* angina

Angler *m* pescatore (con la lenza)

Angorawolle *f* lana d'àngora

angreif|en attaccare; ≳**er** *m* aggressore

angrenzen confinare (**an** con); ~**d** attìguo

Angriff *m* attacco

Angst *f* paura (**vor** di; **um** per)

ängst|igen spaventare; *sich* ~ aver paura (**vor** di); ~**lich** pauroso

anhaben *Kleidung* avere addosso

anhalten *j-n, et* fermare; *v/i* fermarsi; (*dauern*) continuare

Anhalter *m* autostoppista *m*; **per** ~ **fahren** fare l'autostop

Anhaltspunkt *m* punto di riferimento

anhängen attaccare, agganciare

Anhänger *m Person* aderente; *Wagen* rimorchio; *Schmuck* ciòndolo, pendente; ~**kupplung** *f* gancio *m* (per rimorchio)

an|häufen accumulare; ~**heben** *Last* sollevare un poco; *Preise* aumentare

Anhieb *m*: **auf** ~ al primo tentativo

Anhöhe *f* altura, collina

anhören ascoltare

Anislikör *m* anisetta *f*

Ankauf *m* acquisto

Anker *m* àncora *f*; **vor** ~ **gehen** ancorarsi; ≳n ancorarsi; ~**platz** *m* ancoraggio

Anklage *f* accusa; ≳n accusare (**wegen** di)

Anklang *m*: ~ **finden** incontrare il favore (**bei** di)

ankleben attaccare

an|klopfen bussare; ~**knipsen** *Licht* accèndere

ankommen arrivare (*pünktlich* in tempo); **es kommt auf**

ankündigen

das Wetter an dipende dal tempo
ankündigen annunciare
Ankunft f arrivo m; ~**stag** m giorno d'arrivo; ~**szeit** f ora d'arrivo
Anlage f Arch construzione; Tech impianto m; zu e-m Brief allegato m; (Grün2) giardini m/pl pùbblici; (Veranlagung) predisposizione (zu per)
Anlaß m (Gelegenheit) occasione f; (Grund) causa f, motivo; ~ **geben zu** dar luogo a
anlassen Motor méttere in moto, avviare; 2**er** m motorino d'avviamento, starter
anlaufen Hafen fare scalo a; (sich beschlagen) appannarsi
Anlege|brücke f pontile m d'approdo; 2**n** méttere (an a); Garten, Straße sistemare; Geld investire; Verband applicare; Schiff approdare; ~**stelle** f approdo m
anlehnen appoggiare (an a); Tür accostare, socchiùdere; *sich ~ an* appoggiarsi a
Anleihe f prèstito m
Anleitung f istruzioni f/pl
anlernen istruire in
Anlieg|en n richiesta f; 2**end** Kleid attillato; 2**er** m proprietario confinante
anmachen (befestigen) attaccare; Licht, Radio, TV accèndere; Salat condire
anmaß|en: *sich et ~* arrogarsi qc; ~**end** presuntuoso;

238

2**ung** f presunzione
Anmelde|formular n zur Teilnahme mòdulo m d'iscrizione; ~**frist** f tèrmine m d'iscrizione
anmelden Besucher annunciare; beim Zoll dichiarare; Ferngespräch prenotare; *sich ~ zur Teilnahme* iscrìversi; *beim Arzt prèndere un appuntamento*
Anmeldung f zur Teilnahme iscrizione
anmerken: *sich nichts ~ lassen* far finta di nulla
Anmerkung f nota
an|nageln inchiodare; ~**nähen** attaccare (cucendo)
annähernd approssimativo; adv all'incirca
Annahme f accettazione f; (Vermutung) supposizione f; ~**stelle** f ufficio m accettazioni
annehm|bar accettàbile, passàbile; ~**en** accettare; (voraussetzen) supporre; 2**lichkeiten** f/pl comodità pl; confort m
Annonce f annuncio m
annullieren annullare
anonym anònimo
Anorak m giacca f a vento
anordn|en ordinare; 2**ung** f òrdine m
anpassen: *sich ~* adattarsi (an a)
an|pflanzen piantare; 2**prall** m urto; ~**preisen** decantare, vantare

Anprob|e f prova; **ieren** provare

an|raten consigliare; **rechnen** méttere in conto; **recht** n diritto m (**auf** su)

anreden rivòlgere la parola a; **mit du ** dare del tu a

anreg|en Appetit stimolare; (vorschlagen) proporre; **end** Buch interessante; **ung** f impulso m; stimolo m

Anreis|e f viaggio m di andata; arrivo m; **etag** m giorno m d'arrivo

Anreiz m stimolo m

anrichten Speisen preparare; Unheil combinare

Anruf m chiamata f (telefònica); telefonata f; **en** chiamare, telefonare (**j-n** a qc)

anrühren stimolo m

Ansage f annuncio m; **n** annunciare; **r(in** f) m Radio, TV annunciatore (-trice f) m

anschaffen acquistare, comprare; **ung** f acquisto m

anschalten accèndere

anschau|en guardare; **lich** chiaro, evidente; **ung** f opinione

Anschein m apparenza f; **allem nach**, **end** a quanto pare

anschieben Auto spìngere

Anschlag m (Plakat) affisso, avviso; (Attentat) attentato

anschließen El collegare (**an** a); **sich ** unirsi (**j-m** a qc); **d** adv dopo

Anschluß m Verkehr coincidenza (**nach** per); Tel comunicazione f; **flug** m volo in coincidenza; **zug** m treno in coincidenza

anschnall|en: **sich ** allacciarsi la cintura di sicurezza; **gurt** m cintura f di sicurezza

anschneiden tagliare

Anschovis f acciuga

an|schrauben avvitare; **schrift** f indirizzo m; **schwellen** gonfiarsi

ansehen v/t aggiungere (**an** a); Termin fissare

Ansicht f veduta; fig opinione, parere m; **meiner nach** secondo me, a mio avviso; **skarte** f cartolina illustrata

Anspielung f allusione (**auf** a)

Ansporn m sprone; **en** spronare

Ansprache f discorso m

ansprechen j-n rivòlgere la parola a; (gefallen) piacere (**j-n** a qu); **auf ein Medikament** reagire (**auf** a); **d** piacévole

anspringen Motor méttersi in moto, avviarsi

Anspruch *m* (*Forderung*) pretesa *f*; (*Recht*) diritto (**auf** a); **in ~ nehmen** *Versicherung usw* ricórrere a; *j-n, Zeit* occupare
anspruchs|los modesto; **~voll** esigente
Anstalt *f* istituto *m*, ente *m*
Anstand *m* decoro
anständig (*ehrlich*) onesto
anstands|halber per la forma; **~los** senza esitazione
anstarren fissare
anstatt invece di
ansteck|en *Brosche* appuntare; *Zigarette* accèndere; *Med* contagiare; **sich bei j-m ~** contagiarsi da qu; **~end** contagioso; **ℒung** *f* contagio *m*
anstehen (*Schlange stehen*) fare la fila
ansteigen *Straße* èssere in salita
anstell|en *Arbeitskräfte* impiegare; *Radio* accèndere; *Heizung* aprire; *Motor* méttere in moto; **sich ~** fare la fila; méttersi in fila; **ℒung** *f* impiego *m*
Anstieg *m* salita *f*
anstiften istigare (**zu** a)
Anstoß *m* zu et impulso; **~ nehmen an** scandalizzarsi di; **ℒen** urtare (**an** contro); *mit Gläsern* brindare
an|stößig indecente; **~streben** aspirare a; **~streichen** pitturare; (*markieren*) segnare
anstreng|en affaticare; **sich**
~ sforzarsi; **~end** faticoso; **ℒung** *f* sforzo *m*; fatica
Ansturm *m v Besuchern* affluenza *f* (**auf** a)
antasten *Vorräte* intaccare
Anteil *m* parte *f*; quota *f*; **~ nehmen an** partecipare a; **~nahme** *f* partecipazione *f*
Antenne *f* antenna
Anti|babypille *f* pillola anticoncezionale; **~biotikum** *n* antibiòtico *m*
antik antico; **ℒe** *f* antichità
Antiquar|iat *n* antiquariato *m*; **ℒisch** *d*'occasione
Antiquitäten *f/pl* antichità *pl*; **~händler** *m* antiquario
Antrag *m* domanda *f*; (*Formular*) mòdulo; **~steller** *m* richiedente
an|treffen trovare; **incontrare**; **~treiben** incitare (**zu** a), *Tech* azionare; **~treten** intraprèndere; *Stellung* entrare in
Antrieb *m*: **aus eigenem ~** spontaneamente; **~srad** *n* ruota *f* motrice
Antwort *f* risposta; **ℒen** rispóndere
anvertrauen affidare
Anwalt *m* avvocato
anwärmen riscaldare
anweis|en (*zuweisen*) assegnare; (*anordnen*) ordinare; *Geld* dare órdine di pagare; **ℒung** *f* órdine *m*; (*Postℒ*) vaglia *m*
anwend|en usare; applicare; **ℒung** *f* uso *m*; applicazione

anwesen|d presente; **2heit** f presenza
anwidern: es widert mich an mi ripugna
Anzahl f nùmero m; quantità
anzahl|en pagare in acconto; **2ung** f acconto m
Anzeichen n indizio m; Med sìntomo m
Anzeige f bei der Polizei denuncia; (Familien2) partecipazione; (Annonce) annuncio m; **~ erstatten** presentare una denuncia; **2n** indicare; bei der Polizei denunciare (**wegen** per)
anzieh|en Kleidung indossare, méttersi; Handbremse tirare; Schraube strìngere; (anlocken) attirare; **sich ~** vestirsi; **~end** attraente; **2ungskraft** f fig fàscino m, attrazione
Anzug m àbito (da uòmo)
anzünden accèndere; (in Brand stecken) incendiare
Apartment n appartamento m
apathisch apàtico
Aperitif m aperitivo
Apfel m mela f; **~baum** m melo; **~kuchen** m torta f di mele; **~mus** n purè m di mele; **~saft** m succo di mele
Apfelsine f arancia
Apotheke f farmacìa; **~r** er m farmacista
Apparat m apparecchio m; Tel **wer ist am ~?** chi parla?;

bleiben Sie am ~! resti in lìnea!
Appartement n s **Apartment**
Appetit m appetito; **guten ~!** buon appetito!; **2lich** appetitoso; **2losigkeit** f inappetenza
Applaus m applauso
Aprikose f albicocca
April m aprile; **~scherz** m pesce d'aprile
Apulien n (la) Puglia, (le) Puglie
Aqua|rell n acquerello m; **~rium** n acquario m
Äquator m equatore
Arbeit f lavoro m; **2en** lavorare; **~er** m lavoratore; (Industrie2) operaio m; **~geber** m datore di lavoro; **~nehmer** m prestatore d'òpera; **2sam** laborioso
Arbeits|amt n ufficio m di collocamento; **~kräfte** f/pl manodòpera f; **2los** disoccupato; **~platz** m posto di lavoro; impiego; **~tag** m giornata f lavorativa; **2unfähig** inàbile al lavoro; **~zeit** f orario m di lavoro; **~zimmer** n studio m
Archäologie f archeologia
Architekt m architetto; **~ur** f architettura
Archiv n archivio m
Arena f arena
Ärger m rabbia f; (Unannehmlichkeit) contrarietà f, noie f/pl; **2lich** (verärgert) arrabbiato, stizzito; (uner-

ärgern

freulich) spiacévole; 2n irritare, stizzire; *sich* ~ arrabbiarsi, stizzirsi, irritarsi
Arg|wohn *m* sospetto; 2**wöhnisch** sospettoso
Arie *f* aria
arm pòvero
Arm *m* braccio
Armaturenbrett *n* cruscotto *m*
Armband *n* braccialetto *m*; ~**uhr** *f* orologio *m* da polso
Armee *f* esèrcito *m*
Ärmel *m* mànica *f*; 2**los** senza màniche
ärmlich pòvero, mìsero
armselig misero
Armut *f* povertà, miseria
Aroma *n* aroma *m*
arrogant arrogante
Art *f* (*Weise*) maniera, modo *m*; (*Sorte*) specie, tipo *m*, gènere *m*; *auf diese* ~ in questo modo; *eine* ~ ... una specie di ...; *nach* ~ *des Hauses* alla maniera della casa; *aller* ~ di ogni sorta
Arterie *f* arteria
artig buono
Artikel *m* articolo
Artischocke *f* carciofo *m*
Artist(in *f*) *m* artista *m/f* (di circo)
Arznei *f*, ~**mittel** *n* medicina *f*, fàrmaco *m*
Arzt *m* mèdico, dottore
Ärzt|in *f* medico *m*, dottoressa; 2**lich** mèdico; *in* ~**er Behandlung sein** èssere in cura da un mèdico

As *n* asso *m* (*a fig*)
Asbest *m* amianto
Asch|e *f* cénere; ~**enbecher** *m* portacénere; ~**ermittwoch** *m* (mercoledì delle) Céneri *f/pl*
aseptisch asèttico
asiatisch asiàtico
Asien *n* (l')Asia *f*
asozial asociale
Asphalt *m* asfalto
Aspirin *n* aspirina *f*
Assistent(in *f*) *m* assistente *m/f*
Ast *m* ramo
Aster *f* aster *m*
Asthma *n* asma *m*
Astro|naut *m* astronauta; ~**nomie** *f* astronomìa
Asyl *n* asilo *m*; ~**ant** *m* persona *f* che richiede asilo
Atelier *n* *Mal* studio *m*
Atem *m* fiato, respiro; *außer* ~ senza fiato; *den* ~ **anhalten** trattenere il respiro; ~ **holen** prèndere fiato; ~**beschwerden** *f/pl* difficoltà *pl* di respirazione; ~**not** *f* affanno *m*; ~**zug** *m* respiro
Äther *m* ètere
Athlet(in *f*) *m* atleta *m/f*
Atlant|ik *m* Atlàntico; 2**isch** atlàntico; 2**er Ozean** océano Atlàntico
Atlas *m* atlante
atmen respirare
Atmosphäre *f* atmosfera; *fig* ambiente *m*
Atmung *f* respirazione
Ätna *m* Etna

Atom n àtomo m; ~**ar** atòmico; ~**bombe** f bomba atòmica; ~**energie** f energìa nucleare; ~**kraftwerk** n centrale f nucleare; ~**müll** m detriti m/pl radioattivi; ~**waffen** f/pl armi nucleari

Atten|tat n attentato m; ~**täter** m attentatore

Attest n certificato m, attestato m

attraktiv attraente

Attrappe f imitazione

Aubergine f melanzana

auch anche; (sogar) persino; ~ **nicht** neppure; **oder ~** oppure

auf su; sopra; in; a; ~ **Sizilien** in Sicilia; ~ **dem Bahnhof** alla stazione; ~ **dem Land** in campagna; ~ **der Post** alla posta; ~ **der Reise** in viaggio; ~ **der Straße** in strada; ~ **ein Jahr** per un anno; ~ **deutsch** in tedesco; ~ **einmal** ad un tratto; **bis ~** tranne; ~ **sein** Geschäft èssere aperto; Person èssere alzato

Aufbau m costruzione f; Tech montaggio; ~**ten** pl Mar soprastrutture f/pl; ~**en** costruire; Tech montare

aufbekommen riuscire ad aprire

aufbewahr|en custodire; conservare; ~**ung** f custodia, conservazione; für Gepäck depòsito m; **zur ~ geben** depositare

auf|blasen gonfiare; ~**bleiben** (nicht schlafen) restare alzato; (offen bleiben) rimanere aperto; ~**blenden** Kfz accèndere gli abbaglianti; ~**blitzen** balenare; ~**brauchen** consumare, esaurire; ~**brechen** Tür, Auto forzare; Schloß scassinare; (fortgehen) andàrsene, partire

Aufbruch m partenza f

auf|brühen Tee fare; ~**bügeln** stirare; ~**decken** scoprire; (enthüllen) svelare

aufdrängen: sich ~ importunare (j-m qu)

auf|drehen Hahn usw aprire; ~**dringlich** invadente; ~**druck** m iscrizione f

aufeinander l'uno sull'altro (od dopo l'altro); ~**folgen** succèdersi; ~**prallen** scontrarsi

Aufenthalt m soggiorno; Esb sosta f, fermata f

Aufenthalts|erlaubnis f, ~**genehmigung** f permesso m di soggiorno; ~**ort** m luogo di soggiorno; ~**raum** m soggiorno

Auferstehung f risurrezione

aufessen mangiare tutto

auffahren urtare, cozzare (auf et contro qc); tamponare (qc); **dicht ~** avvicinarsi troppo (auf a)

Auffahr|t f (rampa d')accesso m; zur Autobahn raccordo m di entrata; ~**unfall** m tamponamento

auffallen dare nell'occhio; èssere vistoso; ~d vistoso
auffällig vistoso
auffangen acchiappare
auffass|en comprèndere; intèndere; **2ung** f opinione, avviso m; **2ungsgabe** f facoltà di comprensione
auffinden trovare
aufforder|n invitare (**zu** a); höflich pregare (**zu** di); **2ung** f invito m
auffrischen rinfrescare
aufführ|en Thea rappresentare; Mus eseguire; **einzeln** ~ specificare; **sich** ~ comportarsi
Aufführung f rappresentazione; Mus esecuzione
auffüllen riempire
Aufgabe f (Auftrag) incàrico m; Math problema m; (Haus2) còmpito m; v Gepäck, Postsendungen spedizione
Aufgang m (Haus2) scala f
aufgeben Gepäck, Postsendungen spedire; Hausaufgabe dare; Annonce inserire; (verzichten) rinunciare a; abbandonare
aufgehen Gestirn sórgere; (sich öffnen) aprirsi; Knoten sciògliersi; Naht scucirsi; Geklebtes scollarsi; Blase scoppiare
aufgelegt: gut (**schlecht**) ~ di buon (cattivo) umore; **sein zu et** aver voglia di fare qc

aufge|räumt Zimmer in órdine; **~regt** eccitato; **~schlossen** aperto; fig sensibile (**für** a)
aufgießen Tee fare
aufgrund (+ G) a causa di; in séguito a
Aufguß m infusione f, infuso m
aufhaben Hut avere in testa; Geschäft èssere aperto
aufhalten (anhalten) fermare, frenare; j-n trattenere; (offen halten) tenere aperto; **sich** ~ fermarsi, trattenersi
aufhäng|en appèndere, attaccare; Wäsche stèndere; **2er** m laccetto; **2ung** f Tech sospensione
aufheben v Boden raccògliere; (aufbewahren) conservare; Verbot annullare
aufheiter|n j-n rallegrare; **sich** ~ rasserenarsi; **2ung** f rasserenamento m
auf|hetzen aizzare; **~holen** Zug: Verspätung ricuperare; **~hören** finire; sméttere, cessare (**zu** di)
aufklär|en chiarire; **j-n über et** ~ informare qu di ch; **sich** ~ chiarirsi; Wetter rischiararsi; **2ung** f schiarimento m, spiegazione
Aufkleber m (auto)adesivo
auf|knöpfen sbottonare; **~kochen** far bollire
aufkommen Verdacht sórgere, nàscere; Wind levarsi; **für j-n, et** ~ garantire per qu, qc

aufladen caricare; *Batterie* ricaricare

Auflage *f* (*Buch*2) edizione; (*Bedingung*) condizione

auflassen *Tür* lasciare aperto; *Hut* tenere in testa

Auflauf *m* (*Menschen*2) assembramento; *Kochk* sformato, soufflé; **~bremse** *f* freno *m* ad inerzia

auflegen méttere (*auf* su); *Hörer* riattaccare

auflehnen: **sich ~** ribellarsi (*gegen* a)

auflös|en in *Wasser, Knoten* sciògliersi; *Rätsel* risòlvere; **sich ~** sciògliersi; *Nebel* dissòlversi; **2ung** *f e-s Rätsels* soluzione

aufmach|en aprire; **2ung** *f v Waren* confezione, presentazione

aufmerksam attento; (*zuvorkommend*) gentile; *j-n auf et ~ machen* richiamare l'attenzione di qu su qc; **2keit** *f* attenzione; (*kleines Geschenk*) piccolezza

Aufnahme *f Fot* foto; (*Ton*2) registrazione; (*Empfang*) accoglienza; **~prüfung** *f* esame *m* d'ammissione

aufnehmen *Gast* accògliere, ricévere; *Fot* fotografare; *auf Band* registrare; *Protokoll* redigere

aufpassen fare attenzione (*auf* a); *auf Kinder* badare (*auf* a)

Aufprall *m* urto; **2en** urtare, cozzare (*auf* contro)

Aufpreis *m* sovrapprezzo, supplemento

aufpumpen gonfiare, pompare

aufräum|en méttere in órdine; **2ungsarbeiten** *f/pl* lavori *m/pl* di sgómbero

aufrecht diritto; **~erhalten** mantenere

aufreg|en agitare, eccitare; **sich ~** agitarsi, eccitarsi (*über* per); **~end** eccitante, emozionante; **2ung** *f* agitazione, emozione, eccitazione

aufreiben *Haut* escoriare; **~d** estenuante

auf|reißen aprire bruscamente; *Umschlag usw* strappare, lacerare; **~richten** rialzare, rizzare

aufrichtig sincero; **2keit** *f* sincerità

aufrücken avanzare

Aufruf *m* invito (*an* a); *der Fluggäste* appello; **2en** chiamare; fare l'appello di

Auf|ruhr *m* tumulto; rivolta *f*; **~rundēn** arrotondare; **~rüstung** *f* riarmo *m*; **~sässig** ribelle; **~satz** *m* saggio; *Schule* tema; **~schieben** rimandare

Aufschlag *m* urto; *an Kleidung* risvolto; (*Preis*2) aumento; *Tennis* servizio, battuta *f*; **2en** *Buch* aprire; *Zelt* piantare; (*aufprallen*) báttere, urtare (*auf* contro)

auf|schließen aprire; **~schlußreich** istruttivo;

aufschneiden

schneiden tagliare; *Brot, Wurst* affettare; *(prahlen)* spararle grosse; **schnitt** *m Kochk* affettato; **~schrauben** avvitare *(auf* sopra); *(lösen)* svitare
auf|schreiben annotare, scrivere; **schrift** *f* iscrizione
Aufschub *m* pròroga *f*
aufschürfen escoriare
Aufschwung *m wirtschaftlicher* boom
Aufsehen *n*: **~erregen** fare scalpore; **erregend** sensazionale
Aufseher *m* custode, sorvegliante
aufsein *Geschäft* èssere aperto; *Person* èssere alzato
aufsetzen *Brille, Hut* méttersi; *Schreiben* redìgere; *Flgw* atterrare
Aufsicht *f* sorveglianza, controllo *m*; *Person s* **Aufseher**
auf|springen saltare *(auf* su); *(sich öffnen)* aprirsi di scatto; *Haut* screpolarsi; **~stacheln** stimolare; aizzare
Aufstand *m* insurrezione *f*; **ständische(r)** *m* insorto
auf|stapeln accatastare; **~stecken** F *fig (aufgeben)* rinunciare a; **~stehen** alzarsi; *Tür* èssere aperto; **~steigen** salire *(auf* su); *Flgw* alzarsi in volo; *fig im Beruf* avanzare
aufstell|en *(hinstellen)* méttere, collocare; *(aufbauen)* montare; *(errichten)* erìgere; innalzare; *Programm, Liste* fare; *Rekord* stabilire; **ung** *f (Liste)* lista, elenco *m*
Aufstieg *m* salita *f*; *fig* ascesa *f*; *im Beruf* carriera *f*; *Bergsport* ascensione *f*
aufsuchen *j-n* far vìsita a; *Arzt* consultare
Auftakt *m fig* preludio
auf|tanken far il pieno; *Flugzeug* rifornire di carburante; **~tauchen** emèrgere; *fig* apparire; **~tauen** sgelare; *Leitung* liberare dal ghiaccio; *Tiefkühlkost* scongelare; **~teilen** divìdere *(in* in); spartire *(unter* fra)
Auftrag *m* órdine, incàrico; *Hdl* ordinazione *f*; *im* **~** *(von)* per incàrico *(di)*; **en** *Farbe, Salbe* applicare, méttere *(auf* su); *Speisen* servire
auf|treiben trovare; F scovare; *(beschaffen)* procurarsi; **~trennen** disfare; scucire; **~treten** *Thea* entrare in scena; *Schwierigkeiten* sórgere; *(sich benehmen)* comportarsi; *(vorkommen)* comparire, presentarsi
Auftritt *m Thea* entrata *f* in scena; *(Szene)* scena *f*
auf|wachen svegliarsi; **wand** *m* dispendio *(an* di); lusso; **~wärmen** riscaldare
aufwärts in su; verso l'alto
auf|wecken svegliare; **~weisen** mostrare
aufwend|en *Zeit, Geld* impiegare; **ig** dispendioso; **ungen** *f/pl* spese

aufwert|en *Währung, fig* rivalutare; **2ung** *f* rivalutazione

auf|wickeln avvòlgere; **~wiegen** compensare; **~wischen** asciugare; **~zählen** enumerare

aufzeichn|en disegnare; *schriftlich* annotare; *auf Band* registrare; **2ung** *f auf Band* registrazione

auf|ziehen *Vorhang* aprire; *Uhr* caricare; *Veranstaltung* organizzare; *(necken)* canzonare; **2zug** *m* ascensore; *Thea* atto

Auge *n* occhio *m*; *im ~ behalten* tenere d'occhio; *ins ~ fallen* dare nell'occhio

Augenarzt *m* oculista

Augenblick *m* momento; istante; *e-n ~!* un momento!; **2lich** *(vorübergehend)* momentàneo; *(sofortig)* istantàneo; *(gegenwärtig)* presente, attuale; *adv* per il momento

Augen|braue *f* sopracciglio *m*; **~brauenstift** *m* matita *f* per le sopracciglia; **~farbe** *f* colore *m* degli occhi; **~lid** *n* pàlpebra *f*; **~tropfen** *m/pl* collirio *m*; **~zeuge** *m* testimone oculare

August *m Monat* agosto

Auktion *f* asta

Au-pair-Mädchen *n* ragazza *f* alla pari

aus *Herkunft* da; di; *Stoff* di; *Grund* per; *~ dem Gedächtnis* a memoria; *~ der Mode* fuori moda; *~ sein Vorstellung, Vorrat* èssere finito; *Licht, Heizung* èssere spento; *von mir ~* per quanto mi riguarda

aus|arbeiten elaborare; **~arten** degenerare *(in in)*; **~atmen** espirare; **~bauen** *Motor* smontare; **~bessern** riparare; riaccomodare

Ausbeut|e *f* provento *m*; frutto *m*; **2en** sfruttare; **2ung** *f* sfruttamento

ausbild|en formare, istruire *(in in)*; **2ung** *f* formazione, istruzione

aus|bleiben non venire; **2blick** *m* vista *f*; **~brechen** *Feuer, Krieg, Krankheit* scoppiare; *Vulkan* entrare in eruzione

ausbreiten stèndere; *sich ~* propagarsi

Ausbruch *m (Flucht)* evasione *f*; *(Vulkan2)* eruzione *f*; *zum ~ kommen* scoppiare

ausbürsten spazzolare

Ausdauer *f* perseveranza; **2nd** perseverante

ausdehn|en estèndere; *sich ~* estèndersi; *Phys* dilatarsi; **2ung** *f* estensione

ausdenken: *sich et ~* immaginarsi qc

ausdrehen *Licht* spègnere

Ausdruck *m* espressione *f*; *zum ~ bringen* esprìmere

ausdrück|en sprèmere; *Zigarette* spègnere; *(aussprechen)*

ausdrücklich

esprìmere; *sich* ~ esprìmersi; **~lich** espresso; *adv* espressamente

ausdrucks|los inespressivo, vuoto; **~voll** espressivo; **2weise** *f* modo *m* di esprìmersi

Ausdünstung *f* esalazione

auseinander separato; **~gehen** *Menschen* separarsi; *Gegenstand* disfarsi, rómpersi; *Meinungen* differire; **~nehmen** disfare; **2setzung** *f* contrasto *m*, altèrco *m*

Ausfahrt *f* uscita

ausfall|en *Haare usw* cadere; *Veranstaltung* non aver luogo; *Tech* incepparsi; **2straße** *f* strada *f* di uscita

ausfegen spazzare

ausfindig: ~ *machen* scovare, trovare

Aus|flug *m* gita *f*, escursione *f*; **~flügler** *m* gitante

ausfragen interrogare (*über* su)

Ausfuhr *f* esportazione

ausführ|en eseguire, cómpiere; *Hdl* esportare; *j-n* portare fuori; **~lich** dettagliato; **2ung** *f* esecuzione, compimento *m*; (*Modell*) modello *m*

Ausfuhrverbot *n* divieto *m* d'esportazione

ausfüllen *Platz, Lücke* occupare; *Formular* riempire

Ausgabe *f* (*Geld2*) spesa; (*Buch2*) edizione; *e-r Zeitung* nùmero *m*; (*Verteilung*) distribuzione

Ausgang *m* uscita *f*; (*Ende*) fine *f*; (*Ergebnis*) èsito *m*; **kein** ~ vietata l'uscita; **~spunkt** *m* punto di partenza; **~ssperre** *f* coprifuoco *m*

ausgeben *Geld* spèndere; (*verteilen*) distribuire; *sich* ~ *für, als* spacciarsi per

ausge|bucht (al) completo; prenotato interamente; **~dehnt** esteso; **~fallen** stravagante; **~glichen** equilibrato

ausgehen uscire; *Licht, Feuer* spègnersi; *Benzin, Geld* venire a mancare; (*enden*) finire; ~ *von* partire da

ausge|leiert lógoro; **~nommen** eccetto; **~rechnet** pròprio; **~schlossen** impossìbile, escluso; **~schnitten** *Kleid* scollato; **~sprochen** *adv* particolarmente; **~zeichnet** eccellente, òttimo

ausgiebig *Mahlzeit* abbondante

Ausgleich *m* compensazione *f*; compenso *f*; *Sport* pareggio; **zum** ~ in compenso; **2en** compensare; *in der Höhe* spianare; *Sport* pareggiare

ausgleiten scivolare

ausgrab|en scavare; **2ungen** *f/pl* scavi *m/pl*

Auguß *m* acquaio

aus|halten sopportare; resìstere a; **~händigen** consegnare; **2hang** *m* avviso pùbblico; **~heilen** guarire completamente; **~helfen**

ausnützen

aiutare (*j-m mit et* qu con qc)

Aushilf|e *f* aiuto *m*; (*~skraft*) supplente *m*/*f*; **⚤sweise** provvisoriamente; per ripiego

aus|höhlen incavare; **~kehren** spazzare

auskennen: sich ~ conóscere bene (*in et* qc), intèndersi (*di* qc); *sich in der Stadt ~* èssere pràtico della città

ausknipsen F *Licht* spègnere

Auskunft *f* informazione; (*~sstelle*) ufficio, *Tel* servizio *m* informazioni; **~ geben** dare informazioni; informare (*j-m über et* qu di qc); **~sbüro** *n* ufficio *m* informazioni

aus|kuppeln disinnestare (la marcia); **~lachen** deridere; **~laden** scaricare; F *Gäste* disdire l'invito a

Auslagen *f/pl* spesa *f*

Ausland *n* èstero *m*; *im od ins ~* all'èstero

Ausländ|er(in *f*) straniero (-a *f*) *m*; **⚤isch** straniero, èstero

Auslands|aufenthalt *m* soggiorno all'èstero; **~brief** *m* lèttera *f* per l'èstero; **~gespräch** *n* *Tel* comunicazione *f* internazionale; **~postanweisung** *f* vaglia *m* internazionale; **~reise** *f* viaggio *m* all'èstero

aus|lassen *Wort usw* omèttere; **~laufen** *Flüssigkeit* scolare; *Schiff* partire; **~leeren** vuotare; **~legen** *Geld* sborsare, anticipare; (*deuten*) interpretare

ausleihen prestare, dare in prèstito (*j-m et* qc a qu); *sich et ~* farsi prestare qc (*von j-m* da qu)

aus|liefern consegnare; *Gefangene* estradare; **~löschen** spègnere; **~losen** sorteggiare; **~lösen** (*hervorrufen*) provocare; *Tech* far scattare; *beim Zoll* svincolare; **~löser** *m* *Fot* scatto; **~machen** *Licht, Radio, TV* spègnere; *Termin* stabilire, fissare; *Kosten* (*betragen*) ammontare a; *macht es Ihnen etwas aus, wenn ...?* le dispiace se ...?

Ausmaß *n* misura *f*; *e-r Katastrophe* dimensione *f*

aus|merzen eliminare, sopprimere; **~messen** misurare

Ausnahme *f* eccezione; *mit ~ von* ad eccezione di; **~zustand** *m* *Pol* stato d'emergenza

ausnahms|los senza eccezione; **~weise** eccezionalmente

aus|nehmen *Fisch* sventrare; *fig* F *j-n* pelare; **~nutzen,** **~nützen** approfittare di;

auspacken 250

~packen *Koffer* disfare; ~plündern *Person* derubare; ~pressen sprèmere; ~probieren provare, sperimentare

Auspuff *m* scàrico; scappamento; ~gase *n/pl* gas *m/pl* di scàrico; ~rohr *n* tubo *m* di scappamento; ~topf *m* marmitta *f*

auspumpen vuotare con la pompa; *den Magen* ~ fare la lavanda gàstrica

aus|radieren cancellare (*a fig*); ~rangieren scartare; méttere fuori servizio; ~rasieren ràdere; ~rauben derubare, spogliare; ~räumen vuotare; sgomberare; ~rechnen calcolare

Ausrede *f* scusa, pretesto *m*

ausreden *j-m et* ~ dissuadere qu dal fare qc

ausreich|en bastare; ~end abbastanza

Ausreise *f* uscita; *bei der* ~ al passaggio del confine; **2n** uscire; partire per l'èstero; ~visum *n* visto *m* d'uscita

ausreißen strappare; F (*davonlaufen*) scappare

ausrenken: *sich den Arm* ~ slogarsi il braccio

ausrichten (*erreichen*) otterere; *j-m Grüße von j-m* ~ salutare qu da parte di qu

Ausruf *m* esclamazione *f*; ~en esclamare; *Stationen* annunciare; (*verkünden*) proclamare; ~ezeichen *n* punto *m* esclamativo

ausruhen: ~ *u sich* ~ riposarsi

ausrüst|en equipaggiare (*mit* con); **2ung** *f* equipaggiamento *m*

ausrutschen scivolare

Aussag|e *f* dichiarazione; *jur* deposizione; **2en** *jur* deporre

aus|saugen succhiare; ~schalten *Strom* interrómpere; *Licht, Radio, TV* spègnere; *Maschine* arrestare; *Fehler, Gegner* eliminare

Ausschank *m* méscita *f*

ausscheid|en separare; eliminare; *aus e-m Amt* lasciare; *Sport* èssere eliminato; *Med* secrezione; **2ungskampf** *m* eliminatoria *f*; **2ungsspiel** *n* partita *f* eliminatoria

aus|scheren uscire dalla colonna; ~schiffen sbarcare; ~schimpfen sgridare; ~schlafen *Rausch* smaltire; *Person* far una bella dormita

Ausschlag *m Med* eruzione *f*; *das gibt den* ~ questo è determinante; **2en** *Zahn* rómpere; *fig* (*ablehnen*) respingere; *Pferd* tirare calci; *Bäume* spuntare; **2gebend** decisivo

ausschließ|en esclùdere (*von da*); ~lich esclusivo; *adv* soltanto

Ausschluß *m* esclusione *f*

aus|schmücken ornare (*mit*

di); ~schneiden ritagliare; ℒschnitt m (Teil) frammento; (Zeitungℒ) ritaglio; (Kleiderℒ) scollatura f; ~schreiben Zahl scrivere in lèttere; Stelle méttere a concorso; (ausstellen) rilasciare
Ausschuß m (defekte Ware) scarto; (Komitee) comitato; ~ware f merce di scarto
ausschütten Flüssigkeit versare; Gefäß vuotare; (verschütten) rovesciare; Gewinn distribuire
ausschweif|end dissoluto; ℒung f dissolutezza
aussehen (erscheinen) avere l'aria (wie di); sembrare (wie j, et qu, qc); *es sieht nach Regen aus* sembra che voglia piòvere; ℒ n aspetto m; *dem* ℒ *nach* secondo l'apparenza
aussein F: *... ist aus* Licht, Radio ... è spento; (ist zu Ende) ... è finito; *wir waren gestern aus* ieri siamo usciti; *auf et* ~ mirare a qc
außen fuori; all'esterno; *nach* ~ all'infuori; all'esterno; *von* ~ dal di fuori, dall'esterno; ℒbordmotor m fuoribordo; ℒhandel m commercio èstero; ℒkabine f Mar cabina esterna; ℒministerium n ministero m degli Èsteri; ℒseite f lato m esterno; ℒseiter m outsider; ℒspiegel m Kfz specchietto esterno

außer fuori (di); (ausgenommen) eccetto; (neben) oltre; ~ *daß* solo che; ~ *Betrieb,* ~ *Dienst* fuori servizio; ~ *der Reihe* fuori turno; ~*dem* inoltre
äußere esterno, esteriore; ℒ(s) n aspetto m esteriore
außergewöhnlich straordinario; ~**halb** prp (+G) (al di) fuori di; ~ *der Stadt* fuori città
äußerlich esteriore; fig superficiale; Med ~ *anzuwenden* per uso esterno
äußern esprimere; *sich* ~ esprimersi
außer|ordentlich straordinario; ~**planmäßig** fuori programma
äußerst estremamente; (sehr) assai
außerstande: ~ *sein* non èssere in grado (et zu tun di fare qc)
äußerste estremo; *aufs* ℒ *gefaßt sein* aspettarsi il peggio
Äußerung f osservazione
aussetzen Belohnung prométtere; der Sonne, Gefahr usw esporre; Motor pèrdere colpi; *mit et* ~ sospèndere qc; *et auszusetzen haben an et* trovar da ridire su qc
Aussicht f vista (auf su); fig speranza
aussichts|los disperato; ℒ**turm** m belvedere
aussöhn|en: *sich* ~ riconciliarsi; ℒung f riconciliazione

aus|sortieren eliminare; **~spannen** *Pferde* staccare; (*sich erholen*) riposarsi; **~spielen** *Karte* giocare
Aussprache *f* pronuncia; (*Meinungsaustausch*) discussione
aussprechen pronunciare; (*äußern*) esprimere
Aus|spruch *m* detto; **⎵spukken** sputare; **⎵spülen** sciacquare; **~stand** *m* sciopero
ausstatt|en equipaggiare (*mit* con); **~ung** *f* equipaggiamento *m*
ausstehen (*erleiden*) sopportare; *Antwort, Zahlung* (*fehlen*) mancare; **nicht ~ können** non poter soffrire
aussteigen scéndere (*aus* da)
ausstell|en *Ware* esporre; *Paß, Quittung* rilasciare; *Scheck, Rechnung* eméttere; **⎵ung** *f* esposizione, mostra
Ausstellungs|gelände *n* àrea *f* d'esposizione; **~stand** *m* stand; **~stück** *n* pezzo *m* d'esposizione
aus|stehen estinguersi; **⎵steuer** *f* corredo *m*; **⎵stieg** *m* uscita *f*; **⎵stoßen** *Schrei* eméttere; *aus e-r Gemeinschaft* espèllere; **~strahlen** irradiare; *TV* trasméttere
ausstrecken (s)tèndere; *sich lang ~* sdraiarsi
aus|streichen cancellare; **~suchen** scégliere
Austausch *m* scambio; **⎵en** scambiare; **~motor** *m* motore di ricambio
austeilen distribuire
Auster *f* òstrica
austragen *Briefe* recapitare; *Zeitungen* distribuire; *Kampf, Spiel* disputare
Australien *n* (l')Australia *f*
aus|treiben espèllere; **~treten** *aus e-r Partei usw* uscire, ritirarsi (*aus* da); (*die Toilette aufsuchen*) andare alla toilette (*od* al gabinetto); **~trinken** bere tutto; **⎵tritt** *m* ritiro (*aus* da); **~trocknen** disseccarsi; **~üben** *Beruf, Einfluß* esercitare
Ausverkauf *m* saldi *m/pl*; svéndita *f* totale; **⎵t** esaurito
Aus|wahl *f* scelta; **⎵wählen** scégliere
Auswander|er *m* emigrante; **⎵n** emigrare; **~ung** *f* emigrazione
auswärtig esterno; **⎵es Amt** ministero *m* degli Èsteri
auswärts fuori
aus|waschen *Wunde, Kleidungsstück* lavare; **~wechseln** cambiare (*gegen* con)
Ausweg *m* via *f* d'uscita; **⎵los** disperato
ausweichen scansare (*j-m* qu); **~d** evasivo
Ausweis *m* carta *f* d'identità
ausweisen (*des Landes verweisen*) espèllere; *sich ~* legittimarsi
Ausweis|kontrolle *f* controllo *m* passaporti; **~papiere**

Axt

n/pl documenti *m/pl*; **~ung** *f* espulsione
aus|weiten allargare; **~wendig** a memoria; **~werten** analizzare; **~wickeln** svòlgere
auswirken: sich ~ auf ripercuòtersi su
Auswurf *m Med* espettorazione *f*
auszahlen pagare; *fig* **sich ~** valere la pena
aus|zählen contare; **♀zahlung** *f* pagamento *m*
auszeichn|en *Waren* contrassegnare; *j-n* premiare; **♀ung** *f* premio *m*; decorazione
ausziehen *Tisch* allungare; *Kleid* tògliersi; *aus e-m Haus* sloggiare (**aus** da); **sich ~** spogliarsi
Ausziehtisch *m* tàvola *f* allungàbile
Auto *n* auto *f*, automòbile *f*, màcchina *f*; **mit dem ~ fahren** andare in màcchina
Autobahn *f* autostrada; **~auffahrt** *f* raccordo *m* di entrata; **~ausfahrt** *f* uscita; **~dreieck** *n* svìncolo *m* autostradale; **~gebühr** *f* pedaggio *m*; **~kreuz** *n* crocevìa *f* autostradale; **~raststätte** *f* autogrill *m*; **~zubringer** *m* raccordo autostradale
Autobus *m* àutobus *m*; (*Reise♀*) pullman; **~haltestelle** *f* fermata dell'àutobus; **~linie** *f* linea d'àutobus
Auto|fähre *f* nave traghetto; **~fahrer** *m* autista, automobilista
Autogramm *n* autògrafo *m*
Auto|karte *f* carta automobilìstica; **~kino** *n* drive-in *m*
Automat *n* distributore (automàtico); **~ik** *f K/z* cambio *m* automàtico; **~ikgurt** *m* cintura *f* di sicurezza automàtica; **♀isch** automàtico
Automobil *n* automòbile *f*; **~club** *m* automòbile club
Autonummer *f* nùmero *m* di targa
Autor(in *f*) *m* autore (-trice *f*) *m*
Auto|reifen *m* pneumàtico; **~reisezug** *m* treno con trasporto auto al sèguito del viaggiatore; **~rennen** *n* corsa *f* automobilìstica; **~reparaturwerkstatt** *f* officina di riparazioni; **~schlange** *f* fila *f* di màcchine; **~schlüssel** *m/pl* chiavi *f/pl* della màcchina; **~schlosser** *m* meccànico per automòbili; **~stopp** *m* autostop; **~verkehr** *m* tràffico automobilìstico; **~vermietung** *f* noleggio *m*; **~waschanlage** *f* autolavaggio *m*; **~zubehör** *n* accessori *m/pl* per l'automòbile
Axt *f* ascia

B

Baby n bebè m, neonato m; **~nahrung** f prodotti m/pl alimentari per l'infanzia
Bach m ruscello
Backbord n babordo m
Backe f guancia
backen cuòcere al (od in) forno; *in Öl friggere*
Backen|knochen m zigomo; **~zahn** m dente molare
Bäcker m fornaio; **~ei** f, **~laden** m panetteria f, forno m
Back|form f stampo m per dolci; **~hendl** n pollo m arrosto; **~obst** n frutta f secca; **~ofen** m forno; **~pflaumen** f/pl prugne secche; **~pulver** n lièvito m in pólvere; **~waren** f/pl paste; dolci m/pl
Bad n bagno m; (Ort) località f balneare; (Schwimm~) piscina f
Bade|anstalt f stabilimento m balneare; **~anzug** m costume da bagno; **~hose** f calzoncini m/pl da bagno; **~kappe** f cuffia da bagno; **~mantel** m accappatoio; **~meister** m bagnino
baden fare il bagno
Bade|ort m s Bad; **~saison** f stagione balneare; **~schuhe** m/pl scarpette f/pl da bagno; **~strand** m spiaggia f; **~tuch** n asciugamano m da bagno; **~wanne** f vasca da bagno; **~zimmer** n bagno m
Bagatellschaden m danno da poco (od di poca importanza)
Bagger m escavatore
Bahn f Esb ferrovia; *mit der ~ fahren* andare in treno; *j-n zur ~ bringen* accompagnare qu alla stazione; **~beamte(r)** m impiegato delle ferrovie; **~damm** m àrgine della ferrovia
bahnen: *sich e-n Weg ~* farsi strada
Bahnfahrt f viaggio m in treno
Bahnhof m stazione f; *auf dem ~* alla stazione
Bahnhofs|halle f atrio m della stazione; **~vorsteher** m capostazione
Bahn|linie f linea ferroviaria; **~steig** m marciapiede; **~überführung** f cavalcavia m; **~übergang** m passaggio a livello
Bahre f barella
Baiser n meringa f
Bakterien f/pl batteri m/pl
bald presto; tra poco; **~ darauf** sùbito dopo; *so ~ wie möglich* il più presto possibile
Baldriantropfen m/pl gocce f/pl di valeriana f
Balkan: *der ~* i Balcani m/pl; *auf dem ~* nei Balcani

Balken m trave f
Balkon m balcone; **Thea** balconata f; **~tür** f porta finestra
Ball m (Fuß2) palla f; (Fuß2) pallone; (Tanzfest) ballo
Ballen m (Waren2) balla f; (Fuß2) polpaccio
Ballett n balletto m
Ballon m Flgw aeròstato m
Balsam m bàlsamo m
Banane f banana
Band¹ n volume
Band² n nastro m (a Ton2); **auf ~ aufnehmen** registrare
Band³ f Mus complesso m
Banda|ge f fasciatura; **2gieren** bendare
Bandaufnahme f registrazione su nastro
Bänder|riß m strappo dei legamenti; **~zerrung** f stiramento m
Band|maß n metro m a nastro; **~nudeln** f/pl tagliatelle, fettucine; **~scheibe** f disco m intervertebrale; **~wurm** m tenia f
Bank f panchina; in Kirche, Schule usw banco m; (Geldinstitut) banca; **~anweisung** f assegno m bancario; **~guthaben** n crédito m bancario; **~konto** n conto m in banca; **~leitzahl** f còdice m di avviamento bancario; **~note** f banconota; **~raub** m rapina f a una banca, **~räuber** m rapinatore
bankrott fallito

Baskenmütze

Banküberfall m assalto a una banca
bar: (in od gegen) **~** in contanti
Bar f (Theke) banco m; bar m; (Nacht2) night-club m
Bär m orso
Baracke f baracca
Bardame f barista, entraîneuse [ãtre'nøz]
barfuß a piedi nudi
Bargeld n denaro m in contanti; **2los** con assegno
Bariton m barìtono
barmherzig misericordioso; **2keit** f misericordia, pietà
Barock m/n barocco m
Barometer n baròmetro m
Barren m (Gold2) lingotto, barra f; **Turngerät** parallele f/pl
Barriere f barriera
Barrikade f barricata
barsch brusco
Barsch m pesce pèrsico
Barscheck m assegno pagàbile in contanti
Bart m barba f; (Schlüssel2) ingegno
Barzahlung f pagamento m in contanti
Base f (Kusine) cugina
Basel n Basilea f
basieren: **~ auf** basarsi su
Basilika f basìlica
Basilikum n basìlico m
Basis f base
Baskenmütze f basco m

Basketball *m* pallacanestro *f*
Basrelief *n* bassorilievo *m*
Baß *m* basso; (*Kontra2*) contrabbasso
Bassin *n* bacino; (*Schwimm2*) piscina *f*
Bast *m* rafia *f*
Batterie *f* batteria, pila
Bau *m* costruzione *f*; (*Gebäude*) edificio; (*Tier2*) tana *f*; ~**arbeiten** *f/pl* lavori *m/pl* edili; **Straßenschild** lavori *m/pl* in corso; ~**arbeiter** *m* lavoratore edile
Bauch *m* ventre, pancia *f*; ~**fell** *n* peritonèo *m*; ~**fellentzündung** *f* peritonite; ~**schmerzen** *m/pl*, ~**weh** *n* mal *m* di pancia; ~**speicheldrüse** *f* pàncreas *m*
Baudenkmal *n* monumento *m* architettònico
bauen costruire
Bauer[1] *m* contadino; *Schach* pedone
Bauer[2] *n* gabbia *f* (per uccelli)
Bäuer|**in** *f* contadina; **2lich** rùstico
Bauern|**haus** *n*, ~**hof** *m* fattoria *f*
bau|**fällig** pericolante, cadente; **2gerüst** *n* impalcatura *f*; **2jahr** *n* anno *m* di costruzione; **2kosten** *pl* spese *f/pl* di costruzione; **2kunst** *f* architettura
Baum *m* àlbero
Bau|**material** *n* materiale *m* da costruzione; ~**meister** *m* costruttore edile

Baum|**grenze** *f* lìmite *m* della vegetazione arbòrea; ~**krone** *f* chioma dell'àlbero; ~**schule** *f* vivaio *m*; ~**stamm** *m* tronco d'àlbero; ~**wolle** *f* cotone *m*
Bau|**stelle** *f* cantiere *m*; *auf e-r Straße* lavori *m/pl* in corso; ~**stil** *m* stile architettònico; ~**werk** *n* edificio *m*
Bayer *m*, **2in** bavarese
Bayern *n* (la) Baviera
Bazillus *m* bacillo
beabsichtigen avere l'intenzione (*et zu tun* di fare qc)
beacht|**en** fare attenzione a; (*befolgen*) osservare; *Vorfahrt* rispettare; ~**lich** considerévole; apprezzàbile
Beamte(**r**) *m* impiegato (*od* funzionario) statale
beanspruchen (*fordern*) reclamare; *Platz*, *Zeit* richièdere; *Beruf: j-n* impegnare; *Tech* sollecitare
beanstand|**en** criticare; **2ung** *f* reclamo *m*; crìtica
beantragen chièdere
beantwort|**en** rispóndere a; **2ung** *f* risposta (a)
bearbeiten lavorare; *für den Film* adattare; *Antrag* sbrigare
beaufsichtig|**en** sorvegliare; **2ung** *f* sorveglianza
beauftrag|**en** incaricare (*mit* di); **2te**(**r**) *m* incaricato
bebauen costruire su; *Land* coltivare
Beben *n* terremoto *m*

befragen

Becher *m* coppa *f*
Becken *n* piscina *f*; *Anat* bacino *m*
bedanken: *sich bei j-m für et* ~ ringraziare qu di qc
Bedarf *m* fabbisogno; *nach* ~ a seconda del bisogno
Bedarfs|artikel *m* articolo di prima necessità; **~haltestelle** *f* fermata a richiesta
bedauer|lich spiacévole; **~licherweise** sfortunatamente; **~n** deplorare; *ich bedaure* mi dispiace (*daß* che + *cong*); ℒ**n** *n* dispiacere *m*; **~nswert** deplorévole
bedenk|en considerare; riflèttere su; **~lich** serio; inquietante; ℒ**zeit** *f* tempo *m* per riflèttere
bedeut|en significare; **~end** importante; ℒ**ung** *f* (*Sinn*) significato *m*; (*Wichtigkeit*) importanza; **~ungslos** insignificante
bedien|en servire; *sich* ~ servirsi; ℒ**ung** *f* servizio *m* (*a* ~*geld*); (*Kellnerin*) cameriera
Bedienungsanleitung *f* istruzioni *f*/*pl* per l'uso
Bedingung *f* condizione; *unter der* ~, *daß* a condizione che (+ *cong*); ℒ**slos** incondizionato
bedroh|en minacciare; **~lich** minaccioso
bedrück|en opprimere; **~end** opprimente; **~t** depresso
Bedürfnis *n* bisogno *m* (*nach* di)

Beefsteak *n* bistecca *f*
beeilen: *sich* ~ affrettarsi (*et zu tun* a fare qc)
beein|drucken impressionare; **~flussen** influire su; **~trächtigen** pregiudicare; *Gesundheit* nuòcere a
beenden finire, terminare
beerdig|en seppellire; ℒ**ung** *f* sepoltura; *Feier* funerali *m*/*pl*
Beere *f* bacca; (*Wein*ℒ) àcino *m*
Beet *n* aiola *f*
befahr|bar praticàbile, percorríbile; **~en** percórrere; *stark* ~ *Straße* battuto
befallen *Krankheit; j-n* colpire; *v Ungeziefer* infestare
befassen: *sich* ~ *mit* occuparsi di
Befehl *m* órdine; comando; ℒ**en** ordinare, comandare (*j-m et* qc a qu)
befestigen fissare, attaccare (*an* a)
befeuchten umettare
befind|en: *sich* ~ èssere, trovarsi; (*sich fühlen*) sentirsi; stare; ℒ**n** *n* (*Gesundheit*) salute *f*
befolgen seguire; *Anweisung* osservare
beförder|n spedire, trasportare; *im Rang* promuòvere (*zum Direktor* a direttore); ℒ**ung** *f* spedizione, trasporto *m*; *fig* promozione
befragen interrogare; (*konsultieren*) consultare

befreien

befreien liberare (**von** da); (*freistellen*) esentare (da)

befreunden: sich ~ mit j-m ~ fare amicizia con qu; *sich mit et ~* familiarizzarsi con qc; *ich bin mit ihm befreundet* siamo amici

befriedig|en soddisfare; **~end** soddisfacente; **~t** soddisfatto, contento; **2ung** *f* soddisfazione

befristet limitato; a scadenza fissa

Befug|nis *f* autorizzazione; (*Zuständigkeit*) competenza; **2t** autorizzato (**zu** a)

Befund *m* Med referto medico; *ohne ~* risultato negativo

befürchten temere (**daß** che + *cong*); **2ung** *f* timore *m*

befürworten appoggiare

begab|t dotato (*für* per); **2ung** *f* talento *m*

begeben: sich ~ recarsi (**nach**, **in** in, a); *sich in ärztliche Behandlung ~* affidarsi alle cure di un medico; *sich in Gefahr ~* incórrere in un pericolo

Begebenheit *f* avvenimento *m*

begegn|en incontrare (*j-m* qu); **2ung** *f* incontro *m*

begehen *Fest* celebrare; *Verbrechen* comméttere

begehr|enswert desideràbile; **~t** richiesto

begeister|n entusiasmare; *sich ~ für* appassionarsi per; **2ung** *f* entusiasmo *m*

258

begierig àvido (**auf**, **nach** di)

Beginn *m* inizio; **zu ~** al inizio; **2en** cominciare (**zu** a)

beglaubigen autenticare; *~ lassen* far autenticare

begleichen *Rechnung* pagare

begleit|en accompagnare (*a* Mus); **2er(in** *f*) *m* accompagnatore (-trice *f*) *m*; **2ung** *f* compagnia

beglückwünschen: *j-n ~* congratularsi con qu (**zu** per)

begnadig|en graziare; **2ung** *f* grazia

begnügen: sich ~ mit accontentarsi di

begraben sepellire; *~ liegen* èssere sepolto

Begräbnis *n* funerali *m/pl*

begreifen comprèndere, capire

begreiflich comprensibile; *j-m et ~ machen* far capire qc a qu

begrenzen limitare

Begriff *m* concetto; (*Vorstellung*) idea *f*; *im ~ sein et zu tun* stare per fare qc

begründ|en motivare (**mit** con); **~et** fondato; **2ung** *f* motivazione

begrüß|en salutare; **2ung** *f* (*Empfang*) accoglienza

begünstig|en favorire; (*fördern*) promuòvere; **2ung** *f* favore *m*

begutachten dare un parere, *fachmännisch* fare una perizia (**et** su qc)

be|bütert benestante; **~haart** peloso

behalten tenere; (*im Gedächtnis*) ~ tenere in mente; ricordare

Behälter *m* recipiente

behandeln trattare; *Med* curare; **schlecht** ~ maltrattare

Behandlung *f* trattamento *m*; *Med* cura

beharr|en insistere, perseverare (*auf* in); **~lich** perseverante; insistente; **~lichkeit** *f* perseveranza

behaupten affermare, pretèndere; *Stellung* mantenere; **sich** ~ affermarsi

beheben *Schaden* riparare

beheizen riscaldare

Behelf *m* rimedio, espediente; **Qen: sich ~ mit** accontentarsi di; **2smäßig** provvisorio

behelligen disturbare

beherbergen alloggiare

beherrschen dominare; *Sprache* èssere padrone di; **sich** ~ dominarsi, controllarsi

Beherrschung *f*: **die ~ verlieren** pèrdere il controllo

behilflich: ~ **sein** aiutare (*j-m* qu)

behindern impedire; *Verkehr* intralciare; **Qte(r)** *m* handicappato; **Qung** *f* impedimento *m*; intralcio *m*; *körperliche*, *geistige* handicap *m*

Behörde *f* autorità *f/pl*

behutsam cauto

bei presso; vicino a; ~ *j-m* (*zu Hause*) da qu; ~ **Nacht** di notte; ~ **e-m Unfall** in caso di incidente; **et** ~ **sich haben** avere qc con sé

Beiboot *n* scialuppa *f*

beibringen *Zeugen* produrre; *j-m et* ~ fare apprèndere qc a qu

Beicht|e *f* confessione; **2en** confessarsi; **~stuhl** *m* confessionale; **~vater** *m* confessore

beide ambedue; entrambi; **alle** ~ tutti e due; **eins von ~n** l'uno dei due

beieinander (*zusammen*) insieme; (*nebeneinander*) l'uno accanto all'altro

Bei|fahrer *m Pkw* passeggero *m*; *Lkw* secondo autista; **~fall** *m* applauso; **2fügen** aggiùngere; *im Brief* allegare

Bei|geschmack *m* sapore (*strano*); **~hilfe** *f* (*Geld2*) sovvenzione *f*; *jur* complicità

Beil *n* scure *f*

Beilage *f zur Zeitung* supplemento *m*; *Kochk* contorno *m*

beilegen *s beifügen*; *Streit* appianare

Beileid *n* condoglianze *f/pl*; *j-m sein* ~ **aussprechen** fare le proprie condoglianze a qu

bei|liegend (qui) accluso; **~messen** attribuire

Bein *n* gamba *f*; *v Tier a* zampa *f*

beinah(e) quasi

Beiname *m* soprannome

Beinbruch *m* frattura *f* della gamba; **Hals- und ~!** in bocca al lupo!

beipflichten èssere d'accordo (*j-m* con qu)

beisammen insieme; **2sein** *n* riunione *f*

Beisein *n*: **im ~ von** alla presenza di

beiseite: **~ legen** méttere da parte; **~ schaffen** far sparire

Beisetzung *f* funerali *m/pl*, esequie *f/pl*

Beispiel *n* esempio *m*; **zum ~** per esempio; **2haft** esemplare; **2los** senza pari; incomparàbile; **2sweise** a mo' d'esempio

beiß|en mòrdere; **2zange** *f* tenaglie *f/pl*

Bei|stand *m* aiuto; assistenza *f*; **2stehen** assìstere (*j-m* qu); **~trag** *m* contributo; (*Mitglieds2*) quota *f*; **2tragen** contribuire (*zu* a); **2treten** aderire (a); entrare (in); **~wagen** *m* Motorrad side-car, carrozzino; **2wohnen** assìstere (a)

beizeiten a tempo

bejahen rispóndere di sì; **~d** affermativo

bekämpfen combàttere

bekannt conosciuto, noto (*für* per); (*berühmt*) rinomato; *j-n mit j-m* ~ **machen** presentare qu a qu; **mir ist ~, daß** so che; **2e(r)** *m* conoscente *m*; **2gabe** *f* comunicazione; **2geben** rèndere noto; comunicare; **~lich** come tutti sanno; **~machen** pubblicare; **2machung** *f* notificazione; (*Anschlag*) avviso *m*; **2schaft** *f* conoscenza; (*Bekannte*) conoscenti *m/pl*

beklag|en deplorare; **sich ~ über** lamentarsi di; **~enswert** deplorévole; **2te(r)** *m* imputato

Bekleidung *f* vestiti *m/pl*, abbigliamento *m*

bekommen ricévere; (*erlangen*) ottenere; *Krankheit* prèndersi; *Bus usw* riuscire a prèndere; *j-m* far bene (a qu); *Bus nicht mehr ~* pèrdere; *geschenkt ~* avere in regalo; **wo bekommen man ...?** dove si può avere ...?; **was ~ Sie?** *an Geld* quanto Le devo?; *im Geschäft* (che cosa)? desidera?

be|kömmlich sano; **~kräftigen** confermare; **~kümmert** preoccupato; **~lächeln** sorrìdere di; **~laden** caricare (*mit* di)

Belag *m Med* pàtina *f*; *auf Kuchen*, *Bremse* guarnizione *f*

Belang *m*: **von ~** importante; **~e** *pl* interessi

belangen: *j-n* **~ wegen** far causa a qu per

belanglos senza importanza

belasten caricare (*mit* di); *Konto* addebitare; *jur* incriminare

belästig|en molestare, im-

portunare; **2ung** f seccatura
Belastung f càrico m; fig peso m
belaufen: sich ~ auf ammontare a
beleb|end stimolante; **~t** Straße movimentato, frequentato
Beleg m documento; (Zahlungs2) ricevuta f; 2en Platz occupare; Kursus iscriversi a; Brötchen imbottire; (beweisen) documentare; **~schaft** f personale m; 2t Platz occupato; Hotel completo; Brötchen imbottito
belehren istruire (über su)
beleidig|en offendere; **~end** offensivo; **~t** offeso; **2ung** f offesa
beleucht|en illuminare; **2ung** f illuminazione; (Licht) luce
belicht|en Fot esporre alla luce; **2ung** f esposizione; posa
Belichtungs|messer m esposimetro; **~zeit** f tempo m d'esposizione (od di posa)
Belieb|en n: nach ~ a volontà; a discrezione; a piacere; 2ig qualsiasi; ~ oft quanto si vuole
beliebt Person amato; popolare; Sache in voga; **2heit** f popolarità
beliefern fornire (j-n mit et qc a qu)
bellen abbaiare
belohn|en ricompensare (für per); **2ung** f ricompensa
belügen mentire (j-n a qu)
bemächtigen: sich e-r Sache ~ impossessarsi di qc
be|malen dipingere; **~mängeln** criticare
bemerkbar percettibile; **sich ~ machen** farsi notare
bemerk|en osservare; notare; **~enswert** notévole; **2ung** f osservazione
bemitleiden compiàngere
bemühen incomodare; **sich ~** sforzarsi; **~ Sie sich nicht!** non s'incòmodi!
benachbart vicino
benachrichtig|en: j-n von et ~ avvertire, avvisare qu di qc; **2ung** f avviso m
benachteilig|en danneggiare, svantaggiare; **~t** svantaggiato; **2ung** f svantaggio m
benehmen: sich ~ comportarsi; 2 n condotta f, comportamento m
beneiden invidiare (um et qc); **~swert** invidiàbile
benötigen aver bisogno di
benutzen, benützen usare, adoperare; servirsi di; Verkehrsmittel prèndere; Gelegenheit cògliere
Benutzer m utente; **~ung** f uso m
Benzin n benzina f; **~gutschein** m buono per la benzina; **~kanister** m tànica f di benzina; **~pumpe** f pompa della benzina; **~tank** m serbatoio della benzina; **~ver-**

Benzinverbrauch

brauch m consumo di benzina

beobacht|en osservare; **2er** m osservatore; **2ung** f osservazione

bequem còmodo, confortévole; (*mühelos*) senza sforzi; **es sich ~ machen** accomodarsi; **2lichkeit** f comodità; comfort m

berat|en consigliare; discùtere (**über et** su qc); **2er** m consigliere; **2ung** f discussione; *Med* consulenza

berauben derubare

berechnen calcolare; **j-m et ~** méttere in conto qc a qu

Berechnung f càlcolo m (*a fig*)

berechtig|en autorizzare, dare diritto (**zu** a); **~t** autorizzato; (*begründet*) fondato

Bereich m àmbito; campo

Bereifung f pneumàtici m/pl

bereisen visitare; viaggiare in

bereit (*fertig*) pronto (**zu** a); (*gewillt*) disposto (**zu** a); **~en** preparare (*a Kochk*); **~halten** tenere pronto

bereits già

Bereitschaft f disponibilità; **~sdienst** m *Med* guardia f mèdica

bereit|stellen méttere a disposizione (**für j-n** di qu); **~willig** volentieri

bereuen pentirsi (**et** di qc)

Berg m monte; **~ab** in discesa; **2auf** in salita; **~bahn** f ferrovìa di montagna

bergen salvare; ricuperare

Berg|führer m guida f alpina; **~hütte** f rifugio m; **2ig** montuoso; **~kette** f catena montuosa; **~mann** m minatore; **~rutsch** m frana f; **~schuhe** m/pl scarponi (da montagna); **~station** f stazione a monte; **~steigen** n alpinismo m; **~steiger** m alpinista; **~tour** f gita in montagna

Bergung f salvataggio m; ricùpero m

Berg|wacht f soccorso m alpino; **~werk** n miniera f

Bericht m racconto; relazione f; **2en** raccontare; riferire (**über et** qc); **~erstatter** m relatore

berichtigen rettificare

Bernstein m ambra f

berücksichtigen tener conto (**et** di qc)

Beruf m professione f; **von ~** di professione

berufen nominare (**zu** a); **sich ~ auf** appellarsi a

beruflich professionale; **~ unterwegs sein** èssere in viaggio per motivi di lavoro

Berufs|ausbildung f formazione professionale; **~soldat** m soldato di carriera; **~sportler** m sportivo professionista; **2tätig** che esèrcita una professione; **~verkehr** m tràffico delle ore di punta

Berufung f vocazione; **in ein**

Amt nòmina; *jur* **~ einlegen** fare ricorso; ricórrere in appello

beruhen basarsi (**auf** su); **et auf sich ~ lassen** lasciare una cosa come è

beruhig|en calmare; **sich ~** calmarsi; **~t** calmo; tranquillo; **♀ungsmittel** *n* calmante *m*, sedativo *m*

berühmt cèlebre, famoso

berühr|en toccare; **♀ung** *f* contatto *m*

besänftigen placare

Besatzung *f Mar, Flgw* equipaggio *m*

beschädig|en danneggiare; **~t** danneggiato; **♀ung** *f* danneggiamento *m*; (*Schaden*) danno *m*

beschaffen procurare; **sich et ~** procurarsi qc; **♀heit** *f* natura; stato *m*

beschäftig|en occupare; (*arbeiten lassen*) impegnare; **sich ~ mit** occuparsi di; **~t** occupato; **♀ung** *f* occupazione; attività; (*Anstellung*) impiego *m*

Bescheid *m* (*Antwort*) risposta *f*; (*Auskunft*) informazione *f*; **~ wissen** èssere informato (**über** et su qc); èssere pràtico (**mit et** di qc); **j-m sagen** od **geben** informare qu; dare risposta a qu

bescheiden modesto; **♀heit** *f* modestia

bescheinig|en certificare; **♀ung** *f* certificato *m*

beschenken: j-n ~ fare un regalo a qu

beschimpf|en ingiuriare; **♀ung** *f* ingiuria

Beschlag|nahme *f* sequestro *m*; **♀nahmen** sequestrare, confiscare

beschleunig|en accelerare; **♀ung** *f* accelerazione

beschließen decidere (**zu** di); (*beenden*) conclùdere

Beschluß *m* decisione *f*

be|schmieren imbrattare; **~schmutzen** sporcare; **~schneiden** tagliare; **~schönigen** trovare delle scuse (**et** per qc)

beschränk|en limitare (**auf** a); ridurre; **sich ~ auf** limitarsi a; **~t** limitato

beschreib|en descrìvere; *Papier* scrivere su; **♀ung** *f* descrizione

beschuldig|en incolpare, accusare (*j-n e-r Sache* qu di qc); **♀te(r)** *m* accusato; imputato; **♀ung** *f* imputazione, accusa

beschütz|en protèggere; **♀er** *m* protettore

Beschwerde *f* reclamo *m*; **~n** *pl Med* disturbi *m*/*pl*

beschweren: sich ~ über et lagnarsi di qc; reclamare per qc (**bei j-m** presso qu)

beschwerlich faticoso, gravoso

be|schwichtigen acquietare; **~schwindeln** imbrogliare; **~schwipst** F brillo; **~seiti-**

beseitigen

gen rimuòvere; (*umbringen*) eliminare

Besen *m* scopa *f*

besetzen *Platz* occupare; *Stelle* affidare a

besetzt occupato; *Bus usw* completo; ♎**zeichen** *n* Tel segnale m di linea occupata

besichtig|en visitare; ♎**ung** *f* visita

besiegen vìncere

Besinnung *f*: *die* ~ *verlieren* svenire; pèrdere i sensi; *wieder zur* ~ *kommen* riprèndere conoscenza; ♎**slos** privo di sensi

Besitz *m* proprietà *f*; possesso; ♎**en** avere; possedere; ~**er** *m* proprietario; possessore

besohlen risolare

Besoldung *f* stipendio *m*

besonder|e particolare, speciale; ~ *Kennzeichen* segni *m/pl* particolari; ♎**heit** *f* particolarità

besonders particolarmente, specialmente; (*vor allem*) soprattutto; (*sehr*) molto

besorgen (*beschaffen*) procurare; *sich et* ~ procurarsi qc

Besorgnis *f* apprensione; ♎**erregend** preoccupante

besorgt preoccupato; ~ *sein um* stare in pensiero per

Besorgung *f*: ~*en machen* fare (delle) spese, delle commissioni, degli acquisti

besprech|en discùtere (*et* di

qc); (*rezensieren*) recensire; ♎**ung** *f* discussione; (*Kritik*) recensione

besser migliore; ~ *werden* migliorare; *es geht ihr* ~ sta meglio; *um so* (*od desto*) ~ tanto meglio

bessern: *sich* ~ migliorarsi; *Wetter* rimèttersi

Besserung *f* miglioramento *m*; *gute* ~*!* pronta guarigione

be|ständig costante; *Wetter* stàbile; (*andauernd*) continuo; ♎**standteil** *m* elemento; ~**stärken** confermare (*j-n in et* qu in qc)

bestätig|en confermare; *den Empfang* ~ accusare ricevuta (di); ♎**ung** *f* conferma; (*Bescheinigung*) certificato *m*

beste: *der, die, das* ~ il, la, migliore; *sein* ~ *Freund* il suo miglior amico; *am* ~ *n* meglio di tutti; *am* ~ *n gefällt mir* ... la cosa che più mi piace è ...

bestech|en corrómpere; ~**end** affascinante; ~**lich** corruttìbile; ♎**ung** *f* corruzione

Besteck *n* posata *f*

bestehen *Prüfung* superare; (*existieren*) esistere; ~ *auf* insìstere su; ~ *aus* èssere costituito da

be|stehlen derubare; ~**steigen** salire (su); *Berg* scalare

bestell|en *Ware*, *im Restaurant* ordinare; *Zimmer*,

Tisch prenotare; *j-n* far venire; ℒung *f* ordinazione

bestenfalls nel migliore dei casi

bestens benissimo, ottimamente

bestimm|en (*festlegen*) fissare, stabilire; *j-n* destinare (**zu** a); (*entscheiden*) decidere; ~**t** (*sicherlich*) certamente; ℒung *f* (*Vorschrift*) disposizione; ℒ**ungsort** *m* luogo di destinazione

bestraf|en punire; ℒung *f* punizione

bestrahl|en *Med* curare con i raggi; ℒung *f Med* raggi *m/pl*

be|streichen spalmare (*mit* di); ~**streiten** (*verneinen*) contestare; *Kosten* sostenere; ℒ**streuen** cospàrgere (*mit* di)

bestürz|t costernato; ℒung *f* costernazione

Besuch *m* visita *f*; **bei j-m zu** ~ **sein** èssere in visita da qu; ℒ**en** *j-n* andare a trovare; fare visita a; *Museum, Stadt* visitare; *Schule* frequentare; ~**er** *m* visitatore; ~**szeit** *f* orario *m* delle visite

betätigen azionare; **sich** ~ occuparsi

Betätigung *f* (*Beschäftigung*) occupazione

betäuben *Med* anestetizzare; ℒung *f Med* anestesia (*örtliche* locale); ℒ**ungsmittel** *n* narcòtico *m*

Bete *f*: **rote** ~ barbabiètola (rossa)

beteiligen: **sich** ~ **an** participare a; **beteiligt sein** èssere implicato (**an e-m** *Unfall* in un incidente)

Beteiligung *f* partecipazione

beten pregare

beteuern asserire

Beton *m* calcestruzzo

beton|en *Wort* accentare; *fig* sottolineare; ℒ**ung** *f* accentazione; (*Akzent*) accento *m*

Betr. (*Betreff*) oggetto

Betracht *m*: **in** ~ **ziehen** tener conto di; **nicht in** ~ **kommen** non entrare in questione; ℒ**en** guardare; ~ **als** considerare come

beträchtlich considerévole

Betrag *m* importo

betragen *Summe* ammontare a; **sich** ~ comportarsi; ℒ *n* condotta *f*, comportamento *m*

betreffen riguardare, in questione; ~**d** riguardo a

betreffs riguardo a

betreten entrare in; *Rasen* calpestare; ℒ **verboten!** vietato l'ingresso!

betreu|en aver cura di; ℒung *f* cura; assistenza

Betrieb *m* (*Unternehmen*) azienda *f*, impresa *f*; (*Verkehr*) movimento; tràffico; **außer** ~ fuori esercizio; **in** ~ **setzen** méttere in moto; **in** ~ **sein** funzionare

Betriebsferien *pl* ferie *f/pl* aziendali

betrinken 266

betrinken: *sich* ~ ubriacarsi
betrübt triste
Betrug *(j-n)* inganno; frode *f*
betrüg|en ingannare; truffare *(j-n um et* qc a qu); **2er** *m* imbroglione; truffatore
betrunken ubriaco; **2e(r)** *m* ubriaco
Bett *n* letto *m*; **zu** ~ **gehen** andare a letto; **~decke** *f* coperta; **~karte** *f* biglietto *m* per il vagone letto
betteln mendicare *(um et* qc)
Bettlaken *n* lenzuolo
Bettler(in *f) m* mendicante *m/f*
Bett|ruhe *f* riposo *m* a letto; **~vorleger** *m* scendiletto; **~wäsche** *f* biancheria da letto
Beule *f* ammaccatura; *(Schwellung)* gonfiore *m*; *am Kopf* bernòccolo *m*
beunruhigen inquietare; *sich* ~ inquietarsi
beurteil|en giudicare; **2ung** *f* giudizio *m*
Beute *f* preda; *(Diebes2)* bottino *m*
Beutel *m* borsa *f*; sacchetto *m*
Bevölkerung *f* popolazione
bevollmächtig|en autorizzare; *jur* dare il mandato a; **2te(r)** *m* mandatario
bevor prima *(+ cong)*; prima di *(+ inf)*; **~stehen** èssere imminente; **~stehend** imminente; **~zugen** preferire; *j-n* favorire; *j-n* **bevorzugt behandeln** dare la preferenza a qu; **2ugung** *f* preferenza
bewach|en sorvegliare; custodire; **2er** *m* guardiano; **~t** *Parkplatz* custodito
bewaffn|en armare; **~et** armato; *Überfall* a mano armata
bewahren conservare *(a Geheimnis, Andenken); (schützen)* preservare *(vor* da); *Schweigen* ~ mantenere il silenzio
bewähren: *sich (gut)* ~ dare buoni risultati
Bewährung *f: jur mit* ~ con la condizionale
bewaldet boscoso
bewältigen *Arbeit* cómpiere; *Schwierigkeit* superare
bewandert: ~ **sein in** èssere versato, esperto, pràtico in
bewässer|n irrigare; **2ung** *f* irrigazione
bewegen muòvere; *j-n (rühren)* commuòvere; *j-n zu et* ~ indurre qu a fare qc
Beweggrund *m* motivo
beweglich mòbile
bewegt *(ergriffen)* commosso; *See* mosso, agitato
Bewegung *f* movimento *m*; *sich in* ~ **setzen** méttersi in moto; **~sfreiheit** *f* libertà d'azione; **2slos** immòbile
Beweis *m* prova *f (für et* di qc); **~aufnahme** *f* audizione delle prove; **2en** provare; *Mut* mostrare; **~stück** *n* documento *m* di prova

bewerben: sich ~ um et fare domanda per qc; chièdere qc
Bewerber m aspirante
Bewerbung f, **~sschreiben** n domanda f d'impiego
bewert|en valutare; **2ung** f valutazione
bewillig|en concèdere; **2ung** f concessione
bewirken causare
bewirten: j-n mit et ~ offrire qc a qu
bewohn|en abitare in; **2er** m abitante; (Haus2) inquilino
bewölkt nuvoloso; **2ung** f nuvolosità
bewunder|n ammirare; **~nswert** ammiràbile; **2ung** f ammirazione
bewußt (absichtlich) intenzionale; adv di propòsito; **sich e-r Sache ~ sein** èssere consapévole di qc
bewußtlos privo dei sensi; **~ werden** svenire
Bewußtsein n: **das ~ verlieren** pèrdere i sensi; **wieder zu ~ kommen** riprèndere i sensi
bezahl|en pagare; **2ung** f pagamento m
bezeichn|en segnare; (benennen) denominare; (angeben) indicare; **~end** caratterìstico; **2ung** f denominazione; (Name) nome m
bezeugen testimoniare di
beziehen Haus andare ad abitare in; Ware acquistare; Rente, Gehalt riscuòtere;

Bett frisch ~ cambiare la biancheria (di); **sich ~ auf** riferirsi a
Beziehung f rapporto m; relazione; **in dieser ~** a questo riguardo; **in jeder ~** sotto tutti gli aspetti; **2sweise** oppure; rispettivamente
Bezirk m distretto
Bezug m (Überzug) copertura f; (Bett2) fòdera f; **Bezüge** pl (Einkommen) entrate f/pl; **in 2 auf** riguardo a
be|zwecken mirare a; **~zweifeln** méttere in dubbio; **~zwingen** vìncere; Gipfel conquistare
BH m reggiseno m
Bibel f Bibbia
Biber m castoro
Bibliothek f biblioteca; **~ar** m bibliotecario
biblisch biblico
bieg|en piegare; Straße voltare (nach rechts a destra); **um die Ecke ~** voltare l'àngolo
bieg|sam pieghévole; **2ung** f curva, svolta
Biene f ape
Bienen|stich m puntura f d'ape; **~stock** m alveare
Bier n birra f; **helles** (**dunkles**) ~ birra chiara od bionda (scura); **~ vom Faß** birra alla spina
bieten offrire; **sich ~** presentarsi; **sich et nicht ~ lassen** non tollerare qc
Bikini m bikini

Bilanz

Bilanz f bilancio m
Bild n immàgine f; *Mal* quadro m; *Fot* foto(grafia) f; in e-m Buch illustrazione f; **im ~e sein** èssere informato (*über et* di qc)
bilden formare; (*ausmachen*) costituire; **~de Künste** arti f/pl figurative
Bilder|buch n libro m illustrato per bambini; **~rahmen** m cornice f
Bild|hauer m scultore; **2lich** figurato; **~nis** n ritratto m; **~platte** f videodisco m; **~schirm** m schermo; **2schön** bellìssimo; **~telefon** n videofono m; **~ung** f formazione; (*Aus2*) istruzione f; (*Kultur*) cultura
Billard n biliardo m
billig a buon mercato (*od* prezzo); **~en** approvare; **~er** a più buon mercato (*od* prezzo); più econòmico; **2ung** f approvazione
Binde f *Med* fasciatura; benda; (*Monats2*) assorbente m; **~gewebe** n tessuto m connettivo
Bindehaut congiuntiva; **~entzündung** f congiuntivite
bind|en legare; (*fest~*) attaccare (*an* a); *Krawatte* annodare; *Buch* rilegare; **2end** impegnativo; **2faden** m spago; **2ung** f innere legame m (*an* con); (*Ski2*) attacco m
binnen entro; **~ kurzem** fra poco; **~ einer Woche** entro

una settimana; **2handel** m commercio interno; **2land** n interno m del paese; **2schiffahrt** f navigazione interna
Binse f giunco m
Bio|graphie f biografia; **~laden** m negozio macrobiòtico; **~logie** f biologìa; **2logisch** biològico; **~top** n biòtopo m
Birke f betulla
Birn|baum m pero; **~e** f pera; *El* lampadina
bis *örtlich u zeitlich* fino (a); **von ... ~ da ... a**; **zwei ~ drei Tage** due o tre giorni; **~ jetzt** finora; **~ gleich!** a dopo!; **~ bald!** a presto!; **~ auf etc!**; **~ wann?** fino a quando?
Bischof m véscovo; **~ssitz** m sede f vescovile
bisher finora
Biskuit m/n biscotto m
Biß m morso
bißchen; **ein ~** un poco, un po'; **nicht ein ~, kein ~** nemmeno un po' (di); **ein ~ viel** un po' troppo
Bissen m boccone
bissig mordace
Bißwunde f morso m
Bistum n episcopato m
bisweilen talvolta
bitte per favore, prego; *auf Dank* prego; di nulla; **wie ~?** prego?, F come?; **~ sehr!** prego!; **ja**, sì, grazie
Bitte f preghiera; (*Anliegen*) domanda, richiesta (*um* di)
bitten pregare; *j-n um et*

domandare, chièdere qc a qu

bitter amaro

Blähungen f/pl flatulenze

blamieren comprométtere; **sich ~** far brutta figura

blank (*glänzend*) lùcido; (*rein*) netto, pulito; F *fig ~ sein* F èssere al verde

Blankoscheck m assegno in bianco

Bläschen n bollicina f

Blase f bolla; *Anat* vescica

blasen soffiare; *Trompete usw* suonare

Blasenentzündung f cistite

Blas|instrument n strumento m a fiato; **~kapelle** f orchestrina di strumenti a fiato

blaß pàllido

Blatt n *Bot* foglia f; (*Papier&*) foglio m; (*Zeitung*) giornale m

blättern sfogliare (*in et* qc)

Blätterteig m pasta f sfoglia; **~pastete** f sfogliatino m

blau (*betrunken*) brillo; **~er Fleck** lìvido m

Blau n azzurro m; *Fahrt f ins ~e* gita con destinazione sconosciuta; **~äugig** dagli occhi azzurri; **~beere** f mirtillo m

Blech n latta f; (*~platte*) lamiera f; (*Back&*) piastra f; **~büchse** f, **~dose** f scàtola di latta; **~schaden** m danno alla carozzeria

Blei n piombo m

bleiben restare, rimanere; *Tel ~ Sie am Apparat* resti in linea; *es bleibt dabei!* intesi!; **~lassen** lasciar stare

bleich pàllido

blei|frei *Benzin* senza piombo; **~haltig** piombìfero

Bleistift m lapis, matita f; **~spitzer** m temperalapis

Blend|e f *Fot* diaframma m; **2en** abbagliare; **2end** fig brillante, splèndido

Blick m sguardo m; (*Aussicht*) vista f (*auf* su); *auf den ersten ~* a prima vista; *e-n ~ auf et werfen* dare un'occhiata a qc

blicken guardare (*auf et* qc); *sich ~ lasen* farsi vivo

Blick|feld n campo m visivo; **~punkt** m punto di vista

blind cieco; **~er Alarm** allarme falso; **~er Passagier** passeggero clandestino

Blinddarm m appendice f; **~entzündung** f appendicite

Blinden|hund m cane guida per ciechi; **~schrift** f scrittura Braille

Blinde(r) m cieco

Blind|heit f cecità; **2lings** alla cieca; **~schleiche** f orbettino m

blink|en brillare; *Kfz* lampeggiare; **2er** m *Kfz* lampeggiatore m

Blitz m lampo; (*~schlag*) fùlmine; *Fot* F flash; **~ableiter** m parafùlmine; **~aktion** f blitz m; **2en** lampeggiare; *es blitzt* lampeggia; **~gerät** n,

Blitzlicht

~licht *n* flash *m*; ~schlag *m* folgore, fúlmine; ⚫schnell in un lampo

Block *m* blocco (*a* Papier⚫, Pol); (Häuser⚫) isolato; ~flöte *f* flauto *m* a becco; ⚫ieren bloccare; ~schrift *f* stampatello *m*

blöd(e) scemo; stúpido; (*unerfreulich*) spiacévole

Blödsinn *m* (*dummes Zeug*) stupidàggini *f/pl*; ⚫ig sciocco

blond biondo; ⚫ieren ossigenare

bloß *adj* solo; (*unbedeckt*) nudo; *adv* (*nur*) soltanto, solamente

bloßstellen compromèttere

blühen fiorire; ~d in fiore; *fig* próspero, prosperoso

Blume *f* fiore *m*; *v* Bier schiuma; *v* Wein bouquet *m*

Blumen|beet *n* aiola *f* di fiori; ~geschäft *n* negozio *m* di fiori; fioraio *m*; ~kohl *m* cavolfiore; ~strauß *m* mazzo di fiori; ~topf *m*, ~vase *f* vaso *m* da fiori

Bluse *f* camicetta

Blut *n* sangue *m*; ~abnahme *f* prelievo *m* di sangue; ⚫arm anèmico; ~druck *m* pressione *f* sanguigna

Blüte *f* fiore *m*; (~zeit) fioritura

Blut|egel *m* sanguisuga; ⚫en sanguinare; ~er *m* emofiliaco; ~erguß *m* travaso *m* di sangue, ematoma; ~gefäß *n* vaso *m* sanguigno; ~gruppe *f* gruppo *m* sanguigno; ~hochdruck *m* ipertensione *f*; ⚫ig insanguinato; ~probe *f* esame *m* del sangue; *s a* ~abnahme; ~spender *m* donatore di sangue

blutstillend: ~es Mittel *n* emostàtico *m*

Blut|transfusion *f*, ~übertragung *f* trasfusione di sangue; ~ung *f* emorragia; ~untersuchung *f* anàlisi del sangue; ~vergiftung *f* setticemia; ~verlust *m* pèrdita *f* di sangue; ~wurst *f* sanguinaccio *m*

Bö *f* ràffica

Boccia *n*/*f* bocce *f/pl*

Bock *m* *Zo* maschio *m*; (*Gestell*) cavalletto; (*Kutsch*⚫) cassetta *f*; ⚫ig caprabio

Boden *m* (*Erd*⚫) suolo, terreno; (*Fuß*⚫) pavimento; (*Dach*⚫) soffitta *f*; (*Gefäß*⚫) fondo; **zu ~ fallen** cadere a terra; ~frost *m* gelo al suolo; ~nebel *m* nebbia *f* bassa; ~personal *n* personale *m* a terra; ~schätze *m/pl* ricchezze *f/pl* del sottosuolo

Bodensee *m* lago di Costanza

Bodybuilding *n* culturismo *m*

Bogen *m* Math, Arch, Waffe arco; (*Biegung*) svolta *f*; curva *f*; (*Papier*⚫) foglio; *Mus* archetto; ~gang *m* pòrtico; ~schießen *n* tiro *m* coll'arco

brachliegen

Bohle f pancone m
Bohne f fagiolo m; (Kaffee⌒) chicco m; **⁓n grüne ⁓n** (Med) m/pl
Bohnen|kaffee m (vero) caffè; **⁓suppe** f minestra di fagioli
bohner|n lucidare; **⁓wachs** n cera f per pavimenti
bohr|en forare, trapanare; *nach Erdöl* trivellare; **⁓er** m tràpano; **⁓maschine** f perforatrice; **⁓turm** m torre f di trivellazione; derrik
Boiler m boiler
Boje f boa
Bolzen m bullone
Bombe f bomba
Bomben|anschlag m, **⁓attentat** n attentato dinamitardo; **⁓attentäter** m dinamitardo
Bon m buono; (Kassen⌒) scontrino
Bonbon m/n caramella f
Bonbonniere f bomboniera
Boot n battello m; barca f
Boots|anhänger m rimorchio-canotto; **⁓fahrt** f gita in barca; **⁓haken** m gaffa f; **⁓steg** m pontile; **⁓verleih** m noleggio di barche
Bord¹ m *Mar* bordo; *an ⁓ a* bordo
Bord² n scaffale m
Bordell n bordello m
Bordfunker m radiotelegrafista (di bordo); **⁓karte** f *Flgw* carta d'imbarco; **⁓stein** m bordo del marciapiede
borgen: (sich) *et bei od von j-m ⁓* farsi prestare qc da qu; *j-m et ⁓* prestare qc a qu
Börse f *Hdl* borsa; (Geld⌒) borsellino m, portamonete m
Borste f sétola
Borwasser n acqua f bòrica
bösartig maligno (a *Med*)
Böschung f (Ufer⌒) àrgine m; (Straßen⌒) scarpata
böse cattivo, (schlimm, krank) malato; (zornig) adirato; *j-m ⁓ sein* avércela con qu; èssere arrabbiato con qu
bos|haft maligno; **⁓heit** f malignità
böswillig malévolo; *jur* doloso
Botan|ik f botànica; **⁓isch** botànico; **⁓er Garten** giardino m botànico
Bote m messaggero
Botschaft f ambasciata; (Nachricht) messaggio m; **⁓er** m ambasciatore
Bouillon f brodo m
Bowdenzug m filo bowden
Box f box m
box|en fare il pugilato; **⁓en** n pugilato m; **⁓er** m pùgile; **⁓kampf** m incontro di pugilato
Boykott m boicottaggio m; **⁓ieren** boicottare
Bozen n Bolzano f
Brach|land n maggese m; **⁓liegen** stare in maggese

Branche

Branche f ramo m; **~verzeichnis** n Tel pàgine f/pl gialle

Brand m incendio; *in ~ geraten* pigliare fuoco; *in ~ stecken* incendiare; **~binde** f benda per scottature; **~blase** f vescica da scottatura; **~fleck** m bruciatura f; **~salbe** f unguento m per scottature; **~stifter** m incendiario; **~stiftung** f incendio m doloso

Brandung f frangenti m/pl

Brandwunde f scottatura

Branntwein m acquavite f

brat|en arrostire; *in schwimmendem Fett* friggere; **2en** m arrosto; **2fisch** m pesce fritto; **2hering** m aringa f arrosto; **2huhn** n pollo m arrosto; **2kartoffeln** f/pl patate f/pl arrosto; **2pfanne** f padella; **2rost** m gratella f, graticola f

Bratsche f viola

Bratspieß m spiedo

Brauch m costume, uso; **2bar** utilizzàbile; **2en** (*nötig haben*) aver bisogno di; (*erfordern*) richièdere; (*verwenden*) adoperare; usare; *Zeit* impiegarci; (*müssen*) dovere; *man braucht zwei Stunden* ci vògliono due ore; **~tum** n usanze f/pl costumi m/pl

Braue f sopracciglio m

brau|en fare (la birra); **2rei** f fàbbrica di birra

braun bruno, marrone; (*gebräunt*) abbronzato; **~ werden** abbronzarsi

Bräun|e f (*Sonnen2*) abbronzatura; **2en**: *sich ~ lassen* abbronzarsi

braungebrannt abbronzato

Brausepulver n polverina f effervescente

Braut f sposa

Bräutigam m sposo

Brautpaar n sposi m/pl

brav *Kind* buono, bravo

BRD f (*Bundesrepublik Deutschland*) R.F.T. (Repùbblica Federale Tedesca)

brechen rómpere; (*kaputtgehen*) rómpersi; *Med* vomitare; *sich den Arm ~* fratturarsi il braccio

Brech|mittel n emètico m; **~reiz** m nàusea f

Brei m pappa f; purè

breit largo; *3 m ~* largo 3 m; **2e** f larghezza; *Geogr* latitùdine; **2engrad** m grado di latitùdine; **2wandfilm** m film su schermo panoràmico

Brems|belag m guarnizione f del freno; **~e** f freno m; *Zo* tafano m; **2en** frenare; **~flüssigkeit** f liquido m dei freni; **~kraftverstärker** m servofreno; **~licht** n luci f/pl d'arresto; **~pedal** n pedale m del freno; **~spur** f traccia della frenata; **~weg** m distanza f di frenatura

brenn|bar combustìbile; *a Wunde, Augen*) bruciare *(a Wunde, Augen*; *Zigarette, Licht* èssere acceso; *Sonne* scottare; **es brennt!** al fuoco!; ~end *Haus* in fiamme; *Licht, Zigarette* acceso; *Holz* ardente; *Schmerz* cocente

Brenner[1] *m Geogr* Brènnero
Brenner[2] *m Tech* bruciatore
Brennessel *f* ortica
Brenn|holz *n* legna *f*; ~**punkt** *m fig* cèntro *m*; ~**spiritus** *m* spirito da àrdere; ~**stoff** *m* combustìbile
Brett *n* asse *f*, tàvola *f*; *Schwarzes* ~ albo *m*; ~**erzaun** *m* steccato; ~**spiel** *n* gioco *m* con la scacchiera
Brief *m* lèttera *f*; ~**kasten** *m* cassetta *f* postale; *buca f delle lèttere*; ~**lich** per lèttera; ~**marke** *f* francobollo *m*; ~**papier** *n* carta *f* da lèttere; ~**porto** *n* affrancatura *f*; ~**tasche** *f* portafoglio *m*; ~**telegramm** *n* telegramma *m* lèttera; ~**träger** *m* postino, portalèttere; ~**umschlag** *m* busta *f*; ~**waage** *f* pesalèttere *m*
Briefwechsel *m* corrispondenza *f*; **mit j-m im** ~ **stehen** èssere in corrispondenza con qu
Brillant *m* brillante
Brille *f* occhiali *m/pl*; *v Klo* sedile *m*; **die** ~ **aufsetzen** méttersi gli occhiali; ~**netui** *n*, ~**nfutteral** *n* astuccio *m* per occhiali; ~**ngestell** *n* montatura *f* (degli occhiali); ~**nglas** *n* lente *f*

Brillenträger *m*: ~ **sein** portare gli occhiali
bringen portare (*a im Auto*); (*begleiten*) accompagnare (**nach Hause** a casa); (*veröffentlichen*) pubblicare; (*senden*) trasméttere; **j-n dazu** ~, **et zu tun** indurre qu a fare qc; **in Ordnung** ~ méttere in órdine; **in Sicherheit** ~ méttere al sicuro; **mit sich** ~ portare con sé, comportare; **es zu et** ~ fare carriera; **zum Stehen** ~ fermare
Brise *f* brezza
britisch britànnico
bröckeln sbriciolare
Brocken *m* pezzo; **ein paar** ~ **Italienisch** qualche parola d'italiano
Brokkoli *m* bròccolo *m*
Brombeere *f* mora di rovo
Bronch|ien *f/pl* bronchi *m/pl*; ~**itis** *f* bronchite
Bronze *f* bronzo *m*
Brosche *f* fermaglio *m*, spilla
Broschüre *f* opùscolo *m*
Brot *n* pane *m*; **e-e Scheibe** ~ una fetta di pane; *belegt* una tartina
Brötchen *n* panino *m*; **belegtes** ~ panino imbottito
Brot|korb *m* paniere; ~**kruste** *f*, ~**rinde** *f* crosta di pane
Bruch *m* rottura *f*; *Med* frattura *f*; (*Eingeweide2*) èrnia *f*; *Math* frazione *f*
brüchig fràgile, friàbile
Bruch|rechnung *f* operazione con nùmeri frazionari;

~stück n frammento m; ~teil m minima parte f
Brücke f ponte m (a Mar, Zahnersatz); Teppich passatoia
Bruder m fratello
brüderlich fraterno
Brühe f brodo m; ~würfel m dado per brodo
brüllen Tier muggire; fig urlare
brumm|en Mensch brontolare; ~ig brontolone
Bruneck f Brùnico f
brünett moro, bruno
Brunnen m (Spring2) fontana f; gebohrter pozzo; (Mineralwasser) acque f/pl (minerali)
brüskieren offéndere
Brust f petto m; (Busen) seno m; ~bein n sterno m; ~bild n busto m
brüsten: sich ~ mit vantarsi di
Brust|fell n pleùra f; ~fellentzündung f pleurite; ~korb m torace; ~krebs m carcinoma mammario; ~schwimmen n nuoto m a rana
Brüstung f parapetto m
Brustwarze f capézzolo m
Brut f cova
brutal brutale; 2ität f brutalità
brüten covare
brutto lordo; 2gewicht n peso m lordo; 2preis m prezzo lordo; 2registertonne f (Abk BRT) tonnellata di stazza lorda; 2verdienst m stipendio lordo
Bube m ragazzo; Spielkarte fante
Bubikopf m caschetto
Buch n libro m; ~binder m legatore; ~druckerei f tipografia
Buche f faggio m
buchen Flgw usw riservare, prenotare; Hdl registrare
Bücher|ei f libreria; ~regal n scaffale m; ~schrank m biblioteca f
Buchfink m fringuello
Buch|händler m libraio; ~handlung f libreria; ~macher m Sport allibratore; ~messe f fiera del libro
Büchse f barattolo m, scàtola; (Flinte) schioppo m
Büchsen|fleisch n carne f in scàtola; ~milch f latte m condensato; ~öffner m apriscàtole
Buchstabe m léttera f; 2ieren compitare, sillabare
Bucht f baia
Buchung f (Vorbestellung) prenotazione; Hdl registrazione; ~sbestätigung f conferma della prenotazione; ~sgebühr f tassa di prenotazione
Buckel m gobba f
bücken: sich ~ chinarsi
bucklig gobbo; (holperig) accidentato
Bückling m aringa f affumicata

Bude f (*Verkaufs*2) bancarella, chiosco m; (*Hütte*) baracca
Büfett n credenza f; (*Schanktisch*) banco m; **kaltes ~** buffet m freddo
Büffel n bùfalo
Bug m prua f
Bügel m (*Kleider*2) gruccia f; (*Brillen*2) stanghetta f; (*Taschen*2) cerniera f; **~brett** n asse m da stiro; **~eisen** n ferro m da stiro; **~falte** f piega; 2**frei** non-stiro
bügeln stirare
Bühne f palcoscènico m
Bühnen|bild n scenario m; **~bildner** m scenògrafo
Bull|auge n oblò m; **~dogge** f bulldog m
Bulle m toro
Bummel m giretto, passeggiata f; 2**n** (*schlendern*) gironzolare; fare un giretto (*durch die Stadt* nella città); **~streik** m sciòpero a singhiozzo; **~zug** m treno accelerato
Bund[1] n mazzo m (*Möhren* di carote)
Bund[2] m unione f, alleanza f; (*Hosen*2, *Rock*2) cintura f; F s *Bundeswehr*
Bündel n fagotto m
Bundes|bahn f ferrovie f/pl federali; **~kanzler** m cancelliere federale; **~land** n Land m; **~republik** f repùbblica federale; **~staat** m confederazione f; **~straße** f strada statale; **~tag** m Bundestag; **~wehr** f forze f/pl armate della R.F.T.
Bündnis n alleanza f
Bungalow m bungalow
bunt variopinto; a colori; *fig* (*abwechslungsreich*) vario; 2**stift** m matita f colorata
Bürde f càrico m
Burg f castello m
Bürge m garante; 2**n** garantire (*für* per)
Bürger m cittadino; **~initiative** f iniziativa cìvica; **~krieg** m guerra f civile; 2**lich** civile; **~meister** m sìndaco; *BRD* borgomastro; **~steig** m marciapiede
Bürgschaft f garanzia
Büro n ufficio m; agenzia f; **~angestellte(r)** m impiegato m d'ufficio; **~klammer** f fermaglio m; 2**kratisch** burocràtico
Bursche m giovanotto
Bürste f spàzzola; 2**n** spazzolare
Bus m àutobus m; (*Reise*2) pullman; **~bahnhof** m stazione f autocorriere
Büschel m ciuffo m
Busen m seno
Bus|fahrer m conducente dell'àutobus; **~haltestelle** f fermata dell'àutobus; **~reise** f viaggio m in pullman
Bussard m poiana f
Buße f penitenza f; (*Geld*2) ammenda, multa
büßen espiare

Bußgeld n multa f, contravvenzione f
Büste f busto m
Büstenhalter m reggipetto, reggiseno
Busverbindung f collegamento m con l'àutobus

Butangas n gas butano
Butter f burro m; ~**brot** n pane m imburrato; ~**brotpapier** n carta f oleata; ~**milch** f latticinio m
byzantinisch bizantino

C

Café n caffè m, bar m
camp|en campeggiare; **2er** m campeggiatore
Camping n campeggio m; camping m; ~**ausrüstung** f equipaggiamento m da campeggio; ~**ausweis** m tèssera f di campeggio; ~**bus** m càmper; ~**führer** m guida f per il campeggio; ~**platz** m campeggio, camping
Caravan m caravan m/f, roulotte f; ~**er** m caravanista; ~**ing** n caravanning m
Celsius n: *3 Grad ~* 3 gradi centìgradi
Champignon m prataiolo
Chanson n canzone f
Charakter m carattere; **2istisch** caratteristico
Charter|flug m volo charter; ~**flugzeug** n charter m; ~**gesellschaft** f compagnia charter; ~**maschine** f charter m; **2n** noleggiare
Chassis n telaio m
Chauffeur m autista
Chef m capo, padrone; ~**arzt** m primario

Chemie f chìmica; ~**faser** f fibra sintética
Chem|iker m, **2isch** chìmico
Chicorée m/f cicoria f belga
China n (la) Cina
Chines|e m, **2isch** cinese
Chinin n chinino m
Chirurg m chirurgo; **2isch** chirùrgico
Chip m (*Spielmarke*) gettone; *EDV* chip; ~**s** pl patatine f/pl fritte
Cholesterin n colesterina f
Chor m *Mus, Arch* coro; ~**gestühl** n stalli m/pl
Christ m cristiano; ~**entum** n cristianésimo m; **2lich** cristiano
Christus m Cristo
Chrom n cromo m
chronisch crònico
Comics m/pl fumetti
Computer m computer; calcolatore elettrònico
Conférancier m presentatore
Container m contenitore
Cord|hose f pantaloni m/pl di velluto a coste; ~**samt** m velluto a coste

Corn-flakes pl fiocchi m/pl di granturco
Couch f divano m
Cousin m cugino, ~e f cugina
Creme f crema

D

da 1. adv örtlich lì, là; zeitlich allora; ~ hin, ~ hinein ci dentro; ~ ist c'è; ~ sind ci sono; ~ bin ich eccomi; wer ist ~? chi c'è?; **2.** cj (weil) perché, poiché
dabei örtlich accanto, vicino; zeitlich nello stesso tempo; (bei sich) con sé; **es bleibt ~, daß** ... resta inteso che ...; **~sein** essere presente; partecipare a
dableiben restarvi, rimanervi
Dach n tetto m; **~gepäckträger** m Kfz portabagagli; **~kammer** f mansarda; **~luke** f abbaino m
Dackel m bassetto
dadurch örtlich per di là; (auf diese Weise) con ciò, così; Grund perciò; **~, daß** ... per il fatto che
dafür per questo; als Ersatz in cambio; zum Ausgleich in compenso; **~ sein** essere favorévole; **ich kann nichts ~** non è colpa mia
dagegen contro; (im Vergleich dazu) in confronto; **~ sein** essere sfavorévole; essere contrario; **wenn Sie nichts ~ haben** se permette
daher (von dort) di là; di qua;

(deshalb) perciò; (folglich) di conseguenza
dahin là; zeitlich bis ~ fino a quel momento; **~ten** là dietro; **~ter** (là) dietro
Dalmatien n (la) Dalmazia
damals allora
Dame f signora; Spielkarte, Schach regina; **~ spielen** giocare a dama
Damen|binde f assorbente m igiènico; **~friseur** m parrucchiere per signora; **~rad** n bicicletta f da donna; **~schuhe** m/pl scarpe f/pl da donna
damit con ciò; (auf daß) affinché (+ cong)
Damm m àrgine, terrapieno
dämpfen Stimme abbassare; Licht, Freude smorzare; Speisen stufare
Dampf m vapore
Dampfer m vapore, piròscafo; **~fahrt** f gita f in piròscafo
Dampfkochtopf m pèntola f a pressione
danach zeitlich dopo, poi (Reihenfolge); (demgemäß) secondo questo; **kurze Zeit ~** poco tempo dopo

daneben accanto, (*außerdem*) inoltre

Dank *m* ringraziamento; *vielen ~* molte (*od* tante) grazie

dank *prp* grazie a; **~bar** grato (*für et* di qc); **♀barkeit** *f* gratitùdine

danke grazie; *~ schön* (*od sehr*) molte grazie; grazie infinite; *~, gleichfalls* grazie, altrettanto

danken ringraziare (*j-m für et* qd di *od* per qc)

dann allora; (*nachher*) poi; *~ und wann* di quando in quando; *bis ~!* a più tardi!

daran a ciò, a questo; ci, vi; *nahe ~ sein, et zu tun* stare per fare qc; *mir liegt viel ~* ci tengo molto

darauf sopra; *bald ~* poco dopo; *am Tag ~* il giorno dopo; *das kommt ~ an* dipende; *~hin* in conseguenza

daraus da ciò; di là; ne; *~ folgt* ne segue; *ich mache mir nichts ~* non me ne importa nulla

darbiet|en offrire; presentare; **♀ung** *f* spettàcolo *m*

darin dentro

darlegen esporre

Darleh(e)n *n* prèstito *m*

Darm *m* intestino; **~infektion** *f* infezione intestinale

darstell|en rappresentare; *Thea* recitare; (*beschreiben*) descrìvere; **♀er(in** *f*) *m* intèrprete *m/f*

darüber sopra; (*mehr*) più; *ich freue mich ~* me ne rallegro; *~ hinaus* oltre a ciò

darum intorno, attorno; (*deshalb*) perciò; *es geht ~, daß* si tratta di (+ *inf*)

darunter sotto; (*dazwischen*) fra questi; (*weniger*) meno

das *art s der*; *pron* questo; ciò; *relativ* che; il (la) quale; *~, was* quello che; *was ist ~?* cos'è?

dasein (*dabei sein*) èssere presente; (*vorhanden sein*) èsserci: *ist noch Brot da?* c'è ancora pane?; **♀** *n* vita *f*; esistenza *f*

daß che; *außer ~* salvo che; *so ~* cossicché

dasselbe lo stesso

Daten *n/pl* dati *m/pl*; **~schutz** *m* protezione *f* dei dati

Datenverarbeitung *f*: *elektronische ~ (EDV)* elaborazione elettrònica dei dati (E.E.D.)

Datum *n* data *f*; *welches ~ haben wir heute?* quanti ne abbiamo oggi?

Dauer *f* durata; *auf die ~* alla lunga; **♀haft** durévole

dauern durare; *wie lange dauert es noch?* quanto ci vuole ancora?; **~d** contìnuo

Dauer|regen *m* pioggia *f* incessante; **~welle** *f* permanente

Daumen *m* pòllice

davon da questo; da *od* di ciò; (*darüber*) ne; **~laufen** scappare

davor davanti; *zeitlich* prima; *er fürchtet sich ~* ne ha paura

dazu a ciò; a questo; (*überdies*) olte a cio; (*zu diesem Zweck*) per questo; **~gehören** fare parte; **~rechnen**, **~tun** aggiùngere

dazwischen in mezzo; fra le altre cose; **~kommen: wenn nichts dazwischenkommt** se tutto va bene

DDR *f* (*Deutsche Demokratische Republik*) R.D.T. (*Repùbblica Democràtica Tedesca*)

Debatte *f* discussione

Deck *n* ponte *m*; (*Ober2*) coperta *f*

Decke *f* (*Bett2*) coperta; (*Zimmer2*) soffitto *m*

Deckel *m* coperchio

deck|en Tisch apparecchiare; *Bedarf* coprire; **~engemälde** *n* pittura *f* del soffitto

defekt difettoso; *... ist ~ ...* è guasto

Defekt *m* danno, guasto

Defroster *m* antigelo; *Anlage* sbrinatore

dehnbar elàstico

dehnen distèndere; dilatare; *sich ~* dilatarsi

Deich *m* diga *f*

Deichsel *f* timone *m*

dein (il) tuo, (la) tua; **~e** *pl* (i) tuoi, (le) tue; **~erseits** da parte tua; **~etwegen** per te; (*wegen dir*) per colpa tua

Dekolleté *n* scollatura *f*

Dekoration *f* decorazione; *Thea* decorazione scènica

dekorieren decorare; *Schaufenster* addobbare

Dele|gation *f* delegazione; **~gierte(r)** *m* delegato

delikat (*heikel*) delicato; (*lecker*) squisito

Delikatesse *f* leccornìa; **~ngeschäft** *n* negozio *m* di cibi raffinati

Delikt *n* jur reato *m*

Delle *f* ammaccatura

dem|entsprechend conforme; **~nach** dunque; **~nächst** fra breve

Demokra|t *m* democràtico; **~tie** *f* democrazia; **2tisch** democràtico

demolieren distrùggere

Demonstrant(in *f*) *m* manifestante *m/f*, dimostrante

Demonstration *f* manifestazione, dimostrazione; **~szug** *m* corteo di manifestanti (*od* di dimostranti)

demonstrieren manifestare, dimostrare (*gegen* contro; *für* per)

denkbar immaginàbile

denken pensare (*an* a; *über* di); (*sich erinnern*) ricordarsi (*an* di); *sich et ~* figurarsi qc; *wie ~ Sie darüber?* che ne pensa?

Denkmal *n* monumento *m*; **~schutz** *m*: *unter ~ stehen* èssere monumento nazionale

denkwürdig memoràbile
denn (*begründend*) poiché; **wo ist er ~?** ma dov'è; **mehr ~ je** più che mai; **es sei ~, daß** a meno che (+ *cong*)
dennoch tuttavia
Deo(dorant) *n* deodorante *m*
deponieren depositare
der, die, das *art* il, lo; la; *pl* i, gli; le; *relativ* che; il, la quale; *pl* i, le quali; *demonstrativ s* **dieser**
derart così, talmente, tanto (**daß** che); **~ig** siffatto
derb (*kräftig*) robusto; (*grob*) grossolano
der|gleichen sìmile, tale; **~jenige** colui, quello, (**welcher** che); **~maßen** talmente; **~selbe** lo stesso
deshalb perciò; **nur ~** soltanto per questo
Desinfektionsmittel *n* disinfettante *m*
desinfizieren disinfettare
Desinteresse *n* disinteresse *m* (**an** per)
dessenungeachtet nonostante ciò
Dessert *n* dessert *m*; **~wein** *m* vino da dessert
destilliert: ~es Wasser *n* acqua *f* distillata
desto tanto; **~ mehr** tanto più; **~ besser** tanto meglio
deswegen perciò
Detail *n* dettaglio *m*, particolare *m*
deuten interpretare; **auf et ~** accennare a qc

deutlich (*klar*) chiaro; (*verständlich*) intelligibile
deutsch tedesco; 2 *n* tedesco *m*; **sprechen Sie** 2? parla tedesco? **auf ~** in tedesco; 2**e(r)** *m* tedesco; 2**land** *n* (la) Germania
Devisen *pl* valuta *f* èstera; **~bestimmungen** *f/pl* disposizioni *f/pl* valutarie
Dezember *m* dicembre
d.h. (*das heißt*) cioè
Dia *n* diapositiva *f*
Diabet|es *m* diabete; **~iker** *m* diabètico
Diagnose *f* diàgnosi
Dialekt *m* dialetto
Dialog *m* diàlogo
Diamant *m* diamante
Diaprojektor *m* diaproiettore
Diät *f* regime *m*, dieta; **~ halten**, 2 **essen** stare a dieta
dich ti; te; **für ~** per te
dicht fitto; *Verkehr* denso; (*wasser~*) impermeàbile; *Haar* folto; **~ an** (**am**) vicino a
Dichter *m* poeta
Dichtung *f* (*Poesie*) poesìa; *Tech* guarnizione
dick spesso; grosso; *Person* grasso; (*geschwollen*) gonfio
Dick|icht *n* folto *m*; **~kopf** *m*, 2**köpfig** testardo; **~milch** *f* latte *m* cagliato
die *s* **der**
Dieb *m* ladro; **~stahl** *m* furto; **~stahlversicherung** *f* assicurazione contro il furto

Diele f (*Brett*) asse; (*Flur*) vestibolo m

dien|en servire (*j-m* qu; *zu* a; *als* da); **~lich** útile

Dienst m servizio; (*Amt*) ufficio; (*Gefälligkeit*) favore; **außer ~** fuori servizio; **~ haben, im ~ sein** èssere di servizio

Dienstag m martedì; **2s** di (*od* il) martedì

dienst|bereit, ~habend di servizio, di turno; **~frei** libero; **2leistung** f servizio m; **~lich** d'ufficio, di servizio; **2mädchen** n donna f di servizio; **2reise** f viaggio m per ragioni di servizio; **2stunden** f/pl ore d'ufficio; **2weg** m: **auf dem ~** in via geràrchica

Diesel m *Motor, Fahrzeug* diesel; **~motor** m (motore) diesel; **~öl** n gasolio m

dies|e, ~er, ~es questo, questa; *diese pl* questi, queste

diesig fosco

dies|jährig di quest'anno; **~mal** questa volta; **~seits** di qua

Dietrich m grimaldello

Differential n differenziale m

Differenz f differenza

Digitaluhr f orologio m digitale

diktier|en dettare; **2gerät** n dittàfono

Dill m aneto

Ding n cosa f; (*Gegenstand*) oggetto m; *vor allen* **~en** innanzitutto

diplomatisch diplomàtico

dir ti, a te

direkt diretto; **2flug** m volo diretto

Direktion f direzione

Direktor m direttore

Direktübertragung f trasmissione diretta

Dirigent m direttore d'orchestra

dirigieren *Mus* dirìgere

Dirne f prostituta

Diskette f dischetto m

Disko(thek) f discoteca

diskret discreto; **2ion** f discrezione

Diskus m disco

Diskussion f discussione

Diskuswerfen n lancio m del disco

diskutieren discùtere (*über et* qc)

disqualifizieren squalificare

Distanz f distanza

distanzieren: sich ~ dissociarsi (*von* da)

Distel f cardo m

dividieren divìdere (*durch* per)

doch pure; (*dennoch*) tuttavìa; *~!* sì, certo!; *nicht ~!* ma no!

Docht m stoppino

Dock n bacino m di carenaggio

Dogge f alano m

Doktor m (*Arzt*) mèdico, dottore

Dokument

Dokument n documento m; ~**arfilm** m documentario
Dollar m dòllaro
dolmetsch|en v/t tradurre; v/i fare da intèrprete; ~**er(in** f) m intèrprete m/f
Dolomiten pl Dolomiti f/pl
Dom m duomo
Donau f Danubio m
Donner m tuono; 2**n: es donnert** tuona
Donnerstag m giovedì; 2**s** di (od il) giovedì
dop|en Sport drogare; 2**ing** n doping m
Doppel n (Kopie) duplicato m; Tennis doppio m; ~**bett** n letto m matrimoniale; ~**stekker** m spina f mùltipla
doppelt doppio; ~ **soviel** due volte tanto; **das 2e** il doppio
Doppel|tür f porta doppia; ~**zentner** m quintale; ~**zimmer** n càmera f matrimoniale (od a due letti)
Dorf n villaggio m, paese m; ~**bewohner** m paesano
Dorn m spina f; 2**ig** spinoso
Dörrobst n frutta f secca
Dorsch m merluzzo
dort lì, là; ~ **ist** ecco; ~**drüben** di là; ~**hinten** là dietro; ~**oben** lassù; ~**unten** laggiù; **von** ~ di là; ~**hin** là
Dose f scàtola; ~**nbier** n birra f in lattina; ~**nmilch**, ~**nöffner** s. **Büchsen...**
dosieren dosare
Dosis f dose
Dotter m/n tuorlo m

Drachen m (Papier2) aquilone; Sport deltaplano; ~**fliegen** n deltaplano m; ~**flieger** m deltaplanista
Dragée n confetto m
Draht m filo metàllico; ~**seilbahn** f funicolare; funivia
Drama n dramma m; 2**tisch** drammàtico
dran s **daran**; **jetzt bin ich** ~ tocca a me
dräng|en spìngere; (antreiben) incitare (**zu** a); **auf et** ~ insìstere per qc; **die Zeit drängt** il tempo stringe; **sich** ~ affollarsi (**um** attorno a)
drauf s **darauf**
draufzahlen pagare in più
draußen fuori; **von** ~ da fuori
Dreck m sudiciume; (Straßen2) fango; 2**ig** sporco; sùdicio
Dreh|bank f tornio m; 2**bar** girévole; ~**bleistift** m matita f automàtica; ~**buch** n copione m
drehen giare (a Film); Kopf vòlgere; Schiff virare di bordo; **sich** ~ girare, girarsi (**um** intorno a); (sich handeln) trattarsi (**um** di)
Dreh|kreuz n tornello m; ~**tür** f porta girévole; ~**ung** f giro m
drei tre
Dreibett|kabine f cabina a tre letti; ~**zimmer** n càmera f a tre letti
Dreieck n triàngolo m; 2**ig** triangolare

drei|erlei di tre specie; **~fach** triplo; **2ganggetriebe** *n* cambio *m* a tre marce; **~mal** tre volte; **2rad** *n für Kinder* triciclo *m*

dreist sfacciato

drei|spurig a tre corsie; **~stöckig** a tre piani; **~tägig** di tre giorni; **~viertel** a tre quarti; **2wegekatalysator** *m* catalizzatore (*od* marmitta *f* catalitica) a tre vie

drin *s* darin

dringen: **durch** (in) et ~ penetrare attraverso (in) qc; **auf** et ~ insistere su qc

dringend urgente; **es ist ~** la cosa urge; **in ~en Fällen** in casi d'urgenza; **ich brauche ~** ho urgente bisogno (et di qc)

drinnen là dentro

dritt|e terzo; **2el** *n* terzo *m*; **~ens** in terzo luogo

Droge *f* droga; **2nabhängig** tossicodipendente; **2nsüchtig** tossicomane

Drogerie *f* drogheria

drohen minacciare (*j-m* mit et qu di qc); **~d** minaccioso; *Gefahr* incombente

dröhnen *Motor* rombare; *Kopf* rintronare

Drohung *f* minaccia

drollig buffo

Drops *m/pl* caramelle *f/pl* al frutto

Drossel *f* tordo *m*

drüben dall'altra parte

drüber *s* darüber, drunter

Druck *m* pressione *f*; (*Buch2*) stampa *f*

Druckbuchstabe *m*: **in ~n schreiben** scrivere in stampatello

drucken stampare

drücken premere; *Hand* stringere; (*stoßen*) spingere; *Schuh* far male; **an sich ~** stringere a sé; **sich ~** svignàrsela; **sich vor et ~** scansare qc; **~d:** **~ heiß** soffocante

Drucker *m* stampatore; **~ei** *f* tipografia

Druck|fehler *m* errore di stampa; **~knopf** *m* bottone automàtico; **~luft** *f* aria compressa; **~sache** *f* stampe *f/pl*; **~schrift** *f*: **in ~** in stampatello

drum *s* darum; **das 2 und Dran** gli annessi e connessi

drunter *s* darunter; **es geht ~ und drüber** tutto va sottosopra

Drüse *f* glàndola

Dschungel *m* giungla *f*

du tu

Dübel *m* tassello

ducken: **sich ~** abbassarsi

Dudelsack *m* cornamusa *f*

Duft *m* profumo

duften odorare; **~ nach** avere l'odore di

duftig *Kleid* leggero

duld|en (*erlauben*) tollerare; **~sam** tollerante

dumm stùpido; *Angelegenheit* brutto; **2heit** *f* stupidità;

(*Unüberlegtheit*) stupidàggine; ~**kopf** *m* imbecille

dumpf ammuffito; *Laut* cupo; *Gefühl* vago

Düne *f* duna

Dünger *m* concime

dunkel oscuro; buio; *Farbe* cupo, scuro; **es wird** ~ si fa buio; **im** 2**n** all'oscuro

Dunkel|heit *f* oscurità; ~**kammer** *f* càmera oscura

dünn sottile; *Kaffee, Suppe* acquoso; *Luft* rarefatto; *Haar* rado; *Kleid* leggero; *Mensch* magro

Dunst *m* foschia *f*; (*Dampf*) vapore

dünsten stufare

dunstig nebbioso

Duplikat *n* duplicato *m*

Dur *n* modo *m* maggiore; **C-Dur** do *m* maggiore

durch *prep* attraverso; (*Mittel, Ursache*) per mezzo di; da; ~ **und** ~ da parte a parte, completamente; ~ **die Post** per posta

durchaus: ~ **nicht** niente affatto

durchblättern sfogliare

durchblicken: ~ **lassen** dare a intèndere

Durchblutung *f* irrorazione sanguigna

durch|brechen *et* spezzare; (*entzweigehen*) rómpersi; ~**brennen** *Sicherung, Birne* fóndersi, fulminarsi; ~**dacht** ponderato; ~**denken** esaminare a fondo; ~**drehen**

Fleisch tritare; *Räder* slittare; ~**dringen** penetrare

durcheinander sottosopra; 2 *n* disòrdine *m*; (*Verwirrung*) confusione *f*; ~**bringen** méttere in disòrdine; (*verwechseln*) confóndere

durchfahren attraversare; *ohne Halt* passare senza fermarsi; *ohne auszusteigen* passare senza scèndere; **bei Rot** ~ passare col rosso

Durchfahrt *f* passaggio *m*; ~ **verboten** passaggio vietato; **auf der** ~ **sein** èssere di passaggio

Durchfall *m* diarrèa *f*

durchführ|bar realizzàbile; ~**en** realizzare

Durchgang *m* passaggio *m*; **kein** ~! passaggio vietato!; ~**straße** *f* strada di trànsito; ~**verkehr** *m* tràffico di trànsito

durchgebraten: **gut** ~ ben cotto

durch|gehen passare (**durch** per); *Zug* andare senza fermarsi (**bis** fino a); ~**d** *Zug* diretto; ~ **geöffnet** ad orario continuato

durch|halten resìstere; ~**hauen** spaccare; ~**kommen** passare (**durch** per); *fig* farcela; ~**lassen** lasciar passare; ~**lässig** permeàbile; 2**lauferhitzer** *m* scaldacqua istantàneo; ~**lesen** lèggere per intero

durchleucht|en *Med* fare

una radioscopìa di; **~ung** *f* radioscopìa
durch|löchern perforare; **~machen** (*erdulden*) soffrire; **~messer** *m* diàmetro; **~näßt** bagnato fràcido; **~queren** attraversare
Durchreise *f* passaggio *m*; trànsito *m*; *auf der ~* di passaggio; **~n** transitare, passare; *ein Land ~* viaggiare per; **~nde(r)** *m* passeggero in trànsito; **~visum** *n* visto *m* di trànsito
durch|reißen strappare; **~sage** *f* annuncio *m*; **~scheinen** trasparire; **~schlag** *m* (*Kopie*) copia *f*
durchschlagen: *sich ~* tirar avanti
durchschneiden tagliare
Durchschnitt *m* media *f*; *im ~*, **~lich** in media; **~sgeschwindigkeit** *f* velocità media
durchsehen *prüfend* controllare, rivedere
durchsetzen (*erreichen*) ottenere; *Willen* imporre; *sich ~* affermarsi
Durchsicht *f* revisione; **~ig** trasparente
durch|sickern stillare; *fig* trapelare; **~sprechen** discùtere; **~stechen** (per)foràre; **~streichen** cancellare; **~streifen** percórrere
durchsuch|en perquisire; **~ung** *f* perquisizione

durchtrieben astuto
Durch|wahl *f* *Tel* teleselezione; *zu e-r Nebenstelle* teleselezione passante; **~wählen** *Tel* chiamare in teleselezione; **~wahlnummer** *f* nùmero *m* diretto
durchwandern percórrere a piedi
durchweg completamente
durch|wühlen rovistare; **~ziehen** passare (*durch* per); *corrente f d'aria*
dürfen potere; *darf ich ...?* posso...?; *man darf nicht* non è permesso, non si deve; *was darf es sein?* desìdera?
dürftig meschino; (*spärlich*) scarso
dürr (*trocken*) secco; *Land* àrido; (*mager*) magro
Dürre *f* secchezza; siccità
Durst *m* sete *f*; *ich habe ~* ho sete; **~ig** assetato
Dusch|e *f* doccia; **~en** fare la doccia; *sich ~* farsi la doccia
Düsen|flugzeug *n* aviogetto *m*, aèreo *m* a reazione; **~jäger** *m* caccia a reazione
düster tetro
Duty-free-Shop *m* duty free
Dutzend *n* dozzina *f*
duzen: *j-n ~* dare del tu a qu
Dynamit *n* dinamite *f*
Dynamo *m* dìnamo *f*
D-Zug *m* direttìssimo, espresso

E

Ebbe f bassa marea; ~ **und Flut** le maree f/pl
eben (flach) piano; (genau das) proprio; zeitlich or ora; ~ **erst** proprio adesso
Ebene f pianura
ebenfalls anche; (gleichfalls) altrettanto
ebenso ugualmente; ~ **... wie** così ... come; ~**gut** altrettanto bene; ~**viel** altrettanto; ~ **wie** tanto quanto; ~**wenig** altrettanto poco (wie come)
Eberesche f sorbo m selvatico
echt vero; naturale
Eck|ball m calcio d'angolo; ~**e** f àngolo m; **um die** ~ **biegen** voltare l'àngolo; ~**haus** n casa f d'àngolo; 2**ig** angolare; ~**platz** m Esb posto d'àngolo; ~**zahn** m dente canino
Economyklasse f classe turistica
edel nòbile; 2**stein** m pietra f preziosa; 2**weiß** n stella f alpina
EDV f (Elektronische Datenverarbeitung) E.E.D. (elaborazione elettrònica dei dati)
Efeu m èdera f
Effekt m effetto
EG f (Europäische Gemeinschaft) C.E. (Comunità Europea)
egal uguale; **das ist mir ganz** ~ **F** non me ne importa un càvolo
Egoist m egoista; 2**isch** egoìstico
ehe prima che (+ cong) od di (+ inf)
Ehe f matrimonio m; ~**bett** n letto m matrimoniale; ~**bruch** m adulterio; ~**frau** f moglie; ~**leute** pl cònìugi m/pl; 2**lich** coniugale; **Kind** legìttimo
ehemalig ex, d'una volta; vecchio
Ehe|mann m marito; ~**paar** n cònìugi m/pl; ~**partner** m consorte, coniuge; ~**ring** m fede f; ~**scheidung** f divorzio m; ~**schließung** f matrimonio m
eher (früher) prima; (vielmehr) piuttosto; **je** ~, **desto besser** quanto prima tanto meglio
Ehr|e f onore m; 2**en** onorare
ehren|amtlich a tìtolo onorario; 2**bürger** m cittadino onorario; 2**gast** m òspite d'onore; 2**mitglied** n membro m onorario; 2**sache** f questione d'onore; 2**wort** n parola f (d'onore)
Ehr|furcht f venerazione, rispetto (**vor** per); ~**gefühl** n sentimento m d'onore; ~**geiz** m ambizione f; 2**geizig** ambizioso

ehrlich onesto; *(aufrichtig)* sincero; **2keit** f onestà; sincerità
Ehrung f onore m
ehrwürdig venerabile
Ei n uovo m; **~er** pl uova f/pl; **hartes ~** uovo sodo; **weiches ~** uovo alla coque
Eibe f tasso m
Eiche f quercia
Eichel f ghianda
Eichhörnchen n scoiattolo m
Eid m giuramento; **an ~es Statt** in luogo del giuramento
Eidechse f lucertola
eidesstattlich: **~e Erklärung** dichiarazione f giurata
Eidotter m/n tuorlo m
Eier|becher m portauova; **~kuchen** m frittata f; **~schale** f guscio m d'uovo; **~stock** m Anat ovaia f
Eifer m zelo; fervore; **~sucht** f gelosia; **2süchtig** geloso
eifrig zelante; instancabile
Eigelb n rosso m d'uovo
eigen proprio, *(besondere)* particolare; **2art** f particolarità; **~artig** strano; singolare; **2bedarf** m proprio fabbisogno; **~händig** di proprio pugno; **~mächtig** arbitrario; **2name** m nome proprio; **~nützig** interessato
Eigen|schaft f qualità; **2sinnig** ostinato; **2tlich** proprio, vero; adv veramente; **~tum** n proprietà f; **~tümer** m proprietario; **~tumswohnung** f appartamento m in condominio; **2willig** ostinato
eignen: **sich ~ für** od **zu et** essere adatto a qc
Eignung f attitudine, qualifica
Eilbote m: **durch ~n** per espresso
Eilbrief m espresso
Eile f fretta; **ich bin in ~** ho fretta
eilen Sache essere urgente; **die Sache eilt** la cosa urge; **es eilt nicht** non c'è fretta
eilig frettoloso; Sache urgente; **es ~ haben** avere fretta
Eilzug m (treno) diretto
Eimer m secchio
ein: **~, ~e** uno, una; **~er** *(jemand)* uno; **was für ~ ...?** che ...?; **~ und derselbe** lo stesso; **~ für allemal** una volta per sempre; **in ~em fort** di continuo; **~ Uhr** l'una; **~er meiner Freunde** un mio amico
einander l'un l'altro; *(gegenseitig)* a vicenda
einarbeiten: **sich ~** impratichirsi (in di)
einatmen inspirare
Einbahnstraße f strada a senso unico
Einband m copertina f
einbau|en installare; **2küche** f cucina all'americana
einbehalten Betrag trattenere
Einbettzimmer n camera f singola

ein|beziehen inclùdere; **~biegen** *in e-e Straße* svoltare (*in* in; *nach links* a sinistra)
einbilden: *sich et* **~** immaginarsi qc
Einbildung *f* immaginazione; (*Anmaßung*) presunzione
einbrech|en: *bei mir ist eingebrochen worden* hanno rubato da me; **2er** *m* scassinatore
einbringen *Gewinn* rèndere
Einbruch *m* scasso; **bei ~ der Nacht** sul calar della notte; **~diebstahl** *m* furto con scasso
Einbuße *f* pèrdita (*an* di)
einbüßen pèrdere; *an Wert* **~** diminuire di valore
einchecken fare il check-in
eincremen méttere la crema su
eindecken: *sich* **~** *mit* provvedersi di
eindringen penetrare (*in* in); **~lich** insistente
Eindruck *m* impressione *f*
eindrücken *Kotflügel* ammaccare
eindrucksvoll impressionante
eineinhalb uno e mezzo
einer s ein; **2** *m Rudern* singolo
einerlei: *das ist* **~** è tutt'uno; **2** *n* monotonia *f*
einerseits da una parte
einfach sémplice (*a Fahrkarte*); (*schlicht*) modesto; *Mahlzeit* frugale; (*nicht schwierig*) fàcile; **2heit** *f* semplicità
einfädeln: *Autofahrer sich* **~** infilarsi
einfahr|en entrare (*in* in); **2t** *f* entrata; ingresso *m*; (*Tor*) portone *m*
Einfall *m* (*Idee*) idèa *f*; **2en** (*einstürzen*) crollare; *Mil* invàdere (*in ein Land* un paese); *... fällt mir nicht ein* ... non mi viene in mente; *das fällt mir nicht ein* non ci penso nemmeno
Einfamilienhaus *n* casa *f* unifamiliare
ein|fangen acchiappare; **~farbig** unicolore; **~fetten** ùngere; *Tech* lubrificare
einfinden: *sich* **~** trovarsi
ein|flößen *Angst* incùtere; **2flugschneise** *f* sentiero *m* di discesa
Einfluß *m* influenza *f*; **2reich** influente, potente
ein|förmig uniforme; monòtono; **~frieren** *Lebensmittel* congelare; **~fügen** inserire
Einfuhr *f* importazione; **~bestimmungen** *f/pl* norme per l'importazione
einführen introdurre (*in* in); *j-n in e-e Arbeit* avviare (*in* a); *Waren* importare
Einfuhrgenehmigung *f* permesso *m* d'importazione
Einführung *f* introduzione
Einfuhr|verbot *n* divieto *m* d'importazione; **~zoll** *m* dazio d'importazione

Ein|gabe f domanda; **~gang** m ingresso, entrata f; e-r Sendung arrivo

ein|geben Medizin dare; Gedanken ispirare; **~gebildet** immaginario; (dünkelhaft) presuntuoso; **2gebung** f ispirazione

eingehen Brief arrivare; Stoff restringersi; Tier, Pflanze morire; **auf et** ~ aderire a qc; **eine Wette** ~ fare una scommessa; **~d** Post in arrivo; adv (gründlich) a fondo

Eingemachte(s) n conserva f

eingeschaltet Gerät acceso, aperto

eingeschneit bloccato dalla neve

eingeschrieben: ~er Brief (lèttera f) raccomandata f

Einge|ständnis n confessione f; **2stehen** confessare

eingewöhnen: sich ~ abituarsi (in a)

ein|gießen versare; **~gipsen** ingessare; **~gleisig** a un binario; **~gliedern** incorporare; in die Gesellschaft ricuperare; **~greifen** intervenire; **~halten** Versprechen, Vertrag mantenere; Termin rispettare, osservare; **~händigen** consegnare; **~hängen** Hörer appèndere, attaccare

einheimisch nativo; Erzeugnis nostrano; **2e(r)** m nativo

Einheit f unità f; **2lich** unito, unitario; **~spreis** m prezzo ùnico

ein|heizen riscaldare; **~holen** (erreichen) raggiùngere; Zeit, Versäumtes riguadagnare; (einkaufen) andare a fare la spesa; Segel ammainare

einig d'accordo; **sich ~ werden (sein)** mèttersi (èssere) d'accordo

einige qualche; alcuni, alcune; **~s** qualche cosa; **~ Tage** qualche giorno; **es wird ~ Zeit dauern** durerà qualche tempo; **~mal** alcune volte

einigen: sich ~ mèttersi d'accordo, accordarsi (**auf** su)

einiger|maßen in certo qual modo; (ziemlich) abbastanza; **2keit** f unione; **2ung** f unificazione; (Vergleich) accordo m

ein|jährig di un anno; **~kalkulieren** tener conto di; **2kauf** m compra f, acquisto; **Einkäufe machen** fare le spese

einkaufen comprare, acquistare; **~ gehen** andare a fare la spesa

Einkaufs|bummel m giro dei negozi; **~preis** m prezzo d'acquisto; **~tasche** f borsa delle spese; **~wagen** m carrello da supermercato; **~zentrum** n shopping center m, centro m commerciale

ein|kehren fermarsi (per consumare qc) (in e-m Gasthaus in una trattoria);

~klammern méttere tra parèntesi
Einklang *m:* **in ~ bringen** méttere d'accordo
einklemmen *Finger* schiacciare
Einkommen *n* rèddito *m;* **~steuer** *f* imposta sul rèddito
ein|kreisen accerchiare; **~künfte** *pl* entrate *f/pl;* **~laden** *j-n* invitare; *Waren* caricare; **~ladung** *f* invito *m*
Einlage *f* (*Schuh~*) supporto *m;* plantare *m;* **Suppe mit ~** pastina *f* in brodo
einlassen lasciar entrare od passare; **sich auf et ~** avventurarsi in qc
Einlaßkarte *f* biglietto *m* d'ingresso
einlaufen *Zug* èssere in arrivo (**auf Gleis** 3 al binario 3); *Schiff* entrare in porto; *Stoff* restringersi
einleben: sich ~ ambientarsi (**in** in)
Einlege|arbeit *f* intarsio *m;* **~n** *in Essig* méttere sotto aceto; *Kfz Gang* innestare; *Film* introdurre; *Pause* fare; **~sohle** *f* soletta
einleit|en introdurre; *jur Verfahren* intentare; **~ung** *f* introduzione
einleuchtend evidente
einliefer|n: *ins Krankenhaus* ricoverare all'ospedale; **~ung** *f ins Krankenhaus* ricóvero *m;* **~ungs-**

schein *m Post* bolletta *f* di consegna; *bei Überweisungen* ricevuta *f*
einlösen *Scheck* riscuòtere; *Versprechen* adémpiere
einmal una volta; (*künftig*) un giorno; **auf ~** (*gleichzeitig*) insieme; (*plötzlich*) ad un tratto; **nicht ~** nemmeno; **noch ~** ancora una volta; **~ig** ùnico; (*einzigartig*) straordinario
einmieten: sich ~ prèndere alloggio (**bei** da, presso)
einmischen: sich ~ immischiarsi (**in** in)
einmotorig monomotore
einmünd|en *Straße, Fluß* sboccare, imboccare (**in** in); **~ung** *f* imbocco *m*
einmütig unànime; *adv* all'unanimità
Einnahme *f Hdl* entrata
einnehmen *Geld* ricévere; *Mahlzeit, Arznei* prèndere; *Platz, Stellung* occupare
einordnen: *Kfz* **sich ~** méttersi in corsia
ein|packen impacchettare; *in Papier* incartare; *in den Koffer* méttere nella valigia; **~pflanzen** piantare
einprägen: sich et ~ memorizzare qc
einquartieren alloggiare (**bei** presso); **sich ~** prèndere alloggio (**bei** presso)
einräumen disporre; méttere in órdine; (*zugeben*) concèdere

einsetzen

Einreib|emittel *n* linimento *m*; **~en** frizionare
einreichen presentare
einreihig *Anzug* ad un petto
Einreise *f* entrata; **~erlaubnis** *f* permesso *m* d'entrata
einreisen entrare (**in** in)
Einreisevisum *n* visto *m* d'entrata
einrenken *Med* rimèttere a posto
einricht|en *Zimmer* arredare; *es so ~, daß* fare in modo che (+ *cong*); **~ung** *f* arredamento *m*; (*Institution*) istituzione
eins uno; *Uhrzeit es ist ~* l'una
einsam *Person* solo; *Ort* isolato; **~keit** *f* solitùdine
einsammeln raccògliere
Einsatz *m v Maschinen* impiego; *im Spiel* posta *f*; *Mil* azione *f*; *im ~ sein* èssere in azione; **~bereit** *f* pronto
einschalten *Licht, Radio, TV* accèndere; *j-n* far intervenire; *sich ~* intervenire (*in* in)
ein|schätzen valutare; **~schenken** versare; **~schikken** inviare; **~schieben** introdurre; inserire
einschiff|en: *sich ~* imbarcarsi; **~ung** *f* imbarco *m*
ein|schlafen addormentarsi; *Glieder* intorpidirsi; **~schläfern** addormentare; **~schlagen** *Nagel* conficcare; *in Papier* incartare; *Weg* prèndere; *Glasscheibe* frantumare; *Tür* sfondare; *Zähne* rómpere; *Blitz* cadere (**in** su); *fig* (*Erfolg haben*) far furore
einschließ|en chiùdere a chiave; (*umgeben*) circondare; (*enthalten*) compréndere; **~lich** compreso
einschmieren F ùngere
einschmuggeln introdurre di contrabbando
einschneiden tagliare; **~d** *fig* incisivo
Einschnitt *m* incisione *f*; *fig* svolta *f*
einschränk|en limitare; *sich ~* limitarsi nelle spese; **~ung** *f* limitazione
Einschreibe|brief *m* (lèttera *f*) raccomandata *f*; **~gebühr** *f für e-n Kurs* tassa d'iscrizione; *Post* tassa di raccomandazione
einschreiben: *sich ~* iscrìversi (*für* a); *Brief ~ lassen* fare una raccomandata; **2** *n* raccomandata *f*
ein|schreiten intervenire; **~schüchtern** intimidire
ein|sehen (*verstehen*) compréndere; *Fehler* riconóscere; **~seifen** insaponare; **~seitig** unilaterale (*parteiisch*) parziale
einsend|en inviare; **~er** *m* mittente; **~ung** *f* invio *m*
einsetzen méttere; (*einfügen*) inserire; *Pflanzen* piantare; (*aufwenden*) impiegare; *in ein Amt* insediare; (*beginnen*)

(in)cominciare; **sich ~ für** adoperarsi per

Einsicht f (Erkenntnis) comprensione; **~ig** comprensivo

ein|sinken sprofondare (**in** in); **~sparen** risparmiare; **~sperren** imprigionare; **~springen** supplire (**für j-n** qu)

Einspritz|düse f iniettore m; **~en** iniettare; **~motor** m motore a iniezione; **~pumpe** f pompa d'iniezione

Einspruch m protesta f; **~ erheben** protestare

einspurig Straße a una corsia; Esb a un solo binario

einstecken méttere dentro; in die Tasche intascare; Brief imbucare

einsteigen salire (**in** su); Esb **~!** in carrozza!

einstellen Rdf, TV regolare; Fot méttere a fuoco; Zündung méttere in fase; Personal assúmere; Auto méttere in garage; (aufhören mit et) terminare; **sich auf et ~** prepararsi a qc

Einstellung f (Haltung) attitúdine (**zu** verso)

ein|stimmig unànime; **~stökkig** a un solo piano; **~stufen** classificare; **~stündig** di un'ora; **~sturz** m crollo; **~stürzen** crollare; **~sturzgefahr** f pericolo m di crollo

einstweilen per ora; frattanto; **~ig** temporàneo

ein|tägig di un giorno; **~tau-**

schen cambiare (**gegen** con)

einteil|en divídere; Zeit distribuire; **~ig** di un pezzo; **~ung** f divisione; v Geld, Zeit uso m parsimonioso

ein|tönig monòtono; **~tragen** registrare; **~träglich** lucrativo

eintreffen (ankommen) arrivare; (sich erfüllen) avverarsi

eintreten entrare (**in** in); (sich ereignen) avvenire; **für j-n, et ~** difèndere la causa di qu, qc

Eintritt m entrata f; ingresso; **~ frei** ingresso libero; **~ verboten** vietato l'ingresso; **~skarte** f biglietto m d'ingresso; **~spreis** m ingresso

eintrocknen seccarsi

einverstanden: ~ sein èssere d'accordo (**mit et** su qc; **mit j-m** con qu); **~!** d'accordo!

Einverständnis n approvazione f; accordo m

Einwand m obiezione f (**gegen** a)

Einwander|er m immigrante; **~n** immigrare; **~ung** f immigrazione

einwandfrei impeccàbile; irrefutàbile; senza difetti

Einweg|flasche f vuoto m a pèrdere; **~spritze** f siringa monouso

einweih|en Denkmal inaugurare; **~ung** f inaugurazione

einweisen ins Krankenhaus ricoverare; in e-e Arbeit addestrare, avviare (**in** in)

einwenden obiettare

einwerfen *Brief* imbucare; *Münze* introdurre
einwickeln *in Papier* incartare
einwillig|en consentire (*in* a); **ung** *f* consenso *m*
Einwohner *m* abitante; **meldeamt** *m* anàgrafe *f*; **zahl** *f* nùmero *m* degli abitanti
Einwurf *m* (*Schlitz*) buca *f*; fessura *f*; *Sport* rimessa *f* in gioco
Einzahl *f* singolare *m*
einzahl|en pagare, versare; **ung** *f* pagamento *m*, versamento *m*
Einzäunung *f* recinto *m*
Einzel *n Tennis* sìngolo *m*; **fall** *m* caso isolato; **gänger** *m* solitario; **handel** *m* commercio al minuto; **heit** *f* dettaglio *m*; **kabine** *f* cabina sìngola
einzeln solo; sìngolo; **im en** in particolare; ** eintreten** entrare uno alla volta
Einzel|person *f* sìngolo *m*; **stück** *n* pezzo *m* ùnico; **teil** *n* pezzo *m* staccato
Einzelzimmer *n* càmera sìngola; **zuschlag** *m* supplemento per una càmera sìngola
einziehen *Mil* chiamare sotto le armi; *Fahrgestell, Antenne* far rientrare (*a Kopf, Bauch*); *Erkundigungen* prèndere; *Luft* aspirare; *in e-e Wohnung* andare ad abitare (*in* in); *Flüssigkeit* penetrare (*in* in)
einzig ùnico; **kein er** nessuno; **artig** ùnico
einzuckern inzuccherare
Eis *n* ghiaccio *m*; (*Speise₂*) gelato *m*; **e-e Portion ** un gelato; ** am Stiel** gelato da passeggio; **bahn** *f* pista *f* di pattinaggio; **becher** *m* coppa *f* di gelato; **diele** *f* gelateria
Eisen *n* ferro *m*
Eisenbahn *f* ferrovìa; (*Zug*) treno *m*; **er** *m* ferroviere; **fähre** *f* traghetto ferroviario
Eisenwaren *f/pl* ferramenta *f*
eisern di ferro; *fig* fèrreo
eis|gekühlt ghiacciato; **hockey** *m* hockey *m* su ghiaccio
eisig gèlido
Eis|kaffee *m* caffè freddo con panna e gelato; **kalt** gèlido; **kunstlauf** *m* pattinaggio artìstico; **laufen** pattinare; **läufer** *m* pattinatore; **pickel** *m* piccozza *f*; **schrank** *m* frigorìfero; **verkäufer** *m* gelataio; **würfel** *m* cubetto di ghiaccio; **zapfen** *m* ghiacciolo
eitel vanitoso; **keit** *f* vanità
Eiter *m* pus; **n** suppurare
eitrig purulento
Eiweiß *n* chiaro *m* d'uovo; *Biol* proteìna *f*
Ekel *m* nàusea *f* (*vor* di);

ekelhaft

♃haft, ♃ig ripugnante; ♃n nauseare, stomacare; *sich ~* stomacarsi (**vor** di)
EKG, Ekg *n* (*Elektrokardiogramm*) E.C.G. *m* (*elettrocardiogramma*)
Ekzem *n* eczema *m*
elastisch elàstico
Elefant *m* elefante
elegan|t elegante; ♃**z** *f* eleganza
Elektriker *m* elettricista
elektrisch elèttrico; **~er Schlag** scossa *f* elèttrica
Elektrizität *f* elettricità; **~s-werk** *n* centrale *f* elèttrica
Elektro|gerät *n* elettrodomèstico *m*; **~geschäft** *n* negozio *m* di elettrodomèstici; **~herd** *m* cucina *f* elèttrica; **~motor** *m* elettromotore
Elektronen|blitz *m* lampo elettrònico; **~rechner** *m* calcolatore elettrònico
Elektron|ik *f* elettrònica; ♃**isch** elettrònico
Elektro|rasierer *m* rasoio elèttrico; **~technik** *f* elettrotècnica
Element *n* elemento *m*
elementar elementare
elend misero; ♃ *n* miseria *f*; ♃**sviertel** *n* quartiere *m* dei pòveri; slum *m*
Elfenbein *n* avorio *m*
Elfmeter *m* calcio di rigore
Ell(en)bogen *m* gómito
Elster *f* gazza
Eltern *pl* genitori *m*/*pl*; ♃**los** òrfano

Email *n*, **Emaille** *f* smalto *m*
Empfang *m* ricevimento; *Rdf*, *TV* ricezione *f*; *im Hotel* réception *f*; *in ~ nehmen* prèndere in consegna (*Gegenstand*); ♃**en** ricévere; *Person* accògliere
Empfänger *m v Post* destinatario; *Rdf*, *TV* ricevitore
empfänglich sensìbile (**für** a)
empfängnisverhütend: ~es Mittel *n* anticoncezionale *m*
Empfangs|bestätigung *f* ricevuta; **~büro** *n* ricezione *f*; **~chef** *m* direttore di ricezione
empfehl|en raccomandare; *es empfiehlt sich* è consigliàbile (*et zu tun* fare qc); **~enswert** raccomandàbile; ♃**ung** *f* raccomandazione
empfinden sentire
empfindlich sensìbile (**gegen** a), delicato; *fig Person* suscettìbile
Empfindung *f* sensazione, (*Gefühl*) sentimento *m*
Empore *f e-r Kirche* matroneo *m*
empören indignare; *sich ~* indignarsi, arrabbiarsi (**über** per); **~d** scandaloso
empör|t indignato (**über** di); ♃**ung** *f* indignazione
Ende *n* fine *f*, tèrmine *m*; *räumlich* estremità *f*; **~ April** alla fine di aprile; **am ~** alla fine; **letzten ~s** alla fin fine; **zu ~ sein** èssere finito; **zu ~ gehen** stare per finire (*a*

Vorräte); **2n** finire, terminare

End|ergebnis n risultato m finale; **2gültig** definitivo; **~haltestelle** f s **~station**

Endivie f indivia

End|kampf m Sport finale f; **2lich** finalmente; **2los** senza fine; interminàbile; *räumlich* infinito; **~punkt** m tèrmine; **~spiel** n Sport finale f; **~station** f capolinea m, stazione tèrmine

Energie f energìa; **~versorgung** f rifornimento m d'energia

energisch enèrgico

eng stretto; *Freundschaft* intimo; **~er machen** restringere

Engadin n (l')Engadina f

enganliegend *Kleid* attillato

Enge f strettezza; *in die ~ treiben* méttere alle strette

Engel m àngelo; **~sburg** n castèl m sant'Angelo

England n (l') Inghilterra f; **~länder** m, **2lisch** inglese

Engpaß m strettoia f; *fig* difficoltà f

Enkel(in f**)** m nipote m/f

enorm enorme

Ensemble n Thea, Mus complesso m

entartet degenerato

entbehr|en (*vermissen*) mancare di; (*auskommen ohne*) fare a meno di; **~lich** supèrfluo; **2ung** f bisogno m

entbinden: j-n von et ~ esonerare qu da qc

Entbindung f parto m; **~sheim** n clinica f ostètrica

entdeck|en scoprire; **2er** m scopritore; **2ung** f scoperta

Ente f ànatra

enteign|en espropriare; **2ung** f espropriazione

enteisen sbrinare

entfallen (*wegfallen*) èssere sospeso; *fig j-m ~* sfuggire a qu (di mente); *auf j-n ~* toccare a qu

entfalten spiegare; *sich ~* svilupparsi

entfern|en tògliere; *Fleck* levare; *sich ~* allontanarsi (*von* da); **~t** lontano; distante; **2ung** f distanza; **~ungsmesser** m telèmetro

ent|fliehen fuggire; **~fremden** alienare

entführ|en rapire; **2er** m rapitore; **2ung** f rapimento m

entgegen prp contrariamente a; **~gehen** andare incontro (*j-m* a qu); **~gesetzt** opposto; **~kommen** venire incontro (*j-m* a qu) (*a fig*); **2kommen** n compiacenza f; **~kommend** amàbile; **~nehmen** accògliere; **~sehen** attèndere (*e-r Sache* qc); **~treten** opporsi (a)

entgegn|en replicare; **2ung** f rèplica

entgehen sfuggire (*e-r Gefahr* a un perìcolo); *sich nicht ~ lassen* non lasciarsi sfuggire qc; *das ist mir*

entgleisen

entgangen questo mi è sfuggito

entgleisen *Esb* deragliare

Enthaarungsmittel *n* depilatorio *m*

enthalt|en contenere; **sich ~** astenersi (**e-r Sache** da qc); **~sam** sobrio

enthüllen *Denkmal* scoprire; *Geheimnis* rivelare

enthusiastisch entusiàstico

ent|kalken decalcificare; **~kommen** scappare; **~korken** sturare; **~kräften** estenuare; *Behauptung* invalidare

entladen scaricare

entlang: ~ der Straße, die Straße ~ lungo la strada

entlass|en *Arbeiter* licenziare; *Häftling* scarcerare; *aus dem Krankenhaus* dimèttere; **2ung** *f* licenziamento *m*

entlast|en liberare (**von** da); *jur* deporre a discàrico di; **2ung** *f* jur discàrico *m*; **2ungszeuge** *m* testimone a discàrico

entledigen: sich ~ disfarsi, liberarsi (**e-r Sache** di qc)

ent|leihen prèndere in prèstito; **~lohnen** pagare

entlüft|en aerare; **2ung** *f* aerazione, ventilazione; **2ungsanlage** *f* impianto *m* di ventilazione

ent|mutigen scoraggiare; **~nehmen** prèndere (*aus* da); (*ersehen*) apprèndere (*aus* da); **~reißen** strappare

entrüst|en: sich ~ indignarsi

296

(*über* per); **2ung** *f* indignazione

entschädig|en indennizzare (*für* di); **2ung** *f* indennità, indennizzo *m*

entscheid|en decìdere; **sich ~** decìdersi; **~end** decisivo; **2ung** *f* decisione

entschließen: sich ~ risòlversi (**et zu tun** a fare qc)

entschlossen risoluto; **2heit** *f* risolutezza

Entschluß *m* decisione *f*, risoluzione *f*; **e-n ~ fassen** prèndere una decisione

entschuldigen scusare; **sich ~** scusarsi (*wegen* et di qc); **~ Sie!** scusi!

Entschuldigung *f* scusa; **~!** scusi!

Entsetz|en *n* orrore *m*; **2lich** orribile; **2t: ich bin ~** sono spaventato

entsinnen: sich ~ ricordarsi (di)

entspannen: sich ~ rilassarsi, riposarsi

Entspannung *f* relax *m*, riposo *m*; *Pol* distensione

entsprech|en corrispóndere a; **~end** corrispondente; **Ihrem Wunsch ~** conforme al Suo desiderio

entspringen *Fluß* nàscere; *fig* provenire da

entstehen nàscere (*aus* da); formarsi; **2ung** *f* nàscita, formazione

entstellen sfigurare; *fig* svisare; **~t** sfigurato

enttäusch|en deludere; *enttäuscht sein von* èssere deluso di; ⁀ung *f* delusione
entwaffnen disarmare
entweder: ~ ... oder o ... o
ent|weichen *Luft, Gas* fuoriuscire; **~wenden** sottrarre; **~werfen** abbozzare; **~werten** *Briefmarken, Fahrschein* annullare, obliterare; ⁀**werter** *m* obliteratore
entzieh|en sviluppare (*a Fot*); *sich* ~ sviluparsi; ⁀**er** *Fot m* sviluppatore; ⁀**ung** *f* sviluppo *m*; ⁀**ungsland** *n* paese *m* in via di sviluppo
ent|wirren districare; **~wischen** scappare; **~würdigend** umiliante
Entwurf *m* (*Plan*) piano; (*Skizze*) abbozzo
entzieh|en sottrarsi; ritirare; *sich* ~ sottrarsi (a); ⁀**ungskur** *f* cura di disintossicazione
entziffern decifrare
entzückend incantévole
Entzug *m des Führerscheins* ritiro; *v Drogen* disassuefazione *f*
entzünd|en accèndere; *sich* ~ *Med* infiammarsi; ⁀**ung** *f Med* infiammazione
entzwei rotto; **~en**: *sich mit j-m* ~ rómpersi con qu; ~**gehen** rómpersi
Enzian *m Bot* genziana *f*; *Schnaps* acquavite *f* di genziana
Epidemie *f* epidemia
Epoche *f* època

er lui, egli; ~ *selbst* lui stesso; *da ist* ~ èccolo
Erachten *n*: *meines* ~*s* a mio parere
erbarmen: *sich* ~ avere pietà di; ⁀ *n* pietà *f*
erbärmlich misero, misérevole; (*niederträchtig*) meschino
erbarmungslos spietato
erbau|en edificare; ⁀**er** *m* edificatore; architetto
Erbe 1. *n* eredità *f*; **2.** *m* erede; ⁀**n** ereditare
erbeuten predare
erbieten: *sich* ~ offrirsi (*et zu tun* di fare qc)
Erbin *f* erede
erbitten sollecitare (*et von j-m* qc da qu)
erbittert esasperato; *Kampf* accanito
erblassen impallidire
erblich ereditario
erblicken scòrgere
erblinden diventare cieco
erbrechen: ~ *sich* vomitare; ⁀ *n* vòmito *m*
Erbschaft *f* eredità
Erbsen *f/pl* piselli *m/pl*
Erd|ball *m* globo terrestre; ~**beben** *n* terremoto *m*; ~**beere** *f* fràgola; ~**boden** *m* suolo; terra *f*
Erde *f* terra
erden El méttere a terra
erdenklich immaginàbile
Erd|gas *n* gas *m* naturale; ~**geschoß** *n* pianterreno *m*;

Erdkunde

~kunde f geografia; ~nüsse f/pl arachidi; ~öl n petrolio m; ~reich n terra f

erdrosseln strangolare
erdrücken schiacciare
Erd|rutsch m frana f; ~stoß m scossa f (sismica); ~teil m continente
erdulden sopportare
ereignen: sich ~ avvenire
Ereignis n avvenimento m
erfahren apprèndere; (venire a) sapere; (spüren) provare; ~ in et esperto in qc
Erfahrung f esperienza; (Übung) pràtica (in et di qc); aus eigener ~ per esperienza propria; in ~ bringen venire a sapere
erfassen (einbeziehen) inclùdere; (verstehen) comprèndere
erfind|en inventare (a fig); ℒer m inventore; ~erisch ingegnoso; ℒung f invenzione
Erfolg m successo; (Ergebnis) risultato; (Folge) conseguenza f; ℒen (stattfinden) succèdere; ℒlos adv senza successo; ℒreich adv con successo
erforder|lich necessario; ~n richièdere, esìgere
erforschen studiare; Land esplorare
erfreuen rallegrare (j-n qu)
erfreulich piacèvole; ~erweise per fortuna
erfreut lieto (über di)
erfrieren morire di freddo

erfrisch|en rinfrescare; ℒung f rinfresco m; ℒungsraum m bar, buvette f, buffet
erfüllen Bitte accondiscéndere a; adémpiere (a Pflicht, Aufgabe); Bedingung soddisfare; sich ~ avverarsi
Erfüllung f: in ~ gehen realizzarsi
ergänz|en completare; ℒung f completamento m
ergeben (erbringen) rèndere, fruttare; sich ~ (folgen aus) seguire (aus da); (sich hingeben) darsi (a)
Ergebnis n risultato m; ℒlos senza risultato
ergiebig produttivo
ergreifen afferrare; Täter catturare; Gelegenheit cògliere; Beruf abbracciare; (rühren) commuòvere; die Flucht ~ darsi alla fuga; das Wort ~ prèndere la parola; ~d commovente
ergriffen commosso; ℒheit f commozione
ergründen sondare
erhaben (erhöht) elevato; fig sublime
erhalten ricévere; (bewahren) mantenere; gut ~ in buono stato
erhältlich in véndita
erhängen: sich ~ impiccarsi
erheben (hochheben) alzare; Zoll, Gebühr riscuòtere; Klage intentare; sich ~ (aufstehen) alzarsi; (emporragen)

levarsi; (*revoltieren*) sollevarsi
erheblich considerévole
Erhebung *f* (*Anhöhe*) elevazione; (*Aufstand*) insurrezione
erheitern rasserenare
erhitzen riscaldare
erhoffen sperare in
erhöh|en rialzare; *Preis* aumentare; **&ung** *f* aumento *m*
erhol|en: *sich* **~** rimèttersi (*von* da); *im Urlaub* riposarsi; **&ung** *f* ricreazione; riposo *m*
Erholungs|heim *n* casa *f* di riposo; **~pause** *f* pausa; **~zentrum** *n* centro *m* ricreativo
erinnern: *j-n an et* **~** ricordare qc a qu; *sich* **~** ricordarsi (*an et* di qc *od* qc)
Erinnerung *f* ricordo *m*; *zur* **~** in ricordo (*an* di)
erkält|en: *sich* **~** raffreddarsi; **erkältet sein** èssere raffreddato
Erkältung *f* raffreddore *m*
erkennen riconóscere (*an* di); (*wahrnehmen*) distínguere
erkenntlich: *sich* **~ zeigen** mostrarsi riconoscente (*für* per)
Erkenntnis *f* conoscenza; (*Einsicht*) riconoscimento *m*
Erkennungszeichen *n* contrassegno *m*
Erker *m* bow window
erklär|en (*erläutern*) spiega-

erloschen

re; (*bekanntmachen*) dichiarare; **~lich** comprensibile; **&ung** *f* spiegazione; (*Deklaration*) dichiarazione
erkrank|en ammalarsi (*an* di); **&ung** *f* malattia
erkundigen: *sich nach et* **~** informarsi di qc; chièdere informazioni su qc (*bei j-m* a qu)
Erkundigung *f* informazione
erlangen ottenere
Erlaß *m* decreto
erlassen *Gebühren* esonerare (*j-m et* qu da qc); *Strafe* condonare; *Verordnung* emanare
erlaub|en permèttere; **&nis** *f* permesso *m*
erläutern spiegare
Erle *f* ontano *m*
erleb|en vedere; provare; vívere; sperimentare; **&nis** *n* avvenimento *m*; avventura *f*
erledig|en sbrigare; **~t** sbrigato; (*erschöpft*) sfinito; **&ung** *f* disbrigo *m*
erleichter|n alleggerire; *Aufgabe* facilitare; alleviare; **~t** sollevato; **&ung** *f* sollievo *m*
erleiden soffrire
erlernen imparare
erlesen *adj* squisito
erleuchten illuminare
erliegen soccòmbere a; *Verkehr zum* **&** *kommen* èssere paralizzato
erlogen inventato
Erlös *m* ricavo
erloschen *Vulkan* spento

erlöschen spègnersi; (*verfallen*) scadere

erlös|en liberare (**von** da); *Rel* redìmere; ♀**er** *m Rel* Redentore; ♀**ung** *f Rel* redenzione

ermächtig|en autorizzare (**zu** a); ♀**ung** *f* autorizzazione

ermahn|en ammonire; ♀**ung** *f* ammonizione

ermäßig|en ridurre; **~t** ridotto; ♀**ung** *f* sconto *m*, ribasso *m*

ermessen (*beurteilen*) giudicare; **nach Ihrem** ♀ a Suo parere

ermitteln (*ausfindig machen*) scoprire; rintracciare; *jur* indagare (**gegen j-n** su qu)

Ermittlungen *f*/*pl* indàgini, ricerche

ermöglich|en rèndere possìbile, perméttere

ermorden assassinare

ermüd|en stancare; ♀**ung** *f* fatica

ermuntern incoraggiare (**zu** a)

ermutig|en incoraggiare; **~end** incoraggiante; ♀**ung** *f* incoraggiamento *m*

ernähr|en nutrire; ♀**er** *m* sostentatore; ♀**ung** *f* (*Nahrung*) alimentazione

ernenn|en nominare (*j-n* **zum Direktor** qu direttore); ♀**ung** *f* nòmina

erneuer|n rinnovare; ♀**ung** *f* rinnovamento *m*

erneut di nuovo

ernst serio; *Krankheit* grave

Ernst *m* serietà *f*; gravità *f*; **im ~** sul serio; **~fall** *m*: **im ~** in caso d'emergenza; ♀**haft**, ♀**lich** serio

Ernte *f* raccolta; ♀**n** raccògliere

Erober|er *m* conquistatore; ♀**n** conquistare; **~ung** *f* conquista

eröffn|en aprire; *feierlich* inaugurare; ♀**ung** *f* apertura; inaugurazione

erörtern discùtere

Erot|ik *f* erotismo *m*; ♀**isch** eròtico

erpress|en *j-n* ricattare; *Geld* estorcere; ♀**er** *m* ricattatore; ♀**ung** *f* ricatto *m*; estorsione

erraten indovinare

erregbar: **leicht ~** irritàbile

erreg|en eccitare; (*erzürnen*) irritare; (*erwecken*) suscitare; ♀**er** *m Med* agente patògeno; **~t** eccitato, irritato; ♀**ung** *f* eccitamento; irritazione

erreich|bar raggiungìbile; **~en** *Gegenstand*, *Alter*, *Ort* arrivare a; raggiùngere (*a telefonisch*); *Zug*, *Bus* riuscire a prèndere; (*erlangen*) ottenere

errichten erìgere

erröten arrossire

Errungenschaft *f* conquista; F (*Anschaffung*) acquisto *m*

Ersatz *m* sostituzione *f*; (*Schaden*♀) indennizzo; (**~mann**) supplente, sostitu-

Ertrag

to; *als* ~ *für* in sostituzione di; **~mann** *m s Ersatz; Sport* riserva *f;* **~reifen** *m* pneumàtico di scorta; **~teil** *n* (pezzo *m* di) ricambio *m*

erscheinen apparire; comparire; *Zeitung* uscire; *das erscheint mir merkwürdig* mi sembra strano

Erscheinung *f* fenòmeno *m*

erschießen uccidere (con arma da fuoco)

erschlagen uccidere; *F ~ sein* èssere sfinito

erschöpf|en affaticare, spossare, esaurire; **~t** esausto; *a Vorräte* esaurito; **2ung** *f* esaurimento *m*

erschrecken *j-n* spaventare; *(e-n Schreck bekommen)* spaventarsi

erschütter|n scuòtere; *fig* sconvòlgere; **~t** sconvolto; **2ung** *f* scossa; *fig* commozione

erschweren rèndere più difficile

erschwinglich alla portata (di)

ersetzen sostituire; cambiare; *Schaden* risarcire (*j-m et* qc a qc); *Unkosten* rimborsare

erspar|en risparmiare (*a fig j-m et* qc a qc); **2nis** *f* risparmio *m* (*an* di); **~se** *pl* risparmi *m/pl*

erst *(zuerst)* prima; dappprima; *(nicht früher als)* non prima di; *(nicht mehr als)* solo; appena; *~ gestern*

tanto ieri; ~ *recht* ancora di più

erstatten *Auslagen* rimborsare; *Bericht, Anzeige* fare

Erstaufführung *f* prima (rappresentazione); *Film* prima visione

Erstaunen *n* stupore *m*; *in ~ (ver)setzen* stupire

erstaun|lich sorprendente; *Leistung usw* estraordinario; **~t** stupito

erste primo, prima; *am ~n Juni* il primo giugno; *~ Klasse* di prima classe; *2 Hilfe f* pronto soccorso *m*; *fürs ~* per il momento; *der ~ beste* il primo venuto; *zum ~n Mal* per la prima volta

erstechen accoltellare

erstehen acquistare

ersteigen scalare

erstens in primo luogo

ersticken soffocare

erst|klassig di prima qualità; *Hotel* di prima categorìa; **~mals** per la prima volta

erstreben aspirare a; **~swert** desideràbile

erstrecken: *sich ~* estèndersi (*bis zu od an* fino a)

ersuchen chièdere (*j-n um* qc a qu); pregare (*j-n et zu tun* qu di fare qc)

ertappen sorprèndere; *auf frischer Tat ~* cògliere sul fatto

erteilen dare

Ertrag *m* provento; ùtile *m*; *Agr* raccolto

ertragen

ertragen sopportare; *nicht zu ~* insopportàbile
erträglich sopportàbile
ertränken annegare
ertrinken annegare
erübrigen *Geld* risparmiare; *Zeit* riservare; *es erübrigt sich* è supèrfluo (*et zu tun* fare qc)
erwachen svegliarsi; ⁓ *n* risvéglio *m*
erwachsen adulto; ⁓e(r) *m* adulto
erwägen ponderare; considerare
Erwägung *f* considerazione; *et in ~ ziehen* prèndere qc in considerazione
erwähnen menzionare
erwärmen riscaldare
erwarten aspettare, attèndere; *das war zu ~* c'era da aspettàrselo
Erwartung *f* attesa; ⁓en *pl* aspettative
erwecken *Verdacht* suscitare; *Vertrauen* ispirare; *Eindruck* dare
erweisen *Dienst, Ehre* rèndere; *sich ~ als* (di)mostrarsi come
erweitern allargare
Erwerb *m* acquisto; ⁓en acquistare; comprare; *Fähigkeiten* acquisire
erwerbs|los disoccupato; ⁓tätig attivo; ⁓unfähig inàbile al lavoro
erwider|n replicare; *Gruß, Besuch* ricambiare; ⁓ung *f* rèplica
erwischen acchiappare; *Zug* riuscire a prèndere; (*ertappen*) sorprèndere
erwünscht desiderato
erwürgen strozzare
Erz *n* minerale *m* metàllico
erzähl|en raccontare; ⁓ung *f* racconto *m*
Erz|bischof *m* arcivéscovo; ⁓engel *m* arcàngelo
erzeug|en produrre; (*hervorrufen*) far nàscere; ⁓er *m* Hdl produttore; ⁓nis *n* prodotto *m*
erzieh|en educare; ⁓er *m* educatore; pedagogo; ⁓ung *f* educazione
erzielen ottenere
erzürnen far arrabbiare
erzwingen ottenere con la forza
erzwungen forzato
es lo, la; *ich bin ~* sono io; *~ ist spät* è tardi; *~ gibt* c'è, ci sono; *~ klopft* bùssano alla porta
Esche *f* fràssino *m*
Esel *m* àsino
Espe *f* trèmula
eßbar mangiàbile, commestìbile; *Pilz* mangereccio
Eßbesteck *n* posate *f/pl*
essen mangiare; *zu Mittag ~* pranzare; *zu Abend ~* cenare
Essen *n* mangiare *m*; cibo *m*; (*Mahlzeit*) pasto *m*
Essig *m* aceto; ⁓gurke *f* cetriolino *m* sott'aceto

Eß|löffel m cucchiaio; **~waren** f commestibili m/pl; **~zimmer** n sala f da pranzo
Etage f piano m; **~nbett** n letto m a castello
Etat m bilancio
Etikett n etichetta f
etliche alcuni, parecchi
Etsch f Àdige m
Etui n astuccio m
etwa circa; **~ig** eventuale
etwas qualche cosa, qualcosa; (*ein wenig*) un po' (di)
euch voi; a voi; vi
euer (i) vostro, (la) vostra;
eure pl (i) vostri, (le) vostre
Eule f civetta
euretwegen per voi
Europa n (l') Europa f
Europä|er m, **2isch** europèo
Eurocheque m eurocheque
evangeli|sch protestante; **2um** n Vangelo m
eventuell eventuale; *adv* eventualmente

ewig eterno; **2keit** f eternità
exakt esatto
Examen n esame m
Exemplar n esemplare m; *von Druckerzeugnissen* copia f
Exil n esilio m
Exist|enz f esistenza; **2ieren** esìstere
Exkursion f escursione
Expedition f spedizione
Experiment n esperimento m; **2ieren** sperimentare
Experte m esperto, perito
explodieren esplòdere, scoppiare
Explosion f esplosione
Export m esportazione f; **2ieren** esportare
extra (*getrennt*) a parte; (*eigens*) proprio; (*zusätzlich*) in più; *die* **2s** n/pl gli extra m/pl
Extrakt m estratto
extrem estremo; **2ist** m estremista

F

Fabel f fàvola; **2haft** stupendo
Fabrik f fàbbrica; **~arbeiter** m operaio
Fabrikat n prodotto m
Fabrikationsfehler m difetto di fabbricazione
Fabrik|besitzer m industriale; **~marke** f marchio m di fàbbrica
Fach n compartimento m; (*Schublade*) cassetto m; (*Un-*

*terrichts*2) materia f; **~arbeiter** m operaio specializzato;
~arzt m (mèdico) specialista;
~ausdruck m tèrmine tècnico; **~buch** n tèsto m tècnico;
~gebiet n campo m, ramo m;
~geschäft n negozio m specializzato; **~kenntnisse** f/pl conoscenze speciali; **~mann** m specialista, esperto
Fackel f fiàccola; **~zug** m fiaccolata f

fad(e) insipido; *fig* noioso
Faden *m* filo; ~**nudeln** *f/pl* capelli *m/pl* d'àngelo
fähig capace (**zu** di, a); **2keit** *f* capacità
fahnd|en ricercare (**nach** j-m qu); **2ung** *f* ricerca (**nach** di)
Fahne *f* bandiera
Fahrbahn *f* carreggiata
Fähre *f* traghetto *m*
fahren andare (**mit dem Auto** in màcchina); *Zug*, *Auto* viaggiare; (*lenken*) condurre, guidare; (*befördern*) j-n portare; *et* trasportare; (*ab-*) partire (**nach** per); ~ **über** passare per; **sie mich bitte nach ...** per favore, mi porti a ...
Fahrer *m* conducente; ~**flucht** *f* fuga del conducente
Fahr|gast *m* passeggero; ~**gelegenheit** *f* mezzo *m* di trasporto; ~**gestell** *n* *Kfz* telaio *m*
Fahrkarte *f* biglietto *m*; ~**nautomat** *m* distributore automàtico di biglietti; ~**nschalter** *m* sportello (dei biglietti), biglietteria *f*
fahrlässig trascurato; **2keit** *f* trascuratezza
Fahrplan *m* orario; **2mäßig** in orario
Fahrpreis *m* prezzo del biglietto; ~**ermäßigung** *f* riduzione sul prezzo del biglietto

Fahrrad *n* bicicletta *f*; ~**verleih** *m* noleggio di biciclette
Fahrschein *m* biglietto
Fährschiff *n* traghetto *m*
Fahr|spur *f* corsia; ~**stuhl** *m* ascensore
Fahrt *f* viaggio *m*; corsa; ~ **ins Blaue** gita a sorpresa; **in voller** ~ in piena corsa; **freie** ~ via lìbera; ~**richtung** *f* direzione di marcia; ~**unterbrechung** *f* interruzione del viaggio
Fahrzeit *f* durata della corsa
Fahrzeug *n* veicolo *m*; (*Kraft2*) autoveicolo *m*; ~**halter** *m* proprietario di autovettura; ~**schein** *m* libretto (*od* carta *f*) di circolazione
Falke *m* falco(ne)
Fall *m* caso; **auf jeden** ~ in ogni caso; **auf keinen** ~ in nessun caso
Falle *f* tràppola
fallen cadere; *Preise*, *Temperatur* diminuire; **es fällt mir schwer** mi riesce difficile
fällen *Bäume* abbàttere; *Urteil* pronunciare
fällig in scadenza; ~ **sein** scadere
falls se; nel caso che (+ *cong*)
Fallschirm *m* paracadute
falsch falso; (*unrichtig*) sbagliato; *Zähne* finto; ~ **verbunden** sbagliato nùmero; *Uhr* ~ **gehen** non èssere esatto; *et* ~ **machen** sbagliare qc
fälschen falsificare

Falschgeld n moneta f falsa
fälschlicherweise erroneamente
Fälschung f falsificazione; *Ergebnis* falso m
Faltboot m canotto m pieghévole od smontàbile
Falt|e f piega; (*Runzel*) ruga; **⁀en** piegare; **⁀enrock** m gonna f a pieghe
Falter m farfalla f
faltig a pieghe; *Gesicht* rugoso
familiär familiare
Familie f famiglia
Familien|angehörige(r) m familiare; **⁀mitglied** n membro m della famiglia; **⁀name** m cognome; **⁀stand** m stato civile
Fan m tifoso
fanatisch fanàtico
fangen prèndere; acchiappare; *Feuer* ⁀ prèndere fuoco
Farb|e f colore m; (*Mal⁀*) pittura; **⁀echt** indelèbile
färben tìngere
Farb|fernsehen n televisione f a colori; **⁀fernseher** m televisore a colori; **⁀festiger** m fissatore colorante; **⁀film** m film a colori; **⁀foto** n foto f a colori; **⁀ig** colorato; **⁀los** incolore; **⁀stift** m matita f colorata; **⁀stoff** m colorante
Farn|kraut n felce f
Fasan m fagiano
Fasching m carnevale
Faser f fibra
Faß n botte f; barile m

Fassade f facciata
fassen prèndere; *Dieb* arrestare; (*begreifen*) comprèndere; (*aufnehmen*) contenere; **sich ⁀** calmarsi; **sich kurz ⁀** èssere breve
Fassung f (*Brillen-*, *Edelstein⁀*) montatura; (*Glühbirnen⁀*) portalàmpada m; fig calma; **aus der ⁀ bringen** sconcertare; **⁀slos** sconcertato; **⁀svermögen** n capacità f
fast quasi
fasten digiunare; **⁀** n digiuno m; **⁀zeit** f Rel quarésima
Fastnacht f martedí m grasso
faszinierend affascinante
fatal fatale
faul (*träge*) pigro; (*verfault*) marcio; guasto
faulen marcire
faulenz|en oziare; non fare nulla; **⁀er** m fannullone
Faust f pugno m; **auf eigene ⁀** di propria iniziativa; **⁀schlag** m pugno
FD m (treno) espresso
Februar m febbraio
Fechten n scherma f
Feder f penna (*a Schreib⁀*); *Tech* molla; **⁀ball** m volano (*a Spiel*); **⁀bett** n piumino m; **⁀halter** m portapenne
feder|n èssere elàstico; molleggiare; **⁀ung** f molleggio m; v Fahrzeugen sospensione
fegen spazzare
Fehlbetrag m ammanco

fehlen mancare; *Person a* èssere assente; *was fehlt Ihnen?* che cosa ha?

Fehler m (den j, et hat) difetto; (den j macht) sbaglio; errore; ≈frei senza errori; ≈haft difettoso

fehl|schlagen fallire; ≈zündung f Kfz accensione difettosa

Feier f festa

Feierabend m: *nach* ~ dopo il lavoro

feierlich solenne; ≈keiten f/pl festività

feier|n festeggiare; ≈tag m giorno festivo; festa f

feig(e) vile

Feige f fico m

Feig|heit f viltà; ~ling m vigliacco

Feil|e f lima; ≈en limare

fein fine; (zart) delicato; (vornehm) distinto; (erlesen) squisito

Feind m nemico; ≈lich nemico; ostile; ≈schaft f inimicizia; ≈selig ostile

fein|fühlig delicato; ≈gefühl n delicatezza f; ≈heit f finezza; ≈kostgeschäft n negozio m di specialità gastronomiche; ≈schmecker m buongustaio

Feld n campo m; *Brettspiel* casella f; ~stecher m binòcolo; ~weg m viòttolo m

Felge f cerchione m

Fell n pelliccia f, pelo m

Fels|en m roccia f; ≈ig roccioso; ~wand f parete rocciosa

Fenchel m finocchio

Fenster n finestra f; (Wagen≈) finestrino m; ~bank f, ~brett n davanzale m; ~heber m Kfz alzacristallo; ~laden m persiana f; ~platz m posto al finestrino; ~scheibe f vetro m

Ferien pl vacanze f/pl; ferie f/pl; ~dorf n villaggio-vacanze m; ~haus n casa f per le vacanze; ~kurs m corso estivo; ~ort m luogo di villeggiatura; ~wohnung f alloggio m per le vacanze

fern lontano

Fern|amt n ufficio m telefònico per le chiamate interurbane; ~bedienung f telecomando m; ≈bleiben non prèndere parte a

Ferne f: *aus der* ~ da lontano; *in der* ~ in lontananza

ferner inoltre, poi

Fern|fahrer m camionista; ≈gelenkt teleguidato; ~gespräch n telefonata f interurbana; ~glas n binòcolo m, cannocchiale m; ~heizung f teleriscaldamento m; ~laster m autotreno; ~licht n (fari m/pl) abbaglianti m/pl; ~meldewesen n telecomunicazioni f/pl; ≈mündlich telefònico; per telèfono; ~rohr n telescopio m; *s a* ~glas; ~ruf m nùmero telefònico; ~schreiben n telex

Feuerstein

m; ~**schreiber** m telescrivente f

Fernseh|en n televisione f; **Qen** guardare la televisione; ~**er** m televisore; ~**nachrichten** f/pl telegiornale m; ~**programm** n programma m televisivo; ~**sendung** f trasmissione televisiva; ~**zuschauer** m telespettatore

Fernsicht f vista

Fernsprech|amt n ufficio m telefònico; ~**teilnehmer** m abbonato al telèfono

Fern|steuerung f telecomando m; ~**straße** f strada di grande comunicazione; ~**studium** n studio m per corrispondenza; ~**verkehr** m tràffico interurbano od a grande distanza; Tel tràffico (telefònico) interurbano

Ferse f calcagno m

fertig (beendet) finito; (bereit) pronto; ~**bringen** portare a termine; (können) **es ~ zu** essere capace di; ~**gericht** n precotto m; **Qhaus** n casa f prefabbricata

fertigmachen Arbeit terminare; sich ~ (bereitmachen) prepararsi

Fessel f Anat caviglia; **Qn** incatenare; fig avvincere; **Qnd** avvincente

Fest n festa f

fest (nicht flüssig) sòlido; Preis, Wohnsitz fisso; (stabil) stàbile, saldo; Schlaf profondo; ~**binden** legare

Festessen n banchetto m

festhalten tenere fermo; **an et ~** attenersi a qc; **sich ~** tenersi saldo

Festiger m fissatore

Festival n festivàl m

Festland n terraferma f; (Kontinent) continente m

festlich festivo; (feierlich) solenne

fest|machen fissare; Mar ormeggiare; **Qnahme** f arresto m; ~**nehmen** arrestare; **Qpreis** m prezzo fisso; ~**setzen** Termin, Preis stabilire, fissare

Festspiele n/pl festivàl m

fest|stehen Termin èssere fissato; ~**stellen** (bemerken) constatare; Personalien accertare

Festung f fortezza

Festzug m cortèo m

fett grasso

Fett n grasso m; ~**fleck** m macchia f di grasso

fettig grasso

Fetzen m brandello; (Papier 2) pezzetto (di carta)

feucht ùmido

Feuchtigkeit f umidità; ~**creme** f crema idratante

Feuer n fuoco m; (Brand) incendio; **Qfest** resistente al fuoco; **Qgefährlich** infiammàbile; ~**leiter** f scala di emergenza; ~**löscher** m estintore; ~**melder** m segnalatore d'incendio; ~**stein** m im Feuerzeug pietrina f;

Feuerwehr

~**wehr** f pompieri m/pl; ~**werk** n fuochi m/pl d'artificio; ~**zeug** n accendino m

Fiasko n fiasco m

Fichte f abete m rosso

Fieber n febbre f; ~**anfall** m accesso di febbre; 2**frei** senza febbre; 2**haft** febbrile

fiebern avere la febbre

fiebersenkend: ~**es Mittel** n febbrifugo m

Fieberthermometer n termòmetro m

fiebrig febbrile

Figur f figura

Filet n filetto m; ~**steak** n bistecca f di filetto

Filiale f filiale, succursale

Film m film; Fot a pellicola f; (~**branche**) cinema; 2**en** filmare

Film|**festspiele** n/pl festival m cinematogràfico; ~**gesellschaft** f società cinematogràfica; ~**kamera** f cinepresa; ~**regisseur** m regista cinematogràfico; ~**schauspieler**(**in** f) m attore (-trice f) m del cinema; ~**star** m divo m, diva f del cinema

Filter m filtro f; 2**n** passare al filtro; ~**papier** n, ~**tüte** f filtro m di carta; ~**zigarette** f sigaretta con filtro

Filz m feltro; ~**schreiber** m, ~**stift** m pennarello

Finale n finale m

finanz|**iell** finanziario; ~**ieren** finanziare

finden trovare; das wird sich alles ~ tutto si accomoderà; **wie** ~ **Sie das?** come Le pare?

Finder m ritrovatore; ~**lohn** m ricompensa f (al ritrovatore)

Finger m dito (pl le dita); **kleiner** ~ mignolo; ~**abdruck** m impronta f digitale; 2**dick** grosso un dito; ~**hut** m ditale; ~**nagel** m unghia f; ~**spitze** f punta del dito

Fink m fringuello

finster buio, oscuro; 2**nis** f oscurità

Firma f ditta

Firnis m vernice f

Fisch m pesce

fischen pescare

Fischer m pescatore; ~**boot** n barca f da pesca; ~**dorf** n villaggio m di pescatori

Fisch|**erei** f, ~**fang** m pesca f; ~**filet** n filetto m di pesce; ~**gericht** n piatto m di pesce; ~**geschäft** n pescheria; ~**gräte** f (lisca); ~**händler** m pescivéndolo; ~**otter** m lontra f; ~**stäbchen** n bastoncino m di pesce; ~**suppe** f zuppa di pesce; ~**teich** m peschiera f; ~**vergiftung** f avvelenamento m da pesce; ~**zucht** f piscicoltura

fit in forma; 2**neßcenter** n centro m fitness

fix in forma; ~ **und fertig** bell'e pronto; F fig sfinito

fix|**en** bucarsi; 2**er** m drogato

FKK nudismo m; ~**ler** m nudi-

Flöte

sta *m/f*; **~Strand** *m* spiaggia *f* riservata ai nudisti
flach piatto; *(eben)* piano; *Absatz, Wasser* basso
Fläche *f*, **~ninhalt** *m* superficie *f*
Flachland *n* pianura *f*
Flachs *m* lino
Flachzange *f* pinza (universale)
Flagge *f* bandiera
Flamme *f* fiamma
Flanke *f* fianco *m*
Flasche *f* bottiglia; *(Säuglings2)* biberòn *m*, poppatoio *m*
Flaschen|bier *n* birra *f* in bottiglia; **~milch** *f* latte *m* in bottiglia; **~öffner** *m* apribottiglie; **~pfand** *n* deposito *m* per il vuoto; **~wein** *n* vino imbottigliato
flau débole (*a Wind*)
flauschig sòffice
Flaute *f Mar* calma, bonacìa; *fig* ristagno *m*
Flechte *f Bot* lichene *m*; *Med* dermatosi squamosa
flechten intrecciare
Fleck *m* macchia *f*; **~entferner** *m*, **~enwasser** *n* smacchiatore *m*; **2ig** macchiato
Fledermaus *f* pipistrello *m*
Flegel *m* villano
Fleisch *n* carne *f*; *(Frucht2)* polpa *f*; **~brühe** *f* brodo *m* di carne
Fleischer *m* macellaio; **~ei** *f*, **~laden** *m* macellerìa *f*
fleischig carnoso; *Frucht* polposo
Fleisch|kloß *m* polpetta *f*; **~vergiftung** *f* intossicazione da carne
Fleiß *m* diligenza *f*
fleißig diligente
flick|en riparare; **2zeug** *n für Fahrrad* corredo *m* per riparazioni
Flieder *m* lilla
Fliege *f* mosca
fliegen volare; *mit dem Flugzeug* andare in aèreo *(nach Rom* a Roma), prèndere l'aèreo (per Roma)
Fliegen|klatsche *f* acchiappamosche *m*; **~pilz** *m* ovolaccio
Flieger *m Person* aviatore
fliehen fuggire
Fliese *f* mattonella
Fließband *n* catena *f* di montaggio
fließen scórrere
fließend: **~es Wasser** acqua corrente; **~ Italienisch sprechen** parlare correntemente l'italiano
Flinte *f* fucile *m*
Flipper *m* flipper
flirten flirtare
Flitterwochen *f/pl* luna *f* di miele
Flocke *f* fiocco *m*
Floh *m* pulce *f*; **~markt** *m* mercato delle pulci
Florenz *n* Firenze *f*
Floß *n* zàttera *f*
Flosse *f* pinna (*a Schwimm2*)
Flöte *f* flauto *m*

flott svelto; (*schick*) elegante
Flotte f flotta
Fluch m bestemmia f; **⁓en** bestemmiare
Flucht f fuga
flücht|en fuggire; **⁓ig** (*entflohen*) fuggitivo; (*oberflächlich*) superficiale; **⁓ling** m profugo
Flug m volo; **⁓blatt** n volantino m; **⁓dauer** f durata di volo; **⁓drachen** m deltaplano
Flügel m ala f; *Mus* piano a coda; **⁓mutter** f dado m ad alette
Flug|gast m passeggero; **⁓gesellschaft** f compagnia aerea; **⁓hafen** m aeroporto; **⁓karte** f biglietto m aereo; **⁓linie** f aviolinea; **⁓lotse** m controllore di volo; **⁓plan** m orario aereo; **⁓platz** m aerodromo; **⁓reise** f viaggio m aereo; **⁓schein** m s *⁓karte*; **⁓schreiber** m scàtola f nera; **⁓sicherheit** f sicurezza di volo; **⁓steig** m uscita f; **⁓ticket** n s *⁓karte*; **⁓verkehr** m tràffico aèreo; **⁓zeit** f durata di volo
Flugzeug n aeroplano m, aèreo m; **⁓absturz** m caduta f di un aèreo; **⁓entführung** f dirottamento m (di un aèreo)
Flur m corridoio; (*Haus⁓*) àndito
Fluß m fiume; **⁓abwärts** a valle; **⁓aufwärts** a monte

flüssig lìquido; *Verkehr* flùido; **⁓keit** f lìquido m
Flußkrebs m gàmbero d'acqua dolce
flüstern sussurrare
Flut f *Gezeiten* alta marea; **⁓en** pl acque; **⁓welle** f onda di alta marea
Fohlen n puledro m
Folge f conseguenza; (*Reihe*) serie; *TV*, *Rd* puntata; **zur ⁓ haben** avere per conseguenza; **⁓ leisten** seguire (*e-r Sache* qc)
folgen seguire (*j-m* qu; *zeitlich auf et* qc *u a* qc); (*gehorchen*) ubbidire; **daraus folgt** da ciò (con)segue; **wie folgt** come segue; **⁓d** successivo; **⁓dermaßen** nel modo seguente
folger|n conclùdere (*aus* da); **⁓ung** f conclusione
folg|lich per conseguenza; **⁓sam** dòcile
Folie f foglio m, sfoglia
Folklor|e f folclore m; **⁓istisch** folcloristico
Folter f tortura; **⁓n** torturare
Fön m asciugacapelli; **⁓en** f asciugare con l'asciugacapelli
Fontäne f zampillo m
fordern (ri)chièdere (*et von j-m* qc a qu), pretèndere
fördern *j-n* promuòvere; *Bergbau* estrarre
Forderung f richiesta; pretesa; *Hdl* crèdito m
Forelle f trota

Form f forma; *in ~ sein* èssere in forma
formal formale; ⚫**itäten** f/pl formalità f/pl
Format n formato m
Formel f fòrmula
formell formale
förmlich (*steif*) formalìstico
formlos (*zwanglos*) senza ceremonie
Formular n mòdulo m
forsch|en ricercare, indagare (*nach et* qc); ⚫**end** scrutatore; ⚫**er** m ricercatore; ⚫**ung** f ricerca
Forst m foresta f
Förster m guardabosci
fort (*weg*) via; *in einem ~* continuamente; *und so ~* e così via; ⚫**bestehen** perdurare
fortbewegen: *sich ~* muòversi
fortbilden: *sich ~* perfezionarsi
Fortbildung f perfezionamento m
fort|bringen portare via; ⚫**fahren** partire; *mit et* continuare (*qc*); ⚫**gehen** andàrsene; ⚫**geschritten** progredito; *Kurs* superiore; ⚫**schaffen** portare via
Fortschritt m progresso m; ⚫**lich** progressista
fortsetzen continuare
Fortsetzung f continuazione; *in ~en* a puntate; *~ folgt* continua
fortwährend (di) contìnuo
Foto n foto f; ⚫**apparat** m apparecchio fotogràfico; ⚫**geschäft** n negòzio m di artìcoli fotogràfici; ⚫**graf** m fotògrafo; ⚫**grafie** f fotografia; ⚫**grafieren** fotografare; ⚫**kopie** f fotocopia; ⚫**kopieren** fotocopiare
Foyer n atrio m, ridotto m
Fracht f càrico m; (*Beförderungspreis*) trasporto; *Mar* nolo m; ⚫**er** m s ⚫**schiff**; ⚫**gut** n merce f; *als ~ schicken* spedire a piccola velocità; ⚫**schiff** n mercantile m; ⚫**stück** n collo m
Frage f domanda; *eine ~ stellen* fare una domanda; *das kommt nicht in ~* questo non c'entra
Fragebogen m questionario
fragen domandare, chièdere (*j-n nach et* qc a qu)
Frag|ezeichen n punto m interrogativo; ⚫**lich** incerto; ⚫**würdig** dubbio
Franken m: *Schweizer ~* franco svìzzero
frankieren affrancare
Frankreich n (la) Francia
Franse f frangia
Fran|zose m, ⚫**zösisch** francese
Frau f donna; *Anrede* signora; (*Ehe*⚫) moglie
Frauen|arzt m ginecòlogo; ⚫**klinik** f clìnica ginecològica; ⚫**zeitschrift** f rivista femminile
Fräulein n signorina f

frech sfacciato; **2heit** f sfacciatàggine
frei libero; (*kostenlos*) gratùito; *Posten vacante;* in **2en,** ins **2e,** unter **~em** Himmel all'aperto; **haben Sie noch ein Zimmer ~?** c'è ancora una càmera lìbera?; **beim Arzt sich ~ machen** svestirsi
Freibad n piscina f all'aperto
freiberuflich: ~ tätig sein fare il lìbero professionista
frei|gebig generoso; **~gepäck** n bagaglio m in franchìgia f; **~haben** èssere lìbero; **~halten** *Platz* riservare; **~lassung** Ausfahrt lasciare lìbero; *j-n* pagare per (*qu*)
Freiheit f libertà; **~strafe** f pena detentiva
Frei|karte f biglietto m gratùito; **~körperkultur** f nudismo; **~lassen** rilasciare; méttere in libertà; **~lassung** f liberazione; **~lauf** m ruota f lìbera
freilich certo
Freilichtbühne f teatro m all'aperto
freimachen *Brief* affrancare; F *fig* fare vacanze; **sich ~** réndersi lìbero
frei|mütig franco; **~sprechen** (*von*) assòlvere (*von* da); **2spruch** m assoluzione
freistehen: es steht Ihnen frei zu ... è lìbero di ...
Freistoß m (*calcio di*) punizione f

Freitag m venerdì; **2s** il (*od* di) venerdì
Freitreppe f scalinata
frei|willig, 2willige(r) m volontario
Freizeichen n *Tel* suoni m/pl di lìbero
Freizeit f *ore f/pl* lìbere; tempo m lìbero; **~beschäftigung** f attività ricreativa; **~gestaltung** f impiego m del tempo lìbero
fremd (*unbekannt*) sconosciuto; (*ausländisch*) straniero; (*auswärtig*) forestiero; *Eigentum* altrui; **ich bin hier ~** non sono di qui; **~artig** strano
Fremde f: **in der ~** all'èstero
Fremde(r) m (*Ausländer*) straniero; (*Auswärtiger*) forestiero
Fremden|führer m guida f; **~verkehr** m turismo; **~verkehrsamt** m *od* **~verkehrsverein** m ente m turìstico *od* per il turismo; **~zimmer** n camera f (per gli òspiti)
fremd|ländisch straniero; **2sprache** f lìngua straniera
Fresko n affresco m
fressen mangiare
Freude f gioia; **~ haben** et godere di qu; **j-m ~e ~ machen** far piacere a qu
freudig lieto
freuen: *sich über et* **~** rallegrarsi di qc; *sich auf et* **~** attèndere qc con gioia

Freund *m* amico; ragazzo; **~in** *f* amica; ragazza
freundlich gentile; *das ist sehr ~ von Ihnen* è molto gentile da parte Sua
Freundschaft *f* amicizia; **⁀lich** amichévole
Frieden *m* pace *f*
Friedhof *m* cimitero
friedlich pacifico; *(ruhig)* plàcido
frieren gelarsi; *Person* aver freddo; *es friert gela; mich friert* ho freddo
Frikassee *f* fricassèa *f*
frisch fresco; *Wäsche* pulito; **~ gestrichen** vernice fresca; *auf ~er Tat* sul fatto
Frisch|e *f* freschezza; **~haltebeutel** *m* sacchetto di conservazione
Fris|eur *m* parrucchiere; **~euse** *f* parrucchiera
frisier|en acconciare; pettinare; **~salon** *m* salone da parrucchiere
Frist *f* tèrmine *m*; *(Zeitraum)* tempo *m*; *(Aufschub)* pròroga; **⁀gerecht** nel tèrmine stabilito; **⁀los** senza preavviso
Frisur *f* acconciatura; pettinatura
Frl. sig. na
froh lieto *(über* di*)*; *ich bin ~, daß ...* sono contento che ... (+ *cong*); **~e Ostern!** buona Pasqua!
fröhlich allegro
fromm devoto, pio

Fronleichnam *m* Corpus Dòmini
Front *f Arch* facciata; **~alzusammenstoß** *m* collisione *f* frontale; **~antrieb** *m* trazione *f* anteriore
Frosch *m* rana *f*; **~mann** *m* uomo rana; **~schenkel** *m/pl* cosce *f/pl* di rana
Frost *m* gelo
frösteln: *mich fröstelt* ho brìvidi (di freddo)
frostig freddo (*a fig*)
Frostschutzmittel *n* antigelo *m*
Frot|teetuch *n*, **~tiertuch** *n* asciugamano *m* di spugna
Frucht *f* frutto *m* (*pl* le frutta); **⁀bar** fèrtile; **~eis** *n* gelato *m* di frutta; **~fleisch** *n* polpa *f*; **~saft** *m* succo di frutta
früh presto; di buon mattino; *zu ~* troppo presto; *heute ~* stamattina; *morgen ~* domani mattina
Frühe *f*: *in aller ~* all'alba
früher *(eher)* prima; *(einst)* una volta
Früh|gemüse *n* primizie *f/pl*; **~jahr** *n*, **~ling** *m* primavera *f*; **~messe** *f* prima messa; **⁀morgens** di buon mattino; **⁀reif** precoce
Frühstück *n* (*prima*) colazione *f*; **⁀en** fare colazione
Früh|zug *m* treno del mattino; **~zündung** *f* accensione anticipata
Fuchs *m* volpe *f*; *Pferd* sauro

Fuge f Mus fuga; Tech commessura, commettitura
fügen: *sich* ~ rassegnarsi (*in et* a qc)
fühlbar sensibile
fühlen sentire; *sich nicht wohl* ~ non sentirsi bene
führen condurre; *Touristen* guidare; *Ware* avere in véndita; *Betrieb* dirìgere; *Straße zum Bahnhof* ~ portare alla stazione
Führer m (*Reise*&) guida f (*a Buch*); **~schein** m patente f (di guida)
Führung f *Museum usw* visita guidata; (*Leitung*) direzione; (*Betragen*) condotta
Führungszeugnis n certificato m di buona condotta
Fuhr|unternehmen n impresa f di trasporti; **~werk** n vettura f
Fülle f grande quantità
füllen riempire, *Kochk* farcire (*mit* di)
Füll(federhalt)er m (penna f) stilogràfica f
Füllung f *Kochk* ripieno m; (*Zahn*&) otturazione
Fund m ritrovamento; *Gegenstand* oggetto ritrovato; *archäologischer* reperto
Fundament n fondamenta f/pl
Fund|büro n ufficio m oggetti smarriti; **~gegenstand** m, **~sache** f oggetto m ritrovato
fünf cinque; **~te** quinto; &**tel** n quinto m

Funk m radio f; *über* ~ via radio; **~amateur** m radioamatore
Funke m scintilla f
funkeln brillare; **~nagelneu** nuovo di zecca
funk|en trasméttere per radio; &**er** m radiotelegrafista; &**gerät** n apparecchio m radiotrasmittente; &**sprechgerät** n radiotelèfono m; &**sprechverbindung** f collegamento radiotelefònico; &**spruch** m radiomessaggio; &**streife** f pattuglia radioequipaggiata; &**streifenwagen** m autoradio f della polizia; &**taxi** n radiotassì m
Funktion f funzione; &**ieren** funzionare
Funkverbindung f collegamento m radio
für per
Furche f solco m
Furcht f paura (*vor* di); &**bar** terribile
fürchten ~ avere paura (*vor* di); *ich fürchte, daß* ... temo che ... (+ *cong*)
fürchterlich terribile
furcht|los intrèpido; **~sam** pauroso, timoroso
Fürsorge f premure f/pl; *öffentliche* previdenza sociale; **~rin** f assistente sociale
fürsorglich premuroso
Fürsprache f intercessione
Fürst m principe; **~entum** n principato m; **~in** f principessa; &**lich** principesco

Furt f guado m
Furunkel m forùncolo
Fuß m piede (a e-s Berges); **zu** ~ a piedi; **gut zu ~ sein** èssere un buon camminatore; **~bad** n pediluvio m
Fußball m pallone; Spiel calcio; **~ spielen** giocare al calcio; **~mannschaft** f squadra di calcio; **~platz** m campo di calcio; **~spiel** n partita f di calcio; **~spieler** m calciatore; **~toto** n totocalcio m
Fußǀboden m pavimento; **~bremse** f freno m a pedale
Fußgänger m pedone; **~überweg** m strisce f/pl pedonali; **~zone** f zona pedonale
Fußǀgelenk n articolazione f del piede; **~knöchel** m mallèolo; **~matte** f stoino m; **~note** f nota a piè di pàgina; **~pflege** f pedicure; **~sohle** f pianta del piede; **~spitze** f punta del piede; **~spur** f orma; **~tritt** m calcio; **~weg** m sentiero
Futter n mangime m; (Kleider2) fòdera f
Futteral n astuccio m
füttern Kind imboccare; Tier dar da mangiare a; Kleidung foderare
Futur n futuro m

G

Gabe f dono m; (Begabung) a dote; (Dosis) dose
Gabel f forchetta; Fahrrad forcella
gabeln: sich ~ biforcarsi
Gabelung f biforcazione
gaffen guardare a bocca aperta
Gage f paga
gähnen sbadigliare
galant galante
Galerie f galleria
Galle f bile
Gallenǀblase f vescichetta biliare; **~kolik** f còlica biliare; **~stein** m càlcolo biliare
Galopp m galoppo
galoppieren galoppare
Gammler m capellone
Gang m (~art) andatura f; fig der Ereignisse corso; (Besorgung) commissione f; Kochk portata f; Kfz marcia f; (Korridor) corridoio; **den 3. ~ einlegen, in den 3. ~ schalten** passare alla terza, innestare la terza; **in ~ bringen** (od **setzen**) méttere in moto; **in vollem ~e sein** èssere in pieno corso; **2bar** praticàbile; **~schaltung** f Kfz, Fahrrad cambio m
Gangster m gangster
Gangway f passerella
Gans f oca
Gänseǀblümchen n pratolina f; **~braten** m arrosto d'oca; **~klein** n rigaglie f/pl d'oca; **~leberpastete** f pasticcio m di fégato d'oca

Gänsemarsch m: **im ~** in fila indiana
ganz tutto; (vollständig) intero; (heil) intatto; **~ Italien** tutta l'Italia; **die ~e Zeit** (über) continuamente; **ein ~es Jahr** un anno intero; **nicht ~** non del tutto; **~ und gar nicht** niente affatto; **~ gut** abbastanza bene; **~ traurig** molto triste; **⁀jährig** geöffnet tutto l'anno
gänzlich totalmente
gar Speise cotto; adv **~ keiner** nessuno; **~ nicht** non affatto; **~ nichts** niente affatto
Garage f garage m; rimessa
Garantie f ganfanzia; **⁀ren** garantire (**für** per); **~schein** m certificato di garanzia
Gardasee m lago di Garda
Garderobe f guardaroba; (Kleider) a vestiti m/pl
Garderoben|frau f guardarobiera; **~marke** f contromarca
Gardine f tenda
Garn n filo m
Garnele f gamberetto m
garnieren guarnire (**mit** con)
Garnison f guarnigione
Garnitur f completo m, insieme m; (Wäsche⁀) parure f [-ryr]
Garten m giardino; **~bau** m giardinaggio; orticoltura f; **~fest** n festa f nel giardino; **~haus** n villino m; **~lokal** n locale m con giardino; **~stadt** f città-giardino;
~zaun m steccato
Gärtner m giardiniere; **~ei** f azienda di orticoltura e floricoltura
Gärung f fermentazione
Gas n gas m; **~ geben** accelerare; **~ wegnehmen** togliere il gas; **~anschluß** m allacciamento alla rete del gas; **~anzünder** m accendigas; **~feuerzeug** n accendino m a gas; **~flasche** f bómbola del gas; **~hahn** m rubinetto del gas; **~heizung** f riscaldamento m a gas; **~herd** m cucina a gas; **~kocher** m fornello a gas; **~pedal** n (pedale m dell') acceleratore m
Gasse f vícolo m
Gassenjunge m monello
Gast m òspite; invitato; in e-r Stadt, e-m Land forestiero; (Hotel⁀) òspite; turista; im Lokal cliente; **bei j-m zu sein** èssere òspite di qu; **~arbeiter** m lavoratore straniero
Gästebuch n libro m degli òspiti
gast|freundlich ospitale; **⁀freundschaft** f ospitalità; **⁀geber(in** f) m òspite m/f; **⁀haus** n trattoria f; **⁀hof** m albergo; locanda f; **⁀land** n paese m ospitante
gastlich ospitale; **⁀keit** f ospitalità
Gast|stätte f trattoria f; **~wirt** m oste; trattore; **~wirtschaft**

f osterìa; ~zimmer n càmera f per gli òspiti
Gasvergiftung f intossicazione da gas
Gatte m marito
Gattin f moglie
Gattung f gènere m
Gaumen m palato
Gauner m imbroglione
Gaze f garza
Gebäck n paste f/pl; biscotti m/pl
gebacken cotto al forno; in schwimmendem Fett fritto
Gebärde f gesto m
Gebärmutter f ùtero m
Gebäude n edificio m
geben dare; (reichen) pòrgere; Fach (unterrichten) insegnare; Thea rappresentare; ~ Sie mir bitte ... mi dia, Tel mi passi ..., per favore; es gibt c'è, ci sono; was gibt es? cosa c'è?; wo gibt es ...? dove si può avere ...?
Gebet n preghiera f
Gebiet n regione f; Pol territòrio m; fig (Fach2) campo m
gebildet colto
Gebirge n montagna f; im ~, ins ~ in montagna
gebirgig montuoso
Gebirgs|dorf n villaggio m di montagna; ~jäger m Mil alpino; ~kette f, ~zug m catena f di montagne
Gebiß n dentatura f; künstliches dentiera f
Gebläse n Kfz ventilatore m
geblümt a fiori

geboren nato; ~e ... nata ...; ~er Deutscher tedesco di nàscita
geborgen al sicuro
gebraten arrosto, arrostito
Gebrauch m uso; zu eigenem ~ per proprio uso; ~ machen von et servirsi di qc; 2en usare; ich kann es nicht ~ non mi serve; ... könnte ich gut ~ ... mi farebbe còmodo
gebräuchlich usato; in uso
Gebrauchs|anweisung f istruzioni f/pl per l'uso; ~artikel m articolo di prima necessità; 2fertig pronto per l'uso; ~gegenstand m oggetto d'uso comune
Gebrauchtwagen m automòbile f usata (od di seconda mano)
gebräunt abbronzato
gebrochen rotto
Gebühr f tassa; Tel tariffa; (Straßenbenutzungs2) pedaggio m; ~eneinheit f Tel scatto m; 2enfrei esente da tasse; Post franco di porto
gebührenpflichtig soggetto a tasse; Parken a pagamento; Straße a pedaggio; ~e Verwarnung f contravvenzione
Geburt f nàscita; vor Christi ~ avanti Cristo
Geburten|kontrolle f controllo m delle nàscite; ~rückgang m denatalità f; ~überschuß m eccedenza f delle nàscite

gebürtig: ~**er Deutscher** tedesco di nàscita; ~ **aus** nativo di

Geburts|datum n data f di nàscita; ~**haus** n casa f natale; ~**jahr** n anno m di nàscita; ~**ort** m luogo di nàscita; ~**tag** m compleanno; ~**urkunde** f certificato m di nàscita

Gebüsch n boschetto m

Gedächtnis n memoria f; **aus dem** ~ a memoria; **zum** ~ **an** in ricordo (od memoria) di

gedämpft Kochk stufato; fig smorzato

Gedanke m pensiero; idea f; **sich** ~**n über et machen** preoccuparsi di qc

Gedanken|austausch m scambio d'idee; 2**los** sconsiderato; ~**strich** m lineetta f

Gedeck n coperto m

gedeihen prosperare

gedenken j-s, e-r Sache ricordarsi di; **was** ~ **Sie zu tun?** che cosa pensa di fare?

Gedenk|feier f commemorazione; ~**stein** m làpide f commemorativa; ~**tafel** f lastra commemorativa

Gedicht n poesìa f

gediegen sòlido; Metall puro

Gedränge n ressa f

gedrückt fig depresso, abbattuto

Geduld f pazienza

gedulden: **sich** ~ piazentare, avere pazienza

geduld|ig paziente; 2**sspiel** n gioco m di pazienza

geeignet adatto (**für** per, a)

Gefahr f perìcolo m; **außer** ~ fuori perìcolo; **auf eigene** ~ a proprio rischio; **bei** ~ in caso di perìcolo

gefährden méttere in perìcolo

Gefahrenstelle f punto m pericoloso

gefährlich pericoloso

gefahrlos senza perìcolo

Gefährt|e m compagno; ~**in** f compagna

gefahrvoll pericoloso

Gefälle n Straße discesa f

gefallen piacere; **es gefällt mir (nicht)** (non) mi piace; **sich et** ~ **lassen** sopportare qc

Gefallen 1. m favore, piacere; **würden Sie mir e-n** ~ **tun?** mi farebbe un piacere?; **2.** ~ **finden an et** trovar piacere in qc

gefällig (ansprechend) piacévole; (zuvorkommend) cortese; 2**keit** f piacere m

gefangen prigioniero; 2**e(r)** m prigioniero; ~**nehmen** arrestare; 2**schaft** f prigionìa

Gefängnis n prigione f; **3 Jahre** ~ 3 anni di càrcere; ~**strafe** f pena f detentiva; ~**wärter** m carceriere

Gefäß n vaso m (a Blut2)

gefaßt calmo; **auf et** ~ **sein** aspettarsi qc

Gefieder n piumaggio m

gefleckt macchiettato

Geflügel *n* pollame *m*; **~handlung** *f* polleria
Gefolge *n* seguito *m*
gefragt richiesto
gefrier|en congelarsi; **♀fach** *n* freezer *m*; **♀fleisch** *n* carne *f* congelata; **♀truhe** *f* congelatore *m*
gefroren (con)gelato
Gefühl *n* sentimento *m*; *physisch* sensazione *f*; (*Gespür*) senso *m* (**für** di); **♀los** insensibile; **♀voll** sensibile
gefüllt *Kochk* ripieno
gegebenenfalls eventualmente
gegen contro; *Richtung, zeitlich* verso; (*annähernd*) circa; (*verglichen mit*) in confronto a; **~ Quittung** dietro ricevuta; **nur ~ bar** soltanto a contanti; *Mittel* **gut ~ Husten** bene per la tosse; **♀beweis** *m* controprova *f*
Gegend *f* regione; paesaggio *m*; **in der ~ von Florenz** nei dintorni di Firenze
gegeneinander l'uno contro l'altro
Gegen|fahrbahn *f* corsia opposta; **~gift** *n* contravveleno *m*; **~maßnahme** *f* contromisura *f*; **~mittel** *n* rimedio *m* (**gegen** contro); **~partei** *f* jur controparte *f*; **~richtung** *f* direzione opposta
Gegensatz *m* contrasto; **im ~ zu** in contrasto con
gegensätzlich contrario
Gegenseite *f* lato *m* opposto

gegenseitig reciproco; **♀keit** *f* reciprocità
Gegen|stand *m* oggetto; **~stück** *n* pendant [pɑ̃dɑ̃] *m*
Gegenteil *n* contrario *m* (**von** di); **ganz im ~** tutto al contrario
gegenüber di fronte; **~liegend** di fronte; **~stellen** confrontare (con); **♀stellung** *f* confronto *m*
Gegen|verkehr *m* tràffico in senso contrario; **~wart** *f* presente *m*; (*Anwesenheit*) presenza; **♀wärtig** presente; **~wert** *m* equivalente; **~wind** *m* vento contrario; **~zug** *m* Esb treno in senso inverso
Gegner *m* avversario
gegrillt alla griglia
Gehackte(s) *n* carne *f* tritata
Gehalt 1. *m* contenuto; **2.** *n* stipendio *m*; paga *f*
Gehalts|empfänger *m* stipendiato; **~erhöhung** *f* aumento *m* di stipendio
gehaltvoll sostanzioso
gehässig astioso; **♀keit** *f* astiosità
Gehäuse *n* (*Uhr♀*) cassa *f*; *Tech* involucro *m*; (*Kern♀*) tórsolo *m*
geheim segreto; **♀dienst** *m* servizio *m* segreto; **~halten** tener segreto
Geheimnis *n* segreto *m*; **♀voll** misterioso
Geheimpolizei *f* polizia segreta
gehen andare (*a Uhr*); **zu Fuß**

gehenlassen

camminare; (weg~) andarsene; Zug partire; Tech funzionare; (passen) entrare (in in); zu j-m ~ andare da qu; es geht um si tratta di; das Fenster geht auf den Hof la finestra dà sul cortile; wie geht das vor sich? come si fa?; das geht nicht non si può fare così; geht es morgen? va bene domani?; wie geht es dir? come stai?

gehenlassen: sich ~ lasciarsi andare

Gehilfe m assistente

Gehirn n cervello m; ~erschütterung f commozione cerebrale; ~hautentzündung f meningite; ~schlag m colpo d'apoplessia cerebrale

Gehör n udito m

gehorchen ubbidire

gehören appartenere; ~ zu far parte di; das gehört mir questo è mio; wem gehört ...? di chi è ...?; das gehört sich nicht questo non si conviene

gehörig come si deve

gehörlos sordo

gehorsam ubbidiente

Gehorsam m ubbidienza f

Geh|steig m, ~weg m marciapiede

Geige f violino m; ~ spielen sonare il violino

Geiger(in f) m violinista m/f

geimpft vaccinato

Geisel f ostaggio m; ~nahme f presa in ostaggio; ~nehmer m sequestratore

Geist m spirito; (Verstand) intelletto; (Gespenst) spettro; der Heilige ~ lo Spirito Santo

Geisterfahrer m automobilista che marcia contromano

geistes|abwesend distratto; ~blitz m lampo d'ingegno; ²gegenwart f prontezza di spirito; ~gestört alienato; ²zustand m stato mentale

geistig mentale; intellettuale; ~e Getränke n/pl alcòlici m/pl; ~ behindert minorato mentalmente

geistlich spirituale; clericale; ²e(r) m ecclesiàstico; katholischer prete; protestantischer pastore

geistreich spiritoso

Geiz m avarizia f; ~hals m avaro

geizig avaro

gekocht cotto

gekränkt offeso

Gekritzel n scarabocchi m/pl

gekünstelt affettato

Gelächter n risata f

Gelage n banchetto m

gelähmt paralìtico, paralizzato

Gelände n terreno m

Geländer n ringhiera f

Geländewagen m fuoristrada

gelangen giùngere (zu a)

gelassen calmo; ²heit f calma

Gelatine *f* gelatina
geläufig corrente
gelaunt: *gut (schlecht)* ~ di buon (cattivo) umore
gelb giallo; **~lich** giallastro; **2sucht** *f* itterizia
Geld *n* denaro *m*; soldi *m/pl*; **~automat** *m* bancomat; cassa *f* continua; sportello automàtico; **~beutel** *m* borsellino; portamonete; **~buße** *f* multa; **~mittel** *n/pl* mezzi *m/pl* finanziari; **~schein** *m* biglietto (di banca); banconota *f*; **~schrank** *m* cassaforte *f*; **~strafe** *f* multa; **~stück** *n* moneta *f*; **~verlegenheit** *f* difficoltà *f/pl* finanziarie; **~wechsel** *m* cambio; **~wert** *m* valore monetario
Gelee *n* gelatina *f*
gelegen situato; *fig das kommt mir sehr ~* questo mi viene proprio a propòsito
Gelegenheit *f* occasione; **~sarbeit** *f* lavoro *m* occasionale; **~skauf** *m* occasione *f*
gelegentlich all'occasione; *(manchmal)* ogni tanto
gelehr|ig dòcile; **~t** dotto; **2te(r)** *m* scienziato
Geleit *n* accompagnamento *m*; *zum Schutz* scorta *f*; *freies* ~ salvacondotto *m*
Gelenk *n* articolazione *f*; **~bus** *m* autosnodato; **2ig** àgile; **~rheumatismus** *m* reumatismo articolare
gelernt *(ausgebildet)* qualificato
Geliebte(r) *m* amante
gelingen riuscire; *es ist mir nicht gelungen* non ci sono riuscito; **2** *n* successo *m*
geloben prométtere
gelten valere; *(gültig sein)* èssere vàlido; *das gilt nicht* questo non vale; *das gilt uns* questo tocca a noi; ~ *als* passare per; ~ *lassen* lasciar passare
geltend *Recht* vigente; ~ *machen* far valere
Geltung *f: zur* ~ *kommen* farsi valere; *zur* ~ *bringen* far risaltare
Gelübde *n* voto *m*
gelungen riuscito bene; *s gelingen*
gemächlich còmodo
Gemälde *n* quadro *m*; **~galerie** *f* pinacoteca
gemäß conformemente a; *den Umständen* ~ secondo le circostanze
gemäßigt moderato; *Klima* temperato
gemein *(niederträchtig)* pèrfido; meschino
Gemeinde *f* comune *m*; *Rel* comunità; **~rat** *m* consiglio *m* comunale; **~vorsteher** *m* sìndaco
gemein|gefährlich di perìcolo pùbblico; **2heit** *f* bassezza; **~nützig** di utilità pùbblica; **~sam** comune; *adv* insieme; *der 2e Markt* il mercato comune

Gemeinschaft f comunità; **2lich** (in) comune
Gemeinwohl n bene m comune
Gemetzel n macello m; carneficina f
Gemisch n miscela f
gemischt misto
Gemse f camoscio m
Gemurmel n mormorìo m
Gemüse n verdura f; **~beilage** f contorno m di verdura; **~garten** m orto; **~händler** m erbivéndolo; **~platte** f piatto m di verdura; **~suppe** f minestra di verdura
gemustert Stoff a disegni
gemütlich còmodo; ìntimo; **2keit** f comodità; intimità
gemütskrank nevròtico
genau esatto; preciso; *es ist ~ drei Uhr* sono le tre precise; *Uhr* **~ gehen** èssere preciso; **~ kennen** conóscere bene; **~ passen** andare bene; **2igkeit** f esattezza; precisione
genauso altrettanto
Gendarm m carabiniere
genehmig|en permèttere; *amtlich* autorizzare, approvare; **2ung** f permesso m; approvazione, autorizzazione
geneigt inclinato; *fig* disposto (*zu* a)
General m generale; **~direktor** m direttore generale; **~konsul** m cònsole generale; **~konsulat** n consolato m generale; **~probe** f prova generale; **~sekretär** m segretario generale; **~staatsanwalt** m procuratore generale; **~stab** m stato maggiore; **~streik** m sciòpero generale; **~überholung** f revisione generale; **~vollmacht** f procura generale
Generation f generazione
Generator m generatore
generell generale; *adv* generalmente
genesen guarire (*von* da)
Genesung f guarigione
Genf n Ginevra f; *der* **~er See** il lago Lemano
Genick n nuca f
Genie n genio m
genieren: *sich ~* èssere imbarazzato; vergognarsi
genieß|bar (*eßbar*) mangiàbile; (*trinkbar*) bevìbile; **~en** gòdere di; *nicht zu ~* immangiàbile; **2er** m buongustaio
genormt standardizzato
Genosse m compagno
Genossenschaft f cooperativa
Genua n Gènova f
genug abbastanza
Genüge: *zur ~* abbastanza
genüg|en bastare; *das genügt!* basta così!; **~end** sufficiente; **~sam** modesto; sòbrio
Genugtuung f soddisfazione
Genuß m (*Vergnügen*) piacere; *v Speisen, Tabak, Alkohol* consumo; *mit ~* con piacere;

~mittel n gènere m voluttuario
geöffnet aperto
Geo|graphie f geografia; **~logie** f geologìa
geordnet ordinato
Gepäck n bagaglio m; **~abfertigung** f spedizione bagagli; **~annahme** f accettazione bagagli; **~aufbewahrung** f depòsito m bagagli; **~aufgabe** f spedizione bagagli; **~ausgabe** f consegna bagagli; **~kontrolle** f controllo m dei bagagli; **~netz** n rete f portabagagli; **~schein** m scontrino; **~stück** n collo m; **~träger** m Person facchino; am Fahrrad portapacchi; **~versicherung** f assicurazione dei bagagli; **~wagen** m bagagliaio
gepfeffert Preis salato
gepflegt curato; Restaurant raffinato
gepökelt salmistrato
gerade diritto; Zahl pari; adv (soeben) appena; (ausgerechnet) proprio; **~ heute** proprio oggi; **~ gegenüber** dirimpetto; **ich bin ~ dabei zu** (+inf) sto (mit Gerundium)
Gerade f lìnea retta; Sport rettilineo m; **2aus** diritto; **2biegen** raddrizzare; **2heraus** francamente
gerade|(n)wegs direttamente; **~stehen** stare diritto; **~zu** addirittura

Gerät n (Werkzeug) attrezzo m; utensile m; strumento m; (Apparat) apparecchio m
geraten[1] (gelangen) capitare (**nach, in** in); **gut (schlecht) ~** riuscito bene (male); **in Schwierigkeiten ~** incontrare ostàcoli; **ins Stocken ~** arenarsi; **ins Schleudern ~** sbandare; **in Vergessenheit ~** cadere nell'oblìo
geraten[2]: **ich halte es (nicht) für ~** (non) lo ritengo opportuno
Geräteturnen n ginnàstica f attrezzìstica
Geratewohl n: **aufs ~** a casaccio
geräuchert affumicato
geräumig spazioso
Geräusch n rumore m; **2los** silenzioso; **2voll** rumoroso
gerecht giusto; **j-m ~ werden** rèndere giustizia a qu; **~fertigt** giustificato; **2igkeit** f giustizia
Gerede n diceria f; pettegolezzi m/pl
gereizt irritato
Gericht n Kochk piatto m; jur Behörde, Gebäude tribunale m; **vor ~** in giudizio; **2lich** giudiziario
Gerichts|arzt m mèdico legale; **~barkeit** f giurisdizione; **~hof** m corte f (di giustizia); **~kosten** pl spese f/pl processuali; **~saal** m sala f di udienza; **~stand** m foro; **~verfahren** n processo m;

~**verhandlung** f dibattimento m; ~**vollzieher** m ufficiale giudiziario
gering Summe piccolo; Kosten, Wert, Hoffnung poco; **nicht im** ~**sten** per niente; ~**fügig** insignificante; ~**schätzig** sprezzante; 2~**schätzung** f disprezzo m
gerinnen Blut coagularsi; Milch cagliare
Gerippe n schèletro m
gern volentieri; **sehr** ~ molto volentieri; **j-n** ~ **haben** volere bene a qu; ~ **geschehen!** non c'è di che!; **ich möchte** ~ ... vorrei ... ; **ich schwimme** ~ mi piace nuotare
Geröll n detriti m/pl
geröstet arrostito; Kaffee torrefatto
Gerste f orzo m
Gerstenkorn n Med orzaiolo m
Gerte f verga
Geruch m odore; 2**los** inodore
Gerücht n voce f
Gerüst n impalcatura f
gesalzen salato
gesamt totale; tutto; globale; 2**ansicht** f panorama m; veduta generale; 2**betrag** m (importo) totale; 2**eindruck** m impressione f generale; 2**gewicht** m peso m totale; 2**kosten** pl spesa complessiva; 2**schaden** m danno complessivo; 2**werk** n òpera f completa

Gesandt|e(r) m ambasciatore; ~**schaft** f legazione
Gesang m canto; ~**buch** n Rel innario m; ~**verein** m società f corale
Gesäß n sedere m; ~**tasche** f tasca posteriore
gesättigt sazio
Geschäft n (Laden) negozio m; (Handel) affare m; (Firma) ditta f; 2**lich** d'affari; **ich bin ~ hier** sono qui per affari
Geschäfts|abschluß m conclusione f di un affare; ~**beziehungen** f/pl relazioni commerciali; ~**brief** m lèttera f commerciale; ~**freund** m amico d'affari; ~**führer** m gerente; ~**leitung** f dirigenti m/pl; ~**mann** m uomo d'affari; ~**partner** m socio; ~**reise** f viaggio m d'affari; ~**schluß** m chiusura f dei negozi; ~**verbindung** f relazione d'affari; ~**viertel** m quartiere m commerciale; ~**zeit** f orario m d'apertura
geschält sbucciato
geschehen accadere; succèdere; **gern ~!** non c'è di che!; 2 n avvenimento
gescheit intelligente
Geschenk n regalo m; ~**artikel** m articolo da regalo; ~**packung** f confezione f (da) regalo
Geschicht|e f storia m; (Erzählung) racconto m; 2**lich** stòrico

Gespräch

Geschicklichkeit f abilità
geschickt àbile
geschieden divorziato
Geschirr n stoviglie f/pl, vasellame m; (Pferde&) finimenti m/pl; **~spüler** m, **~spülmaschine** f lavastoviglie f; **~tuch** f in canovaccio m
Geschlecht n natürliches sesso m; (Familie) stirpe f; **&lich** sessuale
Geschlechts|krankheit f malattìa venèrea; **~organe** n/pl, **~teile** n/pl (òrgani m/pl) genitali m/pl; **~verkehr** m rapporti m/pl sessuali
geschlossen chiuso
Geschmack m gusto; e-r Speise sapore; &los insaporo; fig di cattivo gusto; **~(s)sache** f questione di gusti; &voll di buon gusto
geschmeidig àgile; elàstico
geschmort stufato
Geschöpf n creatura f
Geschoß n proiéttile m; (Stockwerk) piano m
Geschrei n grida f/pl
Geschwätz n chiàcchiere f/pl
Geschwindigkeit f velocità; **~begrenzung** f lìmite m di velocità; **~überschreitung** f eccesso m di velocità
Geschwister pl fratelli m/pl e sorelle f/pl
geschwollen gonfio
Geschworenengericht n Corte f d'Assise
Geschwulst f tumore m

Geschwür n ùlcera f
Geselle m garzone
gesellig sociévole
Gesellschaft f società; compagnìa (beide a Hdl); **würden Sie mir ~ leisten?** mi farebbe compagnìa?; **~er** m compagno m; e-r Firma socio; &lich sociale
Gesellschafts|reise f viaggio m in comitiva; **~spiel** n gioco m di società
Gesetz n legge f; **~buch** n còdice m; **~gebung** f legislazione; &lich legale, &widrig illegale
Gesicht n faccia f; viso m; **zu ~ bekommen** vedere
Gesichts|ausdruck m espressione f; **~farbe** f carnagione; colorito m; **~punkt** m punto di vista; **~wasser** n lozione f per il viso; **~züge** m/pl lineamenti
Gesindel n gentaglia f
Gesinnung f sentimenti m/pl
gesinnungslos senza princìpi
gesondert separato
Gespann n tiro m
gespannt teso; (neugierig) curioso (auf di +inf)
Gespenst n fantasma m; &isch spettrale
gesperrt chiuso
gespickt lardellato
Gespött n: **zum ~ machen** méttere in ridìcolo
Gespräch n conversazione f; Tel a comunicazione f; mit

gesprächig

j-m ein ~ führen avere un colloquio con qu; **2ig** loquace

Gesprächs|partner *m* interlocutore; **~stoff** *m*, **~thema** *n* argomento *m*

Gestalt *f* forma; figura; (*Wuchs*) statura; **2en** formare, dare forma a; *Freizeit* organizzare

geständig: ~ *sein* èssere reo confesso

Geständnis *n* confessione *f*

Gestank *m* puzzo

gestatten perméttere (*j-m et qc a qu*); ~ *Sie?* permesso?; permette?

Geste *f* gesto *m*

gestehen confessare

Gestein *n* roccia *f*

Gestell *n* (*Brillen*2) montatura *f*; (*Regal*) scaffale *m*; (*Rahmen*) telaio *m*

gestern ieri; ~ *abend* ieri sera; *bis* ~ fino a ieri; *seit* ~ da ieri; ~ *vor e-r Woche* nove giorni fa

Gestirn *n* astro *m*

gestorben morto

gestreift rigato, a righe

gestrig di ieri; *am ~en Tag* ieri

Gestrüpp *n* sterpaglia *f*

Gestüt *n* scuderia *f*

Gesuch *n* domanda *f*

gesund sano; *Klima usw* salubre; ~ *werden* guarire

Gesundheit *f* salute; (*zur*) ~! salute!

gesundheitlich: *aus ~en Gründen* per ragioni di salute

Gesundheits|amt *n* ufficio *m* d'igiene; **2schädlich** nocivo alla salute; **~wesen** *n* sanità *f*; **~zustand** *m* stato di salute

Getränk *n* bevanda *f*; (*Erfrischungs*2) bibita *f*; *alkoholische ~e* alcòlici *m/pl*

Getränkekarte *f* lista delle bevande

Getreide *n* cereali *m/pl*

getrennt separato; ~*e Rechnung* conti *m/pl* separati; ~ *zahlen* pagare separatamente

Getriebe *n* *Kfz* cambio *m* (di velocità); *fig* viavai *m*; ~*öl* *n* olio *m* per cambio; ~*schaden* *m* guasto al cambio

getrocknet secco

getrüffelt tartufato

Gewächs *n* pianta *f*; *Med* tumore *m*

gewachsen: *e-r Sache ~ sein* èssere all'altezza di qc

Gewächshaus *n* serra *f*

gewagt pericoloso, rischioso

Gewähr *f* garanzia

gewährleisten garantire

Gewahrsam *m* custodia *f*; (*Haft*) arresto

Gewährsmann *m* garante

Gewalt *f* potere *m*; (*Kraft*) forza *f*; (~*samkeit*) violenza; *höhere ~* forza maggiore; *mit ~* con la forza; ~ *anwenden* usare la forza; *die ~ über das Fahrzeug verlieren*

pèrdere il controllo della màcchina
gewaltig enorme, gigantesco
gewaltsam violento; ~ **öffnen** forzare
gewalttätig violento
gewandt àgile; ≎**heit** f agilità
Gewässer n acque f/pl
Gewebe n tessuto m (a Anat)
Gewehr n fucile m
Geweih n corna f/pl
geweiht consacrato
Gewerbe n mestiere m; professione f
gewerb|lich industriale; commerciale; ~**smäßig** professionale
Gewerkschaft f sindacato m; ~**(l)er** m sindacalista; ≎**lich** sindacale
Gewicht n peso m; **nicht ins ~ fallen** non contare; **nach ~** al peso; **großes ~ legen auf** dare molta importanza a
gewichtig importante
Gewichts|abnahme f pèrdita di peso; ~**zunahme** f aumento m di peso
gewillt: ~ **sein, et zu tun** èssere intenzionato a fare qu
Gewimmel n brulichìo m
Gewinde n Tech filettatura f
Gewinn m guadagno; ùtile; (Spiel≎) vincita f; ≎**bringend** lucrativo
gewinnen vìncere; Zeit guadagnare; Strom ricavare; Erz estrarre
Gewinn|er m vincitore; ~**spanne** f màrgine m di guadagno; ~**zahl** f nùmero m vincente
Gewirr n v Straßen labirinto m
gewiß certo; (sicher) sicuro; **ein gewisser Herr ...** un certo signor ...; **~! ja!** ma certo!; **~ nicht** certamente no
Gewissen n coscienza f; ≎**haft** coscienzioso; ≎**los** senza coscienza
Gewissens|bisse m/pl rimorsi m/pl; ~**frage** f caso m di coscienza; ~**konflikt** m conflitto di coscienza
Gewißheit f certezza f; **sich ~ verschaffen** accertarsi (**über et** di qc)
Gewitter n temporale m; ~**neigung** f tendenza a temporale; ~**schauer** m piòggia f dirotta; ~**wolke** f nùvola f temporalesca
gewittrig temporalesco
gewöhnen abituare; **sich ~** abituarsi (**an et** a qc)
Gewohnheit f abitùdine
gewöhnlich (üblich) sòlito; (normal) comune; (ordinär) volgare; adv (meist) di sòlito; **wie ~** come di sòlito
gewohnt: **ich bin es ~** ci sono abituato; **in ~er Weise** nel sòlito modo; **zur ~en Stunde** alla sòlita ora
Gewölbe n volta f
Gewürz n droga f; condimento m; ~**e** pl spezie f/pl; ~**gurke** f cetriolo m sott'aceto; ~**kräuter** n/pl erbe f/pl aro-

Gewürznelke

màtiche; ~nelke f chiodo m di garòfano
gewürzt condito
Gezeiten pl marèe f/pl
geziert affettato
gezwungen forzato; (unnatürlich) innaturale; ~ermaßen per forza
Gibraltar n Gibilterra f
Gicht f gotta
Giebel m frontone; tìmpano
gierig àvido
Gieß|bach m torrente; ℒen versare; Blumen annaffiare; Tech fóndere; **es gießt** piove a dirotto; ~erei f fonderìa; ~kanne f annaffiatoio m
Gift n veleno m
giftig velenoso; tòssico
Gift|müll m rifiuti m/pl tòssici; ~pflanze f pianta velenosa; ~pilz m fungo velenoso; ~schlange f serpente m velenoso
Gin m gin
Ginster m ginestra f
Gipfel m cima f; fig cùlmine; ~konferenz f conferenza al vèrtice
Gips m gesso; ~büste f busto m di gesso; ℒen Med ingessare; ~figur f figura di gesso; ~verband m ingessatura f
Girlande f ghirlanda
Girokonto n conto m corrente
Gitarr|e f chitarra; ~ist m chitarrista
Gitter n grata f, inferriata f; griglia f; ~tor n, ~tür f cancello m; ~zaun m graticciata f
Glanz m splendore (a fig)
glänzen splèndere; ~d splèndido; Foto lùcido
glanzvoll splèndido
Glas n vetro m; (Trink ℒ) bicchiere m; (Konserven ℒ) vasetto m; (Fern ℒ) binòccolo m; (Brillen ℒ) lente f; **ein ~ Wein** un bicchiere di vino; ~bläser m soffiatore del vetro
Glaser m vetraio
gläsern di vetro
Glas|fenster n Kirche vetrata f; ~hütte f vetrerìa; ℒieren smaltare; Kochk glassare; ~malerei f pittura su vetro; ~perle f perla di vetro; ~platte f, ~scheibe f lastra di vetro m; ~scherbe f coccio m di vetro; ~splitter m scheggia f di vetro; ~tür f vetrata
Glasur f smaltatura f; Kochk glassa(tura)
Glaswaren f/pl vetrame m
glatt liscio; Straße scivoloso, sdrucciolévole; **es ging alles ~** tutto andò liscio
Glätte f auf der Straße scivolosità; ~gefahr f perìcolo m di strade ghiacciate
Glatteis n vetrato m; ~gefahr f s Glättegefahr
glätten lisciare
Glatze f testa calva; **e-e ~ haben** èssere calvo
Glaube m fede f (**an** in); **im guten ~n** in buona fede

glauben crédere (*j-m* a qu; *an etw* a qc; *an Gott* in Dio); *(annehmen)* pensare
glaubhaft credìbile
gläubig credente; **2e(r)** *m* credente
glaubwürdig degno di fede, credìbile
gleich uguale; *(sogleich)* sùbito; *zu ∼er Zeit* nello stesso tempo; *das ist mir (ganz) ∼* per me fa lo stesso; *es muß nicht ∼ sein* non c'è fretta; *ich komme ∼ wieder* ritorno sùbito; *bis ∼!* a presto!; *∼ an der Tür* vicino alla porta; **∼altrig** coetàneo; **∼artig** sìmile; **∼bedeutend** equivalente (*mit* a); **∼berechtigt** di diritti uguali
gleichen rassomigliare (*j-m* a qu); *einander ∼* rassomigliarsi
gleich|falls altrettanto; **2gewicht** *n* equilibrio *m*; **ökologisches ∼** equilibrio ecològico
gleichgültig indifferente; *das ist mir ∼* non m'importa
Gleich|heit *f* uguaglianza; **2mäßig** regolare; **∼mut** *m* impassibilità *f*; **2namig** omònimo
Gleichnis *n* paràbola *f*
Gleichschritt *m:* **im ∼** al passo
Gleich|strom *m* corrente *f* contìnua; **∼ung** *f* equazione *f*
gleich|wertig equivalente; **∼zeitig** contemporàneo; *adv* nello stesso tempo

Gleis *n* binario *m*
gleit|en scivolare; *Flgw* planare; **2flug** *m* volo planato; **2schirmfliegen** *n* parapendìo *m*; **2schutz** *m* dispositivo antisdrucciolévole
Gletscher *m* ghiacciaio; **∼spalte** *f* crepaccio *m*
Glied *n* (*Körper2*) membro *m*, arto *m*; *männliches* pene *m*; (*Ketten2*) anello *m*
Glieder|reißen *n*, **∼schmerzen** *m/pl* dolori *m/pl* articolari
Gliedmaßen *pl* membra *f/pl*, arti *m/pl*
glitzern scintillare
global globale
Globetrotter *m* giramondo
Globus *m* globo, mappamondo
Glocke *f* campana; (*Klingel*) campanello *m*
Glocken|blume *f* campànula; **∼spiel** *n* carillon [-jõ] *m*; **∼turm** *m* campanile
glorreich glorioso
Glück *n* fortuna *f*; *zum ∼* per fortuna; *auf gut ∼* a caso; *viel ∼!* buona fortuna!; *∼ haben* èssere fortunato!, aver fortuna; **2bringend** che porta fortuna
glück|en riuscire; **∼lich** felice; **∼licherweise** fortunatamente; **∼selig** beato
Glücks|fall *m* caso fortunato; **∼spiel** *n* gioco *m* d'azzardo
Glückwunsch *m* augurio; *herzlichen ∼!* affettuosi au-

Glückwunschkarte 330

guri!; ~**karte** f biglietto m d'auguri; ~**telegramm** n telegramma m d'auguri
Glüh|birne f lampadina (elèttrica); 2**en** èssere incandescente; fig àrdere (**vor** di); 2**endheiß** cocente; ~**wein** m vino brûlé [bry'le]; ~**würmchen** n lùcciola f
Glut f brace f; (sengende Hitze) calore m soffocante
Glyzerin n glicerina f
Gnade f grazia; ~**ngesuch** n domanda f di grazia
gnädig clemente; ~**e Frau!** signora!
Gobelin m arazzo
Gold n oro m; ~**barren** m lingotto d'oro; 2**en** d'oro; (goldfarbig) dorato; ~**fisch** m pesce rosso; 2**ig** carino; ~**münze** f moneta d'oro; ~**schmied** m oréfice
Golf[1] m Geogr golfo
Golf[2] n Spiel golf m; ~**platz** m campo da golf; ~**schläger** m bastone da golf; mazza f; ~**spieler** m golfista
Gondel f góndola; e-r Seilbahn cabina
gönnen concèdere (j-m et qc a qu); **sich etwas Ruhe ~** perméttersi un po' di riposo
Gönner m benefattore; e-s Künstlers mecenate
Got|ik f (stile m) gòtico m; 2**isch** gòtico
Gott m dio; Rel Dio; ~ **sei Dank!** grazie a Dio!; **um ~es willen!** per amor di Dio!

Gottes|dienst m ufficio divino; ~**mutter** f Madonna
Gotthard m: **Sankt ~** San Gottardo; ~**bahn** f linea del Gottardo
Gottheit f divinità
Göttin f dea
göttlich divino
gottverlassen desolato
Götze m ìdolo
Grab n tomba f
graben scavare
Graben m fossa f, fosso, fossato
Grab|hügel m tùmulo; ~**mal** n monumento m sepolcrale; ~**stein** m làpide f
Grad m grado; **im höchsten ~e** estremamente; **zwei ~ über (unter) Null** due gradi sopra (sotto) zero
Graf m conte
Gräfin f contessa
Grafschaft f contèa
Gramm n grammo; **100 ~** un etto
Grammatik f grammàtica
Granatapfel m melagrana f
grandios grandioso
Granit m granito
Grapefruit f pompelmo m
Graphik f gràfica; ~**er** m gràfico
Graphit m grafite f
Gras n erba f; 2**en** pascolare; ~**halm** m filo d'erba; ~**hüpfer** m cavalletta f
grassieren infierire (**im Land** sul paese)

gräßlich orribile, orrendo
Grat m cresta f
Gräte f lisca, spina
gratinieren Kochk gratinare
gratis gratuitamente
Gratulation f congratulazione
gratulieren: j-m zu et ~ congratularsi con qu per qc
grau grigio; ⸺**brot** ≳ pane m misto
Graubünden n Grigioni m/pl
grauen: mir graut vor ... sento orrore di ...
Grauen n orrore m; ⸺**haft**, ⸺**voll** orribile, orrendo
Graupeln f/pl granelli m/pl di grandine
Graupen f/pl orzo m mondato
grausam crudele; ⸺**keit** f crudeltà
gravierend aggravante
Grazi|e f grazia; ⸺**ös** grazioso
greifbar palpàbile; (zur Hand) a portata di mano; (verfügbar) disponibile
greifen prèndere, acchiappare, afferrare (nach et qc); **in die Tasche ~** méttere la mano in tasca; **zu et ~** ricórrere a qc; **um sich ~** propagarsi
Greis m/vecchio
grell Licht abbagliante; Farbe stridente; Ton acuto, stridulo
Grenz|bahnhof m stazione f di confine; ⸺**bewohner** m abitante di confine

Grobheit

Grenze f confine m, frontiera f; fig lìmite m
grenzen confinare (**an** con); ⸺**los** sconfinato; fig smisurato
Grenz|gebiet n zona f di confine; ⸺**kontrolle** f controllo m alla frontiera; ⸺**pfahl** m confine; ⸺**polizei** f polizia confinaria; ⸺**posten** m posto di frontiera; (Wachposten) guardia f confinaria; ⸺**stein** m (pietra f di) confine; ⸺**übergang** m vàlico; ⸺**übertritt** m passaggio del confine; ⸺**verkehr** m tràffico di frontiera; ⸺**verletzung** f violazione di frontiera; ⸺**zwischenfall** m incidente di frontiera
Greuel m orrore
Griech|e m, ⸺**isch** greco; ⸺**enland** n (la) Grecia
Grieß m semolino
Griff m (Koffer≳, Messer≳) mànico; (Tür≳) maniglia f; ⸺**bereit** a portata di mano
Grill m griglia f; **vom ~** ai ferri
Grille f Zo grillo m
grill|en cuòcere sulla griglia; fare ai ferri; ⸺**room** m grill-room
Grimasse f smorfia
Grind m scabra f
grinsen ghignare
Grippe f influenza
grob grosso; (Fehler) grave; grossolano; (Mensch) rozzo; brutale; ⸺**heit** f grossolanità, rozzezza

Gröden

Gröden n Gardena f
Groll m astio; ⁑en j-m portare rancore a
groß grande; *Summe* grosso; (*hoch*) alto; *nur ~es Geld haben* non avere spiccioli; *wie ~ sind Sie?* quanto è alto?; **~artig** grandioso; (*herrlich*) magnifico; **⁑aufnahme** f primo piano m; **⁑betrieb** m grande azienda f; **⁑britannien** n (la) Gran Bretagna; **~buchstabe** m maiùscola f
Größe f grandezza; (*Körper⁑*) statura; (*Konfektions⁑*) taglia; (*Schuh⁑*) misura, nùmero m
Groß|eltern pl nonni m/pl; **~grundbesitz** m latifondo; **~handel** m commercio all'ingrosso; **~herzog** m granduca; **~herzogtum** n granducato m; **~industrie** f grande industria; **~macht** f grande potenza
großmütig generoso
Groß|mutter f nonna; **~raumflugzeug** n jumbo m; **~raumwagen** m Esb grande carrozza; **~stadt** f grande città; **~stadtverkehr** m tràffico metropolitano
größtenteils per la maggior parte
Groß|vater m nonno; **~veranstaltung** f grande spettàcolo m; **~wild** n selvaggina f grossa; **~zügig** generoso; **~zügigkeit** f generosità
grotesk grottesco

Grotte f grotta
Grübchen n fossetta f
Grube f fossa; (*Bergwerk*) miniera
grübeln stillarsi il cervello (*über* su)
Grubenunglück n disgrazia f in miniera
Gruft f tomba; cripta
grün verde; **~er Hering** aringa f fresca; **⁑e Welle** onda verde; *Pol die* **⁑en** i verdi; *die Ampel steht auf* ⁑ il semàforo è verde; *bei* ⁑ *durchfahren* passare col verde; **⁑anlagen** f/pl giardini m/pl pùbblici
Grund m (*Boden*) fondo; (*Erdboden*) suolo; terreno; (*Ursache*) causa f; motivo; *von ~ auf* radicalmente; *ohne ~* senza motivo; *aus diesem ~* per questa ragione; **~bedingung** f condizione principale; **~begriff** m/pl principi basilari; **~besitz** m proprietà f fondiaria; **~besitzer** m proprietario fondiario
gründ|en fondare; **⁑er** m fondatore
Grund|erwerb m acquisto di terreno; **~fläche** f base; **~gebühr** f tassa fissa; **~gehalt** n stipendio m base; **~gesetz** n BRD costituzione f; **⁑lage** f base; **⁑legend** fondamentale
gründlich profondo; *adv* a fondo

grundlos infondato
Gründonnerstag m giovedì santo
Grund|regel f règola fondamentale; **~riß** m Arch pianta f; **~satz** m principio; **2sätzlich** adv per principio; **~schule** f scuola elementare; **~stein** m prima pietra f; **~steuer** f imposta fondiaria; **~stück** n terreno m; **~stücksmakler** m sensale immobiliare
Gründung f fondazione
Grund|wasser n acqua f freàtica; **~zahl** f nùmero m cardinale
Grün|fläche f zona verde; **~kohl** m càvolo riccio; **~streifen** m Autobahn spartitràffico (verde)
Gruppe f gruppo m; **~reise** f viaggio m in comitiva
gruppieren: sich ~ ragrupparsi (**um** intorno a)
Gruß m saluto; **j-m e-n ~ von j-m bestellen, ausrichten** salutare qu da parte di qu; **herzliche Grüße an ...** cordiali saluti a ...; **mit freundlichen Grüßen** distinti saluti
grüßen salutare; **j-n ~ lassen** mandare i saluti a qu
gucken F guardare
Guerillakrieg m guerriglia f
Gulasch n/m spezzatino m di carne
gültig vàlido; *Fahrkarte, Preis* valévole; **2keit** f validità; **2keitsdauer** f (durata

della) validità
Gummi n/m gomma f; **~absatz** m tacco di gomma; **~ball** m palla f di gomma; **~band** n elàstico m; **~handschuhe** m/pl guanti di gomma; **~knüppel** m sfollagente; **~reifen** m copertone f, pneumàtico; **~schlauch** m tubo di gomma; **~stiefel** m/pl stivali di gomma
günstig favorévole; (*vorteilhaft*) vantaggioso
Gurgel f gola; **2n** gargarizzare
Gurke f cetriolo m; **saure ~n** cetriolini m/pl sott'aceto
Gurkensalat m insalata f di cetrioli
Gurt m cinghia f, (*Sicherheits2*) cintura di sicurezza
Gürtel m cintura f; **~reifen** m cinturato
Guß m (*Regen*) acquazzone; **~eisen** n ghisa f
gut buono; *adv* bene; **~es Wetter** bel tempo; **so ~ wie sicher** praticamente certo; **schon ~!** va bene!; **es schmeckt ~** ha un buon sapore; **mir ist nicht ~** mi sento male; **es gefällt mir ~** mi piace; **also ~!** d'accordo!
Gut n (*Habe*) bene m; (*Land2*) proprietà f terriera; **~achten** n perizia f; **~achter** m perito
Gutdünken n: **nach ~** a discrezione
Güte f bontà; (*Qualität*) qualità; **in aller ~** con le buone

Güter n/pl (Waren) merci f/pl; ~**abfertigung** f spedizione merci; ~**bahnhof** m scalo merci; ~**wagen** m vagone merci; ~**zug** m treno merci
Gute(s) n buono m; **alles Gute!** buona fortuna!
gutgehen andar bene; **es geht mir gut** sto bene
Gut|haben n avere m; ♀**heißen** approvare
gütig buono
gütlich Einigung amichévole

gutmachen: wieder ~ riparare
gutmütig bonario
Gutsbesitzer m proprietario terriero
Gut|schein m buono; ♀**schreiben** accreditare; ~**schrift** f accrédito m; ♀**tun** far bene (j-m a qu)
Gymnásium n ginnasio m; liceo m
Gymnastik f ginnàstica
Gynäkologe m ginecòlogo

H

Haar n capello m; ~**(e)** (pl) capelli m/pl; **um ein** ~ per un pelo; ~**bürste** f spàzzola per capelli; ~**farbe** f colore m dei capelli; ~**färbemittel** n tintura f per i capelli; ~**festiger** m fissatore
Haar|klemme f fermaglio m per capelli; ~**nadel** f forcina; ~**nadelkurve** f tornante m; ~**netz** n reticella f per capelli; ~**schneiden** n taglio m dei capelli; ~**schnitt** m taglio m dei capelli; ~**spray** n lacca f per capelli; ~**trockner** m asciugacapelli; ~**waschmittel** n shampoo m; ~**wasser** n lozione f per capelli
haben avere; **da hast du** ~ èccoti ...; **was** ~ **Sie?** che ha?; **bei sich** ~ avere con sé
Habgier f avidità; ♀**ig** àvido
Habicht m astore
Hack|braten m polpettone; ~**e** f zappa; ~**e(n** m) f calcagno m, tallone m; ♀**en** Kochk tritare; ~**fleisch** n carne f tritata
Hafen m porto; ~**einfahrt** f imboccatura; ~**gebühr** f diritti m/pl portuali; ~**kneipe** f béttola del porto; ~**polizei** f polizia portuale; ~**rundfahrt** f giro m del porto; ~**stadt** f città portuale
Hafer m avena f; ~**flocken** f/pl fiocchi m/pl d'avena
Haft f detenzione; **in** ~ **nehmen** arrestare; ♀**bar** responsàbile (für et di qc); ~**befehl** m mandato di cattura
haften: ~ **für** garantire per; rispóndere di
Häftling m detenuto
Haftpflicht f responsabilità civile; ~**versicherung** f assicurazione contro i rischi di responsabilità civile verso terzi

halten

Haftschalen f/pl lenti a contatto
Haftung f responsabilità (**für** di)
Hagel m grándine f; **~schauer** m grandinata f
hager magro
Hahn m gallo; Tech rubinetto
Hähnchen n Kochk pollo m novello
Hai(fisch) m pescecane
häkeln lavorare all'uncinetto; **2nadel** f uncinetto m
Haken m gancio; uncino; (Angel2) amo
halb mezzo; **e-e ~e Stunde** mezz'ora f; **auf ~em Wege** a metà strada; **~ leer (voll)** mezzo vuoto (pieno); **~ zwölf** le úndici e mezzo; **zum ~en Preis** a metà prezzo
Halb|dunkel n penombra f; **~finale** n semifinale f
halbieren dividere in due
Halb|insel f penisola f; **~jahr** n semestre m; **~kreis** m semicerchio; **~kugel** f Geogr emisfero m; **2laut** a mezza voce; **~mond** m mezzaluna f; **~pension** f mezza pensione; **~schatten** m penombra f; **~schuh** m scarpa f bassa; **~starke(r)** m teppista; **2stündlich** ogni mezz'ora; **2tägig** di mezza giornata; **2tagsarbeit** f lavoro m a mezza giornata
Halbzeit f: **erste ~** primo tempo m; **zweite ~** ripresa f
Hälfte f metà; **zur ~** a metà

Halfter m cavezza f
Halle f (Hotel2) hall f; (Bahnhofs2) atrio m; (Turn2) palestra
Hallenbad n piscina f coperta
hallo! ohè!; Begrüßung ciao!; Tel pronto!
Hals m collo; (Kehle) gola f; **e-n steifen ~ haben** avere il torcicollo; **~ über Kopf** a rompicollo; **~ausschnitt** m scollatura f; **~band** n (Hunde2) collare m; **~entzündung** f infiammazione della gola; **~kette** f collana; **~Nasen-Ohren-Arzt** m otorinolaringoiatra; **~schmerzen** m/pl mal m di gola; **2starrig** ostinato; **~tuch** n fazzoletto m da collo; **~weite** f misura del collo; **~wirbel** m vèrtebra f cervicale
Halt m (Anhalten) fermata f; sosta f; **ohne ~** senza fermarsi, senza sosta; **keinen ~ finden** non trovare sostegno
halt! alt!; stop!
haltbar resistente; Lebensmittel **~ bis** si mantiene fino a; **2haltbarkeitsdatum** n data f di conservazione
halten tenere; (stehenbleiben) fermarsi; Auto sostare; **eine Rede ~** fare un discorso; **es für angebracht ~** ritenere opportuno; **was ~ Sie davon?** che ne pensa?; Lebensmittel **sich ~** conservarsi; **sich links (rechts) ~** tenere la sinistra (la destra); **2 verbo-**

Haltestelle

ten! divieto di sosta!; **zum 2 bringen** fermare
Halte|stelle f fermata; **~verbot** n divieto m di sosta
haltmachen fermarsi
Haltung f (Körper2) portamento m; (Einstellung) atteggiamento m
Hammel m montone; **~fleisch** n carne f di montone; **~keule** f cosciotto m di montone
Hammer m martello
hämmern martellare
Hämorrhoiden pl emorròidi m/pl
Hamster m criceto
hamstern fig accaparrare
Hand f mano; **in Acht nehmen von** all'attenzione di; **et bei der ~, zur ~ haben** avere qc sottomano; **unter der ~ verkaufen** véndere sottomano
Hand|arbeit f lavoro m manuale; **der Frauen** lavori m/pl femminili; **~ball** m pallamano f; **~bewegung** f gesto m; **~bremse** f freno m a mano; **~buch** n manuale m
Händedruck m stetta f di mano
Handel m commercio (mit in, con)
handeln agire; (feilschen) contrattare; **mit et ~** commerciare in qc; **es handelt sich um ...** si tratta di ...
Handels|beziehungen f/pl relazioni f/pl commerciali; **~kammer** f càmera di commercio; **~marine** f marina mercantile; **~schiff** n nave f mercantile; **~schule** f scuola commerciale
Hand|feger m scopetta f; **~fläche** f palma; **2gearbeitet** fatto a mano; **~gelenk** n polso m; **2gemalt** dipinto a mano; **~gemenge** n zuffa f; **~gepäck** n bagaglio m a mano; **2gewebt** tessuto a mano; **2greiflich: ~ werden** venire alle mani; **~griff** m maniglia f; **2haben** maneggiare; **~koffer** m valigia f
Händler m commerciante
handlich maneggévole
Handlung f azione; e-s Films usw trama
Hand|rücken m dorso della mano; **~schellen** f/pl manette; **~schrift** f scrittura; **2schriftlich** per iscritto; **~schuh** m guanto; **~schuhfach** n Auto cassetto m portaoggetti; **~tasche** f borsetta; **~teller** m palmo; **~tuch** n asciugamano m
Handwerk n mestiere m; artigianato m; **~er** m artigiano; **~szeug** n arnesi m/pl
Hand|wurzel f carpo m; **~zettel** m volantino
Hanf m cànapa f
Hang m pendio; fig inclinazione f (**zu** a)
Hängematte f àmaca
hängen v/i pèndere; èssere appeso; v/t appèndere (an a); **~bleiben** restare attacca-

to (**an** a); **~lassen** *Mantel usw* (*vergessen*) dimenticare
Hantel *f* manubrio *m*
hantieren maneggiare (*mit et qc*); (*geschäftig sein*) darsi da fare
Happen *m* boccone
Harfe *f* arpa
Harke *f* rastrello *m*
harmlos (*ungefährlich*) inòcuo
Harmo|nie *f* armonia; **~nisch** armònico; **~nium** *n* armonio *m*
Harn *m* urina *f*; **~blase** *f* vescica urinaria
Harnisch *m* armatura *f*
Harn|leiter *m* uretere; **~röhre** *f* uretra; **~vergiftung** *f* uremìa
Harpune *f* arpone *m*
hart duro; (*fest*) sodo (*a Ei*); (*streng*) severo; **~ werden** indurirsi
Härte *f* durezza
hart|gekocht *Ei* sodo; **2geld** *n* moneta *f* metàllica; **~herzig** duro d'ànimo; **2käse** *m* formaggio duro; **~näckig** ostinato
Harz *m* rèsina *f*; **2ig** resinoso
haschen 1. **nach et, ~** acchiappare qc; **2.** fumare l'hascisc
Hasch(isch) *n* hascisc *m*
Hase *m* lepre *f*
Haselnuß *f* nocciola
Hasen|braten *m* arrosto di lepre; **~scharte** *f* labbro *m* leporino

Haß *m* odio
hassen odiare
häßlich brutto; **2keit** *f* bruttezza
Hast *f* fretta; **2ig** affrettato; *adv* in fretta
Haube *f* (*Trocken2*) casco *m*; *Kfz* còfano *m*
Hauch *m* àlito; soffio; **2dünn** sottilissimo; **2en** respirare; soffiare
hauen picchiare; bàttere; **~ übers Ohr ~** imbrogliare
Haufen *m* mucchio; *v Menschen* folla *f*
häufen ammucchiare; *sich ~* accumularsi; *fig Fälle* aumentare
häufig frequente; *adv* spesso
Haupt *n* capo *m*
Haupt|altar *m* altare maggiore; **~bahnhof** *m* stazione *f* centrale; **~bestandteil** *m* parte *f* essenziale; **~darsteller** *m* protagonista; **~eingang** *m* entrata *f* principale; **~fach** *n* materia *f* principale; **~gericht** *n Kochk* piatto *m* forte; **~gewinn** *m* primo premio; **~mahlzeit** *f* pasto *m* principale; **~person** *f* personaggio *m* principale; *Film, Thea* protagonista *m/f*; **~post**(amt *n*) *f* posta *f* centrale; **~rolle** *f* parte principale; **~sache** *f* essenziale *m*
hauptsächlich principale; *adv* soprattutto
Haupt|saison *f* alta stagione; **~stadt** *f* capitale; **~straße**

Hauptteil 338

strada principale; ~teil *m* parte *f* principale; ~verkehrsstraße *f* grande arteria; ~verkehrszeit *f* ore *f/pl* di punta

Haus *n* casa *f*; **nach ~e, zu ~e** a casa; ~angestellte *f* domestica; ~arbeit *f* lavori *m/pl* di casa; ~besitzer *m* proprietario di casa; ~bewohner *m* inquilino; ~eingang *m* ingresso di casa

Häuserblock *m* isolato, caseggiato

Haus|flur *m* vestibolo; ~frau *f* casalinga; ~gemacht casalingo; fatto in casa; ~halt *m* (governo *m* della) casa *f*; *Wi* bilancio; ~hälterin *f* governante

Haushalts|artikel *m/pl*, ~waren *f/pl* casalinghi *m/pl*; ~plan *m* bilancio preventivo

Haus|herr *m* padrone di casa; ~herrin *f* padrona di casa

Hausierer *m* venditore ambulante

häuslich domestico; di casa

Haus|mann *m* casalingo; ~mannskost *f* cucina casalinga; ~meister *m* portinaio; ~mittel *n* rimedio *m* casalingo; ~nummer *f* nùmero *m* di casa; ~ordnung *f* regolamento *m* della casa; ~schlüssel *m* chiave *f* di casa; ~schuhe *m/pl* pantòfole *f/pl*, ciabatte *f/pl*; ~suchung *f* perquisizione domiciliare;

~tier *n* animale *m* domèstico; ~tor *n* portone *m*; ~tür *f* porta di casa; ~wirt *m* padrone di casa; ~zelt *n* tenda *f* a casetta

Haut *f* pelle; ~abschürfung *f* escoriazione; ~arzt *m* dermatòlogo; ~ausschlag *m* eruzione *f* cutànea

Häutchen *n* pellìcola *f*

Haut|creme *f* crema per la pelle; ~farbe *f* carnagione; ~klinik *f* clìnica dermatològica; ~krankheit *f* malattìa cutànea; ~pflege *f* cura della pelle

Havarie *f* avarìa

Hebamme *f* levatrice

Hebel *m* leva *f*

heben alzare; (sol)levare

Hecht *m* luccio; ~sprung *m* tuffo carpiato

Heck *n* *Mar* poppa *f*; *Flgw* coda *f*; *Kfz* parte *f* posteriore; ~antrieb *m* trazione *f* posteriore

Hecke *f* siepe

Heckenrose *f* rosa canina

Heck|klappe *f* portellone *m* posteriore; ~motor *m* motore posteriore; ~scheibe *f* lunotto *m*; ~scheibenwischer *m* tergilunotto

Heer *n* esèrcito

Hefe *f* lièvito *m*; ~kuchen *m* dolce lievitato; ~teig *m* pasta *f* lievitata

Heft *n* quaderno *m*; *e-r Zeitschrift* nùmero *m*; (*Griff*) mànico *m*

heften (*befestigen*) attaccare (**an** a); (*nähen*) imbastire; *Blick* fissare (**auf** su)
heftig violento; **⇘keit** *f* violenza
Heft|pflaster *n* cerotto *m*; **⇘zwecke** *f* puntina da disegno
Hehler *m* ricettatore
Heide¹ *m* pagano
Heide² *f* brughiera; *Bot s* **⇘kraut** *n* èrica *f*
Heidelbeeren *f*/*pl* mirtilli *m*/*pl*
heidnisch pagano
heikel delicato; *Person* difficile
heil sano e salvo; (*nicht kaputt*) intero
Heil *n* benèssere *m*; (*Glück*) fortuna *f*; *sein* **~** *versuchen* tentare la fortuna
Heiland *m* Redentore
heilbar guaribile
Heilbutt *m* ippoglosso
heilen guarire
heilig santo; sacro; *der* **~** *Vater* il Santo Padre; **⇘abend** *m* vigilia *f* di Natale; **~en** santificare; **⇘enbild** *n* immàgine *f* sacra; **⇘e(r)** *m* santo; **~sprechen** canonizzare; **⇘tum** *n* santuario *m*
Heil|kräuter *n*/*pl* erbe *f*/*pl* officinali; **~mittel** *n* rimedio *m*; **~pflanze** *f* pianta medicinale; **~praktiker** *m* mèdico empírico; **⇘sam** salutare; **~stätte** *f* sanatorio *m*
Heil|ung *f* cura; *e-r Wunde* cicatrizzazione
Heim *n* casa *f*; (*Alters⇘*) ricòvero *m*; ospizio *m*; **~arbeit** *f* lavoro *m* a domicilio
Heimat *f* patria; **~anschrift** *f* indirizzo *m* del domicilio abituale; **~hafen** *m* porto d'immatricolazione; **~land** *n* patria *f*; **~ort** *m* paese natale
Heim|fahrt *f* viaggio *m* di ritorno; **⇘isch** locale; **~kehr** *f* ritorno *m* (a casa); **⇘kehren** ritornare a casa; **⇘kommen** venire a casa
heimlich segreto; *adv* di nascosto
Heim|reise *f* viaggio *m* di ritorno; **⇘wärts** verso casa; **~weg** *m* ritorno *m* a casa; **~weh** *n* nostalgia *f*
Heirat *f* matrimonio *m*; **⇘en** sposarsi; *j-n* sposare
Heirats|anzeige *f* partecipazione di matrimonio; *in Zeitung* annuncio *m* matrimoniale; **~urkunde** *f* atto *m* di matrimonio
heiser rauco; **⇘keit** *f* raucèdine
heiß caldo; *es ist* **~** fa molto caldo; *mir ist* **~** ho molto caldo
heißen chiamarsi; (*bedeuten*) voler dire; *ich heiße* **...** mi chiamo **...**; *was soll das* **~**? che significa?; *wie heißt das auf* **...**? come si dice **...**; *es heißt, daß* **...** si dice che **...**
heißlaufen surriscaldarsi
Heißluft *f* aria calda

heiter

heiter sereno (*a Himmel*); **♀keit** f allegrìa; (*Gelächter*) ilarità

heiz|bar riscaldàbile; **♀en** riscaldare; **♀kissen** n termòforo m; **♀körper** m radiatore; **♀lüfter** m termoventilatore; **♀material** n combustibile m, **♀öl** n olio m combustibile, nafta f, gasolio m; **♀sonne** f radiatore m parabòlico

Heizung f riscaldamento m

Held m eròe

heldenhaft eròico

helfen aiutare (*j-m* qu); **können Sie mir ♀?** potrebbe aiutarmi?; **sich zu ♀ wissen** sapere arrangiarsi

Helfer m aiuto; assistente

hell chiaro; *Zimmer* luminoso; **es wird ♀** si fa giorno; **♀blau** azzurro chiaro

hellicht: am ♀en Tag in pieno giorno

Helligkeit f chiarezza

Helm m elmo, elmetto; (*Schutz♀*) casco

Hemd n camicia f; (*Unter♀*) camiciola f, maglia f; **♀bluse** f camicetta; **♀blusenkleid** n chemisier [ʃəmi'zje] m; **♀kragen** m colletto di camicia

hemm|en (*behindern*) ostacolare; **♀nis** n ostàcolo m

Hemmung f fig scrùpolo m; **♀slos** sfrenato; **senza scrùpoli**

Hengst m stallone

Henkel m mànico

Henne f gallina

her qui, qua; **von außen ♀** dal di fuori; **von oben ♀** dall'alto; **es ist eine Woche ♀** è una settimana

herab giù; in basso; **von oben ♀** da sopra in giù; **♀lassen** abbassare; calare; **♀lassend** arrogante; **♀setzen** *Preis* ridurre; **♀steigen** scéndere

heran vicino; **♀näher ♀** più vicino; **♀fahren, ♀kommen, ♀treten** avvicinarsi; **♀wachsen** créscere

herauf su; **♀beschwören** provocare; **♀holen** *Koffer* portare su; **♀kommen** salire; **♀setzen** *Preis* aumentare; **♀ziehen** *Gewitter* avvicinarsi

heraus fuori; **von innen ♀** dall'interno; **nach vorn ♀** sul davanti; **♀bekommen** *Fleck* riuscire a tògliere; *Geld* ricevere di resto; *fig* (*erfahren*) venire a sapere; **♀bringen** portare fuori; *Fabrikat* lanciare; *Buch* pubblicare; **♀fallen** cadere fuori; **♀fordern** sfidare (*a Sport*); provocare; **♀geben** *Geld* dare di resto; *Buch* pubblicare; **♀kommen** uscire; **♀nehmen** prèndere fuori; **♀ragen** spòrgere; **♀schrauben** svitare

herausstellen: sich als richtig ♀ rivelarsi esatto

herausziehen estrarre (*aus* da)

herb acerbo; *Wein* aspro

herbei qua, qui; **~eilen** accórrere; **~holen** andare a prèndere; **~rufen** chiamare
Herberge f locanda
Herbst m autunno; **℔lich** autunnale
Herd m cucina f
Herde f gregge m
herein dentro; **~!** avanti!; **~bitten** pregare d'entrare; **~fallen** fig farsi imbrogliare; **~holen** far entrare; *Gegenstand* portare dentro; **~kommen** entrare; **~lassen** fare entrare; **~legen** fig imbrogliare
Herfahrt f venuta f; **~gang** m andamento; **℔geben** dare; **℔gehen** andare (*hinter j-m* dietro a qu)
Hering m aringa f
herkommen venire; *wo kommen Sie her?* da dove viene?; *komm her!* vieni qua!
herkömmlich tradizionale
Herkulaneum n Ercolano f
Herkunft f origine
hernehmen prèndere
Heroin n eroina f
Herr m signore; **~ X** il signore X; *Anrede* signor X; *sehr geehrter ~...!* egregio signore
Herrchen n v *Hund* padrone m
Herren|... *in Zssgn* da (*od* di, per) uomo (*od* uòmini, signore, signori); maschile; **~friseur** m barbiere; parrucchiere per uomo; **℔los** *Tier*

randagio; **~mode** f moda maschile; **~rad** n bicicletta f da uomo; **~toilette** f gabinetto m per uomini
herrichten preparare
herrlich magnifico; *Wetter* splèndido
Herrschaft f dominio m; **℔lich** signorile
herrsch|en regnare (*über* su); **℔er** m sovrano; **℔erhaus** n dinastia f
herrühren provenire (*von* da)
herstell|en fabbricare; produrre; **℔er** m produttore; **℔ung** f fabbricazione
herüber di qua; **~kommen** venire di qua
herum: um ... ~ intorno a; *zeitlich* verso; *bei Zahlenangaben* circa; **~drehen** girare; **~fahren** girare (*um et* qc); **~führen** *Besucher* condurre in giro; **~irren** vagare (*in der Stadt* per la città); **~liegen** èssere sparso dappertutto; **~reichen** far circolare
herunter giù; **~fallen** cadere (giù); **~klappen** abbassare; **~kommen** scéndere; **~lassen** abbassare; **~setzen** *Preis* ribassare
hervor|bringen produrre; **~heben** (*betonen*) sottolineare; **~holen** tirare fuori; **~ragend** fig eccellente; **~rufen** fig provocare
Herz n cuore m; *Kartenspiel* cuori m/pl; *von ganzem ~en*

Herzanfall

di tutto cuore; ~**anfall** m attacco cardiaco; ~**beschwerden** f/pl disturbi m/pl cardiaci
Herzenslust f: **nach** ~ a piacere
Herz|fehler m vizio cardiaco; ♀**haft** Speise forte; ~**infarkt** m infarto cardiaco; ~**klopfen** n batticuore m; Med palpitazioni f/pl; ♀**krank** malato di cuore
herzlich cordiale; ~ **gern** ben volentieri; ♀**keit** f cordialità
Herzmittel n cardiotònico m
Herzog m duca; ~**in** f duchessa; ~**tum** n ducato m
Herz|schlag m bàttito del cuore; als Todesursache colpo apoplèttico; ~**schrittmacher** m pace-maker; ~**spezialist** m cardiòlogo
Hetz|e f (Eile) fretta; ♀**en** v/i fare in fretta
Heu n fieno m
Heuchelei f ipocrisia
heucheln fingere (Freude gioia)
Heuernte f fienagione
heulen urlare; F (weinen) piàngere
Heu|schnupfen m raffreddore da fieno; ~**schober** m fienile; ~**schrecke** f cavalletta
heut|e oggi; ~ **morgen** (abend, nacht) stamane (stasera, stanotte); ~ **in einer Woche** (in 14 Tagen) oggi fra una settimana (tra quìndici giorni); ~**ig** d'oggi; (jetzig) odierno
heutzutage oggi
Hexenschuß m lombàggine f
Hieb m colpo
hier qui, qua; ~ **ist**, ~ **sind** ecco; **von** ~ di qui; ~**auf** (danach) dopo (di ciò); ~**bei** (bei dieser Gelegenheit) in quest'occasione
hierbleiben rimanere qui
hier|durch örtlich per di qua; ~**für** per questo
hierher qua, qui; **bis** ~ fino qua; fin qui
hier|hin (di) qui; ~**mit** con ciò; im Brief con la presente
hierzu a ciò; ~**lande** in questo paese
hiesig di qui
Hilfe f aiuto m; ~! aiuto!; **mit** ~ **von** con l'aiuto di; **Erste** ~ pronto soccorso m; **j-n zu** ~ **rufen** chiamare in aiuto qu; ~**leistung** f prestazione di soccorso; ~**ruf** m grido d'aiuto
hilflos privo d'aiuto
Hilfs|aktion f azione di soccorso; ~**arbeiter** m manovale; ♀**bedürftig** bisognoso; ♀**bereit** servizièvole; ~**motor** m motore ausiliare; ~**zeitwort** n verbo m ausiliare
Himbeer|e f lampone m; ~**eis** n gelato m al lampone; ~**sirup** m sciroppo di lamponi
Himmel m cielo; ♀**blau** celeste
Himmelfahrt f: **Christi**

Ascensione; *Mariä* ~ Assunzione
Himmelsrichtung f punto m cardinale
himmlisch celeste; *fig* celestiale, divino
hin là; ci; vi; ~ **und her** qua e là; ~ **und wieder** di quando in quando; ~ **und zurück** andata e ritorno
hinab (in) giù
hinauf in su, in alto; ~**fahren**, ~**gehen**, ~**steigen** salire; ~**tragen** portare su
hinaus fuori; ~**gehen** uscire; *Fenster* dare (**auf**, **nach** su)
hinauslehnen: *sich* ~ spòrgersi
hinaus|schieben differire (**um** di; **auf** a); ~**werfen** buttare fuori
Hinblick m: **im** ~ **auf** (in) riguardo a
hinbringen portare lì; *Person* accompagnare; *Zeit* passare
hindern impedire (*j-n* **an et** qu di fare qc)
Hindernis n ostàcolo m; ~**rennen** n corsa f con ostàcoli
hindurch *zeitlich* per; *örtlich* attraverso; *die ganze Nacht* ~ durante tutta la notte; *Jahre* ~ per anni
hinein dentro; ~**gehen**, ~**treten** entrare; *s a* ~**passen**; ~**kommen** entrare; ~**lassen** lasciare entrare; ~**passen** starci; ~**tun** méttere dentro
hinfahren andarvi; *et od j-n* condurvi
Hinfahrt f andata; *auf der* ~ all'andata
hin|fallen cadere; ~**fällig** (*ungültig*) non vàlido; 2**flug** m andata f; ~**führen** condurre; ~**gehen** andarci; ~**halten** pòrgere; (*vertrösten*) tenere a bada
hinken zoppicare
hinlegen posare; *sich* ~ sdraiarsi; *ins Bett* coricarsi
hin|nehmen (*dulden*) sopportare; 2**reise** f andata; ~**reißend** affascinante; ~**schicken** mandare
hinsetzen: *sich* ~ sedersi
Hinsicht f: *in dieser* ~ sotto questo aspetto; *in jeder* ~ sotto tutti gli aspetti; 2**lich** riguardo a
hinstellen porre, méttere
hinten dietro; (*am Ende*) alla fine; *von* ~ dal di dietro; *nach* ~ **heraus** sul di dietro; *ganz* ~ tutt'in fondo; ~**her-um** per di dietro
hinter dietro; ~ *dem Haus*, *das Haus* dietro la casa; 2**achse** f asse posteriore; 2**bliebene(n)** m/pl supèrstiti; ~**e** posteriore; *in der hintersten Reihe* nell'ùltima fila
hintereinander l'uno dietro l'altro; *dreimal* ~ tre volte di fila
Hinter|grund m (s)fondo; ~**haus** n edificio m posteriore

hinterher

hinterher *zeitlich* dopo; *räumlich* dietro
Hinter|kopf *m* occipite; **~land** *n* retroterra *m*; **\2lassen** lasciare; **\2legen** depositare
Hintern *m* F sedere
Hinterrad *n* ruota *f* posteriore; **~antrieb** *m* trazione *f* posteriore
Hinter|teil *n* parte *f* posteriore; F fig sedere *m*; **~tür** *f* porta *f* posteriore
hintun porre, méttere; **wo soll ich das ~?** dove devo métterlo?
hinüber di là; **~gehen** passare dall'altra parte; attraversare (*über et* qc)
Hin- und Rückfahrt *f* andata e ritorno
hinunter giù; **~bringen** portare giù; **~fallen** cadere giù; **~gehen** scéndere; **~schlucken** inghiottire; **~steigen** scéndere; **~werfen** gettare giù
Hinweg *m* andata *f*; **auf dem ~** all'andata
Hinweis *m* indicazione *f*; avvertimento; *f* (*auf et* qc); **~schild** *n*, **~tafel** *f* cartello *m* indicatore
hinziehen: *sich ~* *zeitlich* andare per le lunghe
hinzu (*obendrein*) per di più; **~fügen** aggiùngere; **~kommen** sopravvenire; **~rechnen**, **~zählen** aggiùngere; **~ziehen** *Arzt* consultare
Hirn *n* cervello *m*; **~haut-**

~zündung *f* meningite
Hirsch *m* cervo; **~kuh** *f* cerva
Hirse *f* miglio *m*
Hirt *m* pastore
hissen *Segel* alzare; *Fahne* issare
Histor|iker *m*, **\2isch** stòrico
Hitze *f* calura; gran caldo *m*; **\2beständig** refrattario; **~welle** *f* ondata di caldo
Hitzschlag *m* colpo di calore
Hobby *n* hobby *m*
Hobel *m* pialla *f*
hoch alto; *Preis* elevato; *Geschwindigkeit* grande; *Alter* avanzato; *Ton* acuto; (*nach oben*) in su; in alto; **zwei Treppen ~** al secondo piano; **auf hoher See** in alto mare; **\2 n Wetter** zona *f* di alta pressione
Hoch|achtung *f* stima; **~altar** *m* altare maggiore; **~amt** *n* messa *f* solenne; **~betrieb** *m* màssima attività *f*; **\2deutsch** tedesco puro
Hochdruck *m* alta pressione *f*; **~gebiet** *n* zona *f* di alta pressione
Hoch|ebene *f* altopiano *m*; **\2empfindlich** *Film* molto sensibile; **~gebirge** *n* alta montagna *f*; **\2geschlossen** *Kleid* accollato; **~geschwindigkeitszug** *m* treno *m* ultrarapido; **\2halten** tenere in alto; **~haus** *n* grattacielo *m*; **~heben** sollevare; *a Hand* alzare; **\2kant** di costa; **\2klappen** alzare; **~land**

höllisch

altopiano m; 2**mütig** arrogante
Hoch|nebel m nebbia f alta; 2**prozentig** ad alta gradazione alcòlica; ~**relief** n altorilievo m; 2**saison** f alta stagione; ~**schule** f università; ~**see** f alto mare m; ~**sommer** m piena estate f; ~**spannung** f alta tensione; ~**sprung** m salto in alto
höchst il più alto; fig màssimo; adv molto, estremamente; ~ **selten** molto raro
Hochstapler m cavaliere d'industria
Höchst|belastung f càrico m màssimo; 2**ens** al màssimo; ~**geschwindigkeit** f velocità màssima; ~**gewicht** n peso m màssimo; ~**leistung** f rendimento m màssimo; Sport rècord m; ~**preis** m prezzo màssimo (od lìmite)
Hoch|verrat m alto tradimento; ~**wald** m fustaia f; ~**wasser** n (Überschwemmung) inondazione f; 2**wertig** di gran valore
Hochzeit f nozze f/pl; ~**sreise** f viaggio m di nozze
Hocker m sgabello
Hockey n hockey m
Hoden m testìcolo
Hof m cortile; (Bauern2) fattorìa f; (Fürsten2) corte f; **den** ~ **machen** far la corte (j-m a qu)
hoffen sperare (auf et in qc)
hoffentlich: ~ **stimmt es** speriamo che sia vero
Hoffnung f speranza; 2**slos** disperato
höflich cortese; 2**keit** f cortesìa
Höhe f altezza; (Hügel) altura; e-r Summe ammontare m; **in ~ von ...** per l'ammontare di ...; **nicht ganz auf der ~ sein** non èssere in forma
Hoheits|gebiet n territorio nazionale; ~**gewässer** n/pl acque f/pl territoriali; ~**zeichen** n emblema m di sovranità
Höhen|klima n clima m di montagna; ~**krankheit** f mal m di montagna; ~**kurort** m stazione f climàtica montana; ~**messer** m altìmetro; ~**sonne** f Med làmpada al quarzo; ~**unterschied** m dislivello
Höhepunkt m cùlmine, àpice, vèrtice
höher più alto, superiore
hohl cavo
Höhle f caverna; grotta; (Tier2) tana
Hohl|maß n misura f di capacità; ~**raum** m cavità f
Hohn m scherno
höhnisch beffardo
holen et andare a prèndere; ~ **Sie e-n Arzt!** faccia venire un mèdico!; **Hilfe** ~ andare a chièdere aiuto; ~ **lassen** mandare a prèndere
Hölle f inferno m; 2**isch** infernale, enorme

Hollywoodschaukel f dóndolo m
holp(e)rig accidentato; fig stentato
Holunder m sambuco
Holz n legno m; (Brennʠ) legna
hölzern di legno
Holzfäller m boscaiolo; ʠig legnoso; **~kohle** f carbone m di legno; **~schnitzer** m intagliatore in legno; **~schnitzerei** f scultura in legno; **~wolle** f lana f di legno; **~wurm** m tarlo
Homöopath m omeopàtico
homosexuell omosessuale
Honig m miele; **~kuchen** m panpepato
Honorar n onorario m
Hopfen m lùppolo
hörbar udìbile
horchen stare a sentire
Horde f orda
hören vt sentire; (an~, zu~) ascoltare; schwer ~ èssere duro d'orecchi; *ich lasse von mir ~* ti mi farò vivo
Hörer m Tel ricevitore
Hörgerät n apparecchio m acùstico; **~funk** m radio f
Horizont m orizzonte; ʠal orizzontale
Hormon n ormone m
Hörnchen n Gebäck cornetto m
Hornhaut f Anat còrnea; (Schwiele) callosità
Hornisse f calabrone m

Hörsaal m auditorio; aula f;
~spiel n radiodramma m
Hörweite f: *in (außer) ~* a (fuori) portata di voce
Hose f calzoni m/pl, pantaloni m/pl
Hosenrock m gonna-pantalone f; **~schlitz** m patta f dei calzoni; **~träger** m/pl bretelle f/pl
Hostess f hostess
Hostie f ostia
Hotel n albergo m; hotel m;
~besitzer m albergatore;
~diener m facchino d'albergo; **~halle** f hall; **~zimmer** n càmera f d'albergo
Hubraum m cilindrata f
hübsch bello; carino
Hubschrauber m elicòttero
Huf m zòccolo m; **~eisen** n ferro m di cavallo
Hüfte f anca; **~gelenk** n articolazione f dell'anca; **~halter** m reggicalze
Hügel m colle; collina f; ʠig collinoso
Huhn n gallina f; Kochk pollo m
Hühnchen n pollastro m
Hühnerauge n callo m;
~brühe f brodo m di pollo;
~stall m pollaio
Hülle f invòlucro m; custodia
Hülsenfrüchte f/pl legumi m/pl
human umano; ʠität f umanità
Hummel f bombo m

Hummer *m* gàmbero di mare, omaro
Humor *m* umorismo; **2i-stisch** umorìstico; **2voll** pieno di umore
humpeln zoppicare
Hund *m* cane
Hunde|futter *n* cibo *m* per cani; **~hütte** *f* canile *m*; **~kuchen** *m* biscotto per cani; **~leine** *f* guinzaglio *m*
hundert cento; **2er** *m* Geldschein biglietto *m* da cento; **2jahrfeier** *f* centenario *m*; **~prozentig** al cento per cento
Hunde|sperre *f* divieto *m* di libera circolazione dei cani; **~wetter** F *n* tempo *m* da cani
Hündin *f* cagna
Hundstage *m/pl* canìcola *f*
Hunger *m* fame *f*; **~ haben** aver fame; **2n** soffrire la fame; **~snot** *f* carestia *f*, **~streik** *m* sciòpero della fame
hungrig affamato; **~ sein** aver fame

Hupe *f* clàcson *m*; **2n** suonare il clàcson
Hupverbot *n* divieto *m* di segnalazioni acùstiche
Hürde *f* ostàcolo *m*; **~nlauf** *m* corsa *f* ad ostàcoli
Hure *f* prostituta, P puttana
hüsteln tossicchiare
husten tossire; **2** *m* tosse *f*; **2bonbon** *m/n* caramella *f* per la tosse; **2saft** *m* sciroppo per la tosse
Hut *m* cappello
hüten guardare; *Vieh* pascolare; *das Bett* ~ stare a letto; *sich* ~ *vor* guardarsi da
Hutkrempe *f* tesa
Hütte *f* capanna; (*Berg*2) rifùgio *m*, baita
Hyazinthe *f* giacinto *m*
Hydrant *m* idrante; bocca *f* d'acqua
Hygien|e *f* igiene; **2isch** igiènico
Hymne *f* inno *m*
hypermodern ultramoderno
hysterisch istèrico

I

ich io; **~ auch** anch'ìo; **~ bin's** sono io
ideal ideale
Idee *f* idèa
ident|ifizieren identificare; **~isch** idèntico; **2ität** *f* identità
ideologisch ideològico
Idiot *m*, **2isch** idiota

idyllisch idillìaco
Igel *m* riccio
ignorieren ignorare
ihm gli; *betont* a lui
ihn lo; *betont* lui
ihnen gli, loro, a loro; **2** Le, Lei; *pl* Loro, a Loro
ihr *sg* le, *betont* a lei; *pl* voi; *besitzanzeigend sg* (il) suo,

(la) sua; *pl* loro; 2 (il) Suo, (la) Sua; *pl* Loro
illegal illegale
illuminieren illuminare
Illusion *f* illusione
Illustrierte *f* rivista illustrata
Imbiß *m* spuntino; **~stube** *f* tàvola calda; snack-bar *m*
Imitation *f* imitazione
Imker *m* apicoltore
Immatrikulation *f* immatricolazione
immer sempre; **~ besser** sempre meglio; **~ noch, ~ wieder** sempre; **für ~** per sempre; **~ wenn** tutte le volte che; **~fort** continuamente; sempre; **~hin** comunque; **~zu** *s* **~fort**
Immobilien *pl* immòbili *m/pl*
immun immune (**gegen** a); **2system** *n* sistema *m* immunitario
impf|en vaccinare; **2schein** *m* certificato *m* di vaccinazione; **2ung** *f* vaccinazione
imponierend imponente
Import *m* importazione *f*; **~eur** *m* importatore; **2ieren** importare
imposant imponente
improvisiert improvvisato
impulsiv impulsivo
imstande: ~ sein zu èssere in grado di
in in; a; (*binnen*) fra; **~ der Stadt** nella città; **~ die Berge** in montagna; **ins Kino** al cìnema; **im März** in (*od* a) marzo; **im Sommer** d'estate; **~ diesem Jahr** quest'anno

inbegriffen: alles ~ tutto compreso
Index *m* indice
indirekt indiretto
indiskret indiscreto
indiskutabel indiscutìbile
indisponiert mal disposto
individuell individuale
Indizien *n/pl* indizi *m/pl*
Industrie *f* industria; **~betrieb** *m* azienda *f* industriale; **~gebiet** *n* zona *f* industriale; **~zentrum** *n* centro *m* industriale
Infarkt *m* Med infarto
Infektion *f* infezione; **~skrankheit** *f* malattia infettiva
infizieren infettare
Inflation *f* inflazione
infolge in sèguito a; **~dessen** in conseguenza di ciò
Informatik *f* informàtica
Information *f* informazione; **~ u ~sbüro** *n* ufficio *m* informazioni
informieren informare, **sich ~** informarsi (*über* di)
Ingenieur *m* ingegnere
Inhaber *m* proprietario, titolare (*a e-s Kontos*)
Inhalt *m* contenuto; **~sverzeichnis** *n* ìndice *m*
Initiative *f* iniziativa
Injektion *f* iniezione
inklusive compreso
Inland *n* interno *m* del paese
inländisch nazionale
Inlands|flüge *m/pl* voli nazionali; **~markt** *m* mercato

interno; ~**porto** n affrancatura f per l'interno
inmitten nel mezzo di; in mezzo a
innen dentro; all'interno; **von** ~ dall'interno
Innen|kabine f cabina interna; ~**ministerium** n ministero m degli Interni; ~**politik** f politica interna; ~**stadt** f centro m città
innere interiore; 2(s) n interno m
inner|halb in; *zeitlich* entro; (*binnen*) fra; ~**lich** interno
inoffiziell non ufficiale
Insasse m e-s *Fahrzeugs* passeggero
Inschrift f iscrizione
Insekt n insetto m; ~**enspray** n spray m insetticida; ~**enstich** m puntura f d'insetto
Insel f isola; ~**bewohner** m isolano; ~**gruppe** f arcipelago m
Inserat n inserzione f
insgesamt in tutto, in totale
Inspektion f controllo m
Installateur m idràulico
instand: ~ **halten** mantenere; ~ **setzen** riparare
Instanz f istanza
Instinkt m istinto m; 2**iv** istintivo
Institut n istituto m
Instruktion f istruzione
Instrument n strumento m
Insulin n insulina f
Inszenierung f messa in scena

intakt intatto
intelligent intelligente
intensiv intenso; intensivo; ~**kurs** m corso intensivo; 2**station** f reparto m di rianimazione
interes|sant interessante; 2**se** n interesse m; ~**sieren** interessare; *ich interessiere mich für ...* m'interesso di ...
inter|n interno; ~**national** internazionale; 2**nist** m internista; ~**venieren** intervenire; 2**view** n intervista f; ~**viewen** intervistare
intim ìntimo
intolerant intollerante
Intrige f intrigo m
Invalide m invàlido
Inventar n inventario m
invest|ieren investire; 2**ition** f investizione
inwie|fern in che senso; ~**weit** fino a qual punto
inzwischen frattanto
irdisch terreno
irgend: ~ *jemand* qualcuno; ~ *etwas* qualcosa; ~**ein** uno; ~**einer** qualcuno; ~**wann** prima o poi; ~**wie** in qualche modo; ~**wo** in qualche posto
ironisch ironico
irre *fig* pazzesco; F (*toll*) fantàstico
Irre(r) m: *wie ein Irrer* come un pazzo
irre|führen ingannare; ~**machen** sconcertare
irren errare; *fig* sbagliare; *ich habe mich geirrt* mi sono

irrig 350

sbagliato; *sich in der Straße ~* sbagliare strada
irrig erròneo
Irr|sinn m pazzìa f, follìa f; **~tum** m errore; **2tümlich** erròneo; **2tümlicherweise** per sbaglio
Ischias m/n sciàtica f

J

ja sì
Jacht f yacht m
Jack|e f giacca; **~ett** n giacca f, giacchetta f
Jagd f caccia; **~gewehr** n fucile m da caccia; **~hütte** f capanna da caccia; **~revier** n riserva f di caccia; **~schein** m licenza f di caccia; **~verbot** n divieto m di caccia; **~zeit** f (stagione della) caccia
jagen cacciare; *Verbrecher ~* dare la caccia a
Jäger m cacciatore
Jahr n anno m; *ein halbes ~* sei mesi; *im ~ 1992* nel 1992; *seit ~en* da anni; **2elang** adv per anni
Jahres|anfang m inizio dell'anno; **~ende** n fine f dell'anno; **~tag** m anniversario; **~zeit** f stagione
Jahr|gang m v Wein annata f; **~hundert** n sècolo m
jährlich annuo, annuale; *adv* ogni anno
Jahr|markt m fiera f; **~tausend** n millennio m; **~zehnt**

islamisch islàmico
Isolier|band n nastro m isolante; **2en** isolare; **~ung** f isolamento m
Italien n (l') Italia f
Italien|er m italiano f, **2isch** italiano; *auf ~* in italiano

n decennio m
jähzornig iracondo
Jalousie f persiana
jämmerlich miseràbile
jammern lamentarsi
Januar m gennaio
Japan n (il) Giappone m
Japan|er m, **2isch** giapponese
Jause f merenda
Jazzband f orchestrina f di jazz
je (*~mals*) mai; *vor Zahlen* ogni, alla volta; (*für jeden*) ciascuno; *~ ... desto* più ... più; *~ nachdem*, *ob* secondo che (+ *cong*)
Jeans pl jeans m/pl; **~rock** m gonna f di jeans
jede, ~r, ~s adj ogni; *substantivisch* ognuno, ognuna; *das weiß jeder* tutti lo sanno
jeder|mann ognuno; (*alle*) tutti; **~zeit** in qualsiasi momento
jedesmal ogni volta (*wenn* che)
jedoch però

jeher: von (*od* **seit**) ~ da sempre
jemals mai
jemand qualcuno
jen|e, ~er, ~es quello, quella; **~seits** al di là (di)
Jesuit *m* gesuita
Jesus Gesù
jetzig presente, attuale
jetzt ora, adesso; *bis* ~ finora
jeweils ogni volta
Jockei *m* fantino
Jodtinktur *f* tintura di iodio
Jogging *n* jogging *m*
Joghurt *m*/*n* yogurt *m*
Johannisbeeren *f*/*pl* ribes *m*/*pl*
Journalist *m* giornalista
Jubel *m* giùbilo
Jubiläum *n*: **zehnjähriges** ~ dècimo anniversario *m*
juck|en: es juckt prude; **sich** ~ grattarsi; **⒉reiz** *m* prurito
Jude *m* ebrèo
Jüd|in *f* ebrèa; **⒉isch** ebrèo
Jugend *f* gioventù; **die** ~ (*jun-ge Leute*) i gióvani; **~gruppe** *f* gruppo *m* di gióvani; **~herberge** *f* ostello *m* per la gioventù; **~herbergsausweis** *m* tèssera *f* per l'ostello; **~lager** *n* campo *m* per gióvani; **⒉lich** giovanile; **~liche(r)** *m* gióvane
Jugoslaw|e *m* iugoslavo; **~ien** *n* (la) Iugoslavia; **⒉isch** iugoslavo
Juli *m* luglio
jung gióvane; **⒉e** *m* ragazzo; **⒉e(s)** *n* piccolo *m*
jünger più gióvane; *Geschwister* minore
Junggesell|e *m* scàpolo; **~in** *f* nùbile
jüngst: in ~er Zeit recentemente
Juni *m* giugno
Jura: ~ **studieren** studiare legge
Jurist *m* giurista
Jury *f* giurì *m*
Justiz *f* giustizia
Juwel|en *n*/*pl* gioielli *m*/*pl*; **~ier** *m* gioielliere

K

Kabarett *n* cabaret *m*
Kabel *n* cavo *m*; **~fernsehen** *n* televisione *f* via cavo
Kabeljau *m* merluzzo
Kabine *f* cabina
Kabriolett *n* decapottàbile *f*
Kachel *f* piastrella *f*
Käfer *m* coleòttero

Kaffee *m* caffè; **~kanne** *f* caffettiera; **~löffel** *m* cucchiaino; **~maschine** *f* màcchina da caffè; **~mühle** *f* macinacaffè *m*; **~tasse** *f* tazza da caffè
Käfig *m* gabbia *f*
kahl nudo; *Kopf* calvo; *Baum* spoglio

Kahn m barca f; ~ **fahren** andare in barca
Kai m banchina f
Kaiser m imperatore
Kajüte f cabina
Kakao m cacao; *Getränk* cioccolata f
Kalabrien n Calabria f
Kalb n vitello m; **~fleisch** n (carne f di) vitello m
Kalbs|braten m arrosto di vitello; **~schnitzel** n scaloppina f di vitello
Kaldaunen f/pl trippa f
Kalender m calendario
Kalk m calce f; **~stein** m calcare
kalkulieren calcolare
kalt freddo; *es ist* ~ fa freddo; *mir ist* ~ ho freddo; ~ *stellen* méttere al fresco; ~ *werden Wetter* fare freddo; *Speise* raffreddarsi; **~blütig** a sangue freddo
Kälte f freddo m; **3 Grad** ~ 3 gradi sotto zero
Kamelhaar n cammello
Kamera f màcchina fotogràfica; (*Film*2) cinepresa
Kamerad m camerata; compagno
Kamille f camomilla; **~ntee** m (infuso m di) camomilla f
Kamin m camino; **~kehrer** m spazzacamino
Kamm m pèttine; (*Berg*2) cresta f
kämmen: *sich* ~ pettinarsi
Kammer f ripostiglio m; **~musik** f mùsica da càmera

Kampanien n Campania f
Kampf m lotta f; (*Wett*2) gara f
kämpfen lottare, combàttere (*für, um* per)
Kampfrichter m àrbitro
kampieren accamparsi
Kanal m canale (*a TV*); (*Abwasser*2) canale di scolo; **~isation** f fognatura
Kandidat m candidato
kandiert: ~e Früchte f/pl frutta f candita
Kaninchen n coniglio m
Kanister m bidone, tànica f
Kännchen n bricchetto m
Kanne f bricco m
Kante f spìgolo m
Kantine f mensa
Kanu n canòa f
Kanzel f pùlpito m
Kanzlei f cancelleria
Kanzler m cancelliere
Kap n capo
Kapazität f capacità; (*Experte*) esperto m
Kapell|e f cappella; *Mus* banda; **~meister** m capobanda
Kapern f/pl càpperi m/pl
Kapital n capitale m; **~ist** m, **2istisch** capitalista
Kapitän m capitano
Kapitel n capitolo
Kaplan m cappellano
Kappe f berretto m
Kapsel f càpsula; *Medikament* cachet [-ʃɛ] m
kaputt F rotto, guasto; (*müde*) stanco morto; **~ge-**

hen rómpersi; ~machen rómpere
Kapuze f cappuccio m
Karabiner(haken) m moschettone
Karaffe f caraffa
Karambolage f collisione
Karat n carato m
Karawane f carovana (a fig)
Kardanwelle f àlbero m cardànico
Kardinal m cardinale; ~zahl f nùmero m cardinale
Karfreitag m venerdì santo
kariert a quadretti
Karneval m carnevale
Karo n quadro m; Kartenspiel quadri m/pl
Karosserie f carrozzeria
Karotte f carota
Karpfen m carpa f
Karte f (Speise≳) carta, menù m; s Land-, Eintritts-, Fahr-, Flug-, Postkarte; nach der (essen) (mangiare) alla carta; ~n spielen giocare a carte
Kartei f schedario m; ~karte f scheda
Kartenspiel n partita f di carte; (Satz Karten) mazzo f di carte
Kartoffel f patata f; ~brei m purè m di patate; ~chips m/pl patatine f/pl; ~klöße m/pl gnocchi di patate
Karton m cartone f, scàtola f
Karussell n carosello m, giostra f
Karwoche f settimana santa

Käse m formaggio f; ~kuchen m torta f di ricotta
Kaserne f caserma
Kasino n casinò m
Kaskoversicherung f assicurazione contro tutti i rischi
Kasse f cassa; Thea usw botteghino m
Kassen|arzt m mèdico della mùtua; ~bon m s ~zettel; ~patient m mutuato; ~zettel m scontrino
Kassette f cassetta f; ~nfilm m pellicola f a caricatore; ~nrecorder m registratore a cassette
kassier|en incassare; ≳er (-in) f cassiere (-a f) m
Kastanie f castagna f; Baum castagno m
Kasten m cassa f, cassetta f
Kat m s Katalysator
Katalog m catàlogo m
Katalysator m Kfz catalizzatore, marmitta f catalìtica
Katarrh m catarro
Katastrophe f catàstrofe; ~ngebiet n zona f sinistrata
Kategorie f categoria
Kathedrale f cattedrale
Kathol|ik m, ≳isch cattòlico
Katze f; gatto m; gatta f
kauen masticare
Kauf m compra f, acquisto m; ≳en comprare, acquistare
Käufer m compratore, acquirente
Kauf|haus n grande magazzino m; ~mann m commerciante; ~preis m prezzo

Kaufvertrag 354

d'acquisto; **~vertrag** m contratto di comprav́endita
Kaugummi m gomma f americana (od da masticare)
kaum appena
Kautabak m tabacco da masticare
Kaution f cauzione
Kaviar m caviale
Kegel m Math cono; (Spiel2) birillo; **2bahn** f bowling m; **2n** giocare ai birilli
Kehl|e f gola; **~kopf** m laringe m/f
Kehr|e f tornante m, svolta; **2en** spazzare; **~schaufel** f paletta; **~seite** f rovescio m
Keil m cùneo
Keiler m cinghiale
Keilriemen m cinghia f trapezoidale
Keim m germe; **2en** germinare; **2frei** sterilizzato
kein non ... (un, una); nessuno; *ich habe ~ Geld* non ho denaro; *~ bißchen* nemmeno un pò; *~ anderer* nessun altro; **~er** nessuno; **~esfalls** in nessun caso; **~eswegs** in nessun modo
Keks m biscotto
Kelch m càlice
Kelle f ramaiolo m, mèstolo m
Keller m cantina f; **~geschoß** n scantinato m; **~meister** m cantiniere
Kellner m cameriere, **~in** f cameriera
kennen conóscere; *sich ~* conóscersi; **~lernen** conóscere
Kenner m conoscitore
Kenntnis f conoscenza (*von* et di qc); **~se** pl nozioni f/pl
Kennzeich|en n (contras-)segno m, Kfz targa f; **2nen** (contras)segnare
kentern capov́olgersi
Keramik f ceràmica
Kerbe f tacca
Kerl m tipo; soggetto
Kern m v Steinobst nòcciolo; v Kernobst seme; **~energie** f energìa nucleare; **~kraftgegner** m antinucleare; **~kraftwerk** n centrale f nucleare; **~waffen** f/pl armi nucleari
Kerze f candela; (Altar2) cero; **~nhalter** m portacandela
Kessel m (Wasser2) bollitore; Tech caldaia f
Ketchup n/m ketchup m
Kette f catena; (Hals2) collana
Kettenfahrzeug n veicolo m cingolato
keuch|en ansimare; **2husten** m tosse f canina
Keule f Kochk coscia; (Lamm2) cosciotto m
Kfz n s Kraftfahrzeug
Kiebitz m Zo pavoncella f
Kiefer[1] m mascella f
Kiefer[2] f pino m selvàtico
Kiel m Mar chiglia f
Kiemen f/pl branchie
Kies m ghiaia f
Kiesel m ciòttolo

Kilo(gramm) n chilo(grammo) m
Kilometer m chilòmetro; *mit 60 ~n in der Stunde* a 60 chilòmetri all'ora; **~stein** m pietra f miliare; **~zähler** m contachilòmetri
Kilowattstunde f chilowattora
Kind n bambino m; *(Sohn)* figlio m; *(Tochter)* figlia f; *für ~er* per (i) bambini
Kinder|arzt m pediatra; **~bett** n lettino m; **~ermäßigung** f riduzione per bambini; **~fahrschein** m biglietto per ragazzi; **~garten** m giardino d'infanzia; **~gärtnerin** f maestra f giardiniera; **~lähmung** f poliomielite; **~sitz** m *Kfz* seggiolino m; **~spielplatz** m campo giochi; **~vorstellung** f rappresentazione per i bambini; **~wagen** m carrozzina f; **~zimmer** n stanza f dei bambini
Kind|heit f infanzia f; **2isch** puerile; **2lich** infantile
Kinn n mento m; **~haken** m montante al mento
Kino n cinema m, F cine m
Kiosk m chiosco; *(Zeitungs2)* edicola f
Kippe f F *(Zigaretten2)* cicca, mozzicone m
kippen rovesciare
Kirche f chiesa
Kirchen|chor m coro parrocchiale; **~diener** m sagrestano; **~fenster** n vetrata f; **~musik** f mùsica sacra; **~schiff** n navata f
kirch|lich ecclesiàstico; **2turm** m campanile; **2weih** f sagra
Kirsch|baum m ciliegio; **~e** f ciliegia; **~wasser** n kirsch m
Kissen n cuscino m; *(Kopf2)* guanciale m; **~bezug** n fèdera f
Kiste f cassa; F *(Auto)* trabiccolo m
Kitsch m kitsch; **2ig** di cattivo gusto
Kitt m màstice
Kittel m càmice
kitten incollare
Klage f lagnanza; *jur* querela; **2n** lamentarsi *(über* di); *jur* spòrgere querela
Kläger m querelante
Klammer f *(Wäsche2)* molletta; *(Büro2)* fermaglio m
klammern: *sich ~ an* aggrapparsi a
Klang m suono
Klapp|bett n letto m ribaltàbile; **2en** ribaltare; *fig es klappt (nicht)* (non) funziona; **~sitz** m strapuntino; **~stuhl** m sedia f pieghévole
klar *Wasser* limpido; *Himmel* a sereno; *(verständlich)* chiaro
klären chiarire
Klarinette f clarinetto m
Klasse f classe; *(Kategorie)* categoria

klassisch clàssico
Klatsch F m pettegolezzi m/pl
klatschen: *in die Hände* ~ bàttere le mani; *Beifall* ~ applaudire
Klaue f grinfia
klauen F rubare
Klavier n pianoforte m; **~konzert** n concerto m per pianoforte
Kleb|eband n nastro m adesivo; **2en** v/t incollare; v/i èssere attaccato; **2rig** colloso; **~stoff** m adesivo, colla f
Klecks m macchia f
Klee m, **~blatt** n trifoglio m
Kleid n vestito m
Kleider|bügel m gruccia f; **~haken** m, **~ständer** m attaccapanni; **~schrank** m armadio
Kleidung f vestiti m/pl, vestiario m; **~sstück** n capo m di vestiario
klein piccolo; **2bildkamera** f microcàmera; **2bus** m pulmino; **2geld** n spiccioli m/pl; **2igkeit** f piccolezza; **2kind** n bambino m; **~lich** gretto; **2stadt** f cittadina; **2wagen** m utilitaria f
Kleister m colla f
Klemm|e f (*Haar2*) fermaglio m; *fig* in der ~ sein èssere in un impiccio; **2en** incepparsi
Klempner m lattoniere, idràulico
Klerus m clero
kletter|n arrampicarsi (*auf* su); **2pflanze** f rampicante m; **~schuhe** m/pl scarpette f/pl da roccia
Kletterverschluß m stretch
Klima n clima m; **~anlage** f aria condizionata; **2tisch** climàtico; **~wechsel** m cambiamento del clima (*od* climàtico)
Klinge f lama; (*Rasier2*) lametta
Klingel f campanello m
Klinge f scoglio m
klingeln sonare; *Telefon* a squillare; *es klingelt* suona
Klinik f clìnica
Klinke f maniglia
klirren tintinnare
Klo F n s *Klosett*
klopfen bàttere (*a Herz*); *Motor* bàttere a testa; *an die Tür* ~ bussare alla porta; *es klopft* bùssano (alla porta)
Klops m polpetta f
Klosett n gabinetto m; **~bürste** f spàzzola del gabinetto
Kloß m (*Mehl2*) gnocco m; (*Fleisch2*) polpetta f
Kloster n convento m, monastero m
Klotz m ceppo
Klub m cìrcolo, club
klug intelligente; **2heit** f intelligenza
Klumpen m ammasso; (*Erd2*) zolla f
knabbern rosicchiare (*an et* qc)
Knäckebrot n pane m croccante

Kollision

knacken v/t *Nüsse* schiacciare; *Auto* scassinare; v/i scricchiolare

Knall m scoppio, detonazione f; ~en scoppiare, detonare; ~frosch m petardo

knapp scarso; *(eng)* stretto; *die Zeit ist* ~ manca il tempo; ~ *bei Kasse sein* èssere a corto di denaro

knarren scricchiolare

knattern crepitare

Knäuel m/n gomitolo

kneifen v/t pizzicare; v/i F fig svignàrsela

Kneipe f birrerìa

kneten impastare

Knick m piega f; ~en piegare

Knie n ginocchio m; ~bundhose f pantaloni m/pl alla zuava; ~kehle f pòplite m

knien stare in ginocchio; *sich* ~ inginocchiarsi

Knie|scheibe f ròtula; ~strümpfe m/pl calzettoni

Kniff m piega f; fig trucco

knipsen *Fahrkarte* forare; *Fot* fotografare

knistern crepitare

knitter|frei ingualcìbile; ~n sgualcirsi

Knoblauch m aglio

Knöchel m (*Fuß2*) mallèolo, caviglia f; (*Finger2*) nocca f

Knochen m osso; ~bruch m frattura f òssea; ~mark n midollo m

Knödel m gnocco

Knolle f Bot bulbo m

Knopf m bottone f; ~loch n occhiello m

Knorpel m cartilàgine f

Knospe f boccio m

Knoten m nodo; 2 fare un nodo (a); ~punkt m nodo (stradale, ferroviario)

Knüller F m successo

Knüppel m manganello; (*Schalt2*) leva f del cambio; ~schaltung f Kfz cambio m a cloche [klɔʃ]

knusprig croccante

Koch m cuoco; 2en v/t cuòcere; *Kaffee* fare; v/i (*sieden*) bollire; (*Essen zubereiten*) cucinare; ~er m fornello

Köchin f cuoca

Koch|löffel m cucchiaio (di legno); ~nische f àngolo m cucina, cucinino m, cucinotto m; ~platte f fornello m; ~topf m pèntola f

koffeinfrei senza caffeina

Koffer m valigia f; ~kuli m carrello portabagagli; ~radio n radio f portàtile; ~raum m Kfz baule, portabagagli

Kohl m càvolo

Kohle f carbone m

Kohlrabi m càvolo rapa

Kokosnuß f noce di cocco

Kolben m Tech pistone; ~ring m segmento

Kolik f còlica

Kollaps m collasso

Kolleg|e m, ~in f collega m/f

Kollision f scontro m, collisione

Kölnisch Wasser n acqua f di Colonia
Kolonne f colonna; ~**fahren** andare in fila
Kolosseum n Colosseo m
Kombiwagen m giardiniera f, giardinetta f
Komfort m comodità f/pl; comfort; ⌐**abel** confortévole
Komitee n comitato m
kommen venire; (an~) arrivare; durch e-n Ort passare (durch per); ~**lassen** far venire; wie komme ich nach ...? come faccio ad arrivare a ...?
kommend: ~**e Woche** la settimana próssima
Kommentar m commento
Kommissar m commissario; ~**iat** n commissariato m
Kommission f commissione
Kommode f cassettone m
Kommun|e f comune m; ~**ismus** m comunismo; ~**ist** m, ⌐**istisch** comunista
Komödie f commedia
Kompaß m bùssola f
Kompetenz f competenza
komplett completo
Kompli|kation f complicazione; ~**ment** m complimento m; ⌐**ze** m còmplice; ⌐**ziert** complicato
Komponist m compositore; ~**pott** m frutta f cotta; ~**promiß** m compromesso
Kon|densmilch f latte m condensato; ~**dition** f Sport forma; Hdl condizione; ~**ditorei** f pasticcerìa; ~**dom** n preservativo m; ⌐**fekt** n cioccolatini m/pl; ~**ferenz** f conferenza; ⌐**fession** f confessione; ~**fitüre** f confettura; ⌐**flikt** m conflitto
Kongreß m congresso; ~**teilnehmer** m congressista
König m re; ~**in** f regina; ~**reich** n regno m
Konjunktur f congiuntura
Konkurrenz f concorrenza; ⌐**los** senza concorrenza
können potere; (gelernt haben) sapere; **schwimmen** ~ sapere nuotare; (es) **kann sein** può darsi
Konsequenz f conseguenza
Konserv|e f conserva; ~**vendose** f scàtola di conserva; ~**vierungsmittel** n conservante m
Konstruktion f costruzione
Konsul m cónsole; ~**at** n consolato m
konsultieren consultare
Konsumgüter n/pl beni m/pl di consumo
Kontakt m contatto; ~**linsen** f/pl lenti a contatto
Kontinent n continente
Kontingent m contingente m
kontinuierlich contínuo
Konto n conto m; ~**inhaber** m titolare del conto; ~**nummer** f número m del conto; ~**stand** m situazione f del conto
Kontrast m contrasto

Kontrollabschnitt m tagliando di controllo
Kontroll|lampe f, **~leuchte** f làmpada spia
Kontroll|e f controllo m; **~eur** m controllore; **2ieren** controllare; *Gepäck* ispezionare; **~turm** m *Flgw* torre f di controllo
Konversation f conversazione
konzentrieren: *sich* ~ concentrarsi (*auf* su)
Konzert n concerto m; **~saal** m sala f dei concerti
Konzession f concessione
Konzil n concilio m
Kopf m testa f, capo; *pro* ~ pro càpite; **~bedeckung** f copricapo m; **~hörer** m cuffia f!; **~kissen** n guanciale; **~salat** m lattuga f; **~schmerzen** m/pl mal m di testa; **~schmerztablette** f pastìcca per il mal di testa; **~sprung** m tuffo; **~stütze** f *Kfz* poggiatesta m; **~tuch** n fazzoletto m (da testa); **2über** a capofitto
Kopie f copia; **2ren** copiare
Kopilot m copilota
Korb m cesto; (*Henkel*2) paniere; **~flasche** f fiasco m
Korinthen f/pl uva f passa
Korken m tappo; **~zieher** m cavatappi
Korn¹ n grano m
Korn² m acquavite f (di grano)
Kornblume f fiordaliso m

Körper m corpo; **2behindert**, **~behinderte(r)** m handicappato; **~größe** f statura; **2lich** corporale, fìsico; **~pflege** f igiene f del corpo; **~teil** m parte f del corpo
korrekt giusto
Korrespondenz f corrispondenza
Korridor m corridoio
korrigieren corrèggere
Kosmetik f cosmesi; **~erin** f estetista; **~salon** m istituto di bellezza
Kost f vitto m
kostbar prezioso
kost|en v/t provare; v/i costare; *was kostet ...?* quanto costa ...?; **2en** pl spese f/pl; **~enlos** gratùito
köstlich delizioso, squisito
kostspielig costoso
Kostüm n *Thea* costume m; (*Damen*2) taillier [tajœr] m
Kotelett n co(s)toletta f
Kotflügel m parafango
Krabbe f granchio m
Krach m (*Lärm*) chiasso; (*Streit*) lite f
Kraft f forza; **~brühe** f consommé m
Kraftfahrer m autista, automobilista
Kraftfahrzeug n automezzo m, autoveìcolo m; **~schein** m libretto (*od* carta f) di circolazione; **~steuer** f tassa di circolazione; **~versicherung** f assicurazione automobilìstica

kräftig

kräftig forte, robusto
kraft|los spossato; **2stoff** m carburante; **2wagen** m automòbile f; **2werk** n centrale f elèttrica
Kragen m bàvero; (Hemd2) colletto; **~weite** f misura del collo
Krähe f cornacchia
krähen Hahn cantare
Kralle f artiglio m; der Katze unghia
Kram m roba f, robaccia f
Krampf m crampo; **~adern** f/pl varici; **2lösend** antispàstico
Kran m gru f
Kranich m gru f
krank (am)malato; ~ sein èssere malato; ~ werden ammalarsi
kränken offèndere
Kranken|haus n ospedale m; **~kasse** f cassa malati: mùtua; **~pfleger** m infermiere; **~schwester** f infermiera; **~versicherung** f assicurazione malattie; **~wagen** m ambulanza f
Kranke(r) m malato; **2haft** morboso; **~heit** f malattia
kränklich malaticcio
Kranz m corona f
Krapfen m krapfen
Krater m cratere
kratz|en grattare, graffiare; (ab-) raschiare; **2er** m graffio, graffiatura f
kraulen (liebkosen) accarezzare; Sport nuotare a crawl

kraus crespo
Kraut n erba f; (Kohl) càvolo m
Kräuter n/pl: Kochk mit ~n alle erbe; **~tee** m infuso di erbe, tisana f
Krawatte f cravatta
Krebs m gàmbero; Med cancro; **2erregend** cancerògeno
Kredit m crédito; **~karte** f carta di crédito
Kreide f creta; zum Schreiben gesso m
Kreis m cerchio; cìrcolo; (Verwaltungs2) distretto
kreischen stridere
Kreis|el m tròttola f; **2en** girare, rotare (um intorno a); **2förmig** circolare; **~lauf** m Med circolazione f; **~laufstörungen** f/pl disturbi m/pl circolatori; **~säge** f sega circolare; **~verkehr** m circolazione f rotatoria
krepieren F (sterben) crepare; Sprengkörper s **explodieren**
Kresse f Bot crescione m
Kreuz n Anat reni m/pl; Kartenspiel fiori m/pl; 2 und quer in tutti i sensi; **2en** incrociare; sich ~ incrociarsi; **~fahrt** f crociera; **~gang** m Arch chiostro; **~schmerzen** m/pl mal m di reni; **~ung** f incrocio; **~weg** m Rel via crucis f; **~worträtsel** n cruciverba m
kriech|en strisciare; **2spur** f

Autobahn corsìa per veìcoli lenti
Krieg *m* guerra *f*
kriegen F *s* **bekommen**
Kriegs|beschädigte(r) *m* mutilato di guerra; **~dienstverweigerer** *m* obiettore di coscienza; **~schäden** *m/pl* danni di guerra; **~schauplatz** *m* teatro della guerra
Krimi *m* F giallo; *s a* **Kriminalfilm, -roman**
Kriminal|film *m* film giallo (*od* poliziesco); **~ität** *f* delinquenza; **~polizei** *f* polizia giudiziaria; **~roman** *m* romanzo giallo (*od* poliziesco)
kriminell criminale
Krise *f* crisi
Kritik *f* critica; *in Zeitung* recensione; **~er** *m* critico, recensore
kriti|sch critico; **~sieren** criticare
Kron|e *f* corona (*a Zahn*2); (*Baum*2) chioma; **~leuchter** *m* lampadario
Kröte *f* rospo *m*
Krücke *f* gruccia; *auf ~n con* le grucce
Krug *m* brocca *f*
krumm storto; curvo
Krüppel *m* storpio
Kruste *f* crosta
Kruzifix *n* crocefisso *m*
Krypta *f* cripta
Kubikmeter *m* metro cùbico
Küche *f* cucina
Kuchen *m* dolce; torta *f*
Küchen|geschirr *n* stoviglie *f/pl*; **~herd** *m* cucina *f*; **~schrank** *m* credenza *f*
Kugel *f* palla; (*Gewehr*2) pallòttola; (*Billard*2) biglia; **~lager** *n* cuscinetto m a sfere; **~schreiber** *m* biro *f*; penna *f* a sfera; **~stoßen** *n* lancio *m* del peso
Kuh *f* vacca
kühl fresco; **~en** raffreddare; refrigerare; **2er** *m* radiatore; **2erhaube** *f* còfano *m*; **2schrank** *m* frigorifero; **2tasche** *f* borsa tèrmica; **2truhe** *f* congelatore *m*; **2wasser** *n* acqua *f* di raffreddamento
kühn ardito, audace
Kuli F *m* biro *f*
Kultur *f* cultura; civiltà; **~film** *m* documentario
Kümmel *m* comino; (*Schnaps*) kümmel
Kummer *m* afflizione *f*
kümmern: *sich ~ um* occuparsi di; curarsi di
Kunde *m* cliente
Kundendienst *m* servizio di assistenza ai clienti
Kundgebung *f* dimostrazione, manifestazione
kündig|en licenziare (*j-m* qu); **2ung** *f* licenziamento *m*; **2ungsfrist** *f* preavviso *m*; **2ungstermin** *m* tèrmine *m* di disdetta
Kund|in *f* cliente; **~schaft** *f* clientela
künftig futuro; *adv* in avvenire

Kunst f arte; ~akademie f accademia delle belle arti; ~ausstellung f esposizione d'arte; ~faser f fibra sintètica; ~gewerbe n arte f industriale; ~handlung f negozio m d'arte; ~leder n similpelle f
Künstler(in f) m artista m/f; ℒlich artificiale
Kunst|sammlung f collezione f d'òpere d'arte; ~seide f seta artificiale; ~stoff m plàstica f; ~werk n òpera f d'arte
Kupfer n rame m; ~stich m incisione f su rame
Kuppel f cùpola f
kuppeln Kfz innestare la frizione; ℒung f frizione; ℒungspedal n pedale m della frizione
Kur f cura
Kurbel f manovella; ~welle f àlbero m a gòmiti
Kürbis m zucca f
Kur|gast m òspite; ~ort m stazione f termale (od balneare)

Kurs m corso; Mar rotta f; Hdl cambio; ~buch n orario m ferroviario; ~us m corso; ~wagen m carrozza f diretta
Kurtaxe f tassa di soggiorno
Kurve f curva, svolta
kurz räumlich corto; zeitlich breve; **vor ~em** poco fa; **~ vor Rom** a pochi chilòmetri da Roma; ℒarbeit f lavoro m a orario ridotto; ~ärmelig con màniche corte
Kürze f: **in ~** fra poco
kürzen accorciare
Kurz|film m cortometràggio; ℒfristig a breve tèrmine; ~parkzone f zona disco; ~schluß m corto circùito; ℒsichtig mìope; ~welle f Rdf onde f/pl corte
Kusine f cugina
Kuß m bacio
küssen baciare
Küste f costa; ~nstraße f strada costiera
Küster m sagrestano
Kutsche f carrozza; ~r m cocchiere
Kutteln f/pl trippa f

L

Labor n laboratorio m; ~ant(in f) m assistente m/f di laboratorio
lächeln sorridere; ℒ n sorriso m
lachen rìdere (**über** di)
lächerlich ridìcolo
Lachs m salmone

Lack m vernice f (a Kfz);lacca f; ℒieren verniciare; **Fingernägel** laccare
Lade|gerät n für Batterie caricabatterìe; ℒn caricare
Laden m negozio, ~hüter m fondo di bottega; ~schluß m

chiusura f dei negozi; ~tisch m banco
Lade|rampe f rampa di accesso; ~raum m Mar stiva f
Ladung f càrico m; El, Mil càrica
Lage f posizione; situazione; (Schicht) strato m; (nicht) in der ~ sein, et zu tun (non) èssere in grado di fare qc
Lager n campo m; Hdl depòsito m; Tech cuscinetto m; 2n posare; Hdl immagazzinare; (ruhen) riposare
Lagune f laguna
lähmen paralizzare; ~ung f paràlisi
Laib m Brot pagnotta f
Laie m profano; Rel làico
Laken n lenzuolo m
Lamm n agnello m; ~fell n agnellino m
Lampe f làmpada
Lampen|fieber n febbre f della ribalta; ~schirm m paralume
Lampion m lampioncino
Land n (Ggs Wasser) terra f; (Staat) paese m; (Ggs Stadt) campagna f; an ~ gehen sbarcare; auf dem ~ in campagna; ~ebahn f pista d'atterraggio; 2en Mar approdare; Flgw atterrare
Landenge f istmo m
Länder|kampf m ~spiel n incontro m internazionale
Landes|innere(s) n interno m del paese; ~sprache f lingua nazionale; ~währung f moneta nazionale
Land|gut n podere m; ~haus n villa f; ~karte f carta geogràfica
ländlich campestre, rurale
Land|schaft f paesaggio m; ~smann m compatriota; ~straße f strada maestra; ~streicher m vagabondo; ~ung f Mar approdo m; Flgw atterraggio m; ~ungssteg m passerella f; ~wein m vino locale
Landwirt m agricoltore; ~schaft f agricoltura; 2schaftlich agrario, agrìcolo
lang lungo; zwei Wochen ~ per due settimane; ~ adv a lungo; seit ~m da molto tempo
Länge f lunghezza; zeitlich durata; ~ngrad m grado di longitùdine
Langeweile f noia
lang|fristig a lungo tèrmine; ~jährig di anni; Freund vecchio; 2lauf m sci di fondo
läng|lich oblungo; ~s lungo (der Straße la strada)
langsam lento; adv adagio; ~er fahren rallentare
Lang|schläfer m dormiglione; ~spielplatte f disco m microsolco
längst da molto (tempo)
Languste f aragosta
lang|weilen annoiare; sich ~ annoiarsi; ~ig noioso
Lang|welle f Rdf onde f/pl lunghe; 2wierig lungo

Lappen

Lappen *m* straccio
Lärche *f* làrice *m*
Lärm *m* strèpito; **en** far chiasso; strepitare
Lasche *f* *Schuh* linguetta
lassen (ließ~) lasciare; (*veran*~) fare; (*aufhören*) sméttere; **machen ~** far fare; **~ Sie sich nicht stören!** non si disturbi!
lässig disinvolto
Last *f* càrico *m*; **~auto** *n s* **Last(kraft)wagen**; **~enaufzug** *m* montacàrichi; **~er** *m s* **Last(kraft)wagen**
lästern far male (*über* di)
lästig noioso; molesto
Last|kahn *m* chiatta *f*; **~(kraft)wagen** *m* autocarro, càmion; **~wagenfahrer** *m* camionista
Laterne *f* lanterna; (*Straßen*) lampione *m*; **~npfahl** *m* palo del lampione
Latte *f* assicella; *Hochsprung* asticella; *Fußball* traversa
Latzhose *f* salopette [-pɛt]
Laub *n* fogliame *m*
Laube *f* pèrgola; *Arch* pòrtico *m*
Lauch *m* porro
Lauf *m* corsa *f*; (*Ver*) corso; (*Gewehr*) canna *f*; **im ~e** (+ *G*) nel corso (di); **~bahn** *f* (*Karriere*) carriera
laufen (*rennen*) córrere; (*zu Fuß gehen*) andare a piedi, camminare; *Film* èssere in programma; *Maschine* funzionare; *Faß* colare; **auf dem ~den halten** tenere al corrente
Läufer *m Sport* corridore; *Schach* alfiere; *Teppich* guida *f*, passatoia *f*
Lauf|gitter *n* box *m* (per bambini); **~masche** *f* smagliatura
Laufschritt *m*: **im ~** a passo di corsa
Laune *f* umore *m*; **gute (schlechte) ~ haben** èssere di buon (cattivo) umore; **nhaft** lunàtico
Laus *f* pidocchio *m*
laut *Stimme* alto; (*lärmend*) rumoroso; *adv* **sprechen** ad alta voce; *prp* secondo
Laut *m* suono
läuten suonare; *Tel* squillare
laut|los silenzioso; **~sprecher** *m* altoparlante; **~stärke** *f Rdf*, *TV* volume *m*
lauwarm tiepido
Lava *f* lava
Lavendel *m* lavanda *f*
Lawine *f* valanga; **~ngefahr** *f* perìcolo *m* di valenghe
leb|en vìvere; **~ Sie wohl!** addio!; **es ~** vivo; (*lebhaft*) vivace; **~endig** vivo; (*lebhaft*) vivace
Lebens|alter *n* età *f*; **~gefahr** *f* perìcolo *m* di vita; *Achtung*, **~!** perìcolo di morte!; **~gefährte**, **-in** *m*, *f* compagno *m*, -a *f*; **~haltungskosten** *pl* costo *m* della vita; **länglich** a vita; **~lauf** *m* currìculum *m* vitae
Lebensmittel *n/pl* gèneri

m/pl alimentari; **~geschäft** *n* negozio *m* di (gèneri) alimentari; **~vergiftung** *f* intossicazione *f* alimentare
Lebens|standard *m* tenore di vita; **~unterhalt** *m* sostentamento; **~versicherung** *f* assicurazione sulla vita; **2~wichtig** di importanza vitale
Leber *f* fégato *m*; **~leiden** *n* malattìa *f* del fégato; **~pastete** *f* pasticcio *m* di fégato
Lebewesen *n* èssere *m* vivente
lebhaft vivace
Lebkuchen *m* panpepato
leblos esànime
leck: ~ **sein** pèrdere
lecken *mit der Zunge* leccare
lecker ghiotto; squisito; **2bissen** *m* leccornìa *f*
Leder *n* cuoio *m*; pelle *f*; **~handschuhe** *m/pl* guanti di pelle; **~jacke** *f* giacca di pelle; **~sohle** *f* suola di cuoio; **~waren** *f/pl* pelletterìe
ledig *Mann* cèlibe; *Frau* nùbile; **~lich** *adv* soltanto
leer vuoto; *Batterie* scàrico; **~en** vuotare; **2gut** *n* vuoti *m/pl*; **2lauf** *m Motor* marcia *f* in folle; **2ung** *f des Briefkastens* levata (della posta)
legal legale
legen méttere; posare; *sich* ~ distèndersi; *ins Bett* coricarsi; *Wind* calmarsi; **2** *n Haar* messa *f* in piega
Lehm *m* argilla *f*
Lehn|e *f*(*Arm*2) bracciolo *m*; (*Rücken*2) spalliera *f*; **2en** appoggiare (*an* a); *sich* ~ appoggiarsi (*an* a); spòrgersi (*aus* da); **~stuhl** *m* poltrona *f*

Lehr|buch *n* libro *m* di testo; **~e** *f* insegnamento *m*; (*Handwerks*2) tirocìnio *m*, apprendistato *m*; **2en** insegnare (*j-n et* qc a qu); **~er(in** *f*) *m* insegnante *m/f*; (*Grundschul*2) maestro (-a *f*) *m*; (*Gymnasial*2) professore (-essa *f*) *m*; **~gang** *m* corso; **~ling** *m* apprendista; **~stuhl** *m* càttedra *f*; **~zeit** *f* tirocìnio *m*, apprendistato *m*
Leib *m* corpo; (*Bauch*) ventre
Leibes|übungen *f/pl* esercizi *m/pl* fìsici; **~visitation** *f* perquisizione *f* personale
leib|lich corporale; fìsico; **2~schmerzen** *m/pl* mal *m* di ventre (*od* di pancia); **~wächter** *m* guardia *f* del corpo; **2wäsche** *f* biancherìa ìntima
Leiche *f* cadàvere *m*
Leichen|halle *f* càmera mortuaria; **~wagen** *m* carro fùnebre
Leichnam *m* salma *f*; *s a* **Leiche**
leicht leggero; (*einfach*) fàcile; **~e Musik** mùsica *f* leggera; **2athletik** *f* atlètica leggera; **2fertig** sconsiderato; **~gläubig** crèdulo; **2igkeit** *f* leggerezza; *fig* facilità; **2metall** *n* metallo *m* leggero

Leichtsinn

Leichtsinn *m* leggerezza *f*; **2ig** sconsiderato
leicht|**verderblich** deperibile; **~verletzt** leggermente ferito
leid: *es tut mir ~* mi dispiace; *er tut mir ~* mi fa pena; **2** *n* dolore *m*; **tut** *~ di qc*); *nicht ~ können* non poter vedere; **2en** *n* sofferenza *f*; *Med* malattia *f*; **~end** sofferente
Leidenschaft *f* passione; **2lich** appassionato
leider purtroppo; **~lich** passàbile
Leih|**bücherei** *f* biblioteca circolante; **2en** prestare (*j-m et* qc a qu); *sich et ~* prèndere in prèstito qc; **~gebühr** *f* tassa *f* di prèstito; *für e-n Leihwagen* noleggio *m*; **~haus** *n* monte *m* di pietà; **~wagen** *m* màcchina a noleggio; **~weise** a prèstito
Leim *m* colla *f*
Lein|**e** *f* corda; (*Hunde*2) guinzaglio *m*; **~en** *n* lino *m*; **~wand** *f Film* schermo *m*
leise silenzioso; *Stimme* basso; *adv sprechen* piano; *~r stellen* abbassare
Leiste *f* listello *m*; *Anat* inguine *m*
leisten fare; *Hilfe* prestare; *Dienst* rèndere; *Zahlung* effettuare; *sich et ~* permèttersi qc
Leistenbruch *m* ernia *f* inguinale

Leistung *f* prestazione; (*Arbeits*2) rendimento *m*; *Tech* efficienza
Leit|**artikel** *m* artìcolo di fondo; **2en** *Betrieb* dirìgere; *Versammlung* presièdere; **~er¹** *m* direttore; *Phys* conduttore; **2er²** *f* scala *f* (a pioli); **~planke** *f* guardrail *m*, guardavia *m*; **~ung** *f* (*Führung*) direzione *f*; *Tel, El* linea; (*Wasser*2) tubazione *f*; **~ungswasser** *n* acqua *f* di rubinetto
Lektion *f* lezione
Lektüre *f* lettura
Lende *f* lombo *m*; **~nbraten** *m* lombata *f*
lenk|**en** guidare (*a Auto*); **~er** *m s* **2stange**; **2rad** *n* volante *m*; **2radschloß** *n* bloccasterzo *m*; **2stange** *f* manubrio *m*; **2ung** *f Kfz* sterzo *m*
Lerche *f* allòdola
lernen imparare
lesbar leggìbile
les|**en** lèggere; **2r** *m* lettore; **~rlich** leggìbile; **2saal** *m* sala *f* di lettura
letzte ùltimo; *~ Woche* la settimana scorsa
leucht|**en** *j-m* far luce; (*glänzen*) brillare; **~end** luminoso; *Farbe* vivo; **2er** *m* candeliere; **2feuer** *n* faro *m*; **2reklame** *f* insegna luminosa; **2röhre** *f* tubo *m* fluorescente; **2stift** *m* evidenziatore; **2turm** *m* faro *m*
leugnen negare

Leute pl gente f; **junge** ~ i gióvani m/pl

Lexikon n enciclopedìa f; (*Wörterbuch*) dizionario m

Licht n luce f; **bei** ~ alla luce; ~**machen** accèndere la luce; s a **Kerze**; ~**bild** n fotografìa f; ~**bildervortrag** m conferenza f con diapositive; **℞echt** insensìbile alla luce; **℞empfindlich** sensìbile alla luce; ~**hupe** f lampeggiatore m; ~**maschine** f dìnamo; ~**schalter** m interruttore della luce; ~**ung** f radura

Lid n pàlpebra f; ~**schatten** m ombretto

lieb caro; **am ~sten** più di tutto; **℞e** f amore m; ~**en** amare

liebenswürdig gentile; **℞keit** f gentilezza

lieber adv piuttosto; **et ~ tun** preferire fare qc

Liebes|brief m lèttera f d'amore; ~**paar** n coppia f d'innamorati; ~**roman** m romanzo d'amore

liebevoll affettuoso

Liebhaber m amante; **e-r** *Kunst* amatore; ~**ei** f hobby m

lieb|lich ridente; *Wein* amàbile; **℞ling** m beniamino; ~**los** freddo

Lied n canzone f; canto m

liederlich disordinato

Liedermacher m cantautore

Liefer|ant m fornitore; **℞bar** disponìbile; ~**bedingungen** f/pl condizioni di consegna; ~**frist** f tèrmine m di consegna; **℞n** fornire; consegnare; ~**schein** m bolletta f di consegna; ~**ung** f fornitura; consegna; ~**wagen** m furgone; *kleiner* furgoncino

Liege f divano letto m

liegen giacere; (*sich befìnden*) èssere, stare, trovarsi; *fig* an *j-m* ~ dipèndere da qu; *mir liegt viel daran* ci tengo molto; ~**lassen** dimenticare

Liege|platz m *Esb* cuccetta f; *Mar* fonda f; ~**sitz** m *Kfz* sedile a schienale ribaltàbile; ~**stuhl** m sedia f a sdraio, sdraia f; ~**wagen** m carrozza f cuccette; ~**wiese** f prato m

Lift m ascensore; (*Ski℞*) sciovia f, ski-lift; ~**boy** m ascensorista

Likör m liquore

Lilie f giglio m

Limonade f gassosa

Limousine f berlina

Linde f tiglio m

lindern mitigare, lenire

Lineal n riga f

Linie f lìnea

Linien|bus m àutobus di lìnea; ~**flug** m volo di lìnea; ~**maschine** f aèreo m di lìnea

linke sinistro; **℞** f *Hand, Seite* sinistra

links a sinistra; **nach** ~ a sinistra; **von** ~ da sinistra; **sich** ~ **halten** tenere la sinistra;

Linksabbieger

abbieger *m* chi svolta a sinistra; **händer** *m* mancino
Linse *f* lenticchia; *Opt* lente
Lippe *f* labbro *m*; **n pl** le labbra; **nstift** *m* rossetto
lispeln bisbigliare
Lissabon *n* Lisbona *f*
List *f* astuzia
Liste *f* elenco *m*; lista
listig astuto
Liter *m* litro *m*
Literatur *f* letteratura
Litfaßsäule *f* colonna delle affissioni
live *TV* in diretta; **-Sendung** *f* trasmissione (in) diretta
Lizenz *f* licenza
Lkw *m s* **Last(kraft)wagen**
Lob *n* lode *f*; **en** lodare; **enswert** lodévole
Loch *n* buco *m*; (*Erd*) buca *f* (*a Golf, Billard*); im Reifen foro *m*; **en** forare; bucare; **er** *m* perforatore; **karte** *f* scheda perforata
Locke *f* riccio *m*
locken et: *j-n* attirare
Lockenwickler *m* bigodino
locker Schraube lento, allentato; **n** allentare; **sich ** allentarsi
Löffel *m* (*Eß*) cucchiaio; (*Tee*) cucchiaino
Loge *f Thea* palco *m*
logisch lògico
Lohn *m* salario; paga *f*; (*Belohnung*) ricompensa *f*; **empfänger** *m* salariato;

en: es lohnt sich (nicht) (non) vale la pena; **end** vantaggioso; **erhöhung** *f* aumento *m* salariale; **steuer** *f* imposta sul salario
Loipe *f* pista di fondo
Lok *f s* **Lokomotive**
Lokal *n* ristorante
Lokomotive *f* locomotiva; *elektrische* locomotore *m*, locomotrice; **führer** *m* macchinista
Lorbeerblatt *n Kochk* foglia *f* d'alloro
los (*abgegangen*) staccato; *s a* **locker**; **!** avanti!; **was ist ?** che c'è?
Los *n* (*Lotterie*) biglietto *m* di lotteria; (*Schicksal*) sorte *f*
Lösch|blatt *n* carta *f* assorbente; **en** Feuer, Licht spègnere; *Tonband* cancellare; **fahrzeug** *n* autopompa *f*
lose Schraube allentato; (*unverpackt*) sciolto
Lösegeld *n* riscatto *m*
losen tirare a sorte (*um et* qc)
lösen (*aufmachen*) scògliere; (*abtrennen*) staccare; (*lockern*) allentare; Fahrkarte comprare; Rätsel risòlvere
löslich solùbile
los|machen staccare; **reißen** strappare; **sich ** staccarsi (**von** da)
Lösung *f* soluzione (*a Chem*); **smittel** *n* solvente *m*

Lot n Mar scandaglio m; **⁓en** scandagliare
löt|en saldare; **⁓kolben** m saldatoio
Lotse m Mar pilota; **⁓n** pilotare; **⁓nboot** n pilotina f; **⁓ndienst** m servizio di pilotaggio
Lötstelle f saldatura
Lotterie f lotteria
Lotto n lotto m; **⁓schein** m schedina f (del lotto)
Löwe m leone; **⁓nzahn** m Bot dente di leone; soffione
Lücke f vuoto m; fig lacuna
lücken|haft incompleto; **⁓los** completo
Luft f aria; **⁓ballon** m palloncino; **⁓druck** m pressione f atmosfèrica
lüften Zimmer aerare; Betten dare aria a
Luftfahrt f aviazione; **⁓gesellschaft** f compagnia di navigazione aèrea
Luft|fracht f (Gebühr) nolo m; **⁓gewehr** n fucile m ad aria compressa; **⁓kissenfahrzeug** n hovercraft m; **⁓krankheit** f mal m d'aria; **⁓kühlung** f raffreddamento m ad aria; **⁓kurort** m stazione f climàtica; **⁓linie** f linea d'aria; **⁓loch** n foro m d'aerazione; **⁓matratze** f materasso m pneumàtico; materassino m; **⁓pirat** m pirata dell'aria

Luftpost f: **mit ⁓** per posta aèrea; **⁓brief** m lèttera f per via aèrea; **⁓papier** n carta f per posta aèrea
Luft|pumpe f pompa pneumàtica; **⁓röhre** f trachea; **⁓schiff** n aeronave f; **⁓taxi** n aerotaxi m; **⁓veränderung** f cambiamento m d'aria; **⁓verkehr** m tràffico aèreo; **⁓verschmutzung** f inquinamento m atmosfèrico; **⁓waffe** f aeronàutica militare
Luftweg m: **auf dem ⁓** per via aèrea
Luftzug m corrente f d'aria
Lüge f bugia; **⁓n** mentire; **⁓ner** m bugiardo
Luke f abbaino m; Mar boccaporto m
Lunchpaket n cestino m da viaggio
Lunge f polmone m; **⁓nentzündung** f polmonite
Lupe f lente (d'ingrandimento)
Lust f: **(keine) ⁓ haben zu** (non) avere voglia di
lustig allegro; **sich ⁓ machen über** beffarsi di
Lustspiel n commedia f
lutsch|en succhiare; **⁓er** m lecca-lecca
luxuriös di lusso
Luxus m lusso; **⁓hotel** n albergo di lusso; **⁓kabine** f cabina di lusso

M

machen fare; ~ **lassen** far fare; **Platz** ~ fare largo; **das Bett** ~ rifare il letto; **wieviel macht es?** quanto costa?; **das macht nichts** non importa
Macht f potere m; **~haber** m potente
mächtig potente; adv F fig molto
machtlos impotente
Mädchen n ragazza f; **~name** m nome di ragazza
Mad|e f baco m, verme m; **2ig** bacato, verminoso
Magen m stòmaco; **sich den ~ verderben** guastarsi lo stòmaco; **auf nüchternen ~** a digiuno; **~bitter** m amaro; **~geschwür** n ùlcera f gàstrica; **~schmerzen** m/pl dolori di stòmaco; **~verstimmung** f indigestione
mager magro; **2milch** f latte m scremato
Mahagoni n mògano m
mahlen macinare
Mahlzeit f pasto m; **~!** buon appetito!
Mähne f criniera
mahn|en sollecitare; **2ung** f sollécito m
Mai m maggio; **~glöckchen** n mughetto m; **~käfer** m maggiolino
Mailand n Milano f
Mais m mais, granturco; **~kolben** m pannocchia f
Majoran m maggiorana f
makellos senza difetti
Make-up m trucco m (del viso)
Makkaroni pl maccheroni m/pl
Makrele f sgombro m
Makrone f amaretto m
mal s **einmal**; Math per
Mal n volta f; **zum ersten ~** per la prima volta; **das nächste ~** la pròssima volta
mal|en dipingere; **2er(in)** f m pittore (-trice f) m; **2erei** f pittura; **~erisch** pittoresco
Malz n malto m
man: ~ **sagt** si dice, dìcono; **kann ~ ...?** si può ...?; ~ **muß** si deve
manch qualche; **~e** pl alcuni; **~mal** talvolta, qualche volta
Mandarine f mandarino m
Mandel f màndorla; Anat tonsilla; **~entzündung** f tonsillite
Mandoline f mandolino m
Manege f arena, pista
Mangel m scarsità f, mancanza f **(an** di); (Fehler) difetto; **2haft** difettoso
Mangold m biètola f
Manieren f/pl maniere
Maniküre f manicure
Mann m uomo; (Ehe2) marito
Männchen n Zo maschio m
Männer m/pl uòmini; in Zssgn maschile, da uomo

männlich maschile; virile
Mannschaft f equipaggio m; *Sport* squadra
manövrieren manovrare
Mansarde f mansarda
Manschette f polsino m; **~knopf** m bottone da polsino
Mantel m cappotto; soprabito; (*Reifen*2) copertone; **~tasche** f tasca del cappotto
Mappe f cartella
Märchen n fiaba f; 2**haft** *fig* favoloso
Marder m màrtora f
Margarine f margarina
Marienkäfer m coccinella f
Marine f marina
mariniert marinato
Mark¹ f: *Deutsche ~ (DM)* marco m tedesco
Mark² n midollo m
Marke f (*Fabrikat*) marca; (*Brief*2) francobollo m; **~nartikel** m articolo di marca
markier|**t** *Weg* segnato; **~ung** f segno m
Markise f marquise [-kiz] f
Markt m mercato; **~halle** f mercato m coperto; **~platz** m piazza f del mercato; **~stand** m bancarella f
Marmelade f marmellata
Marmor m marmo
Marone f marrone m
Marsch m marcia f (*a Mus*); 2**ieren** marciare; **~route** f itinerario m
Märtyrer(**in** f) m màrtire m/f
März m marzo
Marzipan n marzapane m

massiv

Masche f maglia; **~ndraht** m rete f metàllica
Maschine f màcchina; (*Flugzeug*) apparecchio m; (*Motorrad*) moto f; *auf der ~ schreiben* scrivere a màcchina
maschinell meccànico
Maschinen|**gewehr** n mitragliatrice f; **~öl** n olio m per lubrificare; **~pistole** f pistola mitragliatrice
Maschinist m macchinista
Masern *pl* morbillo m
Maske f màschera; **~nball** m ballo in màschera
Maß n misura f; *nach ~* su misura
Massage f massaggio m
Masse f massa (*a Menschen*2); (*Menge*) gran quantità
massenhaft in gran quantità
Massen|**karambolage** f tamponamento m a catena; **~medien** *n/pl* mass media *m/pl*; **~tourismus** m turismo di massa
Masseur(**in** f) m massaggiatore (-trice f) m
maß|**gebend**, **~geblich** autorévole; determinante; **~halten** moderarsi
massieren massaggiare
mäßig moderato; (*mittel*2) mediocre
mäßigen moderare; *sich ~* moderarsi
massiv *adj* (*u* 2 *n*) massiccio (m)

maß|los smisurato; ⁓**nahme** f misura; ⁓**stab** m Geogr scala f; fig criterio; ⁓**voll** moderato

Mast m Mar àlbero; (Leitungs⁓) pilone

mästen ingrassare

Material n materiale m; ⁓**fehler** m difetto m di materiale

Mater|ie f materia; ⁓**iell** materiale; pej materialistico

Mathematik f matemàtica

Matinee f mattinata

Matratze f materasso m

Matrose m marinaio

matt Glas, Fot opaco; Farbe pàllido; (kraftlos) fiacco; Schach matto

Matte f stuoia

Mauer f muro m

Maul n muso m; ⁓**beerbaum** m gelso; ⁓**esel** m mulo; ⁓**korb** m museruola f; ⁓**tier** n mulo m; ⁓**wurf** m talpa f

Maurer m muratore

Maus f topo m; ⁓**efalle** f tràppola per i topi

Mausoleum n mausoleo m

Maut f, ⁓**gebühr** f pedaggio m; ⁓**straße** f strada a pedaggio

maximal adj màssimo; adv al màssimo

Mayonnaise f maionese

Mecha|nik f meccànica; ⁓**niker** m meccànico; ⁓**nisch** meccànico; ⁓**nismus** m meccanismo

meckern fig F criticare

Medaille f medaglia

Medikament n medicamento m, medicina f

Medizin f medicina (a Arznei); ⁓**isch** mèdico

Meer n mare m; ⁓**busen** m golfo; ⁓**enge** f stretto m; ⁓**esfrüchte** f/pl frutti m/pl di mare

Meeresspiegel m: **über dem** ⁓ sul livello del mare

Meerrettich m ràfano

Mehl n farina f; ⁓**speise** f dolce m

mehr (als che, vor Zahl di); **immer** ⁓ sempre più; **nichts** ⁓ più nulla; **noch** ⁓ ancora (di) più; **um so** ⁓ **als** tanto più che; ⁓**deutig** ambiguo

mehrere parecchi(e)

mehr|fach ripetuto; adv più volte; ⁓**heit** f maggioranza; ⁓**kosten** pl sovraccosto m; ⁓**mals** più volte; ⁓**tägig** di più giorni; ⁓**wertsteuer** f imposta sul valore aggiunto, Iva; ⁓**zahl** f maggior parte; Gr plurale m; ⁓**zweck...** in Zssgn pluriuso; per vari usi

meiden evitare

Meile f miglio m

mein (il) mio, (la) mia; ⁓**e** pl (i) miei, (le) mie

Meineid m spergiuro

meinen intèndere; (denken) pensare

meinetwegen per causa mia

Meinung f opinione; **meiner** ⁓ **nach** a mio avviso; ⁓**sver-**

schiedenheit f (*Streit*) discussione
Meise f cinciallegra
Meißel m scalpello
meist s ~ens; der, die, das ~e ... la maggior parte di ...; **am** ~en di più, più di tutto; ~ens per lo più, di sòlito
Meister m maestro; (*Handwerks*2) a mastro; *Sport* campione; **2haft** a magistrale; ~**schaft** f maestrìa; *Sport* campionato m; ~**werk** n capolavoro m
melden annunciare; (*anzeigen*) denunciare; **sich** ~ presentarsi (**bei** a; **für** per); *Tel* rispóndere; (*von sich hören lassen*) farsi vivo
Meldepflicht f òbbligo m di notificare (qc)
Meldung f annuncio m; denuncia; *Zeitung usw* notizia
Melodie f melodia
Melone f melone m
Menge f quantità; (*Menschen*2) folla
Mensch m uomo (*pl* uòmini); **kein** ~ nessuno
menschen|leer deserto; 2**menge** f folla; ~**scheu** tìmido; ~**unwürdig** indegno d'un uomo
Mensch|heit f umanità; 2**lich** umano; ~**lichkeit** f umanità
Menstruation f mestruazione
Menü n menù m
Merkblatt n fòglio m d'istruzioni
merken notare; (*spüren*) sentire, **sich et** ~ tenere a mente qc; ricordarsi qc
Merk|mal n segno m caratterìstico; 2**würdig** strano
Messe f *Rel* messa; *Hdl* fiera; ~**gelände** n àrea f della fiera; ~**halle** f padiglione m
messen misurare
Messer n coltello m
Messestand m stand m
Messing n ottone m
Metall n metallo m
meteorologisch meteorològico
Meter m/n, ~**maß** n metro m
Methode f mètodo m
Metropole f metròpoli f
Metzger m s **Fleischer**
mich mi; *betont* me; **für** ~ per me; **ohne** ~ senza di me
Mieder n busto m, corsetto m
Miene f aria
Miesmuschel f cozza
Miet|e f affitto m; (*Boots*2) nolo m; 2**en** prèndere in affitto; *Auto, Boot* noleggiare; ~**er** m inquilino; ~**wagen** m màcchina f da noleggio; ~**wagenfirma** f autonoleggio m; ~**wohnung** f appartamento m d'affitto
Migräne f emicrania
Mikro|film m microfilm; ~**phon** n micròfono m; ~**wellenherd** m forno m microonde
Milch f latte m; ~**bar** f milk-bar m; ~**geschäft** n latterìa f; ~**kaffee** m caffellatte; ~**mixgetränk** n frullato m

Milchpulver

(di latte); ~pulver n latte m in pólvere
mild *Klima* mite; *Strafe* lieve; ~ern attenuare; *jur* ~de Umstände m/pl attenuanti f/pl
Militär n esèrcito m; ~dienst m servizio militare; ~isch militare
Milli|meter m/n millìmetro m; ~on f milione m
Milz f milza
Minder|heit f minoranza; ℒjährig minorenne; ℒwertig inferiore
mindest mìnimo; ℒabstand m distanza f mìnima; ℒalter n età f mìnima; ~ens almeno; ℒlohn m salario mìnimo; ℒmaß n minimo (an di); ℒpreis m prezzo minimo
Mine f (*Kugelschreiberℒ*) ricambio m
Mineralwasser n acqua f minerale
Mini|bar f frigobar m; ~golf m minigólf m; ~kleid n miniàbito m; ℒmal mìnimo
Minimum n minimo m (an di)
Minirock m mini(gonna) f
Minister m ministro; ~ium n ministero m
minus meno; ~7 Grad 7 gradi sotto zero; ℒ n déficit m
Minute f minuto m
mir mi; *bun*ton a me; *ein Freund von* ~ un mio amico
Misch|brot n pane m misto; ℒen mischiare; mescolare; ~ung f miscuglio m
miserabel pèssimo

374

miß|achten disprezzare; ~billigen disapprovare; ℒbrauch m abuso; ~brauchen abusare di; ~bräuchlich abusivo; ℒerfolg m insuccesso
mißfallen non piacere; ℒ n riprovazione f
Miß|geschick n sfortuna f; ℒglücken s ℒlingen; ~gunst f invidia; ℒhandeln maltrattare; ℒlingen non riuscire, fallire; ~stand m inconveniente
mißtrau|en n sfiducia f; ℒen ~isch diffidente
Miß|verständnis n malinteso m; ℒverstehen fraintèndere
mit con; ~ *dem Zug* in treno; ℒarbeiter m collaboratore; ~benutzung f uso m in comune; ~bringen portare (con sé); ~einander insieme; ~fahren andare (*mit* con); *wollen Sie* ~? vuole un passaggio?; ~geben dare; ℒgefühl m simpatia f; ~gehen andare (*mit* con); ℒglied n membro m; ℒhilfe f collaborazione; ~kommen accompagnare (*mit j-m* qu)
Mitleid n compassione f; ℒig compassionévole
mit|machen prèndere parte (*bei* a); ℒmensch m pròssimo; ~nehmen portare (con sé); ℒreisende(r) m compagno di viaggio; ~schuldig corresponsàbile (*an* di;

⁓spieler m compagno di gioco
Mittag m mezzogiorno; **zu ⁓essen** pranzare; **⁓essen** n pranzo m
mittags a mezzogiorno; **⁓pause** f pausa di mezzogiorno; **⁓ruhe** f siesta; **⁓zeit** f s Mittag
Mitte f mezzo m; centro m; **⁓ August** a metà agosto
mitteil|en comunicare (j-m et qc a qc); informare (qu di qc); **⁓ung** f comunicazione; avviso m
Mittel n mezzo m; Med rimedio m; **⁓alter** n medioevo m; **⁓finger** m (dito) medio; **⁓klassewagen** m autovettura f di media cilindrata; **⁓linie** f Straße mezzeria; **⁓los** privo di mezzi; **⁓mäßig** mediocre; **⁓meer** n Mediterràneo m; **⁓ohrentzündung** f otite media; **⁓punkt** m centro; **⁓streifen** m spartitràffico; **⁓welle** f onde f/pl medie
mitten: ⁓ in in mezzo a; **⁓ im Sommer** in piena estate
Mitternacht f mezzanotte
mittlere medio; **⁓n Alters** di mezza età
Mittwoch m mercoledì
mitunter talvolta
mitwirk|en collaborare (bei a); **⁓ung** f collaborazione
mix|en mescolare; **⁓er** m Gerät frullatore
Möbel n/pl mòbili m/pl; **⁓stück** n mòbile m

möbliert: ⁓es Zimmer càmera f ammobiliata
Mode f moda; **⁓geschäft** n negozio m di mode
Modell n modello m
Modenschau f sfilata di moda
Modera|tion f TV, Rdf presentazione f; **⁓tor** m moderatore
modern adj moderno; alla moda; **⁓isieren** modernizzare
Mode|schmuck m bigiotteria f; **⁓zeitschrift** f giornale m di mode
modisch alla moda
Mofa n ciclomotore m
mögen j-n voler bene a; (wollen) volere; **ich möchte** vorrei; **ich mag kein Fleisch** non mi piace la carne
möglich possibile; **⁓keit** f possibilità
Mohn m papàvero
Möhre f, **Mohrrübe** f carota
Mokka m moca
Mole f molo m
Molkerei f latteria
Moll n Mus tonalità f minore; **c-Moll** do m minore
Moment m momento; **⁓an** adv per il momento; **⁓aufnahme** f istantànea
Monat m mese; **⁓lich** mensile; adv ogni mese
Monats|karte f tèssera mensile; **⁓rate** f rata mensile
Mönch m mònaco
Mond m luna f; **abnehmen-**

Mondfinsternis

der (zunehmender) ~ luna calante (crescente); ~**finsternis** f eclisse lunare; ~**landung** f allunaggio m; ~**schein** m chiaro di luna; ~**wechsel** m cambiamento della luna
Montag m lunedì
Montage f montaggio m
montags di (od il) lunedì
Mont|eur m montatore; **2ieren** montare
Moor n palude f; ~**bäder** n/pl fanghi m/pl
Moos n muschio m
Moped n ciclomotore m, motorino m
Moral f moralità
Morast m pantano, fango
Mord m omicidio, assassinio; ~**anschlag** m attentato alla vita (auf j-n di qu)
Mörder m omicida, assassino
morgen domani; ~ **abend** (**früh**) domani sera (mattina)
Morgen m mattina f; guten ~! buongiorno!; ~**dämmerung** f alba; ~**mantel** m vestaglia f
morgens di mattina
morgig di domani
Morphium n morfina f
morsch marcio
Mosaik n mosàico m
Most m mosto; (Apfel2) sidro
Motel n motèl m
Motor m motore; ~**boot** n motoscafo m; ~**haube** f còfano m; ~**jacht** f motoscafo m da crociera; ~**rad** n moto(cicletta) f; ~**radfahrer** m moto-

ciclista; ~**roller** m (motor-)scooter, motoretta f; ~**schaden** m guasto al motore; ~**schiff** n motonave f; ~**sport** m motorismo
Möwe f gabbiano m
Mücke f zanzara; ~**nstich** m puntura f di zanzara
müde stanco; ~ **werden** stancarsi
Müdigkeit f stanchezza
Mühe f fatica; fig pena; **2los** fàcile
Mühle f mulino m; Spiel filetto m
mühsam faticoso
Mulde f conca
Müll m immondizie f/pl; ~**abfuhr** f nettezza urbana
Mullbinde f fascia di garza
Müll|deponie f discàrica pùbblica; ~**eimer** m secchio delle immondizie, pattumiera f; ~**tonne** f bidone m delle immondizie; ~**verbrennungsanlage** f inceneritore m
multiplizieren moltiplicare
Mund m bocca f; ~**art** f dialetto m
münden boccare (in in)
Mundharmonika f armònica a bocca
mündig maggiorenne; ~**lich** orale; adv a voce
Mündung f foce; e-r Straße sbocco m
Mundwasser n acqua f dentifricia
Mund-zu-Mund-Beatmung

Nachforschung

f respirazione artificiale bocca a bocca
Munition f munizione
munter (*heiter*) allegro; (*wach*) sveglio
Münz|e f moneta; **~fernsprecher** m teléfono pùbblico a gettone; **~tank** m distributore (di benzina) a moneta
murmeln mormorare
murren brontolare
mürrisch bùrbero
Mus n passato m, purea f
Muschel f conchiglia; *Kochk* **~n** pl (*Mies*2) cozze, (*Venus*2) vóngole
Museum n museo m
Musik f mùsica; **2alisch** musicale; **~box** f juke-box m, **~er** m musicista; **~instrument** n strumento m musicale; **~kassette** f musicassetta
Muskel m mùscolo m; **~kater** m dolori m/pl muscolari; **~riß** m strappo m muscolare;

~zerrung f stiramento m muscolare
muskulös muscoloso
Muße f tempo m lìbero
müssen dovere
Muster n modello m; (*Musterung*) disegno m; *Hdl* campione m; **2gültig** esemplare
mustern (*prüfend betrachten*) squadrare
Mut m coraggio; **2ig** coraggioso
Mutter f madre; *s a* **Schraubenmutter**; **~gottes** f Madonna
mütterlich materno
Mutter|mal n voglia f; **~sprache** f madrelingua
Mutti f F mamma
mutwillig intenzionale
Mütze f beretto m
MwSt., MWSt. s **Mehrwertsteuer**
Myrte f mirto m
mysteriös misterioso

N

N (*Norden*) N. (*nord*)
Nabe f mozzo m
Nabel m ombelico
nach *zeitlich* dopo; *örtlich* a; in; **~ Florenz** a Firenze; **~ Italien** in Italia; *der Zug* **~ Neapel** per Nàpoli; *drei* **~ zwei** le due e cinque; **~ und ~** a poco a poco
nachahm|en imitare; **2ung** f imitazione
Nachbar m vicino; **~schaft** f vicinanza; (*die Nachbarn*) vicinato m
nach|bestellen ordinare ancora; **2bildung** f copia; **~dem** dopo (+*inf*); **je ~, ob** secondo se; **~denken** riflèttere (*über* su); **~denklich** pensoso; **~drücklich** enèrgico; **~einander** l'uno dopo l'altro; **2folger** m successore; **~forschen** indagare; **2forschung** f indàgine;

Nachfrage

2frage f Hdl domanda; ~füllen riempire ancora; ~geben cèdere; 2gebühr f soprattassa; 2gehen seguire (j-m qu); Uhr ritardare (**zwei Minuten** di due minuti); 2geschmack m sapore; ~giebig arrendévole
nachher dopo, poi; **bis ~!** a più tardi!
nach|kommen venir dopo; **e-m** Wunsch soddisfare; 2kommen m/pl discendenti; 2kriegszeit f dopoguerra m; 2laß m Hdl riduzione f; (Erbschaft) eredità f; ~lassen Regen cessare; Hitze diminuire; Schmerzen, Wind calmarsi; ~lässig trascurato; ~laufen córrere verso (a); ~lösen Fahrkarte fare il biglietto, Zuschlag il supplemento; ~machen imitare; (fälschen) contraffare
Nachmittag m pomeriggio; **am ~, 2s** nel (od di) pomeriggio; **morgen 2** domani pomeriggio; ~svorstellung f rappresentazione pomeridiana
Nachnahme f; **als** od **gegen ~** contrassegno
Nach|name m cognome; ~**porto** n soprattassa f; 2**prüfen** controllare; 2**rechnen** verificare un conto; ~**richt** f notìzia; für j-n messaggio m; ~**en** pl Rdf giornale m radio; TV telegiornale m

Nachrichten|agentur f agenzia f d'informazioni; ~**satellit** m satèllite per telecomunicazioni
Nach|saison f bassa stagione f; ~**schlüssel** m chiave f falsa; 2**sehen** (kontrollieren) verificare; consultare (**in et** qc); j-m seguire (qu) con lo sguardo; 2**senden** far seguire; ~**sicht** f indulgenza; 2**sichtig** indulgente; ~**speise** f dessert m, dolce m
nächste (il) più vicino; pròssimo; ~**Woche** la settimana pròssima; **in den ~n Tagen** nei pròssimi giorni; **in ~r Zeit** prossimamente; **am ~n** più vicino (a)
Nächstenliebe f carità
Nacht f notte; **gute ~!** buonanotte!; **heute 2** stanotte; **bei ~, in der ~** di notte; ~**creme** f crema per la notte; ~**dienst** m servizio notturno
Nachteil m svantaggio
Nacht|falter m falena f; ~**flug** m volo notturno; ~**frost** m gelo notturno; ~**glocke** f campanello m notturno; ~**hemd** n camicia f da notte
Nachtisch m s **Nachspeise**
Nacht|leben n vita f notturna; ~**lokal** n locale m notturno; ~**portier** m portiere di notte; ~**quartier** n alloggio m per la notte
Nach|trag m supplemento; 2**träglich** posteriore
Nachtruhe f riposo m not-

turno; ⁓s di notte; ⁓**schicht** f turno m di notte; ⁓**schwester** f infermiera di notte; ⁓**tisch** m comodino f.; ⁓**vorstellung** f rappresentazione notturna; ⁓**zug** m treno della notte

Nach|weis m prova f; ⁓**weisen** provare; ⁓**wiegen** ripesare; ⁓**wirkung** f conseguenza; ⁓**zahlen** pagare in più; *Esb* pagare un supplemento; ⁓**zählen** ricontare; ⁓**zahlung** f pagamento m supplentivo; ⁓**zügler** m ritardatario

Nacken m nuca f; ⁓**stütze** f poggiatesta m

nackt nudo; ⁓**badestrand** m spiaggia f per nudisti

Nadel f ago m; (*Steck*⁓) spillo m; ⁓**wald** m foresta f di conifere

Nagel m chiodo; (*Finger*⁓) unghia f; ⁓**feile** f limetta per le unghie; ⁓**lack** m smalto per le unghie; ⁓**lackentferner** m solvente per smalto; ⁓**n** inchiodare; ⁓**schere** f fòrbici f|pl per le unghie

nah(e) vicino (*bei* a)

Nähe f vicinanza; *in der* ⁓ qui vicino

nähen cucire

näher più vicino; ⁓ **kommen** avvicinarsi

nähern: *sich* ⁓ avvicinarsi

Näh|garn n filo m da cucire; ⁓**maschine** f màcchina da cucire; ⁓**nadel** f ago m (da cucire)

nähr|haft nutritivo; ⁓**ung** f alimentazione; ⁓**ungsmittel** n alimento m

Nähseide f seta da cucito

Naht f cucitura; ⁓**los** senza cucitura

Nahverkehr m tràffico locale; ⁓**szug** m treno locale

Nähzeug n occorrente m per cucire

naiv ingènuo

Name m nome

Namenstag m onomàstico

namentlich nominale; *adv* (*besonders*) specialmente

namhaft *Summe* considerévole; *Persönlichkeit* noto

nämlich *adv* cioè

Napf m scodella f; ⁓**kuchen** m focaccia f

Narbe f cicatrice

Narkose f narcosi

Nase f naso m

Nasenbluten n: ⁓ **haben** sanguinare dal naso

Nasen|loch n narice f; ⁓**schleimhaut** f mucosa nasale

naß bagnato; ⁓ **machen** bagnare; ⁓ **werden** bagnarsi

Nässe f umidità

naßkalt freddo ùmido

Nation f nazione

national nazionale; ⁓**gericht** n piatto m nazionale; ⁓**ität** f nazionalità; ⁓**itätszeichen** n *Kfz* targa f di nazionalità; ⁓**mannschaft** f (squadra) nazionale; ⁓**park** m parco nazionale

Natter f biscia

Natur f natura; ~ereignis n fenòmeno m naturale; ~faser f fibra naturale; ~getreu fedele; ~katastrophe f cataclismo m

natürlich naturale; ~! naturalmente!

Natur|schutzgebiet n parco m nazionale; ~wissenschaften f/pl scienze naturali

Neapel n Nàpoli f

Nebel m nebbia f; ~scheinwerfer m fendinebbia; ~schlußleuchte f fendinebbia m posteriore

neben accanto a; ~an qui accanto; ~anschluß m Tel apparecchio secondario; ~bei (außerdem) inoltre; ~beschäftigung f occupazione secondaria; ~einander l'uno accanto all'altro; ~fluß m affluente m; ~gebäude n e-s Hotels dépendence f; ~kosten f/pl accessorie; ~mann m vicino; ~raum m stanza f attigua; ~straße f strada secondaria; (Seitenstraße) strada laterale; ~strecke f linea secondaria; ~wirkung f effetto m collaterale

neblig: es ist ~ c'è nebbia

Neffe m nipote

Negativ n negativa f; ~film m pellicola negativa

Neger m negro

nehmen prèndere; (weg2) tògliere; (an~) accettare; **Platz ~** accomodarsi

Neid m invidia f; **2isch** invidioso

neig|en inclinare; fig tèndere (**zu** a); **2ung** f inclinazione; fig tendenza (**zu** a); (Zu2) affezione

nein no

Nektarine f pesca nettarina

Nelke f garòfano m

nennen chiamare

Neonröhre f tubo m al neon

Nerv m nervo

Nerven|schock m choc nervoso; ~zusammenbruch m esaurimento nervoso

nervös nervoso

Nervosität f nervosismo m

Nerz m visone

Nesselfieber n orticaria f

Nest n nido m

nett simpàtico; gentile

netto al netto; **2preis** m prezzo netto

Netz n rete f; ~anschluß m allacciamento m alla rete; ~haut f rètina; ~hemd n canottiera f a rete; ~karte f biglietto m di lìbera circolazione

neu nuovo; moderno; ~ankömmling m nuovo arrivato; ~artig nuovo; 2bau m nuova costruzione f; ~erscheinung f novità libraria; 2erung f innovazione

Neugier f curiosità; 2ig curioso

Neu|heit f novità; **~igkeit** f novità; **~jahr** n capodanno m; *Prosit ~!* buon anno!; **~lich** l'altro giorno; **~ling** m novellino; **~mond** m novilunio

neun nove; **~te** nono

Neuralgie f nevralgia

Neuschnee m neve fresca

neutral neutrale; *fig* imparziale; *Farbe* neutro

nicht non; ~ *einmal* nemmeno; *überhaupt* ~ non ... affatto; ~ *wahr?* vero?

Nichte f nipote

Nichtraucher m non fumatore

nichts niente, nulla

Nichtschwimmer m non nuotatore

nicken far cenno col capo

nie mai; non ... mai; **~mehr, ~ wieder** mai più

nieder|geschlagen abbattuto, depresso; **~knien** inginocchiarsi; **2lage** f sconfitta

niederlassen: *sich* ~ stabilirsi

Niederlassung f *Hdl* sede; succursale

nieder|legen *Amt* dimettersi di, deporre; **2schläge** m/pl precipitazioni f/pl; **~schlagen** abbàttere; **~trächtig** infame

niedlich grazioso, carino

niedrig basso; *fig (gemein)* vile

niemals *s* nie

normal

niemand nessuno

Niere f rene m; *Kochk* rognone m

Nieren|entzündung f nefrite; **~kolik** f còlica renale; **2krank** nefrìtico; **~stein** m càlcolo renale

nieseln: *es nieselt* piovìggina

niesen starnutire

Niet m ribattino; **~e** f *(Los)* biglietto m non vincente; **2en** ribadire

nikotin|frei senza nicotina; **2vergiftung** f nicotinismo m

nirgends da nessuna parte

Nische f nicchia

NO *(Nordosten)* N.E. *(nordest)*

noch ancora; *immer* ~ sempre; ~ *etwas?* qualcos'altro?; **~mals** ancora una volta

Nockenwelle f àlbero m a camme

Nonne f mònaca

Nonstopflug m volo senza scalo

Norden m nord, settentrione

Norditaliener m settentrionale

nördlich del nord, settentrionale; ~ *von* a nord di

Nord|osten m nord-est; **~pol** m polo nord; **~see** f mare m del Nord; **~seite** f lato m nord; **~westen** m nord-ovest; **~wind** m vento del nord; tramontana f

normal normale; **2** n, **2ben-**

Normalbenzin

zin n benzina f normale; **~isieren** normalizzare
Not f bisogno m; miseria
Notar m notaio
Not|arzt m mèdico di turno; **~ausgang** m, **~ausstieg** m uscita f di sicurezza; **~beleuchtung** f illuminazione d'emergenza; **~bremse** f segnale m d'allarme; **2dürftig** provvisorio; adv alla meno peggio
Note f Mus nota; (Zensur) voto m
Notfall m caso di bisogno; **im ~** 2s in caso di bisogno
notieren prèndere nota di
nötig necessario; **es ist (nicht) ~** (non) occorre (**et zu tun** fare qc); **~ haben** avere bisogno di
Notiz f nota; **~buch** n taccuino m
Not|landung f atterraggio m di fortuna; **~quartier** n alloggio m di fortuna; **~ruf** m chiamata f d'emergenza; **~sitz** m strapuntino; **~verband** m fasciatura f provvisoria; **~wehr** f legittima difesa; **2wendig** necessario

Novelle f novella
November m novembre
nüchtern digiuno; **auf ~en Magen** a stòmaco vuoto, a digiuno
Nudel|n f/pl pasta f; **~suppe** f pastina in brodo
null zero; **~ Uhr** mezzanotte f; **eins zu ~** uno a zero; **Temperatur unter ~** sotto zero
numerier|en numerare; **2ung** f numerazione
Nummer f número m; **~schild** n Kfz targa f
nun ora, adesso; **von ~ an** d'ora in poi; **was ~?** e ora?
nur solo, soltanto
Nuß f noce f; **~baum** m noce m; **~knacker** m schiaccianoci
nützen (j-m) servire (a); èssere ùtile (a); Gelegenheit sfruttare
Nutz|en m ùtile; profitto; **~fahrzeug** n veìcolo m utilitario; **~last** f càrico ùtile; **2lich** ùtile; **2keit** f utilità
nutzlos inùtile
NW (Nordwesten) N.O. (nord-ovest)

O

O (Osten) E. (est)
ob se
obdachlos senza tetto; **2e(r)** m senzatetto
oben sopra; su; **nach ~** in alto; **von ~** dall'alto; F **~**

ohne a seno nudo
Ober m cameriere; **Herr ~!** cameriere!
Ober|arm m parte f superiore del braccio; **~deck** n coperta f

obere superiore
Ober|fläche f superficie; **~flächlich** superficiale; **~halb** al di sopra di; **~hemd** n camicia f; **~kiefer** m mascella f superiore; **~körper** m busto; **~leitungsbus** m filobus; **~schenkel** m coscia f; **~schwester** f capoinfermiera
oberste Stockwerk último; im Rang supremo
Oberteil m/n parte f superiore
Objekt n oggetto m
objektiv, 2 n obiettivo (m)
Obst n frutta f; **~baum** m àlbero da frutta; **~garten** m frutteto; **~händler** m fruttivéndolo; **~kuchen** m dolce di frutta; **~saft** m succo di frutta; **~salat** m macedonia f
obszön osceno
Obus m filobus
obwohl sebbene (+ cong)
Ochse m bue (pl buoi); **~nschwanzsuppe** f brodo m di coda di bue
öde deserto; fig noioso
oder o; **aber** oppure
Ofen m stufa f; (Back2) forno
offen aperto; fig franco, sincero; **~er** Wein vino rosso; **auf ~er See** in mare aperto
offen|bar adv evidentemente; **~heit** f franchezza; **~kundig** notorio; **~lassen** lasciare aperto; **~sichtlich** evidente; adv evidentemente; **~stehen** èssere aperto
öffentlich pùbblico; **~keit** f pùbblico m

offiziell ufficiale
Offizier m ufficiale
öffn|en aprire; Flasche stappare, sturare; **2er** m s Flaschen-, Büchsenöffner; **2ung** f apertura; (Loch) foro m; **2ungszeiten** f/pl ore d'apertura
oft spesso; **wie ~?** quante volte?; **zu ~** troppo spesso
öfter(s) spesso
ohne senza; **~ weiteres** senz'altro
Ohn|macht f Med svenimento m
ohnmächtig svenuto; **~ werden** pèrdere i sensi
Ohr n orecchio m
Ohrenarzt m otoiatra
Ohrenschmerzen m/pl: **ich habe ~** mi fanno male le orecchie
Ohr|feige f schiaffo m; **~ring** m orecchino
Öko|loge m ecòlogo; **~logie** f ecologìa; **2logisch** ecològico; **~system** n ecosistema m
Oktober m ottobre
Öl n olio m; (Heiz2) nafta f; **2en** oliare; lubrificare; **~farbe** f colore m a olio; **~fleck** m macchia f d'olio; **~gemälde** n quadro m a olio; **~heizung** f riscaldamento m a nafta
Olive f oliva; **~nbaum** m olivo
Öl|kännchen n oliatore m; **~pest** f marea nera; **~sardinen** f/pl sardine sott'olio;

~stand m livello dell'olio; **~wechsel** m cambio dell'olio
olympisch: ♂e *Spiele* n/pl giochi m/pl olìmpici
Omelett n frittata f, omelette f
Ómnibus m àutobus
Onkel m zio
Oper f òpera
Operation f operazione
Operette f operetta
operieren operare; *sich ~ lassen* farsi operare
Opern|glas n binòccolo m; **~sänger|in** f) m cantante m/f d'òpera
Opfer n sacrificio m; (*der Geschädigte*) vìttima f; ♂n sacrificare
Opposition f opposizione
Optiker m òttico
Optimist m , ♂isch ottimista
Orange f arancia
Orangeade f aranciata
Orangensaft m succo d'arancia
Orchester n orchestra f
Orden m decorazione f; *Rel* órdine
ordentlich ordinato; *adv fig* perbene
ordinär volgare
ordn|en ordinare, méttere in órdine; ♂er m (*Akten*♂) raccoglitore; ♂ung f órdine m; ♂ungszahl f nùmero m ordinale
Organ n òrgano m; **~isation** f organizzazione; ♂isch orgànico; ♂isieren organizzare
Orgel f òrgano m
orientieren: *sich ~* orientarsi; informarsi
Orientierung f orientamento
original, ♂ n originale (m)
originell originale
Orkan m uragano
Ort m luogo, località f
Orthopäde m ortopèdico
Ortschaft f località
Orts|gespräch n chiamata f urbana; **~kenntnis** f conoscenza della località; ♂kundig esperto del posto; **~netz** n *Tel* rete f locale; **~netzkennzahl** f *Tel* prefisso m di zona; **~tarif** m *Tel* tariffa f urbana
Öse f occhiello m
Osten m est; oriente
Ostern n Pasqua f
Österreich n (l')Austria f; **~er** m, ♂isch austrìaco
Osterwoche f settimana di Pasqua
östlich orientale; *~ von* a est di
Ost|see f (mar m) Bàltico m; **~wind** m vento di levante
Otter f vipera
Overall m tuta f
Ozean m ocèano
Ozon|loch n buco m (nello strato di ozono); **~schicht** f ozonosfera, strato m di ozono

P

Paar n Personen coppia f; Sachen paio m; **ein** ~ alcuni; qualche; **vor ein ~ Tagen** qualche giorno fa
Pacht f affitto m; **~en** prèndere in affitto
Päckchen n pacchetto m
pack|en Koffer fare; (ergreifen) afferrare; **~papier** n carta f da imballaggio; **~ung** f pacco m, pacchetto m; Med impacco m; **~wagen** m bagagliaio
Paddel n pagaia f; **~boot** n canòa f; **~n** andare in canòa
Paket n pacco m; **~annahme** f accettazione pacchi; **~karte** f bollettino m di spedizione
Pakt m patto m
Palast m palazzo m
Palm|e f palma; **~sonntag** m Doménica f delle Palme
Pampelmuse f pompelmo m
paniert impanato
Panik f pànico m
Panne f guasto m, panne [pan]; **~ndienst** m soccorso stradale
Panorama n panorama m
Pantoffel m pantòfola f
Panzer m Zo corazza f; Mil carro armato; **~schrank** m cassaforte f blindata
Papagei m pappagallo
Papier n carta f; **~e** pl (Dokumente) documenti m/pl; **~geld** n cartamoneta f; **~handlung** f cartoleria; **~korb** m cestino; **~taschentuch** n fazzoletto m di carta
Pappe f cartone m
Pappel f pioppo m
Paprika n Gewürz pàprica f; Gemüse peperoni m/pl; **~schote** f peperone m
Papst m papa m
päpstlich papale
Parade f sfilata
Paradies n paradiso m
Paragraph m paràgrafo m
parallel parallelo
Parfüm n profumo m; **~erie** f profumeria
Paris n Parigi f
Park m giardini m/pl pùbblici
parken parcheggiare; 2 **verboten!** parcheggio vietato!
Parkett n parquet [-kɛ] m; Thea platèa f
Park|gebühr f tassa di parcheggio; **~haus** n autosilo m; **~platz** m parcheggio; **~scheibe** f disco m orario; **~uhr** f parchimetro m; **~verbot** n divieto m di parcheggio
Parlament n parlamento m
Parmesan(käse) m parmigiano
Partei f partito m; jur parte f
Partie f Spiel partita f
Partisan m partigiano
Partner(in f) m compagno (-a f) m; partner m/f

13 Uni Ital.

Paß *m* passaporto; (*Gebirgs*≈) passo
Passage *f* gallerìa
Passagier *m* passeggero; ~**dampfer** *m* nave *f* passeggeri; ~**flugzeug** *n* aereo *m* passeggeri; ~**liste** *f* lista dei passeggeri
Passant *m* passante
Paßbild *n* fotografia *f* da passaporto
passen *Kleidung* stare bene; (*geeignet sein*) adattarsi (**zu** a); ~**d** adatto
passier|en *Grenze* passare; (*geschehen*) succèdere; ≈**schein** *m* lasciapassare
Passionszeit *f* quarèsima
passiv, ≈ *n Gr* passivo (*m*)
Paßkontrolle *f* controllo *m* (dei) passaporti
Pastete *f* pasticcio
Pate *m* padrino; ~**nkind** *n* figlioccio *m*
Patent *n* brevetto *m*
Pater *m* padre
Patient(in *f*) *m* paziente *m/f*
Patin *f* madrina
Patrone *f* cartuccia
Pauke *f* tìmpano *m*
pauschal globale; ≈**e** *f* somma globale; ≈**preis** *m* prezzo globale; ≈**reise** *f* viaggio *m* tutto compreso
Pause *f* pausa; *Thea* intervallo *m*
Pavillon *m* padiglione
Pazifik *m* Pacìfico
Pech *n*: ~ **haben** èssere sfortunato

Pedal *n* pedale *m*
Pediküre *f* pedicure
peinlich scrupuloso; *fig* (*unangenehm*) penoso; ~ **genau** meticoloso
Peitsche *f* frusta
Pell|e *f* buccia; (*Wurst*≈) pella; ~**kartoffeln** *f/pl* patate lesse con la buccia
Pelz *m*, ~**mantel** *m* pellìccia *f*
Pendelverkehr *m* tràffico pendolare
Penizillin *n* penicillina *f*
Pension *f* (*Ruhegehalt, -stand, Fremdenheim*) pensione; ≈**iert** pensionato, a riposo
Pensionspreis *m* prezzo per la pensione
Peperoni *f/pl* peperoncini *m/pl*
perfekt perfetto
Pergamentpapier *n* carta *f* pergamena
Periode *f* perìodo *m*; *der Frau* mestruazione
Peripherie *f* perifería
Perl|e *f* perla; ~**huhn** *n* faraona *f*; ~**mutt** *n* madreperla *f*
Person *f* persona; *Thea* personaggio *m*; **pro** ~ a testa
Personal *n* personale *m*; ~**ausweis** *m* carta *f* d'identità; ~**ien** *pl* generalità *f/pl*
Personen|kraftwagen *m* autovettura *f*; ~**schaden** *m* danno alle persone; ~**verkehr** *m* tràffico viaggiatori; ~**wagen** *m* s. ~**kraftwagen**; ~**zug** *m* accelerato

persönlich personale; ⦵**keit** f personalità
Pessimist m, ⦵**isch** pessimista
Petersilie f prezzémolo
Petroleum n petrolio m
Pfad m sentiero; **⁓finder** m scout [skaut]
Pfahl m palo
Pfand n pegno m; s a **Flaschenpfand**
Pfann|e f padella; **⁓kuchen** m frittata f; (Berliner **⁓**) krapfen
Pfarr|ei f parrocchia; **⁓er** m katholischer pàrroco; evangelischer pastore
Pfau m pavone
Pfeffer m pepe; **⁓kuchen** m panpepato
Pfefferminz|e f menta piperita; **⁓tee** m (infuso m di) menta f
Pfeffer|mühle f macinapepe m; ⦵**n** pepare
Pfeife f fischietto m; (Tabaks⦵) pipa; ⦵**n** fischiare; **⁓ntabak** m tabacco da pipa
Pfeil m freccia f
Pfeiler m pilastro
Pfennigabsatz m tacco a spillo
Pferd n cavallo m
Pferde|fleisch n carne f equina; **⁓rennbahn** f ippòdromo m; **⁓rennen** n corsa f di cavalli; **⁓stall** m scuderia f; **⁓stärke** f cavallo (vapore) m
Pfiff m fischio

Pfifferling m cantarello, gallinaccio
Pfingsten n Pentecoste f
Pfirsich m pesca f
Pflanze f pianta; ⦵**n** piantare
Pflaster n làstrico m; Med cerotto m; **⁓stein** m lastra f di pietra
Pflaume f susina; prugna; **⁓nmus** n marmellata f di prugne
Pflege f cura; ⦵**n** curare; Kranke assistere; **⁓ zu** èssere abituato a; **⁓personal** n personale m sanitario; **⁓r(in** f) m infermiere (-a f) m
Pflicht f dovere m; **⁓versicherung** f assicurazione obbligatoria
Pflock m piolo
pflücken (rac)cògliere
Pflug m aratro
pflügen arare
Pförtner|(in f) m portinaio (-a f) m; **⁓loge** f portineria
Pfosten m palo
Pfote f zampa
Pfropfen m turàcciolo
Pfund n mezzo chilo m
pfuschen acciarpare
Pfütze f pozzànghera
Phantasie f fantasìa; ⦵**stisch** fantàstico
Phase f fase
Photo f usw s **Foto**
Physik f fisica
Pickel m Bergsport piccozza f; Med pustoletta f
Picknick n picnic m; **⁓ machen,** ⦵**en** fare un picnic

Pik n *Kartenspiel* picche f/pl
pikant piccante
Pilger m pellegrino; ~fahrt f pellegrinaggio m
Pille f pillola
Pilot m pilota
Pilz m fungo; ~krankheit f *Med* micosi; ~vergiftung f intossicazione da funghi
Pinie f pino m
Pinsel m pennello
Pinzette f pinzetta
Pistazie f pistacchio m
Piste f *Flgw*, *Skisport* pista
Pistole f pistola
Pkw, PKW m s *Personenkraftwagen*
Plage f tormento m; 2n tormentare; *sich* ~ affannarsi, penare
Plakat n affisso m
Plan m piano, progetto; (*Stadt*2) pianta f
Plane f copertone m
planen progettare
Planet m pianeta
Planierraupe f bulldozer m
Planke f tavolone m
plan|los senza mètodo; ~mäßig conforme alle previsioni; *Ankunft* regolare; *adv* secondo il piano; *Esb* in orario, puntualmente
Plantage f piantagione
Plastik¹ f scultura
Plastik² f plàstica; ~**beutel** m, ~**tüte** f sacchetto m di plàstica
platt piatto; piano; *Reifen* sgonfio, a terra; F *einen* 2en **haben** avere una gomma a terra
Platte f lastra; (*Schall*2) disco m; *Kochk* piatto m; **kalte** ~ piatto m freddo; ~**nspieler** m giradischi
Platt|form f piattaforma; ~**fuß** m F v *Reifen* gomma f a terra
Platz m piazza f; (*Raum*, *Sitz*2) posto m; *Sport* campo; ~ **nehmen** accomodarsi; ~**anweiserin** f màschera
Plätzchen n/pl pasticcini m/pl
platzen scoppiare
Platzkarte f posto m prenotato; *eine* ~ **nehmen** prenotare un posto
Platzregen m acquazzone
plaudern chiacchierare
Plomb|e f (*Zahn*2) otturazione; 2**ieren** *Zahn* otturare
plötzlich improvviso; *adv* all'improvviso
plündern saccheggiare
plus più; 3 *Grad* ~ 3 gradi sopra zero; 2 n (*Überschuß*) eccedenza f; (*Vorteil*) vantaggio m
PLZ s *Postleitzahl*
Pöbel m plebaglia f
Pocken f/pl vaiolo m; ~**schutzimpfung** f vaccinazione antivaiolosa
Podium n podio m
Pokal m coppa f
Pökelfleisch n carne f salmistrata
Pol m polo

Polarstern *m* stella *f* polare
Pole *m* polacco; **~in** *n* (la) Polonia
Police *f* pòlizza
polieren lustrare
Poli|tik *f* politica; **~tiker** *m*, **♀tisch** polìtico
Polizei *f* polizìa; **~beamte(r)** *m* agente di polizìa; **~revier** *n* commissariato *m* di polizìa; **~streife** *f* pattuglia di polizìa; **~stunde** *f* ora di chiusura
Polizist *m* poliziotto
polnisch polacco
Polstermöbel *n/pl* mòbili *m/pl* imbottiti
Pommes frites *pl* patate *f/pl* fritte
Pompeji *n* Pompei *f*
Pony[1] *m* pony *m*
Pony[2] *m* (*Frisur*) frangetta *f*
Pop|gruppe *f* complesso *m* pop; **~musik** *f* mùsica pop; **~sänger(in** *f*) *m* cantante *m/f* pop
populär popolare
Porree *m* porro
Portal *n* portale *m*
Portemonnaie *n* portamonete *m*
Portier *m* portiere
Portion *f* porzione
Porto *n* affrancatura *f*; **♀frei** franco di porto
Porträt *n* ritratto *m*
Portugal *n* (il) Portogallo
Portugies|e *m*, **♀isch** portoghese
Porzellan *n* porcellana *f*

Position *f* posizione
positiv positivo
Post *f* posta; **mit der ~** per posta; **~amt** *n* ufficio *m* postale; **~anweisung** *f* vaglia *m* (postale); **~bote** *m* postino, portalèttere
Posten *m* posto; *Hdl* partita *f*; *Mil* sentinella *f*
Post|fach *n* casella *f* postale; **~karte** *f* cartolina (postale); **♀lagernd** fermo posta; **~leitzahl** *f* còdice *m* di avviamento postale (C.A.P.)
Postscheck *m* assegno postale; **~konto** *n* conto *m* corrente postale
Post|sparbuch *n* libretto *m* postale di risparmio; **~sparkasse** *f* cassa di risparmio postale; **~stempel** *m* timbro postale; **♀wendend** a volta di corriere
Pracht *f* pompa; lusso *m*
prächtig magnìfico
prahlen vantarsi (*mit* di)
Praktikum *n* tirocinio *m*
praktisch pràtico; **~er Arzt** *m* mèdico genèrico
praktizieren praticare
Praline *f* cioccolatino *m*
prall tùrgido; *Sonne* pieno; *Segel* teso
Prä|mie *f* premio *m*; **~parat** *n* preparato *m*; **~servativ** *n* preservativo *m*; **~sident** *m* presidente
Praxis *f* pràtica; (*Arzt♀*) studio *m*, ambulatorio *m*
Preis *m* prezzo; (*Sieges♀*) pre-

Preisaufschlag

mio; ~aufschlag m maggiorazione f del prezzo
Preiselbeere f mirtillo m rosso
Preis|erhöhung f aumento m dei prezzi; ~ermäßigung f riduzione di prezzo; 2günstig conveniente; ~klasse f categoria (di prezzi); ~lage f: *in welcher* ~? a che prezzo?; 2liste f listino m dei prezzi; ~nachlaß m sconto; ~senkung f ribasso m dei prezzi; 2wert a buon prezzo, poco caro
Prellung f Med contusione
Premiere f prima
Presse f (Zeitungen) stampa; ~agentur f agenzia di stampa; 2n prèmere
Priester m prete, sacerdote
prima F òttimo
primitiv primitivo
Prinzip n principio m; *aus* ~ 2iell per principio
privat privato; 2audienz f udienza particolare; 2besitz m proprietà f privata
pro a, per; ~ *Tag* al giorno
Probe f prova; (Waren2) campione m; ~fahrt f prova su strada; 2weise a titolo di prova, in prova
probieren provare; Speise assaggiare, Wein degustare
Problem n problema m
Produkt n prodotto m; ~ion f produzione
Professor m professore
Profi m Sport professionista

Profil n profilo m (a Reifen2)
Programm n programma m
programmier|en programmare; 2er m programmatore
Programmzeitschrift f rivista dei programmi radiotelevisivi
Projekt n progetto m; ~or m proiettore
Promenadendeck n ponte m di passeggio
Promille n per mille
prompt pronto; adv sùbito
Propan(gas) n (gas) m propano m
Propeller m èlica f
prost! (alla) salute!
Pro|spekt m dèpliant [depliá] m, opùscolo; ~stituierte f prostituta; ~test m protesta f; 2testieren protestare; ~these f pròtesi; ~tokoll n verbale m; ~viant m vìveri m/pl; ~vinz f provincia; 2visorisch provvisorio; 2vozieren provocare
Prozent n percento m; ~satz m percentuale f
Pro|zeß m processo; ~zession f processione
prüf|en controllare; esaminare; 2ung f esame m
Prügelei f rissa
prügeln: sich ~ picchiarsi
prunkvoll sfarzoso
PS (Pferdestärke) C.V. (cavallo vapore)
Psych|iater m psichiatra; 2isch psichico; 2ologisch psicológico

Publikum n pùbblico m
Pudding m budino
Puder m cipria f; ~**zucker** m zùcchero m a velo
Pulli m, **Pullover** m pullover; *aus dicker Wolle* maglione
Puls m polso
Pulver n pólvere f; *Med* polverina f; ~**schnee** m neve f farinosa
Pumpe f pompa; **2n**: F *sich et von j-m* ~ farsi prestare qc da qu
Punkt m punto; ~ *drei Uhr* alle tre in punto

pünktlich puntuale; *Esb* in orario
Puppe f bàmbola
pur puro; *Getränk* liscio
Püree n purè m
pusten soffiare
Pute f tacchina
putz|en pulire; *Schuhe* lucidare; *Zähne* lavare; **2frau** f donna delle pulizie; **2lappen** m strofinaccio; **2mittel** n detersivo m
Pyjama m pigiama
Pyrenäen: *die* ~ i Pirenei m/pl

Q

Quadrat n, **2isch** quadrato (m); ~**meter** m metro quadrato
Qual f tormento m
quälen tormentare; *sich* ~ affaticarsi
qualifizieren: *sich* ~ qualificarsi
Qualität f qualità
Qualle f medusa
Qualm m fumo denso
Quantität f quantità
Quark m ricotta f
Quartal n trimestre m
Quartett n quartetto m
Quartier n alloggio m
Quarz m quarzo; ~**uhr** f orologio m al quarzo
Quatsch F m sciocchezze f/pl

Quecksilber n mercurio m
Quelle f sorgente
quer adv di traverso; ~ *durch die Stadt* attraverso la città; **2schiff** n *Arch* transetto m; ~**schnitt(s)gelähmt** paraplègico; **2straße** f traversa
Quetschung f *Med* ammaccatura, contusione
Quirl m frullino; **2en** frullare
quitt: ~ *sein* èssere pari
Quitte f cotogna
quitt|ieren quietanzare; accusare ricevuta; **2ung** f quietanza, ricevuta; *e-e* ~ *ausstellen* rilasciare una ricevuta (*über* per)
Quiz n gioco m a quiz

R

Rabatt *m* sconto; ribasso
Rabe *m* corvo
Rache *f* vendetta
Rachen *m* faringe *f/m*
rächen: sich ~ vendicarsi
Rad *n* ruota *f*; (Fahr2) bicicletta *f*; **mit dem ~ fahren** s **radfahren**
Radar *m/n* radar *m*; **~kontrolle** *f* controllo *m* radar; **~schirm** *m* schermo *m* radar
radfahr|en andare in bicicletta; **2er** *m* ciclista
Radiergummi *m* gomma *f* (per cancellare)
Radieschen *n* ravanello *m*
Radio *n* radio *f*; *s a* **Rundfunk**; **2aktiv** radioattivo; **~wecker** *m* radiosveglia *f*
Rad|kappe *f* coppa della ruota; **~rennbahn** *f* velòdromo *m*; **~rennen** *n* corsa *f* ciclìstica; **~sport** *m* ciclismo; **~tour** *f* gita in bicicletta; **~wandern** *n* cicloturismo *m*; **~wechsel** *m* cambio della ruota; **~weg** *m* ciclopista *f*, pista *f* ciclàbile
Rahmen *m* Fahrrad telaio; (Bilder2) cornice *f*
Rakete *f* razzo *m*; missile *m*; **~nstützpunkt** *m* base *f* missilìstica
Ramsch *m* robaccia *f*
Rand *m* orlo; Buch màrgine *f*
randalieren far baccano
Randgebiet *n* e-r Stadt periferìa *f*; **~streifen** *m* e-r Straße banchina *f*; e-r Autobahn corsìa *f* d'emergenza
Rang *m* grado; rango; Thea galleria *f*; **ersten ~es** di prim'órdine
rangieren Esb manovrare
Ranke *f* viticcio *m*
ranzig ràncido
rar raro
rasch ràpido, veloce; *adv* presto
Rasen *m* prato
rasen Auto andare di gran carriera; **~d** Geschwindigkeit pazzo, pazzesco; Schmerz violento
Rasier|apparat *m* rasoio (elèttrico); **~creme** *f* crema da barba
rasieren: sich ~ farsi la barba
Rasier|klinge *f* lametta da barba; **~messer** *n* rasoio *m*; **~seife** *f* sapone *m* da barba; **~wasser** *n* lozione *f* da barba
Rasse *f* razza
Rast *f* sosta; **~ machen**, **2en** sostare, fermarsi; **~platz** *m* luogo, *an der Autobahn* piazzola *f* di sosta; **~stätte** *f* autogrill *m*
Rat *m* consiglio; **j-n um ~ fragen** chiedere consiglio a qu
Rate *f* rata; *in ~n* a rate

raten consigliare (*j-m zu et qu* per qc); (*er~*) indovinare
Ratenzahlung f pagamento m a rate
Rat|geber m consigliere; **~haus** n municipio
Ration f razione; **≈alisieren** razionalizzare; **≈ell** razionale; (*sparsam*) econòmico
rat|los perplesso; **~sam** consigliàbile; **≈schlag** m s **Rat**
Rätsel n indovinello m; *fig* enigma m; **≈haft** misterioso
Ratte f ratto m
Raub m rapina f; rapimento; (*Beute*) bottino; **≈en** rubare; rapinare
Räuber m rapinatore; (*Straßen≈*) bandito
Raub|mord m assassinio per rapina; **~tier** n animale m rapace; **~überfall** m rapina f (*bewaffneter* a mano armata); **~vogel** m uccello rapace
Rauch m fumo; **≈en** fumare; **~ verboten!** vietato fumare!; **~er** m fumatore; **~erabteil** n scompartimento m per fumatori
räuchern affumicare
Rauch|fleisch n carne f affumicata; **~verbot** n divieto m di fumare; **~vergiftung** f intossicazione da fumo
Rauferei f baruffa
rauh rùvido; *Klima* rìgido; *Stimme* ràuco; **≈reif** m brina f
Raum m (*Platz*) posto; (*Räumlichkeit*) locale

räumen sgombrare
Raum|fähre f navetta spaziale; **~fahrt** f navigazione spaziale
räumlich spaziale
Raum|pflegerin f donna delle pulizie; **~schiff** n astronave f
Räumung f sgómbero m; **~sverkauf** m liquidazione f totale
Raupe f bruco m
Rauschgift n droga f; **~handel** m tràffico di droga; **~süchtig** tossicomane
Razzia f rastrellamento m
reagieren reattore (*auf* a)
Reaktor m reattore (atòmico)
real|istisch realistico; **≈ität** f realtà
Rebe f vite
rebellieren ribellarsi
Rebhuhn n pernice f
Rechen|aufgabe f problema m d'aritmètica; **~fehler** m errore di càlcolo
Rechenschaft f: **~ über** et *ablegen* rèndere conto di qc; *j-n zur ~ ziehen* domandare conto a qu
rechn|en contare, calcolare; **≈er** m calcolatore (*Gerät*); **≈ung** f càlcolo m; *im Restaurant* conto m; *die ~, bitte!* il conto, per favore!
Recht n diritto m; *im ~ sein*, **≈ haben** avere ragione; *das ist mir ≈* per me va bene
rechte *Hand Seite* destro; **≈** f destra (*a Pol*)

Rechteck n rettàngolo m; 2ig rettangolare
recht|fertigen f giustificare; 2fertigung f giustificazione; ~lich jur legale
rechts a destra; **sich ~ halten** tenere la destra; 2abbieger m chi svolta a destra
Rechtsanwalt m avvocato
recht|schaffen onesto; 2schreibung f ortografia
Rechts|kurve f curva a destra; ~verkehr m circolazione f a destra; 2widrig illegale
recht|winklig rettangolare; ~zeitig adv in tempo
Recorder m registratore
Recycling n riciclaggio m
Redakt|eur m redattore; ~ion f redazione
Rede f discorso m; **j-n zur stellen** chièdere ragione a qu
reden parlare (über di)
Redensart f modo m di dire
Redner m oratore
Reede f rada; ~rei f compagnia marìttima
reell onesto; **Ware** sòlido
reflektieren: ~ **auf** èssere interessato a
Reform f riforma; ~haus n negozio di prodotti dietètici
Regal n scaffale m
Regatta f regata
rege vivo; attivo; **Verkehr** animato
Regel f règola; **der Frau** mestruazione; 2mäßig regola-
re; 2n regolare; ~ung f regolazione
Regen m pioggia f; **bei ~** con la pioggia; **saurer** ~ pioggia àcida; ~bogen m arcobaleno; ~mantel m impermeàbile; ~schauer m scroscio di pioggia; ~schirm m ombrello; ~wasser m acqua f piovana; ~wetter m tempo m piovoso; ~wurm m lombrico
Regie f regìa
Regierung f governo m
Regime n regime m
Region f regione m; 2al regionale
Regisseur m regista
regn|en piòvere; **es regnet** piove; ~erisch piovoso
regulär regolare; **Preis** normale
regungslos immòbile
Reh n capriolo m
Reib|eisen n grattugia f; 2en fregare; **Kochk** grattugiare; ~ung f Tech frizione
reich ricco
Reich n regno m, impero m
reich|en (geben) pòrgere, dare; (genügen) bastare; ~ **bis** arrivare a; **es reicht** basta; ~lich abbondante; 2tum m ricchezza f; 2weite f portata
reif maturo; 2 m brina f; 2e f maturità; ~en maturare
Reifen m cerchio m; **Kfz** gomma f, pneumàtico; ~decke f copertone m; ~druck m pres-

Rennrad

sione f delle gomme; ~**panne** f foratura; ~**wechsel** m cambio di pneumàtico
Reife|prüfung f esame m di maturità; ~**zeugnis** n diploma m di maturità
Reihe f fila; serie; **der ~ nach** l'uno dopo l'altro; **ich bin an der ~** tocca a me
Reihenfolge f órdine m
rein puro; (*sauber*) pulito
reinigen pulire; *chemisch pulire a secco*
Reinigung f *chemische pulitura a secco*; *Geschäft* lavanderia; ~**smilch** f latte m detergente; ~**smittel** n detergente m, detersivo m
Reis m riso
Reise f viaggio m; **auf der ~** in viaggio; **gute ~!** buon viaggio!; ~**andenken** n ricordo m di viaggio; ~**begleiter** m accompagnatore turistico; ~**büro** n agenzia f (di) viaggi; ~**bus** m pullman; ~**führer** m guida f (*a Buch*); ~**gepäck** n bagaglio m; ~**gesellschaft** f, ~**gruppe** f comitiva; ~**kosten** pl spese f/pl di viaggio; ~**leiter** m guida f di una comitiva
reisen viaggiare (*nach Ort* a, *Land* in); 2**de(r)** m viaggiatore, turista
Reise|paß m passaporto; ~**route** f itineràrio m; ~**scheck** m assegno turìstico; ~**tasche** f borsa f da viaggio; ~**verkehr** m tràffico turistico; ~**wecker** m sveglia da viaggio; ~**zeit** f perìodo m dei viaggi; ~**ziel** n meta f del viaggio
reißen ròmpersi, strapparsi
Reiß|verschluß m chiusura f lampo, zip; ~**zwecke** f puntina da disegno
reit|en andare a cavallo; 2**er** m cavaliere; 2**lehrer** m maestro di equitazione; 2**pferd** n cavallo m da sella; 2**sport** m equitazione f; 2**stiefel** m/pl stivali da equitazione; 2**stunde** f lezione di equitazione; 2**weg** m pista f per cavalli
Reiz m fig attrattiva f, fàscino; 2**en** (*anziehen*) attrarre; (*ärgern*) irritare (*a Med*); 2**end** grazioso; carino; ~**ung** f *Med* irritazione f
Reklam|ation f reclamo m; ~**e** f pubblicità; 2**ieren** reclamare
Rekord m primato, rècord; ~**zeit** f tempo m rècord
Relief n rilievo m
Religion f religione f; 2**iös** religioso
Reling f parapetto m
Reliquie f reliquia
Renaissance f Rinascimento m
Rendezvous n appuntamento m
Renn|bahn f pista f; 2**en** córrere; ~**en** n corsa f; ~**fahrer** m corridore m; ~**pferd** n cavallo m da corsa; ~**rad** n

Rennstall

bicicletta *f* da corsa; **~stall** *m* scuderia *f*; **~strecke** *f* percorso *m*; **~wagen** *m* màcchina *f* da corsa
renovieren rinnovare
Rente *f* pensione
Rentner *m* pensionato
Reparatur *f* riparazione; **~kosten** *pl* spese *f/pl* di riparazione; **~werkstatt** *f* officina di riparazioni
reparieren riparare
Report|age *f* crònaca; **~er** *m* cronista; reporter
Reproduktion *f* riproduzione
Republik *f* repùbblica
Reserve *f* riserva; **~kanister** *m* tànica *f* di riserva; **~rad** *n* ruota *f* di scorta
reservier|en riservare; prenotare; **~t** riservato; **2ung** *f* prenotazione
resignieren rassegnarsi
Respekt *m* rispetto
Rest *m* resto
Restaurant *n* ristorante *m*
Rest|betrag *m* resto, saldo; **2lich** rimanente; **2los** *adv* totalmente
rett|en salvare; **2er** *m* salvatore
Rettich *m* ràfano
Rettung *f* salvataggio *m*
Rettungs|arbeiten *f/pl* lavori *m/pl* di salvataggio; **~boot** *n* battello *m* di salvataggio; **~dienst** *m* servizio di pronto soccorso; **~hubschrauber** *m* eliambulanza *f*; **~mannschaft** *f* squadra di salvataggio; **~ring** *m* salvagente; **~weste** *f* giubbotto *m* salvagente
revanchieren: sich für et ~ contraccambiare qc
Revolver *m* revolver
Revue *f* rivista
Rezept *n* ricetta *f*
Rezeption *f* réception [resepsjõ]
rezeptpflichtig da vèndersi dietro ricetta mèdica
Rheuma *n* reuma(tismo) *m*
richten *Bitte* rivòlgere (**an** a); *Brief* indirizzare (**an** a); (*her~*) preparare; (*reparieren*) riparare; **sich nach et ~** regolarsi secondo qc
Richt|er *m* giùdice; **~geschwindigkeit** *f* velocità consigliata; **2ig** giusto; **2igstellen** rettificare; **~linien** *f/pl* direttive; **~ung** *f* direzione
riechen odorare; **nach et ~** sapere di qc; **gut ~** avere un buon odore
Riegel *m* chiavistello
Riemen *m* cinghia *f*; (*Ruder*) remo
Riese *m* gigante
riesig gigantesco
Riff *n* scogliera *f*
Rind *n* bovino
Rinde *f* corteccia; *v Brot, Käse* crosta
Rind|erbraten *m* arrosto di manzo; **~fleisch** *n* (carne *f* di) manzo *m*
Ring *m* anello; **2en** lottare;

~er *m* lottatore; ~**finger** *m* anulare; ~**kampf** *m* lotta *f*
ringsum(her) tutt'intorno
Rinn|e *f* canale *m*; ~**stein** *m* cunetta *f*
Rippe *f* còstola *f*; ~**nfellentzündung** *f* pleurite
Risiko *n* rischio *m*
risk|ant arrischiato; ~**ieren** arrischiare
Riß *m* strappo *m*; (Haut₂) screpolatura *f*; (Wand₂) crepa *f*
Ritt *m* cavalcata *f*
Ritz *m*, ~**e** *f* fessura *f*
Rivale *m* rivale
Rizinusöl *n* olio *m* di rìcino
Roastbeef *n* rosbif *m*
Robbe *f* foca
Roboter *m* robot
robust robusto, sòlido
Rock¹ *m* (Damen₂) gonna *f*
Rock² *m* Mus rock (and roll); ~**band** *f* complesso *m* rock; ~**musiker** *m* rockettaro
Rodel|bahn *f* pista per slitte; ₂**n** andare in slitta; ~**schlitten** *m* slitta *f*, slittino
Roggen *m* ségale *f*
roh crudo; *fig* brutale; ₂**kost** *f* vegetali *m/pl* crudi
Rohr *n* tubo *m*; ~**bruch** *m* scoppio di un tubo
Röhre *f* tubo *m*; (Back₂) forno *m*
Rohrleitung *f* tubazione
Rohstoff *m* materia *f* prima
Rolladen *m* persiana *f* avvolgìbile
Roll|bahn *f* Flgw pista; ~**brett** *n* skate-board *m*; ~**e** *f* ròtolo

m; Thea parte *f*; ~**er** *m* (Tret₂) monopàttino; (Motor₂) scooter; ~**kragen** *m* collo alto; ~**kragenpullover** *m* dolcevita *f*; ~**schuhe** *m/pl* pàttini a rotelle; ~**stuhl** *m* sedia *f* a rotelle; ~**treppe** *f* scala mòbile
Rom *n* Roma *f*
Roman *m* romanzo; ₂**isch** Arch romànico; Sprache romanzo; Volk latino
römisch romano
röntgen fare una radiografia (di); ₂**aufnahme** *f*, ₂**bild** *n* radiografia *f*
Rose *f* rosa
Rosé *m* rosato
Rosen|kohl *m* càvolo di Bruxelles; ~**kranz** *m* Rel rosario
Rosette *f* Arch rosone *m*
Rosinen *f/pl* uva *f* passa
Rosmarin *m* rosmarino
Roßhaar *n* crine *m*
Rost *m* rùggine *f*; (Gitter) griglia *f*; Kochk graticola *f*; ~**braten** *m* bistecca *f* ai ferri
rosten arrugginire
röst|en arrostire; Brot tostare; Kaffee torrefare; ₂**er** *m* (Brot₂) tostapane
Rost|fleck *m* macchia *f* di rùggine; ₂**frei** inossidàbile; ₂**ig** arrugginito; ~**schutzmittel** *n* antirùggine *m*
rot rosso; ₂**es Kreuz** Croce *f* Rossa; bei ₂ **durchfahren, rübergehen** passare col rosso
Röteln *pl* rosolia *f*

Rotkohl

Rotkohl *m* càvolo rosso
Rotwein *m* vino rosso (*od* nero)
Roulade *f* involtino *m*
Route *f* itinerario *m*, percorso *m*
Routine *f* pràtica
Rowdy *m* teppista
Rübe *f* rapa; **rote ~** barbabiètola; **gelbe ~** carota
Rubin *m* rubino
Ruck *m* scossa *f*; colpo
Rückantwort *f* risposta
rücken *v/t* spingere; (**weg~**) scostare (**von** da); *v/i* spostarsi
Rücken *m* dorso; schiena *f*; **~lehne** *f* spalliera; **~mark** *n* midollo *m* spinale; **~schwimmen** *n* dorso *m*; **~wind** *m* vento da dietro, *Mar* in poppa; **~wirbel** *m* vèrtebra *f* dorsale
Rück|erstattung *f* rimborso *m*; **~fahrkarte** *f* biglietto *m* d'andata e ritorno; **~fahrt** *f* ritorno *m*; **~flug** *m* (volo di) ritorno; **~gabe** *f* restituzione
rückgängig: **~ machen** annullare
Rück|grat *n* spina *f* dorsale; **~licht** *n* luce *f* posteriore; **~nahme** *m* ritiro *m*; **~porto** *n* francobollo *m* per la risposta; **~reise** *f* (viaggio *m* di) ritorno
Rucksack *m* sacco da montagna, zaino; **~tourist** *m* saccopelista
Rück|schlag *m* fig regresso;

~seite *f* v Stoff rovescio *m*; *v* Schriftstück verso *m*; **~sendung** *f* rinvìo *m*
Rücksicht *f* riguardo *m*; **~ nehmen auf** aver riguardo per (*od* di)
rücksichts|los senza nessun riguardo; **~voll** riguardoso
Rück|sitz *m* sedile posteriore; **~spiegel** *m* specchietto retrovisivo; **~ständig** arretrato; **~stau** *m* Verkehr coda *f*; **~tritt** *m* von gebuchter Reise recesso; *Fahrrad* contropedale
rückwärts (all')indietro; **~ fahren** fare marcia indietro; **2gang** *m* retromarcia *f*
Rück|weg *m* ritorno; **~wirkung** *f* ripercussione; **~zahlung** *f* rimborso
Ruder *n* remo *m*; **~boot** *n* barca *f* a remi; **2n** remare; **~sport** *m* canottaggio
Ruf *m* grido; chiamata *f*; *fig* reputazione *f*; **2en** gridare; *j-n* chiamare; **~name** *m* nome; **~nummer** *f* nùmero *m* telefònico (*od* di telèfono)
Ruhe *f* calma; (*Ausruhen*) riposo *m*; **~!** silenzio!; **~ bewahren** mantenere la calma; **2n** riposare; **~pause** *f* pausa; **~stand** *m* riposo; **~tag** *m* giornata *f* di riposo; *Geschäft* riposo settimanale
ruhig tranquillo, calmo
Ruhm *m* gloria *f*; fama *f*
rühmen elogiare
Ruhr *f* Med dissenteria

Rühr|ei n uova f/pl strapazzate; **2en** (um~) rimestare; fig commuòvere; **2end** commovente; **~ung** f commozione
Ruine f rovine f/pl
ruinieren rovinare
Rumän|e m, **2isch** m rumeno; **~ien** n (la) Romanìa
Rummel m, **~platz** m parco dei divertimenti
Rumpf m tronco
Rumpsteak n costata f di manzo
rund rotondo; (ungefähr) all'incirca; **~** um intorno a; **2blick** m panorama; **2e** f giro m; **2fahrt** f giro m turistico; **2flug** m giro in aèreo
Rundfunk m radio f; im **~** alla radio; **~gerät** n radio f; **~programm** n programma m radiofònico; **~sender** m, **~station** f stazione f radio
Rund|gang m giro; **2herum** intorno; **2lich** grassottello; **~reise** f viaggio m circolare; **~schreiben** n circolare f
Ruß m fuliggine f
Russ|e m, **2isch** russo
Rußland n (la) Russia
rüst|en Mil armare; **sich ~** prepararsi (zu a, per); **~ig** arzillo; **2ung** f armamento m
Rutsch|bahn f, **~e** f scìvolo m; **2en** scivolare; Auto slittare; **2ig** sdrucciolévole
rütteln scuòtere

S

Saal m sala f
Saat f (Säen) sémina; (Saatgut) semenza, semente
Sabotage f sabotaggio m
Sach|e f cosa; (Angelegenheit) affare m; **~n** pl (persönlicher Besitz) roba f; **2kenntnis** f cognizioni f/pl in materia; **2lich** obiettivo
sächlich neutro
Sach|schaden m danno materiale; **~verhalt** m stato di cose; **~verständige(r)** m esperto, perito
Sack m sacco; **~gasse** f vicolo m cieco
säen seminare
Safe m cassaforte f
Saft m (Obst2) succo; (Fleisch2) sugo; **2ig** sugoso, succoso
Sage f leggenda
Säge f sega; **~blatt** n lama f di sega; **~mehl** n segatura f
sagen dire
säge|n segare; **2späne** m/pl segatura f; **2werk** n segheria f
Sahne f panna; crema; (Schlag2) panna montata
Saison f stagione; **2bedingt** stagionale; **~zuschlag** m aumento stagionale
Saite f corda; **~ninstrument** n strumento m a corda
Sakko m giacca f

Sakristei

Sakristei f sagrestia
Salami f salame m
Salat m Kochk insalata f; Bot lattuga f; **grüner ~** insalata f verde; **~schüssel** f insalatiera
Salbe f unguento m, pomata
Salbei m salvia f
Salmiakgeist m ammonìaca f
Salmonellen f/pl salmonelle
Salz n sale m; **2en** salare; **~gebäck** n salatini m/pl; **~hering** m aringa f salata; **2ig** salato; **~kartoffeln** f/pl patate lesse; **~stangen** f/pl bastoncini m/pl salati; **~wasser** n acqua f salata
Samen m Bot seme
sammel|n raccògliere; Briefmarken usw collezionare; Geld fare una colletta; **2punkt, 2stelle** f luogo m di raduno
Sammlung f (Kunst2) collezione; (Geld2) colletta
Samstag m sàbato; **2s** il (od di) sàbato
Samt m velluto
sämtlich tutto
Sanatorium n sanatorio m
Sand m sabbia f
Sandale f sàndalo m
Sand|bank f banco m di sabbia; **2ig** sabbioso; **~korn** n granello m di sabbia; **~papier** n carta f vetrata; **~stein** m (pietra f) arenaria f; **~strand** m spiaggia f sabbiosa
sanft dolce; (leicht) leggero

Sänger(in f) m cantante m/f
sanitär: ~e Anlagen f/pl impianti m/pl sanitari
Sanitäter m infermiere
Saphir m zàffiro
Sardelle f acciuga
Sardine f sardina, sarda
Sardinien n (la) Sardegna
Sarg m bara f
Sarkophag m sarcòfago
Satelliten|fernsehen n televisione f via satellite; **~stadt** f città satellite
satt sazio; **et ~ haben** èssere stufo di qc
Sattel m sella f; **2n** sellare; **~schlepper** m motrice f per semirimorchio
sättigen saziare
Satz m Gr frase f; (Sprung) salto; Briefmarken serie f; Tennis set; **~ung** f statuto m; **~zeichen** n segno m d'interpunzione
Sau f troia
sauber pulito; **2keit** f pulizia f; **~machen, säubern** pulire
sauer àcido; agro; Wein aspro; Gurken sott'aceto; **~ werden** inacidirsi; **~kirsche** f amarena; **2kraut** n crauti m/pl
Sauerstoff m ossìgeno; **~maske** f màschera a ossìgeno
saufen Tier bere, Mensch sbevazzare
Säufer m beone
saugen succhiare; Staub ~ passare l'aspirapólvere

Sauger *m* an Flasche tettarella *f*
Säug|etier *n* mammifero *m*; **~ling** *m* lattante
Säule *f* colonna
Saum *m* orlo
Saun|a *f* sauna *f*; **2ieren** fare la sauna
Säure *f* Chem àcido *m*
S-Bahn *f* ferrovia urbana
schäbig lógoro, *fig* meschino
Schach *n*: **~ spielen** giocare agli scacchi; **~brett** *n* scacchiera *f*; **~figur** *f* scacco *m*; **2matt** scacco matto; **~spiel** *n* scacchi *m/pl*
Schachtel *f* scàtola; *Zigaretten* pacchetto *m*
schade: **es ist ~, daß ...** è peccato che ... (+ *cong*); **~!** peccato!
Schädel *m* cranio; **~bruch** *m* frattura *f* crànica
schaden nuòcere (a); **2 m** danno; **2ersatz** *m* risarcimento dei danni; **2sfall** *m* sinistro; **2smeldung** *f* denuncia di sinistra
schadhaft difettoso
schäd|igen nuòcere a, danneggiare; **~lich** nocivo, dannoso; **2ling** *m* parassita
Schadstoff *m* agente inquinante; **~arm** a scarsa emissione di sostanze inquinanti; **~emissionen** *f/pl* emissioni inquinanti; **~frei** non inquinante
Schaf *n* pècora *f*

Schäfer *m* pecoraio; **~hund** *m* pastore
schaffen (*er~*) creare; *Platz, Ordnung* fare; (*bringen*) portare; **es ~** riuscire (a fare)
Schaffner *m* Esb conduttore
Schafskäse *m* pecorino
schal insipido
Schal *m* sciarpa *f*
Schale *f* *Obst2, Kartoffel2* buccia; (*Eier2, Nuß2*) guscio *m*; (*Gefäß*) scodella
schälen *Obst, Kartoffeln* sbucciare; *Eier* sgusciare
Schall *m* suono; **~dämpfer** *m* Kfz silenziatore; **2dicht** insonorizzato; **~mauer** *f* muro *m* del suono; **~platte** *f* disco *m*
schalt|en El commutare; Kfz cambiare (marcia); **2er** *m* (*Licht2*) interruttore; (*Bank2, Post2*) sportello; **2hebel** *m* leva *f* del cambio; **2jahr** *n* anno *m* bisestile
Scham *f* vergogna, pudore
schämen: *sich* **~** vergognarsi
scham|haft pudico; **~los** spudorato, impudico
Schande *f* vergogna
schändlich vergognoso, infame
Schanktisch *m* banco
Schar *f* schiera
scharf *Speise* forte, piccante; *Messer* tagliente; *Fot* nítido; *Kurve* brusco; *Verstand, Gehör* acuto
Schärfe *f* acutezza; *Fot* nitidezza; **2n** *Messer* affilare
Scharfsinn *m* acume

Scharlach m Med scarlattina f

Scharnier n cerniera f
Scharte f tacca
Schaschlik m/n spiedino m
Schatten m ombra f
schattig ombroso, ombreggiato
Schatz m tesoro
schätz|en stimare; valutare; **~ungsweise** approssimativamente
Schau f mostra; **zur ~ stellen** méttere in mostra
schauderhaft orribile
schauen guardare
Schauer m (Regen~) acquazzone; **2lich** orrendo
Schaufel f pala; **2n** spalare
Schaufenster n vetrina f; **~bummel** m passeggiata f per guardare le vetrine
Schaukel f altalena; **2n** fare l'altalena; **~stuhl** m sedia f a dóndolo
Schaulustige m/pl curiosi
Schaum m (Seifen~) schiuma f; (Sekt~) spuma f; **~bad** n bagnoschiuma m
schäumen schiumare; Sekt spumeggiare
Schaum|gummi m gommapiuma f; **~wein** m spumante
Schauplatz m teatro
Schauspiel n spettàcolo m; **~er(in)** f m attore (attrice f) m; **~haus** n teatro m
Schausteller m baraccónista
Scheck m assegno; **~buch** n, **~heft** n libretto m degli assegni; **~karte** f carta assegni
Scheibe f disco m; (Glas~) vetro m; **eine ~ Brot** una fetta di pane; **in ~n schneiden** affettare
Scheiben|bremse f freno m a disco; **~waschanlage** f lavavetro m; **~wischer** m tergicristallo, lavacristallo
Scheide f Anat vagina
scheiden: sich ~ lassen divorziare
Scheidung f (Ehe~) divorzio m
Schein m (Licht~) luce f; (Bescheinigung) certificato m; (Quittung) ricevuta f; (Zettel) scontrino; (Geld~) biglietto; fig apparenza f; **2bar** apparente; **2en** splèndere; fig sembrare, parere; **die Sonne scheint** c'è sole; **~werfer** m proiettore, Kfz faro
Scheitel m (Haar~) riga f
scheitern fallire; naufragare
Schellfisch m eglefino
Schema n schema m; **2tisch** schemàtico
Schemel m sgabello
Schenke f osteria
Schenkel m coscia f
schenken regalare
Scherbe f coccio m
Schere f fòrbici f/pl
Schereien f/pl seccature
Scherz m scherzo; **2en** scherzare; **2haft** scherzoso
scheu tímido; **2** f timidezza
Scheuer|lappen m strofinac-

cio; **n** pulire; (*reiben*) fregare
Scheune *f* granaio *m*
Scheusal *n* mostro *m*
scheußlich orribile
Schi *m* s. **Ski**
Schicht *f* strato *m*; (*Arbeits2*) turno *m*; **arbeit** *f* lavoro *m* a turni
schick elegante, chic
schicken mandare; inviare
Schickeria *f* jet-society *f*
Schicksal *n* destino *m*
Schiebe|dach *n* tetto *m* apribile (*od* scorrévole); **fenster** *f* finestra *f* scorrévole; **n** spingere; *Hdl pej* fare tráffico (*mit* con); **tür** *f* porta scorrévole
Schieds|gericht *n* tribunale *m* arbitrale; **richter** *m* *Sport* àrbitro
schief storto; *Ebene* inclinato; *Turm* pendente; **gehen** andare male, fallire
Schien|bein *n* stinco *m*; **e** *f* *Esb* rotaia; *Med* stecca; **en** steccare; **enbus** *m* elettromotrice *f*
schieß|en sparare (*auf* a); **erei** *f* sparatoria; **scheibe** *f* bersaglio *m*; **stand** *m* poligono di tiro
Schiff *n* nave *f*; *Arch* navata *f*; *auf das* ~ a bordo; *mit dem* ~ *fahren* andare con la nave
Schiffahrt *f* navigazione; **sgesellschaft** *f* società marittima
Schiff|bruch *m* naufragio; **brüchige(r)** *m* naufrago
Schiffs|arzt *m* mèdico di bordo; **junge** *m* mozzo; **karte** *f* biglietto *m* per la nave; **reise** *f* viaggio *m* in nave
Schikan|e *f* vessazione; **ieren** vessare
Schild *n* targa *f*; (*Firmen2*) insegna *f*; (*Hinweis2*) segnale *m*; **drüse** *f* tiròide; **ern** descrìvere; **erung** *f* descrizione; **kröte** *f* tartaruga
Schilf *n* canna *f*; (*Röhricht*) canneto *m*
Schilling *m* scellino
Schimmel[1] *m* (*Pferd*) cavallo bianco
Schimmel[2] *m* muffa *f*; **ig** ammuffito; **n** ammuffire
schimpf|en imprecare (*auf*, *über* contro); **wort** *n* ingiuria *f*
Schinken *m* prosciutto
Schirm *m* (*Regen2*) ombrello; (*Garten2*) ombrellone; (*Bild2*) schermo *f*
Schlacht *f* battaglia; **en** macellare
Schlachter *m* macellaio
Schlaf *m* sonno; **anzug** *m* pigiama; **couch** *f* divano-letto *m*
Schläfe *f* tempia
schlafen dormire; ~ *gehen* andare a letto
schlaflos: **e Nacht** *f* notte in bianco; **igkeit** *f* insonnia
Schlafmittel *n* sonnifero *m*
schläfrig sonnolento
Schlaf|saal *m* dormitorio;

Schlafsack

~sack *m* sacco a pelo; ~tablette *f* sonnifero *m*; ~stadt *f* città dormitorio; ~wagen *m* vagone (*od* carrozza *f*) letto; ~zimmer *n* càmera *f* da letto

Schlag *m* colpo; ~ader *f* artèria; ~anfall *m* colpo apoplèttico; ℒartig di colpo; ~baum *m* barriera *f*; ℒen bàttere; *Sahne* sbàttere; *Uhr* sonare

Schlager *m Mus* canzonetta *f* di sucesso; ~sänger(in*f*) *m* cantante *m*/*f* di mùsica leggera

schlag|fertig pronto a rispóndere; ℒloch *n* buca *f*; ℒsahne *f* panna montata; ℒzeile *f* tìtolo *m*; ~zeug *n Mus* batteria *f*

Schlamm *m* fango

Schlamperei *f* trascuratezza

schlampig *Mensch* disordinato; *Arbeit* mal fatto

Schlange *f* serpente *m*; ~ stehen fare la coda

schlängeln: *Weg sich* ~ serpeggiare

Schlangen|biß *m* morso di serpente; ~gift *n* veleno *m* di serpente

schlank snello; slanciato; ℒheitskur *f* cura dimagrante

schlapp fiacco; ℒe F *f* sconfitta; ~machen F crollare

schlau furbo

Schlauch *m* tubo (di gomma); (*Fahrrad*ℒ) càmera *f* d'aria; ~boot *n* canotto *m* pneumàtico; ℒlos *Reifen* tubeless

schlecht cattivo; *adv* male; *Speise* guasto; *Wetter* brutto; **mir ist** ~ mi sento male; ℒigkeit *f* cattiveria

Schleichweg *m* via *f* nascosta

Schleie *f* tinca

Schleier *m* velo

schleierhaft oscuro; **das ist mir** ~ non capisco proprio

Schleif|e *f* fiocco *m*; ℒen *v*/*t* **auf dem Boden** trascinare; *Messer* arrotare; *Glas* molare; ~stein *m* mola *f*

Schleim *m* muco; ~haut *f* mucosa

Schlemmerlokal *n* locale *m* di specialità culinarie

Schlepp|e *f* stràscico *m*; ℒen *Last* portare con fatica; *Kfz*, *Mar* rimorchiare; ~er *m* trattore; *Mar* rimorchiatore; ~lift *m* ski-lift, sciovìa *f*; ~tau *n* cavo *m* da rimorchio

Schleuder *f* (*Wäsche*ℒ) centrìfuga; ℒn *v*/*t* scagliare; *Wäsche* centrifugare; *Auto* **ins ℒ geraten** sbandare

Schleuse *f* chiusa

schlicht sémplice; ℒen *Streit* appianare

schließ|en chiùdere; ℒfach *n* (*Gepäck*ℒ) depòsito *m* bagagli a cassette; (*Post*ℒ) casella *f* postale; ~lich alla fine; ℒung *f* chiusura

schlimm cattivo; *Krankheit* grave; ⁓**er** peggiore; *adv* peggio; ⁓**stenfalls** nel peggiore dei casi

Schling|**e** *f* cappio *m*; (*Fang*⁓) laccio *m*; ⁓**pflanze** *f* pianta rampicante

Schlips *m* cravatta *f*

Schlitten *m* slitta *f*, slittino *m*; ⁓**fahrt** *f* gita in slitta

Schlittschuh *m* pàttino; ⁓ **laufen** pattinare; ⁓**läufer** *m* pattinatore

Schlitz *m* fessura *f*; (*Rock*⁓) spacco; (*Einwurf*) buca *f*

Schloß *n* (*Tür*⁓) serratura *f*; *Gebäude* castello *m*

Schlosser *m* fabbro

Schlucht *f* gola; burrone *m*

schluchzen singhiozzare

Schluck *m* sorso; ⁓**auf** *m* singhiozzo; 2**en** inghiottire; ⁓**impfung** *f* vaccinazione per via orale

schlummern sonnecchiare

Schlüpfer *m* slip, mutandine *f*/*pl*

Schlupfwinkel *m* nascondiglio

Schluß *m* fine *f*; (*Folgerung*) conclusione *f*; **zum** ⁓ alla fine

Schlüssel *m* chiave *f*; ⁓**bein** *n* clavìcola *f*; ⁓**blume** *f* primula; ⁓**bund** *n* mazzo *m* di chiavi; ⁓**loch** *n* buco *m* della serratura

Schluß|**folgerung** *f* conclusione; ⁓**licht** *n* luce *f* posteriore; ⁓**verkauf** *m* svéndita *f* di fine stagione

Schmach *f* ignominia

schmächtig gràcile

schmackhaft saporito; gustoso

schmal stretto

Schmal|**film** *m* film a passo ridotto; ⁓**kamera** *f* cinepresa a passo ridotto

Schmalspurbahn *f* ferrovia a scartamento ridotto

Schmalz *n* strutto *m*

Schmarotzer *m* parassita

schmecken: *j-m* ⁓ piacere a qu; **nach et** ⁓ sapere di qc; **gut** ⁓ èssere buono

Schmeichel|**ei** *f* lusinga; ⁓**haft** lusinghiero; 2**n** lusingare (*j-m* qu)

schmeiß|**en** F buttare; 2**fliege** *f* moscone *m*

schmelz|**en** sciògliere, sciògliersi; 2**käse** *m* formaggio fuso

Schmerz *m* dolore; 2**en** dolere; ⁓**ensgeld** *n* risarcimento *m* per danni morali; 2**haft**, 2**lich** doloroso; 2**los** indolore; ⁓**mittel** *n* analgèsico *m*; 2**stillend** calmante

Schmetterling *m* farfalla *f*

Schmied *m* fabbro; ⁓**e** *f* fucina; ⁓**eeisen** *n* ferro *m* battuto; 2**en** bàttere; *fig* Pläne fare

schmier|**en** spalmare (**auf** su; **mit** di); *Tech* lubrificare, ingrassare; 2**geld** F *n* bustarella *f*; ⁓**ig** untuoso, grasso; ⁓**öl** *n* olio *m* lubrificante

Schminke

Schminke f trucco m, belletto m
schminken: *sich* ~ truccarsi
Schmirgelpapier n carta f smeriglio
Schmor|braten m stufato; **2en** stufare
Schmuck m (*Juwelen*) gioielli m/pl
schmücken ornare, decorare (*mit* di)
Schmuggel m contrabbando; **2n** contrabbandare
Schmutz m sporcizia f; **2ig** sporco
Schnabel m becco
Schnalle f fibbia
schnapp|en (*Schloß* scattare; **2schuß** m istantànea f
Schnaps m acquavite f
schnarchen russare
schnaufen ansimare
Schnauze f muso m; *an Kanne* becco m
Schnecke f *mit Haus* chiòcciola; (*Nackt*2) lumaca
Schnee m neve f; ~**ball** m palla f di neve; **2bedeckt** coperto di neve; ~**fall** m nevicata f; ~**flocke** f fiocco m di neve; ~**fräse** f sgombraneve m; **2frei** sgombro da neve; ~**gestöber** n nevischio m; ~**glöckchen** n bucaneve m; ~**höhe** f altezza f della neve; ~**ketten** f/pl Kfz catene da neve; ~**matsch** m poltiglia f di neve; ~**pflug** m spazzaneve (*a beim Skilaufen*), spartineve m; ~**raupe** f battipista

m; ~**schmelze** f disgelo m; **2sicher** a innevamento sicuro; ~**sturm** m bufera f di neve; ~**verhältnisse** n/pl innevamento m; ~**wehe** f nevaio m; **2weiß** bianco come la neve
Schneid|e f filo m, taglio m; **2en** tagliare (*a Auto beim Überholen*); ~**er(in** f) m sarto (-a f) m; ~**ezahn** m incisivo
schneien nevicare; *es schneit* névica
schnell ràpido; veloce; *adv* presto; ~ *machen* sbrigarsi; **2gaststätte** f tàvola calda; **2gericht** n piatto m espresso; **2igkeit** f rapidità, velocità; **2imbiß** m snack-bar m; ~**straße** f superstrada; **2zug** m (*treno*) espresso
Schnitt m taglio m; *im* ~ *in media*; ~**blumen** f/pl fiori m/pl recisi; ~**bohnen** f/pl fagiolini m/pl; ~**e** f fetta; *belegte* tartina; ~**lauch** m erba f cipollina; ~**wunde** f ferita di taglio
Schnitzel n scaloppina f; *Wiener* ~ costoletta f alla milanese
schnitz|en intagliare; **2erei** f scultura in legno
Schnorchel m respiratore (di superficie)
Schnuller m tettarella f
Schnupfen m raffreddore
schnuppern fiutare (*an et* qc)

Schnur f spago m; corda; *El* filo m

schnüren legare; *Schuhe* allacciare

Schnurrbart m baffi m/pl

Schnür|schuh m scarpa f da allacciare; **~senkel** m stringa f

Schock m choc; **2ieren** scandalizzare

Schöffe m giurato

Schokolade f cioccolato m, *Getränk* cioccolata

Scholle f (*Erd2*) zolla; *Zo* pàssera

schon già; ~ *wieder* di nuovo

schön bello; *adv* bene

schonen aver cura di; *sich ~* riguardarsi

Schönheit f bellezza; **~mittel** n cosmetico m; **~spflege** f cosmesi

Schon|kost f dieta; **~ung** f riguardi m/pl; *Wald* bosco m di riserva; **~zeit** f periodo m di divieto di caccia

schöpf|en attingere; **2er** m creatore; **2kelle** f méstolo m; **2ung** f creazione

Schorf m crosta f

Schornstein m camino; **~feger** m spazzacamino

Schoß m: *auf den ~ nehmen* prèndere sulle ginocchia

Schote f baccello m

Schotter m ghiaia f

schräg obliquo

Schramme f scalfittura

Schrank m armadio

Schranke f barriera, sbarra; **~nwärter** m guardabarriere

Schraube f vite; *Mar* èlica; **2n** avvitare

Schrauben|mutter f madrevite; **~schlüssel** m chiave f per dadi; **~zieher** m cacciavite

Schraubstock m morsa f

Schreck m spavento; *vor ~* dallo spavento; **2lich** terribile

Schrei m grido

Schreib|block m bloc-notes; **2en** scrivere; **~en** n lèttera f; scritto m; **~maschine** f màcchina da scrivere; **~papier** n carta f da scrivere; **~tisch** m scrivania f; **~ung** f grafia; **~warengeschäft** n cartoleria f

schreien gridare

Schreiner m falegname

Schrift f scrittura; (*Text*) scritto m; **2lich** adv per iscritto; **~steller(in)** f m scrittore (-trice f) m; **~stück** n scritto m; documento m; **~wechsel** m corrispondenza f

schrill stridulo

Schritt m passo; *~ fahren* andare al passo

schroff (*steil*) rìpido; *fig* brusco

Schrott m rottami m/pl metàllici; ferraglia f; **~händler** m negoziante m di ferraglia; **2reif** buono per il ferrovecchio

schrubb|en strofinare; **2er** m spazzolone

Schub|fach *n*, ~**lade** *f* cassetto *m*

schüchtern tìmido; ²**heit** *f* timidezza

Schuh *m* scarpa *f*; ~**anzieher** *m* calzatoio; ~**band** *n* laccio *m*, stringa *f*. ~**bürste** *f* spàzzola per scarpe; ~**creme** *f* lùcido da scarpe; ~**geschäft** *n* negozio *m* di scarpe; ~**größe** *f* nùmero *m* di scarpa; ~**macher** *m* calzolaio; ~**sohle** *f* suola

Schul|arbeiten *f/pl* còmpiti *m/pl*; ~**buch** *n* libro *m* scolàstico

Schuld *f* colpa; (*Geld*²) dèbito *m*; **an et** ² **sein** avere la colpa di qc; ²**en** dovere (*j-m et* qc a qu); ²**ig** colpévole; ²**los** senza colpa; ~**ner** *m* debitore

Schule *f* scuola; ²**n** istruire

Schüler *m* allievo; studente; ~**austausch** *m* scambio *m* di studenti; ~**in** *f* allieva, studentessa

Schulferien *pl* vacanze *f/pl* scolàstiche

schulfrei *Tag* di vacanza; ~ **haben** avere vacanza

Schul|freund *m* compagno di scuola; ~**jahr** *n* anno *m* scolàstico; ~**kamerad** *m* s ~**freund**; ~**stunde** *f* lezione; ~**tasche** *f* cartella

Schulter *f* spalla

Schul|ung *f* istruzione; ~**zeit** *f* anni *m/pl* di scuola; ~**zeugnis** *n* pagella *f*

Schund *m* robaccia *f*

Schuppen *m* rimessa *f*

Schurke *m* briccone

Schurwolle *f* lana vèrgine

Schürze *f* grembiule *m*

Schuß *m* colpo; tiro (*a Fußball*)

Schüssel *f* scodella

Schußwaffe *f* arma da fuoco

Schuster *m* calzolaio

Schutt *m* macerie *f/pl*

Schüttel|frost *m* brividi *m/pl* di febbre; ²**n** scuòtere; *Hand* stringere

schütten versare

Schutz *m* protezione *f* (*vor* da); *bei Unwetter* riparo; ~**blech** *n* parafango *m*; ~**brille** *f* occhiali *m/pl* di protezione

schützen protèggere (*vor* da)

Schutz|engel *m* àngelo custode; ~**heilige(r)** *m* patrono; ~**hütte** *f* rifugio *m* (alpino); ~**impfung** *f* vaccinazione preventiva; ~**los** senza protezione; ~**mann** *m* poliziotto, vìgile

schwach débole

Schwäche *f* debolezza; ~**anfall** *m* attacco di debolezza

schwächen indebolire; ~**lich** deboluccio

Schwager *m* cognato

Schwägerin *f* cognata

Schwalbe *f* róndine

Schwamm *m* spugna *f*

Schwan *m* cigno

schwanger: ~ **sein** èssere incinta; ²**schaft** *f* gravidanza

schwanken barcollare; *Temperatur, Kurs* oscillare; *fig* essere indeciso
Schwanz *m* coda *f*
Schwarm *m* (*Insekten*2) sciame; (*Vogel*2) stormo
schwärmen: für etw ~ essere entusiasta di qc
Schwarte *f* (*Speck*2) cotenna
schwarz nero; *das* 2*e Meer* il Mare Nero; 2**arbeit** *f* lavoro *m* clandestino; 2**brot** *m* pane *m* nero; 2**fahrer** *m* passeggero clandestino; 2**handel** *m* commercio clandestino; 2**wald** *m* Foresta *f* Nera; 2**weißfilm** *m* film *m* (*Fot* pellicola *f*) in bianco e nero; 2**wurzeln** *f/pl* scorzonere
schwatzen chiacchierare
Schwebebahn *f* funivia, teleferica
schweben essere sospeso; *in Gefahr ~* essere in pericolo
Schwefel *m* zolfo
schweig|en tacere; 2**en** *n* silenzio *m*; **~sam** taciturno
Schwein *n* porco *m*, maiale *m*
Schweine|braten *m* arrosto di maiale; **~fleisch** *n* (carne *f* di) maiale *m*; **~stall** *m* porcile
Schweiß *m* sudore; 2**en** *Tech* saldare; 2**treibend** sudorifero
Schweiz *f*: *die ~* la Svizzera; *in der ~* in Svizzera; *die französische ~* la Svizzera romanda
Schweizer *adj u m* svizzero; **~garde** *f* guardie *f/pl* svizzere
Schwelle *f* soglia; *Esb* traversina
schwell|en *Med* tumefarsi; 2**ung** *f* gonfiore *m*
schwenken agitare
schwer pesante; *fig* (*schwierig*) difficile; *Krankheit* grave; 2**behinderte(r)** *m*, 2**beschädigte(r)** *m* grande invàlido; **~fällig** pesante; tardo; **~hörig** duro d'orecchio; 2**industrie** *f* indùstria pesante; **~krank** gravemente malato
Schwert *n* spada *f*; **~lilie** *f* iris *m*
schwer|verdaulich indigesto; **~verletzt** gravemente ferito; 2**verletzte(r)** *m* ferito grave; **~verständlich** difficile da capire; **~wiegend** grave, serio
Schwester *f* sorella
Schwieger|eltern *pl* suòceri *m/pl*; **~mutter** *f* suòcera; **~sohn** *m* gènero; **~tochter** *f* nuora; **~vater** *m* suòcero
schwierig difficile; 2**keit** *f* difficoltà
Schwimm|bad *n*, **~becken** *n* piscina *f*; 2**en** nuotare; **~gehen** andare a fare il bagno; **~er** *m* nuotatore; **~flosse** *f* pinna; **~halle** *f* piscina coperta; **~weste** *f* giubbetto *m* di salvataggio
Schwindel *m* *Med* vertìgini *f/pl*; *fig* imbroglio

Schwindler *m* imbroglione
schwindlig: *mir ist (ich werde)* ~ ho (mi vèngono) le vertigini
schwing|en agitare; *Pendel* oscillare; **ung** *f* oscillazione
Schwips F *m:* **e-n ~ haben** èssere brillo
schwitzen sudare
schwören giurare
schwül: es ist ~ c'è afa; **e** *f* afa
Schwung *m* slancio; *fig* brio; **voll** animato
sechs sei; **tagerennen** *n* seigiorni *f*; **~te** sesto
sechzigjährig sessantenne
See¹ *m* lago
See² *f* mare *m*; **an der ~** al mare; **~fisch** *m* pesce di mare; **~hund** *m* foca *f*; **~klima** *n* clima *m* marittimo
seekrank: ~ sein avere il mal di mare; **heit** *f* mal *m* di mare
Seel|e *f* ànima; **isch** psichico
See|luft *f* aria di mare; **~mann** *m* marinaio; **~meile** *f* miglio *m* marino; **~stern** *m* stella *f* di mare; **~weg** *n:* **auf dem ~** per mare; **~zunge** *f* sògliola
Segel *n* vela *f*; **~boot** *n* barca *f* a vela; **~fliegen** *n* volo *m* a vela; **~flugzeug** *n* aliante *m*; **~jacht** *f* yacht *m* a vela; **n** veleggiare; *als Sport* fare della vela; **~regatta** *f* regata vèlica, **~schiff** *n* veliero *m*;

nave *f* a vela; **~sport** *m* sport vèlico; velismo *m*; **~tuch** *n* (tela *f*) olona *f*
Segen *m* benedizione *f*
Segler *m Person* velista; *Boot* veliero
segnen benedire
sehen vedere; *vom kennen* conóscere di vista
sehens|wert interessante, da vedersi; **würdigkeit** *f* curiosità
Sehne *f* tèndine *m*
sehnen: sich nach et ~ anelare qc
Sehnenzerrung *f* stiramento *m* del tèndine
Sehn|sucht *f* nostalgia (*nach* di); **~süchtig** *adv* con nostalgia
sehr molto; **~ gern** molto volentieri; **~ gut** òttimo; **zu ~** troppo
Sehstörung *f* disturbo *m* della vista
seicht basso
Seide *f* seta
Seife *f* sapone *m*
Seil *n* corda *f*; fune *f*; **~bahn** *f* funivia, telefèrica; **~schaft** *f* cordata
sein¹ èssere; *ich bin* sono; *wir sind* siamo
sein² (il) suo, (la) sua; *pl* **~e** (i) suoi, (le) sue
seinerzeit allora
seinlassen lasciare stare
seit *cj:* **~ wann?** da quando?; **~dem** *adv* da allora; *cj* da quando

Seite f parte; lato m; (Buch2) pàgina
Seiten|stechen n fitte f/pl al fianco; **~straße** f strada laterale; **~streifen** m e-r Straße banchina f
seitlich laterale
Sekretariat n segretariato m, segreterìa f
Sekretärin f segretaria
Sekt m (vino) spumante
Sekunde f secondo m
selbst stesso; *von ~* da sé
selbständig indipendente
Selbstauslöser m autoscatto
Selbstbedienung f self-service m; **~laden** m, **~srestaurant** n self-service m
Selbst|beherrschung f autocontrollo m; **~kostenpreis** m prezzo di costo; **2los** disinteressato; **~mord** m suicidio; **2sicher** sicuro di sé; **2süchtig** egoista; **2tätig** automàtico; **~verpflegung** f vitto m a proprie spese; **2verständlich** ovvio; *adv* naturalmente; **~wählferndienst** m Tel teleselezione f
Sellerie m od f sèdano m
selten raro; *adv* di rado; **2heit** f rarità
Selters(wasser n) f seltz m
seltsam strano
Semester n semestre m; **~ferien** pl vacanze f/pl semestrali
Seminar n seminario m
send|en inviare; spedire; TV, Rdf trasméttere; **2er** m stazione f trasmittente; **2ung** f invìo m (a Gegenstand); TV, Rdf trasmissione
Senf m sènape f
Senioren m/pl anziani; **~karte** f, **~paß** m carta f d'argento
Senke f depressione
senken abbassare; *Preise* calare
senkrecht verticale
Sensation f sensazione
sensibel sensibile
September m settembre
Serie f serie
Serpentine f serpentina
Serum n siero m
Serv|ice n servizio; (Kundendienst) assistenza f tècnica; **2ieren** servire; **~iererin** f cameriera; **~iette** f tovagliolo m
Servolenkung f Kfz servosterzo m
Sessel m poltrona f; **~lift** m seggiovìa f
setzen méttere; *sich ~* sedersi
Seuche f epidemia
seufz|en sospirare; **2er** m sospiro
Sex m sesso
sexuell sessuale
Shampoo n shampoo m
Show f spettàcolo m, show m
sich si; *für ~* per sé; *von ~ aus* da sé
Sichel f falce (a Mond2)
sicher sicuro; (gewiß) certo; ~ *sein* èssere al sicuro (vor da);

Sicherheit 412

2heit f sicurezza; Hdl garanzia
Sicherheits|bindung f Ski attacco m di sicurezza; ~**gurt** m cintura f di sicurezza; ~**nadel** f spilla di sicurezza; ~**schloß** n serratura f di sicurezza
sicher|lich sicuramente; ~**n**, ~**stellen** assicurare; 2**ung** f El fusibile m
Sicht f (Aussicht) vista; (~verhältnisse) visibilità; in ~ **kommen** apparire; 2**bar** visibile; ~**vermerk** n visto m; ~**weite** f vista
sie 3. Person sg lei; A la; 3. Person pl loro; A li, le; 2 sg Lei; pl Loro
Sieb n (Tee2) colino m
sieben Zahl sette
siebte settimo
Sieg m vittoria f
sieg|en vincere (über j-n qu); 2**er** m vincitore
Signal n segnale m
Silbe f sillaba
Silber n argento m; ~**hochzeit** f nozze f/pl d'argento; ~**medaille** f medaglia d'argento
silbern d'argento; Farbe argenteo
Silvester n san Silvestro m
Sinfonie f sinfonia
singen cantare
Single[1] f 45 giri m
Single[2] m persona f sola
Singular m singolare
sinken calare; Sonne tramontare; Schiff affondare
Sinn m senso; (Bedeutung) significato; ~**bild** n simbolo m; 2**gemäß** conforme al senso; 2**lich** Mensch sensuale; ~**los** senza senso; inutile; 2**voll** sensato
Siphon m sifone
Sitte f uso m
sittlich morale; 2**keitsverbrechen** n delitto m sessuale
Sitz m posto; Auto sedile; e-r Firma sede f; 2**en** sedere; Kleid stare bene; ~**platz** m posto; ~**ung** f seduta
Sizilianer m, 2**isch** siciliano
Sizilien n (la) Sicilia
skeptisch scettico
Ski m sci; ~ **laufen**, ~ **fahren** sciare; ~**kurs** m corso di si; ~**fahrer(in** f) m s **Läufer(in)**; ~**gebiet** n zona f sciistica; ~**gymnastik** f ginnastica presciistica; ~**langlauf** m sci di fondo; ~**lauf** n sci m; ~**läufer(in** f) m sciatore (-trice f) m; ~**lehrer** m maestro di sci; ~**lift** m sciovia f; ~**paß** m ski-pass m; ~**piste** f pista da sci; ~**schule** f scuola di sci; ~**stiefel** m scarpone da sci; ~**stock** m bastoncino (da sci); ~**träger** m portasci; ~**wachs** n sciolina f
Skizze f schizzo m
Skulptur f scultura
Slip m slip
SO (Südosten) S.E. (sud-est)
so così; betont tanto; ~ **daß** così che; ~**bald** appena

Socke f calzino m
Sockel m zòccolo
Sodawasser n (acqua f di) soda f
Sodbrennen n bruciore m di stòmaco
soeben in questo momento
Sofa n sofà m, divano m
sofort sùbito; 2**bildkamera** f màcchina fotogràfica istantànea
sogar persino
Sohle f (Schuh2) suola; (Fuß2) pianta
Sohn m figlio
solange finché
Solarium n solarium m
solch tale
Soldat m soldato
solide sòlido
Solist(in f) m solista m/f
Soll n dèbito m; 2**en** dovere
Sommer m estate f; **im ~** d'estate; **~fahrplan** m orario estivo; **~ferien** f/pl vacanze f/pl estive; **~frische** f villeggiatura; 2**lich** estivo; **~schlußverkauf** m liquidazione f di fine stagione (estate); **~sprossen** f/pl lentìggini; **~zeit** f vorverlegte Uhrzeit ora legale
Sonderangebot n offerta f speciale
sonderbar strano
Sonder|genehmigung f autorizzazione speciale; **~marke** f francobollo n di emissione speciale
sondern ma; **nicht nur ..., ~ auch** non solo ..., ma anche
Sonderzug m treno straordinario
Sonnabend m sàbato
Sonne f sole m; **in der ~** al sole
sonnen: sich ~ prèndere il sole
Sonnen|aufgang m levata f del sole; **~bad** n bagno m di sole; **~blende** f Kfz aletta parasole; **~blume** f girasole m; **~brand** m scottatura f solare; **~brille** f occhiali m/pl da sole; **~finsternis** f eclissi solare; **~schirm** m parasole; **großer ~** ombrellone; **~schutzcreme** f crema solare; **~stich** m insolazione f; **~untergang** m tramonto
sonnig soleggiato
Sonntag m doménica f; 2**s** la (od di) doménica
sonst altrimenti; **~ jemand?** qualcun altro?; **~ noch etwas?** che altro desìdera?; **~ anders als** diverso dal sòlito
Sorge f cura (**für** per); preoccupazione (um per); **sich ~ machen** darsi pensiero (**um** per)
sorgen provvedere (**für** et a qc); **sich ~ um** èssere in pensiero per
sorg|fältig accurato; **~los** spensierato
Sort|e f sorta, specie; 2**ieren** assortire; **~iment** n assortimento m

Soße f salsa; (Braten&) sugo m

so|viel adv tanto (**wie** quanto); cj per quanto; **~wie** come anche

sowohl: ~ ... als auch tanto ... quanto

sozial sociale; **~demokratisch** socialdemocràtico; **~istisch** socialista; **2versicherung** f previdenza sociale

Soziussitz m sellino posteriore

sozusagen per così dire

Spachtel m/f spàtola f

Spalt m fessura f; **~e** f (Gletscher&) crepaccio m; (Zeitungs&) colonna

spalten spaccare; **Atom** fissionare; **sich ~** dividersi

Späne m/pl trùcioli

Spange f fermaglio m

Span|ien n (la) Spagna; **~ier** m, **2isch** spagnolo

Spann m collo del piede; **~e** f (Zeit&) lasso m (di tempo); **2en** tèndere; Kleidung stringere; **2end** avvincente; **~ung** f tensione; El a voltaggio m

Spar|buch n libretto m di risparmio; **2en** risparmiare; **~er** m risparmiatore

Spargel m aspàragi m/pl

Sparkasse f cassa di risparmio

spärlich scarso

sparsam ecònomo; im Verbrauch econòmico

Spaß m burla f; **es macht** (**mir**) **~** mi diverte; **viel ~!** buon divertimento!; **~vogel** m burlone

spät tardi; **wie ~ ist es?** che ore sono?; **zu ~** troppo tardi; **zu ~ kommen** arrivare in ritardo

Spaten m vanga f

später più tardi; **bis ~!** a più tardi!

spätestens al più tardi

Spatz m pàssero

spazier|engehen andare a passeggio; **2gang** m passeggiata

Specht m picchio

Speck m lardo

Spediteur m spedizioniere; **~ion** f Unternehmen impresa di spedizioni

Speiche f raggio m

Speichel m saliva f

Speicher m (Dachboden) solaio; (Warenlager) magazzino; **2n** immagazzinare; Daten memorizzare

Speise f cibo m; (Süß&) dolce m; (Gericht) piatto m; **~eis** n gelato m; **~kammer** f dispensa; **~karte** f lista delle vivande; carta, menu m; **~röhre** f esòfago m; **~saal** m sala f da pranzo; **~wagen** m vagone (od carrozza f) ristorante

Spend|e f dono m; **2en** Geld offrire; **Blut** donare; **~er** m donatore; **2ieren** F offrire

Sperling m pàssero

Sprachführer

Sperr|e f barriera; blocco m; **~en** sbarrare; bloccare; **~gebiet** n zona f proibita; **~gut** n merce f ingombrante; **~holz** n compensato m; **~ig** ingombrante; **~stunde** f ora di chiusura
Spesen pl spese f/pl
Spezialist m specialista
Spezialität f specialità
speziell speciale
Spiegel m specchio; **~bild** n immàgine f riflessa; **~ei** n uovo m al tegamino; **~n** brillare; **sich ~** specchiarsi (*in* in); **~reflexkamera** f màcchina fotogràfica reflex, reflex m/f
Spiel n gioco m; (*Partie*) partita f; **~automat** m flipper; **~bank** f casinò m; **~en** giocare (*Karten* a carte); *Thea:* *Stück* dare; *Rolle* recitare; *Mus* sonare; **~er** m giocatore; **~feld** n campo m (da gioco); **~film** m lungometraggio; **~karte** f carta da gioco; **~kasino** n casinò m; **~plan** m programma; **~platz** m campo di gioco; **~regel** f règola di gioco; **~zeug** n giocàttoli m/pl
Spieß m *Kochk* spiedo; **am ~** allo spiedo
Spinat m spinaci m/pl
Spinn|e f ragno m; **~gewebe** n ragnatela f
Spion m spia f; **~age** f spionaggio m
Spirale f spirale (*a Med*)

Spirituosen pl alcòlici m/pl
Spiritus m spirito; **~kocher** m fornello a spìrito
spitz aguzzo, a punta; **2e** f punta; (*Berg2*) cima; *Gewebe* merletto m, pizzo m; **an der ~** in testa; **2el** m spia f; **~en** *Bleistift* temperare
Spitzen|geschwindigkeit f velocità màssima; **~leistung** f *Sport* primato m
Spitzer m temperamatite, temperalapis
spitz|findig cavilloso; **2hacke** f piccone m; **2name** m nomìgnolo
Splitt m pietrisco
Splitter m scheggia f; **~gruppe** f gruppùscolo m
Sport m sport; **~ treiben** fare dello sport; **~artikel** m/pl artìcoli sportivi; **~bericht** m crònaca f sportiva; **~flugzeug** n aèreo m da turismo; **~halle** f palestra; **~kleidung** f abbigliamento m sportivo; **~ler(in** f) m sportivo (-a f) m; **2lich** sportivo; **~platz** m campo sportivo; **~veranstaltung** f manifestazione sportiva; **~verein** m club sportivo; **~wagen** m màcchina f sportiva; *für Kinder* passeggino
Spott m scherno; **2billig** a prezzo irrisorio; **2en** farsi scherno (*über* di), schernire (*über j-n* qu)
spöttisch beffardo
Sprach|e f lìngua; **~führer** m

Sprachkenntnisse

manuale di conversazione; ~**kenntnisse** f/pl conoscenze delle lingue; ~**kurs** m corso di lingua; ~**lehre** f grammàtica; ~**los** senza parola

Spray m/n spray m; ~**dose** f (bòmbola *od* bombolétta f) spray m

sprech|en parlare (*über* di; *mit* a, con); ~**er** m Radio, TV annunciatore; (*Wortführer*) portavoce

Sprechstunde f orario m di visita; ~**haben** ricévere; ~**nhilfe** f assistente

Sprechzimmer n ambulatorio m

sprengen far saltare; *mit Wasser* annaffiare

Sprengstoff m esplosivo; ~**anschlag** m attentato dinamitardo

Sprichwort n proverbio m

Spring|brunnen m fontana f a zampillo; 2**en** saltare; *Schwimmsport* tuffarsi; ~**er** m *Sport* saltatore; *Schwimmsport* tuffatore; *Schach* cavallo

Sprit F m benzina f

Spritz|e f Med siringa; (*Einspritzung*) iniezione; 2**en** Med Mittel iniettare

spröde fràgile; *Haut* screpolato f

Sprosse f piolo m

Spruchband n striscione m

Sprudel m acqua f minerale gassata

Sprüh|dose f spray m; ~**regen** m pioggerella f

Sprung m salto; *Schwimmsport* tuffo; (*Riß*) crepa f; ~**brett** n, ~**schanze** f trampolino m

Spuck|e f saliva; 2**en** sputare

Spule f bobina

Spüle f acquaio m

spül|en *Geschirr* lavare; *Mund, Wäsche* sciacquare; 2**maschine** f lavastoviglie; 2**mittel** n detersivo m

Spur f traccia (*a Tonband*); (*Fahr*2) corsia

spür|bar sensìbile; ~**en** sentire

Staat m stato; 2**enlos** apòlide; 2**lich** statale

Staats|angehörigkeit f nazionalità; ~**anwalt** m pùbblico ministero; ~**bürger** m cittadino; ~**grenze** f confine dello stato; ~**mann** m uomo di stato; ~**oberhaupt** n capo m di stato

Stab m bastone; ~**hochsprung** m salto con l'asta

stabil stàbile, robusto

Stachel m spina f; (*Insekten*2) pungiglione; ~**beere** f uva spina; ~**draht** m filo spinato

Stadion n stadio m

Stadt f città

Städtepartnerschaft f gemellaggio m

Städter m cittadino

städtisch comunale

Stadt|mitte f centro m; ~**plan** m pianta f della città; ~**rand**

Steckdose

Stamm|**gast** *m* avventore abituale; **~kunde** *f* cliente abituale

Stand *m der Dinge* stato; (*Verkaufs*♀) bancarella *f*; (*Messe*♀) stand; **~bild** *n* statua *f*

Ständer *m* supporto

Stand|**esamt** *n* anàgrafe *f*; ♀**halten** resìstere (a)

ständig permanente; *Wohnsitz* stàbile

Stand|**licht** *n* luci *f/pl* di posizione; **~ort** *m* posizione *f*; **~punkt** *m* punto di vista; **~spur** *f* corsia di emergenza

Stange *f* pèrtica; *Zigaretten* stecca

Stapel *m* pila *f*; **~lauf** *m* varo; ♀**n** accatastare

Star *m Zo* stornello; (*Film*♀) divo *m*, diva *f*; *Med* **grauer ~** cateratta *f*; **grüner ~** glaucoma

stark forte; *Verkehr* intenso

Stärke *f* forza; intensità; (*Wäsche*♀) àmido *m*

stärk|**en** (*kräftigen*) corroborare; *Wäsche* inamidare;

Steck|**dose** *f* presa di corren-

m periferìa *f*; **~rundfahrt** *f* giro *m* turìstico della città; **~teil** *n*, **~viertel** *n* quartiere *m*, rione *m*

Stahl *m* acciaio; **~werk** *n* acciaierìa *f*

Stall *m* stalla *f*

Stamm *m* (*Baum*♀) tronco

stammeln balbettare

stammen provenire (*aus* da); èssere originario (di)

sich **~** ristorarsi; **~er** più forte

Starkstrom *m* corrente *f* ad alta tensione

Stärkung *f* (*Erfrischung*) ristoro *m*; **~smittel** *n* corroborante *m*, tònico *m*

starr rìgido; *Blick* fisso

Start *m* partenza *f*; *Flgw* decollo; **~automatik** *f* avviamento; *e-r Rakete* lancio; **~bahn** *f* pista di decollo; ♀**bereit** pronto per la partenza, *Flgw* al decollo; ♀**en** partire; *Flgw* decollare; *Kfz* avviare; **~er** *m* starter; **~hilfekabel** *n Kfz* cavo *m* d'accensione

Station *f* stazione *f*; (*Haltestelle*) fermata; *Krankenhaus* reparto *m*; **~ machen** far sosta

Stativ *n* treppiede *m*

statt invece di; **~finden** aver luogo

Statue *f* stàtua

Stau *m* ingorgo, congestione *f*

Staub *m* pòlvere *f*

staub|**ig** polveroso; ♀**sauger** *m* aspirapòlvere

Staudamm *m* diga *f* (di sbarramento)

stauen: *Verkehr* **sich ~** ingorgarsi

staunen stupirsi (*über* di)

Stausee *m* lago artificiale

Steak *n* bistecca *f*

stech|**en** *Insekt* pùngere; **in See ~** prèndere il largo; **~end** *Schmerz* lancinante; ♀**mücke** *f* zanzara

Steck|**dose** *f* presa di corren-

stecken

te; ⁓en v/t méttere; v/i èssere; ⁓enbleiben rimanere bloccato; ⁓enlassen *Schlüssel* lasciare nella toppa; ⁓er m spina f; ⁓nadel f spillo m

Steg m (*Boots*⁓) pontile

stehen stare in piedi; (*still*⁓) èssere fermo; (*sich befinden*) èssere; *Kleidung j-m* ⁓ stare bene a qu; *im* ⁓ in piedi; ⁓bleiben fermarsi; ⁓lassen lasciare

stehlen rubare

Stehplatz m posto in piedi

steif rigido; *Glieder* irrigidito

Steig|**bügel** m staffa f; ⁓en salire (*auf* su; *in* in); montare (*auf* su); *Fieber, Preise* aumentare; ⁓ern aumentare; ⁓ung f salita

steil erto; ⁓hang m pendío ripido; erta f

Stein m pietra f, sasso; (*Spiel*⁓) pedina f; ⁓bruch m cava f; ⁓ig pietroso; ⁓kohle f carbone m fòssile; ⁓pilz m porcino; ⁓schlag m caduta f massi (*od* sassi)

Stelldichein n appuntamento m

Stell|**e** f posto m; (*Ort*) luogo m; (*Arbeits*⁓) impiego m; (*Dienst*⁓) ufficio m; (*Text*⁓) passo m; ⁓en méttere, porre; *Uhr* regolare; *Frage* fare; ⁓enangebot n offerta f d'impiego; ⁓ung f posizione; (*Dienst*⁓) impiego m; ⁓vertreter m sostituto

Stemmeisen n piede m di porco

Stempel m timbro; ⁓n timbrare

Stengel m gambo

steno|**graphieren** stenografare; ⁓typistin f stenodattilògrafa

Steppdecke f coltrone m

sterben morire

Sterbe|**sakramente** n/pl estremi conforti m/pl della religione; ⁓urkunde f certificato m di morte

Stereo|**anlage** f stèreo m; ⁓aufnahme f registrazione stèreo; ⁓platte f disco m stereo

Stern m stella f; ⁓bild n costellazione f; ⁓schnuppe f stella cadente; ⁓warte f osservatorio m

stet|**ig** contínuo; ⁓s sempre

Steuer¹ f tassa, imposta

Steuer² n *Mar* timone m; *Kfz* volante m; ⁓bord n tribordo m

Steuer|**erklärung** f dichiarazione dei rèdditi; ⁓frei esente da tasse

Steuer|**mann** m pilota, timoniere; ⁓n *Mar* pilotare

Steuerzahler m contribuente

Stewardeß f *Flgw* hostess

Stich m (*Insekten*⁓) puntura f; (*Näh*⁓) punto; (*Kupfer*⁓) incisione f; *im* ⁓ *lassen* abbandonare; ⁓haltig vàlido; ⁓probe f prova a caso; ⁓tag

m giorno fissato; **~wort** *n* Wörterbuch lemma *m*
Stickerei *f* ricamo *m*
stick|ig soffocante; **2stoff** *m* azoto
Stiefel *m* stivale
Stief|mutter *f* matrigna; **~mütterchen** *n* Bot viola *f* del pensiero; **~sohn** *m* figliastro; **~tochter** *f* figliastra; **~vater** *m* patrigno
Stiel *m* mànico; Bot gambo
Stier *m* toro
Stift¹ *m* (Metall2) perno; *s* Blei2
Stift² *n* convento *m*; **2en** donare; **~ung** *f* òpera pia; donazione
Stil *m* stile
still silenzioso; quieto; **~!** zitto!; **2e** *f* silenzio; **~en** Kind allattare; Blut fermare; **~stehen** èssere fermo
Stimm|e *f* voce; (Wahl2) voto *m*; **2en** votare (**für**, **gegen** per, contro); Mus accordare; **das stimmt** è giusto; **~recht** *n* diritto *m* di voto; **~ung** *f* stato *m* d'ànimo
stinken puzzare
Stipendium *n* borsa *f* di studio
Stirn *f* fronte; **~höhlenentzündung** *f* sinusite
Stock *m* bastone; *s* **~werk**
stock|en ristagnare; **2ung** *f* ristagno *m*; Verkehr ingorgo *m*; **2werk** *n* piano *m*
Stoff *m* stoffa *f*; **~wechsel** *m* metabolismo

Strafraum

stöhnen gèmere
stolpern inciampare (**über** in)
stolz superbo; orgoglioso (**auf** di); 2 *m* superbia *f*; orgoglio
stopf|en Pfeife riempire; (ausbessern) rammendare; **2garn** *n* filo *m* da rammendo
stopp|en v/t Auto fermare; Zeit cronometrare; v/i (anhalten) fermarsi; **2schild** *n* stop *m*; **2uhr** *f* cronòmetro *m*
Stöpsel *m* tappo
Storch *m* cicogna *f*
stör|en disturbare; **2ung** *f* disturbo *m*; Tech guasto *m*; **2ungsstelle** *f* Tel ufficio *m* guasti
Stoß *m* spinta *f*; (Schlag) colpo; urto; (Erd2) scossa *f*; (Stapel) pila *f*; **~dämpfer** *m* ammortizzatore; **2en** spìngere; urtare (**an**, **gegen** contro); fig imbàttersi (**auf** in); **~stange** *f* paraurti *m*; **~verkehr** *m* tràffico di punta; **~zeit** *f* ora di punta
stottern balbettare
Straf|anstalt *f* penitenziario *m*; **~anzeige** *f* denuncia (**gegen** contro); **2bar** punìbile; **~e** *f* jur pena; **2en** punire
straff teso
straf|frei esente da pena; **2gefangene(r)** *m* detenuto; **2gesetzbuch** *n* còdice *m* penale; **2porto** *n* soprattassa *f*; **2prozeß** *m* processo penale; **2punkt** *m* penalità *f*; **2raum**

Strafrecht

m àrea *f* di rigore; ~**recht** *n* diritto *m* penale; ~**tat** *f* reato *m*; ~**zettel** *m* multa *f*, contravvenzione *f*

Strahl *m* raggio; (*Wasser*2) getto

Strahlenschutz *m* protezione *f* contro le radiazioni

Strähne *f* (*Haar*2) ciocca

Strand *m* spiaggia *f*; **am** ~ sulla spiaggia; ~**kleid** *n* prendisole *m*; ~**promenade** *f* lungomare *m*

Strapaze *f* strapazzo *m*; fatica

strapaziös faticoso

Straße *f* strada; *mit Namen* via; **auf der** ~ in (*od* sulla) strada; **die** ~ **von Gibraltar** lo stretto di Gibilterra

Straßen|arbeiten *f/pl* lavori *m/pl* in corso; ~**bahn** *f* tram *m*; ~**benutzungsgebühr** *f* pedaggio *m*; ~**graben** *m* fosso; ~**händler** *m* venditore ambulante; ~**karte** *f* carta stradale; ~**kehrer** *m* netturbino; ~**kreuzung** *f* incrocio *m*; ~**laterne** *f* lampione *m*; ~**schild** *n* targa *f* stradale; ~**sperre** *f* blocco *m* stradale; ~**verhältnisse** *n/pl* condizioni *f/pl* stradali; ~**verkehr** *m* traffico stradale; ~**verkehrsordnung** *f* còdice *m* stradale; ~**zustandsbericht** *m* bollettino di percorribilità delle strade

sträuben: sich ~ opporsi (*gegen* a)

Strauch *m* arbusto

Strauß *m* (*Blumen*2) mazzo (di fiori)

streb|en aspirare (*nach* a); ~**sam** zelante

Strecke *f* tratto *m*; percorso *m*; *Esb* línea

strecken stèndere

Streich *m* fig tiro; ~**eln** accarezzare; ~**en** passare la mano (*über* su); *s* **an-, aus-, bestreichen**; ~**holz** *n* fiammìfero *m*; ~**orchester** *n* orchestra *f* d'archi

Streifband *n*: **unter** ~ sotto fascia *f*

Streife *f* pattuglia

streifen (*berühren*) sfiorare; 2 *m* striscia *f*; 2**wagen** *m* radiomòbile *f* della polizia

Streik *m* sciòpero; ~**en** scioperare; ~**posten** *m* picchetto

Streit *m* lite *f*; ~**en** litigare; ~**kräfte** *f/pl* forze armate

streng severo

streuen spàrgere (*auf* su)

Strich *m* tratto; línea

Strick *m* corda *f*; ~**en** lavorare a maglia; ~**jacke** *f* giacca a maglia, golf *m*; ~**nadeln** *f/pl* ferri *m/pl* (da calza); ~**waren** *f/pl* maglierìa

Strieme *f* lìvido *m*

strikt rigoroso

Striptease *m/n* spogliarello *m*; ~**tänzerin** *f* spogliarellista

strittig controverso

Stroh *n* paglia *f*; ~**halm** *m* zum *Trinken* cannùccia *f*;

Sünde

~hut *m* cappello di paglia; ~sack *m* pagliericcio
Strom *m* El corrente *f*; (*Fluß*) fiume; ~anschluß *m* allacciamento alla rete elèttrica; ~ausfall *m* mancanza *f* di corrente; ~schnelle *f* ràpida; ~stärke *f* amperaggio *m*
Strömung *f* corrente
Strumpf *m* calza *f*; ~hose *f* calzamaglia, collant [kɔlã]
Stück *n* pezzo *m*; (*Teil*) parte *f*; *Thea* dramma *m*
Student(in *f*) *m* studente *m*, studentessa *f*
Studenten|austausch *m* cambio di studenti; ~ausweis *m* tèssera *f* di studente; ~(wohn)heim *n* casa *f* dello studente
Studien|fach *n* matèria *f* di studio; ~freund(in *f*) *m* collega *m/f* d'università; ~reise *f* viaggio di studio
studi|eren studiare; **2o** *n* studio *m*; (*Einzelzimmerwohnung*) monolocale *m*; **2um** *n* studi *m/pl*
Stufe *f* gradino *m*
Stuhl *m* sedia *f*; *der Heilige* ~ la Santa Sede
Stuhlgang *m*: *keinen* ~ *haben* non andare di corpo
stumm muto
Stummel *m* mozzicone
Stumpf *m* troncone
stumpf *Messer* senza filo; ~sinnig stùpido

Stunde *f* ora; (*Schul*2) lezione
Stunden|kilometer *m* chilòmetro all'ora; **2lang** per ore; ~lohn *m* paga *f* oraria; ~plan *m* orario
stündlich ogni ora
stur testardo
Sturm *m* tempesta *f*
stürmen *Sport* attaccare; **2er** *m* *Sport* attaccante; ~isch tempestoso
Sturmwarnung *f* avviso *m* di tempesta
Sturz *m* caduta *f*
stürzen (*fallen*) cadere; (*eilen*) precipitarsi
Sturzhelm *m* casco
Stute *f* cavalla
Stütze *f* sostegno *m*
stutzen (*erstaunt sein*) restare sorpreso
stützen *j-n* sorrèggere; *sich* ~ appoggiarsi (*auf* a)
Stützpunkt *m* base *f*
Suche *f* ricerca; **2en** cercare; ~er *m* *Fot* mirino
Sucht *f* mania (*nach* di)
Süd|en *m* sud, meridione *m*; ~italien (l') Italia *f* del Sud (*od* meridionale); ~italiener *m* meridionale; **2lich** meridionale; ~ *von* al sud di; ~osten *m* sud-est; ~pol *m* polo sud; ~tirol *m* (il) Sud Tirolo, (l') Alto Àdige *m*; ~westen *m* sud-ovest; ~wind *m* vento dal sud
Summe *f* somma
Sumpf *m* palude *f*
Sünde *f* peccato *m*

Super 422

Super n, **~benzin** n super f; **~-8-Film** m superotto; **~markt** m supermercato
Suppe f minestra; zuppa
Suppen|fleisch n carne f da brodo; **~grün** n odori m/pl; **~teller** m piatto fondo
Surf|brett n surf m; **2en** praticare il (wind)surf; **~er** m (wind)surfista; **~ing** n surfing m; windsurf(ing) m

süß dolce; **2igkeiten** f/pl dolciumi m/pl; **2speise** f dolce m
SW (*Südwesten*) S.O. (*sud-ovest*)
sympathisch simpàtico
Symptom n sìntomo
synthetisch sintético
System n sistema m; **2atisch** sistemàtico
Szene f scena

T

Tabak m tabacco; **~waren** f/pl tabacchi m/pl
Tabelle f tabella
Tablett n vassoio m; **~e** f compressa
Tacho(meter) m tachìmetro
Tadel m biàsimo; **2los** senza difetto; irreprensìbile; **2n** biasimare
Tafel f tàvola; *Schokolade* tavoletta; (*Wand*2) lavagna
Täfelung f (in)tavolato m
Tag m giorno; *Dauer* giornata f; **guten ~!** buongiorno!; **am ~, bei ~** di giorno; **2elang** adv per giorni interi
Tages|gericht n piatto m del giorno; **~karte** f biglietto m vàlido per un giorno; *im Restaurant* lista del giorno; **~kurs** m cambio del giorno; **~licht** n luce f del giorno; **~ordnung** f órdine m del giorno; **~schau** f TV telegiornale m; **~zeitung** f quotidiano m

täglich adv ogni giorno; **zweimal ~** due volte al giorno
tagsüber di giorno
Tagung f congresso m
Taille f vita
Takt m *Mus* tempo; (*~gefühl*) tatto; **~stock** m bacchetta f; **2los** senza tatto; indelicato; **2voll** discreto, delicato
Tal n valle f
Talent n talento m
Talg m sego
Talkum n talco m
Tal|sperre f diga di sbarramento; **~station** f stazione a valle
Tandem n tandem m
Tang m fuco
Tank m serbatoio; **2en** fare benzina; **~er** m petroliera f; **~stelle** f stazione di rifornimento (*od* di servizio), distributore m; **~verschluß** m tappo del serbatoio; **~wagen** m autocisterna f; **~wart** m benzinaio

Tanne f abete m; **~nzapfen** m cono
Tante f zìa f
Tanz m ballo; **~abend** m serata f danzante; **♀en** ballare
Tänzer(in) m ballerino (-a f) m
Tanz|fläche f pista da ballo; **~lokal** n locale m da ballo
Tapete f tappezzerìa
tapfer valoroso
Tarent n Taranto f
Tarif m tariffa f; **~verhandlungen** f/pl trattative tariffarie
Tasche f in Kleidung tasca; (Hand♀) borsetta; (Einkaufs♀) borsa; (Akten♀) cartella
Taschen|buch n libro m tascàbile; **~dieb** m borsaiolo; **~diebstahl** m borseggio; **~lampe** f lampadina tascàbile; **~messer** n temperino m; **~rechner** m calcolatrice f tascàbile; **~tuch** n fazzoletto m
Tasse f tazza
Taste f tasto m; **~ntelefon** n telèfono m a tastiera
Tat f atto m; azione; (Verbrechen) delitto m; **in der ~** infatti; **~bestand** m fatti m/pl
Tät|er m autore; **♀ig** attivo; **~igkeit** f attività; **♀lich: ~ werden** passare a vie di fatto
Tat|ort m luogo del delitto; **~sache** f fatto m; **♀sächlich**

reale; effettivo; adv realmente
Tatze f zampa
Tau¹ n cavo m, fune f
Tau² m rugiada f
taub sordo
Taube f piccione m
taubstumm sordomuto
tauchen tuffarsi
Taucher m sommozzatore; mit Ausrüstung palombaro; **~ausrüstung** f attrezzatura subàcquea
Tauch|sieder m resistenza f a immersione; **~sport** m sport subàcqueo
tauen: es taut disgela
Tauf|e f battèsimo m; **♀en** battezzare; **~kapelle** f battistero m; **~pate** m padrino di battèsimo; **~patin** f madrina di battèsimo
taug|en valere; ~ **zu** èssere buono a; **~lich** buono, idòneo (**zu a**)
Tausch m (s)cambio; **♀en** (s)cambiare (**gegen** con)
täusch|en ingannare; **sich ~** sbagliarsi; **♀ung** f illusione
Tausender m Geldschein biglietto da mille
Taxi n tassì m; **~fahrer** m tassista; **~stand** m posteggio di tassì
Techn|ik f tècnica; **~iker** m, **♀isch** tècnico
TEE m (Trans-Europ-Express) T.E.E.
Tee m tè; (Kräuter♀) infuso; **~beutel** m bùstina di tè;

Teekanne

~kanne f teiera; ~löffel m cucchiaino; ~tasse f tazza da tè
Teich m stagno
Teig m pasta f; ~waren f/pl paste
Teil n/m parte f; zum ~ in parte; ~en dividere; ~haber m socio; ~nahme f partecipazione (an a);
teilnehm|en prèndere parte, partecipare (an a); ~er m partecipante; Tel abbonato
teil|s in parte; ~ung f divisione; ~weise parziale; adv in parte; ~zahlung f pagamento m parziale (od a rate)
Telefon n telèfono m; ~anruf m telefonata f, chiamata f; ~buch n elenco m telefònico; ~gebühren f/pl tariffa f telefònica; ~gespräch n telefonata f; ~ieren telefonare (mit a); ~istin f telefonista; ~karte f carta f telefònica; ~nummer f nùmero m telefònico; ~zelle f cabina f telefònica; ~zentrale f centralino m
telegrafieren telegrafare
Telegramm n telegramma m; ~formular n mòdulo m per telegramma
Teleobjektiv n teleobiettivo m
Telex n telex m; Gerät telescrivente f
Teller m piatto
Tempel m tempio
tempera|mentvoll vivace; ~tur f temperatura
Tempo n velocità f; Mus tempo m; ~limit n limite m di velocità
Tennis n tennis m; ~platz m campo di tennis; ~schläger m racchetta f
Teppich m tappeto; ~boden m moquette [-ket] f
Termin m tèrmine m; beim Arzt appuntamento
Terrasse f terrazza
Terrine f terrina
Terror|anschlag m attentato terroristico; ~ist(in f) m terrorista m/f
Tesafilm m scotch m
Tessin n Ticino m
Test m test; prova f; ~en sottoporre ad un test
teuer caro; zu ~ troppo caro
Teufel m diàvolo
Text m testo; (Lied2) parole f/pl
Textilien pl tessuti m/pl
Theater n teatro m; ~kasse f botteghino m; ~vorstellung f rappresentazione teatrale
Theke f banco m
Thema n argomento m
Therapie f terapìa
Thermalbad n Ort terme f/pl
Thermometer n termòmetro m
Thermosflasche f termos m
Thunfisch m tonno
Tiber m Tévere
tief profondo; Schnee alto; Ton grave
Tief n, ~druckgebiet n (zona

Tour

f di) bassa pressione f; ~e f profondità; ~garage f garage m sotterràneo; ~gekühlt surgelato

Tiefkühl|kost f surgelati m/pl; ~fach n, ~truhe f congelatore m

Tier n animale m; bestia f; ~arzt m veterinario; ~garten m zoo

Tinktur f tintura

Tinte f inchiostro m; ~nfisch m calamaro

Tip m (Ratt) (buon) consiglio

tippen scrìvere a màcchina; im Lotto, Toto riempire la schedina

Tisch m tàvolo, (Eß2) tàvola f; bei ~ a tàvola; nach ~ dopo pranzo; ~ler m falegname; ~tennis n tennis m da tàvolo, ping-pong m; ~tuch n tovaglia f; ~wein m vino da pasto

Titel m tìtolo

Toast m (~brot) toast; ~er m tostapane

Tochter f figlia

Tod m morte f

Todes|anzeige f partecipazione di morte; in Zeitung annuncio m mortuario; ~opfer m morto m, vìttima f; ~strafe f pena capitale

tödlich mortale

todmüde stanco morto

Toilette f toletta; (Abort) gabinetto m

Toiletten|artikel m/pl artìcoli da toletta; ~papier n carta f igiènica

toll (verrückt) pazzo; F (großartig) formidàbile; ~wut f rabbia

Tomate f pomodoro m; ~nmark n conserva f di pomodoro; ~nsaft m succo di pomodoro

Ton¹ m (Lehm) argilla f

Ton² m tono; suono; ~band n nastro m magnètico; ~bandgerät n magnetòfono m

tönen Haar tìngere

Tonerde f: essigsaure ~ acetato m d'allumìnio

Tonne f (Faß) botte; Maßeinheit tonnellata

Topf m vaso; (Koch2) pèntola f

Töpferwaren f/pl ceràmiche f

topfit in piena forma

Tor n portone m; porta f; Fußball ge(a)l m; rete f; ~einfahrt f carraia

Torf m torba f

Tor|hüter m portiere; ~schütze m marcatore

Torte f torta

tot morto

Total|ausverkauf m liquidazione f totale; ~schaden m danno totale

Tote(r) m morto

töten uccìdere

Totenschein m certificato di morte

Toto n/m totocalcio; ~schein m schedina f del totocalcio

Totschlag m omicidio

Tour f escursione, gita; ~is-

Tourismus

mus m turismo; **~ist(in** f**)** m turista m/f; **~istenklasse** f classe turistica

Tracht f costume m regionale; **~engruppe** f gruppo m folcloristico

Tradition f tradizione

trag|bar portàbile; **2e** f barella

träge lento; pigro

tragen portare; (*bei sich* con sé)

Träger m *an Kleidung* spallina f; *v Lasten* portatore; *s a Gepäck2*

Tragetasche f sacchetto m di plàstica

Trag|fläche f ala; **~flächenboot** n, **~flügelboot** m aliscafo m

Tragödie f tragedia

Tragweite f portata

Trai|ner m allenatore; **2nieren** allenare, allenarsi; **~ning** n allenamento m, **~ningsanzug** m tuta f sportiva

Traktor m trattore

tramp|en fare l'autostop; **2er** m autostoppista

Träne f làcrima; **~ngas** n gas m lacrimògeno

Transfer m trasferimento, transfer

Transistor(radio n**)** m transistor(e) m

Transit|verkehr m tràffico di trànsito; **~visum** n visto m di trànsito

Transport m trasporto; **~band** n nastro m trasportatore; **2fähig** trasportàbile; **2ieren** trasportare; **~kosten** pl spese f/pl di trasporto; **~mittel** n mezzo m di trasporto

Traube f gràppolo m d'uva; **~n** pl uva f; **~nsaft** m succo d'uva; **~nzucker** m glucosio m

trauen fidarsi di qc; *sich ~ et zu tun* osare fare qc; *sich ~ lassen* sposarsi

Trauer f lutto m; **~feier** f esèquie f/pl; **2n** èssere in lutto (*um* per); **~weide** f sàlice m piangente

Traum m sogno

träumen sognare

traurig triste; **2keit** f tristezza

Trau|ring m fede f; **~schein** m fede f di matrimonio; **~ung** f matrimonio m; **~zeuge** m testimone di nozze

Travellerscheck m traveller's cheque

Treff n *Kartenspiel* fiori m/pl

treffen *Ziel* colpire; *j-n* incontrare; *sich ~* incontrarsi; **2** n incontro m, **2punkt** m luogo d'incontro

treiben (*tun*) fare, praticare; *auf dem Wasser* andare alla deriva

Treibhaus n serra; **~effekt** m effetto serra

Treibstoff m carburante

trenn|en separare; dividere; **2ung** f separazione

Treppe f scala; *drei ~n hoch*

tückisch

al terzo piano; ~**nhaus** n scale f/pl
Tresor m cassaforte f
Tretboot n pedalò m
treten j-n dare un calcio a; *auf et* ~ pestare qc; *auf die Bremse* ~ pigiare il freno
treu fedele; **2e** f fedeltà; ~**los** infedele
Tribüne f tribuna
Trichter m imbuto
Trick m trucco; ~**film** m cartoni m/pl animati
Trieb|**kraft** f forza motrice; ~**wagen** m Esb automotrice f; ~**werk** n Flgw motore m propulsore
Trient m Trento f
triftig fondato, vàlido
Trikot n maglia f
trink|**en** bere; **2geld** n mancia f; **2halm** m cannuccia f; **2wasser** n acqua f potàbile
Tritt m s *Fuß2*; ~**brett** n pedana f
trocken secco (*a Wein*); asciutto; *Boden* àrido; **2haube** f casco m; **2heit** f aridità; **2milch** f latte m in pólvere
trocknen asciugare
Trommel f tamburo m; ~**fell** n Anat timpano m; **2n** sonare il tamburo
Trompete f tromba; ~**r** m trombettiere
Tropen pl tròpici m/pl
tropfen *Wasserhahn* gocciolare
Tropfen m goccia f; *Med* m/pl gocce f/pl; **2weise** a goccia a goccia
tropisch tropicale
Trost m conforto; consolazione f
tröst|**en** consolare; ~**lich** (*beruhigend*) rassicurante
trost|**los** sconfortante; (*öde*) desolato; **2preis** m premio di consolazione
trotz nonostante; ~ *allem* malgrado tutto
Trotz m ostinazione f; *aus* ~ per dispetto
trotzdem *adv* ciononostante; tuttavia
trotzig caparbio
trübe *Flüssigkeit* tòrbido; *Himmel, Wetter* coperto
Trubel m confusione f
trübsinnig malincònico
Trüffel f tartufo m
Truhe f còfano m
Trümmer pl rovine f/pl
Trumpf m atout
Trunkenheit f: ~ *am Steuer* guida in stato d'ebrezza
Trunksucht f alcolismo m
Trupp m gruppo; squadra f; ~**e** f mil truppa; *Thea* compagnia
Truthahn m tacchino
Tschech|**e**, ~**isch** ceco
Tschechoslowakei: *die* ~ la Cecoslovacchia
tschüs! ciao!
Tube f tubetto m
Tuch n panno m; (*Kopf2, Hals2*) fazzoletto m
tüchtig bravo
tückisch maligno

Tugend

Tugend f virtù
Tulpe f tulipano m
Tümpel m pozzanghera f
Tumult m tumulto
tun fare; (hin~) méttere; (nichts) zu ~ haben (non) avere (niente) da fare
Tunnel m galleria f
Tür f porta; (Auto♀) portiera
turbulent turbolento
Turin n Torino f
Türke m turco
Türkei: die ~ la Turchìa
Türkis m turchese
türkisch turco

Türklinke f maniglia
Turm m torre f; (Kirch♀) campanile
Turn|anzug m tuta f da ginnàstica; ♀**en** pare ginnàstica; ~**er(in** f) m ginnasta m/f; ~**halle** f palestra
Turnus m turno
Tusche f inchiostro m di china
Tüte f spitze cartoccio m; (Beutel) busta, sacchetto m; für Eis corno m
Typ m tipo
Typhus m tifo
typisch típico

U

U-Bahn f metropolitana sotterrànea; ~**Station** f stazione della metropolitana
übel cattivo; adv male; **mir wird** ~ mi sento male; ♀**keit** f náusea; ~**nehmen** préndersela a male (j-m et con qu per qc)
üben esercitarsi
über sopra; su; (mehr als) più di (+ Gen); (reisen ~) per; (sprechen ~) di; ~ **Nacht** durante la notte; ~**all** dappertutto
überanstrengen: sich ~ affaticarsi troppo
über|backen Kochk gratinato, al gratin; ~**belichtet** sovresposto; ~**bieten** offrire più di (qu); ~**Rekord** bàttere; ♀**bleibsel** n resto m; ~**blicken**

abbracciare con lo sguardo; ~**bringen** portare; ♀**bringer** m latore; ~**dacht** coperto; ~**denken** riflèttere su; ~**drehen** Schraube spanare; ~**durchschnittlich** superiore alla media; ~**eilt** avventato
übereinander l'uno sopra l'altro
übereinkommen: ~, **daß** accordarsi di
übereinstimmen èssere d'accordo (in su); Dinge concordare
über|empfindlich ipersensìbile; ~**fahren** Lebewesen investire; ♀**fahrt** f traversata
Überfall m (Raub♀) rapina f; ♀**en** Bank rapinare; ~**kommando** n squadra f volante, volante f

Überstunden

über|fliegen sorvolare; Text scórrere; ⒉fluß m abbondanza f (an di); ~flüssig supérfluo; ~fluten inondare; ~führen Leiche trasportare; Verbrecher convìncere (e-r Sache di qc); ⒉führung f Esb cavalcavia m; ~füllt pieno zeppo; ⒉gabe f consegna; ⒉gang m passaggio; im Gebirge vàlico; ⒉gangszeit f Jahreszeit mezza stagione

übergeben consegnare; sich ~ vomitare

über|gehen passare (zu, auf a); (übersehen) ignorare; ⒉gepäck n eccesso m di bagaglio; ⒉gewicht n sovrappeso m; fig preponderanza f; ⒉griff m abuso; ~handnehmen prèndere il sopravvento

überhaupt in gènere; ~ nicht non ... affatto

über|heblich arrogante; ~holen sorpassare; (ausbessern) rivedere; ⒉holspur f corsia di sorpasso; ~holt fig antiquato; ⒉holverbot n divieto m di sorpasso; ~laden adj sovraccàrico; ~lassen lasciare; cèdere; ~laufen¹ Gefäß traboccare; ~laufen² adj sovraffollato; ⒉lebende(r) m supèrstite; ⒉legen¹ v/t riflèttere (et su qc); ~legen² adj superiore; ⒉legung f riflessione; ~mäßig eccessivo; ~mitteln trasméttere; ~mor-

gen dopodomani; ~müdet spossato; ~mütig sfrenato

übernachten passare la notte; pernottare, ⒉ung f pernottamento m

Über|nahme f assunzione; ⒉nehmen assùmere; ⒉prüfen verificare; ⒉queren attraversare; ⒉raschen sorprèndere; ⒉raschend adv di sorpresa; ~raschung f sorpresa; ⒉reden persuadere; ~reichen presentare; ⒉schätzen sopravvalutare

überschlagen Kosten calcolare approssimativamente; Seite saltare; sich ~ ribaltarsi

über|schneiden: sich ~ incrociarsi

über|schreiten oltrepassare; ⒉schrift f titolo m; ⒉schuß m eccedenza f (an di); ⒉schwemmung f inondazione; ~seeisch d'oltremare; ~sehen (nicht bemerken) non osservare; s überblìcken; ~senden mandare

übersetzen Text tradurre; mit der Fähre passare all'altra riva; ⒉er(in) f m traduttore (-trice f) m; ⒉ung f traduzione; Tech trasmissione

Übersicht f visione d'insieme; ⒉lich chiaro

über|siedeln trasferirsi; ~springen saltare (a fig); ~steigen Kräfte èssere superiore a; ⒉stunden f/pl ore

überstürzt

straordinarie; ~stürzt precipitato; ~tragen *Rdf, TV, Krankheit* trasméttere; ~tragung *f* trasmissione; ~treffen superare; ~treiben esagerare; ~treten *Gesetz* contravvenire a; ~wachen sorvegliare

überweis|en *Geld* riméttere; *Patienten* mandare (**zu** a); ~ung *f* rimessa (*a Summe*)

über|wiegend preponderante; ~winden superare; ~zeugen** convincere; **sich ~** accertarsi (*von* di); ~zeugung *f* convinzione; ~ziehen *Mantel* indossare; *Konto* scoprire; ~zug *m* (*Hülle*) fódera

üblich usuale, sòlito

U-Boot *n* sommergibile *m*

übrig restante; ~**bleiben** restare; ~**ens** del resto; ~**lassen** lasciare

Übung *f* esercizio *m*; pràtica

UdSSR *f* U.R.S.S.

Ufer *n* riva *f*

Uhr *f* orologio *m*; **wieviel ~ ist es?** che ore sono?; **es ist drei ~** sono le tre; ~**armband** *n* cinturino *m*; ~**macher** *m* orologiaio; ~**zeit** *f: die genaue ~** l'ora *f* esatta

Ultrakurzwellen *f/pl* onde ultracorte

um *örtlich* intorno a; *Zeitangabe* a, *ungefähre* verso; **~ zwei Uhr** alle due; **~ jeden Preis** ad ogni costo; **~ zu ...** per ...; *s besser, mehr*

um|armen abbracciare; ~**binden** *Tuch* méttere

Umbrien *n* Umbria *f*

um|bringen uccidere; ~**buchen** *Reise* cambiare la prenotazione di; ~**disponieren** cambiare programma

umdrehen voltare; (*wenden*) girare; **sich ~** voltarsi (*nach* verso); **Qung** *f* giro *m*

um|fallen cadere; **Qfang** *m* volume; ~**fangreich** voluminoso; **Qfrage** *f* inchiesta; ~**füllen** travasare

Umgangs|formen *f/pl* maniere; ~**sprache** *f* lingua parlata

umgeb|en circondare (*mit* di); **Qung** *f* dintorni *m/pl*

umgehen *Hindernis* girare intorno a; *fig* (*vermeiden*) evitare; *mit j-m* ~ (*behandeln*) trattare qu; ~**d** *adv* immediatamente

Umgehungsstraße *f* circonvallazione

umgekehrt inverso; *Richtung* opposto

um|hängen *Mantel* méttere sulle spalle; ~**tasche** *f* borsa a tracolla

Umkehr *f* ritorno *m*; **Qen** *v/i* tornare indietro; ~**film** *m* pellícola *f* invertibile

um|kippen *v/t* rovesciare; *v/i* rovesciarsi; F (*ohnmächtig werden*) essere svenuto

Umkleideraum *m* spogliatoio

umkommen perire

unanständig

Umkreis m: *im ~ von* nel giro di
umleit|en deviare; **ung** f deviazione
um|liegend circostante; **~packen** *Koffer* rifare; **~pflanzen** trapiantare; **~quartieren** far cambiare alloggio a
umrechn|en cambiare; **ungskurs** m tasso di cambio
um|ringen attorniare; **riß** m contorno; **~rühren** rimestare; **satz** m *Hdl* giro d'affari; **schlag** m (*Brief*) busta f; (*Buch*) copertina f; *Med* compressa f; **~schlagen** *Wetter* cambiare improvvisamente; *Boot* fare scuffia; **schwung** m mutamento repentino
umsehen: *sich ~* guardarsi intorno; (*besichtigen*) visitare (*in der Stadt* la città); *sich nach et ~* (*et suchen*) cercare qc
um|sichtig circospetto; **~sonst** (*gratis*) gratuitamente; (*vergebens*) invano; **stand** m circostanza f
Umständ|e m/pl circostanze f/pl; *unter diesen ~n* date le circostanze; *unter ~n* eventualmente; *machen Sie sich keine ~* non si disturbi; *in anderen ~n* in stato interessante; **lich** complicato
Umstandskleid n (àbito m) prémaman m

umsteigen cambiare
umstellen *anderswohin* cambiare di posto; *sich ~* adattarsi (*auf* a)
um|stoßen rovesciare; **~stritten** discusso; **sturz** m sovvertimento
Umtausch m cambio; **en** cambiare
um|wandeln trasformare (*in* in); **~wechseln** cambiare
Umweg m giro; *e-n ~ machen* fare un giro
Umwelt f ambiente m; **bewußtsein** n coscienza f ecològica; **freundlich** non inquinante; **~ministerium** n ministero m dell'Ambiente; **~schäden** m/pl guasti ambientali; **~schutz** m protezione f dell'ambiente; **~schützer** m ecologista, ambientalista; **~verschmutzung** f inquinamento m ecològico
umwerfen rovesciare
umziehen cambiare casa; *sich ~* cambiarsi
Umzug m trasloco; (*Festzug*) corteo
unab|hängig indipendente; **~kömmlich** occupato; **~sichtlich** involontario
unachtsam sbadato
unan|gebracht inopportuno; **~genehm** spiacévole; **~nehmbar** inaccettàbile; **nehmlichkeit** f noia; **~sehnlich** di poca presenza; **~ständig** indecente

un|appetitlich non appetitoso; **~artig** maleducato; **unauf|fällig** poco appariscente; **~findbar** irreperibile; **~haltsam** inarrestàbile; **~merksam** disattento; **~richtig** falso; **~schiebbar** improrogàbile; **unausstehlich** insopportàbile; **unbarmherzig** spietato; **unbe|absichtigt** involontario; **~denklich** adv senz'altro; **~deutend** insignificante; **~dingt** adv assolutamente; **~fahrbar** impraticàbile; **~fangen** spregiudicato; **~friedigend** non soddisfacente; **~fugt** non autorizzato; **~greiflich** incomprensìbile; **~gründet** infondato; **₂hagen** n malèssere m; **~kannt** sconosciuto; **~kleidet** nudo; **~liebt** malvisto; **~mannt** senza equipaggio; **~merkt** inosservato; **unbequem** scòmodo; **₂lichkeit** f scomodità; **unbe|rührt** intatto; **~schädigt** intatto; **~schränkt** illimitato; **~schreiblich** indescrivìbile; **~ständig** Wetter variàbile; **~stechlich** incorruttìbile; **~stimmt** indefinito; incerto; **~teiligt** estràneo; disinteressato; **~wacht** incustodito; **~weglich** immòbile; **~wohnt** inabitato; **~wußt** inconsapévole; **~zahlbar** impagàbile; **~zahlt** non pagato

unbrauchbar inservìbile; **und** e; **~ so weiter** eccètera; **un|dankbar** ingrato; **~denkbar** impensàbile; **~deutlich** indistinto; **~dicht** non stagno; **~durchlässig** impermeàbile; **~durchsichtig** opaco

un|eben scabro; **~echt** falso; (künstlich) artificiale; **~ehelich** illegìttimo; **~eigennützig** disinteressato; **~eingeschränkt** illimitato; **uneinig: ~ sein** non èssere d'accordo

un|empfindlich insensìbile; (gegen a); **~endlich** infinito; **unent|behrlich** indispensàbile; **~schieden** indeciso; **₂schieden** n Sport pareggio m; **~schlossen** irresoluto; **uner|fahren** inesperto; **~freulich** spiacévole; **~hört** fig incredìbile; **~klärlich** inspiegàbile; **~läßlich** indispensàbile; **~müdlich** instancàbile; **~reichbar** irraggiungìbile; **~setzlich** irreparàbile; **~träglich** insopportàbile; **~wartet** inatteso; (plötzlich) all'improvviso; **~wünscht** indesiderato; **un|fähig** incapace (zu di); **~fair** sleale

Unfall m incidente; infortunio; **~flucht** f fuga del conducente («dell'incidente»); **~ort** m luogo dell'incidente; **~station** f posto m di pronto soccorso; **~versicherung** f assicurazione contro gli infortuni; ~wagen m (beschädigtes Auto) vettura f incidentata

un|faßbar incomprensibile; ~frankiert non affrancato; ~freiwillig involontario; ~freundlich scortese

Ungar m, ⚥isch ungherese; ~n n (l') Ungheria f

unge|bildet incolto; ~bräuchlich inusitato; ~duldig impaziente; inadatto; ~fähr circa; ~fährlich non pericoloso; ~heuer enorme; ~heuer n mostro m; ~horsam disubbidiente; ~legen inopportuno; ~mütlich poco accogliente; ~nau inesatto; ~nießbar immangiàbile; Getränk imbevibile; ~nügend insufficiente; ~pflegt trascurato; ~rade Zahl dispari; ~recht ingiusto

ungern mal volentieri

unge|schickt maldestro; ~stört indisturbato; ~sund malsano; ~wiß incerto; ~wöhnlich, ~wohnt insòlito; ⚥ziefer n parassiti m/pl; ~zogen Kind cattivo

un|gläubig incrèdulo; ~glaublich incredìbile; ~gleichmäßig irregulare

Unglück n sfortuna f; ⚥lich infelice; ⚥licherweise per disgrazia

un|gültig non vàlido, nullo; ~günstig sfavorévole; ~handlich poco maneggévole; ⚥heil n malanno m; ~heilbar incuràbile; ~höflich scortese; ~hygienisch antiigiènico

Uni|form f divisa; ~versität f università

Unkenntnis f ignoranza

un|klar poco chiaro; ~klug imprudente; ⚥kosten pl spese f/pl; ⚥kraut n malerbe f/pl; ~leserlich illeggìbile; ⚥menge f massa; ~menschlich inumano; ~merklich impercettibile; ~mittelbar immediato; ~modern fuori moda; ~möglich impossìbile; ~moralisch immorale; ~mündig minorenne; ~natürlich innaturale; ~nötig non necessario; ~nütz inùtile

UNO f O.N.U. (Organizzazione delle Nazioni Unite)

unord|entlich disordinato; ⚥nung f disòrdine m

un|parteiisch imparziale; ~passend sconveniente; ~päßlich indisposto; ~persönlich impersonale; ~pünktlich non puntuale

Unrecht n torto m, ⚥ haben avere torto; ⚥mäßig illegìttimo

un|regelmäßig irregolare; ~reif immaturo; ⚥ruhe f irrequietezza; fig inquietùdine; ~ruhig irrequieto; inquieto

uns ci; betont A noi, D a noi;

unsauber

ein Freund von ~ un nostro amico
un|sauber sporco; **~schädlich** innocuo; **~scharf** *Fot* sfocato; **~schlüssig** irresoluto
Unschuld *f* innocenza; **2ig** innocente
unser (il) nostro, (la) nostra; *~e pl* (i) nostri, (le) nostre
unsicher malsicuro; (*ungewiß*) incerto; **2heit** *f* insicurezza; incertezza
Unsinn *m* scemenze *f/pl*; **2ig** insensato; (*verrückt*) pazzo
un|sympathisch antipàtico; **~tätig** inattivo
unten sotto; giù; *von oben bis ~* dall'alto in basso
unter sotto; (*zwischen*) fra, tra; (*weniger als*) meno di; *~ anderem* tra l'altro; **2arm** *m* avambraccio; **~belichtet** sottoesposto; **2bewußtsein** *n* subcosciente
unterbrech|en interrómpere; **2ung** *f* interruzione
unter|bringen sistemare; **~dessen** frattanto; **~drükken** opprimere; **~e** inferiore; **~einander** tra di loro (noi, voi); **~entwickelt** sottosviluppato; **~ernährt** denutrito; **~führung** *f* sottopassaggio *m*; **2gang** *m* (*Schiffs2*) naufragio; **2gebene(r)** *m* dipendente; **~gehen** *Schiff* andare a fondo; *Sonne* tramontare
Untergrund|bahn *f s U-*

434

Bahn; **~organisation** *f* organizzazione clandestina
Unterhalt *m* (*Lebens2*) sostentamento; **2en** sostenere; (*betreiben*) mantenere; (*zerstreuen*) divertire; *sich ~* (*plaudern*) conversare; (*sich zerstreuen*) divertirsi; **~ung** *f* conversazione; (*Vergnügen*) divertimento *m*; (*Instandhaltung*) manutenzione
Unter|hemd *n* canottiera *f*; **~hose** *f* mutande *f/pl*; **~kiefer** *m* mandibola *f*; **2kommen** trovare alloggio; **~kunft** *f* alloggio *m*; **2lassen** tralasciare; **~leib** *m* basso ventre; **~lippe** *f* labbro *m* inferiore; **~mieter** *m* subaffittuario
unternehm|en intraprèndere; **2en** *n* impresa *f* (*a Betrieb*); **2er** *m* imprenditore; **~ungslustig** intraprendente
Unter|redung *f* colloquio *m*; **~richt** *m* insegnamento; (*Schulstunden*) lezioni *f/pl*; **2richten** insegnare (*j-n in* et qc a qu); (*informieren*) informare; **~rock** *m* sottoveste *f*; **2scheiden** distinguere; **~schied** *m* differenza *f*; **2schreiben** sottoscrivere, firmare; **~schrift** *f* firma; **~seeboot** *n* sommergibile *m*
unterste il più basso
unter|streichen sottolineare; **~stützen** sostenere; finanziell sussidiare; **2stützung** *f*

appoggio *m*; (*Beihilfe*) sussidio *m*
untersuch|en esaminare; *Med* visitare; **~ung** *f* esame *m*; *jur* indàgine; *Med* visita; **~ungshaft** *f* detenzione preventiva; **~ungsrichter** *m* giùdice istruttore
Unter|tasse *f* piattino *m*; **~tauchen** *v/i* tuffarsi; *fig* scomparire; **~teil** *n*/*m* parte *f* inferiore; **~wäsche** *f* biancheria intima
unterwegs per via; durante il viaggio
unterzeichnen firmare
unterziehen *Kleidungsstück* méttersi sotto; *sich ~* sottoporsi (*e-r Sache* a qc)
Un|tiefe *f* bassofondo *m*; **~tragbar** intolleràbile; **~trennbar** inseparàbile; **~treu** infedele; **~treue** *f* infedeltà; **~tröstlich** inconsolàbile
unüber|legt sconsiderato; **~sichtlich** poco chiaro
unumgänglich indispensàbile
ununterbrochen ininterrotto
unver|änderlich invariàbile; **~ändert** invariato; **~antwortlich** irresponsàbile; **~besserlich** incorreggìbile; **~bindlich** senza impegno; **~bleit** senza piombo; **~daulich** indigesto; **~geßlich** indimenticàbile; **~heiratet** non sposato; **~käuflich** non in véndita; **~meidlich** inevitàbile; **~nünftig** irragionévole; **~packt** non imballato
unverschämt impertinente; **2heit** *f* impertinenza
unver|sehrt illeso; **~ständlich** incomprensìbile; **~zollt** non sdoganato; **~züglich** immediato
unvoll|endet incompiuto; **~kommen** imperfetto; **~ständig** incompleto
unvor|bereitet impreparato; **~hergesehen** imprevisto; **~sichtig** incauto; **~stellbar** inimmaginàbile; **~teilhaft** svantaggioso
unwahr falso; **2heit** *f* falsità; **~scheinlich** improbàbile
un|weit non lontano da; **~wesentlich** irrilevante; **2wetter** *n* temporale *m*; **~wichtig** poco importante; **~widerstehlich** irresistìbile; **~willkürlich** involontario; **~wirksam** inefficace; **~wissend** ignorante; **~wohl** indisposto; **2wohlsein** *n* indisposizione *f*; **~würdig** indegno; **~zählig** innumerévole; **~zerbrechlich** infrangibile; **~zertrennlich** inseparàbile
unzu|frieden scontento; **~gänglich** inaccessìbile; **~verlässig** non fidato
üppig rigoglioso; *Mahl* abbondante
Ur|aufführung *f* prima; **~enkel** *m* pronipote; **~großmutter** *f* bisnonna; **~großvater**

Urheber

m bisnonno; **~heber** *m* autore

Urin *m* orina *f*

Urkunde *f* documento *m*

Urlaub *m* vacanze *f/pl*; ferie *f/pl*; **~er** *m* villeggiante, vacanziere; **~sort** *m* luogo di villeggiatura; **~szeit** *f* periodo *m* delle ferie

Urne *f* urna

Urologe *m* uròlogo

Ursache *f* causa; motivo *m*; **keine ~!** non c'è di che!

Ur|sprung *m* origine *f*; **2sprünglich** originario; **~teil** *n* giudizio *m*; *jur* sentenza *f*; **2teilen** giudicare (*über et qc*); **~wald** *m* foresta *f* vèrgine

USA *pl* U.S.A. *m/pl*

Utensilien *pl* utènsili *m/pl*

utopisch utopìstico

V

vakuumverpackt confezionato sotto vuoto

Vanille *f* vaniglia; **~eis** *n* gelato *m* di vaniglia

Varieté *n* teatro *m* di varietà

Vase *f* vaso *m*

Vater *m* padre; **~land** *n* patria *f*

väterlich paterno

Vaterunser *n* padrenostro *m*

Vatikan *m* Vaticano; **~stadt** *f* Città del Vaticano

Veilchen *n* violetta *f*

Vene *f* vena

Venedig *n* Venezia *f*

Venetien *n* Véneto *m*

venezianisch veneziano

Ventil *n* vàlvola *f*; **~ator** *m* ventilatore

verabreden stabilire; *sich ~* darsi appuntamento (*mit* con); **2ung** *f* accordo *m*; (*Stelldichein*) appuntamento *m*

verabschieden congedare; *sich ~* congedarsi (*von* da)

ver|achten disprezzare; **~ächtlich** sprezzante; **2achtung** *f* disprezzo *m*; **~allgemeinern** generalizzare; **~altet** antiquato

veränder|lich variàbile; **~n** *u sich ~* cambiare; **2ung** *f* cambiamento *m*

veranlass|en ordinare; **2ung** *f* motivo *m*

veranstalt|en organizzare; **2er** *m* organizzatore; **2ung** *f* organizzazione; manifestazione; **2ungskalender** *m* calendario delle manifestazioni

verantwort|en rispóndere di; *sich ~* giustificarsi; **~lich** responsàbile; **2ung** *f* responsabilità; **~ungslos** incosciente

ver|ärgert irritato; **~arzten** medicare

Verb *n* verbo

Verband *m* *Med* fasciatura *f*; **~(s)kasten** *m* cassetta *f* di

vereinzelt

pronto soccorso; ~(s)zeug n materiale m di pronto soccorso
verbergen nascóndere
verbesser|n migliorare; (berichtigen) corrèggere; ~ung f miglioramento m; (Berichtigung) correzione
Verbeugung f inchino m
ver|biegen stòrcere; ~bieten proibire, vietare; ~billigt a prezzo ridotto; ~binden Wunde fasciare; ~bindlich obbligatorio; 2bindung f (Verkehrs2) collegamento m; Tel comunicazione; mit j-m relazione
ver|bleit con piombo; ~blüfft perplesso; ~blühen sfiorire, ~borgen v/t nascóndere in prèstito; adj (versteckt) nascosto
Verbot n divieto m; 2en proibito, vietato; ~sschild n segnale m di divieto
verbrannt bruciato
Verbrauch m consumo; 2en consumare; ~er m consumatore; ~ermarkt m ipermercato
Verbrech|en n delitto m; ~er m delinquente; criminale
verbreit|en diffóndere; ~ern allargare; 2ung f diffusione
verbrenn|en bruciare; 2ung f combustione; Med ustione, scottatura
verbringen Zeit, Urlaub passare
verbrühen: sich ~ scottarsi
verbürgen: sich ~ für rèndersi garante di
Verdacht m sospetto
verdächtig sospetto; ~en sospettare (e-r Sache di qc)
ver|dammen condannare; ~danken dovere (j-m et qc a qu)
verdau|lich digerìbile; 2ung f digestione; 2ungsbeschwerden f/pl disturbi m/pl di digestione
Ver|deck n Auto capote f; 2decken coprire; 2derben guastare; Lebensmittel andare a male; ~derblich Speisen deperìbile; 2deutlichen chiarire
verdien|en Geld guadagnare; Lob meritare; 2st¹ m mèrito m; 2st² m guadagno
ver|doppeln raddoppiare; ~dorben Speisen, Magen guasto; ~drehen stòrcere; ~duften F svignàrsela; ~dünnen diluire; Wein annacquare; ~dursten morire di sete
verehr|en venerare; adorare; F fig regalare (j-m et qc a qu); 2er m ammiratore; 2ung f venerazione
vereidig|en far giurare; ~t giurato
Verein m associazione f; 2baren Treffen, Tag stabilire; ~barung f accordo m; 2fachen semplificare; 2igen unire; ~igung f unione; s a Verein
ver|einzelt sporàdico; ~ei-

vereitert 438

tert suppurato; ~**engen: sich** ~ restringersi; ~**erben** lasciare (in eredità)

verfahren procèdere; **sich** ~ smarrirsi; 2 *n* procedimento *m (a fur)*; mètodo *m*

Verfall *m e-s Gebäudes* rovina *f*; *e-r Fahrkarte* scadenza *f*; 2**en** *Gebäude* andare in rovina; *Fahrkarte* scadere; *adj* in rovina; scaduto; ~**tag** *m* giorno di scadenza

verfass|en redigere; **~er** *m* autore; **~ung** *f Pol* costituzione

verfault marcito

verfehl|en *Ziel* mancare; *j-n* non incontrare, non trovare; ~**t** *(falsch)* sbagliato

ver|fliegen *Zeit* scórrere; ~**flucht** maledetto

verfolg|en inseguire; 2**er** *m* inseguitore; 2**ung** *f Pol* persecuzione

verformen: sich ~ deformarsi

verfrüht prematuro

verfüg|bar disponìbile; ~**en** disporre *(über di)*

Verfügung *f: j-m et zur* ~ *stellen* méttere qc a disposizione di qu

verführ|en sedurre; indurre *(zu a)*; ~**erisch** seducente

vergangen passato; 2**heit** *f* passato *m*

Vergaser *m* carburatore

vergeb|en perdonare; *Amt* conferire *(an* a*)*; ~**ens** invano; ~**lich** inùtile

vergehen *Zeit* passare; **sich an** *j-m, et* ~ violare qu, qc; 2 *n* delitto *m*

vergelt|en rèndere; ripagare; 2**ung** *f* rappresaglia

ver|gessen dimenticare; ~**geuden** sprecare, ~**gewaltigen** violentare

vergewissern: sich ~ accertarsi

ver|giften versare; ~**giften** avvelenare; 2**giftung** *f* intossicazione; 2**gißmeinnicht** *n Bot* nontiscordardimé *m*; 2**gleich** *m* confronto; *jur* accomodamento; ~**gleichen** confrontare *(mit* con); paragonare *(mit* a*)*

Vergnügen *n* piacere *m*; divertimento *m*; **mit** ~ con piacere; **viel** ~**!** buon divertimento!

vergnügt contento; allegro; 2**ungspark** *m* parco di divertimenti

ver|goldet (in)dorato; ~**graben** *v/t* sotterrare; ~**griffen** *Hdl* esaurito; ~**größern** ingrandire

Vergrößerung *f* ingrandimento *m (a Fot)*; ~**sglas** *n* lente *f* d'ingrandimento

Ver|günstigung *f* vantaggio *m*; ~**gütung** *f* rimborso *m*; **verhaft|en** arrestare; 2**ung** *f* arresto *m*

verhalten: sich ~ *Person* comportarsi; *Sache* stare; 2 *n* comportamento *m*

Verhältnis *n* rapporto *m*, relazione *f* (*a Liebes*②); ~**se** *pl* condizioni *f*/*pl*; ②**mäßig** relativamente

verhand|eln negoziare (*über et* qc); ②**lung** *f* trattativa; *jur* dibattimento *m*

ver|hängnisvoll fatale; ~**haßt** odiato; ~**heimlichen** celare; ~**heiraten** sposato (*mit* con)

verhindern impedire; *verhindert sein* essere impedito

Verhör *n* interrogatorio *m*; ②**en** interrogare; *sich* ~ capire male

ver|hungern morire di fame; ~**hüten** prevenire; ②**hütungsmittel** *n* contraccettivo *m*

verirren: *sich* ~ smarrirsi

Verjährung *f* prescrizione

Verkauf *m* véndita *f*; ②**en** véndere; *zu* ~ in véndita

Verkäufer(in *f*) *m* venditore (-trice *f*) *m*; *im Geschäft* commesso (-a *f*) *m*

verkäuflich in véndita

Verkaufs|preis *m* prezzo di véndita; ~**stand** *m* bancarella *f*

Verkehr *m* (*Straßen*②) tràffico; *mit j-m* rapporto; ②**en** *Verkehrsmittel* fare servizio, circolare; *mit j-m* èssere in rapporti con

Verkehrs|amt *n* ufficio *m* (*od* ente *m*) per il turismo; ~**funk** *m* Onda *f* verde; ~**hindernis** *n* impedimento *m* al tràffico; ~**insel** *f* salvagente *m*; ~**mittel** *n* mezzo *m* di trasporto; ~**polizei** *f* stradale; ~**polizist** *m* vìgile urbano; ②**reich** molto frequentato; ~**sicherheit** *f* sicurezza stradale; ~**stokkung** *f* ingorgo *m* stradale; ~**teilnehmer** *m* partecipante al tràffico; ~**unfall** *m* incidente stradale; ~**verein** *m s* ~**amt**; ~**zeichen** *n* segnale *m* stradale

verkehrt (*falsch*) sbagliato

ver|klagen querelare (*wegen* per); ~**kleinern** ridurre (*a Fot*); ~**kommen** *adj* in rovina; *Mensch* depravato; ~**kraften** sopportare; ~**krüppelt** storpio, deforme

ver|künden annunciare; *öffentlich* proclamare; ~**kürzen** accorciare

verlad|en caricare; *Mar* imbarcare; ②**erampe** *f* rampa di càrico

Verlag *m* casa *f* editrice

verlangen richièdere, esigere; ② *n* desiderio *m* (*nach* di)

verlänger|n allungare; *zeitlich* prolungare; ②**ung** *f* prolungamento *m*; ②**ungsschnur** *f* prolunga

verlangsamen rallentare

verlassen lasciare; abbandonare; *sich* ~ *auf* fidarsi di

verläßlich fidato

verlaufen: *sich* ~ smarrirsi

verleben *Ferien* trascórrere, passare

ver|legen *Termin* rimandare (*auf* a); *et* smarrire; *adj* im-

pacciato; Qlegenheit f imbarazzo m; Qleger m editore; Qleih m noleggio; leihen prestare; gegen Gebühr dare a noleggio
verletzen ferire; sich ~ ferirsi
Verletz|te(r) m ferito; ung f ferita
verleumd|en calunniare; Qung f calunnia
verlieben: sich ~ innamorarsi (in di)
verliebt innamorato
verlieren pèrdere
verlob|en: sich ~ fidanzarsi; Qte f fidanzata; Qte(r) m fidanzato; Qung f fidanzamento m
verloren perso, perduto
verlos|en sorteggiare; Qung f sorteggio m
Verlust m pèrdita; anzeige f annuncio m di smarrimento
vermehren aumentare; sich ~ moltiplicarsi; Biol riprodursi
vermeiden evitare
Vermerk m nota f
vermiet|en affittare; Rad, Auto dare a nolo; er m locatore
ver|missen non trovare; Qmittlung f Tel centralino m; Qmögen n (Besitz) fortuna f
vermut|en supporre; lich adv probabilmente; Qung f supposizione
ver|nachlässigen trascurare; nehmen jur interrogare; Zeugen escùtere; Qnehmung f interrogatorio m; v Zeugen escussione; neinen negare; nichten distrùggere; Qnunft f ragione; nünftig ragionévole; öffentlichen pubblicare
verordn|en Med prescrìvere; Qung f Med prescrizione
verpack|en imballare; Qung f imballaggio m
verpassen Zug perdere
Verpflegung f vitto m
verpflicht|en: sich zu et ~ impegnarsi a fare qc; Qung f impegno m
ver|pfuschen abborracciare; prügeln bastonare; Qputz m intònaco; Qrat m tradimento; raten tradire; Qräter m traditore
verrechn|en compensare (mit con); sich um 100 Lire ~ sbagliare di cento lire; Qungsscheck m assegno sbarrato
ver|reisen partire in viaggio; renken Med slogare; ringern diminuire; rosten arrugginire
verrückt pazzo; wie ein Qer come un pazzo
ver|rufen adj malfamato; rutschen spostarsi
Vers m verso
ver|sagen Kräfte venire a mancare; Motor non funzionare; Mensch fallire; salzen adj troppo salato

versamm|eln radunare; ***sich*** **~** riunirsi; **2lung** *f* riunione
Versand *m* spedizione *f*; **~haus** *n* ditta *f* di véndita per corrispondenza
ver|säumen *Zug* pèrdere; **~schaffen** procurare; **~schenken** dare in regalo; **~schicken** spedire; **~schieben** spostare; *zeitlich* differire (***um*** di; ***auf*** a)
verschieden diverso, differente; **2heit** *f* diversità; **~tlich** più volte
ver|schiffen imbarcare; **~schimmelt** ammuffito; **~schlafen** non svegliarsi in tempo; *adj* assonnato
verschlechter|n *u* ***sich*** **~** peggiorare; **2ung** *f* peggioramento *m*
Verschleiß *m* usura *f*
ver|schleppen *Krankheit* trascurare; (*deportieren*) deportare; **~schließen** chiùdere a chiave; **~schlimmern** *s* ***verschlechtern***; **~schlossen** chiuso
verschlucken inghiottire; ***ich habe mich verschluckt*** mi è andato qc di traverso
Ver|schluß *m* chiusura *f*; (*Deckel*) coperchio; *Fot* otturatore; **2schmähen** sdegnare; **2schmerzen** consolarsi di; **2schmutzt** sporco; **2schneit** coperto di neve; **2schnüren** legare; **2schollen** scomparso; disperso; **2schonen** risparmiare; **2schönern** abbellire
verschreiben *Med* prescrìvere; ***sich*** **~** sbagliarsi (scrivendo)
ver|schrotten ridurre in rottami; **~schulden** *Unfall* causare; **~schütten** versare; **~schweigen** tacere
verschwend|en dissipare; **~erisch** pròdigo; **2ung** *f* dissipazione
ver|schwiegen discreto; **~schwinden** sparire, scomparire
Verschwör|er *m* congiurato; **~ung** *f* congiura
versehen provvedere (***mit*** di); ***sich*** **~** sbagliarsi; **2** *n* svista *f*; errore *m*; ***aus*** **2**, **~tlich** per sbaglio; inavvertitamente
ver|senden spedire; **~setzen** *Beamte* trasferire; *Schüler* promuòvere; *in e-e Lage* méttere; *Hieb* dare; F (*nicht erscheinen*) far aspettare inutilmente; **~seucht** inquinato
versicher|n assicurare (***gegen*** contro); (*beteuern*) affermare; **2ung** *f* assicurazione
Versicherungs|beitrag *m* premio d'assicurazione; **~fall** *m* sinistro; **~gesellschaft** *f* compagnìa di assicurazioni; **~karte** *f*: *Kfz* ***grüne*** **~** carta verde; **~police** *f*, **~schein** *m* pòlizza *f* d'assicurazione

versiegeln

ver|siegeln sigillare; ~sinken affondare
versöhn|en riconciliare; ~ung f riconciliazione
versorgen *Familie* mantenere; ~ *mit* provvedere di
verspät|en: *sich* ~ arrivare in ritardo; ~ung f ritardo m
ver|sperren sbarrare; ~spotten schernire
versprech|en prométtere; ~en n, ~ung f promessa
ver|spüren sentire; ~staatlichen nazionalizzare; ~stand m intelletto
verständig|en informare (*von, über* di); *sich* ~ farsi capire; ~ung f comunicazione
verständ|lich comprensibile; ~nis n comprensione f
verstärk|en rinforzare; ~er m amplificatore; ~ung f rinforzo m
verstauch|en: *sich den Fuß* ~ slogarsi il piede; ~ung f slogatura
Versteck n nascondiglio m; ~en nascóndere
verstehen capire, comprèndere; *sich* ~ andare d'accordo; intèndersi (*auf et* di qc)
Versteigerung f asta
verstell|bar regolàbile; ~en regolare; *sich* ~ fingere
ver|stimmt *Mus* scordato; *fig* di malumore; ~stohlen furtivo; ~stopft *Abfluß, Straße* intasato; ~stopfung f *Med* costipazione; ~storben defunto
Verstoß m offesa f (*gegen* a); ~en contravvenire (*gegen* a)
ver|streichen *Frist* scadere; *Zeit* passare; ~streuen spargliare; ~stümmeln mutilare
Versuch m tentativo; esperimento; ~en tentare
ver|tagen aggiornare; ~tauschen scambiare
verteidig|en difèndere; ~er m difensore; *Fußball* terzino; ~ung f difesa
verteil|en distribuire; ~er m *Kfz* spinterògeno; ~ung f distribuzione
vertiefen approfondire
Vertrag m contratto
vertragen sopportare; *sich* ~ andare d'accordo
Vertragswerkstatt f officina convenzionata
vertrau|en: fidarsi (*j-m, auf j-n* di qu); ~en n fiducia f; ~lich confidenziale; ~t familiare; ìntimo
vertreiben cacciare; *sich die Zeit* ~ far passare il tempo
vertret|en *Land, Firma* rappresentare; *im Amt* sostituire; ~er m rappresentante; (*Stellvertreter*) sostituto; ~ung f rappresentanza; (*Stellvertretung*) supplenza
ver|trocknen seccare; ~üben comméttere; ~unglücken avere un incidente; ~ursachen causare

verurteil|en condannare; **ung** f condanna
ver|vielfältigen riprodurre; **~vollständigen** completare
verwähn|en: *Tel sich ~* sbagliare numero
verwahrlost trascurato
Verwahrung f: *in ~ geben* dare in custodia
verwalt|en amministrare; **er** m amministratore; **ung** f amministrazione
verwandt imparentato (*mit con*); **e(r)** m parente; **schaft** f parentela
Verwarnung f ammonizione; *gebührenpflichtige ~* multa
ver|wechseln scambiare; **~weigern** rifiutare; **weis** m (*Tadel*) rimprovero; (*Hinweis*) rinvio; **~welkt** appassito; **~wenden** usare; *Zeit, Geld* impiegare; **wendung** f uso m; impiego m; **~wirklichen** realizzare
verwirr|en confóndere; **ung** f confusione
ver|witwet *Mann* védovo; *Frau* védova; **~wöhnen** viziare; **~worren** confuso; **wunderung** f stupore m; **~wundet** ferito; **~wünschen** maledire; **~wüsten** devastare
ver|zählen: *sich ~* sbagliare contando
Verzehr m consumo; **en** consumare
Verzeichnis n lista f; elenco m

verzeihen perdonare
Verzeihung f perdono m; *~!* scusi!
Verzicht m rinuncia f; **en** rinunciare (*auf* a)
Verzierung f ornamento m
verzöger|n ritardare; *sich ~* tardare; **ung** f ritardo m
verzollen sdoganare; *haben Sie etwas zu ~?* ha qualcosa da dichiarare?
verzweif|eln disperare; **lung** f disperazione
Vetter m cugino
Viadukt n viadotto m
Video|gerät n apparecchio m video; **~kassette** f videocassetta; **~recorder** n videoregistratore
Vieh n bestiame m
viel molto; tanto; *sehr ~* moltíssimo; *nicht ~* poco; *zu ... ~* troppo ...; **~besucht** frequentato; **~deutig** ambiguo; **~fach, ~fältig** moltéplice
vielleicht forse
viel|mehr anzi; **~seitig** versátile
vier quattro; **bettkabine** f cabina a quattro letti; **eck** n quadrilátero m; **~eckig** quadrangulare; **~spurig** a quattro corsie; **taktmotor** m motore a quattro tempi
vierte quarto
Viertel n quarto m; (*Stadt*) quartiere m, rione m; **jahr** n trimestre m; **~stunde** f quarto m d'ora

Viruskrankheit f malattìa da virus
Visitenkarte f biglietto m di visita
Visum n visto m
Vogel m uccello
Vokal m vocale f
Volk n pòpolo m
Volks|fest n festa f popolare; ~**kunst** f arte popolare; ~**lied** n canzone f popolare; ~**republik** f repùbblica popolare; ~**schule** f scuola elementare; ~**tanz** m danza f popolare; 2**tümlich** popolare; ~**wirtschaft** f economìa nazionale
voll pieno; (*ganz*) intero; tutto; *halb* ~ pieno a metà; ~ **und ganz** totalmente; ~**automatisch** completamente automàtico; 2**bart** m barba f piena; ~**enden** terminare
Vollgas n: ~ **geben** dare tutto il gas
völlig *adv* completamente
voll|jährig maggiorenne; 2**kaskoversicherung** f assicurazione contro tutti i rischi; ~**kommen** perfetto; *adv* s **völlig**; 2**kornbrot** n pane m integrale; 2**macht** f procura; 2**milch** f latte m intero; 2**mond** m luna f piena; 2**pension** f pensione completa; ~**ständig** completo; ~**tanken** fare il pieno; ~**zählig** completo
Volumen n volume m
von di; (*Herkunft, Passiv*) da;
grüßen ~ *mir* da parte mia; ~**einander** l'uno dall'altro
vor *örtlich* davanti a; *zeitlich* prima di; ~ *einer Woche* una settimana fa; *Viertel* ~ *drei* le tre meno un quarto
Vorabend m: *am* ~ alla vigilia (di)
voran avanti; ~**gehen** andare avanti; *fig* procèdere; 2**meldung** f preavviso m
voraus: *im* ~ in antìcipo; ~**gehen** andare avanti
vorausgesetzt: ~, *daß* ... supposto che ... (+ *cong*)
voraus|sagen predire; ~**sehen** prevedere; 2**setzung** f condizione; ~**sichtlich** probàbile; 2**zahlung** f pagamento m anticipato
Vorbehalt m riserva f; *ohne* ~ senza riserve
vorbei *örtlich* davanti (*an* a); *zeitlich* passato; ~**fahren**, ~**gehen** passare; ~**lassen** lasciar passare
vorbe|reiten preparare; 2**reitung** f preparazione; ~**stellen** prenotare; 2**stellung** f prenotazione
vorbeug|en prevenire (*e-r Sache* qc); *sich* ~ spòrgersi in avanti; 2**ungsmaßnahme** f misura preventiva
Vorbild n modello m; esempio m; 2**lich** esemplare
Vorder... anteriore; ~**achse** f asse anteriore; ~**grund** m primo piano; ~**rad** n ruota f anteriore; ~**seite** f parte an-

teriore; ~sitz m sedile anteriore; ~teil m/n davanti m
Vor|druck m mòdulo; 2eilig affrettato; 2eingenommen prevenuto; 2erst dapprima; ~fahrt f precedenza; ~fahrtsstraße f strada con precedenza; ~fall m incidente; 2finden trovare
vorführ|en presentare; 2ung f rappresentazione
Vor|gang m (Ereignis) avvenimento; ~gänger m predecessore; 2gehen (handeln) procèdere; (Uhr) andare avanti; ~gesetzte(r) m superiore; 2gestern ieri l'altro; 2haben avere in programma; (beabsichtigen) avere l'intenzione (zu di); ~haben n intenzione f; ~halle f atrio m
vorhanden esistente; ~ sein èsserci
Vor|hang m (Fenster2) tenda f; Thea sipario; ~hängeschloß n lucchetto m
vorher prima; ~gehend precedente; 2sage f Wetter previsioni f/pl; ~sehen prevedere
vorhin poco fa
vorig precedente; passato; ~es Jahr l'anno scorso
Vorkehrung f provvedimento m
vorkomm|en (sich finden) trovarsi; (scheinen) parere; (geschehen) succèdere; 2nis n evento m

Vorkriegszeit f anteguerra m
vorlad|en citare; 2ung f citazione
Vor|lage f (Muster) modello m; 2lassen far passare; 2läufig provvisorio; adv per il momento; 2legen presentare; 2lesen lèggere; ~lesung f lezione; 2letzte penùltimo; ~liebe f predilezione (für per)
vorliebnehmen: ~ mit accontentarsi di
vor|liegen èsserci; 2machen (zeigen) mostrare; 2marsch m avanzata f; ~merken prenotare
Vormittag m mattina(ta) f; am ~, 2s di mattina
Vormund m tutore
vorn davanti; nach ~ in avanti; von ~ dal davanti; zeitlich dall'inizio
Vor|name m nome (di battésimo); 2nehm distinto
vornehmen: sich ~ proporsi; (et zu tun di fare qc)
vornherein: von ~ fin dal principio
Vorort m sobborgo; ~zug m treno suburbano
Vor|rang m priorità f; ~rat m provviste f/pl; 2rätig disponibile; ~recht n privilegio m; ~richtung f dispositivo m; ~ruhestand m pensionamento anticipato; ~runde f Sport eliminatoria; ~saison f bassa stagione; ~satz m in-

vorsätzlich 446

tensione *f*; ⁓**sätzlich** intenzionale; ⁓**schau** *f TV* presentazione del programma
Vor|schlag *m* proposta *f*; ⁓**schlagen** proporre; ⁓**schreiben** prescrivere; ⁓**schrift** *f* prescrizione; regolamento *m*; ⁓**schriftsmäßig** *adv* conforme al regolamento; ⁓**schuß** *m* anticipo
vorsehen (*planen*) prevedere; **sich** ⁓ guardarsi (*vor* da)
Vorsicht *f* precauzione; ⁓! attenzione!; ⁓**ig** prudente, cauto; ⁓**shalber** *adv* per prudenza; ⁓**smaßnahme** *f* misura precauzionale
Vor|sitz *m* presidenza *f*; ⁓**sitzende(r)** *m* presidente; ⁓**sorglich** *adv* per precauzione; ⁓**speise** *f* antipasto *m*; ⁓**spiel** *n* preludio *m*; ⁓**sprung** *m Arch* sporto; *fig* vantaggio; ⁓**stadt** *f* sobborgo *m*; ⁓**stand** *m* consiglio direttivo
vorstell|en *j-n* presentare; *Uhr* méttere avanti; (*bedeuten*) significare; **sich** ⁓ *j-m* presentarsi; (*denken*) figurarsi; ⁓**ung** *f* presentazione; (*Idee*) idea; *Thea* rappresentazione
Vor|stoß *m* (*Versuch*) tentativo; ⁓**strafen** *f/pl* precedenti *m/pl* penali; ⁓**tag** *m* giorno precedente; ⁓**teil** *m* vantaggio; ⁓**teilhaft** vantaggioso; ⁓**trag** *m* conferenza *f*; ⁓**trefflich** eccellente; ⁓**treten** farsi avanti
vorüber *s vorbei*; ⁓**gehend** passeggero; transitorio
Vor|urteil *m* pregiudizio; ⁓**verkauf** *m* prevéndita *f*; ⁓**verkaufsstelle** *f* botteghino *m*; ⁓**wahl** *f*, ⁓**wählnummer** *f Tel* prefisso *m*; ⁓**wand** *m* pretesto
vorwärts avanti; ⁓**kommen** progredire, avanzare
vor|weisen presentare; ⁓**werfen** rimproverare (*j-m et qc a qu*); ⁓**wiegend** *adv* prevalentemente; ⁓**wurf** *m* rimpròvero; ⁓**zeigen** presentare; ⁓**zeitig** anticipato; ⁓**ziehen** *Arbeit, Termin* anticipare; (*lieber mögen*) preferire; ⁓**zimmer** *n* anticàmera *f*; ⁓**zug** *m* preferenza *f*; ⁓**züglich** eccellente; *Speise* squisito; ⁓**zugspreis** *m* prezzo di favore
vulgär volgare
Vulkan *m* vulcano; ⁓**ausbruch** *m* eruzione *f* vulcànica

W

W (*Westen*) O. (*ovest*)
Waage *f* bilancia; ⁓**recht** orizzontale
wach sveglio; ⁓**e** *f* guardia
Wacholder *m* ginepro
Wachposten *m* sentinella *f*

Wachs n cera f; (Ski2) sciolina f
wachsen¹ Ski sciolinare
wachsen² Pflanze, Haare, Bart créscere
Wächter m guardiano
Wackel|kontakt m contatto lasco; 2n Tisch, Zahn tentennare
Wade f polpaccio m
Waffe f arma
Waffel f cialda
Waffenschein m porto d'armi
wagen osare (et zu tun fare qc); et rischiare
Wagen m (Auto) màcchina f; Esb vagone; (Einkaufs2) carrello; ~**heber** m cricco; ~**papiere** n/pl documenti m/pl dell'autoveicolo; ~**tür** f portiera; ~**wäsche** f lavaggio m dell'automobile
Waggon m vagone
Wagnis n rischio m
Wahl f scelta; Pol elezione; Hdl **zweite ~** seconda qualità
wähl|en scégliere; Tel fare (od comporre) il nùmero; 2**er** m elettore; ~**erisch** schifiltoso
Wahl|fach n materia f facoltativa; 2**los** a caso
Wählscheibe f Tel disco m combinatore
wahlweise a scelta
Wahnsinn m pazzìa f; 2**ig** pazzo; **j-n ~ machen** far impazzire qu

wahr vero; **das ist (nicht) ~** (non) è vero; **nicht ~?** (non è) vero?; ~**en** Rechte salvaguardare
während prp durante; cj mentre; ~**dessen** frattanto
Wahrheit f verità; 2**sgetreu** adv conformemente alla verità, veritiero
wahrnehmen sinnlich percepire; (nutzen) approfittare di
wahrscheinlich probàbile; adv probabilmente; 2**keit** f probabilità
Währung f valuta, moneta
Wahrzeichen n emblema m
Waise f òrfano (-a f) m
Wald m bosco; großer foresta f; ~**arbeiter** m boscaiolo; ~**brand** m incendio di bosco; ~**hüter** m guardaboschi; 2**ig**, 2**reich** boscoso; ~**sterben** moria f dei boschi; ~**weg** m sentiero nel bosco
Wall m terrapieno
Wallfahrt f pellegrinaggio m; ~**skirche** f santuario m; ~**sort** m luogo di pellegrinaggio
Wallis n Vallese m
Walnuß f noce f
Walze f (Straßen2) rullo m compressore
Walzer m valzer m
wälzen rotolare
Wand f parete; (Fels2) dirupo m
Wander|ausstellung f esposizione itinerante; ~**bühne** f compagnia ambulante; ~**er** m viandante, escursionista;

Wanderkarte

~karte f carta topogràfica; 2n fare delle escursioni a piedi; ~ung f escursione; camminato; ~weg m sentiero
Wand|gemälde n, ~malerei f pittura f murale; ~schrank m armadio a muro; ~teppich m arazzo
Wange f guancia
wanken vacillare
wann quando; *seit* ~? da quando?; *bis* ~? fino a quando?
Wanne f vasca
Wanze f cimice
Wappen n stemma m
Ware f merce
Waren|haus n grandi magazzini m/pl; ~zeichen n marchio m di fàbbrica
warm caldo
Wärme f calore m; 2n (ri)scaldare; ~flasche f borsa del'acqua calda
Warmhaltekanne f thermos m
Warmwasser n acqua f calda; ~speicher m boiler m
Warn|blinkanlage f lampeggiatori m/pl; ~dreieck n triàngolo m; 2en: ~ *vor* méttere in guardia contro; ~schild n segnale m di pericolo; ~streik m scòpero d'avvertimento; ~ung f avvertimento m (*vor* di)
Warte|liste f lista d'attesa; 2n aspettare (*auf j-n, et* qu, qc); *Tech* revisionare; ~n n attesa f

Wärter m guardiano
Warte|saal m, ~zimmer n sala f d'aspetto; ~zeit f tempo m d'attesa
Wartung f *Tech* assistenza; manutenzione
warum perché
Warze f verruca
was che, che cosa; (*wieviel*) quanto; ~ *für (ein)* che; quale
Wasch|anlage f *Kfz* autolavaggio m; 2bar lavàbile; ~becken n lavandino m
Wäsche f biancheria m; (*das Waschen*) bucato m; ~klammer f molletta f
waschen lavare; (*große Wäsche haben*) fare il bucato; *sich* ~ lavarsi; 2 *und Legen* shampoo e messa in piega
Wäsche|rei f lavanderia; ~ständer m, ~trockner m stendibiancheria
Wasch|lappen m strofinaccio per lavarsi; ~maschine f lavatrice; ~mittel n, ~pulver n detersivo m; ~raum m lavatoio m; ~salon m lavanderia f a gettoni; ~straße f canale m di lavaggio
Wasser n acqua f; *fließendes* ~ acqua f corrente; ~anschluß m allacciamento dell'acqua; ~ball m pallanuoto m; 2dicht impermeàbile; ~fall m cascata f; ~flugzeug n idrovolante m; ~hahn m rubinetto dell'acqua; ~kraftwerk n centrale f idroelèttrica; ~kühlung f

raffreddamento *m* ad acqua; ~**leitung** *f* condotta dell'acqua; ~**melone** *m* cocómero *m*; ~**scheide** *f* spartiacque *m*; ~**ski** *m* sci nàutico *m*; ~**sport** *m* sport acquàtico; ~**spülung** *f* sciacquone *m*; ~**stand** *m* livello dell'acqua; ~**stoff** *m* idrògeno *m*; ~**temperatur** *f* temperatura dell'acqua; ~**verschmutzung** *f* inquinamento *m* delle acque; ~**werk** *n* centrale *f* ìdrica

Watte *f* ovatta; ~**bausch** *m* batùffolo di ovatta

WC *n* wc *m*

web|en tèssere; 2**stuhl** *m* telaio

Wechsel *m* cambiamento; cambio; ~**geld** *n* moneta *f*; spìccioli *m/pl*; 2**haft** *Wetter* variàbile; ~**kurs** *m* cambio; 2**n** cambiare; ~**strom** *m* corrente *f* alternata; ~**stube** *f* agenzia di cambio

weck|en svegliare; 2**er** *m* sveglia *f*

weder: ~ ... **noch** ... né ... né ...

weg via; (*verschwunden*) scomparso; (*gegangen*) uscito; (*gefahren*) partito

Weg *m* via *f* (*a fig*); strada *f*; sentiero; cammino

weg|bleiben non venire; ~**bringen** portare via

wegen a causa di; per

weg|fahren partire; ~**fallen** èssere soppresso; ~**geben** dare via; ~**gehen** andàrsene; andare via; ~**jagen** scacciare; ~**lassen** ométtere; ~**laufen** córrere via; ~**nehmen** tògliere; ~**räumen** rimuòvere; ~**rücken** scostare; ~**schaffen** portare via; *Brief* spedire; ~**schieben** scostare; ~**tun** méttere via

Wegweiser *m* indicatore stradale

wegwerf|en gettare via; 2**flasche** *f* vuoto *m* a pèrdere; 2**gesellschaft** *f* società degli sprechi

weh: ~ **tun** far male (*j-m* a qu)

Wehr *n* diga *f*

Wehrdienst *m* servizio militare; ~**verweigerer** *m* obiettore di coscienza

wehr|en: **sich** ~ difèndersi (*gegen* contro); ~**los** inerme; 2**pflicht** *f* servizio militare obbligatorio

Weib|chen *n Zo* fèmmina *f*; 2**lich** femminile

weich molle; *Bett, Sessel* mòrbido

Weiche *f Esb* scambio *m*

weich|en cèdere (a); ~**gekocht** *Ei* à la coque; 2**spüler** *m* ammorbidente

Weide *f* pàscolo *m*; *Bot* sàlice *m*

weiger|n: **sich** ~ rifiutarsi (*et zu tun* di fare qc); 2**ung** *f* rifiuto *m*

weihen consacrare

Weihnacht|en *n* Natale *m*; **fröhliche** ~! buon Natale! **Weihnachtsabend** *m* vigilia *f* di Natale

Weih|rauch *m* incenso; ~**wasser** *n* acquasanta *f*
weil perché
Weile *f*: *eine ganze* ~ un bel po'
Wein *m* vino; *Bot* vite *f*; (*Trauben*) uva *f*; ~**bau** *m* viticultura *f*; ~**berg** *m* vigna *f*; ~**bergschnecke** *f* *Kochk* lumaca; ~**brand** *m* brandy
weinen piàngere
Wein|essig *m* aceto di vino; ~**glas** *n* bicchiere *m* da vino; ~**gut** *n* vigneto *m*; ~**handlung** *f* negozio *m* di vini; ~**karte** *f* lista dei vini; ~**keller** *m* cantina *f*; ~**lese** *f* vendemmia; ~**lokal** *n* osteria *f*; ~**probe** *f* degustazione del vino; ~**traube** *f* (gràppolo *m* di) uva
weise saggio
Weise *f* modo *m*; *auf diese* ~ in questo modo
Weisheitszahn *m* dente del giudizio
weiß bianco; 2**kohl** *m* càvolo bianco; 2**kraut** *n* càvolo bianco; 2**wein** *m* vino bianco
weit (*entfernt*) lontano; (*groß*) ampio; (*breit*) largo; (*ausgedehnt*) esteso; *Weg, Reise* lungo; *wie* ~ *ist es von hier nach ...?* quanto c'è da qui a ...?; *von* ~**em** da lontano
weiter: ~ *vorn* più avanti; ~**fahren** proseguire; 2**fahrt** *f* proseguimento *m* del viaggio; ~**gehen** continuare; ~**kommen** avanzare; ~**machen** continuare; ~**reisen** continuare il viaggio
weit|sichtig prèsbite; 2**winkelobjektiv** *n* grandangolare *m*
Weizen *m* frumento
welch|e, ~**er**, ~**es** *fragend* quale; *relativ* che, il (la) quale
Well|blech *n* lamiera *f* ondulata; ~**e** *f* onda
Wellen|länge *f* lunghezza d'onda; ~**linie** *f* linea ondulata; ~**reiten** *n* surf(ing) *m*
well|ig ondulato; 2**pappe** *f* cartone *m* ondulato
Welt *f* mondo *m*; ~**all** *n* universo *m*; ~**anschauung** *f* weltanschauung; ~**berühmt** di fama mondiale; ~**karte** *f* mappamondo *m*; ~**krieg** *m* guerra *f* mondiale; 2**lich** mondiale; ~**meister** *m* campione mondiale; ~**meisterschaft** *f* campionato *m* mondiale; ~**raum** *m* cosmo; ~**raumflug** *m* volo spaziale; ~**reise** *f* viaggio *m* intorno al mondo; ~**rekord** *m* primato mondiale; 2**weit** universale
wem *ci* chi; *von* ~ *da* chi; ~ *gehört ...?* a chi appartiene ...?
wen *ci* chi
Wende *f* svolta; ~**kreis** *m* *Geogr* tròpico; *Kfz* cerchio di virata

Wendeltreppe f scala a chiòcciola

wende|n voltare; *Auto* girare; *sich ~ an* rivòlgersi a; **~platz** m piazzale di manovra

wenig poco; *ein ~* un po'; **~e** pl pochi, poche; **~er** meno; *am ~sten* meno di tutto; **~stens** almeno

wenn *Bedingung* se; *Zeit* quando; *selbst ~* anche se

wer chi

Werbe|fernsehen n pubblicità f televisiva; **~film** m film pubblicitario; **~funk** m pubblicità f radiofònica; **~material** n materiale m pubblicitario; **~n** fare pubblicità od propaganda *(für* per)

Werbung f pubblicità, propaganda

werden diventare; divenire; farsi; *Passiv* èssere, venire; *ich werde kommen* verrò; *immer seltener ~* farsi sempre più raro

werfen gettare; buttare; lanciare

Werft f cantiere m navale

Werk n òpera f; *(Arbeit)* lavoro m; *(Fabrik)* fàbbrica f, stabilimento m; **~statt** f officina; *(Künstler)* studio m; **~stoff** m materiale; **~stück** n pezzo m; **~tag** m giorno feriale; **~tags** nei giorni feriali; **~zeug** n arnesi m/pl; *einzelnes* attrezzo m, strumento m

Wermut m vermut

wert *(würdig)* degno; *es ist nichts ~* non vale nulla

Wert m valore; *im ~ von* del valore di; **~angabe** f dichiarazione del valore; **~brief** m lèttera f assicurata; **~gegenstand** m oggetto di valore; **~los** senza valore; **~papier** n titolo m, effetto m; **~voll** prezioso

Wesen n *(Geschöpf)* èssere m; *(Natur)* natura f

wesentlich essenziale

weshalb perché

Wespe f vespa

wessen di chi; di che

Weste f gilè m

West|en m ovest; occidente; **~lich** occidentale; *~ von* a ovest di; **~wind** m ponente

Wett|bewerb m concorso; *Sport* competizione f; *Hdl* concorrenza f; **~e** f scommessa; **~en** scomméttere *(um et* qc)

Wetter n tempo m; **~bericht** m bollettino meteorològico; **~dienst** m servizio meteorològico; **~lage** f condizioni f/pl del tempo; **~vorhersage** f previsioni f/pl del tempo

Wett|kampf m gara f; **~kämpfer** m concorrente; **~lauf** m corsa f; **~streit** m gara f

wichtig importante; **~keit** f importanza

wickeln avvòlgere; *Säugling* fasciare

wider contro; **~legen** confutare; **~lich** disgustoso; **~rechtlich** illegale; **~rufen** ritrattare; **~setzen:** *sich ~* opporsi (a); **2sinnig** assurdo; **~spenstig** ricalcitrante; **~sprechen** contraddire (*j-m* qu); **2spruch** *m* contraddizione *f*; **2stand** *m* resistenza *f* (*gegen* a); **2wille** *m* avversione *f* (*gegen* verso); **~willig** di malavoglia

widm|en dedicare; **2ung** *f* dèdica

wie come; *~ lange?* quanto tempo?

wieder di nuovo; **2aufbau** *m* ricostruzione *f*; **~bekommen** riavere; **~belebungsversuch** *m* tentativo di rianimazione; **~bringen** riportare; **~erkennen** riconóscere; **~finden** ritrovare; **~geben** rèndere

wiedergutmach|en riparare; **2ung** *f* riparazione

wieder|herstellen restaurare; **~holen** ripètere; **2holung** *f* ripetizione; **~kommen** ritornare; **~sehen** rivedere; *auf 2* arrivederci, arrivederLa

wiegen pesare
Wiese *f* prato *m*
wieso come mai
wieviel quanto; **~mal** quante volte
wild selvàtico
Wild *n* selvaggina *f*; **~dieb** *m* bracconiere; **~leder** *n* camoscio *m*; **~nis** *f* luogo *m* selvaggio; **~schwein** *n* cinghiale *m*; **~westfilm** *m* western

Wille *m* volontà *f*
willkommen benvenuto
Willkür *f* arbitrio *m*; **2lich** arbitrario

wimmeln brulicare (*von* di)
wimmern gèmere
Wimper *f* ciglio *m*; **~ntusche** *f* mascara *m*

Wind *m* vento; **~beutel** *m* bignè

Winde *f* (*Seil2*) àrgano *m*
Windel *f* pannolino *m*
wind|geschützt riparato dal vento; **~ig** ventoso; **2jacke** *f* giacca a vento; **2mühle** *f* mulino *m* a vento; **2pocken** *pl* varicella *f*; **2schutzscheibe** *f* parabrezza *m*; **2stärke** *f* intensità del vento; **2stille** *f* calma; **~surfen** *n* windsurf *m*; **2surfer** *m* windsurfista

Windung *f* voluta
Wink *m* cenno
Winkel *m* àngolo
winken fare un cenno (*j-m mit et* a qu con qc)
Winter *m* inverno; **~camping** *n* campeggio *m* invernale; **~fahrplan** *m* orario invernale; **2lich** invernale; **~mantel** *m* cappotto; **~reifen** *m* pneumàtico invernale; **~schlußverkauf** *m* liquidazione *f* di fine stagione (inverno); **~urlaub** *m* vacanze *f/pl* invernali

Wintersport *m* sport invernale; **~platz** *m* centro di sport invernali

Winzer *m* viticultore

winzig minùscolo

Wipfel *m* vetta *f*

wir noi

Wirbel *m* Anat vèrtebra *f*; (*Strudel*) vòrtice; **~säule** *f* colonna vertebrale; **~sturm** *m* ciclone

wirken agire (*auf* su); fare effetto

wirklich reale; *adv* davvero; **2keit** *f* realtà

wirksam efficace; **2ung** *f* effetto *m*; **~ungslos** senza effetto; **~ungsvoll** di effetto

wirr confuso

Wirsing(**kohl**) *m* verza *f*

Wirt *m* oste; **~in** *f* ostessa

Wirtschaft *f* economia *f*; (*Gast-*2) osteria *f*; **~erin** *f* governante; **2lich** econòmico

Wirtshaus *n* trattoria *f*

Wischlappen *m* cencio

wissen sapere; *nicht* **~** ignorare; **~** *lassen* far sapere; **2 n** cognizioni *f*/*pl*

Wissenschaft *f* scienza *f*; **~ler** *m* scienziato; **2lich** scientìfico

wittern fiutare; **2ung** *f* fiuto *m*; (*Wetter*) tempo *m*

Witwe *f* védova; **~r** *m* védovo

Witz *m* scherzo; barzelletta *f*; **~blatt** *n* giornale *m* umorìstico

wo dove; **~anders** altrove

Woche *f* settimana

Wochen|**ende** *n* fine *m* settimana; **~endhaus** *n* casetta *f* per il fine settimana; **2lang** *adv* per settimane intere; **~markt** *m* mercato settimanale; **~tag** *m* giorno feriale; **2tags** nei giorni feriali

wöchentlich settimanale

wo|**durch** in che modo; *relativ* con cui; **~gegen** contro che cosa; *relativ* contro cui; **~her** di dove; **~hin** dove

wohl bene; (*vermutlich*) forse; *sich nicht* **~** *fühlen* non sentirsi bene; *leben Sie* **~**! addio!

Wohl *n* bene *m*; *auf Ihr* **~**! alla Sua salute!; **~befinden** *n* benèssere *m*; **2behalten** sano e salvo; **2habend** benestante; **2riechend** fragrante; **2schmeckend** gustoso; **~stand** *m* benèssere; **2tuend** piacèvole; **~wollen** *n* benevolenza *f*

Wohn|**anhänger** *m* roulotte *f*; **~block** *m* caseggiato *m*; **2en** abitare; *im Hotel* stare; **~gebiet** *n* zona *f* residenziale; **~haus** *n* casa *f* d'abitazione; **~mobil** *n* autocàravan *f*; **~ort** *m* residenza *f*; **~raum** *m* vano; **~sitz** *m* domicilio; **~ung** *f* appartamento *m*; **~wagen** *m* roulotte *f*; **~zimmer** *n* soggiorno *m*

Wolke *f* nùvola

Wolken|**bruch** *m* nubifragio; **~kratzer** *m* grattacielo; **2los** sereno

wolkig

wolkig nuvoloso
Woll|decke f coperta di lana; **~e** f lana
wollen volere
Woll|jacke f golf m; **~stoff** m tessuto di lana
womit con che cosa; *relativ* con cui
Wonne f delizia
wor|an a che cosa; *relativ* a cui; **~auf** su che cosa; *relativ* su cui; **~aus** di che cosa; **~in** in che cosa; *relativ* in cui
Wort n parola f; *in ~en* in lèttere
Wörterbuch n dizionario m
Wortlaut m tenore; *im ~* testualmente
wörtlich testuale; *adv* alla lèttera
wort|los *adv* senza dire parola; senza parlare; **2wechsel** m diverbio
worüber su che cosa; *relativ* su cui
wo|von di che cosa; *relativ* di cui; **~vor** da che cosa; *relativ* a che cosa; **~zu** a che cosa; *relativ* a cui
Wrack n relitto m
wringen strizzare
Wucher m usura f; **2n** *Pflanze* lussureggiare; **~preis** n prezzo esorbitante; **~ung** f *Med* escrescenza
Wucht f impeto m; **2ig** massiccio
wühlen scavare
Wulst m rigonfiamento
wund escoriato; *sich ~ rei-*

454

ben escoriarsi; **2e** f ferita; piaga
Wunder n miràcolo m; **2bar** meraviglioso; **2n:** *sich ~* meravigliarsi (**über** di)
Wundstarrkrampf m tètano
Wunsch m desidèrio; *auf ~* a richiesta
wünschen desiderare; (*wollen*) volere; *j-m et ~* augurare qc a qu
wunschgemäß come desiderato
wunschlos: *~ glücklich* perfettamente felice
Würd|e f dignità; **2evoll** dignitoso; **2ig** degno (*er Sache* di qc); **2igen** apprezzare
Wurf m getto; lancio; *Zo* figliata f
Würfel m dado (*a Brüh2*); v *Zucker* zolletta f; *Math* cubo; **2n** giocare ai dadi; **~zucker** m zùcchero in zollette
Wurm m verme; **2stichig** *Holz* tarlato; *Obst* bacato
Wurst f salume m; (*Brüh2*) salsiccia
Würstchen n würstel m
Würze f condimento m
Wurzel f radice
würz|en condire; **~ig** aromàtico
wüst (*leer*) deserto; (*unordentlich*) disordinato; **2e** f deserto m
Wut f rabbia; furia
wütend furente (*auf* con); *~ werden* infuriarsi

Z

Zacke f dente m
zaghaft timido
zäh tenace; *Fleisch* tiglioso
Zahl f nùmero m; ⁓**bar** pagàbile; ⁓**en** pagare; *bitte* ⁓! il conto per favore!
zähl|en contare; ⁓**er** m *Tech* contatore; *Math* numeratore
Zahl|karte f mòdulo m di versamento; ⁓**los** innumerevole; ⁓**reich** numeroso; *adv* in gran nùmero; ⁓**ung** f pagamento m
Zählung f numerazione
Zahlungs|anweisung f órdine m di pagamento; ⁓**bedingungen** f/pl condizioni di pagamento; ⁓**frist** f tèrmine m di pagamento; ⁓**mittel** n/pl mezzi m/pl di pagamento
Zählwerk n contatore m
zahm docile
zähmen addomesticare
Zahn m dente; ⁓**arzt** m dentista; ⁓**bürste** f spazzolino m da denti; ⁓**ersatz** m pròtesi f dentaria; ⁓**fleisch** n gengiva f; ⁓**lücke** f vuoto m fra i denti; m; ⁓**pasta** f dentifricio m
Zahnrad n ruota f dentata; ⁓**bahn** f ferrovia a cremagliera
Zahn|schmerzen m/pl mal m di denti; ⁓**stocher** m stuzzicadenti; ⁓**techniker** m odontotècnico
Zander m luccioperca
Zange f tenaglie f/pl
Zank m litigio; ⁓**apfel** m pomo della discordia; ⁓**en: sich** ⁓ litigare
zänkisch litigioso
Zäpfchen n *Med* supposta f
Zapfen m *Tech* perno; *(Tannen⁓)* pigna f
Zapfsäule f distributore m
zart *(weich, delb.)* tènero; *(schwach)* delicato; ⁓**gefühl** n delicatezza f
zärtlich affettuoso; ⁓**keit** f tenerezza
Zauber m incanto; *(Reiz)* fàscino; ⁓**haft** incantèvole; ⁓**künstler** m illusionista, prestigiatore
zaudern esitare
Zaum m briglie f/pl
Zaun m recinto
Zebrastreifen m strisce f/pl pedonali
Zehe f dito m del piede; *große* ⁓ àlluce m; *kleine* ⁓ mignolo m del piede
zehn dieci; ⁓**te** dècimo; ⁓**tel** n dècimo m
Zeichen n segno m; ⁓**block** m blocco da disegno; ⁓**papier** n carta f da disegno; ⁓**trickfilm** m cartoni m/pl animati
zeichn|en disegnare; ⁓**ung** f disegno m
Zeige|finger m ìndice; ⁓**n**

zeigen

Zeiger mostrare; ~r *m* indicatore; (*Uhr*2) lancetta *f*

Zeile *f* riga

Zeit *f* tempo *m*; **zur ~** attualmente; **keine ~ haben** non avere tempo; **~angabe** *f* ora; **~ansage** *f* ora esatta; **~aufnahme** *f* Fot posa; **2gemäß** attuale; **2genössisch** contemporàneo; **2ig** primo; *adv* presto; **~karte** *f* abbonamento *m*; **~punkt** *m* momento; **~raum** *m* spazio di tempo; **~schrift** *f* rivista

Zeitung *f* giornale *m*

Zeitungs|kiosk *m*, **~stand** *m* edicola *f*; **~papier** *n* carta *f* da giornale; **~verkäufer** *m* giornalaio

Zeit|unterschied *m* differenza *f* oraria; **~verlust** *m* pèrdita *f* di tempo; **~verschwendung** *f* spreco *m* di tempo; **~vertreib** *m* passatempo; **2weise** di tanto in tanto

Zell|e *f* cèllula; (*Tel*) cabina; **~stoff** *m* cellulosa *f*

Zelt *n* tenda *f*; **2en** campeggiare; **~en** *n* camping *m*, campeggio *m*; **~lager** *n*, **~platz** *m* camping *m*, campeggio *m*

Zement *m* cemento *m*

Zensur *f* staatliche censura; (*Note*) voto *m*

Zentimeter *m*/*n* centimetro *m*; **~maß** *n* centimetro *m*

Zentner *m* mezzo quintale

zentral, **2e** *f* centrale; **~heizung** *f* riscaldamento *m* centrale

Zentrum *n* centro *m*

zer|beißen rómpere coi denti; **~brechen** *v*/*t* rómpere; *v*/*i* rómpersi; **~brechlich** fràgile; **~drücken** schiacciare

Zeremonie *f* cerimonia

zer|fallen *Gebäude* andare in rovina; **~fressen** *adj* corroso; **~kleinern** tritare; **~knittern** sgualcire; **~kratzen** graffiare; **~legbar** scomponibile; **~legen** scompórre; **~platzen** scoppiare; **~quetschen** schiacciare; **~reißen** *v*/*t* stracciare; *v*/*i* strapparsi

zerren tirare

zerrissen làcero

Zerrung *f* Med strappo *m*

zer|schlagen rómpere; **~schneiden** tagliare a pezzi; **~splittern** *v*/*i* andare in schegge; **~springen** rómpersi, scoppiare

Zerstäuber *m* polverizzatore

zerstör|en distrùggere; **2ung** *f* distruzione

zerstreu|en dispèrdere; *fig* distrarre; **~t** *fig* distratto; **2ung** *f* *fig* distrazione, svago *m*

zer|teilen divìdere; **~treten** calpestare; **~trümmern** fracassare

Zervelatwurst *f* cervellata

Zerwürfnis *n* discordia *f*

Zettel *m* foglietto; *beschrieben* biglietto

Zeug n roba f; (*Sachen*) cose f/pl; F (*Minderwertiges*) robaccia f; **dummes ~** stupidàggini f/pl
Zeuge m, **~in** f testimone m/f; jur teste m/f; **2en** v/i dimostrare (*von et* qc); **~nis** n certificato m; (*Schul2*) pagella f
Zickzack m: **im ~** a zigzag
Ziege f capra
Ziegel m mattone m; (*Dach2*) tégola f
Ziegen|bock m caprone; **~käse** m caprino m; **~leder** n capretto m
ziehen v/t tirare; *Zahn* cavare; *Strich* tracciare; v/i tirare (**an** et qc); **sich in die Länge ~** andare per le lunghe; **es zieht** c'è corrente
Zieh|harmonika f fisarmònica; **~ung** *der Lottozahlen* estrazione
Ziel n meta f; (*Zweck*) scopo m; (*Reise2*) destinazione f; *Sport* arrivo m
zielen mirare (**auf** a)
Ziel|scheibe f bersaglio m; **2strebig** determinato
ziemlich notévole; *adv* abbastanza
zierlich grazioso
Ziffer f cifra; nùmero m; **~blatt** n quadrante m
Zigarette f sigaretta
Zigaretten|automat m distributore di sigarette; **~etui** n portasigarette m; **~stummel** m mozzicone

Zigarre f sìgaro m
Zigeuner(in f) m zingaro (-a f) m
Zimmer n càmera f; stanza f; **~decke** f soffitto m; **~mädchen** n cameriera f; **~mann** m carpentiere; **~nachweis** m azienda f di soggiorno; **~service** m servizio in càmera
Zimt m cannella f
Zink n zinco m
Zinn n stagno m
Zins m interessi; **~satz** m tasso d'interesse
Zipfel m punta f; (*Kleider2*) lembo
Zirkel m compasso; *fig* cìrcolo
Zirkus m circo
Zisterne f cisterna
Zitadelle f citadella
Zitat n citazione f
Zitrone f limone m
Zitronen|eis n gelato m di limone; **~limonade** f limonata; **~saft** m succo, *Getränk* spremuta f di limone; **~schale** f buccia di limone
Zitrusfrüchte f/pl agrumi m/pl
zittern tremare (**vor** *Kälte* di freddo)
zivil civile; **in 2** in borghese; **2bevölkerung** f popolazione civile; **2dienst** m servizio m civile; **2ist** m borghese
zögern esitare (**et zu tun** a fare qc)
Zoll m dogana f; (*Abgabe*) dazio; **~abfertigung** f for-

Zollamt

malità f/pl doganali; ~amt n dogana f; ~beamte(r) m doganiere; ~erklärung f dichiarazione doganale; 2frei esente da dazio; ~grenze f confine m doganale; ~kontrolle f controllo m (kod visita) doganale; 2pflichtig soggetto a dazio; ~stock m metro pieghévole; ~tarif m tariffa f doganale

Zone f zona; **verkehrsberuhigte** ~ zona verde

Zoo m zoo

Zopf m treccia f

Zorn m còllera f, ira f; 2ig adirato; ~ werden arrabbiarsi

zu prp a; (~ j-m) da; vor Infinitiv di; da; a; adv troppo; (geschlossen) chiuso; ~ Hause a casa; ~r Rechten sulla destra; ~ viel troppo; ~ lang troppo lungo; um ~ per (+ inf)

Zubehör n accessori m/pl; ~teil n accessorio m

zubereit|en preparare; ~ung f preparazione

zubinden legare

Zubringer m s ~bus, ~straße; ~bus m àutobus che fa servizio tra la città e l'aeroporto; ~dienst m servizio di collegamento aeroporto – città; ~straße f svìncolo m, raccordo m

züchten Pflanzen coltivare; Tiere allevare

Zuchthaus n penitenziario m;

(~strafe) reclusione f

Zucker m zùcchero; Med ~ haben èssere diabètico; ~dose f zuccheriera; 2krank diabètico; 2n (in)zuccherare; ~watte f zucchero m filato

zu|decken coprire (mit di); ~drehen Hahn chiùdere; ~dringlich importuno

zuerst prima; dapprima; (als erster) per primo

Zufahrt f accesso m; zur Autobahn raccordo m; ~sstraße f strada d'accesso

Zufall m caso; durch ~, 2fällig adv per caso; ~flucht f rifugio m

zufrieden contento (mit di); 2heit f contentezza; ~stellen accontentare

Zufuhr f rifornimento m

Zug m Esb treno; (Luft2) corrente f d'aria; beim Rauchen tirata f; Schluck sorso; beim Spiel mossa f

Zu|gabe f Thea bis m; ~gang m accesso; 2gänglich accessìbile; 2geben aggiùngere; (gestehen) ammèttere; 2gehen andare incontro (auf j-n a qu); (Tür) chiùdersi; (geschehen) accadere; ~gehörigkeit f appartenenza

Zügel m rèdine f, briglia f; 2los dissoluto

Zuge|ständnis n concessione f; 2stehen concèdere (j-m et qc a qu)

Zugführer m Esb capotreno

zugießen versare ancora
zugig esposto alla corrente d'aria
zügig scorrévole
Zugkraft f forza di trazione
zugleich nello stesso tempo
Zug|luft f corrente d'aria; **~maschine** f trattore m
zugrunde: **~ gehen** andare in rovina; **~ richten** rovinare
Zugschaffner m controllore del treno
zugunsten (+ G) in favore di
Zug|verbindung f comunicazione ferroviaria; (Anschluß) coincidenza; **~verkehr** m tráffico ferroviario; **~vogel** m uccello migratore
zu|hören ascoltare (j-m qu); **2hörer** m ascoltatore; pl uditorio; **~kleben** incollare; **~knöpfen** abbottonare
Zukunft f avvenire m; futuro m
zukünftig futuro; adv in avvenire
Zulage f aumento m
zu|lassen (erlauben) perméttere; zu et ammèttere; Tür lasciare chiuso; Auto immatricolare; **~lässig** ammesso; **2lassung** f ammissione; Kfz immatricolazione; (~spapiere) libretto m di circolazione; **~letzt** alla fine; (als letzter) per último
zuliebe (+ D) per amore di
zu|machen chiùdere; **~muten** pretèndere (j-m et qc da qu); **2mutung** f pretesa;

~nächst in primo luogo;
2nahme f aumento m; **2name** m cognome
Zünd|holz n fiammifero m; **~kabel** n cavo m d'accensione; **~kerze** f candela d'accensione; **~schloß** n interruttore m dell'accensione; **~schlüssel** m chiavetta f d'accensione; **~ung** f accensione
zu|nehmen aumentare (an di); (dicker werden) ingrassare; **2neigung** f affetto m (für per)
Zunge f lìngua
zunichte: **~ machen** annientare
zunutze: **sich et ~ machen** approfittare di qc
zurechtfinden: **sich ~** orientarsi
zurecht|kommen venire a capo (mit di); **~machen** preparare
zurück indietro; (wieder da) di ritorno; **~bekommen** riavere; Wechselgeld ricévere di resto; **~bleiben** rimanere indietro; **~bringen** riportare; **~erstatten** rimborsare; **~fahren** ritornare; **~führen** ricondurre; **~geben** restituire; rèndere; **~gehen** ritornare; (abnehmen) diminuire; **~gezogen** ritirato
zurückhalten trattenere; **sich ~ beim Essen** moderarsi; **~d** riservato
zurück|holen andare a ri-

zurückkommen

prèndere; ~**kommen** ritornare; ~**lassen** lasciare indietro; ~**legen** Ware méttere da parte; Weg percórrere; ~**nehmen** riprèndere; fig ritirare; ~**rufen** richiamare; ~**schalten** Kfz rimèttere (**in den 2. Gang** la seconda); ~**schicken** rispedire; ~**setzen** Auto indietreggiare; fig j-n trascurare; ~**stellen** Uhr méttere indietro; (aufschieben) rinviare; ~**treten** v Amt dimèttersi; ~**weisen** rifiutare, respingere; ~**zahlen** rimborsare, restituire

zurück**ziehen** ritirare; **sich** ~ ritirarsi

Zuruf m chiamata f; acclamazione

Zusage f promessa (di fare); 2n j-m et promèttere; bei e-r Einladung accettare; (gefallen) piacere (j-m a qu)

zusammen insieme; 2**arbeit** f collaborazione; ~**bauen** montare; ~**binden** legare; ~**brechen** crollare; Verkehr arrestarsi; 2**bruch** m crollo; Med collasso; ~**fallen** zeitlich coincidere; ~**fassen** fig riassùmere; ~**fügen** congiùngere; ~**gehören** Dinge andare insieme; ~**hang** m connessione f; im Text contesto

zusammen**klapp|bar** pieghévole; ~**en** piegare; F fig crollare

zusammen**kommen** riunirsi; 2**kunft** f riunione

Zusammenprall m urto, scontro; 2**en** urtarsi (**mit** con)

zusammen|**rechnen** sommare; ~**rücken** v/i strìngersi; 2**schluß** m unione f

zusammensetz|**en** compórre; **sich** ~ compórsi (**aus** di); 2**ung** f composizione

zusammenstellen porre insieme; compórre

Zusammenstoß m collisione f; urto; scontro; 2**en** scontrarsi (**mit** con)

zusammen|**stürzen** crollare; ~**treffen** incontrarsi; Ereignisse coincidere; ~**zählen** sommare; ~**ziehen** contrarre

Zu|**satz** m aggiunta f; 2**sätzlich** addizionale; adv in più

zuschauen stare a guardare (**j-m** qu); 2**er** m spettatore; 2**erraum** m auditorio

zuschicken spedire, inviare

Zuschlag m Esb supplemento; 2**en** Tür sbàttere; 2**pflichtig** Esb con supplemento obbligatorio

zu**|schließen** chiùdere a chiave; ~**schnappen** Schloß scattare; ~**schnüren** legare; Schuhe allacciare; ~**schrauben** avvitare; 2**schrift** f lèttera; 2**schuß** m sovvenzione f; 2**sehen** s schauen **~, daß** fare in modo che (+ cong); ~**sehends** a vista d'occhio; ~**senden** s ~**schicken**; ~**setzen** Geld pèrdere; fig j-m importunare (j-m mit et qu con qc)

zusicher|n assicurare; ₂**ung** f assicurazione

zuspitzen: sich ~ Situation farsi critico

Zustand m stato; (Situation) situazione f

zustande: ~ **bringen** riuscire a fare; ~ **kommen** realizzarsi

zu|ständig competente; ~**stehen** spettare (j-m a qu)

zustell|en consegnare; Post recapitare; ₂**gebühr** f tassa di recàpito; ₂**ung** f consegna; v Post recàpito m

zustimmen aderire (e-r Sache qc); ₂**ung** f adesione

zu|stoßen j-m accadere, capitare; ₂**taten** f/pl ingredienti m/pl; ~**teilen** distribuire (j-m et qc a qu)

zutrau|en: j-m et ~ crédere qu capace di qc; ₂**en** n fiducia f (zu in); ~**lich** fiducioso

zutreffen èssere giusto; valere (auf per); ~**d** giusto

Zu|tritt m accesso (zu a); ₂**unterst** tutto in fondo

zuver|lässig fidato; ₂**lässigkeit** f fidatezza; ₂**sicht** f fiducia; ~**sichtlich** fiducioso

zuviel troppo

zuvor prima; ~**kommen** prevenire (e-r Sache qc); ~**kommend** anticipare (j-m); ~**kommend** premuroso

Zu|wachs m Wi incremento;

₂**weisen** assegnare; ₂**wenig** troppo poco; ₂**widerhandeln** contravvenire (a); ₂**winken** fare cenno (j-m a qu); ₂**zahlen** pagare in più

zuziehen Vorhang chiùdere; Krankheit sich ~ prèndersi

zuzüglich più

Zwang m òbbligo; (Gewalt) violenza f; ₂**los** Beisammensein alla buona

Zwangs|lage f situazione difficile; ~**maßnahme** f misura coercitiva; ₂**weise** per forza

zwar è vero che; **und** ~ e precisamente

Zweck m fine, scopo

Zwecke f puntina

zweck|los inùtile; ~**mäßig** opportuno

zwecks allo scopo di

zwei due

Zweibett|kabine f cabina a due letti; ~**zimmer** n càmera f a due letti (od doppia)

zwei|deutig equìvoco; ~**erlei** di due specie; ~**fach** doppio, dùplice

Zweifel m dubbio; ₂**haft** dubbioso; ₂**los** senza dubbio; ₂**n** dubitare (an di)

Zweifelsfall m: im ~ in caso di dubbio

Zweig m ramo; ~**geschäft** n, ~**stelle** f succursale f

zwei|gleisig a doppio binario; ~**händig** a due mani; ~**jährig** di due anni; ~**mal** due volte; ~**motorig** bimoto-

zweireihig 462

re; **~reihig** *Jacke* a doppio petto; **~seitig** bilaterale; **2sitzer** *m* biposto; **~sprachig** bilingue; **~spurig** *Straße* a due corsie; **~stöckig** di due piani
zweit: *zu* ~ in due; **~e** secondo
zwei|teilig *Kleid* a due pezzi; **~tens** in secondo luogo
zweitrangig secondario
Zweit|wagen *m* seconda màcchina *f*; **~wohnung** *f* seconda casa
Zwerchfell *n* diaframma *m*
Zwerg *m* nano
Zwetsch(g)e *f* prugna
Zwieback *m* fetta *f* biscottata
Zwiebel *f* cipolla; (*Blumen*2) bulbo *m*
Zwillinge *m/pl* gemelli
zwingen costringere (**zu** a); **~d** *Grund* impellente
Zwirn *m* refe

zwischen fra, tra; **2deck** *n* interponte *m*; **~durch** nel frattempo; **2fall** *m* incidente; **~landen** fare scalo
Zwischenlandung *f* scalo *m*; *ohne* ~ senza scalo
Zwischen|raum *m* spazio; intervallo; **~station** *f* stazione intermedia; **~stecker** *m* spina *f* di adattamento; **~wand** *f* tramezza
Zwischenzeit *f*: *in der* ~ nel frattempo
Zwölffingerdarm *m* duodeno
Zyankali *n* cianuro *m* di potassio
Zylinder *m* Tech cilindro; **~block** *m* blocco *m* cilindri; monoblocco; **~kopf** *m* testata *f*
zynisch cinico
Zypresse *f* cipresso *m*
z. Zt. (*zur Zeit*) attualmente

Zahlwörter

Numerali

Nùmeri cardinali *Grundzahlen*

0 zero *null*
1 uno *eins*
2 due *zwei*
3 tre *drei*
4 quattro *vier*
5 cinque [tʃ-] *fünf*
6 sei *sechs*
7 sette *sieben*
8 otto *acht*
9 nove *neun*
10 dieci [-tʃi] *zehn*
11 ùndici [-tʃi] *elf*
12 dódici [-tʃi] *zwölf*
13 trédici [-tʃi] *dreizehn*
14 quattòrdici [-tʃi] *vierzehn*
15 quìndici [-tʃi] *fünfzehn*
16 sédici [-tʃi] *sechzehn*
17 diciassette [-tʃa-] *siebzehn*
18 diciotto [-tʃɔ-] *achtzehn*
19 diciannove [-tʃa-] *neunzehn*
20 venti *zwanzig*
21 ventuno *einundzwanzig*
22 ventidue *zweiundzwanzig*
23 ventitré *dreiundzwanzig*
28 ventotto *achtundzwanzig*
29 ventinove *neunundzwanzig*
30 trenta *dreißig*
31 trentuno *einunddreißig*
32 trentadue *zweiunddreißig*
38 trentotto *achtunddreißig*
39 trentanove *neununddreißig*
40 quaranta *vierzig*
50 cinquanta [tʃ-] *fünfzig*
60 sessanta *sechzig*
70 settanta *siebzig*
80 ottanta *achtzig*
90 novanta *neunzig*
100 cento [tʃ-] *hundert*
101 centuno [tʃ-] *hunderteins*
102 centodue [tʃ-] *hundertzwei*
108 centotto [tʃ-] *hundertacht*
109 centonove [tʃ-] *hundertneun*
110 centodieci *hundertzehn*
111 centoùndici *hundertelf*
120 centoventi *hundertzwanzig*
200 duecento [-tʃ-] *zweihundert*
300 trecento [-tʃ-] *dreihundert*
400 quattrocento [-tʃ-] *vierhundert*
500 cinquecento [-tʃ-] *fünfhundert*
600 seicento [-tʃ-] *sechshundert*
700 settecento [-tʃ-] *siebenhundert*

800	ottocento [tʃ-] *achthundert*	10 000	diecimila *zehntausend*
900	novecento [-tʃ-] *neunhundert*	100 000	centomila *hunderttausend*
1000	mille *tausend*	1 000 000	un milione *eine Million*
1001	mille uno *tausendeins*		
2000	duemila *zweitausend*	2 000 000	due milioni *zwei Millionen*

Nùmeri ordinali *Ordnungszahlen*

1°	il primo *der erste*	22°	ventiduèsimo *zweiundzwanzigste*
1ª	la prima *die erste*	23°	ventitreèsimo *dreiundzwanzigste*
2°	il secondo *der zweite*	24°	ventiquattrèsimo *vierundzwanzigste*
3°	il terzo *der dritte*	25°	venticinquèsimo *fünfundzwanzigste*
4°	il quarto *der vierte*	26°	ventiseièsimo *sechsundzwanzigste*
5°	il quinto *der fünfte*	27°	ventisettèsimo *siebenundzwanzigste*
6°	il sesto *der sechste*	28°	ventottèsimo *achtundzwanzigste*
7°	il sèttimo *der siebente*	29°	ventinovèsimo *neunundzwanzigste*
8°	l'ottavo *der achte*	30°	trentèsimo *dreißigste*
9°	il nono *der neunte*	40°	quarantèsimo *vierzigste*
10°	il dècimo [-tʃ-] *der zehnte*	50°	cinquantèsimo [tʃ-] *fünfzigste*
11°	l'undicèsimo [-tʃ-] *der elfte*	60°	sessantèsimo *sechzigste*
12°	il dodicèsimo *der zwölfte*	70°	settantèsimo *siebzigste*
13°	tredicèsimo *dreizehnte*	80°	ottantèsimo *achtzigste*
14°	quattordicèsimo *vierzehnte*	90°	novantèsimo *neunzigste*
15°	quindicèsimo *fünfzehnte*	100°	centèsimo [tʃ-] *hundertste*
16°	sedicèsimo *sechzehnte*	101°	centunèsimo *hunderterste*
17°	diciassettèsimo [-tʃa-] *siebzehnte*		
18°	diciottèsimo [-tʃo-] *achtzehnte*		
19°	diciannovèsimo [-tʃa-] *neunzehnte*		
20°	ventèsimo *zwanzigste*		
21°	ventunèsimo *einundzwanzigste*		

103° centotreèsimo *hundertdritte*	2000° duemillèsimo *zweitausendste*
200° duecentèsimo *zweihundertste*	100 000° centomillèsimo *hunderttausendste*
1000° millèsimo *tausendste*	1 000 000° milionésimo *millionste*
1001° millèsimo primo *tausenderste*	

Frazioni *Bruchzahlen*

$^1/_2$ un mezzo *ein halb*; la metà *die Hälfte*	$^1/_5$ un quinto *ein Fünftel*
$^1/_3$ un terzo *ein Drittel*	$^1/_{10}$ un dècimo *ein Zehntel*
$^2/_3$ due terzi *zwei Drittel*	$1^1/_2$ uno e mezzo *anderthalb*
$^1/_4$ un quarto *ein Viertel*	$2^3/_4$ due e tre quarti *zwei drei Viertel*
$^3/_4$ tre quarti *drei Viertel*	

Numerali moltiplicativi *Vervielfältigungszahlwörter*

doppio *zweifach/doppelt*	nonuplo *neunfach*
triplo *dreifach*	dieci volte maggiore (*od* tanto) *zehnfach*
quadruplo *vierfach*	undici volte maggiore (*od* tanto) *elffach*
quintuplo *fünffach*	
sestuplo *sechsfach*	
settuplo *siebenfach*	centuplo *hundertfach*
ottuplo *achtfach*	

Geographische Eigennamen

Nomi geografici

Abruzzo *m*, **Abruzzi** *mpl* Abbruzzen *pl*
Àdige [-dʒe] *m* Etsch *f*
Adriàtico [-dʒe-] *m* Adria *f*
Àfrica *f* Afrika *n*
Aia: L' ~ Den Haag
Albanìa *f* Albanien *n*
Algeri [-dʒɛ-] *f* Algier *n*
Algerìa [-dʒe-] *f* Algerien *n*
Alpi *fpl* Alpen *pl*
Alto Àdige [-dʒe] *m* Südtirol *n*, Oberetsch(land) *n*
Amèrica *f* Amerika *n*; ~ **del Nord** (**del Sud**) Nord-(Süd-)amerika *n*; ~ **Centrale** (**Latina**) Mittel- (Latein-)amerika *n*
Appennino *m* Apennin *m*
Aràbia *f* Arabien *n*; ~ **Saudita** Saudi-Arabien *n*
Argentina [-dʒ-] *f* Argentinien *n*
Àsia *f* Asien *n*
Atene *f* Athen *n*
Atlàntico *m* Atlantik *m*
Austràlia *f* Australien *n*
Àustria *f* Österreich *n*
Azzorre *fpl* Azoren *pl*
Balcani *mpl* Balkan *m*
Baleari *fpl* Balearen *pl*
Basilea *f* Basel
Baviera *f* Bayern *n*
Belgio [-dʒo] *m* Belgien *n*

Bolzano *f* Bozen
Bòsforo *m* Bosporus
Brasile *m* Brasilien *n*
Brènnero *m* Brenner
Bressanone *f* Brixen
Brunico *f* Bruneck
Bruxelles [bry'sɛl] *f* Brüssel
Bulgarìa *f* Bulgarien *n*
Càiro: il ~ Kairo
Calàbria *f* Kalabrien *n*
Campania *f* Kampanien *n*
Campidoglio [-ʎo] *m* Kapitol *n*
Cànada *od* **Canadà** *m* Kanada *n*
Canàrie *fpl* Kanarische Inseln
Carinzia *f* Kärnten *n*
Carpazi *mpl* Karpaten *pl*
Cecoslovacchia [tʃekozlo-'vak-kia] *f* Tschechoslowakei
Cervino [tʃ-] *m* Matterhorn *n*
Cile [tʃ-] *m* Chile *n*
Cina [tʃ-] *f* China *n*
Cipro [tʃ-] *f* Zypern *n*
Colosseo *m* Kolosseum *n*
Corfù [tʃ-] *f* Korfu *n*
Còrsica *f* Korsika *n*
Creta *f* Kreta *n*
Crimea *f* Krim
Dalmazia *f* Dalmatien *n*
Danimarca *f* Dänemark *n*

Danubio *m* Donau *f*
Dobbiaco *f* Toblach
Dolomiti *fpl* Dolomiten *pl*
Egèo [e'dʒɛːo] *m* Ägäis *f*
Egitto [-dʒ-] *m* Ägypten *n*
Elba *f* Elba *n*; Elbe *f*
Eno *m* Inn
Eòlie *fpl* Liparische Inseln
Ercolano Herculaneum
Etna *m* Ätna
Europa *f* Europa *n*
Finlandia *f* Finnland *n*
Firenze *f* Florenz
Francia [-tʃa] *f* Frankreich *n*
Friuli *m* Friaul *n*
Gardena *f* Gröden, *Val* [-] *f* Grödnertal *n*
Gènova ['dʒɛː-] *f* Genua
Germania [dʒ-] *f* Deutschland *n*
Giappone [dʒap-] *m* Japan *n*
Gibilterra [dʒ-]: *stretto m di* ~ Straße *f* von Gibraltar
Ginevra [dʒ-] *f* Genf
Gran Bretagna *f* Großbritannien *n*
Grecia [-tʃa] *f* Griechenland *n*
Grigioni [-'dʒoː-] *mpl* Graubünden *n*
Inghilterra *f* England *n*
Ionio *m* Ionisches Meer *n*
Isarco *m* Eisack *f*
Italia *f* Italien *n*
Iugoslavia *f* Jugoslawien *n*
Lago *m*: ~ *di Como* Comer See; ~ *di Costanza* Bodensee; ~ *di Garda* Gardasee; ~ *di Ginevra* Genfer See; ~ *di Lugano* Luganer See; ~ *dei Quattro Cantoni* Vierwald-

stätter See; ~ *Trasimeno* Trasimenischer See
Lazio *m* Latium *n*
Liguria *f* Ligurien *n*
Lisbona *f* Lissabon
Lombardìa *f* Lombardei
Londra *f* London
Losanna *f* Lausanne
Lucerna [-tʃ-] *f* Luzern
Lussemburgo *m* Luxemburg *n*
Maiorca *f* Mallorca *n*
Màntova *f* Mantua
Marche [-ke] *fpl* Marken *f*
Mare *m*: ~ *Iònico* Ionisches Meer *n*; ~ *Ligure* Ligurisches Meer *n*; ~ *Nero* Schwarzes Meer *n*; ~ *Tirreno* Tyrrhenisches Meer *n*
Marocco *m* Marokko *n*
Marsiglia *f* Marseille
Mediterràneo *m* Mittelmeer *n*
Merano *f* Meran
Mèssico *m* Mexiko *n*
Milano *f* Mailand
Mònaco *m*: (*Principato* [-tʃ-] *m di*) ~ (*Fürstentum n*) Monaco; ~ *f* (*di Baviera*) München
Monte *m* **Bianco** Montblanc
Mosca *f* Moskau
Nàpoli *f* Neapel
Norvegia [-dʒa] *f* Norwegen *n*
Olanda *f* Holland *n*
Ortisèi *f* Sankt Ulrich
Pacifico [-tʃ-] *m* Pazifik
Pàdova *f* Padua
Paesi Bassi *mpl* Niederlande *pl*

Parigi [-dʒi] f Paris
Pechino [-k-] f Peking
Pirenèi mpl Pyrenäen pl
Polonia f Polen n
Portogallo m Portugal n
Provenza f Provence
Puglia [-ʎa] f, **Puglie** [-ʎe] fpl Apulien n
Pusterìa: *Val* f ~ Pustertal n

Reno m Rhein
Resia f Reschen
Ròdano m Rhone f
Roma f Rom
Romandìa f Französische Schweiz
Romania f Rumänien n
Rossiglione [-'ʎo:-] m Roussillon n
Russia f Rußland n
San Gottardo m Sankt Gotthard
Sant' Elena f Sankt Helena n
Sardegna [-ɲa] f Sardinien n
Scozia f Schottland n
Sempione m Simplon
Senna f Seine
Serbia f Serbien n
Sicilia [-tʃ-] f Sizilien n
Siracusa f Syrakus
Slovacchia [-kia] f Slowakei
Spagna [-ɲa] f Spanien n
Spàlato f Split
Stati mpl **Uniti (d'Amèrica)** Vereinigte Staaten (von Amerika)
Stelvio: *Passo* m *dello* ~ Stilfser Joch n
Stiria f Steiermark
Svezia f Schweden n
Svizzera f Schweiz
Taranto f Tarent
Tauri mpl Tauern pl
Tévere m Tiber
Ticino [-tʃ-] m Tessin n
Tirreno m Tyrrhenisches Meer n
Tolone f Toulon
Tolosa f Toulouse
Torino f Turin
Trento f Trient
Turchìa [-'kia] f Türkei
Umbria f Umbrien n
Ungherìa f Ungarn n
Vallese m Wallis n
Valtellina f Veltlin n
Varsavia f Warschau
Vaticano m Vatikan; *Città* [tʃ-] f *del* ~ Vatikanstadt
Vèneto m Venetien n
Venezia f Venedig
Venosta: *Val* f ~ Vintschgau m
Vesuvio m Vesuv
Vienna f Wien
Villaco f Villach
Vipiteno f Sterzing
Zagabria f Zagreb
Zurigo f Zürich

Italienische Abkürzungen

Abbreviazioni italiane

AAS	***Azienda Autonoma di Soggiorno*** Verkehrsverein
a. C.	***avanti Cristo*** v. Chr. (vor Christus)
ACI	***Automobile Club d'Italia*** italienischer Automobilclub
AIG	***Associazione Italiana Alberghi per la Gioventù*** italienischer Jugendherbergsverband
a.m.	***antimeridiano*** vorm. (vormittags)
ANAS	***Azienda Nazionale Autonoma delle Strade*** italienische Straßenaufsichtsbehörde
B.I.	***Banca d'Italia*** Zentralnotenbank von Italien
c.a.	***corrente alternata*** Wechselstrom
CAI	***Club Alpino Italiano*** italienischer Alpenverein
C.A.P.	***Codice di Avviamento Postale*** PLZ (Postleitzahl)
c.c.	***corrente continua*** Gleichstrom
c/c	***conto corrente*** laufendes Konto
CC	***Carabinieri*** Karabinieri
CIT	***Compagnia Italiana Turismo*** italienische Reiseverkehrsgesellschaft
C.P.	***Casella Postale*** Postf. (Postfach)
CRI	***Croce Rossa Italiana*** Italienisches Rotes Kreuz
CV	***Cavallo Vapore*** PS (Pferdestärke)
D	***treno diretto*** E (Eilzug)
d. C.	***dopo Cristo*** n. Chr. (nach Christus)
E	***Est*** O (Osten); ***Espresso*** D-Zug
ENIT	***Ente Nazionale Italiano per il Turismo*** staatliches italienisches Fremdenverkehrsamt
F.lli	***fratelli*** Gebr. (Gebrüder)
FS	***Ferrovie dello Stato*** italienische Staatsbahn
I.V.A.	***Imposta sul Valore Aggiunto*** MwSt (Mehrwertsteuer)
L	***Lira*** L. (Lira); ***treno locale*** Nahverkehrszug
Lit.	***Lire italiane*** italienische Lire
N	***Nord*** N (Norden)

NE	**Nord-Est** NO (Nordosten)
NO	**Nord-Ovest** NW (Nordwesten)
NU	**Nazione Unite** UN (Vereinte Nationen)
O	**Ovest** W (Westen)
OC	**onde corte** KW (Kurzwelle)
OL	**onde lunghe** LW (Langwelle)
OM	**onde medie** MW (Mittelwelle)
p.	**pagina** S. (Seite)
p. es.	**per esempio** z. B. (zum Beispiel)
p.f.	**per favore** bitte
pp.	**pagine** Seiten
PP.TT.	**Poste e Telecomunicazioni** Post- und Fernmeldewesen
P.T.P.	**Posto Telefonico Pubblico** Öffentlicher Fernsprecher
R., racc.	**raccomandata** E (Einschreiben)
RAI	**Radio Audizioni Italiane** *italienische Rundfunkanstalt*
RAI TV	**Radio Televisione Italiana** *italienische Rundfunk- und Fernsehanstalt*
RFT	**Repubblica Federale Tedesca** BRD (Bundesrepublik Deutschland)
R.I.	**Repubblica Italiana** Italienische Republik
RSM	**Repubblica di San Marino** Republik San Marino
S	**Sud** S (Süden)
S.A.	**Società Anonima** AG (Aktiengesellschaft)
S.C.	**Stato Civile** Familienstand
S.C.V.	**Stato della Città del Vaticano** Vatikanstaat
SE	**Sud-Est** SO (Südosten)
sg.	**seguente** f. (folgende)
sig.	**signore** Herr
sig.na	**signorina** Frl. (Fräulein)
sig.ra	**signora** Fr. (Frau)
SO	**Sud-Ovest** SW (Südwesten)
Soc.	**società** Ges. (Gesellschaft)
SP	**Strada Provinciale** Provinzstraße
S.p.A.	**Società per Azioni** AG (Aktiengesellschaft)
S.P.Q.R.	**Senatus Populusque Romanus** Senat und Volk von Rom

S.r.l.	*Società a responsabilità limitata* GmbH (Gesellschaft mit beschränkter Haftung)
S.S.	*Strada Statale* Staatsstraße; *Santa Sede* Heiliger Stuhl
TCI	*Touring Club Italiano* Italienischer Touring Club
TMEC	*Tempo Medio dell' Europa Centrale* MEZ (Mitteleuropäische Zeit)
v	*vedi* s. (siehe)
V.	*via* Str. (Straße)
v. le	*viale* Allee

Italienische Kraftfahrzeugkennzeichen

Targhe automobilistiche italiane

AG	***Agrigento*** Agrigent	**FE**	***Ferrara*** Ferrara
AL	***Alessandria*** Alessandria	**FG**	***Foggia*** Foggia
AN	***Ancona*** Ancona	**FI**	***Firenze*** Florenz
AO	***Aosta*** Aosta	**FO**	***Forlì*** Forlì
AP	***Ascoli Piceno*** Ascoli Piceno	**FR**	***Frosinone*** Frosinone
AQ	***L'Aquila*** Aquila	**GE**	***Genova*** Genua
AR	***Arezzo*** Arezzo	**GO**	***Gorizia*** Görz
AT	***Asti*** Asti	**Gr**	***Grosseto*** Grosseto
AV	***Avellino*** Avellino	**IS**	***Isernia*** Isernia
BA	***Bari*** Bari	**LE**	***Lecce*** Lecce
BG	***Bergamo*** Bergamo	**LI**	***Livorno*** Livorno
BL	***Belluno*** Belluno	**LT**	***Latina*** Latina
BN	***Benevento*** Benevent	**LU**	***Lucca*** Lucca
BO	***Bologna*** Bologna	**ME**	***Messina*** Messina
BR	***Brindisi*** Brindisi	**MI**	***Milano*** Mailand
BS	***Brescia*** Brescia	**MN**	***Mantova*** Mantua
BZ	***Bolzano*** Bozen	**MO**	***Modena*** Modena
CA	***Cagliari*** Cagliari	**MS**	***Massa Carrara*** Massa Carrara
CB	***Campobasso*** Campobasso	**MT**	***Matera*** Matera
CE	***Caserta*** Caserta	**NA**	***Napoli*** Neapel
CH	***Chieti*** Chieti	**NO**	***Novara*** Novara
CL	***Caltanissetta*** Caltanissetta	**NU**	***Nuoro*** Nuoro
		PA	***Palermo*** Palermo
CN	***Cuneo*** Cuneo	**PC**	***Piacenza*** Piacenza
CO	***Como*** Como	**PD**	***Padova*** Padua
CR	***Cremona*** Cremona	**PE**	***Pescara*** Pescara
CS	***Cosenza*** Cosenza	**PG**	***Perugia*** Perugia
CT	***Catania*** Catania	**PI**	***Pisa*** Pisa
CZ	***Catanzaro*** Catanzaro	**PN**	***Pordenone*** Pordenone
EN	***Enna*** Enna	**PR**	***Parma*** Parma
		PS	***Pesaro*** Pesaro
		PT	***Pistoia*** Pistoia

PV	*Pavia* Pavia	**SV**	*Savona* Savona
PZ	*Potenza* Potenza	**TA**	*Taranto* Tarent
RC	*Reggio Calabria* Reggio (di) Calabria	**TE**	*Teramo* Teramo
		TN	*Trento* Trient
RE	*Reggio Emilia* Reggio Emilia	**TO**	*Torino* Turin
		TP	*Trapani* Trapani
RG	*Ragusa* Ragusa	**TR**	*Terni* Terni
RI	*Rieti* Rieti	**TS**	*Trieste* Triest
RO	*Rovigo* Rovigo	**TV**	*Treviso* Treviso
SA	*Salerno* Salerno	**UD**	*Udine* Udine
SDV	*Vaticano* Vatikan	**VA**	*Varese* Varese
SI	*Siena* Siena	**VC**	*Vercelli* Vercelli
SO	*Sondrio* Sondrio	**VE**	*Venezia* Venedig
SP	*La Spezia* La Spezia	**VI**	*Vicenza* Vicenza
SR	*Siracusa* Syrakus	**VR**	*Verona* Verona
SS	*Sassari* Sassari	**VT**	*Viterbo* Viterbo

Speisekarte

Lista delle vivande

Antipasti *Vorspeisen*

affettato *Aufschnitt*
alici piccanti *Sardellen in pikanter Soße*
carciofi *Artischocken*
carciofini e funghetti sott'olio *Artischockenherzen und Pilze in Öl*
carne fredda *kaltes Fleisch*
insalata di cetrioli *Gurkensalat*; ~ di gamberi *Krebsschwanzsalat*; ~ russa *italienischer Salat*
lingua salmistrata *gepökelte Zunge*
lumache *Weinbergschnecken*
melone e prosciutto *Melone mit Schinken*
olive *Oliven*
ostriche *Austern*
pasticcio di fegato d'oca *Gänseleberpastete*
prosciutto *Schinken*; ~ cotto *gekochter Schinken*; ~ crudo *roher Schinken*; ~ con fichi freschi *Schinken mit frischen Feigen*
salame *Wurst*
sfogliatino *Blätterteigpastete*
tonno con fagioli *Thunfisch mit weißen Bohnen*

Minestre *Suppen*

brodo (all'uovo) *Fleischbrühe (mit Ei)*; ~ di pollo *Hühnerbrühe*
minestra *dicke Suppe*; ~ di verdura *Gemüsesuppe*
minestrone *dicke Suppe mit allerlei Gemüse*
zuppa *Suppe*; ~ alla marinara *Suppe aus Seefischen*; ~ alla pavese *Fleischbrühe mit Brot und Ei*; ~ di pesce *Fischsuppe*

Paste e riso *Nudeln und Reis*

gnocchi *Klößchen*
lasagne *Bandnudeln*; ~ verdi *grüne Nudeln*
maccheroni *Makkaroni*
pasta asciutta *Nudelgericht* (al burro *mit Butter*; al sugo *mit Fleisch- und Tomatensoße*; con parmigiano *mit Parmesan*; in bianco *mit Butter*)
polenta *Maisbrei*
riso *Reis*

risotto *Reisgericht*; ~ alla milanese *Reis mit Safran*; ~ con piselli *Reis mit Erbsen*
tagliatelle *Bandnudeln*
tortellini *mit Fleisch gefüllte Teigringe*
vermicelli *Fadennudeln*

Pesci ed animali marini *Fische und Seetiere*

anguilla *Aal*
aragosta *Languste*
aringa *Hering*
calamari *Tintenfische*
carpa *Karpfen*
dentice *Zahnfisch*
fritto di pesce *verschiedene gebackene Fische*
frutti di mare *Meeresfrüchte*
gamberi *Krebse*
granchi *Garnelen*
granchiolini *Krabben*
luccio *Hecht*
luccioperca *Zander*
nasello *Seehecht*
pesce *Fisch*; ~ persico *Barsch*; ~ spada *Schwertfisch*
rombo *Steinbutt*
salmone *Lachs*
sgombro *Makrele*
sogliola *Seezunge*
tonno *Thunfisch*
triglia *Barbe*
trota *Forelle*
vongole *Muscheln*

Piatti di carne *Fleischgerichte*

agnello *Lamm*
arrosto *Braten*
bistecca *Beefsteak*; ~ ai ferri *gegrilltes Steak*
braciola *Rumpsteak*
capretto *Zicklein*
cervello *Hirn*
coscia di vitello *Kalbskeule*
costoletta *Kotelett*; ~ alla milanese *Wiener Schnitzel*
fegato *Leber*
filetto *Filet*
involtino *Roulade*
lingua *Zunge*
lombata *Lendenbraten*
lombatina di vitello *Kalbslendenbraten*
maiale *Schwein*
manzo *Rind*
montone *Hammel*
petto di vitello *Kalbsbrust*
polmone *Lunge*
polpetta *Fleischkloß*
rognoni *Nieren*
rosbif *Roastbeef*
spezzatino *Gulasch*
stufato *Schmorbraten*
vitelo *Kalb*
zampone *Gefüllter Schweinsfuß*

Verdure e Legumi *Gemüse*

asparagi *Spargel*
carciofi *Artischocken*
cavolfiore *Blumenkohl*
cavolo *Kohl;* ~ di Bruselle *Rosenkohl*
cicoria *Chicorée*
fagiolini *grüne Bohnen*
fagioli *Bohnen*
finocchio *Fenchel*
funghi *Pilze*
lenticchie *Linsen*
melanzane *Auberginen*
patate *Kartoffeln*
piselli *Erbsen*
pomodori *Tomaten*
sedano *Sellerie*
spinaci *Spinat*
zucca *Kürbis*

Dolci *Süßspeisen*

budino *Pudding*
frutta cotta *Kompott*
gelato *Eis*
macedonia *Obstsalat*
torta *Torte*
zabaione *Eierkrem mit Wein*

Das italienische Alphabet

Alfabeto italiano

a = a
b = bi
c = ci [tʃi]
d = di
e = e [ɛ]
f = effe ['ɛf-fe]
g = gi [dʒi]
h = acca
i = i
l = elle ['ɛl-le]
m = emme ['ɛm-me]

n = enne ['ɛn-ne]
o = o
p = pi
q = qu
r = erre ['ɛr-re]
s = esse ['ɛs-se]
t = ti
u = u
v = vu [wu]
z = zeta ['dzeːta]

Die Buchstaben j = i lungo, w = doppio vu, x = ics, y = ipsilon kommen nur in Fremdwörtern vor.

Buchstabieralphabet

Alfabeto telefònico

A [a] come Ancona
B [bi] come Bologna [-ɲa]
C [tʃi] come Como
D [di] come Domodòssola
E [ɛ] come Èmpoli
F ['ɛf-fe] come Firenze
G [dʒi] come Gènova [dʒɛ-]
H ['ak-ka] come Hotel
I [i] come Ìmola
J I lungo come jersey
K ['kap-pa] come Kursaal
L ['ɛl-le] come Livorno
M ['ɛm-me] come Milano
N ['ɛn-ne] come Nàpoli

O [o] come Otranto
P [pi] come Pàdova
Q [ku] come Quarto
R ['ɛr-re] come Roma
S ['ɛs-se] come Savona
T [ti] come Torino
U [u] come Ùdine
V [wu] come Venezia
W [wu] doppio vu come Washington
X [iks] come xeres
Y ['ipsilon] come York, yacht
Z ['dzeːta] come Zara

Italienische Maße und Gewichte

Misure e pesi correnti in Italia

Misure lineari
Längenmaße

1 mm	*millimetro*	Millimeter
1 cm	*centimetro*	Zentimeter
1 dm	*decimetro*	Dezimeter
1 m	*metro*	Meter
1 km	*chilometro*	Kilometer
1 mn	*miglio navale*	Seemeile
	= 1852 m	

Misure di capacità
Hohlmaße

1 cl	*centilitro*	Zentiliter
1 dl	*decilitro*	Deziliter
1 l	*litro*	Liter
1 hl	*ettolitro*	Hektoliter

Misure di superficie
Flächenmaße

1 mmq	*millimetro quadrato*	Quadratmillimeter
1 cmq	*centimetro quadrato*	Quadratzentimeter
1 dmq	*decimetro quadrato*	Quadratdezimeter
1 mq	*metro quadrato*	Quadratmeter
1 kmq	*chilometro quadrato*	Quadratkilometer
1 a	*ara*	Ar
1 ha	*ettaro*	Hektar

Misure di volume
Raummaße

1 mmc	*millimetro cubo*	Kubikmillimeter
1 cmc	*centimetro cubo*	Kubikzentimeter
1 dmc	*decimetro cubo*	Kubikdezimeter
1 mc	*metro cubo*	Kubikmeter
1 TSL	*tonnellata di stazza lorda*	Bruttoregistertonne

Pesi
Gewichte

1 mg	*milligrammo*	Milligramm
1 g	*grammo*	Gramm
1 dag	*decagrammo*	Dekagramm
1 kg	*chilogrammo*	Kilogramm
1 q	*quintale*	Doppelzentner
1 t	*tonnellata*	Tonne

ZUVERLÄSSIG UND PRAKTISCH

Langenscheidts Universal-Wörterbücher

Jedes Universal-Wörterbuch enthält die Teile Fremdsprache-Deutsch und Deutsch-Fremdsprache. Rund 30 000 Stichwörter und Wendungen.

Bulgarisch – Dänisch – Englisch – Finnisch – Französisch – Griechisch – Isländisch – Italienisch – Japanisch – Kroatisch – Latein – Niederländisch – Norwegisch – Polnisch – Portugiesisch – Rumänisch – Russisch – Schwedisch – Slowakisch – Slowenisch – Spanisch – Tschechisch – Türkisch – Ungarisch

Jeder Band 380 bis 560 Seiten.

Ihr Buchhändler gibt Ihnen gern das Gesamtverzeichnis des Langenscheidt-Verlags

Langenscheidt ... weil Sprachen verbinden